진리와 방법 2

진리와 방법 2

철학적 해석학의 기본 특징들

한스게오르크 가다머 지음
임홍배 옮김

문학동네

차례

2부   정신과학에서 진리의 문제를 이해의 문제로 확장하기

일러두기

1 이 책은 한스게오르크 가다머Hans-Georg Gadamer의『진리와 방법―철학적
  해석학의 기본 특징들*Wahrheit und Methode― Grundzüge einer philosophischen
  Hermeneutik*』(제6판, Tübingen 1990)의 2부와 3부를 옮긴 것이다.

2 원서의 각주는 미주로 옮겨 실었으며, 옮긴이 주는 본문 아래에 실었다. 문맥의
  흐름이나 독자의 이해를 돕기 위해 필요한 말은〔 〕속에 적어 보충했다.

3 원서에서 이탤릭체로 표시한 강조 부분은 이 책에서 고딕체로 표시했다. 중쇄 때
  저자가 덧붙인 내용은 [ ]로 표기했다.

4 단행본이나 정기간행물은『 』로, 논문 등은「 」로, 예술작품 등은〈 〉로 표기했다.

2부   **정신과학에서 진리의 문제를
이해의 문제로 확장하기**

사태를 깨닫지 못하는 자는
말씀에 담긴 뜻을 파악하지 못할 것이다.
Qui non intelligit res,
non potest ex verbis sensum elicere.

—마르틴 루터*

＊M. Luther,『만찬강론 *Tischreden*』, Weimarer Ausgabe판 전집 제5권, 26쪽, Nr. 5246.

I 역사적 준비

낭만주의 해석학과
그 역사학적 적용의 문제점

1) 계몽주의와 낭만주의 사이에서 일어난
해석학의 본질적 변화

슐라이어마허Schleiermacher보다는 헤겔Hegel의 입장을 따르는 것이 우리의 과제임을 인식할 때 해석학의 역사는 전혀 새로운 관점에서 강조되어야 한다. 그런 관점에서 보면 역사적 이해가 일체의 교조적 편견에서 벗어나는 것만으로는 결코 해석학이 완성되었다고 할 수 없다. 또한 딜타이Dilthey가 슐라이어마허의 견해를 이어받아 서술한 관점으로는 더이상 해석학의 발생을 설명할 수도 없다. 오히려 딜타이가 개척한 길을 새롭게 점검하면서, 딜타이의 역사적 자기의식에서 부상된 목표와는 다른 목표들을 추구해야만 한다. 그렇지만 이미 구약성서가 가톨릭 교회를 위해 제공했던[1] 해석학적 문제에 대한 교조적 관심에 관해서는 일단 접어두고, 근대에 와서 해석학적 방법이 역사적 의식의 형성으로 수렴되기까지 발전해온 과정을 추적하는 데 만족하기로 하겠다.

① 낭만주의 해석학의 전사前史

이해와 해석의 기술에 관한 이론은 서로 유사한 동기에서 비롯된 두 갈래의 경로, 즉 신학적 경로와 문헌학적 경로를 거쳐 발전했다.

딜타이가 훌륭하게 서술했듯이,[2] 신학적 해석학은 트리엔트 공의회*를 주도한 신학자들이 전통의 불가결성을 내세워 종교개혁을 공격한 것에 맞서 종교개혁을 방어하며 성서를 새롭게 해석하는 과정에서 발전했다. 다른 한편 문헌학적 해석학은 고대 그리스 고전의 재발견을 추구한 인문주의적 요구의 일환으로 형성되었다. 이 두 가지 경로의 공통 관심사는 '재발견'이었는데, 그렇다고 해서 전혀 미지의 것을 재발견하려 했던 것이 아니라 그 의미가 생소해지고 이해하기 힘들어진 것을 새롭게 해석하고자 했다. 그렇게 보면 고대 그리스 고전은 여전히 교양의 소재로 현존하고 있었지만 완전히 기독교 세계에 편입되어 있었다. 마찬가지로 성서 역시 변함없이 읽히는 신성한 책이긴 했으나 성서의 이해는 교회의 교조적 전통에 의해 제약받고 있었을 뿐 아니라, 종교개혁가들은 그러한 교조적 전통이 성서의 이해를 가로막는다고 확신했던 것이다. 그런데 문제는 이 두 갈래의 전통이 중세 라틴문화의 보편적 학술어인 라틴어가 아니라 외래어로 전승되었다는 것이다. 따라서 원전을 연구하기 위해서는 그리스어와 히브리어를 습득해야 하는 동시에 라틴어에 의한 왜곡을 정화할 필요가 있었다. 그렇기 때문에 이 두 영역의 전통을 탐구대상으로 삼는 해석학은 인문주의 문헌학의 입장에서든 성서 재해석의 입장에서든 텍스트의 본래 의미를 올바른 해석방법으로 밝혀내야 했으며, 그런 점에서 루터Luther와 멜란히톤Melanchthon에 의해 인문주의 전통이 종교개혁의 추진력과 결합되었다는 사실은 결정적인 중요성을 갖는다.

성서해석학을 근대의 정신과학적 해석학의 전사前史로 고려할 때 성서해석학의 전제가 되는 것은 종교개혁이 표방한 성서 텍스트 본위의 원칙이다. 그렇게 보면 루터의 입장은 성서가 곧 '스스로 의미를 드러낸다'는 것으로 요약될 수 있다.[3] 성서를 올바르게 이

*1545년 오스트리아의 트리엔트(현 이탈리아의 트렌토)에서 교황 바오로 3세 주관으로 개최된 로마 가톨릭의 공의회.

해하려면 전통이 필요한 것도 아니고, 성서의 4중적 의미*를 해석해야 한다고 보았던 초기 교회의 해석기술이 필요한 것도 아니다. 오히려 텍스트의 표현 자체야말로 의미 추적의 근거가 되는 명확한 뜻, 즉 '문자 그대로의 의미'를 지니고 있다고 본다. 특히 이전까지 성서의 가르침을 교리로 통일하기 위해 불가결한 것처럼 통용되었던 알레고리적 해석방법은 텍스트 자체 내에 알레고리적 의도가 담겨 있는 경우에 한해서만 타당한 것으로 간주되었다. 따라서 알레고리적 해석방법은 비유의 말씀이 나오는 대목에서만 타당하다. 반면 구약성서에 담겨 있는 독특한 기독교적 의의는 알레고리적 해석을 통해서는 결코 밝혀질 수 없다고 보았다. 구약성서는 문자 그대로 이해되어야 하며, 그처럼 문자 그대로 이해하는 가운데 구약에서 말하는 율법의 관점을 그리스도의 은사에 의해 지양되어야 할 것으로 인식할 때 비로소 구약의 기독교적 의미가 드러난다고 보았던 것이다.

텍스트의 문자 그대로의 축자적 의미라는 것은 물론 텍스트의 모든 곳에서 언제나 명확하게 이해될 수 있는 것은 아니다. 성서의 각 부분을 이해하는 데 길잡이가 되는 것은 성서 전체이며, 또한 그 역으로 각 부분을 제대로 이해할 때에만 전체의 이해도 가능하기 때문이다. 전체와 부분의 그러한 순환적 관계 자체는 전혀 새로운 것이 아니다. 고대의 수사학 역시 그 점을 알고 있었기에 완벽한 언술을 유기체에 견주거나 신체의 머리와 사지의 관계에 비유했던 것이다. 루터와 그의 후계자들[4]은 고대 수사학의 이러한 비유를 해석방법에 적용하여 텍스트 해석의 보편적 원칙으로 발전시켰다. 어떤 텍스트의 모든 부분들은 '컨텍스트', 즉 상호연관성에 의해 이해될 수 있고 텍스트 전체가 지향하는 통일된 의미를 근거로 이해될 수 있는 것이다.[5]

---

*성서에서 문자 그대로의 의미 외에도 '믿음'에 기초한 교리적 의미, '사랑'에 기초한 도덕적(알레고리적) 의미, '소망'에 기초한 신비적 의미까지도 함께 해석해야 한다고 보는 입장.

성서 해석을 위해 이러한 원칙을 끌어들임으로써 종교개혁 진영의 신학 역시 교조적인 전제에 의해 제약을 받는다. 그러한 신학은 성서 자체가 하나의 통일된 전체를 이룬다고 전제하는 것이다. 말하자면 18세기의 역사적 관점에서 판단할 때는 종교개혁 진영의 신학 역시 독단적이다. 성서를 구성하는 개별 텍스트의 상대적인 맥락과 고유한 목적 및 독자적인 구성에 합당하게 건전한 상식에 입각하여 해석할 수 있는 가능성을 차단하는 것이다.

실제로 종교개혁 진영의 신학은 전혀 일관성을 보여주지 않는다. 개신교의 신앙공식을 길잡이로 삼아 성서의 통일성을 파악할 수 있다고 주장함으로써 개혁신학 역시 종교개혁의 일천한 전통을 옹호하기 위해 성서 텍스트 본위의 원칙을 포기하는 것이다. 반反종교개혁 진영의 신학뿐 아니라 딜타이 역시 종교개혁 진영의 신학을 그렇게 평가했다.[6] 딜타이는 역사적 정신과학의 자신만만한 확신을 가지고 개신교 해석학의 그러한 모순을 들춰냈다. 하지만 우리는—다름 아니라 성서해석학의 신학적 의미까지도 고려하여—딜타이의 이러한 확신이 과연 정당한 것인지, 그리고 성서를 텍스트 자체에 근거하여 이해하려는 문헌학적·해석학적 원칙이 불충분한 것은 아닌지, 따라서 그러한 원칙 역시 암묵적으로 교리적 지침에 의해 보완될 여지가 있는 것은 아닌지를 따져볼 필요가 있다.

이러한 문제제기가 가능한 것은 오늘날 시점에서 보면 역사적 계몽주의가 이미 역사적 해석의 가능성을 남김없이 드러냈기 때문이다. 해석학의 형성과정에 대한 딜타이의 연구는 근대의 학문개념이 요구하는 전제들에 비추어볼 때 설득력이 있고 일관된 짜임새로 전개된다. 해석학은 우선 일체의 교리적 제약에서 자유롭게 벗어나서 고유한 자기 영역을 찾아내야만 했고, 그런 연후에야 비로소 하나의 역사적 해석의 방법론으로서 보편적 의의를 인정받을 수 있었다. 그것이 가능해진 것은 18세기였다. 그 당시 제믈러Semler와 에르네스티Ernesti 같은 학자들은 성서의 온전한 이해를 위해서는 성서의 저자가 여럿이라는 사실을 인정해야 하고, 따라서 성서의 교리적 통일성을 포기해야 한다는 점을 인식했던 것이다. 딜타이가 말한 대로 "해석이 교리로부터 자유로워짐으로써" 기독교 경전들을 수집하는 일은 역사적 사료를 수집하는 작업과 동일한 역할을 맡게 되었고, 그러한 역사적 사료로서의 성서는 이제 문법적 해석뿐 아니라 역사적 해석을 거치지 않을 수 없었다.[7] 전체의 연관성에 근거해야 하는 해석은 이제 필연적으로 성서의 생성 배경이 되는 삶의 맥락까지도 역사적으로 복원해야 한다는 요구로 이어졌다. 전체에 의거하여 개별부분을 이해해야 한다는 오랜 해석원칙은 이제 더이상 성서의 교리적 통일성에만 의지할 수도 없고 얽매일 수도 없게 되었으며, 개별 역사적 문헌의 배경이 되는 역사현실 전체의 포괄적 맥락을 탐구하지 않을 수 없게 되었다.

이로써 성서와 세속문헌의 차별성이 사라지고 오직 하나의 해석학만 성립함에 따라 해석학은 결국—원전에 대한 올바른 해석기술이라는 의미에서—모든 역사적 연구의 방법론 구실을 하게 되었을 뿐 아니라 역사적 연구 자체의 모든 영역을 포괄하게 되었다. 왜냐하면 텍스트의 모든 문장이 오직 전체적 맥락에 근거해서만 이해될 수 있다는 해석의 원칙은 결국 텍스트가 전달하는 내용에도 그대로 적용될 터이기 때문이다. 텍스트의 내용적 의미 역시 그 자체로 고정된 것이 아니다. 역사적 탐구의 크고 작은 개별 대상들은 세계사적 맥락 속에서 그 진정한 상대적 의미를 드러내거니와, 그러한 세계사적 맥락 자체는 모든 개별 사건의 의미를 온전히 이해할 수 있게 해주는 하나의 전체를 이루며, 또한 역으로 그 전체는 개별 사건들에 의해 온전히 이해될 수 있다. 세계사는 말하자면 아직 어둠의 베일에 싸여 있는 거대한 책이요 과거의 언어들로 서술된 인간정신의 집대성으로서 그 텍스트의 의미가 이해되어야만 하는 것이다. 역사적 탐구는 그 수단이 되는 문헌학의 모델에 따라 탐구대상을 이해한다. 우리는 실제로 딜타이가 그러한 전범에 따라 역사적 세계관의 근거를 확립했다는 사실을 확인하게 될 것이다.

딜타이가 보기에 해석학은—기독교 신학자들의 입장에서 보면 복음의 올바른 전도라는—교리적 과제에 봉사하는 역할에서 벗어나 하나의 역사연구 방법론으로 그 기능이 바뀔 때만 비로소 고유한 본질을 되찾는다. 만약 그렇지 않고 딜타이가 따르는 역사적 계몽주의의 이상이 환상임이 밝혀진다면 그가 서술한 해석학의 전사前史 역시 전혀 다른 의미를 지니게 될 것이다. 즉 그렇게 되면 역사적 의식으로의 전환은 교리의 구속으로부터의 해방이 아니라 단지 교리의 실체가 바뀌었다는 뜻이 된다. 문헌학적 해석학이 바로 그런 경우에 해당된다. 문헌학의 방법인 비평기술ars critica은 무엇보다 고대 그리스·로마의 고전적 전통을 아무런 반성 없이 모범으로 전제하고 그 문화유산의 계승을 장려했기 때문이다. 만약 고대 그리스·로마의 전통과 현재의 관계가 더이상 모범과 계승의 관계로 성립될 수 없다면 문헌학의 그러한 본질 역시 바뀔 수밖에 없을 것이다. 프랑스 고전주의에서부터 독일 고전주의에 이르기까지 한 시대를 풍미했던 신구논쟁querelle des anciens et des modernes*이 바로 그것을 입증한다. 이 주제와 관련된 논쟁을 계기로 역사적 성찰이 발전하여 결국에는 고대 그리스·로마 전통의 규범적 요구를 해체시키기에 이르렀다. 말하자면 문헌학과 신학이라는 두 개의 경로를 통해 동일한 과정이 진행되었던 셈인데, 그 과정은 결국 단일한 보편적 해석학의 구상으로 수렴되었고, 이러한 보편적 해석학의 관점에서 보면 전통의 모범적 성격은 더이상 해석학적 과제의 전제가 될 수 없다.

＊고대 그리스·로마의 문화가 당대 문학예술의 전범이 될 수 있는가 하는 문제를 놓고 17세기 말 프랑스에서 시작된 논쟁으로, 부알로N. Boileau의 『시학Art poétique』(1674)은 고대 그리스 문화를 모범으로 삼아야 한다는 입장을 대표했다. 이 논쟁은 영국과 독일에도 커다란 파장을 미쳐서 빙켈만Winckelmann, 헤르더 Herder, 실러Schiller의 미학사상 형성에 지대한 영향을 주었는데, 각 시대의 고유한 독자성이 곧 세계사적 맥락의 일부라고 보았던 헤르더의 역사주의에 이르면 고대 그리스·로마의 전범적 우월성은 해체된다고 할 수 있다.

　해석학이 하나의 학문으로 성립된 것은 슐라이어마허가 볼프F. A. Wolf나 아스트F. Ast 같은 문헌학자들과 벌인 논쟁의 성과였으며, 또한 에르네스티의 신학적 해석학이 발전적으로 계승된 측면도 있다. 따라서 해석학의 학문적 성립은 단순히 텍스트 이해의 기술 자체가 발전해온 역사의 연장선에서만 볼 수는 없다. 역사적으로 보면 이미 고대 문헌학 당시부터 텍스트 이해의 문제 자체에 관해 별도의 이론적 성찰이 존재했다. 그렇지만 이러한 성찰들은 '기술론'의 성격을 띠었다. 다시 말해 수사학은 화술에 도움을 주고 시학은 시작법이나 작품평가에 도움을 주는 식으로, 이해의 기술적인 문제들을 해결하기 위해 이론적 성찰이 필요했던 것이다. 이런 의미에서는 교부敎父신학의 신학적 해석학 역시 일종의 '기술론'이었다. 하지만 슐라이어마허 시대에 와서는 이해 자체를 문제삼았다. 이해의 문제가 보편성을 획득했다는 사실은 이해가 새로운 의미에서 과제로 대두했다는 것을 말해주며, 이로써 신학적 성찰도 새로운 의미를 획득하게 된다. 이제 신학적 성찰은 더이상 문헌학자나 신학자들에게 실용적인 도움을 주는 기술론이 아닌 것이다. 슐라이어마허 역시 결국에는 해석학을 '기술론'이라고도 하지만, 이 경우에는 전혀 다른 체계적인 의미에서 그 말을 쓰고 있다. 그는 비록 신학자들이나 문헌학자들이 상이한 관심사를 추구하는 듯해도 그 배후에는 텍스트에 담겨 있는 사상의 이해를 둘러싸고 보다 더 근원적인 관계가 성립한다고 보고, 그 관계를 추적함으로써 양쪽에 공통된 해석방법을 이론적으로 규명하고자 했던 것이다.

　슐라이어마허 바로 앞 세대의 문헌학자들만 해도 입장이 달랐다. 그들은 이해대상에 담겨 있는 내용이 곧 해석학을 규정한다고 생각했다. 아스트는 "고대 그리스의 삶과 기독교적 삶의 통일성을 밝혀내는" 것을 보편적 해석학의 목표로 삼았다. 이러한 목표설정은 근본적으로 모든 '기독교 인문주의자들'과 같은 생각을 표명한 것이었다.[8] 그 반면 슐라이어마허는 해석학의 통일성을 더이상 이해대상이 되는 전승의 내용적 통일성에서 찾지 않았다. 그는 오히려 일체의 내용적 특성은 제쳐두고, 사상이 문자로 전승되든 구전으로 전승되든 간에, 또 외국어로 전승되든 모국어로 전승되든 간에, 그러한 전승방식을 통해서는 결코 나뉘지 않는 방법론적 통일성에서 해석학의 통일성을 찾으려 했다. 즉각적인 이해가 가능하지 않거나 오해의 여지가 있는 경우에는 언제나 이해를 위해 별도의 노력을 기울여야만 한다.

바로 이것이 슐라이어마허가 구상한 보편적 해석학의 이념을 규정하는 출발점이다. 그의 보편적 해석학의 이념은 낯설음의 경험과 오해의 가능성이 보편적이라는 생각에 바탕을 둔 것이다. 정교하지 않은 언술보다는 정교한 언술이 확실히 더 낯설게 느껴질 소지가 크고 오해의 여지도 그만큼 늘어날 것이며, 구전보다는 문자로 정착된 언술이 더욱 그럴 것이다. 구전의 경우에는 생생하게 목소리를 듣는 것과 동시에 부단히 해석이 가해지는 것이다. 그런데 해석학의 과제가 '의미심장한 대화'로 확장될 수도 있고, 바로 그런 경우 슐라이어마허의 생각이 특히 잘 드러난다. 그런 경우 해석학이 극복해야 할 낯설음의 의미는 해석학이 기존의 과제에 매달릴 때와는 전혀 달라진다. 그 낯설음은 대화 상대방의 개성과 불가분의 관계를 맺는다는 점에서 새로운 보편적 의미를 얻는다.

인간의 개성에 생생하고 독창적인 의의를 부여한 것이 슐라이어마허의 탁월한 통찰이라 할 수 있다. 그런데 인간적 개성의 이러한 의의를 단지 이론에 영향을 미치는 개인적 특성 정도로 간주해서는 안 될 것이다. 슐라이어마허가 말한 인간적 개성은 오히려 계몽의 시대에 '이성적 사고'라는 이름하에 휴머니티의 공통적 본성으로 간주되었던—그리하여 전통에 대한 태도의 근본적 재규정을 불가피하게 만들었던[9]—일체의 것에 대한 비판적 거부를 가리킨다. 이해의 기술은 원칙적으로 이론적 탐구의 대상이 될 수 있는 보편타당성을 획득하는데, 왜냐하면 성서에 근거한 해석이든 합리적 근거를 가진 해석이든 그 어느 것도 모든 텍스트 이해를 위한 불변의 원칙이 될 수는 없기 때문이다. 그런 이유에서 슐라이어마허는 해석학적 성찰에 근본적으로 새로운 동기를 부여하려 했고, 해석학의 문제와 관련하여 당시까지의 해석학이 미처 파악하지 못했던 새로운 지평을 개척하고자 했다.

슐라이어마허가 과연 어떤 점에서 해석학의 역사에 방향전환을 가져왔는지 그 배경을 제대로 파악하기 위해서는 슐라이어마허 자신의 논의에서는 중요하게 부각되지 않고 슐라이어마허 이후로는 해석학의 문제의식에서 완전히 사라진 어떤 사안을 숙고할 필요가 있다. 그 사안은 해석학의 역사에 대한 딜타이의 역사적 관심에서도 특이하게 협소화되었지만, 사실은 해석학의 문제에서 결정적인 중요성을 가지며, 해석학의 역사에서 슐라이어마허가 차지하는 위치를 파악하는 데도 관건이 된다. 우리가 출발점으로 삼고자 하는 것은 다음의 명제이다. '이해한다는 것은 무엇보다 서로를 이해하는 것을 뜻한다.' 이해한다는 것은 무엇보다도 '상대방의 생각 속으로 들어가서 이해한다Einverständnis'는 것이다. 그런 방식으로 사람들은 서로를 직접적으로 이해한다. 다시 말해 상대방의 생각 속으로 들어가는 것을 목표로 서로 소통한다고 할 수 있다. 소통이라는 것은 언제나 그 무엇에 관한 소통이다. 서로를 이해한다는 것은 그 무엇 속으로 들어가서 이해하는 것이다. 어떤 대상에 관해, 그 대상 속으로 들어가서 이해한다는 것은 단지 상호이해의 방식과 무관한 임의의 대상을 가리킨다기보다는 오히려 상호이해의 방식과 목표 자체를 말해주는 것이다. 그리고 두 사람이 어떤 문제에 관해서든 이해방식에 얽매이지 않고 서로를 이해할 수 있다면, 그것은 두 사람이 단지 이러저러한 개별적 측면에서만 서로를 이해하는 것이 아니라 사람들을 결속시켜주는 모든 본질적인 문제에서 서로를 이해한다는 것을 뜻한다. 쌍방이 공통의 화제에 대하여 의사소통을 할 때 말하고자 하는 바의 함축적 의미가 자연스럽게 전달되지 못하는 경우에만 상호이해라는 것이 특별한 과제로 부상할 것이다. 오해가 발생한다거나 의사표현이 이해되지 못한다거나 할 때는 공통의 화제에 대한 자연스러운 의사소통이 장애에 부닥쳐서 타자 혹은 대화 상대방이나 어떤 텍스트의 의미가 고정관념으로 굳어지고 만다. 그런 경우에도—단지 이해뿐 아니라—일반적으로 소통이 모색되는데, 해당 문제에 대하여 새로운 방식으로 소통의 경로를 탐색하는 것이다. 대화와 주장, 질문과 응답, 이의제기와 논박 등으로 이루어지는 일체의 소통방식, 그리고 어떤 텍스트를 이해하고자 하는 독자의 내적 독백 형태로도 이루어지는 그 모든 소통방식이 효과를 거두지 못할 때는 우회적으로 문제에 접근하게 된다. 그런 경우에는 상대방의 독특한 개성과 특성에 주목하여 이해를 도모하게 된다. 텍스트가 외국어로 되어 있는 경우에는 당연히 텍스트가 문법적·언어적 해석의 대상이 되겠지만, 그것은 단지 하나의 전제조건일 뿐이다. 내용적 이해를 도모하면서 상대방이 과연 어떻게 그러한 견해를 갖게 되었는가를 성찰하고자 할 때 비로소 본격적인 이해의 문제가 제기된다. 이러한 문제제기는 분명히 전혀 다른 성질의 생소한 경험을 드러내며, 결국 해석자가 기존에 알고 있는 것과의 공통된 의미를 기대할 수 없다는 것을 뜻하기 때문이다.

스피노자의 성서비평은 바로 그런 양상을 보여주는 좋은 본보기인데, 이런 사례들 중에서도 가장 오래된 문헌 중 하나이다. 스피노자는 『신정론神正論 *Tractatus theologico-politicus*』 제7장에서 자연에 대한 해석에 의거하여 성서를 해석하는 방법을 개진한다. 성서에서는 인간의 타고난 이성으로 인식 가능한 원리들로부터 도출할 수 없는 사태들(가령 기적이나 계시)이 이야기된다. 그런 한에는 역사적 사실을 근거로 성서 저자들이 말하고자 하는 의미를 추론할 수밖에 없다. 성서의 글이 전반적으로 도덕적 의미를 담고 있다는 것은 분명하지만, 기적이나 계시처럼 그 자체로는 이해할 수 없는 사태들 역시 성서 저자의 정신을 '역사적으로' 인식하기만 한다면—다시 말해 우리가 선입견을 극복하고 성서 저자가 염두에 두었을 법한 내용만 생각한다면—핵심 논지가 무엇인가를 이해할 수는 있다.

이런 경우에는 마치 판독하기 힘든 상형문자를 해독하듯 '저자의 정신에 비추어서' 역사적으로 해석할 수밖에 없다. 스피노자는 유클리드를 해석할 때 그의 생애나 공부과정 또는 윤리관까지 참조할 이유는 없다고 말하며,[10] 이것은 성서의 정신을 도덕적 측면에서 해석할 때도 마찬가지라고 말한다. 성서의 이야기 중에는 납득할 수 없는 것들이 있기 때문에 그런 이야기에 대한 이해는 성서 저자가 말하고자 하는 의미를 성서 전체의 맥락에서 찾아내는 것이 관건이라는 것이다. 그렇다면 저자가 의도한 의미가 과연 우리의 해석과 일치하느냐 여부는 전혀 중요하지 않게 된다. 왜냐하면 우리가 인식하고자 하는 것은 문장들의 의미일 뿐이지 문장에 담겨 있는 진리가 아니기 때문이다. 그러기 위해서는 일체의 선입견을 배제해야 하는데, 심지어 우리의 이성으로 인해 생겨난(물론 이 경우 이성이란 선입견에 의해 형성된 이성이겠지만) 선입견까지도 배제해야 하는 것이다.(『신정론』§17)

그렇게 보면 성서 해석의 자연스러운 '순리'는 파악 가능한 것은 파악하고 파악할 수 없는 것은 '역사적으로' 해석하는 데 좌우되는 셈이다. 성서의 이야기에 담겨 있는 진리를 직접 파악하지 못하므로 역사적 맥락을 원용하는 우회로를 택하는 것이다. 문자로 전승되어온 성서에 대하여 스피노자 자신이 취하는 태도와 해석의 원리가 과연 무엇을 의미하는가 하는 문제에 관해서는 별도의 논의가 필요하다. 어떻든 스피노자가 보기에 성서 텍스트 중에서 이와 같은 방식으로 역사적으로 해석될 수 있는 범위는—성서 전체의 정신은 파악될 수 있고 그렇게 파악된 내용이 더 큰 비중을 차지하긴 하지만—매우 방대하다.

이와 같이 역사적 해석학의 전사前史를 되짚어보면 우선 문헌학과 자연과학이 초기에는 매우 유사한 경향을 보인다는 사실이 눈에 띄는데, 이러한 유사성은 이중적인 의미를 갖는다. 한편으로 자연과학적 방법의 '순리'는 성서를 해석하는 방식에도 그대로 통용되었는데, 역사적 해석방법이 자연과학적 방법에 보조적 역할을 했던 셈이다. 또한 역으로 성서 해석을 통해 축적된 해석기술, 즉 전체적 맥락을 통해 해석하는 기술은 '자연이라는 책'의 암호를 해독해야 하는 과제를 자연과학에 안겨주었다.[11] 그런 한에는 문헌학의 모델이 자연과학적 방법을 이끌었다고 할 수 있다.

문헌학과 자연과학의 이러한 관계는 성서와 그 저자의 권위에 의해 구축된 지식이 근대의 새로운 자연과학의 입장에서 보면 맞서서 퇴치해야 할 적대적 대상이 되었다는 것을 뜻한다. 성서해석학과 달리 근대 자연과학은 인식 가능한 대상을 수학과 이성을 통해 통찰하는 독자적인 방법체계를 보유했다는 점에서 성서해석학과는 구별되는 독자적인 본질을 구현했던 것이다.

18세기에 방법론의 원칙으로 관철된 역사적 성서비평은 스피노자의 경우에서 보았듯이 계몽주의의 이성 신봉을 신조로 삼았다. 그리고 그와 유사한 방식으로 다른 역사적 사유의 개척자들은—18세기에 활동했던 그들 중 상당수는 그 사이에 이미 오래전에 역사의 무대에서 이름이 사라졌지만—역사적인 문헌의 이해와 해석을 위해 지침을 제시하고자 했다. 그중 특히 클라데니우스Cladenius[12]는 낭만주의적 해석학의 선구자로 주목받았는데,[13] 실제로 그에게서 발견되는 '관점Sehepunkt'이라는 흥미로운 개념은 '어떤 사태를 필연적으로 그렇게 인식할 수밖에 없는' 근거로 제시된다. 클라데니우스는 광학에서 빌려온 이 개념을 명시적으로 라이프니츠에게서 차용한다.

그렇지만 클라데니우스의 저서 제목에서도 금방 알 수 있듯이 그의 해석학이 역사적 방법론의 선구적 형태라고 평가하는 것은 옳지 않다. 그에게는 "역사적인 문헌의 해석"이—비록 그것이 그의 저서의 실제내용을 이루긴 하지만—중대한 관심사는 아닐뿐더

러, 그에게 해석의 문제 전체는 근본적으로 교육학적 차원의 문제
이며, 해석학은 교육학의 한 방편일 뿐이다. 그가 명시적으로 밝히
듯이 해석학은 "이성적인 말과 글"을 다루는 것이다. 그에게 해석
이라는 것은 "어떤 구절의 완벽한 이해를 위해 꼭 필요한 개념을 찾
아내는 것"을 뜻한다. 따라서 해석은 "어떤 구절의 참된 이해"를 추
구하는 것이라기보다는 학생들의 "완벽한 이해"에 장애가 되는 애
매한 대목을 해명하는 것을 주된 목표로 삼는다.(「서문」) 어떤 텍
스트를 해석할 때는 학생이 과연 제대로 인식할 수 있는가 여부에
주의를 기울여야 한다는 것이다.

　　따라서 클라데니우스에게 이해와 해석은 동일한 것이 아니
다.(§648) 그에게는 어떤 구절을 해석할 필요성이 생기는 것은 확
실히 아주 특수한 경우일 뿐이며, 일반적으로는 어떤 구절이 다루
는 문제에 대한 사실적 지식만 갖추었다면—어떤 구절을 통해 이
미 아는 지식을 상기하든 아니면 해당 구절을 통해 비로소 새로운
사실을 알게 되든 간에—해당 구절을 곧장 이해할 수 있다는 뜻이
된다.(§682) 따라서 이 경우 이해의 관건은 사실적 이해와 인식일
뿐이며, 역사적 해석방법이나 심리적·발생론적 해석방법은 전혀
고려되지 않는다.

　　그렇긴 하지만 클라데니우스는 해석의 기술이 해석을 정당화
하는 역할까지 수행해야 한다는 점에서 해석의 기술이 새롭게 초미
의 관심사로 대두한다는 것을 분명히 깨닫고 있었다. "학생이 해석
자와 동일한 인식을 갖는"(따라서 학생이 '굳이 논증을 하지 않더
라도 이해하는') 경우나 "해석자를 충분히 신뢰하는" 경우에는 그
와 같이 굳이 해석을 정당화할 필요까지는 없다. 그런데 클라데니
우스가 보기에는 그러한 두 가지 요건이 그의 시대에는 더이상 통
하지 않게 되었다. (계몽의 정신에 걸맞게) "학생이 자신의 독자적
인 시각으로 인식하고자" 하는 경우에는 후자의 요건이 통하지 않
았고, 또한 인식의 양이 증대함에 따라—다시 말해 학문이 발전함

에 따라—해석해야 할 텍스트에서 미지의 영역도 그만큼 늘어나게 되자 첫번째 요건도 통하지 않게 되었다.(§668 이하) 이리하여 자명한 이해라는 것이 사라짐에 따라 해석학의 필요성이 대두하게 된 것이다.

이렇게 해서 애초에는 부차적인 동기에서 시작된 해석의 문제가 마침내 근본적인 의의를 갖게 되었다. 클라데니우스는 아주 흥미로운 결론에 도달했다. 그는 어떤 저자를 완벽하게 이해한다는 것이 그 저자의 말과 글을 완벽하게 이해한다는 것과 꼭 일치하지는 않는다는 사실을 확인하게 된 것이다.(§86) 어떤 책을 이해하기 위한 규범이 반드시 해당 저자의 견해는 아니라는 것이다. 왜냐하면 "인간이 모든 것을 온전히 조망할 수는 없으므로 어떤 사람의 말과 글이 그 자신이 의도하지 않았던 의미를 지닐 수도 있으며", 따라서 "어떤 사람의 글을 이해하고자 시도하다 보면 저자가 염두에 두지 않았던 문제에 대하여 근본적으로 사유할 수도 있다"는 것이다.

역으로 "저자가 사람들이 이해할 수 있는 것보다 더 많은 의미를 제시할 수도 있지만" 클라데니우스가 보기에 해석학의 본래적인 과제는 이처럼 "더 많은 의미"를 이해할 수 있게 하는 것이 아니라 텍스트 자체의 참된 의미, 즉 객관적 의미를 파악하는 것이었다. 왜냐하면 "인간의 모든 책과 말은 그 자체로 이해하기 힘든 부분을 지니고 있기 때문에"(다시 말해 객관적 통찰의 부족으로 인하여 모호한 부분이 있기 때문에) 올바른 해석이 필요하다고 보았던 것이다. 그리하여 "쉽사리 의미를 드러내지 않는 대목들이 오히려 생산적인 해석을 가능하게 하며, 더 많은 사유를 촉발할 수 있다."

그런데 클라데니우스가 이 모든 논의를 개진하는 과정에서 단지 교훈적인 목적의 성서 해석만을 염두에 두지는 않았고, '철학적 해석의 기술'을 교훈적인 목적에 종속시키는 '성서' 해석은 배제했다는 사실에 유의할 필요가 있다. 또한 이러한 논의를 통해 클라데니우스는 어떤 책을 이해하기 위해서는 해석자가 생각해낼 수 있는 모든 것(모든 '응용된 사고들')을 파악해야 한다는 주장을 하려는 것은 아니며, 단지 저자의 의도에 부합되는 해석을 옹호할 따름이다. 하지만 그렇다고 해서 그가 해석의 문제를 역사적·심리적 차원으로 제한하려 했던 것은 결코 아니다. 오히려 그는 저자의 의도와 합치되는 객관적 해석을 강조했으며, 그런 맥락에서 당대의 새로운 신학이 그 점에 주목하고 있다고[14] 확언했다.

② 슐라이어마허의 보편적 해석학 구상

지금까지 살펴본 대로 딜타이의 전제들을 벗어나서 보면 19세기 해석학의 전사前史는 실제로 상당히 다른 양상을 보여준다. 스피노자와 클라데니우스 그리고 슐라이어마허 사이에는 일대 전환점이 있었던 것이다! 텍스트의 이해 불가능성에 직면하여 스피노자는 역사적 맥락이라는 우회로를 택했고, 클라데니우스는 순전히 객관성을 지향하는 해석학을 주창했다면, 슐라이어마허는 보편적 의미를 추구하는 전혀 다른 해석학을 구상했다.

우선 슐라이어마허는 이해 불가능성이 아니라 잘못된 이해에 주목하는데, 내가 보기에는 이것부터가 선행자들과 구별되는 흥미로운 차이점이다. 가령 슐라이어마허는 학생들에게 어떻게 이해시킬 것인가 하는 교육적 차원은 중시하지 않는다. 그에게 해석과 이해는 내용과 형식처럼 아주 긴밀하게 얽혀 있어서 모든 해석의 문제는 실제로 이해의 문제가 된다.[15] 관건이 되는 것은 엄밀한 해명 subtilitas explicandis[16]이 아니라 오로지 엄밀한 이해subtilitas intelligendi일 뿐이며, 당연히 적용applicatio은 더더욱 부차적이다.[17] 특히 슐라이어마허는 이해가 저절로 이루어진다고 생각하는 해석학의 느슨한 실행을 잘못된 이해가 저절로 생겨난다는 가정에서 출발하는 해석학의 엄격한 실행과 명확하게 구분한다.[18] 이러한 구분을 바탕으로 슐라이어마허는 '경험적 관찰의 수집'에 의존하지 않고 해석의 진정한 방법론을 발전시키는 독보적인 업적을 이룩한다. 이것은 근본적으로 새로운 발전을 뜻한다. 왜냐하면 이제부터는 이해의 난관이나 잘못된 이해의 가능성이 그저 우발적인 것이 아니라 해석의 과정에서 반드시 걸러내야 할 필수 요인이 되기 때문이다. 그런 맥락에서 슐라이어마허는 "해석학이란 잘못된 이해를 피하는 기술이다"라고 말한다. "잘못된 이해는 당연히 생겨나게 마련이므로 이해는 철두철미하게 의식적으로 추구되어야 한다"[19]라고 보며, 그런 한에는 해석학이 단지 교육적 방편을 넘어서 독자적 방법론으로 격상된다. 잘못된 이해를 피하는 것—"이 소극적인 표현은 해석학의 모든 과제를 내포하고 있다." 슐라이어마허는 이러한 과제의 적극적인 해결책을 일체의 교조적·내용적 선입견, 심지어는 해석자 자신의 의식에 배어 있는 선입견까지도 완전히 배제한 문법적·심리적 해석 규칙들의 규범에서 찾는다.

그런데 다른 사람이 말과 글로 표현한 견해를 이해할 수 있게 하는 것으로 해석학의 과제를 제한한 사람이 슐라이어마허가 처음인 것은 분명 아니다. 해석의 기술이 단지 객관적 사실을 탐구하기 위한 수단에 그쳤던 적은 없었다. 그런 점에서 해석학은 슐라이어마허가 변증법이라 일컬었던 것과는 확연히 구별된다. 그렇지만 성서든 고전이든 간에 문헌의 이해를 추구할 때는 언제나 텍스트 안에 숨겨져 있어서 밝혀내야 할 진리와의 연관성이 작용하게 마련이다. 실제로 해석되어야 할 내용은 저자의 삶에서 단지 하나의 계기로 나타나는 생각이 아니라 진리인 것이다. 바로 그렇기 때문에 해석학은 진리탐구에 봉사하는 기능을 가지며 객관적 사태를 탐구하는 영역에 속한다. 슐라이어마허 역시 제 학문의 체계 내에서 해석학을 원칙적으로 변증법과 관련시키는 한 그러한 측면을 고려하는 셈이다.

물론 슐라이어마허가 추구하는 과제는 해석의 방법을 독자적으로 구축하는 것이다. 해석학은 그 자체의 독자적인 방법론으로 독립되어야 하는 것이다. 또한 슐라이어마허 이전의 볼프와 아스트 등이 해석학의 과제를 제한했고 그로 인해 해석학의 본질도 그런 제한된 테두리 안에서 규정되었던 것과 달리, 슐라이어마허가 그러한 제한에서 벗어나고자 하는 것도 같은 맥락에서 이해할 수 있다. 슐라이어마허는 해석학의 과제를 외국어 문헌에 한정하거나 문자화된 텍스트에 한정하는 것도 인정하지 않았는데, 그것은 "대화를 할 때나 직접 말을 할 때는 마치 해석의 문제가 발생하지 않는 것처럼"[20] 생각하는 것은 잘못이라고 보았기 때문이다.

　　이것은 해석학의 문제를 단지 문자 텍스트를 이해하는 것에서 언술행위 전반을 이해하는 것으로 확장시킨 것 이상의 의미를 갖는데, 이로써 해석학의 원칙적인 문제가 다른 차원으로 옮겨갔다고 할 수 있다. 이제는 단지 언표와 그 객관적 의미만 이해하면 되는 것이 아니라 발화자나 저자의 개성까지도 이해해야만 하는 것이다. 슐라이어마허는 사유의 형성과정을 되짚어볼 때에만 발화자나 저자의 개성을 실제로 이해할 수 있다고 말한다. 스피노자의 경우에는 이해 불가능의 문제로 치부되고 따라서 역사적 맥락이라는 우회로를 거쳐야 했던 문제가 슐라이어마허에겐 정상적인 이해가 가능한 영역으로 편입되고, 해석학의 발전을 가능케 하는 기본전제가 되는 것이다. 슐라이어마허가 보기에 과거의 해석학에서 "대체로 무시되고 거의 전적으로 간과되었던" 문제는 "일련의 생각들을 저자의 생애에서 결정적인 계기로 이해하고 그런 생각들이 다른 부류의 생각들과도 서로 연관되어 있는 것으로 이해하는"[21] 것이었다.

　　그런 이유에서 슐라이어마허는 심리적(기술적) 해석을 문법적 해석과 대등하게 격상시키는데, 바로 이것이 슐라이어마허의 가장 독보적인 업적이다.[22] 문법적 해석에 대한 슐라이어마허의 서술 자체도 탁월하지만 여기서는 따로 논하지 않기로 하겠다. 문법적 해석에 대한 그의 서술은 기존 언어의 총체가 해당 저자(따라서 해석자)에게 어떤 역할을 하는가, 그리고 어떤 언어권의 문학 전체가 개별 작품에 대해 어떤 의미를 갖는가 하는 문제에 대해 탁월한 통찰을 보여준다. 그리고 슐라이어마허의 유작遺作에 대한 최근 연구가 보여주듯이[23] 슐라이어마허 사상의 발전과정에서 심리학적 해석은 나중에 가서야 비로소 중요하게 부각되었을 개연성이 크다. 어떻든 심리학적 해석은 19세기의 해석학 발전과정에서—사비니Savigny, 뵈크Boeckh, 슈타인탈Steinthal 그리고 특히 딜타이에게—결정적인 중요성을 갖게 된다.

일반적으로 성서를 해석할 때는 개별 저자들에 대한 심리학적·개인사적 해석이 공통의 교리를 바탕으로 한 전체적인 통일성에 비해 훨씬 뒷전으로 밀려나게 마련이다.[24] 그런데 슐라이어마허는 성서를 해석할 때도 문헌학과 교리의 방법론적 구분이 핵심적인 중요성을 갖는다고 보았다.[25] 슐라이어마허의 해석학은 문법적 해석기술과 심리학적 해석기술을 모두 포괄한다. 그런데 슐라이어마허의 해석학에서 가장 독보적인 측면은 심리학적 해석이다. 심리학적 해석은 궁극적으로 예지적인 해석태도를 함축하며, 저자의 정신세계 전체 속으로 몰입하고, 작품 얼개의 '내적 형성과정'을 파악하고, 창작행위를 추체험하는 것을 뜻한다.[26] 따라서 어떤 텍스트를 이해한다는 것은 원래의 창작과정을 되짚어가는 창작의 재현이며, 저자가 인식했던 것을 다시 인식하고(뵈크),[27] 작품의 얼개가 '싹트는' 유기적 형성과 생생한 구상의 과정에서 출발하는[28] 재구성이라 할 수 있다.

이처럼 이해의 문제를 따로 분리시켜서 논한다는 것은 말이나 글로 이루어진 사유의 형성물을 그 사실적 내용에 따라 이해하는 것이 아니라 미적 구조물로, 예술작품이나 '예술적 사유'로 이해한다는 것을 뜻한다. 이 점을 분명히 인식하면 과연 어째서 객관적 사실(슐라이어마허가 말하는 '존재')이 해석의 관건이 아닌가를 납득할 수 있다. 슐라이어마허에 따르면 '예술적 사유'는 "오로지 심미적 쾌감의 크기에 따라서만 변별력을 지니며" "주체의 즉발적인

momentan 행위”일 뿐이다.[29] 이것은 슐라이어마허가 칸트 미학의 기본체계를 따르고 있음을 뜻한다. 물론 그러한 '예술적 사유'는 단지 즉발적인 행위가 아니라 적극적인 자기표현이며, 이것이 텍스트를 이해하기 위한 전제조건이다. 슐라이어마허는 심미적 쾌감이 한껏 고조되어 겉으로 표현되는 특별한 삶의 순간들에 '예술적 사유'가 생겨난다고 보았다. 하지만 그런 경우에도—그런 순간들이 “예술작품의 원형原形”을 통해 아무리 큰 쾌감을 유발할지라도—그런 순간들은 존재의 구속을 받지 않는 자유로운 연상聯想이자 개인적 사유일 따름이다. 바로 이런 점에서 문학 텍스트는 학술적 텍스트와는 구별된다.[30] 이로써 슐라이어마허는 문학적 언술은 전달방식의 문제와 불가분으로 결부되어 있기 때문에 앞서 언급한 바 객관적 사실에 관한 의사소통의 척도에 종속되지 않는다는 점을 강조하는 셈이다. 예컨대 트로이 전쟁은 호메로스의 문학작품 속에 존재하며, 역사적인 객관적 사실에만 관심을 가진 사람은 호메로스의 작품을 더이상 문학적 언술로 읽을 수 없다. 고고학의 발굴 결과에 힘입어 호메로스 문학의 예술적 리얼리티가 높아졌다고 주장할 사람은 없을 것이다. 호메로스의 작품에서 이해해야 할 것은 누구나 공유하는 객관적 사실이 아니라 개성적 사유이며, 그 개성적 사유는 그 본질상 자유로운 연상이자 개인의 자유로운 표현인 것이다.

그런데 슐라이어마허는 이처럼 자유로운 창조의 순간이 다양한 언술형태에서 가능하다고 확장해서 보는데, 이것 역시 그의 독특함이다. 가령 앞서 언급한 '대화'의 경우에도 예술적 사유와 동일한 맥락에서 변별성을 지니는데, 의미에 대한 공통적인 인식을 추구하며 변증법의 모태가 되는 '본래적인 의미에서의 대화'는 예술적 사유로 귀속되는 '자유로운 대화'와는 구별된다. '자유로운 대화'에서는 사유의 내용적 측면은 “거의 고려되지 않아도 무방하다”는 것이다. 다시 말해 이런 대화는 생각을 이끌어내기 위한 상호자극일 뿐이며(그런 점에서 “점차 화제가 고갈되는 방식으로 대화가 끝나는 것이 가장 자연스러운 결말이다"),[31] 의사전달의 상호작용을 통해 이루어지는 일종의 예술적 형상화 과정이라 할 수 있다.

그런데 언술이 사유의 과정을 통해 산출된 내적 결과물일 뿐 아니라 외적 표현형태를 지닌 전달이라는 사실을 고려한다면 언술은 사유의 직접적인 드러남이 아니라 의식적 성찰을 전제로 한다. 이것은 당연히 문자로 고정된 모든 텍스트에 해당된다. 모든 텍스트 자체는 기술Kunst을 통해 가공된 표현인 것이다.[32] 언술행위가 그런 의미에서 기술이라면 이해행위 역시 마찬가지다. 그러니까 모든 언술행위와 모든 텍스트는 원칙적으로 이해의 기술, 즉 해석학과 관련되어 있는 것이다. 또한 (미학의 하위영역인) 수사학이 해석학과 같은 영역에 속하는 것도 그런 맥락에서 이해된다. 슐라이어마허에 따르면 일체의 이해행위는 언술행위와 동전의 양면처럼 맞물려 있으며, 구성의 재구성이라 할 수 있다. 따라서 해석학은 수사학 및 시학과 대칭적 유사성을 갖는다고 할 수 있다.

문학이 이와 같은 방식으로 언술의 기술Rede-Kunst과 긴밀하게 결부되어 있다는 사실[33]은 의아해보일 수도 있겠다. 왜냐하면 다름 아니라 문학의 언어는 단지 수사학이 아니라는 것이야말로—다시 말해 말을 주고받는 의사소통이나 설득 등과는 무관하게 의미와 형식의 통일체를 구현한다는 사실이야말로—문학의 독보적인 품격이라 할 수 있기 때문이다. 그와 달리 슐라이어마허는 문학과 수사학을 뭉뚱그려서 '예술적 사유'에 포함시키는데, 여기서 예술적 사유라는 개념은 창작의 결과물과 관련되는 것이 아니라 언술주체의 태도와 관련된다. 이렇게 해서 수사학까지도 온전히 예술로 간주되는데, 다시 말해 발언의 목적이나 지시내용에 관계없이 비유적인 창작행위의 표현으로 간주된다. 물론 그렇다 하더라도 예술성을 결여한 표현과 예술성을 갖춘 표현 사이의 경계는 유동적이며, 이것은 해석의 차원에서도 제각기 예술성이 결여된 (직접적인) 이해와 예술성을 갖춘 이해를 유발한다. 그러한 창작과정이 법칙과 규칙에 따라 기계적으로 이루어지고 무의식적인 독창성에 연유하는 것이 아닐 때 그 결과물은 해석자에 의해 의식적으로 재구성될 수 있다. 반면 그러한 창작과정이 본래적 의미에서 독창성에 바탕을 둔 개성적이고 창조적인 업적이라면 이미 알고 있는 규칙에 따라 재구성하는 해석은 불가능하다. 독창성 자체가 새로운 규칙을 만들어내는 하나의 본보기가 되는 것이다. 독창성은 언어사용과 문학창작의 새로운 형식을 창출한다. 슐라이어마허는 이러한 차이점을 충분히 고려한다. 독창적인 작품을 해석할 때는 직관적 통찰과 예지가 요구되고, 궁극적으로는 창작자의 독창성을 어느 정도 공유할 수 있어야 한다. 하지만 예술성의 유무 여부가 애매하고 기계적인 창작과 독창적인 창작의 경계가 모호한 경우에는 만약 나름의 개성이 표현되어 있고 규칙에서 벗어난 독창성의 요소가 발휘되고 있다면—예컨대 어린아이가 자기도 모르게 언어를 습득하는 과정이 그러하듯—그런 작품에 대한 이해의 궁극적인 근거는 창작자의 독창성을 어느 정도 공유하는 예지적 통찰임에 틀림없다. 그리고 창작자의 독창성을 공유할 수 있는 가능성은 모든 개성적 주체들 사이에 존재하는 긴밀한 연관성에 달려 있다.

실제로 슐라이어마허는 각 개인의 개성이 그 나름대로 만인의 삶을 드러낸다고 전제한다. 따라서 "각 개인은 다른 개인들의 개성을 최소한의 형태로는 자기 속에 갖고 있으며 타인의 개성에 대한 예지적 통찰은 자기 자신과의 비교를 통해 촉발된다." 그리하여 슐라이어마허는 "해석자가 스스로를 타자로 변신시킴으로써" 창작자의 개성을 직접적으로 파악할 수 있다고 말한다. 이와 같은 방식으로 이해의 문제를 철저하게 개성의 문제로 압축함으로써 슐라이어마허는 해석학이 모든 개성을 포괄하는 보편적인 과제를 감당할 수 있게 한다. 모든 개개인의 개성이 상대적으로 차이가 난다고 보면 해석자에게 전혀 생소한 것과 친숙한 것까지도 모두 해석 가능한 대상으로 포괄되기 때문이다. 이해의 '방법'은 상이한 개성의 비교를 통해 공통적인 것도 고려하고 또 고유한 개성의 천착을 통해 독자적 개성도 고려해야 하는 것이다. 다시 말해 이해의 방법은 상이한 개성의 상호비교와 고유한 개성에 대한 예지적 통찰을 함께 추구해야 한다. 그런데 이해의 방법은 그저 규칙을 적용하는 식으로 기계적으로 처리될 수는 없기 때문에 그 두 가지 측면 모두 '예술'의 차원에서 이루어진다. 예지적 통찰이 필수불가결한 것이다.[34]

이처럼 개성의 미적 차원을 결정적으로 중시하는 맥락에서 문헌학자와 신학자들이 활용해온 해석학적 원칙들은 특별한 변화를 겪게 된다. 슐라이어마허는 개별 문헌의 의미가 언제나 전체적인 맥락에서 도출된다는 것을 해석의 근본적인 원칙으로 받아들이는데, 그런 점에서 슐라이어마허는 프리드리히 아스트와 해석학 및 수사학의 전통 전반을 따르는 셈이다. 이러한 원칙은 당연히 문장 하나하나에 대한 문법적 이해에서부터 해당 문학작품이나 해당 장르 혹은 문학 전반의 맥락에서 개별 문장이 차지하는 의미에 이르기까지 두루 적용된다. 그런데 슐라이어마허는 사유의 구성물 하나하나를 해당 작가의 총체적 맥락에서 삶의 중요한 계기로 이해해야 한다는 뜻에서 그러한 원칙을 심리적 해석에 적용한다.

여기서 개별적인 부분을 이해하기 위한 전체의 맥락이 부분보다 먼저 존재하지 않는다는 점에서 논리적으로 볼 때 부분과 전체는 상호순환의 관계에 있다는 사실은 해석학의 초기 전통에서부터 분명했다. 그와 반대로 전체를 부분보다 먼저 존재한다고 전제하는 논리는 (가톨릭 교리가 그러하고, 또 앞에서 살펴본 대로 개신교의 성서 해석 역시 어느 정도는 그러하지만) 교조적 규범의 형태로 나타나기도 하고, 혹은 그러한 규범과 유사한 관념으로 (아스트가 고대에는 천벌이라는 관념이 지배적이었다고 전제하듯이) 특정한 시대정신을 전제하기도 한다.

그렇지만 슐라이어마허는 그러한 교조적 원칙이 올바른 것으로 전제될 수 없으며 단지 부분과 전체의 상호순환 관계를 상대적으로 제약하는 요인일 뿐이라고 단언한다. 원칙적으로 이해라는 것은 그러한 순환관계 속에서 작동한다. 따라서 전체로부터 부분으로 되짚어가고, 또한 그 역으로 움직이는 이해의 과정이 핵심 관건이다. 그리고 전체라는 개념 역시 상대적이어서 점차 더 큰 맥락 속에서 재구성되면서 부분의 이해에 영향을 미치는 방식으로 해석학적 순환의 과정은 점점 확장된다. 슐라이어마허는 부분과 전체의 양극兩極을 오가는 변증법적 사유를 해석학에 적용하며, 해석학의 전통으로 전해내려오는 부분과 전체의 상호작용을 발전시킴으로써 해석과정 고유의 잠정적 성격과 무한성을 염두에 둔다. 이처럼 해석의 과정을 상대화시키는 것이 슐라이어마허 해석학의 특색이긴 하지만, 그렇다고 해서 그러한 상대화를 절대적 원칙으로 삼는다기보다는 이해의 과정을 설명하기 위한 하나의 서술모델로 설정하고 있을 따름이다. 그것은 슐라이어마허가 다음과 같이 예지적 통찰이라는 개념을 도입함으로써 완벽한 이해를 상정한다는 사실에서 알수 있다. "예지적 통찰을 통해 결국에는 모든 부분들이 단번에 온전히 밝혀지게 된다."

여기서—뵈크의 경우에도 같은 의미로 나타나는—그러한 전환을 액면 그대로 받아들여야 할지, 아니면 해석의 상대적 완벽함 정도로 이해해야 할지 의문이 생길 법하다. 확실히 슐라이어마허는—빌헬름 폰 훔볼트Wilhelm von Humboldt의 경우에는 더더욱 그러하지만—개성이라는 것을 완벽하게는 해명할 수 없는 비밀로 간주했다. 그렇지만 바로 이 테제야말로 상대적으로 이해되어야 할 것이다. 다시 말해 이성과 인식의 한계라는 것이 반드시 어떤 경우에도 극복할 수 없는 것은 아니다. 이성의 한계는 감정을 통해, 다시 말해 직접적인 교감과 공감을 통해 이해함으로써 극복될 수도 있는 것이다. 해석학 또한 예술이며 기계적인 방법은 아니다. 그리하여 해석학은 자신의 과업, 즉 이해의 과정을 예술작품처럼 완수하는 것이다.

슐라이어마허는 외국어로 서술되어 있고 아득한 과거 시대에 탄생한 텍스트를 이해하려는 문헌학과 성서해석학의 과제가 여타의 해석과정에 비해 원칙적으로 더 큰 문제에 봉착한다고 보지는 않는데, 개성의 개념에 바탕을 둔 해석학의 한계가 여기서 드러난다. 물론 슐라이어마허 역시 시대적 격차를 극복하는 것도 아주 특별한 과제라고 본다. 이것을 슐라이어마허는 '작품 탄생 당시의 독자들과 대등해지기'라 일컫는다. 하지만 이러한 '동일화 과정', 즉 언어적·역사적으로 동일성을 창출하는 것은 본래의 이해행위로 나아가기 위한 이상적인 준비과정일 뿐이다. 슐라이어마허에게 본래의 이해행위란 작품 탄생 당시의 독자들과 동일해지는 것이 아니라, 텍스트를 통해 생의 독특한 국면이 드러나는 저자 자신과 동일해지는 것이다. 슐라이어마허가 골몰하는 과제는 베일에 가려져 있는 역사의 문제가 아니라 저자의 문제인 것이다.

그런데 작품 탄생 당시의 독자와 대등해지는 것이 과연 저자와 대등해지는 것과 구별될 수 있는지도 의문이다. 실제로 원래의 독자와 대등해지기 위한 이상적인 전제조건은 온전한 이해의 노력 없이는 이루어질 수 없으며, 온전한 이해의 노력과 불가분의 관계에 있다. 우리 시대의 문헌에 담겨 있는 의미도 그 언어를 충분히 숙지하지 못하고 내용 또한 생소한 경우에는 부분과 전체를 오가는 해석의 과정을 거칠 때에만 이해될 수 있다. "그 어떤 해석대상도 일거에 파악될 수는 없기 때문에"[35] 그처럼 부분과 전체를 오가는 해석학적 순환의 과정은 필수적이다. 설령 모국어 텍스트라 하더라도 독자는 저자가 구사하는 어휘를 그의 저작 전반에서 습득해야 하고, 저자의 고유한 개성을 파악하기 위해서는 한층 더 많은 노력이 필요한 것이다. 슐라이어마허 자신에게서 확인할 수 있는 이러한 사실에 비추어볼 때 그가 말하는 바 원래 독자와 대등해지려는 노력은 임시방편이 아니라 그가 본래적인 의미에서 이해라고 간주했던, 저자와 대등해지려는 노력과 불가분의 관계에 있다.

그런데 슐라이어마허가 원래의 독자 또는 저자와 대등해지려는 노력을 통해 말하고자 하는 바가 무엇인지 좀더 자세히 살펴볼 필요가 있다. 그것이 온전한 동일화를 뜻하지 않음은 물론이다. 창작과 재현은 그 본성상 엄연히 구별된다. 그래서 슐라이어마허는 작품을 저자보다 더 잘 이해하는 것을 해석학의 과제로 삼는다. 저자보다 더 잘 이해해야 한다는 이 명제는 슐라이어마허 이후 수없이 인용되고 다양한 방식으로 해석되면서 근현대 해석학의 역사에서 한 획을 긋는다. 실제로 해석학의 모든 문제가 이 명제에 함축되어 있다. 그런즉 이 명제의 의미를 좀더 천착해볼 필요가 있다.

슐라이어마허의 명제가 뜻하는 바는 명확하다. 슐라이어마허는 텍스트 해석을 창작행위의 재구성으로 보는 것이다. 창작과정을 재구성해보면 원저자가 미처 의식하지 못했던 많은 것들을 파악할 수 있다는 것이다. 슐라이어마허가 보편적 해석학의 목표로 설정한 이 명제는 당대의 천재 미학Genieästhetik을 원용한 것이 분명하다. 독창적인 예술가의 창작방식은 무의식적인 창작행위를 해석을 통해 재구성함으로써 명료하게 파악할 수 있다고 보는 해석학적 입장을 뒷받침해주는 모델인 것이다.[36]

그러한 뜻으로 이해되는 슐라이어마허의 명제는 문헌학이 예술성을 갖춘 언술에 대한 해석으로 이해되는 한 실제로 모든 문헌학의 기본원칙이 될 수 있다. 해석자가 원저자보다 수월하게 해낼 수 있는 더 나은 이해라는 것은 텍스트가 다루는 사실들에 대한 이해를 가리키는 것이 아니라 단지 텍스트 자체의 이해, 다시 말해 저자가 의도하고 표현한 것에 대한 이해를 뜻한다. 그러한 이해를 저자보다 해석자가 '더 잘' 해낼 수 있다는 것은 텍스트의 의미에 대한 집중적인 해석을 통해 단지 텍스트의 내용을 파악하는 것보다는 더 많은 인식을 얻어낼 수 있기 때문이다. 그렇게 보면 슐라이어마허의 명제는 거의 자명한 사실을 말하고 있을 뿐이다. 외국어로 되어 있는 텍스트를 해독하는 사람은 텍스트의 문법규칙과 구성형식에 의식적으로 유념할 것이다. 그렇지만 원저자는 모국어 환경에서 모국어를 표현수단으로 삼았기 때문에 문법규칙 등을 굳이 의식하지 않고서도 표현할 수 있다. 이것은 일체의 독창적인 창작과 그 결과물에 대한 해석의 문제에도 원칙적으로 동일하게 적용될 수 있다. 특히 문학작품에 대한 해석을 상기해보면 그 점은 분명해진다. 해석자는 문학작품을 작가 자신보다 더 잘 이해하게 마련인데, 작가가 작품을 창작하는 과정에서는 온전한 자각을 하지 못하기 때문이다.

여기서 해석학이 유념해야 할 한 가지 사실을 추론할 수 있는데, 작품을 창작하는 예술가는 작품에 대한 전문적인 해석자는 아니라는 사실이다. 작품에 대한 해석이라는 측면에서 보면 예술가는 원칙적으로 수용자보다 우월한 권위를 누리지 못한다. 예술가는 자신의 작품에 대해 성찰을 함으로써 자기 작품의 독자가 된다. 그렇지만 자기 작품을 성찰하는 입장에서 내놓는 견해가 결정적 척도가 되지는 않는다. 해석의 유일한 척도는 작품의 의미내용이 무엇이고 작품이 '뜻하는' 바가 무엇인가 하는 것이다.[37] 이와 같이 독창적 창작에 의거한 해석학적 입장은 해석자와 저자의 구별을 제거함으로써 중요한 이론적 기여를 한다. 해석의 대상은 저자가 자기 작품에 대해 성찰하는 자기해석이 아니라 저자의 무의식적 생각이라는 점에서 저자와 해석자의 대등한 설정이 정당성을 얻게 되는 것이다. 슐라이어마허의 역설적인 명제가 뜻하는 바는 바로 이것이다.

슐라이어마허의 명제는 그의 뒤를 이어 아우구스트 뵈크, 슈타인탈, 딜타이 등이 동일한 의미로 사용했다. "문헌학자는 시인이 자기 자신을 이해하는 것보다 시인을 더 잘 이해하며, 시인의 동시대인들보다도 시인을 더 잘 이해한다. 시인이 미처 의식하지 못한 채 만들어낸 것을 문헌학자는 명료하게 파악하기 때문이다."[38] 슈타인탈에 따르면 "심리학의 법칙에 대한 인식을 통해" 문헌학자는 인과율과 문학작품의 탄생과정과 작가정신의 구조를 천착함으로써 작품에 대한 이해를 개념적 인식으로 심화시킬 수 있다.

슈타인탈이 슐라이어마허의 명제를 이어받는 이러한 논의에서 이미 자연과학을 모범으로 삼은 심리학적 법칙에 대한 탐구가 영향력을 행사하고 있음을 알 수 있다. 반면 딜타이는 천재 미학과의 연관성을 한층 강화함으로써 자연과학적 심리학의 영향에서 벗어나 있다. 딜타이는 저자보다 더 잘 이해해야 한다는 명제를 특히 시인들에 대한 해석에 적용한다. 문학작품의 '이념'을 작품의 '내적 형식'으로부터 이해하는 것은 '더 잘 이해하는' 것이라 할 수 있다. 딜타이는 바로 이 점에서 "해석학의 최고의 승리"[39]를 찾을 수 있다고 본다. 위대한 문학작품을 자유로운 창조물로 이해함으로써 작품의 철학적 함축내용이 밝혀지는 것이다. 자유로운 창조물은 작품 외적 제약이나 소재상의 제약에 구애받지 않으며, 따라서 오로지 '내적 형식'으로서만 파악될 수 있다.

그런데 '자유로운 창조물'이라는 이상적인 경우가 과연 해석학의 문제를 가늠하는 진정한 척도가 될 수 있는가, 그리고 이러한 기준에 따라 예술작품을 이해할 때 과연 작품을 온전히 파악한 것이라 할 수 있는가 하는 의문이 제기된다. 또한 작가보다 더 잘 작품을 이해해야 한다는 명제가 과연 천재 미학의 전제하에 여전히 본래의 의의를 지닐 수 있는가, 아니면 지금은 전혀 새로운 의의를 갖는가 하는 문제도 짚어보아야 한다.

실제로 슐라이어마허의 명제는 그 전사前史를 갖고 있다. 이 문제를 탐구했던 볼노Bollnow는 슐라이어마허 이전에 이 명제가 등장하는 대목을 두 군데 언급하는데,[40] 그것은 피히테[41]와 칸트[42]의 문헌이다. 이보다 더 오래된 문헌에서 슐라이어마허의 명제를 찾아내지는 못했다.[43] 이런 이유에서 볼노는 슐라이어마허의 명제가 피히테와 칸트 이전까지는 구전으로 전해져왔을 거라고 추정한다. 말하자면 문헌해석의 지침처럼 전해져오던 것을 슐라이어마허가 해석학의 원칙으로 부각시켰다는 것이다.

그렇지만 내가 보기에 그러한 주장은 안팎의 사정을 고려해볼 때 신빙성이 희박하다. 원저자보다 더 잘 이해해야 한다는 세련된 방법론적 명제는 오늘날까지도 온갖 방식으로 자의적인 해석의 면 허장처럼 남용되고 그래서 비판의 표적이 되기도 하는데, 그런 점 에서는 문헌학자들의 학풍에는 부합되기 힘들었을 것이기 때문이 다. '인문주의자'를 자처했던 문헌학자들은 고전문헌들을 금과옥 조로 삼는 데서 자부심을 찾았기 때문이다. 진정한 인문주의자라 면 자신이 원저자보다 더 잘 이해할 수 있는 그런 저작을 남긴 저자 를 자신의 귀감으로 삼지는 않았을 것이다. 여기서 분명히 짚고 넘 어가야 할 것은 원래 인문주의자들이 추구했던 최고의 목표는 자신 이 모범으로 삼는 저자를 '이해'하는 것이 아니라 그런 저자와 동렬 에 오르는 것, 혹은 그런 저자를 능가하는 것이었다는 사실이다. 따 라서 원래 문헌학자는 모범으로 삼은 작가를 그저 설명만 하는 것 이 아니라—경쟁하는 관계까지는 아니더라도—똑같이 닮으려고 모방하는 것을 추구했다. 성서에 대한 교조적 종속관계와 고전작가 들에 대한 인문주의자들의 종속관계가 어느 정도 느슨해진 연후에 야 비로소 텍스트를 원저자보다 더 잘 이해해야 한다는 명제를 내 세울 만큼 해석자의 과업이 첨예한 자의식으로 표출될 수 있었다.

따라서 해석학을 일체의 내용과 무관하게 독자적인 방법론으 로 독립시킨 슐라이어마허에 이르러서야 비로소 원칙적으로 해석 자가 해석대상보다 우위를 점할 수 있다는 발상의 전환이 가능해 졌다고 보는 것이 타당하다. 자세히 살펴보면 피히테와 칸트의 문 헌에서 슐라이어마허의 명제가 등장하는 것도 같은 맥락에서 이해 될 수 있다. 왜냐하면 문헌학자들의 작업규칙으로 전수되어왔다고 오인될 우려가 있는 이 명제가 피히테와 칸트의 문헌에서 등장하는 맥락을 살펴보면 피히테와 칸트는 그러한 잘못된 해석과는 전혀 다 른 뜻으로 이 명제를 사용하기 때문이다. 피히테와 칸트가 이 명제 를 언급하는 맥락은 문헌학의 원칙에 관련된 것이 아니라, 개념을 보다 명료하게 밝힘으로써 어떤 주장 속에 내재하는 모순을 극복해야 한다는 철학의 요청과 관련된 것이다. 따라서 피히테와 칸트의 맥락에서는 저자가 사용하는 개념에서 수미일관된 결론들을 이끌어내 오직 사유를 통해 저자의 본래 의도에 부합되는 통찰―저자가 명확하게 사유했다면 충분히 전달될 수 있는 그런 통찰―에 도달해야 한다는 합리주의 정신의 요청을 표명하는 원칙인 것이다. 피히테는 당시 칸트 해석의 지배적인 경향에 맞서서 "체계의 창안자는 그 해석자 및 추종자와는 전혀 다른 존재이다"[44]라며 해석학의 입장에서 볼 때는 있을 수 없는 테제를 주장한다. 또한 "칸트를 그의 정신에 따라 설명해야 한다"[45]는 피히테의 주장 역시 엄정한 비판 정신으로 충만해 있다. 그러니까 논란의 소지가 많은 이 명제는 다름 아닌 엄정한 철학적 비판의 요구를 표현하는 것이다. 저자가 말하는 바에 관하여 저자보다 더 철저하게 사유할 수 있는 사람은 저자가 말하는 바를 저자 자신도 미처 파헤치지 못한 진리의 관점에서 볼 줄 알아야 한다는 것이다. 이런 의미로 보자면 저자보다 더 잘 이해해야 한다는 원칙은 학문적 비판의 원칙만큼이나 오래된 것이다.[46] 그렇지만 이 원칙은 합리주의 정신의 세례를 받으면서 비로소 엄정한 철학적 비판을 위한 원칙으로 특화되었다. 따라서 그런 맥락에서 저자보다 더 잘 이해해야 한다는 말 자체는 슐라이어마허의 경우와는 전혀 다른 의미를 지닌다. 슐라이어마허 역시 이러한 철학적 비판의 원칙을 문헌학적 해석학의 원칙으로 재해석했다고 추정해볼 수도 있겠다.[47] 그렇게 보면 슐라이어마허와 낭만주의자들이 서 있는 입지가 명확하게 규정될 수 있을 것이다. 이들은 보편적 해석학을 창안함으로써 전문적인 철학적 비판을 학문적 해석의 영역으로부터 배제하는 것이다.

슐라이어마허가 염두에 두었던 뜻으로 저자보다 더 잘 이해해야 한다는 명제는 텍스트가 다루는 전문적인 내용을 문제삼지 않으며, 텍스트가 표현하는 진술을 그 인식내용과는 무관하게 자유로운 창작물로 간주한다. 슐라이어마허의 해석학은 일체의 언어적 맥락을 이해하는 것을 추구하며, 언어 자체를 해석의 표준적인 준거로 삼는다. 실제로 한 개인의 언술행위는 자유로운 상상력의 활동이며, 그런 활동의 가능성은 언어의 완성도에 따라 제약을 받게 마련이다. 언어는 표현의 장이며, 해석학의 영역에서 언어가 우월한 위치를 차지한다는 것은 슐라이어마허의 관점에서 볼 때는 해석자가 텍스트를 그 진리 요구와 무관하게 순수한 표현물로 간주한다는 것을 뜻한다.

슐라이어마허의 입장에서 보면 역사조차도 그처럼 자유로운 창조의 무대이다. 물론 이 경우에는 신적인 창조의 무대이다. 그런 맥락에서 슐라이어마허는 역사가의 서술태도를 그처럼 장엄한 창조의 무대를 감상하고 즐기는 것으로 이해한다. 딜타이가 인용하는 슐라이어마허의 일기 중 한 구절은 역사에 대한 그러한 낭만주의적 성찰을 유려하게 서술한다. "진정한 역사적 의미는 역사를 초월하여 성립된다. 모든 역사적 현상들은 그것을 무대 위에 펼쳐보이는 정신에 주의를 기울이도록 하기 위한 신성한 기적과도 같은 것이다."[48]

이런 구절을 읽으면 슐라이어마허의 해석학이 궁극적으로 추구하는 역사적 정신과학의 보편적 관점이 얼마나 야심찬 기획인지 가늠해볼 수 있을 것이다. 그렇지만 슐라이어마허가 발전시킨 해석학이 아무리 보편성을 추구한다 하더라도 그 보편성에는 분명한 한계가 있다. 사실 그의 해석학은 확고부동한 권위를 지닌 텍스트를 염두에 둔 것이었다. 슐라이어마허를 통해 비로소 성서나 고대의 고전들에 대한 이해와 해석이 일체의 교조적 관심사로부터 완전히 벗어나게 되었다는 사실은 역사의식의 발전사에서 중대한 진일보이다. 성서의 신성한 진리도 고전작가들의 전범도 하나하나의 텍스트에서 저자의 생애의 표현을 탐색할 뿐 서술내용의 진리 여부에는 관심이 없는 해석방법에 개입할 수 없게 된 것이다.

그렇지만 슐라이어마허가 이러한 방법론적 추상으로 나아가게 된 동기는 역사가의 관심이 아니라 신학자의 관심에서 비롯된 것이다. 그는 구전口傳과 문헌으로 전승된 텍스트를 어떻게 이해해야 할 것인가를 설파하고자 했고, 그의 관심사는 신앙의 가르침을 담고 있는 성서 텍스트였다. 그런 이유에서 그의 해석학 이론은 정신과학의 방법론적 토대가 될 수 있는 역사학과는 동떨어진 것이었다. 슐라이어마허의 해석학이 추구하는 목표는 텍스트를 특정한 관점에서 파악하는 것이었고, 역사적 맥락에 대한 보편적 이해 역시 그러한 목표에 종속되었다. 슐라이어마허의 해석학이 역사적 세계관의 토대가 되지 못하는 한계가 바로 여기에 있다.

2) 역사학파와 낭만주의 해석학의 연관성

① 보편사의 이상에 내재하는 딜레마

우리는 역사가들이 애초에 그들이 주창했던 해석학 이론의 관점에서 볼 때 자신들의 역사서술을 과연 어떻게 이해할지 되물어볼 필요가 있다. 역사가들이 다루는 대상은 개별 텍스트가 아니라 보편사 Universalgeschichte이다. 역사가의 포부는 인류 역사의 전체적 맥락을 파악하고자 하는 것이다. 역사가에게 개별 텍스트는 그 자체의 독자적 가치를 지니지 않고 역사의 맥락을 인식하기 위한 원천과 참고자료로 활용될 뿐이며, 그런 점에서 여타의 역사유적과 바를 바 없다. 따라서 애초부터 역사학파는 슐라이어마허의 해석학을 바탕으로 해서는 이론을 전개할 수 없었다.[49]

그런데 실제로는 보편사라는 원대한 목표를 추구하는 역사적 세계관은 낭만주의의 개성 이론과 그에 상응하는 해석학에 기반을 두었다. 부정적으로 말하자면, 전통과 현재의 관계, 즉 과거의 역사가 과연 어떤 맥락에서 현재의 삶에 선행하는가 하는 문제가 아직 방법론적 성찰의 고려사항이 되지 못했다고 할 수 있다. 역사학파는 그런 맥락에 주목하기보다는 전통에 대한 탐구를 통해 단지 과거사를 현대에 전달해주는 것을 과제로 삼았다. 따라서 역사학파가 보편사의 연구방법으로 설정한 기본도식은 실제로 어떤 역사적 문헌에나 적용될 수 있는 성질의 것이었다. 그것은 전체와 부분의 관계를 규정하는 도식이다. 물론 어떤 텍스트를 하나의 문학적 구조물로 보고 저자의 의도와 작품의 구성에 초점을 맞추어 이해하려는 것은 텍스트를 거대한 역사적 맥락을 인식하기 위한 비판적 단서를 제공해주는 기록물로 평가하려는 것과는 일정한 차이가 있다. 그리고 전자의 문헌학적 관심과 후자의 역사적 관심은 경우에 따라 어느 한쪽이 우위를 점할 수 있다. 역사적 해석이 해당 텍스트의 이해를 위한 수단으로 활용될 수도 있고, 관심의 초점이 달라지면 개별 텍스트는 전체 역사의 맥락 속에 편입되어 단지 하나의 참고자료로만 간주되는 것이다.

이러한 문제에 대한 명확한 방법론적 성찰은 랑케Ranke는 물론 예리한 방법론자였던 드로이젠Droysen에게서도 찾아볼 수 없으며, 딜타이에 이르러서야 비로소 뚜렷이 나타난다. 딜타이는 낭만주의 해석학을 적극적으로 발전시켜 역사적 방법론으로, 더 나아가 정신과학의 인식론으로까지 확장시켰다. 역사의 맥락이라는 개념에 관한 딜타이의 논리적 분석은 부분과 전체의 해석학적 원칙, 다시 말해 텍스트 전체를 근거로 해서만 개별적인 부분을 이해할 수 있고 또한 부분을 근거로 해서만 전체, 즉 역사세계를 이해할 수 있다는 원칙을 적용한 것이다. 문헌만이 텍스트로 간주되는 것이 아니라 역사현실 자체도 이해되어야 할 텍스트로 간주된다. 이처럼 해석학을 역사학에 적용함으로써 딜타이는 역사학파의 해석학자가 되었다. 근본적으로 보면 딜타이는 랑케와 드로이젠이 생각했던 것을 명확하게 정리한 셈이다.

이와 같이 낭만주의 해석학과 그 배경이 되는 개성에 대한 범신론적 형이상학은 19세기 역사학의 이론적 경향에 결정적인 영향을 미쳤다. 이것은 정신과학의 운명과 역사학파의 세계관에 치명적인 결과를 초래했다. 나중에 살펴보겠지만 역사학파의 반발을 샀던 헤겔의 역사철학은 정신의 존재와 진리의 인식을 위해 역사가 얼마나 큰 의의를 지니는가를 후대의 위대한 역사가들보다 훨씬 더 심오하게 통찰했다. 물론 후대의 역사가들은 자신이 헤겔에 빚지고 있다는 것을 인정하지 않겠지만 말이다. 신학과 미학과 문헌학의 관심사를 통합하는 슐라이어마허의 개성 개념 역시 선험철학의 관점에서 역사철학을 구축하려는 입장에 대한 비판에서 나온 것으로, 역사에 바탕을 둔 정신과학이 자연과학에 못지않게 갈수록 진보하는 경험을 탐구의 기반으로 삼아야 한다는 방법론적 기준을 제시했다. 헤겔의 역사철학에 맞서는 가운데 정신과학은 결국 문헌학으로 수렴하게 되었던 것이다. 세계사의 맥락을 목적론적으로 보지 않았다는 것, 다시 말해 낭만주의 이전이나 이후의 계몽주의적 관점처럼 역사의 종착점 혹은 최후의 날을 미리 설정하여 세계사를 보지 않았다는 것이 정신과학의 자부심이었다. 이들에겐 역사의 종착점도 역사의 바깥도 있을 수 없었다. 따라서 세계사의 전 과정을 이해하기 위해서는 우선 지나온 역사 자체를 출발점으로 삼아야 했다. 그런데 이것은 개별 텍스트의 의미를 그 텍스트 자체로부터 해석해야 한다는 문헌학적 해석학의 요청과 일치하는 것이었다. 말하자면 역사학의 토대는 곧 해석학이었던 것이다.

　그런데 역사라는 책은 매 시대의 현재적 관점에서 보면 어둠 속에 파묻혀 있는 파편과 같아서 보편사라는 이상은 매 시대의 고유한 역사성을 중시하는 역사적 세계관에 특별한 문제점을 야기한다. 문헌학자는 어떤 텍스트의 완결성을 확보할 수 있지만 역사의 보편적 맥락에는 그러한 완결성이 결여되어 있는 것이다. 물론 역사가 역시 어떤 인물의 생애, 세계사의 무대에서 사라진 민족의 역사, 심지어 과거지사로 종결된 한 시대의 역사까지도 그 전체적인 의미가 완결되어 그 자체로 이해 가능한 텍스트로 설정할 수 있을 법도 하다.

앞으로 살펴보겠지만 딜타이 역시 그처럼 상대적 통일성을 지닌 역사적 단위들을 사고의 출발점으로 삼았고, 그럼으로써 전적으로 낭만주의 해석학을 바탕으로 자신의 사고를 발전시켰다. 낭만주의 해석학이나 딜타이의 해석학 양자 모두 해석자 자신의 주관을 초월하여 해석대상 자체의 완결된 총체적 의미를 추구했다. 따라서 언제나 해석의 초점은 낯선 개성을 그 자체의 개념과 가치기준 등에 따라 평가하되—해석자인 '나'와 해석대상인 '너'는 동일한 삶의 '계기들Momente'이므로—이해가 가능하도록 해석하는 것이었다.

해석학의 이러한 기본입장은 나름의 논리적 정합성을 확보한다. 그렇지만 해석자의 입장과 무관하게 해석대상 자체를 중시하고 내용상 완결된 총체적 의미를 추구하는 것이 역사학파의 가장 본래적인 과제인 보편사를 뒷받침하지는 못한다. 왜냐하면 역사란 것은 완결된 것이 아니기 때문이다. 역사의 해석자인 우리 자신이 역사 속에 존재하며, 계속 앞을 향해 나아가는 연쇄적인 역사과정 속에서 단지 하나의 유한하고 제한적인 지체肢體로서만 존재하기 때문이다. 보편사의 과제가 직면하는 이러한 난관을 고려할 때 과연 해석학이 역사연구의 토대가 될 수 있을까 하는 의문이 제기될 수도 있겠다. 그렇지만 보편사는 단지 역사인식의 주변적 문제나 부차적 문제가 아니라 핵심적인 관심사이다. '역사학파' 역시 근본적으로 따지면—전체를 근거로 해서만 개별적인 부분의 의미를 파악할 수 있으므로—보편사 이외의 다른 어떤 역사도 존재할 수 없다는 것을 알고 있었다. 그렇지만 자신의 역사적 경험에 의존하는 역사가는 결코 전체를 조망할 수 없다. 그렇다면 과연 어떻게 경험적 탐구를 하는 역사가는 선험주의적인 주관적 자의성에 빠질 수도 있는 철학자와 달리 자신의 정당성을 확보할 수 있는가?

우선 '역사학파'가 과연 어떻게 보편사의 문제를 해결하려고 하는지 짚어볼 필요가 있다. 그러기 위해서는 상당히 멀리까지 소급해서 봐야 하지만, 여기서는 역사학파의 이론적 맥락 안에서 보

편사의 문제만 추적하여 랑케와 드로이젠에 국한하여 살펴보기로
하겠다.

우선 역사학파가 헤겔에 맞서서 독자적 영역을 개척하려 했다
는 사실을 상기할 필요가 있다. 세계사의 선험적인 구축에서 벗어
나려는 시도는 역사학파의 출생증명서와 같다. 역사학파는 사변철
학이 아니라 오로지 역사적 탐구를 통해서만 보편사적 관점을 확보
할 수 있다고 보았던 것이다.

계몽주의의 역사철학 도식에 대한 헤르더의 비판은 그러한 방
향전환을 위한 결정적인 전제조건을 마련했다. 계몽주의의 이성만
능주의에 대한 헤르더의 비판은—특히 빙켈만이 천명했던 바—고
대 그리스 고전주의 시기를 역사의 모범으로 설정하는 데서 가장
날카로운 예봉을 발휘했다. 빙켈만의 『고대 미술사 *Geschichte der Kunst
des Altertums*』가 단지 예술사 서술 이상의 의의를 지닌다는 것은 두말
할 나위 없다. 이 책은 빙켈만 자신의 시대에 대한 비판서로서 역사
서술을 위한 하나의 새로운 기획을 천명하는 것이었다. 그렇지만
빙켈만 당대에 대한 일체의 날카로운 비판에도 불구하고 고대와 현
대를 보는 이중적 시각에 힘입어 고대 예술을 현대의 귀감이 될 새
로운 이상으로 설정함으로써 결과적으로는 역사에 대한 새로운 인
식을 한 걸음 더 진전시키는 데 기여했다. 과거가 현재의 귀감으로
설정되고 과거를 다름 아닌 과거에 실제로 있었던 그대로 탐구하고
인식함으로써, 바로 그로 인해 과거는 다시는 되풀이할 수 없는 일
과성의 과거로 자리매김되었던 것이다.

헤르더는 빙켈만이 쌓은 이론적 토대 위에서 과거 모든 시대
의 모범적 성격과 반복 불가능성이라는 변증법적 관계를 통찰함으
로써 계몽주의의 목적론적 역사관에 맞서 보편적 역사관을 정립할
수 있었다. 이제 역사적으로 사유한다는 것은 모든 시대가 그 자체
의 존재이유를 갖고 독자적인 완결성을 갖는다는 것을 뜻하게 되었
다. 헤르더는 이 새로운 역사인식에 결정적으로 기여했다. 물론 고

대 그리스 고전주의에 특별한 모범적 의의를 부여하는 의고전주의적擬古典主義的 선입견이 여전히 남아 있었던 만큼 그러한 역사주의적 세계관은 아직 온전히 원숙한 경지에는 도달하지 못했다. 계몽주의의 이성만능주의에서 연유하는 목적론이든 그 역의 목적론, 즉 과거의 특정한 시대나 역사의 시발점을 역사의 완성으로 간주하는 목적론이든 간에 그런 입장은 역사의 피안에 있는 가치척도를 용인하는 것이기 때문이다.

역사를 역사의 피안에 있는 가치척도로 사유하는 방식에는 여러 형태가 있다. 빌헬름 폰 훔볼트의 의고전주의는 역사를 고대 그리스의 완벽함을 상실하고 타락해온 과정으로 보았다. 괴테 시대의 영지주의靈智主義 Gnostik가 주창한 역사목적론은—최근에 그들이 랑케에게 미친 영향에 관한 연구서가 나왔는데[50]—역사 속에서 상실된 태곳적의 완벽함을 되찾는 것이 곧 역사의 미래라고 보았다. 헤겔은 그리스의 예술종교를 이미 극복된 정신의 단계로 규정하고 자유에 대한 보편적 자기의식이 현재의 시간 속에서 역사의 완성태로 실현된다고 천명함으로써 고대 그리스 고전주의의 미적 이상과 현대에 대한 자기의식을 서로 절충시켰다. 이 모든 사고방식은 역사의 바깥에 있는 척도를 전제하고서 역사를 사유하는 방식이다.

그런데 19세기 역사학은 그와 같이 선험적이고 비역사적인 척도를 부정하는 데서 출발하긴 했지만, 엄밀한 학문적 입장에서 보면 그들 자신의 주장과 달리 형이상학적 전제들에서 완전히 벗어나지는 못했다. 19세기의 역사적 세계관을 주도했던 개념들을 살펴보면 그 점은 분명히 드러난다. 그 개념들은 그 의도를 존중해서 보면 선험주의적 역사관의 선입견을 바로잡고자 했던 것은 사실이다. 그렇지만 관념론적 정신 개념에 첨예하게 맞서는 와중에 그들 자신도 관념론적 정신 개념의 영향권에 말려들었다. 역사적 세계관에 대한 딜타이의 철저한 철학적 성찰에서 그러한 문제점은 가장 명료하게 드러난다.

　　새로운 역사관은 물론 전적으로 '역사철학'에 대한 비판에서 출발했다. 랑케나 드로이젠이나 딜타이를 막론하고 역사주의의 모든 대표자들이 공유하는 기본가정은 이념이나 본질 혹은 자유가 구체적인 역사현실 속에서는 결코 온전히 실현되지 않는다는 것이다. 그런데 이것은 단지 역사에서의 어떤 결핍이나 낙후성의 의미로 그렇다는 뜻이 아니다. 오히려 이념이 역사 속에서는 언제나 불완전한 형태로만 드러난다는 의미에서 그러한 불완전함은 역사의 구성원리 자체가 된다. 사정이 그러하기 때문에 이들은 역사철학에 기대는 대신 인간이 스스로에 대하여 깨우치고 세계 속에서 인간의 위치에 대하여 깨우치는 역사적 탐구를 필요로 하게 되었다. 따라서 단일한 목표가 미리 정해져 있는 역사의 이념이라는 것은—그것은 곧 이념의 순수한 현현顯現일 테지만—한편으로 인간 스스로 진리 추구를 포기한다는 것을 뜻한다.

　　다른 한편으로 역사현실은 정신이 통과할 수 없도록 불투명하기만 한 소재라거나 정신을 무용지물로 만들고 질식케 하는 경직된 필연의 세계만은 아니다. 구체적 역사현실을 이데아의 현상적 드러남과 타락이라고 보는 그러한 영지주의적·신플라톤주의적 입장은 역사의 형이상학적 존재가치에도 충실하지 않고 과학적 역사학의 인식수준에도 미치지 못한다. 인간의 본질이 시간 속에서 펼쳐진다는 사실이야말로 역사의 창조성을 말해주는 것이다. 끝없이 흥망성쇠를 거듭하는 인간운명 속에서 인간의 풍요와 다채로움은 갈수록 더 고양된 현실로 실현된다. 역사학파의 기본가정은 이와 같이 표현될 수 있다. 그런 점에서 역사학파는 괴테 시대의 의고전주의와 결코 무관하지 않다.

　　이들의 기본 입장은 그 근본을 따지면 휴머니즘적 이상이다. 빌헬름 폰 훔볼트는 고대 그리스 예술이 보여주는 위대한 개인들의 예술작품 속에서 그리스 정신이 완성된 것이라고 보았다. 하지만 19세기의 위대한 역사가들은 그러한 의고전주의적 이상을 받아들일 수 없었다. 그들이 따른 것은 헤르더였다. 그런데 헤르더의 입장을 계승하여 고대 그리스 고전주의의 우월성을 더이상 인정하지 않는 역사주의적 세계관은 훔볼트가 고대 그리스 고전주의의 우월함을 입증하기 위해 끌어들인 것과 동일한 잣대로 세계사 전체를 보려고 하는 딜레마에 빠지게 되었다. 개개인의 풍요로운 개성이라는 것은 다름 아닌 그리스적 삶의 최고 영예인 동시에 역사의 가치와 의미를 보증하는 전부가 된 것이다. 바로 여기에서 역사학파는 영광스러운 승리와 참혹한 파멸이 교차하며 인간의 심금을 울리는 역사의 무대에서 가슴 조이며 탐색하는 의미의 해답을 찾고자 했던 것이다.

　이러한 해답의 장점은 휴머니즘적 이상을 앞세움으로써 역사의 특정한 내용적인 문제를 고려할 필요 없이 최대한 개성적인 다채로움이라는 형식적 이념만 추구하면 된다는 것이다. 그러한 이상은 실제로 보편성을 확보할 수 있다. 아무리 극단적인 역사적 경험이나 인간사의 끔찍한 재난도 원칙적으로 그러한 이상을 허물어뜨리지는 못하기 때문이다. 역사는 그 자체에 의미를 내재한다. 그러한 역사의 의미와 상충하는 것처럼 보이는 모든 인간사의 무상함이야말로 실제로는 역사에 내재하는 의미의 토대가 된다. 역사적 삶이 무궁무진한 창조성을 발휘할 수 있는 비밀은 바로 그러한 무상성 자체에 있기 때문이다.

　그렇다면 역사의 형식적 이상이라는 잣대를 기준으로 삼을 때 과연 어떻게 세계사의 통일성을 사유할 수 있고 그러한 통일성에 대한 인식이 정당성을 확보할 수 있는가 하는 문제가 제기된다. 이 문제에 대하여 우선 랑케는 다음과 같이 말한다.

진정으로 세계사적인 모든 행위는 단지 일방적인 파괴만으로 이루어지지 않고 현재의 스쳐가는 순간에도 미래의 발전가능성을 잉태하거니와, 그런 세계사적 행위는 불가

침의 가치를 내포한다는 것을 우리는 직감적으로 충만하
게 느낄 수 있다.[51]

고대 그리스 고전기의 우월함이나 현재 혹은 궁극적인 미래의
우월함, 몰락과 진보 등 보편사의 전통적 기본도식은 랑케의 진정
한 역사주의적 사유와 합치될 수 없다. 모든 시대는 신의 섭리와 직
결되어 있다는 랑케의 유명한 경구는 역으로 세계사의 맥락이라
는 이념과는 잘 합치된다. 왜냐하면—헤르더가 세계사의 '이행질
서Folgeordnung'라 일컬은—세계사의 보편적 맥락이란 역사현실 자
체의 드러남이기 때문이다. 역사적 사건은 "엄밀한 이행원칙에 따
라 실현된다. 그리하여 나중에 벌어지는 사건은 앞서 벌어졌던 사
건의 영향과 성격을 후대에도 명확하게 파악할 수 있게 해준다."[52]
인간의 운명이 부침하는 와중에도 인간사가 끊임없이 전후맥락을
유지한다는 사실이야말로 덧없이 사라지는 가운데 생성이 이루어
지는 역사의 형식적 구조를 규정하는 첫번째 원리가 된다.

랑케가 "진정으로 세계사적인 행위"라고 일컬은 것이 무엇을
뜻하는지, 그리고 세계사의 맥락이 본래 무엇에 근거하는지가 바로
그런 관점에서 비로소 이해될 수 있다. 세계사는 역사의 바깥에 설
정된 고정불변의 목적 따위는 갖고 있지 않다. 그러므로 선험적으
로 인식할 수 있는 그 어떤 필연이 역사를 좌우하지도 않는다. 그렇
지만 역사적 맥락의 구조는 목적론적이다. 그 잣대가 되는 것은 성
패 여부이다. 이미 언급한 대로 나중에 벌어지는 역사적 사건은 먼
저 벌어진 사건의 의미를 판가름하는 것이다. 랑케는 이것을 역사
적 인식의 필요조건 정도로만 생각했던 것으로 보인다. 실제로 역
사의 의미가 부여되는 무게중심은 후속사건이 과연 어떻게 선행
사건을 규정하는가에 달려 있다. 어떤 일이 과연 성공하느냐 아니
면 실패하느냐 여부는 그 행위의 의미를 규정하고 지속적인 영향
력을 발휘하는가 아니면 아무런 영향력도 행사하지 못한 채 무위

로 그치는가 여부를 결정한다. 그뿐 아니라 어떤 일의 성패 여하에 따라 행위와 사건의 전체적 맥락이 의미 있는 것이 될 수도 있고 무의미한 것이 될 수도 있다. 역사의 존재론적 구조 자체가 비록 목적은 없으되 목적론적인 것이다.[53] 랑케가 말하는 진정으로 세계사적인 행위라는 개념은 바로 그런 의미로 정의될 수 있다. 어떤 행위가 역사를 만들 때, 다시 말해 지속적인 역사적 의미를 부여하는 영향력을 발휘할 때, 그런 행위가 곧 진정으로 세계사적인 행위인 것이다. 따라서 역사적 맥락을 구성하는 요소들은 일종의 무의식적 목적론에 의해 그 의미가 규정되며, 그 목적론은 역사적 맥락의 구성요소들을 일정한 맥락으로 엮어내고 무의미한 요소들은 그 맥락에서 제외시킨다.

② 랑케의 역사적 세계관

그와 같은 목적론은 철학적 개념으로는 입증될 수 없다. 랑케의 목적론에서 세계사는 의식 없는 기계장치로 배우들을 조종하는 그런 선험적 체계가 아니다. 랑케의 목적론은 오히려 행위의 자유와 잘 합치된다. 랑케는 역사적 맥락의 구성요소가 곧 '자유의 행위'라고 말하는 것이다.[54] 이 말은 끝없이 벌어지는 사건들 중에 유독 역사적 결단을 유도하는 특별한 사건이 존재한다는 것을 뜻한다. 물론 자유의지로 행하는 모든 일은 특정한 결단의 결과이긴 하지만, 그러한 결단을 통해 특별한 결정이 내려질 때, 다시 말해 어떤 결단이 역사를 만들어내고 영향력을 발휘하면서 온전하고도 지속적인 의미를 드러낼 때 비로소 진정으로 역사적인 순간이라 일컬어지는 영예가 주어지는 것이다. 그러한 역사적 순간들은 역사적 맥락 속에서 그 의미가 드러난다. 자유로운 행위가 역사적으로 결정적인 의미를 갖는 그런 순간들을 우리는 한 시대의 획을 긋는 순간 혹은 절체절명의 순간이라 일컫는다. 그리고 그러한 결정적인 행위의 주인공들을 헤겔은 '세계사적 개인'이라 일컬었다. 그러한 개인을 랑케는 "이념투쟁이나 열강의 전쟁에 독자적으로 개입하고 역사의 미래를 좌우할 최강자들을 규합하는 독보적인 정신의 소유자"라 일컬었다. 랑케의 이러한 발언은 전적으로 헤겔적 사고를 보여준다.

그러한 자유의 결단을 기반으로 어떻게 역사적 맥락이 형성되는가 하는 문제에 대하여 랑케는 매우 의미심장한 성찰을 보여준다.

우리는 역사가 결코 철학적 체계와 같은 통일성을 확보할 수 없다는 것을 인정해야 한다. 그렇지만 역사는 내적 맥락 없이는 존재할 수 없다. 우리는 꼬리를 물고 이어지면서 서로를 제약하는 일련의 사건들을 접한다. 여기서 제약한다는 말은 당연히 절대적 필연성을 가리키는 것은 아니다. 언제 어디서나 인간의 자유가 부름을 받는다는 사실이야말로 위대한 것이다. 역사서술은 자유의 행위들을 추적한다. 그것이 역사서술의 가장 큰 매력이다. 자유는 힘과 더불어, 다름 아닌 근원적인 힘과 더불어 어울린다. 이 근원적인 힘이 없으면 세계사에서 자유는 정지되며, 이념의 영역에서도 정지된다. 매 순간 새로운 역사가 시작될 수 있으며, 그 새로운 역사는 모든 인간행위의 최초의 공통된 근원에서 비롯된 것이다. 그 어떤 사건도 순전히 타자他者를 위해서만 존재하지는 않는다. 그 어떤 사건도 순전히 타자의 실재 속에 해소되지는 않는다. 상이한 사건들 사이에는 깊은 내적 연관성이 형성되어 있어서 그 누구도 이 연관성과 무관할 수는 없으며, 이 연관성은 언제 어디서나 작동한다. 자유는 필연과 짝을 이룬다. 필연은 이미 형성된 것 속에 내재하며, 이미 형성된 것은 결코 파괴되지 않고 모든 새로운 창조활동의 바탕이 된다. 이미 형성되어 있는 것은 바야흐로 생성중인 것과 더불어 맥락을 구성한다. 하지만 이러한 역사적 맥락 자체가 임의적인 것이라 여겨서는 안 되며, 반드시 일정한 방식으로만 형성된 것이다. 그러한 역사적 맥락 역시 인식의 대상이다. 비교적 장구한 세월과 광대한 지역에 걸쳐 순차적으로 혹은 동시에 벌어진 일련의 사건들은 그와 같은 방식으로 서로 얽혀서 한 세기와 한 시대를 만드는 것이다.[55]

이 서술에서 의미심장한 것은 자유의 개념과 나란히 힘Kraft의 개념이 등장한다는 사실이다. 이 힘이야말로 역사주의 세계관의 핵심 범주이다. 헤르더 역시 계몽주의의 진보사관 도식에서 벗어나 특히 그 바탕이 되는 이성 개념을 극복하기 위하여 바로 이 힘의 개념을 도입했다.[56] 힘의 개념이 역사주의 세계관에서 핵심적인 위상을 차지하는 것은 다름 아니라 역사의 내적 맥락과 외적 발현이 이 힘의 개념 속에 독특한 긴장관계로 통합되어 있기 때문이다. 역사의 외적 발현은 단지 힘의 현상적 표출이 아니라 힘의 현실성이다. 힘과 그 외적 발현의 긴밀한 상호연관성을 변증법적으로 개진했던 헤겔의 생각은 전적으로 옳다. 다른 한편 이 변증법적 관계에서 힘은 그것의 외적 발현 이상의 어떤 것이다. 지속적인 영향력을 발휘할 가능성도 힘의 일부이다. 다시 말해 힘은 단지 특정한 결과의 원인일 뿐 아니라 그러한 힘이 작용할 때면 언제나 특정한 결과를 야기할 수 있는 능력이기도 한 것이다. 그런 점에서 힘의 존재방식은 결과 자체와는 구별된다. 힘은 '유보Anstehen'의 방식으로 존재한다. 여기서 '유보'라는 표현이 적합한 것은 힘을 통해 드러나는 불특정한 대상에 관계없이 힘이 독자적으로 존재한다는 것을 나타내기 때문이다. 따라서 힘은 그것의 외적 발현에 근거하여 인식되거나 측정될 수 있는 것이 아니라 내적 맥락이라는 존재방식으로만 경험될 수 있다. 힘의 결과를 관찰하면 그 원인을 파악할 수는 있어도 힘 자체를 파악할 수는 없다. 그와 달리 힘은 어떤 결과를 야기하는 원인 자체보다 더 큰 내적 잠재력이라 할 수 있다. 우리가 어떤 결과의 원인을 통해 감지할 수 있는 그 잠재력은 확실히 결과를 근거로, 다시 말해 결과가 야기하는 파장의 형태로 경험될 수도 있다. 결과가 야기하는 파장 자체도 힘의 외적 발현형태이기 때문이다. 하지만 그런 경우에도 힘을 경험할 수 있는 것은 내적 존재의 방식으로만 가능하다. 내적 존재는 힘이 경험될 수 있는 방식이다. 힘은 그 고유한 본성상 오로지 자기 자신과 관련을 맺는 독립적 실체이기 때문이다. 헤겔은 『정신현상학』에서 힘에 대한 사유가—힘을 내적으로 보존하면서 자기 자신과 관련을 맺는—삶의 무한성 속으로 변증법적으로 지양되는 과정을 설득력 있게 보여주었다.[57]

이렇게 볼 때 랑케의 말은 사상사와 철학사에서 세계사적 의의를 갖는다. 일찍이 플라톤 역시 이런 맥락에서 힘dynamis의 반성적reflexiv 구조에 대하여 최초로 언급했는데, 이로써 플라톤은 힘의 반성적 구조를 인간영혼의 본질에 적용할 수 있는 가능성을 열어놓았다.[58] 이를 바탕으로 아리스토텔레스는 영혼의 능력을 뜻하는 힘dynameis의 개념을 도입했다. 힘은 그 존재론적 본성상 '내향성Inner-lichkeit'이다. 따라서 랑케가 "자유는 힘과 더불어 어울린다"라고 한 것은 전적으로 옳다. 힘의 외적 발현 이상의 어떤 것을 가리키는 힘은 언제나 그 자체로 자유이기 때문이다. 이것은 역사가에게 결정적인 중요성을 갖는 말이다. 역사가는 모든 사건이 실제와는 다르게 전개될 수도 있었을 거라는 점을 익히 알고 있다. 행동하는 모든 개인 역시 다르게 행동했을 수도 있다. 역사를 만들어가는 힘은 기계적인 동력이 아니다. 바로 그 점을 분명히 하기 위해 랑케는 '근원적인 힘'과 '모든 인간행위의 최초의 공통된 근원'을 강조하는 것이다. 랑케에 따르면 그 근원적인 힘이란 곧 자유이다.

자유가 제한과 제약을 받는다고 해서 자유의 개념에 모순되는 것은 아니다. 그것은 자신을 관철시킬 줄 아는 힘의 본성을 통해 생생하게 파악할 수 있다. 그래서 랑케는 "자유는 필연과 짝을 이룬다”라고 말하는 것이다. 여기서 필연이란 자유를 배제하는 궁극적인 원인을 가리키는 것이 아니라 자유로운 힘이 부닥치는 저항을 가리킨다. 헤겔이 발견한 힘의 변증법은 바로 이런 점에서 진실을 드러낸다.[59] 자유로운 힘이 부닥치는 저항 자체도 자유로부터 생겨난 것이다. 여기서 말하는 필연이란 모든 자유로운 활동이 직면하는 타자들의 반작용과 전통의 힘을 가리킨다. 그러한 필연은 많은 것들을 불가능한 것으로 배제하며, 그럼으로써 인간행위를 열려 있는 가능성으로 제한한다. 필연 자체도 자유로부터 생겨난 것이고, 필연을 고려하는 자유를 통해 제약을 받는 것이다. 논리적 차원에서 보면 가설적 필연ex hypotheseōs anagkaion이라 할 수 있고, 내용적 차원에서 보면 자연의 존재방식이 아니라 역사적 존재의 존재방식이라 할 수 있다. 이미 만들어진 것이라고 해서 그냥 내팽개쳐지지는 않는다. 랑케가 말하듯이 이미 형성된 것도 이미 형성되어 과거지사로 되는 활동 자체를 통해 “모든 새로운 창조활동의 바탕”이 된다. 이미 형성된 것은 새로운 창조활동의 바탕으로 보존됨으로써 새로운 활동을 통일된 맥락 속에 편입시킨다. 그런 뜻에서 랑케는 “이미 형성되어 있는 것은 바야흐로 생성중인 것과 더불어 맥락을 구성한다”라고 말하는 것이다. 아주 애매모호하게 들리는 이 명제는 과연 무엇이 역사현실을 만들어가는가를 강조해서 말하고 있다. 다시 말해 아직 생성중인 것은 비록 자유로운 상태에 있긴 하지만 생성을 가능하게 하는 자유는 이미 형성되어 있는 것, 즉 자유가 작동하는 환경에 의해 제약을 받는다는 것이다. 역사가들이 사용하는 힘, 권력, 결정적 경향 등의 개념은 모두 역사 속에서 이념은 언제나 불완전하게 발현된다는 뜻을 함축하며, 그런 뜻에서 역사적 존재의 본질을 드러내고자 하는 개념들이다. 역사의 의미를 구현하는 것은 행위자의 계획과 의도가 아니라 역사적인 힘들을 인식할 수 있게 해주는 역사적 결과들이다. 역사발전의 본래적 동력인 역사적인 힘들은 개체의 모나드적 주관성과는 다르다. 모든 개체화는 오히려 그에 대립하는 실재의 제약을 받으며, 그렇기 때문에 개체성은 주관성이 아니라 생생하게 살아 있는 힘이다. 랑케는 국가 역시 그처럼 생생하게 살아 있는 힘이라고 본다. 랑케에 따르면 국가는 '보편자의 일부분'이 아니라 개체화된 존재, '실재하는 정신적 존재'이다.[60] 랑케는 국가를 '신의 생각의 산물'이라 일컫는데, 이로써 랑케가 말하고자 하는 것은 국가를 실재하게 하는 힘은 신적 사유가 살아 있는 힘으로 구현된 것이지, 그 어떤 인간적 기획이나 의지가 아니며 인간에 의해 인식될 수 있는 계획이 아니라는 것이다.

힘이라는 범주를 사용함으로써 이제 역사의 맥락을 근본적인 사태로 사유할 수 있게 되었다. 힘은 언제나 여러 복합적인 힘들의 작용이며, 역사라는 것은 그러한 힘들의 상호작용으로서 지속성을 가능하게 한다. 이런 맥락에서 랑케와 드로이젠은 역사가 '생성되는 총화總和'라고 말하는데, 이로써 세계사의 선험적 구성을 상정하는 일체의 주장을 기각하고 경험의 기반을 공고히 다진다.[61] 하지만 이러한 생각은 랑케와 드로이젠 스스로 생각했던 것보다 더 많은 전제조건을 요구하지 않는가 하는 의문이 제기된다. 세계사가 '생성되는 총화'라는 것은 세계사가—비록 완결된 것은 아니지만—하나의 총체를 이룬다는 것을 뜻하기 때문이다. 하지만 이것은 결코 자명하게 납득할 수 있는 가정이 아니다. 질적으로 대등하지 않은 역사적 단위들은 하나로 합쳐질 수 없기 때문이다. 총화를 이룬다는 것은 상이한 역사적 단위들을 총괄하는 통일성이 그처럼 불가능한 통합을 이미 전제함을 뜻한다. 하지만 이러한 전제는 단지 주장일 뿐이다. 역사의 통일성이라는 이념은 실제로 겉보기와는 달리 역사의 통일성에 대한 내용적 인식과는 무관하게 형식논리로 규정될 성질의 것이 아니다.[62]

역사의 세계를 역사가들이 언제나 세계사의 통일성이라는 관점에서만 사유했던 것은 아니다. 역사의 세계는 예컨대 헤로도투스가 그러했듯 하나의 도덕적 현상으로 간주될 수도 있다. 그러한 역사세계는 여러 가지 다양한 사례의 집합일 뿐이지 통일성을 이루고 있지는 않다. 그렇다면 세계사의 통일성이라는 가정은 과연 어떻게 정당화될 수 있는가? 사람들은 역사 속에서 목표의 통일성과 계획의 통일성을 전제함으로써 이 질문에 쉽게 답하고자 했다. 그렇지만 역사 속에서 그러한 목표와 계획을 상정할 수 없다면 그러한 총화를 가능하게 하는 최대공약수는 과연 무엇인가?

역사현실이 복합적인 힘들의 상호작용이라 하더라도 이러한 생각 자체가 역사의 통일성을 담보하는 충분조건이 아닌 것은 분명하다. 헤르더와 훔볼트가 주창했던 인간사의 풍요라는 이상도 그 자체로는 진정한 통일성을 담보하지 못한다. 역사적 사건에 연속성과 방향성을 부여하는 목표 같은 것이 있어야만 한다. 실제로 종교적 색채를 띤 역사철학적 종말론이나 그것의 세속화된 변형들이 상정하는 그러한 목표는 공허하다.[63] 역사의 의미에 대한 그러한 선입견이 역사에 대한 탐구를 대체해서는 안 된다. 그러한 관점에서는 역사가 통일성을 이루고 있다는 것이 자명한 것으로 전제된다. 그런 맥락에서 드로이젠은 세계사의 통일성이라는 생각을—비록 그 내용상 신의 섭리라는 뜻으로 상정하지는 않지만—근본이념으로 전제한다.

그런데 이러한 가정은 내용적 차원에서 또다른 전제를 내포한다. 세계사의 통일성이라는 이념은 역사진행의 끊임없는 연속성을 전제하는 것이다. 이러한 연속성의 이념 역시 일단은 형식적 차원에 머물러 있을 뿐 구체적인 내용을 담고 있지는 않다. 연속성의 이념 역시 복잡하게 얽혀 있는 세계사의 맥락을 더 깊이 들여다볼 수 있게 해주는 방법론상의 선험적 전제인 것이다. 그런 맥락에서 랑케가 역사발전의 "놀라운 항상성"을 운위하는 것은 방법론상의 단순함으로 비판받아 마땅하다.[64] 그런데 실제로 랑케가 말하고자 하는 바는 역사발전의 항상성의 구조가 아니라 그 항상적 발전과정에서 형성되는 내용적인 것이다. 이루 조망할 수 없을 만큼 다양한 총화를 이루는 세계사의 발전과정에서 최종적으로 만들어지는 유일무이한 서구문화의 통일성은 게르만족과 라틴족의 문화로 고양되어 전 세계로 확산되리라는 것, 랑케의 감탄을 자아내는 것은 바로 이것이다.

역사의 '항상성'에 대한 랑케의 감탄이 내용상 이런 의미를 내포한다는 것을 인정한다 하더라도 여전히 랑케의 생각은 단순하다는 것이 드러난다. 세계사가 연속적으로 발전하여 이러한 서구문화로 고양되었다는 것도 역사의식으로 납득할 수 있는 경험적 사실은 결코 아니며 역사의식을 구성하는 하나의 조건일 뿐이다. 다시 말해 그런 관점은 역사가 그렇게 진행되지 않았을 수도 있다거나 새로운 역사적 경험에 의해 부정될 수도 있다는 것을 용인하지 않는다. 단지 세계사가 그렇게 진행되어왔다는 이유만으로 단일한 세계사적 의식이라는 차원에서 역사의 의미를 논하고 항상적 역사발전의 통일성을 운위하기에 이른 것이다.

그러한 문제점은 랑케 자신의 생각에서 확인된다. 랑케에 따르면 서양체제와 동양체제의 가장 두드러진 차이점은 서양에서는 역사적 연속성이 문화의 존재양식을 형성했다는 것이다.[65] 그렇게 보는 한에는 세계사의 통일성이—서구의 학문 전체와 특히 역사학도 포함하는—서구문화의 통일성에 기반을 두고 있다는 생각이 자의적인 것은 아니다. 또한 서구문화가 유일무이한 구원의 역사에서 절대적 정점에 도달하는 기독교를 근간으로 삼고 있다는 생각도 자의적인 것은 아니다. 랑케가 어느 정도 그런 생각을 공유했다는 것은 기독교를 통해 인간이 '신과 직접 대면하는' 본연의 상태를—랑케는 낭만주의적으로 그런 상태가 모든 역사의 근원적 시발점이라고 보았다—되찾을 수 있다고 보았기 때문이다.[66] 하지만 앞으로 살펴보겠지만 이러한 사태의 근본적 의미가 무엇인지는 역사주의 세계관의 철학적 성찰에서는 온전히 드러나지 않는다.

경험을 중시하는 역사학파의 사고에도 철학적 전제가 없지 않다. 역사학파의 철학적 전제에서 경험적 외피를 벗겨내고 그 철학적 전제의 근본적 의의를 규명한 것은 예리한 방법론자였던 드로이젠의 공로이다. 드로이젠의 기본관점은 자연과 달리 역사는 시간의 계기를 내포하기 때문에 연속성이 곧 역사의 본질이라는 것이다. 이를 뒷받침하기 위해 드로이젠은 '영혼은 스스로 자란다epidosis eis hauto'는 아리스토텔레스의 말을 거듭 인용한다. 단지 같은 것을 되풀이하는 자연과 달리 내적으로 점점 고양되는 것이 역사의 본질이라는 것이다. 그것은 보존하면서 동시에 보존된 것을 넘어서는 이중의 과정이다. 그 이중의 과정은 스스로에 대한 앎을 수반한다. 따라서 역사는 단지 앎의 대상일 뿐 아니라 스스로에 대한 앎을 통해 그 존재가 규정된다. "역사에 관한 앎이 역사 자체이다."(『역사학』§15) 랑케가 말하는 세계사 발전의 놀라운 항상성은 연속성에 대한 자각에 바탕을 두며, 바로 이 자각이 비로소 역사를 역사로 만드는 것이다.(『역사학』§48)

이런 생각을 단지 관념론적 선입견일 뿐이라고 치부한다면 전혀 옳지 않다. 역사적 사유의 이러한 선험적 기초 자체가 엄연한 역사현실이기 때문이다. 야코프 부르크하르트Jacob Burckhardt가 서구문화 전통의 연속성이야말로 서구문화의 존재조건이라고 보았던 것은 전적으로 옳다.[67] 야코프 부르크하르트는 서구문화의 전통이 붕괴하고 갖가지 새로운 야만이 도래할 거라고 음울한 예언을 했지만, 역사학파의 세계관으로 보면 그것은 세계사 안에서 벌어지는 파국이 아니라―세계사가 통일성을 이룬다고 생각하는 한―세계사 자체의 종언을 뜻한다. 세계사에 관한 역사학파의 논의가 이런 내용을 전제한다는 것을 분명히 해두는 것이 중요한데, 왜냐하면 역사학파 스스로 바로 그런 내용적 전제를 원칙적으로 부인하기 때문이다.

랑케와 드로이젠의 경우에서 확인한 대로 역사학파의 해석학적 자기인식은 세계사에 관한 이러한 생각에 궁극적 기반을 두고 있다. 반면 역사학파는 세계사의 통일성의 근거를 정신 개념에서 찾았던 헤겔의 관점을 받아들일 수 없었다. 역사적 현재에 관한 완벽한 자기의식을 통해 정신의 자기회귀가 완결되고 그것이 곧 역사의 의미를 규정한다고 보는 헤겔의 종말론적 자기해석은 근본적으로 역사를 사변적 개념으로 지양한다. 이와 달리 역사학파는 그들 스스로에 대한 목적론적 인식에 말려들었다. 그들은 끊임없이 탐구하는 존재인 그들 자신의 본질을 지양할 의사가 없었기 때문에 결국 그들 자신의 유한하고 제한된 인식을—사물의 완성태를 인식할 수 있는—신적인 정신과 결부시키지 않을 수 없었던 것이다. 이것은 예로부터 전해내려오는 무한성에 대한 인식의 이상을 역사의 인식에 적용한 것이었다. 그런 맥락에서 랑케는 이렇게 말한다.

> 내가 감히 이런 말을 해도 된다면, 신성이 존재하기 전에는 시간이 존재하지 않았으므로 신성이라는 것은 인류의 전 역사를 굽어보았을 것이며 모든 시대가 똑같이 가치 있다고 여겼을 것이라고 생각된다.[68]

여기서 '모든 것을 단적으로omnia simul' 파악할 수 있는 '무한 지성intellectue infinitus'이라는 이데아는 역사적 정당성의 원형原型으로 변형된다. 모든 시대와 모든 역사적 현상이 신 앞에서는 대등한 정당성을 갖는다고 보는 역사가의 생각은 바로 그러한 인식모형에 근접해 있다. 그런 식으로 역사가의 의식은 인류의 자기의식의 완성태가 되는 것이다. 모든 역사적 현상에 내재하는 신성불가침의 고유한 가치를 더 많이 인식할수록, 다시 말해 역사적 사유가 증대할수록, 역사가는 그만큼 더 신에 가깝게 사유하는 셈이 된다.[69] 바로 그런 뜻에서 랑케는 역사가의 책무를 사제의 책무에 견주었다. 루터교도인 랑케에게 '신과 직접 대면하는 것'은 기독교적 소명의 본래적인 내용이었던 셈이다. 인류가 타락하기 전에 신과 직접 대면하던 상태를 회복하는 것은 교회의 은총을 통해서만 가능한 것이 아니라—역사 속에서 타락한 인류를 탐구대상으로 삼아 신과의 완전무결한 직접적 대면상태를 인식함으로써—역사가도 그러한 과업에 동참하는 것이다.

이렇듯 보편사 내지 세계사라는 것은 단지 역사 전체를 가리키는 형식적 총괄개념이 아니다. 역사학파의 사고에서 인류는 신의 피조물로서 자기 자신에 대한 의식으로 고양된다. 물론 그것은 개념적 인식을 수행하는 의식과는 다른 차원의 의식이다. 역사학의 최종적 귀결은 "만물에 대한 공감과 앎"[70]이다. 랑케가 자기 자신을 소멸시키고 싶다고 했던 유명한 말은 이러한 범신론적 배경에서 이해될 수 있다. 물론 딜타이가 이의를 제기했듯이[71] 그러한 자기소멸이라는 것은 자아를 내면의 우주로 확장시키는 것이다. 그렇지만 딜타이가 정신과학의 심리학적 기반 위에서 수행하는 그러한 성찰을 랑케가 끝까지 밀고나가지 않은 데는 그럴 만한 이유가 있다. 랑케에게 자기소멸이라는 것은 역사과정에 실제로 참여하는 방식의 일환이었던 것이다. 여기서 참여라는 개념은 심리적·주관적 의미로 이해해서는 안 되며, 그 바탕에 놓여 있는 삶의 개념과 관련하여 사고되어야 한다. 모든 역사적 현상은 만물에 내재하는 생명력의 발현이기 때문에 역사적 현상에 참여한다는 것은 곧 삶에 동참하는 것이다.

이런 관점에서 보면 이해라는 말은 거의 종교적인 느낌마저 준다. 이해한다는 것은 개념을 통한 사고의 매개를 거치지 않고 삶에 직접 동참하는 것이기 때문이다. 역사가의 주된 관심사는 현실을 개념적으로 인식하는 것이 아니라 모든 역사현상에서 "삶이 사유하고 사유가 살아 움직이는" 바로 그 경지에 도달하는 것이다. 그러한 이해행위 속에서 모든 역사적 현상은 만물에 내재하는 생명력의 발현이자 신성의 발현으로 파악된다. 그와 같이 이해과정을 통해 신성을 접하는 것은 실제로 인간 내면의 우주를 인식하는 것—랑케에 맞서서 딜타이는 이것을 역사가의 이상이라고 표현했지만—이상의 어떤 것을 의미한다. 랑케의 다음과 같은 말은 피히테나 헤겔을 방불케 하는 형이상학적 진술이다. "명확하고 충만하고 생생한 통찰이야말로 스스로를 명징하게 꿰뚫어보는 존재의 징표이다."[72] 이런 표현을 보면 랑케가 근본적으로 독일 관념론에 얼마나 가까운지 여실히 드러난다. 랑케가 아무리 사변철학의 요청을 배제하려고 해도, 헤겔이 철학의 절대지라고 생각했던 존재의 충만한 자기인식은 랑케에게 역사가의 자기의식에 정당성을 부여하는 것이다. 랑케가 시인을 역사가의 귀감으로 여기는 것은 바로 그 때문이며, 랑케는 굳이 시인과 역사가를 구분할 필요성을 느끼지 않는다. 역사가가 시창작 행위와 공유하는 공통점은 시인과 마찬가지로 만인의 삶의 근원적인 요소를 "자기 자신의 외부에 존재하는 것으로" 표현하는 것이기 때문이다.[73] 역사가에게 신이 개념의 형태로가 아니라 만물 속에 '외적 표상'의 형태로 생생하게 드러나는 한에는 사물에 대한 직관에 온전히 몰입하는 태도나 세계사의 전설을 찾아나서는 자의 서사적 태도는[74] 실제로 시적인 것이라 일컬음직하다. 실제로 랑케의 자기인식은 헤겔의 이러한 개념들로 가장 잘 서술될 수 있다. 랑케가 생각하는 역사가는 헤겔이 예술종교의 형태로 서술한 절대정신의 형태에 부합되는 것이다.

③ 드로이젠이 본 역사학과 해석학의 관계

예리한 사고력을 지닌 역사가라면 역사가의 그러한 자기인식이 문제가 있다는 것을 간파할 것이다. 드로이젠 역사관의 철학적 의의는 이해의 개념을 랑케가 그러했듯 미학적·범신론적으로 신비화하지 않고 그 개념적 전제들을 명확히 규정하고자 한 데 있다. 그 첫 번째 전제가 표현Ausdruck이라는 개념이다.[75] 이해는 곧 표현에 대한 이해이다. 표현 속에서 역사의 속내가 직접적으로 드러난다. 역사의 속내, 즉 '내적 본질'이야말로 최우선적이고 본래적인 실재이다.

그런 점에서 드로이젠은 철저히 데카르트에 바탕을 두면서 칸트와 빌헬름 폰 훔볼트를 계승한다. 개체적 자아는 무수한 현상의 세계 속에서 하나의 고독한 점과 같다. 그렇지만 표현을 통해서, 특히 언어적 표현을 통해서, 원칙적으로는 개체적 자아가 스스로를 드러낼 수 있는 모든 표현형식을 통해서, 개체적 자아는 고독한 일점의 고립상태에서 벗어나게 된다. 다시 말해 이해의 장場으로 들어서는 것이다. 역사적 이해는 원칙적으로 언어적 이해와 다르지 않다. 언어와 마찬가지로 역사의 세계 역시 순전히 정신적인 존재만은 아니다. "윤리와 역사의 세계를 이해한다는 것은 무엇보다도 윤리와 역사의 세계가 순전히 정신적인 것도 순전히 물질적인 것도 아니라는 것을 깨닫는 것이다."[76] 드로이젠의 이러한 발언은 버클Buckle의 단순한 경험주의를 논박하기 위함인데, 다른 한편으로는 헤겔의 역사철학적 정신주의까지도 겨냥한다. 드로이젠은 역사의 이러한 이중적 성격이 "너무나 다행스럽게도 불완전한 인간본성의 독특한 특성으로 인해 정신과 육체의 모든 측면에서 윤리적으로 행동할 수밖에 없다"[77]는 사실에 연유한다고 본다.

빌헬름 폰 훔볼트에게서 빌려온 이러한 개념들을 통해 드로이젠이 말하고자 하는 것은 랑케가 힘을 강조할 때 염두에 두었던 것과 전혀 다르지 않다. 드로이젠 역시 역사현실을 순수정신으로 간주하지 않는다. 윤리적으로 행동한다는 것은 역사의 세계에서는 아무런 저항도 없는 유순한 질료의 세계를 순전히 인간의 의지대로 주무르는 일은 결코 있을 수 없다는 것을 전제로 한다. 역사현실은 모든 행위자가 속해 있는 '끊임없이 부침하는 유한자들의 세계'를 늘 새롭게 정신의 힘으로 파악하고 만들어가는 과정을 통해 비로소 성립된다. 드로이젠은 랑케와는 전혀 다른 차원에서 역사의 이러한 이중적 성격으로부터 역사인식을 위한 중요한 결론들을 이끌어낸다.

랑케가 역사가의 태도를 시인의 태도에 견주는 데 만족했다면 드로이젠은 거기에 만족하지 않았다. 드로이젠은 예술적 관조나 이야기를 통해 자신을 표현하는 것만으로는 역사현실에 다가갈 수 없다고 본다. 왜냐하면 시인이 "어떤 사건을 시로 표현하는 것은 해당 사건에 대한 심리적 해석일 뿐이다. 그렇지만 역사현실에서는 사람들의 인격과는 다른 계기들이 작동한다."(『역사학』 §41) 시인들은 역사현실을 마치 행동하는 인간들의 의지와 계획대로 작동하는 것처럼 취급한다. 하지만 역사현실은 그러한 '의도'에 따라 움직이지 않는다. 따라서 행동하는 인간들의 실제 의지와 계획은 역사연구의 본래적 대상이 아니다. 개개의 인물에 대한 심리적 해석만으로는 역사적 사건 자체의 의미를 해석하기에는 충분치 않다. "행위자의 의지가 전적으로 어떤 사태를 유발하는 것은 아니다. 역사적 사건은 행위자의 의지의 강인함이나 지성에 의해서만 발생하지는 않는다. 역사적 사건은 순전히 특정한 인격체의 표현인 것만은 아니다."(『역사학』 §41) 따라서 역사연구에서 심리적 해석은 부차적인 방편일 뿐인데, 그것은 심리적 해석이 워낙 자체의 목표를 완수할 수 없기 때문만은 아니다. 다시 말해 심리적 해석이 결국 장애에 부닥치기 때문만은 아니다. 한 인간의 내면세계, 양심이라는 신성한 내면세계는 역사가가 들여다볼 수 없는 영역이다. 마음의 공감과 사랑을 통해서만 들여다볼 수 있는 그런 영역은 역사가의 탐구목표도 아니고 탐구대상도 아니다. 역사가는 개개인의 비밀스러운 영역 속으로 들어갈 수 없다. 역사가가 탐구하는 대상은 개개인 자체가 아니라 윤리적 힘들이 작동하는 세계 속에서 개개인이 과연 어떤 계기로 등장하는가 하는 문제이다.

드로이젠의 역사관에서 윤리적 힘들이라는 개념은 핵심적 위치를 차지한다.(『역사학』 §55 이하) 이 개념은 역사적 존재방식의 토대가 되는 동시에 역사의 존재방식에 대한 역사적 인식 가능성의 기초가 된다. 자유와 힘 그리고 필연에 관한 랑케의 애매모호한 성찰은 이제 실질적 내용을 확보하게 된다. 마찬가지로 역사적 사실이라는 랑케의 개념 역시 드로이젠에 의해 수정된다. 개인적 충동과 목적에 따라 우발적으로 행동하는 개개인은 역사의 동력이 될 수 없으며, 윤리적 공동체를 위하여 자신을 승화시키고 그러한 공동체에 참여할 때만 비로소 역사의 동력이 될 수 있다. 사람들의 상호협력을 통해 작동되는 이러한 윤리적 힘들의 운동이 곧 역사의 운행을 작동시킨다. 그로 인해 개개인의 행동 가능성이 제약을 받는 것은 너무나 당연하다. 그런 맥락에서 자유와 필연이 서로 대립한다고 할 때 그것은 개개인이 자신의 역사적 유한성을 성찰하고 극복하는 과정을 뜻한다. 행동하는 인간은 언제나 자유를 염원한다. 역사의 운행은 외부로부터 행위자의 자유에 제약을 가하는 방식으로 진행되지 않는다. 역사의 운행은 경직된 필연에 따르는 것이 아니라 언제나 인간의 행위와 결부되어 있는 윤리적 힘들의 운동에 의거하기 때문이다. 역사의 운행에서 제기되는 과제를 수행하는 가운데 행위자는 자신의 윤리적 힘을 입증하게 된다.[78] 그런 맥락에서 드로이젠은 역사에서 작동하는 필연과 자유의 관계를 전적으로 행동하는 인간의 관점에서 규정함으로써 랑케보다 훨씬 더 적절히 설명한다. 드로이젠은 필연을 무조건적 당위에 귀속시키고 자유를 무조건적 욕구에 귀속시키며, 그러한 필연과 자유는 개개인을 윤리의 영역으로 인도하는 윤리적 힘의 표출이라고 본다.(『역사학』§76)

여기서 보듯이 드로이젠 역시 모든 사변적 역사형이상학의 한계를 드러내는 것은 바로 힘의 개념이라고 본다. 그런 의미에서 랑케와 마찬가지로 드로이젠은 발전의 싹이 역사과정 속에서 저절로 자라나는 것은 아니라고 헤겔의 발전 개념을 비판한다. 드로이젠은 여기서 힘이 무엇을 뜻하는가를 보다 날카롭게 규정한다. "노동과 더불어 힘이 증대한다." 개개인의 윤리적 힘은 공동의 원대한 목표를 위해 노동하는 가운데 역사적인 힘이 되는 것이다. 역사의 운행에서 윤리적인 영역이 지속적이고 강력한 힘을 발휘한다면 개개인의 그러한 윤리적 힘은 역사적인 힘이 될 수 있다. 따라서 랑케의 경우와 달리 힘이라는 것은 만물을 작동시키는 생명의 근원적이고 직접적인 발현이 아니라 그러한 윤리적 힘을 매개로 해서만 존재하고 역사현실이 된다.

그처럼 윤리적 힘을 매개로 형성된 세계는 모든 사람이 제각기 다양한 방식으로 거기에 참여하는 방식으로 작동한다. 어떤 사람들은 기존의 것을 계속 수행함으로써 기존 상황을 지탱해나가고, 또 어떤 사람들은 새로운 생각들을 예감하고 표현하기도 한다. 당위의 관점에서 비판을 수행함으로써 현상황을 끊임없이 극복해나가는 가운데 역사과정의 연속성이 성립된다.(『역사학』 §77 이하) 따라서 드로이젠의 입장에서는 '자유가 실현되는 국면들'만 따로 떼어내 논할 수는 없다. 자유는 역사적 삶의 근본적인 추진력이며 단지 예외적인 경우에만 실현되는 것이 아니기 때문이다. 역사에 등장하는 위대한 개인들은 모든 개개인과 전 인류를 자유의 세계로 인도하는 윤리적 세계가 지속적으로 운동해가는 과정에서 단지 하나의 계기일 뿐이다.

역사적 선험주의에 맞서서 랑케와 드로이젠이 공유하는 생각은 우리가 인식할 수 있는 것은 역사의 목표가 아니라 방향일 뿐이라는 것이다. 다시 말해 인류가 역사에서 끊임없이 추구하는 궁극적 목표는 역사적 인식을 통해 확정될 수 없다는 것이다. 그러한 궁극적 목표는 단지 예감과 믿음의 대상일 뿐이다.(『역사학』 §80~86)

역사적 인식의 위상은 그러한 역사의 상에 상응한다. 역사에 대한 인식은 랑케가 그러했듯이 위대한 서사문학의 정신처럼 미적 몰아상태 내지 자기소멸의 방식으로 이해되어서는 안 된다. 범신론적 색채를 띠는 랑케의 역사관에서는 인류의 전 역사에 전면적이고도 직접적으로 참여하고 인식해야 한다는 요청이 용인되었다. 반면 드로이젠은 역사에 대한 이해의 장場이 되는 다양한 매개항들을 상정한다. 윤리적 힘들은 개개인이 행위를 통해 고양되고 동참하는 본래적인 역사현실만이 아니다. 윤리적 힘들은 또한 역사에 대해 문제를 제기하고 탐구하는 역사가가 자신의 제한된 개별성을 넘어 동참하는 영역이기도 하다. 역사가는 특정한 윤리적 영역, 예컨대 조국이나 정치적 신념 또는 종교적 신념 등에 귀속됨으로써 자신의 위치가 규정되고 제약을 받는다. 그런데 결코 회피할 수 없는 바로 이런 제약에 힘입어 역사가는 역사에 동참한다. 역사가 자신의 역사적 실존이—현실과 유리된 채 부유浮游하는 것이 아니라—구체적인 제약을 받음으로써 역사가의 과제는 정당성을 확보한다. "역사가의 정당성은 역사를 탐구하고자 노력한다는 것이다."(『역사학』§91)

그런 맥락에서 드로이젠이 추구하는 역사인식은 '탐구하면서 이해하기'(『역사학』§8)로 집약된다. 이러한 역사인식의 과정은 끝없는 매개와 궁극적 직접성을 통합한다. 드로이젠이 의미심장하게 '이해'라는 개념과 결합시키는 '탐구Forschung'라는 개념은 역사가의 과제가 끝이 없다는 것을 단적으로 표현한다. 이로써 역사가의 과제는 예술적 창조의 완결성과도 구별되고, 믿음의 영역에서 '나'와 '너' 사이의 교감과 사랑에 의해 실현되는 완벽한 일치의 차원과도 구별된다. 역사적 전승에 대한 '끊임없는' 탐구를 통해서만, 새로운 역사유적을 발굴하고 늘 새롭게 해석함으로써만, 역사연구는 역사의 '이념'에 한 걸음씩 다가설 수 있는 것이다. 이것은 마치 자연과학의 탐구방법을 원용한 듯한 느낌을 주며, 또한 '물 자체Ding an sich'를 '무한한 인식의 과제'로 해석한 신칸트학파의 견해를 선취한 듯한 느낌도 준다. 하지만 좀더 자세히 들여다보면 드로이젠의 역사관은 그러한 방법론들과는 일정한 차이가 있다. 드로이젠의 관점에서 보면 역사가의 행위는 예술의 완결된 이상이나 영혼의 내밀한 교감과는 명확히 구별될 뿐 아니라 자연과학의 방법론과도 구별되는 것으로 보인다.

드로이젠의 1882년 강의록 말미에는 "자연과학과 달리 우리는 실험수단을 갖고 있지 않으며 오로지 끊임없이 탐구하는 수밖에 없다"라는 말이 나온다.[79] 역사가의 과제가 끝이 없다는 것은 역사 탐구의 끝없는 진보를 나타내는 것으로 자연과학과 공통된 특성이며, 18세기의 '학문'이나 그 이전 세기들에 통용되던 '교리'와 달리 19세기의 '탐구' 개념을 격상시키는 데 기여했다. 그뿐 아니라 드로이젠의 탐구 개념에는 또 한 가지 중요한 동기가 있다. 이러한 '탐구' 개념은 예컨대 미지의 영토를 탐사하는 탐사여행가라는 개념이 등장한 데서 알 수 있듯이 자연에 대한 인식과 역사세계에 대한 인식을 모두 포괄한다. 세계인식의 신학적 배경과 철학적 배경이 약화될수록 과학은 미지의 영역에 대한 탐사를 뜻하게 되었고 그래서 '탐구'라 일컬어지게 된 것이다.

그런데 이런 고찰만으로는 드로이젠이 역사연구 방법에 관해 '오로지 탐구할 수밖에 없다'는 언명을 통해 과연 어떻게 자연과학의 실험방법과는 다르게 역사연구 방법을 정립하려는 것인지 설명할 수 없다. 드로이젠이 보기에 역사연구가 독자적 탐구영역으로 성립되기 위해서는 단지 미지의 세계가 무한하다는 것과는 다른 차원의 무한성을 사고해야만 한다. 이에 대한 드로이젠의 생각은 다음과 같이 추정해볼 수 있겠다. 만약 역사탐구의 대상이 결코 그 자체로는 전모를 드러낼 수 없는 것이라면 역사탐구에 합당한 대상은 다른 차원의 무한성, 즉 질적인 무한성이라는 것이다. 이것은 실제로 과거의 역사에 들어맞는 생각으로, 자연과학의 실험이 탐구대상을 자명하게 드러내는 것과는 대비된다. 역사탐구는 뭔가를 인식하기 위해서는 언제나 새로운 대상을 탐구하고 역사의 전통에 관해 늘 새롭게 되물어야 하는 것이다. 이 물음에 대한 해답은 자연과학의 실험이 직접 관찰한 대상을 명백하게 드러내는 것과는 언제나 다르게 나타난다.

드로이젠이 자연과학의 실험과 역사탐구를 과감히 대비시키면서 추구하는 탐구의 개념에 내재하는 이러한 의미소가 과연 어디에서 유래하는지 따져본다면, 내 생각에 그 기원은 양심에 대한 탐구의 개념으로 소급될 수 있지 않을까 한다. 역사의 세계는 자유에 기반을 두고 있고, 자유라는 것은 궁극적으로는 파헤칠 수 없는 인격체의 비밀이다.[80] 양심에 관해서는 오로지 자기탐구로만 접근할 수 있으며, 오직 신만이 진실을 알 수 있다. 이런 이유에서 역사탐구는 법칙에 대한 인식을 추구하지 않으며, 어떤 경우에도 실험결과의 판단에 의존할 수 없다. 역사가는 전통의 끝없는 매개를 통해 탐구대상으로부터 분리되어 있기 때문이다.

탐구대상과의 이러한 거리는 다른 측면에서 보면 다름 아닌 근접성이기도 하다. 역사가는 '탐구대상'과 결부되어 있는데, 비록 실험을 통해 명백히 확인할 수 있는 방식으로는 아니지만 그 대신 역사가 나름의 방식으로, 즉 윤리적 세계의 이해가능성과 친숙함을 통해 자연과학자와는 전혀 다른 방식으로 탐구대상과 연결되어 있다. 역사탐구에서는 이른바 '전해 들어서 아는' 것이 전혀 틀린 증거가 아니고 오히려 유일한 증거가 될 수도 있는 것이다.

"만인의 자아는 자기표현을 통해 자기 자신을 다른 모든 타자에게 드러내는 방식으로 자기 완결적이다."(『역사학』 §91) 따라서 자연과학과 역사연구의 인식대상은 근본적으로 서로 다른 성질의 것이다. 자연과학이 법칙을 인식대상으로 삼는다면 역사가는 윤리적 힘들을 탐구대상으로 삼는다.(『역사학』 §16) 역사가는 윤리적 힘들 속에서 자신의 진리를 찾는 것이다.

역사에 대한 끊임없는 탐구를 통해 결국 이해는 성공한다. 드로이젠의 역사관에서 이해의 개념은 온갖 매개에도 불구하고 궁극적인 직접성을 획득한다. "이해의 가능성은 우리가 역사적 사료로서 접하는 모든 표현물들이 우리와 친숙한 성질의 것이라는 데 있다." "우리가 대면하는 것은 인간이요, 인간적 표현과 형상들로서, 우리는 그들과 본질적으로 동류의 존재요, 교호하는 존재라는 것을 느낀다."(『역사학』 §9) 이해과정을 통해 개개인의 자아가 자신이 속해 있는 윤리 공동체와 결합되듯이 가족이나 민족, 국가, 종교 등의 공동체 역시 표현의 공동체로서 이해될 수 있는 것이다.

이와 같이 표현이라는 개념을 통해 역사적 실재는 의미탐구의 대상이 되며, 이로써 드로이젠의 방법론적 구상에서도 해석학이 역사 연구를 주도하게 된다. "개별적인 것은 전체 속에서 이해될 수 있고, 전체는 개별적인 것으로부터 이해될 수 있다."(『역사학』 §10) 이미 수사학과 해석학의 오랜 전통에서 기본규칙이었던 이러한 생각은 다음에서 보듯이 가장 핵심적인 원리로 부각된다. "해석자는 해석의 대상과 마찬가지로 그 자체로 총체적 자기완결성을 지닌 자아이기 때문에 개별적 표현을 통하여 해석대상의 총체성을 보완하며, 개별적 표현을 해석대상의 총체성으로 보완한다." 이것은 슐라이어마허와 똑같은 발상이다. 드로이젠이 슐라이어마허의 생각을 차용하는 핵심은 슐라이어마허 사유의 기본전제를 공유한다는 점이다. 다시 말해 자유의 행위로 간주되는 역사는 드로이젠의 관점에서도 하나의 텍스트와 마찬가지로 심오한 의미를 담고 있고 심오하게 해석될 수 있다는 것이다. 텍스트에 대한 이해와 마찬가지로 역사에 대한 이해 역시 '정신이 깨어 있는' 상태에서 정점에 이른다. 이렇게 볼 때 드로이젠은 역사탐구와 이해가 어떤 매개요소들을 포괄하는가를 랑케보다 더 엄밀하게 규정하고 있음을 알 수 있다. 그렇지만 드로이젠 역시 결국에는 역사연구의 과제를 오로지 미학적·해석학적 범주로만 사고한다. 드로이젠 역시 역사학이 추구해야 하는 과제는 전통의 조각들을 가지고 역사라는 거대 텍스트를 재구성하는 것이다.

2

딜타이와 역사주의의 난관[81]

1) 역사에 관한 인식론적 문제에서
정신과학의 해석학적 기초정립으로[82]

역사학파에서 미학적·해석학적 동기와 역사철학적 동기 사이의 긴장관계는 빌헬름 딜타이에 이르러 최고조에 도달한다. 딜타이가 학문적 명성을 얻게 된 것은 역사주의 세계관이 관념론에 맞서서 제기한 인식론적 문제를 올바르게 통찰했기 때문이다. 슐라이어마허 전기를 집필한 딜타이는 낭만주의 해석이론을 겨냥하여 해석학의 기원과 본질에 관해 문제를 제기한 역사가이자 서구 형이상학의 역사를 서술한 역사가이기도 하다. 딜타이는 독일 관념론이 매달렸던 문제의 지평 안에서 사고하긴 했지만, 그러면서도 상당히 다른 사상적 기반을 갖고 있었기에 슐라이어마허의 미학적·범신론적 동일성 철학Identitätsphilosophie도 인정하지 않았고 헤겔의 역사철학적 형이상학도 인정하지 않았다. 앞에서 살펴본 대로 확실히 랑케와 드로이젠은 서로 비슷한 입장에서 관념론과 경험주의를 아우르는 양면적 태도를 취했지만, 딜타이의 경우 그러한 양면성은 독특한 양상으로 첨예화된다. 딜타이의 경우에는 경험주의적 탐구자세의 자장 안에서 고전주의 및 낭만주의 정신이 원래 형태 그대로 영향을 미친 것이 아니라, 지속적인 영향력을 행사하는 그러한 전통을 먼저 의식적으로 수용했던 슐라이어마허의 사유와 나중에 수용했던 헤겔의 사유가 겹쳐져 있다.

딜타이는 초기에는 영국 경험주의와 자연과학적 인식론의 지대한 영향을 받아서 그의 진의가 왜곡되었다. 그 점을 차치한다 해도 딜타이의 진의가 무엇인지 일관되게 파악하기란 그리 쉽지 않다. 이러한 방향의 연구에 결정적으로 기여한 것은 게오르크 미슈Georg Misch이다.[83] 그런데 미슈의 의도는 딜타이의 입장을 후설Husserl의 현상학 및 하이데거Heidegger의 근본존재론Fundamentalontologie 같은 철학적 경향과 비교하는 것이었기 때문에, 딜타이의 '생철학적' 경향에 내재하는 양면성이 후설과 하이데거의 반대입장에 의거하여 서술되었다. 볼노의 비중 있는 딜타이 연구서 역시 그와 같은 문제점을 안고 있다.[84]

앞으로 살펴볼 딜타이의 양면성은 이미 확인한 대로 역사학파가 관념론 철학과 경험주의를 절충한 어중간한 위치에 자리잡고 있다는 사실에 근거한다. 그러한 양면성은 인식론적 기초를 새로이 정립하려는 딜타이의 시도를 통해 해소되는 것이 아니라 오히려 독특한 방식으로 첨예화된다. 정신과학의 철학적 기초를 다지고자 했던 딜타이의 노력은 랑케와 드로이젠이 독일 관념론에 맞서서 관철시키려 했던 입장을 인식론적 출발점으로 삼는다. 딜타이는 그 점을 확고하게 자각하고 있었다. 딜타이는 역사학파가 그들 자신의 입장을 철저히 밀고나가지 못한 것이 역사학파의 취약점이라고 보았다. "랑케와 드로이젠은 역사학파의 인식론적 전제와 칸트에서 헤겔에 이르는 관념론의 인식론적 전제들을 철저히 파고들어서 양쪽의 전제들이 서로 통합될 수 없다는 것을 깨닫지 못한 채 이러한 관점들을 무비판적으로 결합시켰다."[85] 이런 맥락에서 딜타이는 역사학파의 역사적 경험과 관념론적 유산 사이에 인식론적 기초가 확고한 새로운 토대를 세우겠다는 목표를 설정할 수 있었다. 딜타이가 칸트의 순수이성 비판을 역사이성 비판으로 보완하고자 했던 의도의 핵심은 바로 이것이다.

딜타이의 이러한 목표설정 자체가 이미 사변적 관념론에서 벗어나려는 것이었다. 딜타이의 목표설정은 문자 그대로 유추의 논리를 취하고 있다. 다시 말해 딜타이가 의도한 것은 역사이성 역시 순수이성과 똑같이 정당성의 근거를 확보해야 한다는 것이었다.『순수이성비판』의 획기적인 의의는 세계와 영혼과 신에 관한 순수이성의 학으로서의 형이상학을 해체시켰을 뿐 아니라, 선험적 개념들의 사용이 정당성을 확보하고 인식을 가능하게 해주는 새로운 영역을 개척했다는 사실에 있다.『순수이성비판』은 강신술사降神術士의 꿈을 와해시켰을 뿐 아니라 순수한 자연과학이 어떻게 가능한가 하는 물음에 해답을 제시했다. 그런데 사변적 관념론은 역사의 세계를 이성의 자기전개로 규정했으며, 그런 맥락에서 특히 헤겔은 독보적인 과업을 완수했다. 이로써 순수이성의 학문을 정립하려는 요청은 원칙적으로 역사인식의 영역으로까지 확장되었다. 역사인식은 정신의 백과사전의 일부가 된 것이다.

그렇지만 역사학파의 관점에서 보면 사변적 역사철학은 합리주의적 형이상학과 마찬가지로 독단적 교조주의로 간주된다. 그리하여 역사학파는 역사인식의 철학적 기초를 정립하기 위해서는 칸트가 자연인식의 기초를 정립하기 위해 수행했던 것과 동일한 작업이 필요하다고 보았다.

그런데 이러한 요구는 단지 칸트로 돌아가는 것으로는—비록 그것이 요령부득의 사변으로 빗나가는 자연철학에 비하면 올바른 방도인 것처럼 보이긴 하지만—충족될 수 없다. 칸트는 17세기 근대 과학의 등장과 더불어 제기된 인식론의 문제를 해결하기 위한 일련의 노력들을 종결지었다. 당시 근대 과학이 원용한 수학적·자연과학적 원리들은 칸트에 이르러 비로소 근대 과학의 인식가치를 뒷받침하는 타당한 근거가 되었다. 근대 과학이 그러한 근거를 필요로 했던 까닭은, 근대 과학이 사용하는 개념들은 오로지 이성의 실재entia rationis일 때만 타당한 것으로 통용되었기 때문이다. 예로부터 전해오던 모방이론Abbildtheorie은 이제 더이상 근대 과학의 타당성을 뒷받침할 수 없게 되었다.[86] 그리하여 사유와 존재를 매개하는 공통분모를 찾을 수 없다는 사태는 새로운 방식으로 인식의 문제를 제기하기에 이른 것이다. 딜타이는 이 점을 명확히 직시하고 있었으며, 요르크Yorck 백작과 주고받은 편지에서 이미 17세기 인식론의 문제의식이 유명론唯名論에 바탕을 두고 있었다고 언급한다. 17세기 인식론의 유명론적 배경에 관해서는 뒤엠Duhem을 필두로 근래의 연구들이 괄목할 만한 연구성과를 내고 있다.[87]

이제 인식론의 문제는 역사적 연구에 의존하는 학문분야에서 새롭게 초미의 관심사가 되었다. 인식론이라는 개념 자체가 헤겔 이후 시대에 비로소 생겨났다는 사실을 상기하면 이 개념의 역사에서도 그런 사정은 충분히 짐작할 수 있다. 인식론 개념은 경험적 연구가 헤겔의 체계를 허물어뜨리는 시점에 사용되기 시작했던 것이다. 19세기가 인식론의 세기가 되었던 이유는 헤겔 철학의 와해와 더불어 이전까지 자명한 것으로 여겨졌던 로고스logos와 존재의 합치가 결정적으로 붕괴되었기 때문이다.[88]

헤겔은 모든 영역에서, 심지어 역사의 영역에서조차, 이성만능주의를 설파하여 고대의 로고스 철학을 전면적으로 계승한 마지막 대변자가 되었다. 그런데 이제 선험적 역사철학에 대한 비판은 다시금 칸트의 비판철학의 영향권에 들게 되었는데, 세계사를 순수한 이성적 구성물로 파악하려는 시도가 배척되고 역사인식 역시 경험의 테두리 안에 한정된 이후 역사의 세계에서도 칸트의 비판철학이 지닌 문제점이 드러나게 되었다. 자연과 마찬가지로 역사도 정신의 현상방식이라고 생각할 수 없다면—자연이 수학적 방법의 구성물들을 통해 인간정신의 인식대상이 되었듯이—인간정신이 과연 어떤 방식으로 역사를 인식해야 하는가 하는 문제가 제기된다. 그리하여 딜타이는 순수한 자연과학이 과연 어떻게 가능한가 하는 문제에 대한 칸트의 답변과 같은 맥락에서 역사적 경험이 과연 어떻게 과학이 될 수 있는가 하는 문제에 대한 해답을 찾아야만 했다. 따라서 딜타이는 칸트의 문제의식을 정확히 유추하여 정신과학의 기초가 될 수 있는 역사세계의 범주들을 탐색했다.

여기서 딜타이는 비판철학의 혁신을 통해 정신과학의 기초를 정립하고자 했던 신칸트주의를 능가하는 한 가지 독보적인 업적을 이루었다. 딜타이는 역사세계의 경험이 자연과학의 경험과는 근본적으로 다르다는 것을 유념했다. 자연과학의 영역에서는 오로지 경험을 통해 확인할 수 있는 검증이 관건이다. 다시 말해 개개인의 경험 자체와는 무관하게 신뢰할 만한 지속성을 지니는 경험적 인식이 관건이 된다. 신칸트주의자들은 이러한 '인식대상'에 대한 범주적 분석이 곧 선험철학의 긍정적인 업적이라고 보았다.[89]

신칸트주의는 예컨대 가치철학Wertphilosophie이라는 형태로 그러한 인식대상에 대한 범주적 분석을 역사인식의 영역에 그대로 적용했는데, 딜타이는 여기에 만족하지 못했다. 딜타이는 신칸트주의의 비판주의Kritizismus 자체도 교조적이라 보았는데, 그것은 그가 영국 경험주의를 교조적이라고 보았던 것과 마찬가지로 올바른 판단이었다. 왜냐하면 경험에서 취한 사실들을 특정한 가치체계에 편입시키는 것으로는 역사세계를 구축하는 근간을 설명할 수 없고, 역사세계의 근간은 경험 자체에 내재하는 내적 역사성이기 때문이다. 역사세계의 근간을 이루는 것은 생철학적 차원의 진행과정으로서, 그 모델은 사실들의 확인에서 찾을 수 있는 것이 아니라—우리가 경험을 통해 획득하고 경험이라 일컫는—기억과 기대의 독특한 총체적 융합에서 찾을 수 있다. 그런 맥락에서 고통스러운 현실경험을 통해 뭔가를 깨달으며 성숙해가는 사람이 경험하는 고뇌와 깨우침이야말로 역사학의 인식방식을 규정하는 요인이 된다. 그런 사람들은 삶의 경험 속에서 이미 체득했던 사유를 계속 밀고나가기만 하면 되는 것이다.[90]

이렇게 보면 딜타이의 인식론적 문제의식은 사뭇 다른 동기에서 출발한다. 어떤 측면에서는 이러한 과제가 더 쉬울 수도 있다. 우리가 사용하는 개념들이 '외부세계'와 일치할 수 있는 가능성의 근거를 미리 탐색할 필요가 없기 때문이다. 왜냐하면 이런 관점에서 인식의 대상이 되는 역사세계는 이미 인간정신에 의해 형성되어 있기 때문이다. 이런 이유에서 딜타이는 역사에 대한 보편타당한 종합적 판단에는 관심이 없다고 말하며,[91] 비코Vico를 원용하여 자신의 그런 입장을 변호한다. 앞에서 살펴보았듯이 일찍이 비코는 데카르트의 방법적 회의를 통해 기초가 확립된 수학적 자연인식의 확실성과 데카르트의 방법적 회의에 맞서서 인간이 만들어낸 역사세계가 더 우월한 인식의 대상이라고 주장했다. 딜타이는 비코가 내세웠던 것과 동일한 논거를 제시한다. 딜타이는 다음과 같이 말한다. "역사학이 성립하기 위한 첫번째 조건은 나 자신이 곧 역사적 존재라는 사실, 역사를 탐구하는 자는 곧 역사를 만들어가는 자이기도 하다는 사실에 있다."[92] 역사인식을 가능케 하는 것은 곧 주체와 대상의 동질성이다.

그렇지만 이러한 확언만으로 딜타이가 제기했던 인식론적 문제가 결코 해결되는 것은 아니다. 오히려 주체와 대상의 동질성을 상정하는 전제조건 자체가 역사에 관한 본래의 인식론적 문제를 은폐한다. 개개인의 경험과 인식이 과연 어떻게 역사적 경험으로 고양되는가 하는 문제는 여전히 풀리지 않은 것이다. 딜타이의 관점에서는 역사에서 개개인이 직접 경험하거나 후대의 사람들이 간접적으로 경험한 전체적 연관성은 관심 밖으로 밀려난다. 딜타이가 제시하는 논거는 무엇보다 개개인의 직접경험 내지 후대의 간접경험에만 통용될 수 있다. 그리고 이것이 딜타이의 인식론적 출발점이다. 딜타이는 과연 어떻게 한 개인이 삶의 맥락을 만들어나가는가를 추적하고, 이를 바탕으로 역사적 맥락의 구성과 인식에도 적용될 수 있는 구성적 개념들을 추출해내고자 한다.

그런데 그런 개념들은 자연과학의 범주들과 달리 삶의 개념들이다. 왜냐하면 딜타이에게 역사세계를 인식하기 위한 궁극적인 전제는 체험Erlebnis이기 때문이다. 역사세계에서 관념론의 사변적 가설이었던 의식과 대상의 동일성은 항상 입증할 수 있는 현실로 상정된다. 딜타이의 관점에서는 체험이 곧 역사인식의 직접적 확실성을 보증한다. 체험의 영역에서는 경험을 내면화하는 행위와 내면화된 내용이 서로 분리되지 않기 때문이다.[93] 체험이라는 것은 더이상 분해할 수 없는 성질의 내재성Innesein이다. 체험을 통해 뭔가를 소유한다는 말도 이미 체험이라는 것을 지나치게 여러 요소들로 분리시킨 어법이다. 딜타이는 직접성 확실성을 지닌 정신세계의 이러한 요소가 어떻게 연관성을 이루고 그러한 연관성에 대한 인식은 어떻게 가능한가 하는 문제를 추적한다.

딜타이는 '기술記述심리학과 분석심리학'에 관한 구상에서 이미 "어떻게 한 사람의 정신생활이 지속적인 연관성을 형성하는가" 하는 문제를 자연과학의 설명방식과는 구별하고자 했다.[94] 딜타이는 자연현상의 인과관계와는 구별되는 정신적 연관성의 체험적 성격을 강조하기 위하여 구조라는 개념을 사용했다. 딜타이가 사용한 '구조' 개념의 독특함은 경험의 시간적 순서가 아니라 내적 맥락에 바탕을 두고 있는 총체적 연관성을 뜻한다는 데서 찾을 수 있다.

이러한 구조 개념에서 딜타이는 독자적이고 설득력 있는 실마리를 찾았다고 생각했으며, 이로써 일찍이 랑케와 드로이젠의 방법론적 성찰을 가로막던 장애물도 극복했다고 생각했다. 그렇지만 보편적 단일 주체라는 것은 존재하지 않으며 오직 역사적 개인들만 존재할 뿐이라고 보았다는 측면에서는 역사학파의 정당성을 인정한 셈이다. 역사적 의미의 이상적 정점은 선험적 주체에서 찾을 수 있는 것이 아니라 삶의 역사적 실재 자체에서 생겨나는 것이다. 의미 있는 통일성을 지향하면서 일정한 형태를 이루며 펼쳐지는 것은 삶 자체이며, 그러한 통일성을 그 자체로 이해하는 주체는 개별적인 개인이다. 바로 이것이 딜타이의 분석에서 자명한 출발점이다.

개개인이 직접 경험하는 (그리고 다른 사람의 전기를 통해 간접적으로 경험하고 이해하는) 삶의 연관성은 특정한 체험에 내재하는 의미를 통해 형성된다. 그러한 체험이 마치 일관된 맥락을 만들어가는 구심처럼 작용하여 한 사람의 삶의 통일성을 형성한다. 그것은 마치 어떤 멜로디에서 의미가 형성되는 이치와 꼭 같아서 그저 음들을 나열하면 되는 것이 아니라 멜로디의 통일성을 규정하는 음악적 모티프에 따라야 하는 것이다.

드로이젠의 경우와 마찬가지로 확실히 딜타이 역시 낭만주의 해석학의 영향을 받아서 전면적으로 확대 적용하고 있다. 어떤 텍스트의 맥락과 마찬가지로 삶의 구조적 맥락 역시 부분과 전체의 관계를 통해 규정되는 것이다. 삶의 모든 부분들은 전체와 관련된 무엇인가를 표현하며, 따라서 각 부분의 의미가 전체에 의해 규정되듯이 각 부분 역시 전체에 대하여 고유한 의미를 지니게 된다. 그것은 문헌해석에서 오래전부터 전수되어온 원칙이며, 따라서 삶의 연관성을 파악하는 데도 적용된다. 왜냐하면 삶의 일관된 맥락 역시 같은 방식으로 모든 부분에서 표현되는 의미의 통일성을 전제하기 때문이다.

딜타이가 정신과학의 인식론적 기초를 정립하는 과정에서 결정적인 도약은 개개인의 삶의 체험에서 구축되는 맥락에서 출발하여 더이상 개개인이 직접 체험하거나 간접적으로 경험할 수 없는 역사적 맥락으로 넘어간다는 데 있다. 그러기 위해서는—아무리 사변적이라는 비판을 듣더라도—현실적 주체들 대신에 '논리적 주체들'을 내세울 수밖에 없다. 딜타이 자신도 이러한 실책을 자각하고 있었다. 그렇지만 개개인들이 같은 세대나 같은 민족과 같이 동일한 공동체에 속해 있어서—같은 공동체에 속하지 않고서는 이해할 수 없고 따라서 고유한 실체를 인정할 수밖에 없는—정신적 현실성을 공유한다면 그러한 '논리적 주체들'을 설정하는 것 자체가 부적절한 것은 아니라고 딜타이는 말한다. 확실히 딜타이가 말하는 것은 현실적 주체는 아니다. 주체를 구성하는 경계선이 유동적이라는 사실에서도 그것을 분명히 알 수 있다. 개개인들은 자기 존재의 일부만 가지고 그러한 공동체에 관여하는 것이다. 그럼에도 딜타이는 그러한 주체에 관하여 서술하는 데는 전혀 문제가 없다고 본다. 역사가가 제 민족의 행적과 운명에 관하여 말할 때는 사실상 부단히 그러한 주체를 상정하는 셈이다.[95] 그렇다면 문제는 그러한 진술을 과연 어떻게 인식론적으로 정당화할 수 있는가 하는 것이다.

딜타이 자신도 결정적인 문제라고 생각했던 바로 이 대목을 딜타이가 아주 명확하게 설명했다고 단언할 수는 없다. 이 문제는 정신과학의 심리학적 기초에서 탈피하여 해석학적 기초를 정립하기 위한 중대한 고비가 된다. 이 문제에 관해 딜타이는 잠정적 구상 이상으로 나아가지는 못했다. 『정신과학 내에서 역사세계의 구축』[96]의 각론 부분에서―역사경험과 역사인식의 두 가지 특수한 경우라 할 수 있는―자서전과 전기가 과도한 비중을 차지하는 데는 그럴 만한 이유가 있다. 이미 살펴본 대로 역사가의 과제는 과연 어떻게 전체적 맥락을 체험하고 인식할 수 있는가 하는 문제가 아니라 아무도 직접 체험하지는 못한 역사적 맥락들을 과연 어떻게 인식할 것인가 하는 문제이기 때문이다. 어떻든 딜타이가 이 문제의 해명을 위해 어떻게 이해라는 현상을 출발점으로 삼았는지는 의문의 여지가 없다. 이해란 표현의 이해인 것이다. 표현 속에는 표현의 대상이 결과 속에 원인이 존재하는 것과는 다른 방식으로 내재해 있다. 표현이 이해된다고 할 때 그것은 곧 표현대상이 표현 그 자체 속에 현존하고 이해된다는 뜻이다.

애초부터 딜타이의 의도는 자연질서의 인과관계와 구별되는 정신세계의 연관성을 탐구하는 것이었고, 그래서 표현이라는 개념과 표현의 이해라는 개념이 처음부터 중심에 자리잡고 있었다. 후설의 영향을 받아 새로운 방법론적 명료함을 획득한 딜타이는 영향관계로부터 생겨나는 의미 개념을 마침내 후설의 『논리 탐구*Logische*

Untersuchungen』와 통합시키는 데 성공했다. 의식의 지향성Intentionalität 역시 단지 심리적 상태만 가리키는 것이 아니라 의식의 본질적 특성을 현상학적으로 나타내는 개념이다. 따라서 정신생활의 구조적 특성이라는 딜타이의 개념은 의식의 지향성에 관한 후설의 이론에도 부합된다. 의식은 언제나 그 무엇에 관한 의식이며, 지향성은 언제나 그 무엇을 추구하는 지향성이다. 지향성이 추구하는 대상, 즉 지향의 대상은 후설에 따르면 현존하는 심적 요소가 아니라 이상적 통일성, 즉 지향하는 바 그 자체이다. 그런 맥락에서 후설은『논리 탐구』제1부에서 논리적 심리주의의 편견에 맞서 '이상적 통일성을 지향하는 의미die ideal-eine Bedeutung'라는 개념을 옹호했다. 후설의 이러한 논점이 딜타이에겐 결정적 중요성을 갖는다. 후설의 분석을 통해 비로소 딜타이는 '구조'가 인과관계와는 어떻게 다른가를 제대로 깨우쳤기 때문이다.

구체적인 예를 들어보면 그 차이는 분명히 알 수 있다. 일정한 심적 구조를 지닌 한 개인은 자신의 소양을 발전시키고 주위환경의 제약과 영향을 받으면서 자신의 개성을 형성한다. 그러는 가운데 형성되는 고유한 '개성', 즉 개인의 성격은 단지 어떤 원인의 결과만은 아니어서 인과관계로만 이해될 수는 없으며, 그 자체로서 이해될 수 있는 통일성을 이룬다. 그것은 스스로를 드러내는 매 순간 어떤 형태로든 표현되고 따라서 모든 자기표현에 비추어서 이해될 수 있는 그런 삶의 통일성이다. 인과관계의 질서와는 무관하게 그 무엇인가가 독특한 모양새로 완결되는 것이다. 바로 이것이 딜타이가 말한 구조적 연관성이며, 후설의 개념을 빌려와서 '의미'라 일컬은 것이다.

이제 딜타이는 구조적 연관성이 과연 얼마만큼이나 주어져 있는 것인지도 말할 수 있었는데, 이 문제는 그가 에빙하우스Ebbinghaus와 벌인 논쟁의 주요 쟁점이기도 하다. 구조적 연관성은 어떤 체험의 형태로 곧바로 주어지는 것은 아니지만, 그렇다고 단지 정신생활의 '메커니즘'에 따라 영향을 미치는 요인들의 결과만으로 구성되는 것도 아니다. 여기서 의식의 지향성 이론은 소여所與Gegebenheit 개념의 새로운 근거를 제공한다. 따라서 체험의 미립자들을 모아서 연관성을 도출해내고 그런 방식으로 설명을 하는 것은 올바른 접근 방식이 아니다. 의식은 그런 것이 아니라 구조적 연관성과 더불어 존재하며, 연관성을 지향하는 가운데 존재한다. 그런 관점에서 딜타이는 후설의 『논리 탐구』가 획기적인 업적이라고 보았다.[97] 구조나 의미 같은 개념들이 어떤 구성요소들의 결과물이 아님에도 불구하고 정당한 근거를 확보할 수 있기 때문이다. 이런 관점에서 보면 구조나 의미 개념이 이전까지는 구조나 의미의 바탕이 된다고 간주되어온 구성요소보다 오히려 더 근원적인 것이 된다.

물론 의미의 이상적 지향성에 관한 후설의 논의는 순전히 논리적 탐구의 결과물이다. 딜타이가 후설의 논의에서 도출해낸 것은 전혀 다른 성질의 것이다. 딜타이는 의미가 논리적 개념이 아니라 삶의 표현이라고 보았다. 시간 속에서 흘러가는 삶 자체가 항상적인 의미단위들을 형성하려는 지향성을 갖고 있다는 것이다. 삶이 스스로를 해석하는 형국이다. 삶 자체가 해석학적 구조를 갖고 있다. 그리하여 삶이 정신과학의 진정한 토대가 된다. 딜타이의 사유에서는 해석학이 단지 낭만주의의 유산이 아니라 삶 자체를 철학의 토대라고 보는 관점의 당연한 귀결이다. 이런 관점에 힘입어 딜타이는 자신이 헤겔의 '정신주의'를 근본적으로 극복했다고 자부했다. 라이프니츠에게서 유래하는 낭만주의적·범신론적 개성 개념 역시 딜타이에겐 만족스럽지 않았다. 철학의 토대를 삶에서 찾는 관점은 개성의 형이상학도 용인하지 않으며, 라이프니츠의 창이 없는 모나드Monade들이 그 자체의 고유한 법칙을 펼쳐나가는 것과는 거리가 멀다. 딜타이의 사유에서 개성이라는 것은 현상 속에 뿌리내리는 근원적인 이념이 아니다. 오히려 딜타이는 모든 '정신생활'이 주위환경의 영향을 받는다는 입장을 고수한다.[98] 개성의 근원이 되는 힘이라는 것은 존재하지 않는다. 개성은 자기 자신을 관철시킴으로써 비로소 본연의 개성이 된다. 모든 역사적 개념들이 그러하듯 개성 역시 그 본질상 영향관계를 통해 제약을 받는다. 딜타이에겐 목적이나 의미 같은 개념들도 플라톤주의나 스콜라철학에서 말하는 이데아가 아니다. 목적과 의미 같은 개념들 역시 영향관계를 통해 제약을 받는 한에는 역사적 개념들이다. 목적과 의미 같은 개념들은 힘Energie의 개념임에 틀림없다. 이와 관련하여 딜타이는 랑케에게도 결정적인 영향을 준 피히테에 의지한다.[99] 그런 한에는 딜타이의 삶의 해석학은 역사주의 세계관에 바탕을 두고 있다.[100] 딜타이에게 철학은 삶의 진실을 표현하는 개념적 수단을 제공할 뿐이다.

이처럼 딜타이가 형이상학의 전통에는 선을 그었다 하더라도 삶을 해석학의 토대로 삼는 그의 작업이 과연 관념론적 형이상학이 함축하는 결과들에서 진정으로 벗어난 것인지는 단언하기 어렵다.[101] 딜타이의 문제의식은 다음과 같이 정리해볼 수 있다. 과연 어떻게 해서 개인의 힘은 개인을 넘어서고 개인보다 먼저 존재하는 객관정신과 결합될 수 있는가? 힘과 의미의 관계, 강제력Gewalt과 이념의 관계, 삶의 사실성과 이상성의 관계는 과연 어떻게 사유될 수 있는가? 이러한 질문은 역사에 대한 인식이 과연 어떻게 가능한가 하는 문제를 판가름하는 시금석이 된다. 역사 속의 인간 또한 근본적으로 개인적 개성과 객관정신의 상호관계에 의해 규정되기 때문이다.

그러한 관계는 당연히 단순명료하지 않다. 개인이 자신의 힘을 감지하는 계기는 제약이나 압박 또는 저항 등의 경험을 통해서이다. 그렇지만 그러한 경험은 예컨대 단단한 벽처럼 자명한 사실로 확인할 수 있는 성질의 것이 아니다. 개인은 역사적 존재로서 역사현실을 경험하며, 역사현실은 개인을 지탱해주고 개인의 자기표현과 자아발견을 가능하게 해주는 터전이기도 하다. 그러한 역사현실은 '단단한 벽' 같은 것이 아니라 삶이 객관화된 장이다.(이런 의미에서의 역사현실을 드로이젠은 '윤리적 힘들'이라 일컬었다.)

이것은 정신과학의 고유한 특성을 해명하기 위해 방법론상으로 결정적인 중요성을 갖는다. 여기서 소여 개념은 근본적으로 다른 구조적 특성을 갖는다. 정신과학의 소여 개념이 자연과학의 소여 개념과 구별되는 차이점은 "정신과학의 영역에서 사용되는 소여 개념은 물질세계의 고유한 특성인 일체의 고정성과 이질감을 제거하고 사유해야 한다는 것이다."[102] 정신세계에서 모든 소여는 형성되고 만들어진 것이다. 일찍이 비코가 역사탐구의 대상이 자연과학의 대상보다 우월하다고 보았다면, 딜타이에 따르면 바로 그러한 우월성이야말로 역사세계를 이해할 수 있는 보편타당성의 근거가 된다.

그렇긴 하지만 이러한 바탕 위에서 딜타이가 과연 심리주의적 관점을 극복하고 올바른 해석학적 관점으로 나아가는 데 성공한 것인지, 아니면 전혀 뜻하지 않게 사변적 관념론이 빠져든 것과 유사한 문제에 봉착한 것인지는 더 따져볼 필요가 있다.

앞의 인용문에서 우리는 피히테뿐 아니라 헤겔의 어조까지도 떠올리게 된다. 앞의 인용문에서 우리는 정신이 타자 속에서 자기 자신을 인식하는 정신의 자기소외Selbstentfremdung를 가리키는 개념인 '실정성Positivität'[103]에 대한 헤겔의 비판을 읽어낼 수 있다. 그렇다면 역사주의 세계관이 관념론에 맞서서 강조하는 차이점, 그리고 딜타이가 인식론적으로 정당성을 부여하는 그러한 차이점은 과연 어디에 있는가 하는 의문이 든다.

딜타이가 역사의 근본사태인 삶의 특성을 규정하는 핵심적 표현을 떠올리면 그러한 의문은 더욱 증폭된다. 알다시피 딜타이는 "삶이 사유를 형성하는 작업"[104]이라는 표현을 사용한다. 이런 표현이 과연 어떻게 헤겔의 어법과 구별될 수 있는지는 단언하기 어렵다. 딜타이가 보기에 삶은 너무나도 '오묘한 표정'[105]을 하고 있다. 그리고 삶에서 문화의 진보만을 보는 지나친 낙관주의를 딜타이는 신랄하게 비웃는다. 아무리 그렇다 하더라도 삶을 통해 형성되는 사유에 근거하여 삶이 이해된다면 그런 삶은 결국 목적론적 해석 도식에 편입되며 따라서 정신으로 간주될 수밖에 없다. 딜타이가 후기로 갈수록 점점 더 헤겔에 의존하면서 예전에는 '삶'이라 표현했던 것을 '정신'이라 일컫는다는 사실도 그 점을 뒷받침한다. 그렇게 보면 일찍이 헤겔이 그랬던 것과 마찬가지로 단지 개념상의 발전만 반복한 셈이다. 이런 사실에 비추어볼 때 초기 헤겔의 '신학적' 저작을 발굴한 장본인이 바로 딜타이라는 것은 의미심장하다. 헤겔 사상의 발전과정을 보여주는 그 초기 저작에서 분명히 드러나는 것은 헤겔의 정신 개념이 정신주의적인 삶의 개념을 바탕에 깔고 있다는 사실이다.[106]

딜타이 스스로도 자신과 헤겔의 공통점이 무엇이고 또 차이점이 무엇인가를 따져보려고 시도한 적이 있다.[107] 그렇지만 딜타이 자신이 '객관정신' 개념에 핵심적 의의를 부여한 터에 그가 헤겔의 이성만능주의와 세계사의 사변적 구성을 비판하고 또 절대자의 변증법적 자기전개로부터 모든 개념을 선험적으로 도출하는 것에 대해 비판을 한들 무슨 의미가 있겠는가? 딜타이가 헤겔의 개념들이 이념적 구성물이라는 점에 비판을 가하는 것은 분명하다. 그런 뜻에서 그는 "우리는 오늘날 삶의 실재를 출발점으로 삼아야 한다"라고 말한다. 그는 다음과 같이 서술한다.

우리는 삶의 실재를 이해하고 적합한 개념으로 서술하고자 한다. 그렇게 해서 객관정신이 세계정신의 본질을 표현하는 보편적 이성만을 토대로 삼는 일면성에서 벗어나는 동시에 이념적 구성에서도 벗어남으로써 객관정신의 새로운 개념이 가능하게 되었다. 객관정신은 언어와 풍속, 가족과 시민사회 혹은 국가와 법률 같은 모든 종류의 생활양식 및 생활형태를 포괄할 수 있게 된 것이다. 그리고 헤겔이 객관정신과 구별하여 절대정신이라 지칭했던 것들, 즉 예술과 종교와 철학도 객관정신의 개념에 편입된다.(전집 제7권, 150쪽)

의문의 여지없이 이것은 헤겔의 개념을 변형시킨 것이다. 그렇다면 이러한 변형이 뜻하는 바는 무엇인가? 이러한 변형은 과연 어느 정도나 '삶의 실재'를 고려한 것인가? 무엇보다 의미심장한 것은 객관정신의 개념을 예술과 종교와 철학으로까지 확장시킨 점이다. 그것은 곧 딜타이가 예술과 종교와 철학을 진리의 직접적인 드러남으로 보지 않고 삶의 표현형식으로 본다는 것을 뜻하기 때문이다. 딜타이는 예술과 종교를 철학과 동렬에 올려놓음으로써 사변적 개념의 개입도 배제한다. 그러면서 딜타이는 예술과 종교와 철학이 정신을 객관화하고 인식할 수 있는 '강력한 형식들'인 한에는 객관정신의 다른 형식들에 비해 우월한 위치에 있다는 것을 결코 부인하지 않는다. 그런데 정신의 자기인식의 완성에 우월성을 부여하는 것이야말로 헤겔이 예술과 종교와 철학을 절대정신의 형식이라고 파악했던 까닭이기도 하다. 예술과 종교와 철학에서 정신은 더이상 이질감을 느끼지 않으며 온전히 자기 자신이 된다. 이미 살펴본 대로 딜타이 역시 예술의 객관적 구현물에서 해석학이 최고의 영예를 누릴 수 있다고 보았다. 그렇게 보면 딜타이가 헤겔과 다른 점은 단 하나의 측면으로 압축된다. 즉 헤겔에서는 정신의 귀향이 철학적 개념에서 완성되는 반면 딜타이에서는 철학적 개념이 인식의 대상이 아니라 표현의 방식으로 의미를 지닌다는 것이다.

그렇다면 딜타이 역시 정녕 '절대정신'이라 할 수 있는—다시 말해 완벽하게 자신을 꿰뚫어보고 일체의 이질성과 타자성을 완벽하게 제거한—정신의 형태를 상정하는 것은 아닌가 하는 의문이 들 수밖에 없다. 딜타이가 그런 차원의 정신을 상정한다는 것은 의문의 여지가 없다. 다만 그러한 이상에 부응하는 것은 사변철학이 아니라 역사의식이다. 역사의식은 인간과 역사세계의 모든 현상들을 오로지 정신의 심오한 자기인식의 계기를 제공하는 그런 대상으로만 간주한다. 역사의식이 그러한 대상들을 정신의 객관적 구현물로 이해하는 한, 역으로 그러한 대상들은 "그런 대상들을 창출한 정신적 삶"으로 번역될 수도 있다.[108] 따라서 역사의식의 관점에서 보면 예술이나 종교나 철학 등 객관정신의 형식들은 정신의 자기인식의 대상이 된다. 모든 역사적 사태를 그 근원이 되는 삶의 표현으로 이해하는 한, 역사의식은 끝없이 확장된다. "역사의 장에서 삶은 삶을 포착한다."[109] 그러한 역사의식의 관점에서 보면 모든 역사적 전통은 인간정신의 자기인식이 된다. 이로써 예술과 종교와 철학으로는 접근할 수 없는 것처럼 보였던 것을 역사의식은 취할 수 있게 된다. 정신의 자기인식은 개념을 통한 사변적 앎이 아니라 역사의식 속에서 완성된다. 역사의식은 모든 시대와 개인의 정신에서 관철된다. 철학조차도 단지 삶의 표현으로서만 유효할 뿐이다. 철학이 그 점을 자각한다면, 예로부터 철학은 개념을 통해 인식해야 한다는 전통적인 요구조건을 포기하는 셈이다. 철학은 철학의 철학이 된다. 다시 말해 철학은—다른 학문과 마찬가지로—삶 자체 속에 내재해 있다는 철학적 근거가 성립되는 것이다. 딜타이는 후기 저작에서 그러한 철학의 철학에 관해 구상했는데, 삶을 해석하는 준거가 되는 세계관의 다양한 유형은 삶의 다면성에 연유한다고 보았다.[110]

그렇게 형이상학을 역사의식으로 극복하는 작업과 짝을 이루는 것은 위대한 문학에 대한 정신사적 해석이다. 딜타이는 위대한 문학에 대한 해석에서 해석학이 최고의 영예를 누릴 수 있다고 보았다. 그렇지만 철학과 예술은 역사적으로 사유하는 의식에 비하면 상대적 중요성만 갖는다. 철학과 예술은 '순수한 표현'일 뿐이고 다른 어떤 것도 지향하지 않기 때문에 철학과 예술에 대한 해석을 통해 정신을 따로 읽어낼 필요가 없으며, 그런 한에는 철학과 예술은 특별한 장점을 지닌다. 그렇다 하더라도 철학과 예술이 직접적인 진리인 것은 아니며 단지 삶을 표현하기 위한 수단일 뿐이다. 어떤 문화의 전성기에서 그 문화의 '정신'을 적절히 인식할 수 있고 또 위대한 개인들의 계획과 행동에서 진정한 역사적 결단을 확인할 수 있듯이, 철학과 예술 역시 그러한 방식으로 해석하는 이해를 통해 그 진면목을 파악할 수 있다. 정신사의 탐구대상이 되는 것은 변화와 생성의 과정에서 분리되어 나온 전체적 의미를 순수한 모습으로 완성시킨 형태Gestalt이다. 슐라이어마허 전기의 서문에서 딜타이는 이렇게 말한다. "정신적 운동의 역사는 진정한 기념비를 남기는 장점이 있다. 슐라이어마허가 염두에 두었던 의도에 관해 혼동할 수는 있지만, 그의 저작에 표현되어 있는 고유한 내적 자아가 의미하는 내용에 관해서는 혼동할 여지가 없다."[111] 딜타이가 슐라이어마허의 다음 구절을 인용하는 것은 우연이 아니다. "꽃이 피었을 때가 진정한 성숙기이다. 열매는 유기적 생명체에는 어울리지 않는 혼란스러운 껍데기일 뿐이다."[112] 딜타이는 확실히 이러한 미적 형이상학을 공유한다. 이러한 미적 형이상학은 딜타이의 역사관의 토대가 되는 것이다.

그러한 미적 형이상학에 부응하여 객관정신의 개념 역시 형이상학을 역사의식으로 대체하는 방식으로 변형된다. 그런데 헤겔의 경우 사변적 개념 속에서 자기 자신을 인식하는 정신의 절대지知가 차지했던 그러한 자리를 딜타이가 말하는 역사의식이 과연 정말로 채울 수 있는가 하는 의문이 제기된다. 딜타이 자신은 단지 우리 자신이 역사적 존재이기 때문에 우리는 오직 역사적으로만 인식할 수 있다고 말할 뿐이다. 그런 말은 인식론적 문제의 부담을 덜어주는 방편이 될 수는 있을 것이다. 그런데 과연 정말 그럴까? 딜타이가 곧잘 인용하는 비코의 명제가 과연 올바른 것일까? 비코의 명제는 인간의 예술정신의 경험을 역사세계에 적용한 것은 아닐까? 역사세계에서는 역사의 운행 이치에 비추어볼 때 뭔가를 계획하고 실행한다는 의미에서 '만든다Machen'는 말은 성립될 수 없지 않을까? 딜타이의 그러한 생각은 과연 어떤 측면에서 인식론적 문제의 부담을 덜어주는 것일까? 오히려 인식론적 난관을 더욱 가중하는 것은 아닐까? 의식이 역사적 제약을 받는다는 사실은 의식이 역사적 앎에서 완성되는 것을 가로막는 결정적 제약이 아닐까? 헤겔은 절대지를 통해 역사를 지양함으로써 그러한 제약을 극복했다고 생각했다. 그렇지만 딜타이 자신이 말하듯 삶이라는 것이 무궁무진한 실재라면 역사의 의미맥락이 끊임없이 변화하므로 앎이 객관성에 도달하는 것은 불가능하지 않을까? 그렇다면 역사의식은 결국 유토피아적 이상이며, 내적 모순을 안고 있는 것이 아닐까?

2) 딜타이의 역사의식 분석에서
과학과 생철학의 분리

딜타이는 이러한 문제에 대하여 지칠 줄 모르고 성찰했다. 언제나 그의 성찰은 역사가 자신의 제약에도 불구하고 역사적으로 제약받는 대상에 대한 인식을 객관적 과학의 성과로 정당화하려는 목표를 추구했다. 자기중심적 통일성을 이루는 구조 개념은 그러한 목표를 위해 고안된 것이다. 구조의 맥락이 그 자체의 중심에 의해 이해될 수 있다는 것은 한 시대를 그 자체의 맥락에서 이해해야지 그 시대와는 동떨어진 현재의 기준으로 이해해서는 안 된다는 해석학의 오랜 원칙에 부합되고 역사주의적 사고의 요청에도 부합된다. 딜타이는 그런 도식에 따라 점점 더 폭넓은 역사적 맥락에 대한 인식이 가능하다고 보았으며,[113] 그것은 세계사에 대한 인식으로 확장될 수 있다고 보았다. 그것은 한 낱말이 문장 전체의 맥락에서 이해될 수 있고, 문장은 텍스트 전체의 맥락에서, 나아가 문학전통 전체의 맥락에서 이해될 수 있는 것과 같은 이치다.

이러한 도식의 적용은 물론 역사 관찰자 자신이 현재의 관점에 얽매인 상태를 극복할 수 있다는 것을 전제로 한다. 사실 모든 역사적 관찰대상에 대하여 올바른 역사적 관점을 확보해야 한다는 것이야말로 역사의식의 요청이다. 바로 그런 상태에서 역사의식은 완성된다. 따라서 역사가가 속해 있는 현재의 편견을 극복하고 '역사적 감각'을 도야하려는 노력이 요구된다. 딜타이는 그런 맥락에서 의식을 역사의식으로 고양시키는 것을 정당화하려고 노력하는 가운데 자신이 역사적 세계관의 진정한 완성자라고 자부하게 되었다. 딜타이가 인식론적으로 정당화하고자 했던 것은 근본적으로 따지면 랑케가 생각했던 위대한 서사적 몰아沒我와 다를 바 없었다. 다만 전면적이고 무한한 이해의 전능함이 미적 몰아상태를 대체했을 뿐이다. 딜타이가 염두에 둔 것은 이해의 심리학으로 역사연구의 토대를 다지는 것이었다. 그런 관점에서 역사가는 탐구대상과의 이상적인 동시성을 경험하는데, 그러한 동시성의 경험은 우리가 랑케에게서 찬탄해 마지않는 미적 체험이라 할 수 있다.

물론 유한한 인간존재가 과연 어떻게 그처럼 무한한 이해에 도달할 수 있는가 하는 문제는 의문으로 남는다. 딜타이는 정말 그럴 수 있다고 생각했던 것일까? 딜타이는 헤겔에 맞서서 자기 자신의 유한성에 대한 의식을 고수해야 한다고 주장하지 않았던가?

그렇지만 이 대목은 좀더 면밀히 따져볼 필요가 있다. 헤겔의 이성지상주의에 대한 딜타이의 비판은 오로지 헤겔의 개념적 사변에 내재하는 선험주의만을 겨냥한 것이었다. 반면 정신의 내적 무한성 자체는 원칙적으로 아무런 문제가 없고, 역사적으로 각성된 이성이 모든 것을 이해하는 천재성으로 성숙해가는 이상을 추구하는 가운데 긍정적으로 실현될 수 있다고 보았다. 딜타이에게 유한성에 대한 의식이라는 것은 결코 의식을 일정한 한계 안에 제한하는 것을 뜻하지는 않는다. 유한성에 대한 의식은 오히려 힘차게 활동하는 가운데 모든 제약을 넘어설 수 있는 삶의 능력을 입증한다.

그런 한에는 유한성에 대한 의식을 통해 오히려 정신의 잠재적 무한성이 드러난다고 보는 것이다. 물론 그러한 무한성이 구현되는 방식은 사변이 아니라 역사적 이성을 통해서이다. 역사적 이해는 모든 역사적 대상을 향해 펼쳐지며, 정신의 총체성과 무한성에 확고한 토대를 두고 있기 때문에 실로 보편적이라 할 수 있다. 이를 위해 딜타이는 인간본성의 동질성을 이해 가능성의 근거로 삼는 오랜 학설에 의지한다. 딜타이는 자신의 체험세계를 단지 사유의 확장을 위한 출발점으로만 삼을 뿐이다. 다른 시대를 그 시대 자체의 관점에서 생생하게 이해하고 역사세계에 대한 추체험을 통해 무한성을 지향하면서 자신의 협소하고 우연적인 체험을 보완하는 것이다.

따라서 딜타이의 입장에서 보면 인간존재의 역사적 유한성으로 인해 이해의 보편성이 제약을 받는 것은 주관적 측면일 뿐이다. 확실히 딜타이는 그러한 역사적 제약이 오히려 역사인식의 생산적 계기가 될 수 있다고 긍정적으로 본다. 인식대상에 대한 공감만이 진정한 이해를 가능케 한다고 확언하는 것은 그런 맥락에서이다.[114] 하지만 그런 확신이 과연 근본원칙으로 통용될 수 있는가 하는 의문이 든다. 우선 한 가지 분명히 확인할 수 있는 것은 딜타이가 공감 자체를 인식의 조건으로 본다는 것이다. 일찍이 드로이젠의 생각이 그러했듯이 (따지고 보면 사랑의 한 형태인) 공감이라는 것은 인식의 감정적 조건과는 전혀 다른 어떤 것을 가리키지 않는가 하는 의문이 든다. 공감이라는 것은 나와 상대방 사이에 형성되는 관계의 형식들 중 하나인 것이다. 물론 현실에 존재하는 그러한 윤리적 관계 속에는 인식이 작용하는 것도 분명하고, 그런 한에는 사랑이 사람을 눈뜨게 한다는 것도 맞는 말이다.[115] 그렇지만 공감이라는 것은 단지 인식의 조건보다는 훨씬 더 많은 것을 가리킨다. 공감을 통해 상대방이 금방 변화할 수도 있는 것이다. 그런 맥락에서 드로이젠은 다음과 같이 의미심장한 말을 한다. "내가 그대를 그토록 사랑하므로 그대는 그렇게 존재할 수밖에 없다. 이것이 곧 모든 교육의 비결이다."[116]

딜타이가 보편적 공감을 거론하면서 노년의 원숙한 지혜를 염두에 둘 때 그가 말하려는 것은 그러한 윤리적 현상으로서의 공감이 아니라 완성된 역사의식의 이상이다. 그러한 이상은 인식대상에 대한 선호도나 친화성에 따라 이해가 주관적 우연의 제약을 받을 수 있는 한계까지도 극복한 상태를 가리킨다. 이 점에서 딜타이는 모든 대상에 대한 공감의 능력을 역사가의 존엄이라고 보았던 랑케의 견해를 그대로 따른다.[117] 물론 딜타이는 "역사가 자신의 삶이 위대한 역사적 대상을 통해 부단히 제약을 받는" 것이 역사이해의 탁월한 조건이라 간주하고 그러한 조건이 곧 역사이해의 최고 가능성이라고 보며,[118] 그런 점에서는 랑케의 생각에 일정한 제한을 가하는 셈이다. 그렇지만 역사가 자신의 삶이 그러한 제약을 받는다는 것을 인식의 주관적 조건이 아닌 다른 특별한 무엇으로 이해하는 것은 잘못일 것이다.

그것은 구체적인 사례에서 확인할 수 있다. 딜타이는 투키디데스Thukydides와 페리클레스Perikles의 관계 혹은 랑케와 루터의 관계를 언급하는데, 이로써 딜타이가 말하려는 것은 대개는 역사가가 아주 힘들게 도달할 수 있는 이해를 즉각적으로 가능하게 해주는 동질적이고 직감적인 유대관계이다. 그런데 딜타이는 예외적인 경우에만 독창적인 방식으로 가능한 그러한 이해가 원칙적으로 학문의 방법을 통해서도 언제나 구현될 수 있다고 본다. 정신과학이 비교의 방법을 활용해야 하는 근거를 딜타이는 연구자 자신이 처해 있는 우발적 제약들을 극복하고 "더 큰 보편성을 갖는 진리를 향하여 상승하는 것"이 정신과학의 과제이기 때문이라고 설명한다.[119]

딜타이의 이론이 극히 미심쩍은 이유 중 하나가 바로 여기에 있다. 비교라는 것은 그 본질상 인식주체가 이런저런 대상들을 자유자재로 넘나들 수 있다는 자유를 미리 전제한다. 비교는 상이한 인식대상들을 동시적인 인식대상으로 설정하는 것이다. 그렇기 때문에 비교의 방법이 과연 정말로 역사인식의 이념에 부합하는지 따져볼 필요가 있다. 자연과학의 특정 분야에서 익히 활용되고 또 언어학이나 법학이나 예술학 같은 정신과학의 일부 분야에서도 당당하게 통용되는[120] 방법이 역사인식을 위한 부차적 보조수단이 아니라 핵심적 방법으로 격상되는 것은 아닌가? 그런 방법은 흔히 피상적이고 설득력 없는 사고방식을 잘못 정당화하는 구실을 한다. 이와 관련하여 요르크 백작이 다음과 같이 말한 것은 전적으로 옳다. "비교라는 것은 언제나 미적이어서, 형태에 집착하는 경향이 있다."[121] 그리고 요르크보다 먼저 일찍이 헤겔이 비교의 방법을 비판했다는 사실도 상기할 필요가 있다.[122]

어떻든 분명한 것은 딜타이가 유한한 역사적 존재인 인간이 자기 시대의 제약을 받더라도 정신과학적 인식의 가능성은 전혀 침해받지 않는다고 본다는 것이다. 역사의식은 인식주체 자신의 상대적 제약을 넘어설 수 있기 때문에 정신과학적 인식의 객관성이 확보될 수 있다고 보는 것이다. 모든 역사적 의식에 관한 철학적 앎 내지 절대지의 개념을 상정하지 않고서 과연 그러한 요청이 정당화될 수 있을지 의문이다. 역사의식이 제약을 받음에도 불구하고 객관적 인식의 원칙적 요청을 침해하지는 않는다는 것이 곧 역사상 존재하는 다른 모든 의식형태들에 비해 역사의식이 우월한 근거란 말인가?

딜타이가 말하는 역사의식의 강점이 헤겔이 말한 '절대지', 즉 현재의 자기의식 속에 정신의 발전과정 전체를 통합한 그런 절대지일 수는 없다. 정신의 역사가 성취한 모든 진리를 스스로 내포해야 한다는 철학적 의식의 요청을 논박한 것은 다름 아닌 역사의식이다. 인간의 의식은 모든 것을 동시에 현재형으로 파악하는 무한한 지성이 아니라는 역사적 경험이 필요한 이유도 바로 여기에 있다. 유한한 역사의식은 원칙적으로 의식과 대상의 절대적 동일성에 도달할 수 없다. 역사의식은 언제나 역사적 영향관계의 맥락 속에 얽혀 있는 것이다. 그럼에도 역사의식이 자신의 제약을 극복하고 객관적 역사인식을 할 수 있는 강점은 과연 어디에 근거하는가?

딜타이의 저작에서 이 문제에 대한 명확한 답은 찾아보기 어렵다. 그렇지만 간접적으로는 딜타이의 모든 저작이 그 답을 말하고 있다. 딜타이의 생각은 예컨대 역사의식은 몰아의 경지라기보다는 자아가 더욱 고양된 상태라는 것이다. 그리하여 고양된 자아의 역사의식은 여타의 모든 정신형태에 비해 우월하다는 것이다. 역사의식을 형성하는 바탕이 되는 역사적 삶의 토대는 그처럼 결코 소멸될 수 없는 것이기 때문에 역사의식은 역사적으로 사유할 수 있는 자신의 능력을 역사적으로 이해할 수 있다. 따라서 역사의식을 향해 당당히 펼쳐지기 이전의 의식과는 달리 역사의식은 특정한 생활현실의 직접적인 표현이 아니다. 역사의식은 자신의 가치기준을 자신의 준거가 되는 역사적 전통에 단순히 적용하지 않으며, 역사를 그렇게 단순히 자기 것으로 취해서 전통을 계속 만들어가지도 않는다. 오히려 역사의식은 성찰의 방식으로 자기 자신으로 회귀하고 전통으로 회귀할 줄 안다. 자기 자신의 역사에서 자기 자신을 이해하는 것이다. 역사의식은 자기인식의 한 방식이다.

딜타이가 제시하는 이러한 해답은 자기인식의 본질을 더욱 깊은 맥락에서 규정하기 위한 결정적 지침이 될 것이다. 앞으로 살펴보겠지만 결국 실패하게 될 딜타이의 시도는 과연 어떻게 자기인식에서 역사의식이 생겨나는가 하는 문제를 '삶으로부터' 이해하려는 방향으로 나아갔다.

딜타이는 삶을 출발점으로 삼는다. 삶 자체가 사유를 촉발한다. 게오르크 미슈는 딜타이의 철학에 내재하는 생철학적 경향을 의욕적으로 밝혀냈다. 딜타이 철학의 생철학적 경향은 무엇보다 삶 자체 속에 앎이 깃들어 있다고 보는 데서 분명히 드러난다. 체험의 특성인 내향성Innesein 자체가 이미 삶의 반성적 특성을 내포한다. "앎은 의식적 성찰을 거치지 않고도 체험과 결부되어 존재한다."(전집 제7권, 18쪽) 이처럼 삶 자체에 내재하는 반성적 성향은 딜타이에 따르면 삶의 맥락 속에서 의미가 형성되는 방식까지도 규정한다.

의미라는 것은 "목적의식에 사로잡힌 상태"로부터 벗어날 때만 경험될 수 있기 때문이다. 의미를 성찰하는 사유는 우리 자신의 행동의 맥락에 대해 일정한 거리와 간격을 유지할 때만 가능하다. 딜타이는 일체의 학문적 객관화를 하기 이전에도 삶은 자연스럽게 자기관찰을 하고 자가형성을 한다는 점을 강조하는데, 그것은 전적으로 옳은 생각이다. 삶의 자연스러운 자기관찰과 자가형성은 격언과 설화의 지혜 속에 객관적으로 표현되고, 특히 "정신적인 것이 그 창조자로부터 분리되어 독자적 세계를 구축하는"[123] 위대한 예술작품에서 객관적으로 표현된다. 예술이 삶을 이해하기 위한 특별한 기관이라 할 수 있는 것은 '인식과 행위의 경계지대'에 위치하는 예술에서 경험적 관찰이나 의식적 성찰 또는 이론을 통해서는 결코 도달할 수 없는 깊은 경지에까지 삶이 그 의미를 드러내기 때문이다.

삶 자체가 반성적 사유를 촉발한다면 확실히 위대한 예술이 보여주는 체험의 순수한 표현은 특별한 중요성을 갖는다. 그렇지만 삶의 모든 표현 자체에서 이미 앎이 작용하며 따라서 진리가 인식될 수 있다는 것도 사실이다. 인간의 삶을 지배하는 표현형식들은 모두 객관정신이 표현되는 형식들이기 때문이다. 언어, 윤리, 법률 등의 형태로 자신을 표현할 때 개개인은 언제나 자신의 개별적 특수성을 넘어선다. 개개인이 살아가는 터전인 거대한 윤리 공동체는 개개인이 자신의 주관적 활동의 가변적 우발성을 극복하고 자기 자신을 인식할 수 있게 해주는 확고한 준거가 된다. 공동의 목적에 헌신하고 공동체를 위한 활동에 매진함으로써 비로소 '인간은 개체적 특수성과 덧없는 무상함에서 벗어날 수 있게 된다.'

이런 생각은 드로이젠도 했을 법하지만 딜타이에게선 독특한 색채를 띤다. 딜타이에 따르면 사변적 사유에서든 실천적 사유에서든 삶의 동일한 경향이 드러나는데, 그것은 '공고함Festigkeit을 추구하는 경향'이다.[124] 딜타이가 과학적 인식과 철학적 자기성찰의 객관성을 삶의 자연스러운 경향의 완성이라고 볼 수 있었던 것은 바로 그런 맥락에서 이해된다. 딜타이의 사유과정은 결코 자연과학의 방법을 정신과학의 방법에 피상적으로 적용한 것은 아니었다. 딜타이는 정신과학과 자연과학의 진정한 공통점을 중시한다. 관찰의 주관적 우발성을 극복하는 것이 곧 실험적 방법의 핵심이며, 그러한 실험적 방법의 도움으로 자연의 법칙성에 대한 인식이 가능하다. 마찬가지로 정신과학 역시 연구자 자신이 서 있는 입지의 주관적 우연성을 자신이 이해할 수 있는 역사적 전통을 통해 극복하고자 하며, 그렇게 해서 역사적 인식의 객관성에 도달하는 것이다. 철학적 자기성찰 역시 순전한 개념적 인식의 요구를 포기하고 스스로를 '인간적·역사적 사태로 대상화하는' 한에는 같은 방향으로 나아가는 셈이다.

이처럼 딜타이에게 삶과 앎의 상호연관성은 근원적 사태이다. 철학의 관점에서 특히 관념론적 반성철학Reflexionsphilosophie*의 논거를 가지고 딜타이의 그러한 생각을 역사적 '상대주의'라고 비판하는 일체의 논리는 그런 점에서 결코 딜타이의 생각을 논파할 수 없다. 삶의 근원적 사태에서 철학의 토대를 확보하고자 하는 딜타이의 사유는 기존 철학의 사유체계를 대체할 모순 없는 명제들의 일관된 체계를 굳이 추구하지 않는다. 오히려 딜타이가 삶에서 성찰의 역할로 강조했던 것이 철학적 자기성찰Selbstbesinnung에도 똑같이 해당된다. 철학적 자기성찰은 철학을 삶의 객관화로 이해함으로써 삶 자체를 끝까지 사유하는 것이다, 철학적 자기성찰은 철학에 관한 철학이 되지만, 관념론에서 주장하는 의미에서 그런 것은 아니다. 특정한 사변적 원리의 통일성을 유일무이한 철학의 기초로 삼으려는 것이 아니라 역사적 자기성찰의 길을 계속 가는 것이다. 그런 한에는 딜타이의 철학적 자기성찰을 상대주의라고 비난할 까닭은 없다.

딜타이 자신도 그런 비난을 줄곧 의식했기에 상대성에서 어떻게 객관성이 가능하고 유한자와 절대자의 관계를 어떻게 사유할

---

*242쪽의 역주 및 2부 II.3.1) '반성철학의 한계' 참조.

수 있는가 하는 문제에 대한 해결책을 모색했다. "각 시대의 상대
적 가치개념을 어떻게 절대적인 것으로 확장할 수 있는가를 보여
주는 것이 관건이다."[125] 그렇지만 이러한 상대주의 문제에 대한 진
정한 해답을 딜타이에게서 찾아보아도 아무런 소용이 없다. 딜타이
가 제대로 된 해답을 찾지 못해서가 아니라 이 문제는 딜타이의 진
정한 관심사가 아니었기 때문이다. 오히려 딜타이는 줄곧 상대성에
서 상대성으로 이어지는 역사적 자기의식의 전개과정 자체가 절대
자로 나아가는 길이라고 생각했다. 그런 점에서 에른스트 트뢸치
Ernst Troeltsch가 딜타이의 필생의 작업을 '상대성에서 총체성으로'라
고 요약한 것은 전적으로 옳다. 딜타이 자신의 표현을 빌리면 "역사
적으로 제약받는 존재라는 것을 의식하면서"[126]라는 단서를 붙일
수 있겠다. 분명히 이러한 표현은 정신을 절대성과 무한성으로 고
양시키고 자기의식의 완성으로 진리에 도달하여 유한성의 모든 제
약을 넘어서고자 했던 반성철학의 요구에 맞서는 것이었다. 그렇지
만 딜타이가 '상대주의'라는 비난에 줄곧 골몰했다는 사실은 관념
론의 반성철학에 맞서는 생철학의 입장을 끝까지 고수하지는 못했
다는 것을 보여준다. 그렇지 않았다면 틀림없이 상대주의라는 비난
에서 '정신주의'를 간파했을 것이고, 앎이 삶 속에 내재해 있다는 그
자신의 출발점에 입각하여 그러한 정신주의의 기반을 허물려고 했
을 것이기 때문이다.

딜타이의 사유가 이러한 이중성을 드러내는 것은 궁극적으로
는 그의 사유가 내적 통일성을 결여하고 있기 때문이다. 다시 말해
딜타이는 그의 사유의 출발점인 데카르트주의로부터 완전히 벗어
나지 못했다. 정신과학의 기초에 대한 딜타이의 인식론적 성찰은
그의 생철학의 출발점과 제대로 결합될 수 없다. 딜타이가 남긴 마
지막 글들 중에는 이 점을 입증하는 대목이 있다. 거기에서 딜타이
는 철학적 기초가 "의식이 권위적인 것을 떨쳐내고 성찰과 회의의
관점에서 올바른 인식에 도달하고자 하는"[127] 모든 영역에서 두루

적용될 수 있어야 한다고 주장한다. 이러한 진술은 의문의 여지없이 근대 과학과 철학의 본질에 관한 보편적 명제로 읽어도 무방하다. 여기서 데카르트적인 어조도 간과할 수 없다. 그런데 계속 이어서 서술하는 내용을 보면 딜타이는 이런 말을 전혀 다른 의미로 사용한다. "언제 어디서나 삶은 그 자체에 내재해 있는 것에 대한 성찰을 낳고, 성찰은 의문을 낳는다. 그리고 삶이 그러한 의문을 능히 감당해낸다면 사유는 올바른 인식에 도달할 수 있다."[128] 여기서 데카르트적인 방식으로 인식론의 기초를 다짐으로써 극복되어야 할 것은 철학적 편견이 아니다. 오히려 삶의 현실 자체, 즉 윤리와 종교와 실정법 등의 역사적 전통이 성찰에 의해 해체되어 새로운 질서로 수렴되어야 한다. 여기서 딜타이가 말하는 인식과 성찰은 인식이 삶에 보편적으로 내재해 있다는 뜻이 아니라 삶에 대립하는 의식의 운동을 가리킨다. 그와 달리 윤리나 종교나 법률 등의 전통은 삶에 대한 자기인식에 바탕을 둔다. 이미 살펴본 대로 역사적 전통에 몰입하는 것은 확실히 학문적인 태도로서, 개개인이 객관정신으로 고양되는 것을 수행하는 과정이다. 딜타이에 따르면 사유가 삶에 영향을 미치는 것은 "부단히 변화하는 감각적 지각과 욕망과 감정에도 불구하고 항상적이고 통일된 삶을 영위할 수 있도록 확고한 어떤 것을 반드시 찾아야 할 내적 필연성에서" 비롯된다.[129] 우리는 딜타이의 그러한 생각에 기꺼이 동의할 수 있다. 그런데 이러한 사유활동의 원천은 삶 자체에 내재해 있으며, 개개인이 사회의 객관성에 의지하는 한에는 윤리와 법률과 종교 등의 형태로 개개인의 삶을 지탱해주는 정신적 객관화를 통해 사유활동은 전개된다. 그러기 위해서는 "성찰과 의문의 관점"을 취해야 하고 또 이러한 작업이 (다른 방식으로는 불가능하고) "모든 형태의 학문적 성찰"을 통해 수행된다는 것은 딜타이의 생철학적 입장에 부합되지 않는다.[130] 그것은 오히려 계몽주의적 학문관의 특별한 이상에 부합된다. 계몽주의적 학문관은 생철학의 입장과는 거의 합치되기 어렵다. 딜타이가 정립하고자 한 생철학의 기본입장은 바로 계몽주의의 '정신주의'를 겨냥한 것이기 때문이다.

실제로 확실성이라는 것은 매우 다양한 방식으로 존재한다. 의문의 대상으로서 검증과정을 통과할 수 있는 성질의 확실성은 직접적인 삶의 확실성과는 구별된다. 직접적인 삶의 확실성을 통해 절대적인 요구사항으로 온갖 목적과 가치가 인간의 의식 속에 등장하는 것이다. 과학의 확실성은 삶 자체에서 획득된 그런 확실성과는 분명히 구별된다. 과학의 확실성은 언제나 데카르트적인 맥락에서 사유된다. 과학의 확실성은 오로지 의문의 여지가 없는 확실한 것만을 추구하는 비판적 방법론을 통해 얻어진다. 이러한 확실성은 의문과 의문의 극복을 통해 얻어지는 것이 아니라 의문의 대상이 되기 이전에 확실한 것이다. 방법적 회의에 관한 데카르트의 유명한 성찰은 가령 실험처럼 인위적이고 과장된 문제를 설정하여 자기의식의 확고부동한 인식론적 기초를 확보한다. 그와 같이 과학의 방법론은 원칙적으로 의문을 제기할 수 있는 모든 문제를 의문의 대상으로 삼아 그러한 방식으로 탐구결과의 확실성을 얻고자 한다.

그런데 딜타이가 정신과학의 기초를 정립하는 과정에서 전형적으로 드러나는 문제점은 그러한 방법적 회의와 '자연스럽게' 생겨나는 의문을 구별하지 않는다는 것이다. 딜타이에게 과학의 확실성은 삶의 확실성의 완성을 뜻한다. 그것은 예컨대 딜타이가 다채롭기 이를 데 없는 구체적 역사현실에서 삶의 불확실성을 보지 않는다는 뜻은 아니다. 오히려 그 반대로 근대 학문의 세계를 더 깊이 탐구할수록 딜타이는 자신의 뿌리인 기독교 전통과 근대적 삶을 통해 해방된 역사적 힘들 사이의 긴장을 점점 더 강하게 느낀다. 딜타이가 뭔가 확고한 것을 필요로 하는 것은 삶의 끔찍한 실상으로부터 자신을 지킬 수 있는 보호수단을 필요로 한다는 뜻이다. 그런데 딜타이는 삶의 불확실성과 불안의 극복을 사회적 삶의 형식을 받아들이고 삶의 경험을 통해 얻어지는 안정적 기반에서 찾는 것이 아니라 과학의 확실성에서 찾고자 한다.

딜타이는 계몽주의의 후예인 만큼 방법적 회의를 통해 확실성에 도달하는 데카르트의 방법은 너무나 자명한 것이다. 딜타이가 권위적인 것을 떨쳐내야 한다고 할 때 그것은 자연과학의 기초를 확립하고자 하는 인식론적 요구에 부합될 뿐 아니라 정신과학이 추구하는 가치와 목적에 관한 탐구에도 똑같이 적용된다. 딜타이에겐 정신과학이 추구하는 가치와 목적 역시 전통과 윤리, 종교와 법률 등에서 의문의 여지없이 저절로 생겨나는 것이 아니라 "정신이 스스로의 힘으로 올바른 지식을 창출해야 한다."[131]

신학도로 출발한 딜타이가 철학의 길로 나아간 개인적인 세속화 과정은 그와 같이 역사적으로 근대 과학의 형성과정과 일치한다. 근대 과학은 자연을 자명하게 이해될 수 있는 대상으로 보지 않고 인간에게 생소한 사태로 보며, 그처럼 생소한 사태의 전개과정을 통해 자연과학은 제한적이지만 신뢰할 만한 인식을 얻고 자연을 지배할 수 있게 된다. 이와 마찬가지로 인간정신은 삶의 '불가해성'과 '끔찍한 실상'에 맞서서 과학적으로 단련된 이해능력을 통해 피난처와 확실성을 얻고자 하는 것이다. 정신의 이해능력은 삶을 사회역사적 현실 속에서 해명하여 삶의 불가해성에도 불구하고 인식을 통해 피난처와 확실성을 확보할 수 있어야 한다. 계몽은 역사적 계몽으로서 완성된다.

이런 관점에서 보면 딜타이가 어떤 측면에서 낭만주의 해석학과 연결되는지 이해할 수 있다.[132] 낭만주의 해석학의 도움을 받아 딜타이는 경험의 역사적 성격과 과학의 인식방법 사이의 괴리를 메울 수 있게 된다. 보다 정확히 말하면 정신과학의 인식방법과 자연과학의 방법론적 척도를 합치시키는 것이다. 이미 앞에서 살펴본 대로[133] 딜타이가 그런 과정을 밟은 것은 결코 자연과학의 방법을 정신과학에 피상적으로 적용한 것은 아니었다. 이제 살펴보겠지만 딜타이는 자신의 출발점으로 삼았던 정신과학의 본질적인 역사성을 희생시키는 대가를 치르고서만 정신과학의 방법을 자연과학의 방법과 합치시키는 데 성공할 수 있었다. 딜타이가 정신과학을 위해 견지하는 객관성이라는 개념에서 그 점은 확연히 드러난다. 딜타이가 말하는 정신과학의 객관성은 자연과학에서 통용되는 객관성과 합치되어야 한다. 그래서 딜타이는 '결과'라는 말을 즐겨 사용하고,[134] 정신과학의 방법을 서술함으로써 정신과학이 자연과학과 같은 뿌리에서 나왔음을 입증하고자 한다. 이미 살펴본 대로 낭만주의 해석학은 경험의 역사적 본질을 전혀 고려하지 않았기에 그러한 입증을 위해서는 낭만주의 해석학이 안성맞춤이었다. 낭만주의 해석학은 이해의 대상이 그 의미를 해독해야 할 텍스트라는 것을 전제했다. 그렇기에 어떤 텍스트를 해석한다는 것은 곧 정신의 자기인식을 의미했다. 모든 텍스트는 해석의 대상이 될 만큼은 낯설고, 그러면서도 텍스트는 어디까지나 텍스트일 뿐이요, 문자이자 정신일 뿐이라는 점에서는 원칙적으로 해독이 가능하므로 친숙한 대상이기도 하다.

슐라이어마허의 경우에서 보았듯이 그의 해석학 모델은 '나'와 '너'의 관계에서 도달할 수 있는 동질적 이해이다. 텍스트의 이해는 '내'가 '너'를 이해하는 것과 같은 차원에서 완벽하게 충족될 수 있다. 저자의 생각은 텍스트에서 직접 읽어낼 수 있다. 그리고 해석자는 저자와 절대적으로 동시적인 경험을 할 수 있게 된다. 그것이 바로 과거의 정신을 현재의 정신으로, 생소한 정신을 친숙한 정신으로 파악할 수 있는 해석학의 승리다. 딜타이 역시 바로 그러한 낭만주의 해석학의 승리를 전적으로 받아들였다. 딜타이는 바로 그런 바탕 위에서 정신과학과 자연과학이 같은 뿌리에서 나왔다고 보았던 것이다. 자연과학이 언제나 현재의 대상을 그것이 어떤 결과를 산출할 것인가 하는 관점에서 탐구하듯이 정신과학은 텍스트를 그런 관점에서 탐구하는 것이다.

이로써 딜타이는 자신의 과업을 완수했다고 믿었다. 다시 말해 역사세계를 해독해야 할 텍스트로 간주함으로써 정신과학의 인식론적 기초를 마련했다고 믿었다. 실제로 딜타이는 이로써 역사학파는 전적으로 받아들이지 않았던 하나의 결론을 내린 셈이다. 알다시피 랑케는 역사라는 상형문자를 해독하는 일을 역사가의 신성한 과업이라 여겼다. 그렇지만 역사현실이 하나의 텍스트에 담긴 의미처럼 명징한 의미로 해석될 수 있다는 가정은 역사학파 본연의 더욱 심층적인 견해에는 부합되지 않는다. 딜타이가 해석학을 학문적 방법론의 모범으로 삼은 한에는 역사주의 세계관의 해석자였던 그는 (랑케와 드로이젠도 가끔 그러했듯) 역사를 순전히 텍스트로 보는 결론에 도달할 수밖에 없었다. 그 결과 역사는 정신사Geistesgeschichte로 환원되었다. 딜타이는 헤겔의 정신철학을 반쯤은 부정하고 반쯤은 긍정하는 가운데 사실상 역사를 정신사로 환원하는 것을 인정한 것이다. 일찍이 슐라이어마허의 해석학은 작위적인 방법적 추상에 바탕을 두고 정신의 보편적 인식수단을 만들어내려고 하면서도 그러한 인식수단의 도움을 빌려 기독교 신앙의 치유력을 언어로 표현하고자 했다. 반면 딜타이가 해석학을 정신과학의 기초로 삼을 때 정신과학은 단지 그러한 수단 이상의 어떤 것으로 격상된다. 해석학은 표현을 이해하고 표현 속에서 삶을 이해하는 것을 유일한 진리인식으로 여기는 역사의식의 보편적 매개물이 되는 것이다. 역사 속에서 일어나는 모든 일은 이해될 수 있다. 모든 것은 텍스트이기 때문이다. "한 낱말의 글자들이 의미를 가지듯이 삶과 역사도 의미를 갖는다."[135] 그리하여 딜타이에게 과거의 역사에 대한 탐구는 결국 역사적 경험을 대상으로 하는 것이 아니라 텍스트를 해독하는 작업이 된다.

이러한 결론이 역사학파의 목표를 충족시키지 못한다는 것은 두말할 나위 없다. 낭만주의 해석학과 그 바탕이 되는 문헌연구 방법은 역사연구 방법의 토대가 되기에는 부족하다. 딜타이가 자연과학에서 빌려온 귀납적 방법 역시 역사연구의 방법으로는 충분치 않다. 딜타이가 근본적으로 염두에 두는 역사적 경험은 귀납적 방법으로 접근할 수 있는 대상이 아니며, 특정한 방법의 탐구대상으로 처리될 수 있는 익명의 대상이 아니다. 물론 역사적 경험으로부터 일반적인 경험규칙들을 이끌어낼 수는 있다. 그렇지만 그런 경험규칙들의 방법론적 가치는 모든 역사적 사례들을 명확하게 설명할 수 있는 법칙을 인식하는 것과는 거리가 멀다. 오히려 경험의 규칙이라는 것은 해당 경험의 맥락 안에서만 활용될 수 있으며, 근본적으로 따지면 그렇게 구체적 상황에서 활용되는 한에서만 의미를 갖는다. 이런 사정을 염두에 둘 때 정신과학의 인식은 귀납적 과학의 인식이 아니라 전혀 다른 성질의 '객관성'을 지니며 전혀 다른 방식으로 얻어진다는 것을 인정하지 않을 수 없다. 사실 딜타이가 생철학의 관점에서 정신과학의 기초를 놓고 경험주의까지도 포함하는 일체의 교조주의를 비판할 때 그가 추구한 것도 그처럼 귀납적 방법과는 전혀 다른 '객관성'이었다. 그렇지만 딜타이를 묶어놓는 인식론적 데카르트주의가 그러한 지향성보다 훨씬 강했기 때문에 역사적 경험의 역사성이 제구실을 하지 못하게 된 것이다. 딜타이는 비록 정신과학의 인식에서 개인과 공동체의 삶의 경험이 중요하다는 것을 간과하지는 않았지만, 그에게서 개인적 경험과 공동체의 경험은 단지 과학적 인식대상이 되기에는 부적합한 측면에서만 규정된다. 그러한 경험에 적용되는 귀납법은 검증 가능성이 결여된 방법론적 결함을 안고 있으므로 과학의 귀납적 방법을 통해 극복되어야 할 것으로 간주되는 것이다.

우리가 논의의 출발점으로 삼았던 정신과학의 자기성찰이 도달한 인식수준을 다시 상기해보면 딜타이가 독특한 방식으로 기여했다는 것을 알 수 있다. 딜타이가 극복하고자 했던 괴리는 근대 과학의 방법론적 사유가 딜타이의 사유를 강박하고 있다는 것을 보여준다. 또한 정신과학이 다루는 경험을 보다 적절히 설명하고 그 경험을 통해 도달할 수 있는 객관성을 보다 적절히 설명하는 것이 문제의 핵심이라는 것도 알 수 있다.

3

현상학적 탐구를 통한 인식론적 문제의 극복

1) 후설과 요르크 백작의 삶 개념

그러한 과제를 해결하기 위해서는 당연히 사변적 관념론이 슐라이어마허와 그의 뒤를 잇는 해석학에서 생각하는 것보다 더 적절한 가능성들을 제공한다. 사변적 관념론은 소여Gegebenheit나 실정성Positivität 같은 개념들을 근본적으로 비판하기 때문이다. 딜타이는 결국 자신의 생철학적 입장을 옹호하기 위하여 그러한 사변적 관념론을 끌어들인다. 딜타이는 이렇게 서술한다.

> 어떤 측면에서 피히테는 새로운 철학의 시작이라 할 수 있는가? 자아의 지적 직관에서 출발하기 때문이다. 그러면서도 자아를 실체나 존재 혹은 경험적 소여로 보지 않고, 자아가 힘들게 자기 자신 속에 깊이 몰입하는 직관을 통해 자아를 삶으로, 활동으로, 힘Energie으로 파악하며, 그에 상응하여 힘의 개념을 자아 속에서 형성된 대립 내지 실현의 과정으로 드러내기 때문이다.[136]

딜타이 역시 결국에는 진정한 역사적 개념의 생생함을 헤겔의 정신 개념으로 인식했던 것이다.[137] 딜타이의 체험 개념에 대한 분석에서 분명히 확인했듯이, 딜타이의 동시대인으로서 기계적 역학에 기초한 사고방식에 대한 낭만주의적 비판의 후예였던 니체Nietzsche와 베르그송Bergson 그리고 게오르크 짐멜Gerog Simmel 등도 바로 그러한 방향으로 딜타이에게 영향을 주었다. 그렇지만 역사적 존재와 역사적 인식에는 실체Substanz 개념이 적합하지 않다는 것을 제대로 인식하기 위해서는 정말 얼마나 급진적인 사고의 전환이 요구되는가를 처음으로 온전히 깨우쳐준 것은 하이데거였다.[138] 딜타이가 본래 의도했던 구상은 하이데거를 통해 비로소 온전히 펼쳐질 수 있었다. 하이데거는 지향성Intentionalität에 관한 탐구를 통해 후설의 현상학을 계승했다. 그런데 하이데거가 탐구한 지향성은 딜타이가 생각한 것과는 달리 결코 극단적 플라톤주의가 아니라는 점[139]에서 획기적인 진전이라 할 수 있다.

방대한 후설 전집이 계속 간행되면서 후설의 사유가 서서히 발전해온 과정을 들여다보면 볼수록 후설의 지향성 테마가 딜타이를 비롯하여 기존 철학의 객관성 개념에 대하여 점점 더 근본적인 비판을 가하고 있다는 것을 분명히 알 수 있다.[140] 다음과 같은 요청에서 후설의 비판은 정점에 이른다.

> 지향성에 기반을 두는 현상학은 처음으로 정신 그 자체를 체계적 경험과 학문의 장場으로 만들었고, 그럼으로써 인식론의 과제를 완전히 바꾸어놓는 결과를 가져왔다. 절대 정신의 보편성은 모든 존재자를 절대적 역사성의 장으로 끌어들이며, 자연도 정신의 형성물로서 역사성의 장에 편입된다.[141]

여기서 정신이 상대성을 극복한 유일한 절대자로서 여타의 모든 현상과 대비되는 것은 우연이 아니다. 심지어 후설은 자신의 현상학이 칸트와 피히테의 선험철학적 문제의식과 연결된다는 것까지도 인정한다. "정당하게 부연하자면, 칸트에서 시작되는 독일 관념론은 이미 감지되기 시작한 기존 철학의 (특히 객관주의의) 단순함을 극복하기 위해 열정적으로 노력했다."[142] 후기 후설의 이러한 발언은 그전에 이미 하이데거의 『존재와 시간Sein und Zeit』을 비판적으로 검토하는 과정에서 그 동기가 유발되었을 가능성이 크다. 그렇지만 이러한 발언에 앞서는 후설의 다른 수많은 시론試論들은 후설이 줄곧 자신의 현상학 이념을 역사적 정신과학의 문제들에 적용할 생각이었다는 것을 입증한다. 후설의 사유는 딜타이의 작업에 (나중에는 하이데거의 작업에) 피상적으로 접맥한 것이 아니라 객관주의 심리학과 의식철학Bewußtseinsphilosophie의 사이비 플라톤주의에 대하여 독자적인 비판을 일관되게 수행했다. 그것은 『순수현상학과 현상학적 철학의 이념』 제2권이 간행된 이후 더욱 분명해졌다.[143]

이런 맥락에 비추어볼 때 후설의 현상학을 우리의 논의 속에 포함시키는 것이 적절해 보인다.[144]

딜타이가 후설의 『논리 탐구Logische Untersuchungen』를 사유의 실마리로 삼은 것은 든든한 도약대를 얻은 격이었다. 딜타이가 주목한 것은 후설 자신의 언급에 따르면[145] 경험대상과 소여의 존재방식 사이에는 선험적 상관관계가 존재한다는 것으로, 이것은 『논리 탐구』 이래 후설이 평생 동안 매달렸던 문제이기도 하다. 후설은 『논리 탐구』 제5장에서 이미 지향성 체험의 특성을 밝혀냈고, 그가 연구주제로 삼은 의식을 '지향성 체험'(제2장의 제목이기도 하다)으로 규정하여 체험의 실제적 의식단위나 그것의 내적 지각과는 구별했다. 그런 한에는 여기서 이미 의식은 결코 '대상'이 아니라 본질적 상관성wesensmäßige Zuordnung이다. 딜타이에게 새로운 각성의 계기가 된 것은 바로 이 대목이다. 이러한 상관성을 탐구하여 드러나는 것이 곧 '객관주의'의 극복을 위한 첫걸음이 된다. 어떤 낱말의 의미는—가령 낱말이 불러일으키는 연상내용 같은—의식의 실제적 심적 내용과 혼동되어선 안 되기 때문이다. 의미의 지향과 의미의 충족은 그 본질상 의미단위를 구성하는 요소들이다. 그리고 우리가 사용하는 낱말의 의미와 마찬가지로 나에게 의미가 있는 모든 존재자는 상관관계 및 본질적 필연성에 따라 "현실적인 경험의 소여방식Gegebenheitsweisen과 가능한 경험의 소여방식의 이념적 보편성이다."[146]

이로써 미리 존재를 설정하는 모든 사고를 배제하고 주관적 소여방식을 탐구하는 '현상학'의 이념이 확보되었다. 그리고 이 현상학의 이념은 원칙적으로 일체의 객관성과 모든 존재의미를 파악해야 하는 보편적 프로그램이 되었다. 이제 인간의 주관성도 존재가치를 갖게 되었다. 인간의 주관성도 '현상'으로 간주하여 그 소여방식의 다양성에 따라 탐구할 수 있게 된 것이다. 이처럼 자아를 현상으로 탐구한다는 것은 실제적 자아의 '내적 지각'을 가리키는 것이 아니며, 나토르프Natorp가 말하듯[147] 단지 '의식상태'를—다시 말해 의식내용과 선험적 자아의 관계를—재구성하는 것도 아니다. 자아를 현상으로 탐구한다는 것은 선험적 성찰의 고도로 분화된 주제이다. 대상적 의식이 현상을 단순히 지향적 체험에서 주어지는 것으로 상정하는 반면, 그러한 성찰은 탐구의 새로운 차원들이 늘어난다는 것을 뜻한다. 왜냐하면 지향적 행위의 대상이 아닌 소여도 존재하기 때문이다. 모든 체험은 전후의 맥락을 함축하며, 궁극적으로는 전후의 맥락이 지속되는 체험을 통해 연속적 체험의 통일성을 이룬다.

그러한 연속성의 존재방식을 파악하고 주관성을 지향적 상관관계에 관한 탐구의 영역으로 편입하기 위하여 후설은 시간의식의 구성작용Konstitution*을 탐구했다. 이제부터 여타의 모든 현상학적

---

*시간의식에 기초한 의식의 지각작용은 과거에 주어진 의미와 현재 주어진 의미를 종합하면서 더 높은 단계의 새로운 의미를 지향하는데, 이처럼 실제로 주어진 것보다 더 높은 단계의 새로운 의미를 지향하면서 파악하는 의식작용을 후설은 '구성작용'이라 일컫는다.

탐구는 시간의식의 통일성의 구성작용에 관한 탐구를 뜻하게 되었는데, 시간의식의 통일성 자체가 이미 시간의식의 구성작용을 전제로 한다. 이로써 체험의 개별성은—아무리 체험이 구성된 의미가치에 상응하는 지향성을 지닌다 하더라도—궁극적인 현상학적 자료가 아니라는 것이 분명해진다. 오히려 모든 지향적 체험은 본래는 의도하는 바가 없지만 그 본질상 언제라도 실질적인 의도를 지향할 수 있다는 점에서 양면성을 지닌 '비어 있는 지평Leerhorizont'*을 항상 함축한다. 따라서 궁극적으로는 연속적 체험의 통일성이 그와 같이 주제화될 수 있는 모든 체험들의 총화를 포괄한다는 것이 분명해진다. 따라서 의식의 시간성에 연유하는 구성작용은 구성작용에 관한 모든 문제의 바탕이 된다. 체험의 연속성은 보편적 지평의식의 성격을 지니며, 그러한 체험의 연속에서 개별적 체험들만이 실제적 체험으로 주어진다.

후설의 현상학 탐구에서 지평Horizont†이라는 개념 및 현상이 결정적인 중요성을 갖는다는 것은 의문의 여지가 없다. 우리의 논의에서도 활용하게 될 지평 개념을 통해 후설은 모든 배제된 의미지향성을 전체의 기본적인 연속성 안으로 끌어들이려는 것이 분명하다. 지평이라는 것은 고정되어 있는 경계가 아니라 관찰자와

*어떤 사물의 지각 배경이 되는 총체적 연관성은 직접적으로 혹은 동시에 관찰자에게 주어지지는 않지만 장차 지각의 구성요소로 파악될 가능성을 함축하고 있다. 이처럼 의식의 구성작용에 적극적으로 포착되지는 않아도 의미생성의 잠재적 가능성을 내장하는 맥락을 후설은 '비어 있는 지평'이라 일컬으며, 그런 의미에서 후설은 비어 있는 지평의 특성을 '규정 가능한 비규정성'이라 정의한다.

†어떤 사물에 대한 지각과 의미형성은 그 사물이 놓인 다양한 맥락과의 연관성을 전제로 하는데, 그처럼 의미형성의 터전이 되는 복합적 맥락을 후설은 '지평'이라 일컫는다. 모든 지각대상은 그 배경이 되는 다양한 맥락의 총체 속에서 온전히 파악될 수 있기 때문에 지평은 곧 총체적 의미연관을 드러내는 터전이 된다. 가다머는 특히 이해대상이 되는 과거의 텍스트와 해석자가 속한 현재 사이의 역사적 간격에 의해 형성되는 이해의 지평에 주목하며, 이러한 지평 개념은 이 책의 제2부 II.3에서 다루는 영향사적 의식의 근간을 이룬다.

더불어 움직이고 계속 앞으로 나아갈 수도 있는 그런 것이다. 그런 맥락에서 연속적 체험의 통일성을 이루는 지평지향성Horizont-Intentionalität에 상응하여 대상적 측면에서도 마찬가지로 포괄적인 지평지향성이 성립된다. 왜냐하면 모든 존재자는 세계 속에 존재하며 따라서 세계의 지평을 수반하기 때문이다. 후설은 『현상학 이념』 제1권에 덧붙인 수정의견에서 분명한 자기비판의 어조로 당시(1923년)만 해도 세계현상Weltphänomen의 의미를 분명히 깨우치지 못했다고 강조했다.[148] 이로 인해 후설이 『현상학 이념』에서 제시한 선험적 환원에 관한 이론은 점점 더 복잡해질 수밖에 없었다. 객관적 과학의 타당성을 지양하는 것만으로는 충분치 않게 된 것이다. 왜냐하면 '판단중지Epochē'*를 수행하는 과정에서, 다시 말해 과학적 인식의 대상으로 존재를 설정하는 것을 지양하는 과정에서, 이미 세계는 미리 주어져 있는 것으로서 타당성을 확보하기 때문이다. 그런 한에는 과학의 선험적 기초 내지 본질적 진리에 관해 탐구하는 인식론적 자기성찰은 근본적인 문제제기라 하기에 미흡하다.

후설이 딜타이의 의도와 어느 정도 합치되는 것은 바로 이 대목이다. 다시 인식론적 주체의 문제로 돌아가는 것에 만족하지 않았던 딜타이는 이와 비슷한 방식으로 신칸트주의의 비판철학에 맞서 싸웠던 것이다. "로크Locke와 흄Hume과 칸트가 구축한 인식주체의 혈관 속에는 살아 있는 피가 흐르지 않는다."[149] 딜타이 자신은 삶의 통일성, '삶의 관점'으로 돌아갔는데, 후설이 말하는 '의식생활Bewußtseinsleben' 개념은 그와 흡사한 관점을 취한다. 나토르프에게서 빌려온 것으로 보이는 이 개념은 후기 후설에게서 광범위하게 관

---

*후설에 따르면 19세기를 거치면서 공고해진 자연과학적 방법론, 특히 물리학적 실증주의는 법칙과 규칙의 검증에 합당한 방식으로 인식대상을 규정함으로써 철학적 인식의 근본대상인 삶의 고유한 특성을 왜곡하거나 은폐하는데, 그러한 왜곡과 은폐의 고리를 차단하는 결단을 '판단중지'라 일컬으며, 그러한 판단중지를 통해 사태 자체로 귀환하는 방법적 절차가 '현상학적 환원'이다.

철되는 경향, 즉 개별적 의식체험뿐 아니라 의식에서 은폐되거나 익명으로 함축된 지향성까지도 탐구하고 그렇게 해서 모든 객관적 존재가치 전체를 파악하려는 경향을 미리 보여준다. 그러한 과제를 후기 후설은 '활동하는 삶leistendes Leben'의 성과를 밝혀내는 것이라고 말한다.

후설이 항상 선험적 주관성의 '활동결과'를 염두에 두고 있다는 사실은 현상학적 구성작용에 관한 탐구의 과제에 곧바로 부합된다. 그런데 후설의 본래 의도를 잘 보여주는 것은 그가 더이상 의식이나 주관성이라는 말을 쓰지 않고 '삶'이라는 말을 쓴다는 것이다. 후설은 의미를 부여하는 능동적 의식활동의 이면이나 의도하지 않은 의미의 잠재적 가능성까지도 파고들어 의식활동이 수행한 결과물의 보편성, 다시 말해 유효한 가치로 구성된 결과물의 보편성을 가늠할 수 있는 유일한 척도인 의식활동의 보편성을 천착하고자 한다. 그것은 원칙적으로 익명의 지향성, 다시 말해 특정한 누군가에 의해 수행되는 것이 아닌 지향성으로, 모든 것을 포괄하는 세계지평Welthorizont은 바로 그러한 지향성을 통해 구성된다. 후설은 과학에 의해 객관화할 수 있는 세계를 포괄하는 세계 개념에 의식적으로 맞서서 이러한 현상학적 세계 개념을 '생활세계Lebenswelt'라 일컫는다. 생활세계란 우리가 자연스럽게 섞여 들어가 사는 세계로서, 우리에게 그 자체로서 대상화되는 것이 아니라 모든 경험의 기반으로 주어져 있는 세계를 가리킨다. 이러한 세계지평은 그 어떤 학문에서도 전제가 되고, 따라서 개별 학문보다 더욱 근원적이다. 그러한 지평의 현상인 이 '세계'는 그 본질상 주관성과 연관되는데, 이러한 연관성은 또한 이 세계가 "연속적인 흐름 속에서 그때그때마다 존재한다"[150]는 것을 뜻한다. 생활세계는 부단히 가치의 상대성이 구현되는 방식으로 움직인다.

여기서 알 수 있듯이 생활세계[151] 개념은 일체의 객관주의에 대립된다. 생활세계 개념은 그 본질상 역사적 개념으로서, 보편적 존재나 '존재자의 세계'를 뜻하지는 않는다. 진정한 세계를 사유하는 무한한 이념은 역사적 경험 속에서 끝없이 진행되는 인간적인 역사적 세계를 바탕으로 할 때만 가장 충만한 의미로 형성될 수 있다. 물론 지금까지 인간이 경험한 모든 세계를 포괄하고, 따라서 이 세계에서 가능한 모든 경험까지도 포괄하는 그런 세계의 구조에 관해 탐구할 수도 있을 것이다. 그런 의미에서 세계존재론에 관해 논할 수도 있을 것이다. 그러한 세계존재론은 가령 완결성을 특징으로 하는 자연과학이 수행하는 것과는 전혀 다른 어떤 것이 될 것이다. 그러한 세계존재론은 세계의 본질적 구조를 대상으로 삼는 철학적 과제를 설정한다. 그렇지만 생활세계는 그런 차원과는 전혀 다른 어떤 것, 우리가 역사적 존재로서 살아가는 터전인 세계 전체를 가리킨다. 생활세계가 함축하는 경험의 역사성에 비추어볼 때 가능한 역사적 생활세계들의 총체를 상정하는 이념은 원칙적으로 성립될 수 없다고 결론을 내릴 수밖에 없다. 역사적 과거의 무한성이나 특히 역사적 미래의 열려 있는 가능성은 그러한 보편사의 이념과 합치될 수 없다. 후설은 상대주의의 '망령'을 두려워하지 않고 이러한 결론을 강조했다.[152]

생활세계가 언제나 공동체의 세계로서 타자의 공존을 전제한다는 것은 분명하다. 생활세계는 인격체들로 이루어진 세계이며, 그러한 인격체의 세계는 자연스러운 태도 자체로 이미 가치를 지닌 것으로 전제된다. 그런데 주관성의 활동결과를 가지고 과연 어떻게 그러한 가치의 근거를 설명할 수 있는가? 구성작용에 관한 현상학적 분석에서 이것은 가장 어려운 난제로, 후설은 이 문제를 둘러싼 여러 가지 패러독스를 지칠 줄 모르고 철저히 탐구했다. 객관적 타당성을 지니지 않고 오로지 '자아'의 상태를 고집하는 어떤 것이 과연 어떻게 '순수 자아'로부터 생겨날 수 있는가?

어떤 경우에도 선험적 주관성의 구성행위로 돌아가는 '철저한' 관념론의 원칙은 보편적 지평의식에서 상정하는 '세계'와 특히 그 세계의 상호주관성Intersubjektivität을 틀림없이 설명해낼 것이다. 물론 그렇게 구성된 세계, 수많은 개인들이 공유하는 세계는 그 나름으로 주관성을 포함할 것이다. 세계의 타당성Weltgeltung과 의식에 선행하는 대상을 무조건 지양하고자 하는 선험적 성찰 역시 스스로가 생활세계에 둘러싸여 있다고 생각하지 않을 수 없을 것이다. 성찰하는 자아 자신도 목적의식을 가지고 살아가는 존재임을 자각하고, 생활세계는 그러한 목적의식의 기반이 된다. 그렇게 보면 생활세계의 구성작용을 탐구하는 과제는 (상호주관성의 과제와 마찬가지로) 역설적인 것이 된다. 그렇지만 후설은 이 모든 문제가 겉보기에만 역설일 뿐이라고 여긴다. 후설의 확신에 따르면 선험적 유아론唯我論에 빠질지 모른다고 지레 겁먹지 않고 현상학적 환원의 선험적 의미를 그 현실적 결과까지 염두에 두면서 철저히 견지한다면 그러한 외관상의 역설은 해결될 수 있다. 이처럼 후설의 사유가 명료하게 전개되는 것을 직시한다면 후설의 구성작용 개념이 애매하다거나 개념을 엄밀히 정의하기보다는 자유로운 창작을 하고 있다거나 하는 식으로 후설을 비판하는 것은 적절치 않아 보인다.[153] 후설 자신은 자신의 사유를 전개하는 과정에서 이념의 관념적 산출에 빠져들 위험을 철저히 극복했다고 단언했다. 후설은 현상학적 환원에 관한 이론으로 관념론의 진정한 의미를 처음으로 철저히 사유하고자 했다. 선험적 주관성은 '개별 자아ein Ich'가 아니라 '근원적 자아Ur-Ich'이다. 선험적 주관성의 관점에서 보면 미리 주어져 있는 세계의 기반은 폐기된다. 선험적 주관성은 탐구하는 자아의 상대성까지 포함하여 모든 상대성이 연관되어 있는 비합리적인 것 그 자체이다.

그런데 후설의 사유에서도 실제로 이러한 사고체계를 허물어뜨릴 수 있는 위험요소가 있다. 사실 후설의 입장은 단지 선험적 관념론을 더욱 철저히 밀고나가려는 것보다는 더 광대한데, 과연 어떤 측면에서 더 광대한가를 단적으로 보여주는 것은 '삶'의 개념이 차지하는 기능이다. '삶'은 단지 자기성찰이 결여된 삶의 자연스러운 생활태도만을 가리키지는 않는다. '삶'은 또한 모든 객관화의 원천이 되는, 선험적으로 환원된 주관성 자체이기도 하다. 그렇게 보면 '삶'이라는 것은 후설이 기존의 모든 철학의 객관주의적 단순함을 비판하면서 독자적으로 이룩한 업적 전체와 관련되어 있다. 후설 자신의 생각에 따르면 그의 업적은 기존 철학에서 관념론과 실재론에 관한 인식론적 논쟁이 잘못된 대립구도에 기인함을 밝혀내고 그 대신 주관성과 객관성의 내적 상호연계성을 탐구한 데 있다.[154] '활동하는 삶'이라는 말은 그런 맥락에서 이해될 수 있다. "세계에 대한 근본적인 고찰은 '외부세계'에서 스스로를 표현하는 주관성에 관한 체계적이고 순수한 내재적 고찰이다.[155] 그것은 마치 살아 있는 유기체의 통일성과 같아서, 그 유기체를 바깥에서 관찰하고 해부할 수는 있지만 제대로 이해하는 것은 숨겨져 있는 뿌리까지 파고들 때만 가능하다……."[156] 주체가 세계를 대하는 태도를 이해할 수 있는 가능성도 이러한 방식으로 의식적 체험과 그 지향성에서 찾을 수 있는 것이 아니라 익명으로 수행되는 삶의 '활동결과'에서 찾을 수 있다. 여기서 후설이 사용하는 유기체의 비유는 비유 이상의 것이다. 후설이 강조하듯이 이것은 비유가 아니라 문자 그대로 받아들여야 하는 것이다.

후설에게서 이따금 발견되는 이와 비슷한 언어와 개념이 암시하는 내용을 추적하다 보면 독일 관념론의 사변적인 삶의 개념에 근접하게 된다. 그렇지만 후설이 말하려는 것은 주관성을 객관성의 대립물로 사고해서는 안 된다는 것이다. 그러한 주관성 개념 자체가 객관주의적이라는 것이다. 후설의 선험적 현상학은 주관성과 객관성의 '상관관계에 관한 탐구'를 지향한다. 그런데 이것은 관계가 우선적인 것이고 대립하는 '양극兩極'도 관계 자체에 포함된다는 것을 뜻한다.[157] 후설은 흄을 겨냥하여 이렇게 말한다.

경험하고 인식하고 구체적으로 뭔가를 수행하는 주관성을 전혀 도외시한 채 '객관성'을 거론하는 단순함, 자연과 세계 전체를 탐구한다면서 그런 과오에 빠져드는 학자들의 단순함은 객관적 진리랍시고 획득하는 모든 진리와 그러한 인식의 바탕이 되는 객관세계 자체가 자기 자신 속에서 얻어진 삶의 구성물이라는 것을 보지 못한다. 그런 단순함으로는 삶을 조망하는 것이 불가능하다.[158]

여기서 삶의 개념이 수행하는 역할은 체험의 연관성이라는 개념에 관한 딜타이의 탐구에 정확히 상응한다. 딜타이가 오로지 심적 연관성이라는 개념을 이끌어내기 위해 체험을 출발점으로 삼은 것과 마찬가지로 후설은 개별적 체험에 비해 체험의 연속이 형성하는 통일성이 더 우선적이고 본질적 필연성을 지닌다는 것을 입증한다. 의식생활이라는 주제에 대한 탐구는 딜타이의 경우와 마찬가지로 애초의 개별체험을 극복해야 하는 것이다. 그런 한에는 두 사상가 사이에 진정한 공통점이 있는 셈이다. 두 사람 모두 삶의 구체성으로 돌아가고자 하는 것이다.

그런데 삶의 개념이 내포하는 사변적 특성을 딜타이와 후설이 제대로 다루었는지 따져볼 필요가 있다. 딜타이는 삶 자체에 내재하는 반성적 특성Reflexivität에 의거하여 역사세계가 구축된다고 보고, 후설은 '의식생활'에 의거하여 역사세계가 구성된다고 본다. 그렇다면 두 경우 모두 삶 개념의 본래적 내용이 궁극적인 의식상태에 의거하여 역사세계를 도출하는 인식론적 도식에 의해 가려지는 것이 아닌가 하는 의문이 제기될 수 있다. 특히 상호주관성의 문제와 낯선 자아를 이해하는 문제가 제기하는 난관은 그런 의문을 자아낸다. 후설과 딜타이 모두 이 문제에 관해서는 동일한 난관에 부닥치는 것이다. 반성적 탐구의 대상이 되는 의식의 원재료 자체는 타자에 대한 의식을 직접적으로는 갖고 있지 않다. 외부 경험세계의 관찰대상은 내재적 초월성immanente Transzendenz을 지니지만 타자에 대한 의식은 그런 방식의 내재적 초월성을 지니고 있지 않다는 점을 후설은 강조한다. 그것은 전적으로 옳은 생각이다. 타자의식의 대상이 되는 모든 타자는 제2의 자아alter ego이기 때문이다. 다시 말해 타자는 '자아'에 의해 이해되는 동시에 자아로부터 분리되어 자아와 마찬가지로 독립성을 갖기 때문이다. 딜타이는 자아와 타자의 관계를 감정이입의 유추적 추론을 통해 순전히 심리적으로 해석했다. 반면 후설은 자아와 타자의 유추관계를 자아와 타자가 공유하는 세계의 상호주관성을 통해 밝혀내고자 줄기차게 탐구했다. 그러면서 후설은 선험적 주관성의 인식론적 우위를 추호도 제한하지 않을 만큼 일관된 입장을 견지했다. 그렇지만 딜타이와 마찬가지로 후설도 동일한 존재론적 선입견을 갖고 있었다. 우선 타자는 지각대상으로 파악되고, 그런 다음 지각대상은 감정이입을 통해 '너Du'가 '된다'. 물론 후설의 경우 그러한 감정이입의 개념은 순수하게 선험적 성격을 띤다.[159] 그렇지만 감정이입 개념은 자기의식의 내향성에 초점을 맞추기 때문에 의식의 접근범위를 훨씬 넘어서 기능하는 폭넓은 삶의 영역[160]에 초점을 맞추긴 어려우며, 그럼에도 그런 폭넓은 삶의 영역으로 되돌아가려는 지향성을 갖는다.

이상에서 보았듯이 딜타이와 후설 모두 삶 개념의 사변적 내용을 발전시키지 못했다. 딜타이는 형이상학적 사고를 논박하는 입장에서만 삶의 관점을 끌어들이고, 후설은 삶의 개념이 형이상학의 전통, 특히 사변적 관념론과 관련이 있다는 사실에 관해서는 전혀 생각조차 하지 않는다.

바로 이 문제와 관련하여 1956년에 출간된 요르크 백작의 유고집[161]은 비록 완성도는 떨어지지만 놀라울 정도로 시사하는 바가 많다. 일찍이 하이데거는 이 중요한 인물의 독창적인 사고에 주목했고 그의 생각이 딜타이의 작업을 능가한다고 인정하기도 했다. 그렇지만 딜타이가 방대한 필생의 저작을 남긴 반면 주로 서한 형식으로 서술된 요르크 백작의 글은 규모가 있는 체계적 저술로 완성되지는 못했다. 그런데 요르크 백작이 말년에 쓴 글들이 이제 유고집으로 간행됨으로써 상황은 완전히 바뀌었다. 이 유고집 역시 미완의 저작이긴 하지만, 요르크 백작의 체계적 구상이 일관되게 전개되어 이러한 시도의 사상사적 위치를 혼동할 여지는 없기 때문이다.

요르크 백작의 유고집은 앞에서 딜타이와 후설의 맹점으로 지적했던 바로 그 부분을 채워준다. 요르크 백작은 사변적 관념론과 금세기의 새로운 경험에 입각한 관점 양쪽을 모두 포괄하는 삶의 개념을 전개하여 양자 사이에 가교를 놓았다. 요르크 백작이 출발점으로 삼는 살아 있음Lebendigkeit에 대한 분석은 극히 사변적인 것처럼 보이지만 그럼에도 금세기의 자연과학적 사고방식(특히 다윈의 생명 개념)까지도 포괄한다. 삶은 곧 자기주장이다. 이것이 요르크의 이론적 토대가 된다. 살아 있음의 구조적 핵심은 원초적 분화Urteilung에 있다. 다시 말해 스스로가 분화되고 나뉘는 가운데도 통일성을 지향한다. 그러한 원초적 분화는 자기의식의 본질임이 밝혀진다. 왜냐하면 의식은 항상 자기 자신과 타자를 구분하지만, 의식을 구성하는 다양한 요소들의 작용과 반작용 속에서 의식은 살아 있는 것으로 존재하기 때문이다. 다른 모든 생명체와 마찬가지로 의식은 시련의 과정, 즉 실험을 거친다.

> 자발성과 의존성은 의식의 기본특성으로, 신체적 표현 영역과 마음의 표현 영역 모두에서 의식을 구성한다. 그것은 대상성이 없이는 보는 행위나 신체적 지각도 있을 수 없고 표상과 욕구와 감정도 있을 수 없는 것과 마찬가지다.[162]

의식 또한 삶의 태도로 이해할 수 있다. 이것이 요르크 백작이 철학에 대해 제기하는 방법론적 기본요청으로, 이를 통해 요르크 백작은 딜타이와의 동질감을 느낀다. 철학적 사고는 그러한 은폐된 기반(후설의 용어로 말하면 은폐된 활동결과)에서 출발해야 한다. 그러기 위해서는 고도로 긴장된 철학적 성찰이 필요하다. 철학은 삶의 경향에 역행하기 때문이다. 요르크 백작은 이렇게 말한다. "그런데 우리의 사고는 의식의 결과물 속에서만 움직인다."(다시 말해 의식의 '결과물'이 그 토대가 되는 삶의 태도와 어떤 관계에 있는가는 의식하지 못한다는 것이다.) "그렇게 온전히 분리된 상태가 우리의 사고의 전제가 된다."[163] 이로써 요르크 백작이 말하고자 하는 것은 사고의 결과물은 삶의 태도로부터 분리됨으로써만 사고의 결과물로 성립된다는 것이다. 이런 이유에서 요르크 백작은 철학이 그러한 분리를 다시 철회해야만 한다고 본다. "삶의 결과들을 제약하는 조건을 인식하기 위해서는"[164] 철학은 삶의 실험을 역의 방향으로 되풀이해야 한다. 이런 말은 매우 객관주의적이고 자연과학적인 것으로 들릴지도 모르겠다. 그리고 이에 비하면 후설의 환원론이 순수하게 선험적인 사유방식에 더욱 근접해 있는 것으로 보일 수도 있다. 그렇지만 사실은 요르크 백작의 대담하고도 목적의식이 뚜렷한 사고야말로 딜타이와 후설이 공통으로 추구했던 경향을 명확히 부각시켜준다. 그뿐 아니라 요르크 백작의 사고가 오히려 딜타이와 후설의 사고보다 더 우위에 있다는 것도 드러난다. 왜냐하면 요르크 백작이야말로 사변적 관념론의 동일성철학의 수준에서 더욱 진전된 사고를 보여주었으며, 이로써 딜타이와 후설이 추구한 삶 개념의—그동안 밝혀지지 않았던—연원을 비로소 밝혀내고 있기 때문이다.

요르크 백작의 사고를 계속 따라가다 보면 관념론적 모티프들이 계속 살아 있다는 것을 실감할 수 있다. 요르크 백작이 서술하는 것은 이미 헤겔의 『정신현상학』이 개진했듯이 삶과 자기의식의 구조적 상응관계이다. 헤겔이 프랑크푸르트에 머물던 시절 막바지에 저술한 유고遺稿를 보면 그의 철학에서 삶의 개념이 핵심적 중요성을 갖는다는 사실을 알 수 있다. 헤겔의 『정신현상학』에서는 삶의 현상이 의식에서 자기의식으로 결정적으로 이행하는데, 삶과 의식의 그러한 연관성은 실제로 전혀 인위적인 것이 아니다.

왜냐하면 삶과 의식은 실제로 모종의 유추관계에 있기 때문이다. 삶의 기본특성은 살아 있는 것이 삶의 터전인 세계 자체와는 구별되고 그러한 자기구별 속에서 스스로를 보존한다는 데 있다. 살아 있는 것이 자기 자신을 보존하는 것은 자기 외부의 존재자를 자기 속으로 끌어들이는 방식으로 이루어진다. 살아 있는 모든 것은 자기 자신에게 낯선 타자로부터 삶의 자양분을 얻는다. 살아 있다는 것의 근본사태는 동화작용인 것이다. 따라서 구별짓기는 동시에 구별짓기가 아닌 것이기도 하다. 낯선 타자가 자신의 것으로 전유되는 것이다.

이미 헤겔이 밝혀냈고 요르크 백작이 거듭 확인해주듯이 살아 있는 것의 이러한 구조는 자기의식의 본질에 상응한다. 자기의식의 본질은 모든 것을 앎의 대상으로 만들 수 있고 또 자기의식이 인식하는 모든 대상 속에서 스스로를 인식한다는 데 있다. 따라서 앎으로서의 자기의식은 스스로를 자기 자신에게서 구별해내는 인식행위이며, 그와 동시에 자기의식의 측면에서는 다시 자기 자신과 결합함으로써 그러한 구별을 지양하는 행위이기도 하다.

여기서 문제되는 사안은 삶과 자기의식 사이의 단순한 구조적 상응관계를 넘어서는 차원의 것이다. 헤겔이 자기의식을 삶으로부터 변증법적으로 도출해낸 것은 전적으로 옳다. 생생하게 살아 있는 것은 실제로 오성이 아무리 현상계의 법칙을 통찰하려 노력해도 대상적 의식으로는 결코 제대로 인식할 수 없다. 살아 있는 것은 외면적 접근을 통해서는 생생하게 살아 있는 상태 그대로 꿰뚫어볼 수가 없다. 생생하게 살아 있는 것을 파악할 수 있는 유일한 방법은 살아 있는 것의 내부로 들어가는 것이다. 헤겔은 삶과 자기의식이 스스로 내적 객관화를 구현하는 양상을 설명할 때 「베일에 가려진

자이스의 석상Das verschleierte Bild zu Sais」*에 관해 언급하면서 "이 작품에서는 내면적인 것이 내면적인 것을 직관한다"165고 말한다. 그것은 곧 자기 자신이 살아 있다는 내적 존재감을 자각하는 직관방식으로, 그것이 삶을 진정으로 경험할 수 있는 유일한 방식이다. 헤겔은 그러한 경험이 어떻게 욕망의 형태로 지펴졌다가 욕망의 충족과 더불어 사그라지는지 설명한다. 살아 있는 존재가 스스로의 살아 있음을 자각하는 이러한 생기의 자각은 욕망을 통해 스스로를 자각하는 동시에 욕망의 충족을 통해 소멸되기 때문에 자기의식의 가장 저급한 형태로서, 아직 진리와는 동떨어진 초보적 수준에 머물러 있다. 그런 형태의 자기의식은 타자에 대한 의식에서 생겨나는 대상적 진리에 비해서도 훨씬 저급한 수준이지만, 그럼에도 살아 있음의 자각이라는 측면에서 보면 자기의식에 포착되는 최초의 진리이기도 하다.

바로 이 점이 요르크 백작의 탐구가 생산적으로 접맥되는 지점인 것으로 보인다. 요르크 백작은 삶과 자기의식의 상응관계에 착안하여 철학의 본질과 과제를 규정하는 방법론적 지침을 얻는다. 그 방법론의 핵심개념은 투사投射 Projektion와 추상Abstraktion이다. 투사와 추상은 가장 원초적인 삶의 태도를 결정한다. 그리고 투사와 추상은 반복되는 역사적 삶의 태도에도 적용된다. 그리고 철학적 성찰 역시 살아 있음의 이러한 구조에 상응하는 한에는 고유한 정당성의 근거를 확보한다. 철학적 성찰의 과제는 의식의 결과물을 근원적인 살아 있음의 투사이자 근원적인 분화의 투사로 파악함으로써 의식의 결과물을 그 근원으로부터 이해하는 것이다.

이로써 요르크 백작은 나중에 후설이 현상학을 통해 폭넓게 개진하게 될 내용을 방법론적 원칙으로 미리 제시한 셈이다. 이러한 방식으로 후설과 딜타이처럼 너무나 상이한 두 사상가가 어떻

---

* 실러의 담시Ballade로, 미적 가상Schein과 진리표현의 상관관계를 주제로 다룬다.

게 공통점이 있는지 이해할 수 있다. 신칸트주의의 추상을 극복하고자 하는 것이 두 사상가의 공통점이다. 요르크 백작 역시 두 사상가의 이러한 생각을 공유하지만 실제로는 두 사상가보다 더 나아갔다. 요르크 백작은 인식론적 의도에서 삶으로 되돌아갔을 뿐 아니라 헤겔이 밝혀낸 삶과 자기의식의 형이상학적 연관성을 견지하기 때문이다. 그런 점에서 요르크 백작은 딜타이나 후설을 능가했다고 할 수 있다.

이미 앞에서 살펴보았듯이 딜타이의 인식론적 성찰은 삶의 태도와 공고한 것을 확보하려는 욕구로부터 과학의 객관성을 조급하게 도출함으로써 실패로 귀결되고 말았다. 그리고 후설은 현상학의 핵심인 상관성에 관한 탐구가 객관적으로 보면 삶의 제 관계에 내재하는 구조적 모형을 따르긴 하지만, 그럼에도 삶이 무엇인가를 구체적으로 규정하는 데는 완전히 실패했다. 그렇지만 요르크 백작은 헤겔의 정신현상학과 후설의 선험적 주관성의 현상학을 연결해주는 가교를 놓는 데 성공했고, 그것은 요르크 이전의 철학에서는 불가능했던 작업이었다.[166] 요르크 백작은 헤겔이 삶을 변증법적 형이상학으로 설명하는 것을 비판하는데, 요르크 백작 자신이 그러한 문제점을 과연 어떻게 극복할 생각이었는지에 관해서는 그의 미완의 유고작도 말해주는 바가 없다.

2) 하이데거의 해석학적 현상학 구상[167]

딜타이와 요르크 백작은 그들의 공통점을 "삶을 출발점으로 삼는 인식"이라 표현했고, 그런 경향을 후설은 과학의 객관성을 극복하고 생활세계로 돌아가는 것이라 표현했다. 삶에 의거한 이러한 사유는 하이데거의 사상적 출발점이기도 하다. 그렇지만 삶으로 되돌아가려는 사유(딜타이)나 선험적 환원(근본적인 자기성찰의 길을 택한 후설)이 체험의 자기소여성自己所與性Selbstgegebenheit*에서 방법론적 근거를 찾았다면, 하이데거는 그러한 인식론적 함축에 더이상 얽매이지 않았다. 그 모든 것은 오히려 하이데거의 비판대상이 된다. '현사실성現事實性Faktizität†의 해석학'이라는 개념을 통해 하이데거는 후설의 본질론적 현상학과 그 바탕이 되는 사실과 본질의 구별에 맞서서 역설적인 과제를 제시한다. 하이데거는 더이상 근거를 규명할 수도 없고 다른 근거에서 파생한 결과물이 될 수도 없는 현존재Dasein의 현사실성 내지 실존Existenz이 현상학적 문제제기의 존재론적 기반이 되어야 하며, 전형적 보편성의 본질적 특성을 가리키는 코기토cogito, 즉 순수사유가 그 기반이 될 수는 없다고 본다. 이로써 대담하고도 풀기 어려운 사유의 과제가 제시되었다.

이러한 사유가 의도하는 비판적 관점 자체가 전혀 새로운 것은 아니다. 이미 청년헤겔학파가 관념론을 비판할 때 그런 비판적 관점을 취한 바 있다. 그렇게 보면 헤겔주의의 정신적 위기에서 출발한 키르케고르Kierkegaard가 신칸트주의적 관념론을 표방하던 다른

*후설의 현상학에서 나온 용어로, 어떤 사태가 '그 자체로 명증적으로 주어져 있는 상태'를 가리킨다. 철학은 어떤 사변이나 추론에 입각해서는 안 되고, '그 자체로 명증적으로 주어져 있는 사태'를 분석하고 기술하는 것을 과제로 삼아야 한다는 것이 후설 현상학의 이념이다. 예를 들어 종교나 예술이라는 현상을 분석할 때, 그것을 마르크스나 진화론처럼 사회구조나 생물학적 사실에서 파생된 것으로 해석해서는 안 되고, 사람들이 직접적으로 갖고 있는 종교적 체험과 예술적 체험에 나타나 있는 종교적 현상이나 예술적 현상을 분석하고 기술해야 한다는 것이다. 우리말로 풀어서 옮겨보자면 '그 자체로 주어져 있음' 정도의 의미라 하겠다.

†여기서 '현現'은 하이데거가 인간을 가리키는 용어인 '현존재Dasein'에서 따온 것이다. 현사실성이라는 개념으로 하이데거는 인간이 갖는 독특한 유한성, 혹은 인간이 갖는 '내던져 있음Geworfenheit'의 측면을 가리킨다. 인간은 특정한 세계에 던져진 채로 자신이 어떻게 살아야 할지를 문제삼으면서 살아갈 수밖에 없다. 이렇게 인간이 특정한 세계에 던져져 있다는 것과 함께 자신의 존재를 문제삼을 수밖에 없다는 것은 인간이 어찌할 수 없는 인간 자신의 존재성격을 가리킨다.

사상가들이나 하이데거에 의해 공격을 받은 것은 우연이 아니다. 다른 한편 관념론에 대한 이러한 비판은 당시에나 오늘날에나 선험론적 문제제기의 포괄적 요청을 감당해야 한다. 선험적 성찰은 정신의 내용을 전개하는 가운데 가능한 모든 사유의 계기들을 사유의 대상으로 삼고자 했고, 그것은 헤겔 이래 선험철학의 요청이었다. 그런 점에서 선험적 성찰은 제기될 수 있는 모든 반론까지도 이미 정신의 총체적 성찰의 대상으로 포함시킨 셈이다. 이것은 후설이 모든 존재타당성Seinsgeltung의 구성작용Konstitution을 규명하는 보편적 과제를 현상학의 과제로 설정할 때 염두에 둔 선험적 문제의식에도 해당된다. 그러한 선험적 문제의식은 확실히 하이데거가 도입한 현사실성까지도 포괄하는 것이었다. 그리하여 후설은 세계 내 존재das In-der-Welt-sein를 선험적 의식의 지평지향성과 관련된 문제라고 인정할 수 있었다. 왜냐하면 선험적 주관성의 절대적 역사성은 현사실성의 의미까지도 드러낼 수 있어야 하기 때문이다. 그래서 후설은 근원적 자아Ur-Ich라는 핵심이념을 일관되게 견지함으로써 현사실성의 의미 자체도 일종의 본질로서 본질적 보편성을 갖는 본질론의 영역에 귀속된다고 하이데거를 비판할 수 있었다. 후설의 후기 저작, 특히 후설 전집 제7권『유럽 학문의 위기와 선험적 현상학*Die Krisis der europäischen Wissenschaften und die tranzzendentale Phänomenologie*』에 담긴 구상을 그런 관점에서 검토해보면『순수현상학과 현상학적 철학의 이념*Ideen zu einer reinen Phänomenologie und phänomenologischen Philosophie*』의 문제의식이 일관되게 발전하여 '절대적 역사성'에 관한 수많은 분석이 이루어진다는 것을 실제로 확인할 수 있는데, 바로 그러한 분석들이 하이데거의 혁명적이고도 논쟁적인 사유의 새로운 출발점이 되는 것이다.[168]

내가 기억하기로는 후설 자신이 선험적 유아론唯我論을 견지할 때 생겨나는 패러독스의 문제를 잘 알고 있었다. 따라서 하이데거가 후설의 현상학적 관념론에 맞서는 출발지점을 정확히 규명하기란 쉽지 않다. 실제로 하이데거의 『존재와 시간』에 담긴 구상이 선험적 반성철학의 문제를 완전히 극복한 것은 아니라는 점을 인정하지 않을 수 없다. 기초존재론Fundamentalontologie의 이념, 기초존재론의 기초로서 '존재'의 문제와 연관된 현존재를 설정하는 것, 그리고 이러한 현존재에 대한 분석은 얼핏 보면 실제로 선험적 현상학의 영역에서 새로운 차원의 문제를 제기한 것처럼 보인다.[169] 『존재와 시간』에 담긴 생각을 한 마디로 표현한다면 존재의 모든 의미와 객관성이 오로지 현존재의 시간성과 역사성에 의거해서만 이해될 수 있고 입증될 수 있다는 것이다. 후설도 근원적 자아의 절대적 역사성을 기반으로 나름대로는 그러한 생각을 개진했다고 할 수도 있다. 그리고 하이데거의 방법론적 프로그램이 후설이 모든 인식의 궁극적 기초라고 보았던 선험적 주관성 개념을 비판적으로 겨냥하고 있다면, 후설의 입장에서는 그러한 비판이 선험적 환원의 근본적인 철저성을 잘못 이해한 데서 비롯된 것이라고 논박할 수도 있을 것이다. 후설의 입장에서는 틀림없이 선험적 주관성 자체가 이미 실체존재론Substanzontologie의 모든 함의를 거뜬히 극복했고, 따라서 종전 철학의 객관주의도 극복한 것이라고 주장했을 것이다. 후설 역시 일체의 형이상학에 대립하는 입장이었던 것이다.

그런데 특기할 것은 칸트와 칸트 전후의 철학자들이 추구했던 선험적 문제의식에 관해서는 후설의 그러한 대립각이 가장 무뎌진다는 사실이다. 후설은 그들이 자신의 진정한 선구자들이라 생각했다. 후설이 근대 철학의 본질이라 생각했고 그 자신의 가장 깊은 철학적 충동이기도 했던 철저한 자기성찰을 위하여 후설은 데카르트와 영국의 경험주의 철학자들에게 의지했고 칸트의 비판철학을 방법론적 모범으로 삼았다. 물론 후설의 '구성적konstitutiv' 현상학은 문제제기의 보편성이라는 측면에서는 독보적이다. 칸트도 그런 보편성을 추구하지는 않았고, '과학의 사실' 자체는 의문의 대상으로 삼지 않았던 신칸트주의 역시 그런 보편성에는 도달하지 못했다.

그런데 후설이 그의 선구자들에게 의지하고 있다는 바로 그 점에서 하이데거와의 차이가 뚜렷이 드러난다. 기존 철학의 객관주의에 대한 후설의 비판은 그러한 입장을 취하는 근대 철학의 방법론을 계승한 것이며 후설 자신도 스스로를 그렇게 이해했다. 반면 하이데거가 애초부터 추구한 것은 목적론을 전복시키는 방식으로 탐구하는 것이었다. 하이데거는 자신의 사유가 이미 오래전부터 철학적 전통으로 준비되어온 경향을 완수하는 것이라기보다는 오히려 서구 철학의 최초의 출발점으로 돌아가서 '존재'에 관한 고대 그리스의 잊혀진 논쟁을 되살리는 것이라고 생각했다. 물론『존재와 시간』이 출간되던 당시 이미 그렇게 고대로 돌아가는 것이 곧 동시대의 철학적 입장들을 극복하는 길이기도 했다는 것은 분명하다. 그리고 당시 하이데거가 딜타이의 탐구와 요르크 백작의 생각을 현상학적 철학의 연장선에서 받아들였던 것도 결코 자의적인 연결은 아니었다.[170] 현사실성의 문제는 적어도 '역사 속의 이성'이라는 헤겔의 변증법적 전제에 대한 비판의 차원에서는 역사주의의 핵심적 문제이기도 했던 것이다.

하이데거의 기초존재론 구상이 역사의 문제를 전면에 부각시켰다는 것은 명확하다. 그렇지만 이러한 기초존재론의 의미를 규정하는 것은 역사주의 문제의 해결도 아니고, 후설의 경우와 달리 여러 학문의 기초를 보다 근원적으로 규명하는 것도 아니고, 철학 자체의 철저한 기초를 정립하는 것도 아니었으며, 그러한 기초정립에 관한 생각 자체가 완전히 뒤바뀌었다는 사실이 금방 드러났다. 하이데거가 절대적 시간성에 기초하여 존재와 진리와 역사를 해석하려 한 것은 후설이 생각했던 맥락과는 다른 것이었다. 왜냐하면 하이데거가 생각한 시간성이라는 것은 '의식'의 시간성이나 선험적인 근원적 자아의 시간성이 아니었기 때문이다. 물론『존재와 시간』에서 시간은 존재의 지평으로 드러나므로 얼핏 보면 이 책의 주도적인 사고는 단지 선험적 성찰이 보다 높은 단계의 성찰로 고양된 것으로 보일 수도 있다. 존재가 무엇인가 하는 문제는 시간의 지평에 근거하여 규정되어야 한다. 따라서 시간성의 구조는 주관성에 대한 존재론적 규정으로 나타난다. 그렇지만 시간성의 구조는 그 이상의 어떤 것이다. 하이데거의 테제는 존재 자체가 시간이라는 것이다. 이로써 근대 철학의 모든 주관주의뿐 아니라 곧 밝혀지겠지만 나아가서는 현존재로서의 존재에 의해 점유되는 형이상학의 문제지평 전체가 해체된다. 현존재는 스스로의 존재에 관여한다는 것, 현존재는 다른 모든 존재자보다 앞서서 존재의 이해에 도달하는 우월한 위치에 있다는 것은 선험적 문제제기의 출발점이 되는 궁극적 토대가 아니다.(『존재와 시간』을 얼핏 그렇게 잘못 읽을 수도 있지만.) 오히려 일체의 존재이해를 비로소 가능하게 해주는 근거는 전혀 다른 데 있다. 그것은 모름지기 존재 속에 현존ein 'da' 내지 존재의 트임Lichtung이 있다는 것, 다시 말해 존재자와 존재의 구별이 있다는 것이다. 그런 것이 '존재한다'는 근본사실에 관해 탐구하는 것 자체는 존재에 관한 탐구이지만, 그것은 존재자의 존재에 관한 지금까지의 모든 탐구에서 전혀 사유의 지평에 떠오르지 못한 채 존재에 관한 형이상학적 탐구로 인하여 은폐되었던 새로운 방향으로 나아간다. 알다시피 하이데거는 고대 그리스의 형이상학 이래 서구 사유를 지배해온 근본적인 존재망각Seinsvergessenheit이 무Nichts의 문제와 맞닥뜨릴 때 존재론적 혼란에 빠졌기 때문이라고 설명한다. 하이데거는 존재에 관한 문제가 무에 관한 문제이기도 하다는 것을 밝힘으로써 형이상학의 시작과 끝을 서로 연결시켰다. 무에 관한 문제에 의거하여 존재에 관한 문제도 성립될 수 있다는 것을—형이상학이 실패한—무에 관한 사유는 전제한다.

하이데거가 존재에 관한 문제를 제기하는 한편 서구 형이상학에 의문을 제기하는 데 진정한 선구자 역할을 한 사람은 딜타이나 후설이 아니라 니체가 가장 가깝다고 할 수 있다. 아마도 하이데거 자신은 이 점을 나중에야 깨달았을 것이다. 그렇지만 돌이켜보면

‘플라톤주의’에 대한 니체의 근본적인 비판을 하이데거 스스로 비판한 전통의 수준으로 격상시키는 것, 서구 형이상학이 도달한 수준에 걸맞게 형이상학에 대처하는 것, 선험론적 문제의식이 근대 주관주의의 결과임을 인식하고 극복하는 것, 바로 이것이 『존재와 시간』이 암묵적으로 추구한 과제이기도 하다.

하이데거가 결국 ‘획기적 전환’이라 일컬은 것은 선험론적 성찰의 발전과정에서 새로운 전환이 아니라 바로 그러한 과제를 비로소 제시하고 수행한 것이라 할 수 있다. 비록 『존재와 시간』에서 하이데거는 선험적 주관성 개념에 대한 후설의 정의가 존재론적으로 미흡하다는 점을 비판적으로 규명하지만, 존재의 문제에 관한 하이데거 자신의 논의도 선험철학적 사유의 도움을 빌어 개진된다. 그렇긴 하지만 하이데거가 자신의 과제로 삼은 존재 문제에 대한 새로운 접근은 사실상 현상학의 ‘실증주의’가―사변적 관념론의 정신 개념에서 최고조에 도달한―여전히 극복하지 못한 형이상학의 근본문제를 고스란히 떠안고 있다는 사실을 밝혀냈다는 것을 뜻한다. 따라서 하이데거의 목적은 후설에 대한 비판을 거쳐 사변적 관념론 자체에 대한 존재론적 비판을 겨냥한 것이었다. ‘현사실성의 해석학’의 기초를 정립함으로써 하이데거는 고전적 관념론이 발전시킨 정신 개념을 극복했고, 그와 동시에 현상학적 환원을 통해 정화된 선험적 의식의 주제 영역도 넘어섰다.

하이데거의 해석학적 현상학과 현존재의 역사성에 대한 분석은 존재 문제 전체를 새로운 지평에서 사고하려는 목표를 추구하는 것이지 정신과학의 새로운 이론을 만들거나 역사주의의 아포리아를 극복하려는 차원의 것이 아니다. 해석학적 현상학과 현존재의 역사성에 대한 분석은 하이데거가 존재의 문제를 철저히 사고한 결과를 잘 보여주는 첨예한 현안들이었다. 하이데거는 철저한 문제제기에 힘입어 일찍이 정신과학의 근본개념에 대한 딜타이와 후설의 탐구가 빠져들었던 혼란에서 벗어날 수 있었다.

정신과학을 삶에 근거하여 이해하고 삶의 경험을 출발점으로 삼으려 했던 딜타이의 시도는 이미 살펴본 대로 그가 고수했던 데카르트적 과학 개념과 합치될 수 없었다. 딜타이는 삶의 정관靜觀적 성격을 너무나 강조했고 삶에 내재하는 '공고함을 추구하는 경향'도 강조했는데, 그가 체험의 객관성이라고 생각했던 과학적 객관성은 다른 근원에서 유래하는 것이었다. 그래서 딜타이는 스스로 설정한 과제, 즉 정신과학의 방법론적 특성을 인식론적으로 규명하고 그럼으로써 정신과학을 자연과학과 대등하게 격상시키고자 했던 과제를 해결할 수 없었다.

반면 이미 후설은 알다시피 삶 자체로 돌아가야 한다는 과제를 정신과학의 방법 문제로 좁히지 않고 보편적 탐구주제로 삼았고, 후설의 그러한 탐구 덕분에 하이데거는 딜타이와는 전혀 다른 관점에서 시작할 수 있었다. 모든 경험의 바탕을 이루는 생활세계 및 익명의 의미정립Sinnstiftung에 대한 후설의 분석은 정신과학에서의 객관성 문제를 전혀 다른 관점에서 파악할 수 있게 해주었다. 그러한 분석에 따르면 과학의 객관성 개념은 하나의 특수한 사례이다. 과학은 인식의 출발점이 되는 사실과는 전혀 다른 어떤 것이다. 과학의 세계는 그 특성상 다른 독자적인 과제, 즉 과학이 야기하는 이상화를 밝혀내는 과제를 수행한다. 하지만 이러한 과제가 일차적인 것은 아니다. '활동적인 삶'으로 돌아가는 과정에서 자연과 정신의 대립이 절대적이지는 않은 것으로 밝혀진다. 정신과학과 자연과학 모두 보편적 삶의 지향성의 활동, 즉 절대적 역사성에서 연유하는 것이다. 바로 이러한 이해만이 철학의 자기성찰을 충족시켜줄 수 있다.

하이데거는 그가 다시 부각시킨 존재의 문제를 규명하는 과제에 새롭고 근본적인 전환을 가져왔다. 딜타이는 정신과학의 방법론적 특성을 인식론적으로 규명하기 위하여 역사적 존재와 자연적 존재를 서로 대립시켰지만, 후설은 그러한 대립을 지양했고, 그런 측면에서 하이데거는 후설을 따랐다. 그러한 대립과는 반대로 자연과학의 인식방법은 이해의 한 형태로 간주되며, 여기서 이해란 "그 본질상 이해하기 힘든 현존재를 파악해야 하는 정당한 과제로 설정된다."[171] 이해라는 것은 딜타이가 생각하듯 정신적 원숙기에 접어든 인간이 삶을 이상적인 달관의 경지에서 경험하는 그런 것이 아니다. 또한 후설이 생각하듯 아무런 생각도 없이 그저 그렇게 살아가는 삶의 단순함과 대비되는 철학의 궁극적인 방법적 이상을 가리키는 것도 아니다. 그 반대로 이해라는 것은 현존재의 근원적인 실현형식, 세계 내 존재In-der-Welt-sein이다. 물론 이해라는 것은 실용적 목적이나 이론적 관심 여하에 따라 다양한 방향으로 분화될 수도 있지만, 설령 그렇다 하더라도 이해가 존재의 능력 내지 '가능성'인 한에는 이해는 현존재의 존재방식이다.

현존재에 대한 이러한 실존적 분석은 일반적인 형이상학의 관심사를 다른 관점에서 볼 수 있게 해주는 심대한 결과들을 가져오는데, 그런 분석에 비추어보면 정신과학적 해석학의 문제는 전혀 다르게 보인다. 본고의 작업은 해석학의 문제에서 그처럼 새롭게 열리는 국면들을 밝혀내기 위한 것이다. 하이데거는 존재의 문제를 새롭게 일깨워주었고, 그럼으로써—형이상학이 정점에 도달한 근대 과학의 데카르트주의와 선험철학뿐 아니라—기존의 형이상학 전체를 극복했다. 이로써 하이데거는 역사주의의 아포리아에 대처할 수 있는 원칙적으로 새로운 입지를 확보하게 된다. 드로이젠의 경우와 달리 하이데거의 이해 개념은 더이상 방법 개념이 아니다. 또한 딜타이가 정신과학의 해석학적 기초를 정립하려 했던 것과도 달리 이해는 이상적 상태를 지향하는 삶의 충동을 따르는 내향적인 의식활동도 아니다. 이해라는 것은 그런 것이 아니라 인간 삶의 근원적인 존재 자체의 특성이다. 일찍이 미슈가 딜타이를 논거로 삼아 '자기 자신에 대한 자유로운 거리'를 인간 삶의 기본구조라 보고 그런 구조가 곧 모든 이해의 바탕이 된다고 보았다면, 하이데거의 철저한 존재론적 사유는 '현존재에 대한 선험론적 분석'을 통해 그러한 현존재의 구조를 밝히는 과제를 추구한다. 하이데거는 모든 이해행위가 기투企投Entwurf의 성격을 갖는다고 보았으며, 이해 자체가 초월의 운동, 즉 존재자를 넘어서는 운동이라고 보았다.

전통적인 해석학의 입장에서 보면 그런 생각은 그저 하나의 추정일 뿐이다.[172] 독일어에서 '이해Verstehen'라는 말은 실생활에서는 어떤 일을 해낼 수 있는 능력을 가리키기도 한다.(예컨대 '그는 읽기를 이해하지 못한다'는 말은 '그는 글을 읽을 줄 모른다'는 것과 같은 말이다.) 그렇지만 그런 용법은 학문적 인식활동의 맥락에서 말하는 '이해'와는 본질적으로 다르다고 보아야 할 것이다. 그렇지만 좀더 면밀히 살펴보면 하나의 공통점도 있다. 두 가지 용법 모두 그 무엇인가를 알고 있고 터득하고 있다는 뜻을 갖는 것이다. 어떤 텍스트를(심지어 법률을!) '이해'하는 사람도 이해하려고 노력하는 과정에서 어떤 의미를 향해 자신의 생각을 설계해나갈 뿐 아니라, 그렇게 이해의 과정을 완수하면 새로운 정신적 자유의 상태를 경험하게 된다. 이해라는 것은 감춰진 의미를 밝혀내고 연관성을 파악하고 추론을 하는 등의 모든 가능성을 내포하며, 텍스트 이해의 영역에서 완벽하게 파악한다는 것의 핵심은 바로 그런 다양한 가능성에 있다. 어떤 기계를 완벽하게 파악한 사람, 다시 말해 기계를 자유자재로 다룰 줄 아는 사람이든, 또는 어떤 수작업을 할 줄 아는 사람이든 간에—물론 실용적인 목적을 위한 이해는 삶의 표현이나 텍스트를 이해하는 것과는 다른 차원의 규범을 따르게 마련이지만—그러한 모든 이해는 결국 자기이해라는 것만은 엄연한 사실이다. 결국 어떤 표현을 이해한다는 것도 표현 속에 담긴 내용을 직접 파악한다는 것만 뜻하는 것이 아니라 이전까지 닫혀져 있던 자기 내면의 무엇인가가 열린다는 뜻이기도 하다. 따라서 그러한 닫혀 있음의 상태를 비로소 깨닫는다는 뜻이기도 하다. 그런데 이러한 깨달음은 닫혀 있던 상태를 인식함과 더불어 자기 자신도 인식한다는 것을 의미한다. 그렇게 보면 어떤 형태의 이해든 간에 이해를 하는 사람은 어떤 가능성을 향하여 자기 자신을 기투한다고 할 수 있다.[173] 전통적 해석학은 이해의 문제가 펼쳐지는 지평을 부적절하게도 너무 협소하게 설정했다. 바로 그렇기 때문에 하이데거가 딜타이를 넘어서 이해의 지평을 확장한 것은 해석학의 문제와 관련하여 매우 생산적인 가능성을 제공한다. 알다시피 이미 딜타이는 정신과학을 위하여 자연과학의 모델을 포기했다. 그리고 후설은 심지어 자연과학의 객관성 개념을 정신과학에 적용하는 것은 '난센스'라 단정했으며, 모든 역사세계와 역사인식의 본질적 상대성을 고수했다.[174] 그렇지만 하이데거는 인간존재의 실존적 미래지향성에 근거하여 역사적 이해의 구조를 처음으로 온전히 그 존재론적 기초까지 규명한다.

따라서 아직 구조화되기 이전의 현존재에 근거하여 역사인식이 정당성을 얻는다고 해서 인식행위 자체의 내재적 기준들을 임의로 뒤흔들려고 해서는 안 될 것이다. 하이데거에게도 역사인식은 의지적 목표에 따라 수행되는 계획적 기투나 추단推斷이 아니며, 자신의 소망이나 선입견 혹은 강자들의 사주에 따라 사물을 임의로 재단하는 것이 아니라, 어디까지나 '사태 자체에 대한 파악 mensuration ad rem'일 뿐이다. 다만 여기서 말하는 사물은 '날것의 사실 factum brutum'이나 그저 눈앞에 있는 것, 그저 확인 가능하고 측정 가능한 어떤 것을 가리키는 것이 아니라, 궁극적으로는 그 자체가 현존재의 존재방식이다.

이런 내용은 누차 확인한 바이지만 문제는 이것을 올바르게 이해하는 일이다. 이것은 단지 인식주체와 인식대상의 '유사성'을 뜻하지는 않는다. 물론 그런 유사성을 근거로 정신과학적 '방법'의 문제를 심리적 차원으로 환원하여 정신과학의 특성을 말하는 경우도 있긴 하다. 하지만 그렇게 되면 역사해석학은 심리학의 일부가 되고 만다.(실제로 딜타이 역시 그런 경계선까지 갔다.) 실제로 모든 인식주체가 인식대상을 적절히 파악한다는 것은 인식주체와 인식대상의 존재적 유사성에 근거하는 것이 아니라, 양자의 공통된 존재방식의 특수성Besonderheit을 통해 비로소 의미 있는 행위가 된다. 그 특수성이란 인식주체도 인식대상도 '존재적ontisch'이거나 '현존하는vorhanden' 것이 아니라 '역사적'이라는 것, 다시 말해 역사성의 존재방식에 따른다는 것이다. 그런 한에는 요르크 백작이 말했듯이 실제로 핵심 관건은 "존재자das Ontische와 역사적인 것을 발생론적으로 구별하는 것"이다.[175] 요르크 백작은 인식주체와 인식대상의 '유사성' 대신에 '공통된 귀속성', 즉 양자가 역사라는 동일한 장에 속해 있다고 설정함으로써 나중에 하이데거가 비로소 철저히 파헤친 문제를 분명히 했다.[176] 다시 말해 우리 자신이 '역사적 존재'인 한에서만 우리가 역사를 이해할 수 있다는 말은 생생한 현재성과 망각 사이를 끝없이 오가는 인간 현존재의 역사성이 곧 우리가 이미 지나간 과거를 생생한 현재적 이해대상으로 불러올 수 있는 조건이라는 것을 의미한다. 얼핏 생각하기에는 과학과 방법에 관한 전통적 개념을 침해하는 장애물이나 역사인식의 주관적 제약처럼 보였던 문제가 이로써 원칙적인 문제의 핵심으로 부상하게 되었다. 인식주체와 인식대상의 공통된 귀속성이 곧 역사이해의 근원적 의미를 해명하기 위한 조건이 되는 것은 주제와 문제설정이 학문외적이고 주관적인 동기들에 종속되기 때문이 아니라 (만약 그렇게 되면 인식주체와 인식대상의 공통된 귀속성이라는 것은 가령 공감처럼 감정에 좌우되는 특수한 경우일 뿐이다) 역사적 전통에 대한 귀속성이 자기 자신의 미래적 가능성을 향해 역사 속에 던져져 있는 사태와 마찬가지로 근원적으로나 본질적으로 현존재의 역사적 유한성에 속하기 때문이다. 그런 맥락에서 하이데거는 자신이 피투성被投性 Geworfenheit이라 일컫는 것과 기투Entwurf라 일컫는 것이 공통된 귀속성을 갖는다고 주장했던 것이다.[177] 그렇게 보면 이러한 실존적 구조의 총체성이 작동하지 않는 이해와 해석은 있을 수 없다. 비록 인식주체의 의도라는 것은 '문헌에 적혀 있는 것'을 해독

하고 '실제로 어떤 일이 있었는가'를 문헌에서 읽어내는 것에 다름 아니지만 말이다.[178]

따라서 여기서 우리는 하이데거가 수행한 철저한 존재론적 탐구가 역사적 해석학의 수립을 위하여 과연 어떤 기여를 할 수 있는지 물어볼 필요가 있다. 물론 하이데거의 의도 자체는 다른 것이었고, 현존재의 역사성에 대한 그의 실존적 분석에서 성급한 결론을 이끌어내지 않도록 신중해야 한다. 하이데거에 따르면 현존재에 대한 실존적 분석은 특정한 역사적 실존을 이상으로 설정하지 않는다. 그런 만큼 현존재에 대한 실존적 분석 자체는 어떤 신앙을 가진 인간과 그의 실존에 대한 신학적 언술과는 다른 차원에서 실제경험과는 무관하게 중립적 타당성을 추구한다. 불트만Bultmann을 둘러싼 논쟁이 보여주듯이[179] 신앙을 가진 입장에서 보면 그런 관점은 마땅치 않아 보일 것이다. 그렇다고 해서 역으로 기독교 신학이나 역사적 정신과학이 특정한 내용적(실존적) 전제를 갖는 경우를 배제할 수도 없다. 하지만 바로 그렇기 때문에 실존적 분석 자체는 본래의 의도에 비추어보면 그 어떤 '실존적' 이상도 표방하지 않으며, 따라서 그런 이상을 비판의 빌미로 삼아서도—실제로는 그런 시도가 너무나 빈번하지만—안 된다.

심려Sorge의 시간성 구조가 특정한 실존적 이상과 결부되어 있다고 보고, 그런 상태와 대립되는 희열의 정조(볼노)[180]라든가 무념무상의 이상 혹은 니체를 끌어들여 동물이나 어린아이의 자연적 순진무구함을 내세우기도 하지만, 그것은 한낱 오해일 뿐이다. 그런 것도 하나의 실존적 이상이라는 것을 부인할 수는 없다. 그렇지만 하이데거가 설명하듯이 그런 이상의 구조가 실존적 구조라는 것도 부인할 수 없는 사실이다.

어린아이나 동물의 존재 자체가—'순진무구함'의 이상과는 달리—여전히 존재론적 문제로 남아 있다는 것은 또다른 문제이다.[181] 어린아이나 동물의 존재방식은 하이데거가 인간적 현존재의 고유한 특성이라고 했던 의미에서의 '실존'이나 역사성과는 다르기 때문이다. 또한 인간의 실존이 그 나름으로 역사의 바깥에 있는 어떤 힘, 자연적인 힘에 의해 지탱된다는 것이 과연 어떤 의미인지도 물어볼 수 있겠다. 만약 관념론적 사변의 집요한 영향을 정말 분쇄하고자 한다면 확실히 '삶'의 존재방식을 자기의식에 근거하여 사유해서는 안 된다. 하이데거가 『존재와 시간』의 선험철학적 관점을 수정하려고 했을 때 삶의 문제가 새롭게 시야에 들어온 것은 너무나 당연하다. 그런 맥락에서 하이데거는 휴머니즘에 관한 글에서 인간과 동물 사이를 갈라놓는 심연에 관해 언급했다.[182] 하이데거는 현존재에 대한 분석을 통해 기초존재론의 선험적 근거를 확립하고자 했지만, 그럼에도 삶의 존재방식을 적극적으로 개진하는 데까지는 나아가지 못했다는 것은 의문의 여지가 없다. 바로 여기에 아직 해결되지 않은 문제들이 있다. 그렇다고 해서 하이데거가 '심려'라 일컫는 실존적 상황Existential을 다른 특정한 실존적 이상(그것이 어떤 것이든 간에)을 내세워서 아예 묵살하려고 한다면 그런 발상은 근본적으로 문제를 헛짚은 것이다. 그런 발상은 『존재와 시간』이 애초에 제기한 문제의 맥락을 놓치는 것이다. 문제의 맥락을 제대로 보지 못하는 그런 반론을 물리치기 위해서는 당연히 하이데거가 의도했던 선험론적 문제의식을 원래 칸트가 생각했던 선험철학의 문제의식에 합당하게 되새겨볼 필요가 있다. 하이데거의 문제의식은 처음부터 모든 경험적 차이를 넘어섰고, 따라서 모든 내용상의 이상들도 넘어섰다. [이러한 문제의식이 '존재'에 관한 물음을 새롭게 점화하고자 했던 그의 의도를 과연 충족시켜주었는가 하는 것은 별도로 따져보아야 할 문제이다.]

그러므로 우선 하이데거의 문제의식의 선험론적 의미부터 생각해볼 필요가 있다.[183] 이해의 문제에 관한 하이데거의 선험론적 해석을 통해 해석의 문제는 보편적 윤곽을 얻고 새로운 차원으로 확장되었다. 해석자 자신이 해석대상이 되는 역사세계의 일부라는 것이 역사학파의 사고에서는 타당한 근거를 확보하지 못했지만 이제는 구체적으로 밝혀낼 수 있는 의미를 지니게 되었다. 그리고 바로 그 의미를 밝혀내는 것이 곧 해석학의 과제가 되었다. 현존재의 구조가 피투되는 기투geworfener Entwurf라는 것, 현존재가 스스로의 존재를 실현하는 방식이 곧 이해라는 것, 이것은 정신과학에서 이루어지는 이해의 전과정에도 해당된다. 윤리와 전통의 구체적 결합, 그리고 그에 상응하여 자신의 미래 가능성이 이해과정 자체에서 구현됨으로써 이해의 보편적 구조는 그러한 역사적 이해 속에서 구체화된다. 자신의 존재가능성을 향해 자신을 기투하는 현존재는 항상 '과거로' 밀려나게 마련이다. 이것이 피투성Geworfenheit의 실존이다. 자신의 존재에 대한 그 어떤 자유로운 관계도 이러한 존재의 현사실성 자체를 철회하지는 못한다. 바로 여기에 현사실성의 해석학의 핵심이 있고 또 현사실성의 해석학이 선험론적 의식탐구에 초점을 맞춘 후설의 현상학과 대립되는 핵심도 여기에 있다. 현존재의 모든 기투를 가능하게 하는 동시에 제약하는 것은 현존재보다 선행하며 그 역은 있을 수 없다. 현존재의 이러한 실존적 구조는 역사적 전통을 이해하는 문제에서도 그대로 적용될 수밖에 없으므로 이 책에서도 우선 하이데거의 논의를 따라가보기로 하겠다.[184]

II   해석학적 경험 이론의 개요

1

해석학적 원리로 격상된
이해의 역사성

1) 해석학적 순환과 선입견의 문제

① 이해의 선구조에 대한 하이데거의 설명

하이데거가 역사적 해석학과 비평의 문제를 천착한 것은 그러한 연구를 기반으로 존재론적 의도에 따라 이해의 선先구조Vorstruktur를 해명하기 위해서였다.[185] 우리는 그 역으로 과학의 객관성 개념이 부과하는 존재론적 압박에서 벗어나 해석학이 어떻게 이해의 역사성을 제대로 규명할 수 있는가 하는 문제를 탐구하고자 한다. 해석학은 전통적으로 해석기술론으로 간주되었다.[186] 딜타이가 해석학을 정신과학의 도구로 확장할 때조차도 그런 인식은 바뀌지 않았다. 이해의 기술이라는 것이 과연 존재할까 하는 의문이 들 법도 한데, 이 문제는 나중에 다시 살펴보기로 하겠다. 우선 하이데거가 현존재의 시간성에 의거하여 이해의 순환구조라는 원칙을 이끌어낸 것이 과연 정신과학적 해석학에 어떤 결과를 가져오는가 하는 문제를 따져볼 필요가 있다. 그 결과라는 것을 예컨대 어떤 이론이 실제 해석에 적용됨으로써 해석과정이 다르게—다시 말해 해석의 기술에 맞게—진행된다는 식으로만 이해할 필요는 없을 것이다. 그 결과는 이해를 줄곧 해석의 기술로 오인해온 것을 바로잡고 부적절하게 해석의 기술에 한정되어온 상태에서 벗어나는 것으로 귀결될 수도 있다. 물론 이런 결과가 극히 간접적으로는 이해의 기술에 도움이 될 수도 있을 것이다.

따라서 해석학적 순환에 대한 하이데거의 서술을 다시 참조하여 우리의 논의에 생산적인 보탬이 되도록 순환구조가 갖는 새로운 원칙적 의의를 살펴보기로 하겠다. 하이데거는 이렇게 말한다.

> 해석학적 순환은 악순환으로 (설령 용인될 만한 악순환이라 하더라도) 격하되어서는 안 된다. 해석학적 순환 속에는 가장 근원적인 인식을 가능하게 해주는 긍정적 가능성이 내장되어 있다. 물론 그런 가능성을 제대로 포착할 수 있는 것은, 공상이나 통념에 의해 그때그때 떠오르는 의향 Vorhabe과 예견Vorsicht과 추정Vorgriff에 얽매이지 않고 오로지 사태 그 자체로부터 학문적 탐구주제를 찾아내는 것이 시종일관 견지해야 할 과제라는 것을 제대로 이해할 때만 가능하다.(『존재와 시간』, 153쪽)

여기서 하이데거가 하는 말은 일차적으로는 실제적인 텍스트 이해를 위한 요구가 아니라 이해를 통한 해석의 실현형식 자체를 가리킨다. 해석학적 순환이 존재한다는 사실 자체보다는 해석학적 순환이 긍정적인 존재론적 의미를 지닌다는 것을 입증하는 대목에서 하이데거의 해석학적 성찰은 정점에 이른다. 자신의 작업이 어떤 의미를 갖는지 아는 해석자라면 텍스트가 서술하는 내용 자체의 의미는 파악할 수 있을 것이다.[187] 모든 올바른 해석은 자의적 공상이나 눈에 띄지 않는 편협한 사고관습을 물리치고 '사태Sache 자체'를 주시해야 한다.(사태 자체란 문헌학자들에게 의미 있는 텍스트를 가리키며, 또한 그런 텍스트가 사태 자체를 다룬다.) 그와 같이 사태 자체에 초점을 맞춘다는 것은 해석자의 입장에서 보면 그저 일회적으로 '신중한' 결단을 내리면 해결될 문제가 아니라 '시종일관 견지해야 할 과제'이다. 해석자는 해석과정에서 끊임없이 자신의 과오로 인하여 혼란에 빠질 수 있기에 시종일관 그런 혼란을 헤치고 사태 자체를 직시해야 하기 때문이다. 어떤 텍스트를 이해하고자 하는 사람은 줄곧 기투Entwerfen를 하는 것이다. 텍스트에서 최초의 의미가 드러나는 순간부터 해석자는 텍스트 전체의 의미를 미리 염두에 두게 된다. 더 나아가 그런 의미가 드러나는 것도 텍스트를 특정한 의미에 대한 기대를 가지고 읽어나갈 때에만 비로소 가능하다. 그렇게 미리 기대치로 상정하는 의미는 당연히 계속 의미를 탐구해나가는 과정에서 끊임없이 수정되겠지만, 앞선 기투를 계속 발전시켜나가는 것이 곧 텍스트에 대한 이해의 핵심이라 할 수 있다.

물론 이러한 서술은 거친 요약에 불과하다. 앞선 기투를 매번 수정할 때마다 새로운 기투를 미리 수행할 수 있는 가능성이 열리며, 그렇게 경합하는 기투들이 더 나은 발전을 위하여 서로 나란히 촉진하는 작용을 할 수 있으며, 그리하여 마침내는 보다 분명하게 의미의 통일성을 확보하기에 이른다. 해석은 선先개념Vorbegriff과 더불어 시작되고, 선개념은 다시 더 적절한 개념에 의해 대체되는 이 끊임없이 새로운 기투는 이해와 해석의 의미형성 과정을 구성하는데, 하이데거가 서술하는 것은 바로 이러한 과정이다. 이해하고자 하는 사람은 사태 자체에 근거하여 입증할 수 없는 선先의견Vor-Meinung들로 인하여 혼란에 빠져든다. 사태 자체에 상응하는 올바른 기투를 완성해가는 것은 그것이 기투인 한에는 의미를 선취하는 것으로서 '사태 자체에 근거하여' 입증되어야 한다. 이것이 곧 이해의 지속적인 과제이다. 선의견을 극복함으로써 이해를 완성해가는 것 말고는 다른 어떤 '객관성'도 없다. 사태와 동떨어진 선의견은 자의적이기 때문에 그런 선의견을 계속 고수하면 결국 스스로 소멸할 수밖에 없다. 그런데 이해의 시작과 더불어 취하는 선의견이 자의적인 것이 아닐 때 이해의 고유한 가능성이 살아난다. 그래서 마음속에 선의견을 가지고 살아가는 해석자의 입장에서 보면 곧장 텍스트에 덤벼들기보다는 자기 마음속에 살아 있는 선의견이 과연 정당한 것인가를, 다시 말해 어디에서 비롯되었고 과연 타당한 것인가를 의식적으로 검토해보는 것도 좋은 방편이 될 수 있다.

이러한 원칙적 요구는 실제로 우리가 텍스트를 이해할 때 늘 수행하는 절차를 보다 철저하게 규명하는 것이라 보아야 할 것이다. 어떤 텍스트를 대하더라도 해석자 자신의 어법—혹은 외국어 텍스트의 경우라면 우리가 작가들을 통해서나 일상적인 교류를 통해 익히 아는 어법—을 검토하지 않은 채 무심코 사용해서는 안 된다는 것을 유념해야 한다. 오히려 해당 시대나 해당 작가의 어법에 근거하여 텍스트를 이해하는 것이 우리의 과제라는 것을 인정해야 한다. 물론 문제는 이러한 일반적 요구를 과연 어떻게 충족시킬 수 있는가이다. 특히 의미론의 영역에서 해석자는 자신의 언어사용이 무의식적이라는 문제점에 직면한다. 그렇다면 우리에게 익숙한 어법과 텍스트의 어법 사이의 차이를 대체 어떻게 구별해낼 수 있는가?

일반적으로 말하면 그것은 우선 우리가 어떤 텍스트에서 받는 당혹감의 경험이라 할 수 있다. 경우에 따라서는 아예 텍스트의 의미를 읽어내지 못할 수도 있고, 텍스트의 의미가 우리의 기대치와 맞아떨어지지 않을 수도 있다. 어떻든 그로 인한 당혹감이 우리를 멈칫하게 하고 우리와는 다른 언어사용의 가능성에 주목하게 만든다. 우리와 동일한 언어를 사용하는 사람이 그가 사용하는 말을 우리에게 친숙한 의미로 사용할 것이라는 점은 보편적인 전제이며, 다만 그런 전제가 의문시되는 경우도 발생한다. 그것은 외국어의 경우에도 마찬가지여서 우리가 해당 외국어를 평균적 수준으로는 안다고 생각하며, 어떤 텍스트를 이해할 때는 그러한 평균적 어법을 전제로 한다.

언어사용에 작용하는 그런 선의견은 그에 못지않게 내용에 관한 선의견에도 똑같이 적용된다. 우리는 선의견을 가지고 텍스트를 읽고 선의견이 우리의 선先이해Vorverständnis를 규정한다. 내용적 측면에서도 과연 어떻게 자기 자신의 선의견의 막강한 영향력에서 벗어날 수 있는가 하는 문제가 제기된다. 어떤 텍스트가 나에게 뜻하는 의미가 나 자신의 견해나 기대와 정확히 맞아떨어지는 경우를 일반적으로 전제할 수 없다는 것은 분명하다. 오히려 그 반대로 누군가가 대화든 편지든 책이든 혹은 다른 어떤 형식으로든 나에게 말하는 것은 그의 생각이지 나의 생각은 아니라는 것을 전제로 한다. 그렇게 언표된 말을 내가 그의 생각에 동조하지 않더라도 어떻게든 이해해야만 하는 것이다. 그런데 이러한 전제는 이해의 부담을 덜어주는 조건이 아니라 오히려 어려움을 가중시킨다. 나의 이해를 제약하는 나 자신의 선의견을 전혀 고려하지 못할 수도 있기 때문이다. 만약 나의 선의견이 오해를 유발한다면, 나의 이해에 대한 상대방의 반응을 기대할 수 없는 그런 텍스트에서 어떻게 그런 오해가 인지될 수 있겠는가? 그렇다면 잠정적으로나마 텍스트에 대한 오해를 피할 방도는 무엇인가?

그런데 좀더 면밀히 생각해보면 텍스트의 의미가 자의적으로 이해될 수는 없다는 것을 알게 된다. 우리가 어떤 텍스트의 어법을 줄곧 잘못 이해한다면 텍스트 전체의 의미를 파악하는 것은 불가능하다. 따라서 우리가 다른 사람의 생각을 이해한다면 텍스트에 대한 우리 자신의 선의견을 맹목적으로 고수할 여지도 그만큼 줄어든다고 볼 수 있다. 물론 어떤 사람의 말을 청취하거나 책을 읽을 때 상대방이 말하려는 내용에 대한 모든 선의견과 나 자신의 모든 의견을 반드시 잊어버려야 하는 것은 아니다. 다만 상대방의 말 혹은 텍스트에 담겨 있는 생각을 이해하려는 열린 마음가짐이 요구될 뿐이다. 그러한 열린 마음을 가지면 나 자신의 전반적인 생각을 다른 사람의 생각에 견주어볼 수도 있고, 다른 사람의 생각을 나 자신의 생각에 견주어볼 수도 있을 것이다. 해석되는 의미는 (어떤 언어와 어휘가 일치된 의미를 나타내는 경우와 비교하면) 다양한 가능성으로 나타나게 마련이다. 그렇지만 독자가 의미 있다고 생각하거나 기대할 법한 '가능한 의미들'이 다양하다고 해서 무조건 모든 의미가 가능한 것은 아니다. 다른 사람이 말하려는 진의를 건성으로 흘려듣는 사람은 결국 그로 인해 잘못 이해한 것을 자신의 다양한 의미기대치 속에 수용하지는 못할 것이다. 그러니까 이 경우에도 어떤 기준이 있는 것이다. 이처럼 해석학의 과제는 자연스럽게 텍스트에 의거한 문제제기의 차원으로 넘어가며, 애초부터 그러한 문제제기에 의해 규정되는 셈이다. 이로써 해석학의 과제는 확고한 기반을 얻게 된다. 텍스트를 이해하려는 사람은 텍스트의 의미를 줄곧 흘려듣지 않으려면 처음부터 자신의 선의견의 우발성에 휘둘리지 말아야 한다. 그러다 보면 마침내 텍스트의 의미를 새겨듣지 않을 수 없게 되고, 내가 이해했다고 잘못 생각했던 것들이 허물어지게 될 것이다. 텍스트를 이해하려는 사람은 텍스트 스스로가 말하게 할 마음의 자세를 가져야 한다. 그래서 해석학에 단련된 의식은 처음부터 텍스트의 생소함을 받아들이게 되는 것이다. 그렇지만 생소한 텍스트를 받아들인다고 해서 엄정히 '중립성'만 지켜야 한다거나 자신의 생각은 완전히 버려야 한다는 뜻은 아니며, 오히려 자신의 선의견과 선입견까지도 명시적으로 취할 수 있다. 다만 텍스트 자체가 내 생각과는 다른 의미를 드러내고 텍스트의 객관적 진실이 나의 선의견을 극복할 수 있는 가능성을 열어놓기 위해서는 나 자신이 선의견을 갖고 있다는 사실 자체를 자각하고 있어야만 한다.

하이데거는 해석자가 '텍스트에 쓰여 있는 것'을 '읽어냈다'고 생각하는 것도 이해의 선구조에 해당된다고 보았는데, 그것은 전적으로 옳은 현상학적 인식이다. 하이데거는 그러한 이해의 선구조로부터 해석학의 과제를 이끌어낼 수 있는 구체적 사례를 스스로 보여준다. 그는 『존재와 시간』에서 해석학의 문제에 관한 일반적인 서술을 존재의 문제를 통해 구체화한다.[188] 존재의 문제와 관련된 해석학적 상황을 의도와 예견과 추정 등으로 설명하기 위하여 하이데거는 형이상학의 역사에서 결정적인 전환점이 되는 쟁점들을 놓고 형이상학에 관한 문제들을 검토했다. 이로써 하이데거는 역사적 해석학의 의식이 어떤 경우에도 요구하는 것을 수행했을 뿐이다. 방법론적 자각을 가지고 수행하는 이해는 스스로의 기대치를 실현하기 위해 애써야 할 뿐 아니라, 기대치를 제어하여 텍스트 자체에 의거한 올바른 이해를 도모하기 위하여 기대치 자체를 자각하려고 애써야 한다. 하이데거가 의향과 예견과 추정에 얽매이지 말고 사태 자체로부터 학문적 탐구주제를 '확보해야' 한다고 할 때 그가 말하려는 의미는 바로 이것이다.

따라서 중요한 것은 텍스트 속에서 목소리를 내는 역사적 전통에 맞서서 자신의 목소리를 지키는 것이 아니라, 그 반대로 역사적 전통을 객관적으로 이해하는 데 방해가 되는 요소를 멀리하는 것이다. 미처 꿰뚫어보지 못한 편견이 득세할 때 역사적 전통이 말하는 객관적 진실을 보지 못하게 된다. 하이데거는 데카르트의 의식 개념과 헤겔의 정신 개념에서는 현존하는 존재의 관점에 맞추어 존재를 해석하는 고대 그리스의 실체존재론Substanzontologie이 여전히 영향력을 행사한다는 것을 입증함으로써 근대 형이상학의 자기의식을 극복하고자 한다. 그러한 극복은 자의적으로 이루어지는 것이 아니라, 주관성 개념의 존재론적 전제를 드러냄으로써 그러한 역사적 전통을 이해할 수 있게 해주는 '의향Vorhabe'에 의해 가능하다. 역으로 하이데거는 '교조적' 형이상학에 대한 칸트의 비판에서 그 자신의 존재론적 구상을 뒷받침해줄 유한성의 형이상학 이념을 발견한다. 이런 방식으로 그는 학문적 주제를 전승에 대한 이해 과정에 투입하여 시험대에 오르게 함으로써 학문적 주제를 '확보'한다. 이해에서 관건이 되는 역사의식은 이런 방식으로 구체화된다.

그처럼 이해의 모든 과정이 그 본질상 선입견을 수반할 수밖에 없다는 것을 인정할 때 비로소 해석학의 문제는 정말로 첨예해진다. 이런 인식에 비추어볼 때 역사주의가 아무리 합리주의와 자연법 사상을 비판했다 하더라도 결국 근대 계몽주의를 기반으로 했으며, 계몽주의의 선입견을 꿰뚫어보지 못한 채 그대로 물려받고 있다는 사실이 드러난다. 계몽주의의 핵심적 본질을 이루는 선입견이란 일체의 편견 자체를 무시하는 또다른 선입견으로서, 그로 인해 역사적 전승의 권위는 완전히 박탈된다.

개념의 역사를 분석해보면 계몽주의에 이르러 비로소 선입견 Vorurteil이라는 개념이 오늘날 통용되는 부정적 의미로 부각되었다는 것을 알 수 있다. 그렇지만 원래 선입견이란 어떤 사물의 의미를 규정하는 모든 요소들을 최종적으로 검토하기 전까지 내리는 판단을 뜻한다. 그리고 원래 법률용어 Vorurteil은 재판과정에서 최종판결을 내리기 전에 이루어지는 '예비평결'을 뜻한다. 법률분쟁 당사자에게 불리한 예비평결이 내려지면 물론 자신의 정당성을 주장할 수 있는 기회는 그만큼 침해된다. 그래서 프랑스어 préjudice와 라틴어 praeiudicium은 단순히 권리침해, 결함, 손실 등을 가리키는 말로도 쓰이게 되었다. 그렇지만 이런 부정적 의미는 어디까지나 파생적 의미일 뿐이다. 그런 부정적 의미가 파생되는 것도 결국 예비평결이—다른 모든 판례와 마찬가지로—일종의 판례적 효력을 지니는 실정적 타당성에 근거하는 것이다.

따라서 '선입견'이 반드시 잘못된 판단을 뜻하는 것은 아니다. 원래 이 개념은 긍정적으로 평가될 수도 있고 부정적으로 평가될 수도 있다. 원래 라틴어 어원인 praeiudicium이 지녔던 의미는 분명히 영향을 미쳤기 때문에 이 말의 부정적 측면 외에 긍정적 측면도 부각될 수 있다. 정당한 선입견préjugés légitimes도 있다. 그것은 물론 오늘날의 어법과는 상당히 거리가 멀다. 'Vorurteil'이라는 독일어는—프랑스어 préjugé와 마찬가지로, 아니 어쩌면 더 심하게—계몽주의와 계몽주의의 종교비판을 거치면서 '근거 없는 판단'이라는 뜻으로 의미가 축소된 것으로 보인다.[189] 그런데 어떤 판단에 권위를 부여하는 것은 (사실적인 합치 여부 자체가 아니라) 과연 그 근거가 정당한가, 방법론적 근거가 확보되어 있는가 여부이다. 계몽주의의 눈으로 볼 때 근거가 결여되어 있으면 다른 어떤 방식으로도 타당성을 확보할 수 없으며, 어떤 판단이 객관적인 근거를 확보하지 못했다는 점에서 '근거 없는' 것을 뜻한다. 이것은 합리주의 정신의 진수를 보여주는 추론이다. 이런 연유에서 일체의 선입견은 신뢰를 박탈당했고, 그 대신 선입견을 완전히 배제한 과학적 인식을 요구하게 된 것이다.

이러한 노선을 택한 근대 과학은 따라서 조금이라도 의혹의 소지가 있으면 그 어떤 것도 확실하다고 보지 않는 데카르트적 회의의 원칙을 따르게 되었고, 이러한 요청을 반영한 방법론의 이념을 따르게 되었다. 이미 서론에서 언급한 대로 우리의 역사의식을 형성하는 역사인식은 근대 과학의 그러한 이상과 합치되기 어려우며, 따라서 그러한 방법 개념을 가지고는 역사인식의 진정한 본질을 파악하기 어렵다. 이제 이러한 부정적 진술을 긍정적 차원으로 바꾸어 생각해볼 계제가 된 것 같다. 그런 맥락에서 우선 선입견의 개념부터 다시 살펴볼 필요가 있다.

② 계몽주의에 의한 선입견의 격하

계몽주의가 개진한 선입견에 관한 견해에 따르면 선입견은 크게 두 가지 부류로 대별되는데, 인간적 권위에 의해 생겨난 선입견과 경솔함으로 인한 선입견을 구별할 필요가 있다.[190] 이러한 구별은 선입견을 지닌 당사자를 선입견의 출처로 보는 관점에 따른 것이다. 우리의 판단을 오도하는 것은 다른 사람의 권위이거나, 혹은 우리 자신이 경솔한 판단을 내리기 때문이다. 권위가 선입견의 출처라는 것은 칸트가 계몽의 원칙으로 천명한 유명한 슬로건, 즉 "너 자신의 오성을 사용할 용기를 가져라!"라는 슬로건에 상응한다.[191] 앞에서 언급한 구별은 텍스트의 이해과정에서 선입견이 어떤 역할을 하는가에 초점을 맞춘 것은 아니지만, 해석학의 영역에서 그러한 구별은 유용하게 활용될 수 있다. 계몽주의의 비판이 최우선으로 겨냥하는 것은 기독교의 종교적 전통, 즉 성서이기 때문이다. 계몽주의의 성서비평은 성서를 하나의 역사적 문헌으로 이해함으로써 성서의 교조적 주장을 위태롭게 한다. 성서에 맞서서, 그리고 성서에 대한 교조적 해석에 맞서서 자신의 입장을 관철시키려는 것이야말로 다른 모든 계몽의 조류와 구별되는 근대 계몽주의 특유의 급진성이다.[192] 따라서 계몽주의는 해석학의 문제에 특별히 민감할 수밖에 없다. 계몽주의는 역사적 전통을 올바르게, 다시 말해 선입견 없이 이성적으로 이해하고자 한다. 하지만 그러한 과제는 특별한 난관에 부닥치는데, 글로 기록된 것은 글로 기록되었다는 사실 자체만으로도 특별히 무게 있는 권위가 실리기 때문이다. 글로 기록된 것이 진실이 아니라고 생각할 수 있는 가능성은 정말 희박하다. 글로 기록된 것은 손에 잡히듯이 명확한 것이고 진실의 증거물처럼 여겨진다. 따라서 글로 기록된 것이면 일단 존중하는 선입견에서 벗어나 온갖 구두 주장을 접할 때와 마찬가지로 저자의 생각과 진실을 구별하기 위해서는 각별히 비판적인 긴장이 요구된다.[193] 전반적으로 계몽주의는 그 어떤 권위도 인정하지 않고 모든 것을 이성의 심판대에서 판단하고자 한다. 따라서 글로 기록되어 전해져오는 문헌들, 다른 모든 역사적 기록물과 마찬가지로 성서조차도 무조건 옳다고 인정되지는 않으며, 그 진실의 가능성은 이성적으로 납득할 수 있는 신빙성 여부에 좌우된다. 따라서 전통이 아니라 이성이 모든 권위의 궁극적 원천이 된다. 글로 기록된 것이라고 해서 반드시 참된 것은 아니다. 우리는 글로 기록되어 전해져오는 것보다 더 많은 것을 알 수 있다. 이것이 근대 계몽주의가 역사적 전통을 탐구할 때 표방하는 보편적 원칙이다. 그리고 이러한 원칙을 기반으로 비로소 계몽주의는 역사적 탐구를 수행할 수 있게 된다.[194] 자연과학이 감각적 현상을 판단의 증거로 삼듯이 역사적 탐구는 역사적 전통을 비판적 분석의 대상으로 삼는다. 그렇다고 해서 ‘선입견들에 맞서는 또다른 선입견'이—영국이나 프랑스에서 그러했듯—무조건 절대적 자유방임이나 무신론으로 귀결되었던 것은 아니다. 오히려 독일 계몽주의는 기독교의 '참된 선입견'을 대개는 인정하는 편이었다. 인간의 이성은 온전히 선입견을 벗어나서 판단을 내리기에는 너무나 취약하기 때문에 '참된 선입견'의 보호를 받는 편이 오히려 다행이라 여겼던 것이다.

독일에서 계몽주의의 그러한 변주와 수정[195]이 낭만주의 운동의 태동에 얼마나 기여했고 특히 계몽주의에 대한 비판과 버크E. Burke의 혁명적 발상전환이 얼마나 명백히 기여했는가를 탐구한다면 뜻있는 작업이 될 것이다. 그렇지만 아무리 그러한 탐구를 한다 하더라도 분명히 변함없는 사실이 있다. 그것은 '참된 선입견'도 결국 이성적 인식에 의해 정당성을 확보해야 한다는 것이다. 물론 이러한 과제는 결코 완수될 없는 성질의 것이긴 하지만 말이다.

이와 같이 근대 계몽주의의 가치척도는 역사주의의 자기이해에도 결정적 영향을 미쳤다. 물론 직접적인 영향을 끼친 것은 아니지만, 낭만주의를 통해 독특하게 굴절된 형태로 영향을 미쳤다. 그것은 특히 낭만주의와 계몽주의가 공유하는 역사철학의 기본도식에서 분명히 드러나는데, 그것은 곧 이성을 통해 신화를 극복한다는 역사발전의 도식이다. 특히 낭만주의가 계몽주의에 반발함으로써 오히려 그러한 도식은 더욱 공고해진다. 그러한 역사발전의 도식은 세계의 '탈마법화Entzauberung'가 진전되는 전제조건이며, 세계의 탈마법화와 더불어 그러한 역사발전의 도식은 설득력을 얻게 된다. 그것은 또한 정신 자체의 역사적 발전법칙을 드러내는 것이기도 하다. 그런데 낭만주의는 이러한 역사발전을 부정적으로 평가하기 때문에 그러한 역사발전 도식을 마치 자명한 것처럼 전제하는 꼴이 된다. 그런 식으로 낭만주의는 계몽주의의 전제를 공유하게 되며, 단지 역으로 과거의 전통을 복권시키려 함으로써 가치평가를 뒤집을 뿐이다. 낭만주의가 옹호하는 과거의 전통은 '고딕'이 풍미하던 중세, 유럽의 기독교 열국列國체제, 신분제 사회 그리고 농민적 삶의 소박함과 자연에 가까운 삶 등이다.

완전무결함을 추구했던 계몽주의는 과거의 선입견과 '미신'으로부터 벗어나는 해방을 완수할 수 있다고 믿었다. 계몽주의의 그러한 믿음에 대한 반발로 낭만주의는 아득한 과거에 '자연스러운 사회'에서 인간의 의식에 의해 난도질되지 않고 굴절되지 않은 삶과 신화세계, 기사도가 풍미하던 기독교 세계가 낭만적 매력을 지녔을 뿐 아니라 오히려 현재보다 더 진리에 근접했다고 생각했다.[196] 낭만주의는 계몽주의의 전제를 뒤집음으로써 복고주의를 추구하는 역설적 결과에 이른 것이다. 다시 말해 오래된 옛것을 복원하려는 그러한 경향은 인간의 의식이 개입하기 이전의 상태로 돌아가기를 의식적으로 추구하는 것으로, 그런 경향은 신화적인 고대세계가 후대보다 더 우월한 지혜를 지녔다고 인정하는 데서 정점에 이른다. 그렇지만 낭만주의가 계몽주의의 가치척도를 전도시킴으로써 계몽주의의 전제가 되는 신화와 이성의 추상적 대립은 오히려 영구적으로 고착되고 만다. 그리고 낭만주의 이후 계몽주의에 대한 모든 비판은 낭만주의처럼 계몽주의를 비판하면서 닮아가는 거울상의 형국이 된다. 이성의 완전무결함에 대한 믿음은 '신화적' 의식의 완전무결함으로 역전되고, 인간의 사고가 원죄로 인해 타락하기 이전의 원초적 낙원상태에 자신의 소망을 투사하는 것이다.[197]

사실 일체의 사고에 선행하는 신화적 집단의식을 상정하는 신비롭고 유현幽玄한 세계를 전제하는 것도 계몽의 완성 혹은 절대지를 통해 완전무결한 상태에 도달할 수 있다는 믿음만큼이나 교조적이고 추상적이다. 원초적 지혜란 '원초적 아둔함'의 대립쌍이기 때문이다. 모든 신화적 의식 자체가 이미 앎이며, 신성한 힘을 안다고 스스로 생각하는 신화적 의식은 그런 힘에 대한 외경심(이런 상태를 원초적 상태라고 한다면)에서 벗어난 상태이고 마술적 의식儀式으로 제어되는 (가령 고대 오리엔트에서 볼 수 있는) 집단생활의 상태에서도 벗어나 있다. 그런 신화적 의식은 스스로에 대해 자각하며, 그러한 자기의식의 앞에서는 온전한 몰아의 경지가 생겨날 수 없다.[198]

이와 관련하여 진정한 신화적 사고는 사이비 신화의 허구와는 전혀 다르다고 보는 시각도 계몽주의의 선입견에서 유래하는 낭만주의적 환상이다. 그런 관점에서는 자유로운 상상력의 산물인 문학 창작은 신화와 같은 종교적 구속력을 지닐 수 없다고 본다. 그렇지만 그런 생각은 과학을 신봉하는 현대적 맥락에서 시인과 철학자 사이의 오랜 논쟁을 되풀이하는 것일 뿐이다. 다만 이제는 시인이 거짓말쟁이라고 하지 않고, 그 대신 시인은 미적인 영향력만 행사하고 전적으로 상상의 산물과 상상력의 활동을 통해 독자의 생활 감정을 자극하려 하므로 결코 진리를 설파할 수 없노라고 말을 바꾸었을 뿐이다.

낭만주의가 계몽주의의 거울상이라는 것을 보여주는 또다른 사례로 '자연스러운 사회'라는 개념을 들 수 있다. 라덴도르프 Ladendorf에 따르면 이 개념을 처음 도입한 것은 레오Leo이다.[199] 마르크스의 사상에서는 원래 자연법의 맥락에서 사용되던 이 개념이 계급투쟁에 관한 경제학적 사회이론의 맥락으로 그 의미가 제한되었다.[200] 그렇다면 이 개념은 루소가 아직 노동분업이 이루어지지 않고 사유재산제가 도입되기 이전의 사회상태를 묘사했던 대목에까지 소급되는 것일까?[201] 어떻든 이미 플라톤이 『국가』의 제3부에서 자연상태를 반어적으로 서술하면서 그러한 국가이론의 허상을 폭로한 바 있다.[202]

19세기 역사학의 태도는 낭만주의에 의한 역사의 그러한 재평가를 배경으로 생겨난 것이다. 19세기 역사학은 현재를 절대적 기준으로 삼아 역사적 과거를 재단하지 않고 과거의 여러 시대가 제각기 독자적 가치를 지닐 뿐 아니라 어떤 측면에서는 현재보다 더 나은 시대였다는 것까지도 인정한다. 고대에 대한 관심을 일깨우고, 민요 수집을 통해 여러 민족의 목소리를 듣고, 동화와 설화를 수집하고, 고대의 관습을 복원하고, 언어의 세계관적 배경을 찾아내고, '인도인들의 종교와 지혜'를 연구하는 등 낭만주의가 이룩한 이 모든 업적은 역사연구의 새로운 물꼬를 터주었다. 이로써 역사연구는 풍부한 예감을 불러일으키는 재발견의 차원에서 서서히 한 걸음씩 발전하기 시작하여 마침내 엄정한 역사적 거리를 둔 역사인식의 단계로 나아가기에 이르렀다. 역사학파가 낭만주의에 접맥하고 있다는 사실은 근원적인 상태를 복구하려는 낭만주의의 시도가 계몽주의의 기반 위에 서 있음을 다시금 입증하는 것이라 하겠다. 그렇게 보면 19세기 역사학은 계몽주의의 으뜸가는 결실이라 할 수 있다. 실제로 19세기 역사학은 교조적 예속상태로부터 정신의 해방을 완수하고 역사세계에 대한 객관적 인식을 가능케 함으로써 근대 과학의 자연인식에 버금가는 위상을 확보했다는 점에서 계몽주의의 소명을 완수했다는 자부심을 갖고 있었다.

낭만주의의 복고적 태도가 계몽주의의 근본적 관심사와 결합해 역사학을 탄생시켰다는 사실은 낭만주의와 계몽주의 모두 전통 속에서 보존되는 역사의 의미와 결별하고 있음을 보여준다. 계몽주의의 확고한 입장에 따르면 이성에 의해 성립될 수 없다고, 즉 의미가 없다고 판정을 받은 일체의 전통은 오직 역사적으로만—다시 말해 과거의 사고방식으로 되돌아감으로써만—이해될 수 있다. 그렇게 보면 낭만주의와 더불어 새롭게 형성되는 역사의식은 계몽주의의 입장을 더욱 철저히 밀고간 것이라 할 수 있다. 왜냐하면 이성적으로 설명할 수 없는 역사적 전통이 계몽주의에서는 예외적 상황이었지만 낭만주의 역사의식의 관점에서 보면 보편적인 상황이 되었기 때문이다. 낭만주의의 입장에서 보면 이성을 통해 이해할 수 있는 의미라는 것은 전혀 신빙성이 없기 때문에 모든 역사적 과거뿐 아니라 심지어 동시대인들의 모든 사고조차도 결국 '역사적으로' 이해되어야 한다. 그리하여 계몽주의에 대한 낭만주의의 비판

자체가 다시 계몽주의로 귀착된다. 낭만주의가 역사학으로 결실을 맺어서 모든 것을 역사주의 속으로 흡인하기 때문이다. 근대 자연과학의 엄정한 경험주의가 계몽주의와 결합하면서 일체의 선입견은 원칙적으로 폄하되었고, 선입견에 대한 그러한 평가절하는 역사주의와 결합된 계몽주의에 이르러 더욱 철저해지고 보편적인 것이 되었다.

바로 이 대목이 철학적 해석학이 비판적으로 주목해야 할 지점이다. 일체의 선입견을 극복해야 한다는 계몽주의의 전면적인 요구 자체가 또 하나의 선입견이었음이 밝혀졌다. 그리고 그러한 선입견을 바로잡을 때만 우리 인간존재뿐 아니라 역사의식까지도 지배하는 유한성에 대한 올바른 이해의 길이 열릴 수 있다.

역사적 전통의 영향하에 있는 상태가 과연 정말로 선입견에 지배되고 자유를 제한당하는 것을 뜻하는가? 오히려 모든 인간실존은—심지어 아무리 자유로운 삶도—다양한 형태로 제한과 제약을 받지 않는가? 만약 그렇다면 절대적 이성의 이념은 결코 역사 속의 인간존재를 규명할 수 없을 것이다. 우리 인간에게 이성이라는 것은 오로지 실재하는 역사적 이성일 뿐이다. 다시 말해 이성은 스스로의 주인이 아니며, 언제나 이성의 타당성을 검증하는 준거가 되는 역사현실에 의존하는 것일 수밖에 없다. 이것은 일찍이 칸트가 흄Hume의 회의론적 비판철학의 영향을 받아 합리주의의 요구사항을 자연인식의 과정에서 부닥치는 경험독립적 요소das apriorische Moment에 국한시켰던 맥락에 상응할 뿐 아니라, 역사의식과 역사인식의 가능성에는 더더욱 타당하게 적용된다. 그렇지만 비코가 말하듯이 인간이 역사인식을 통해 스스로를 돌아보고 자기 자신의 산물을 성찰하게 된다고 말하는 것만으로 역사인식의 문제가 해결되는 것은 아니다. 자연이 우리 인간에 대해 아는 바가 없는 낯선 대상이라면, 우리 인간은 우리 자신에게 그리고 인간의 역사적 운명에 대해 자연이 낯선 것과는 전혀 다른 방식으로 낯선 대상이다.

여기서 인식론의 문제는 근본적으로 다르게 설정되어야 한다. 이미 살펴본 대로 딜타이는 이 점을 잘 알고는 있었지만 전통적 인식론에 얽매인 상태를 극복하지 못했다. 딜타이가 출발점으로 삼았던 '체험'의 내향성이 역사적 실재와의 연결고리를 찾지 못했던 것은 위대한 역사적 경험이나 사회와 국가 등이 실제로는 모든 '체험'에 늘 잠정적으로 결정적인 영향력을 행사하기 때문이다. (딜타이가 출발점으로 삼았던) 자기성찰과 자서전 자체도 역사를 다시 사유화私有化한 것인 만큼 일차적인 근거자료가 될 수 없고 해석학의 문제를 해결하기 위한 토대가 되기에는 충분치 않다. 사실 역사가 우리에게 귀속되어 있는 것이 아니라 우리가 역사에 귀속되어 있는 것이다. 우리는 우리 자신을 되돌아보면서 스스로를 이해하기 훨씬 이전부터 이미 삶의 터전인 가족과 사회와 국가를 통해 우리 자신을 이해하고 있다. 주관성이라는 렌즈는 대상을 왜곡시켜서 보여주는 거울이다. 개인의 자기의식이라는 것은 역사적 삶이라는 거대한 전기장 안에서 명멸하는 작은 불꽃에 지나지 않는다. 그렇기 때문에 개개인이 갖는 선입견은 개개인의 올바른 판단보다 훨씬 더 강력하게 개인적 존재의 역사적 현실성을 규정한다.

2) 이해의 조건으로서의 선입견

① 권위와 전통의 복권

해석학의 문제는 바로 그러한 사실에서 실마리를 찾을 수 있다. 계몽주의가 '선입견' 개념을 폄하한 배경을 검토했던 것은 그런 이유에서이다. 이성의 절대적 자기구성이라는 이념도 객관적 사태를 이성의 틀로 제한하는 선입견이라는 것은 사실 역사적 실재를 이해하는 데도 똑같이 해당된다. 따라서 선입견 개념을 원칙적으로 복권해야 하고, 인간의 유한한 역사적 존재방식을 올바르게 이해하기 위해서는 정당한 선입견도 있다는 것을 인정할 필요가 있다. 그렇게 함으로써 올바른 역사해석학을 구축하기 위한 핵심적인 문제, 즉 인식론적인 근본문제를 설정할 수 있다. 그것은 선입견의 정당성은 과연 어디에서 근거를 확보할 수 있는가 하는 문제이다. 비판적 이성을 통해 극복해야 할 다른 모든 선입견과 구별되는 정당한 선입견의 기준은 과연 무엇인가?

이 문제에 접근하기 위한 방편으로 앞에서 살펴본 대로 계몽주의가 비판적인 의도로 개진했던 선입견에 관한 논의를 이제 긍정적인 방향으로 전환해보기로 하겠다. 우선 선입견을 권위에 의한 선입견과 경솔함에 의한 선입견으로 구별했던 배경에는 계몽주의의 기본전제가 깔려 있다. 그 기본전제란 방법론의 단련을 받은 이성을 활용하면 그 어떤 오류도 막을 수 있다는 것이다. 그것이 곧 데카르트의 방법론 이념이었다. 그런데 경솔함은 이성의 활동이 오류로 귀착되는 과오의 원천이 된다. 반면 권위라는 것은 이성을 전혀 사용하지 못하게 하는 작용을 한다. 그렇게 보면 선입견을 권위에 의한 선입견과 경솔함에 의한 선입견으로 나누어 보는 관점은 권위와 이성이 서로 배타적인 대립관계에 있음을 전제하는 것이다. 오래된 것, 권위가 있는 것에 잘못 사로잡혀 있는 상태는 무조건 배격해야 마땅한 것이 된다. 그런 취지에서 계몽주의는 "인간적 권위에 대한 선입견, 특히 철학자[아리스토텔레스를 가리킴]의 권위와 로마 교황의 권위에 대한 선입견이 현저히 약화된 것"[203]이 루터의 종교개혁 덕분이라고 본다. 이로써 종교개혁은 전통에 대한 해석에서 이성의 올바른 사용법을 설파하는 해석학의 비약적인 발전에 기여한다. 교황의 권위도 전통의 권위도 온갖 억측에 맞서서 텍스트의 이성적 의미를 옹호할 수 있는 해석학의 과제를 대체하지는 못하는 것이다.

그러한 해석학의 결과가 반드시—스피노자가 그러하듯—근본적인 종교비판일 이유는 없다. 오히려 초자연적인 진리의 가능성은 온전히 열려 있다. 이런 취지에서 독일 계몽주의, 특히 통속철학자들은 다양한 방식으로 이성의 요구를 제한했고 성서와 교회의 권위를 인정했다. 그런 취지에서 예컨대 발흐Walch는 권위와 경솔함에 의한 두 종류의 선입견을 구분하면서도, 그것은 두 개의 극단이므로 양자 사이의 중용을 찾아야 한다고 보았는데, 그 중용이란 이성과 성서의 권위를 조화시키는 것이었다. 그런 맥락에서 발흐는 경솔함에 의한 선입견이 곧 새로운 것을 무조건 선호하는 선입견이라고 보았다. 다시 말해 무조건 새로운 것을 선호하는 선입견은 어떤 진리가 단지 오래된 것이고 권위에 의해 인정된 것이라는 이유만으로 경솔하게 진리를 배척한다는 것이다.[204] 이런 방식으로 그는 영국의 (콜린스Collins 등과 같은) 자유사상가들을 논박하며, 이성의 규범에 맞서서 전통신앙을 옹호한다. 발흐는 경솔함에 의한 선입견의 의미를 보수적인 사고로 재해석한 경우라 할 수 있다.

그렇지만 계몽주의가 이성의 이름으로 일체의 권위를 배척하는 결과를 가져왔다는 것은 의문의 여지가 없다. 그에 따라 경솔함에 의한 선입견도 데카르트가 말했던 의미로, 즉 이성을 사용하는 과정에서 모든 오류의 원천이라는 의미로 이해되었다. 해석학이 일체의 교조적 속박에서 벗어나고 계몽주의가 승리를 거둔 이후 권위에 의한 선입견과 경솔함에 의한 선입견이라는 초기의 구별이 그 의미가 바뀐 채로 다시 등장하는 것도 그런 맥락에 상응한다. 이를테면 슐라이어마허는 잘못된 이해의 원인을 편파성Befangenheit과 경솔함으로 구분한다.[205] 그는 편파성에 의한 선입견은 지속적이고 경솔함에 의한 선입견은 일시적이라고 본다. 그런데 학문적 방법론을 염두에 두는 학자들의 관심사는 편파성에 의한 지속적인 선입견이라고 본다. 권위에 사로잡혀 편파적인 생각을 가진 사람의 선입견 중에는 진리를 내포한 선입견도 있을 수 있다는 가능성을—원래 권위의 개념 자체가 이런 가능성을 내포하는데—슐라이어마허는 아예 생각조차 하지 않는다. 선입견에 관한 전통적인 구분법을 이렇게 변형시킨 슐라이어마허는 계몽주의의 완성을 보여주는 경우라 할 수 있다. 슐라이어마허에게 편파성에 기인하는 선입견은 "자신에게 친근한 이념을 일방적으로 선호하는 것", 즉 이해의 개인적 제약을 뜻할 뿐이다.

그런데 실은 편파성이라는 개념은 중대한 문제를 함축한다. 나의 생각을 규정하는 선입견이 나의 편파성에 연유한다는 생각 자체가 이미 그러한 편파성을 해체시킨 계몽의 관점에서 내려진 판단이며, 그러한 편파성은 부당한 선입견에만 해당된다. 인식을 위해 생산적으로 기여하는 정당한 선입견도 있다면 우리는 다시금 권위의 문제와 맞닥뜨릴 수밖에 없다. 해석학의 방법론에 대한 슐라이어마허의 믿음은 계몽주의의 급진적 귀결을 보여주지만, 그러한 급진적 생각은 타당성을 유지할 수 없게 되는 것이다.

계몽주의가 권위에 대한 믿음과 자기 자신의 이성 사용을 대립시키고자 한 것 자체는 옳다. 권위의 가치가 자신의 판단을 대체해버리는 경우에는 실제로 권위가 선입견의 원천이 된다. 하지만 그렇다고 해서 권위가 진리의 원천이 될 수 있는 가능성 자체가 배제되는 것은 아니다. 계몽주의는 모든 권위를 무조건 폄하함으로써 그러한 가능성을 보지 못했다. 이 점을 확인하기 위해서는 유럽 계몽주의의 가장 위대한 선구자 중 한 사람인 데카르트의 경우를 살펴보면 된다. 데카르트는 방법론의 문제를 너무나 철저하게 사유했음에도 알다시피 이성을 바탕으로 모든 진리를 완전히 새롭게 구축해야 하는 요구에서 도덕의 문제는 제외했다. 데카르트가 '임시방편의 도덕'을 거론했던 것은 그 때문이다. 데카르트가 실제로 확정적 도덕론을 서술하지 않았고 또 엘리자베스 왕후에게 보낸 서한을 놓고 볼 때 도덕에 관한 그의 원론적 논의가 거의 새로운 내용을 담고 있지 않다는 것은 내가 보기에는 의미심장한 징후이다. 새로운 도덕론의 기초를 확립하기 위하여 근대 과학이 충분히 발전할 때까지 마냥 기다릴 수만은 없다는 것은 분명하다. 실제로 모든 권위를 배척한 것은 계몽주의 자체를 통해 굳어진 선입견이다. 그뿐 아니라 모든 권위의 폄하는 권위의 개념 자체를 훼손하는 결과도 초래했다. 계몽주의가 표방하는 이성과 자유의 개념을 근간으로 설정하면 권위의 개념은 이성과 자유의 정반대 개념인 맹목적 복종과 짝이 될 수밖에 없다. 권위라는 말이 근대의 독재체제를 비판하는 용어로 쓰일 때의 의미가 바로 그런 경우이다.

그렇지만 권위의 본질 자체에 그런 의미는 없다. 권위가 애초에는 어떤 사람의 특성을 가리키는 말로 쓰였던 것은 분명하다. 그런데 어떤 사람이 권위를 얻는 궁극적인 이유는 이성을 포기하고 그에게 복종하기 때문이 아니라 그의 권위를 인정하고 인식하기 때문이다. 다시 말해 그 사람의 판단과 통찰이 나보다 월등하게 앞서간다는 것을 깨닫기 때문이다. 또한 권위를 얻고자 한다면 스스로 노력해서 권위를 획득해야지 그냥 부여되는 것이 아니라는 사실도 그런 사정과 관련이 있다. 권위는 타인의 인정에 근거하며, 자신의 한계를 깨닫고 다른 사람이 더 나은 통찰을 할 수 있다는 것을 인정하는 이성의 판단에 근거한다. 이렇게 올바르게 이해된 권위의 의미는 맹목적인 명령이나 복종과는 전혀 무관하다. 권위는 복종과는 직접 관계가 없으며 인식과 관계가 있는 것이다. 물론 권위라는 것은 명령을 내리고 복종을 기대할 소지가 있다. 그렇지만 그것은 어떤 사람이 가진 권위에서 생겨난 결과일 뿐이다. 위계질서에서 상급자가 행사하는 익명적이고 비인격적인 권위도 상급자의 직책에 연유하긴 하지만, 궁극적으로는 그러한 위계질서에서 생겨나는 것이 아니라 오히려 권위가 위계질서를 가능케 한다. 이 경우에도 그러한 권위의 진정한 근거는 자유와 이성의 행위이다. 다시 말해 원칙적으로 상급자가 더 많은 것을 조망하고 더 잘 알기 때문에 상급자의 권위를 인정하는 것이다.[206]

따라서 권위를 인정한다는 것은 어떤 권위가 뜻하는 바가 비이성적이고 자의적인 것이 아니라 원칙적으로 인식의 대상이 될 수 있음을 뜻한다. 예컨대 교육자나 상급자나 전문가가 행사할 수 있는 권위의 본질은 바로 그러한 인식 가능성에 있다. 그들이 심어주는 선입견은 물론 구체적인 사람을 통해 정당성을 얻는다. 그 선입견이 효력을 발휘하려면 선입견을 대변하는 사람에게 마음이 기울어 있어야 한다. 그렇지만 바로 그렇게 됨으로써 선입견은 해당 인물에 관계되는 것이 아니라 해당 인물의 생각에 관계된다. 왜냐하면 그러한 선입견은 가령 이성적 사고에서 나온 훌륭한 논거와 마찬가지 방식으로 작용하기 때문이다. 이런 관점에서 보면 권위의 본질은 계몽주의의 극단적 사고에서 벗어난 선입견에 관한 논의맥락에 포함된다.

이 문제를 해명하기 위해서는 계몽주의에 대한 낭만주의의 비판을 참조할 수 있다. 낭만주의가 특별히 옹호한 권위의 형태가 있기 때문이다. 전통이 바로 그것이다. 전통과 관습을 통해 신성시된 것은 익명의 권위를 얻는다. 그리고 우리 인간의 유한한 역사적 삶을 규정하는 것은 언제나 전통의 권위가—때로는 딱히 납득하기 어려운 이유로—우리의 행동거지를 좌우한다는 사실이다. 모든 교육은 전통의 권위에 기반을 둔다. 교육의 관점에서 보면 성인으로 성숙함과 동시에 '후견'의 기능은 상실되고 자기 자신의 통찰과 결단이 권위의 역할을 대신하긴 한다. 그렇지만 어떤 사람이 인생의 성숙기로 접어든다고 해서 반드시 자기 스스로의 주인이 된다거나 일체의 전통과 관습으로부터 자유롭게 된다는 것을 뜻하지는 않는다. 예컨대 윤리생활의 측면에서는 대체로 전통과 관습으로 전해내려오는 것이 여전히 효력을 갖는다. 윤리덕목은 자유롭게 수용되긴 하지만, 그렇다고 해서 수용자의 자유로운 통찰에 의해 새로운 의미가 생겨나거나 그 타당성의 새로운 근거를 임의로 만들어낼 수는 없다. 사실 우리가 전통이라 일컫는 것은 굳이 그 근거를 따지지 않고서도 효력을 지닌다. 낭만주의는 이성적 근거 외에 전통 역시 정당성을 갖고 있어서 우리의 생활방식과 태도에 지대한 영향을 준다는 점을 밝혔다. 그것은 계몽주의의 편견을 바로잡은 낭만주의의 공로이다. 고대의 윤리학이 근대의 도덕철학보다 우위에 있는 것은 전통의 불가결한 역할을 통찰함으로써 윤리학이 올바른 법치의 기술, 즉 '정치학'으로 이행할 수 있게 해주었다는 데서 단적으로 확인된다.[207] 그에 비하면 근대의 계몽주의는 추상적이고 혁명적이다.

그런데 전통이라는 개념 역시 권위의 개념에 못지않게 그 뜻이 모호해졌다. 그것은 낭만주의가 계몽주의의 원칙에 대한 추상적 대립의 관점에서 전통을 옹호하기 때문이다. 낭만주의는 전통을 이성적 자유에 대립되는 것으로 생각하고, 전통을 자연과 같은 차원의 역사적 소여라고 본다. 그러한 전통을 혁명적으로 타파하든 아니면 보존하든 간에 전통은 이성의 자유로운 자결自決 원칙에 대립되는 추상적 대립물로 사고된다. 전통의 효력은 이성적 근거를 필요로 하지 않고 의문의 여지 없이 우리의 삶과 생각을 규정하는 것이기 때문이다. 물론 계몽주의에 대한 낭만주의의 비판은 전통이 회의와 비판에 의해 굴절되지 않은 채 그대로 보존되어 자명하게 지배력을 행사하는 그런 사례를 보여주는 것은 아니다. 오히려 낭만주의는 전통의 진리에 다시금 관심을 기울이고 전통을 쇄신하려는 비판적 성찰을 보여주며, 그런 점에서 전통주의라 일컬을 수 있다.

그렇지만 내가 보기에 전통과 이성은 그렇게 무조건적 대립관계에 있지는 않다. 전통의 의식적 복원이나 새로운 전통의 의식적 창출은 문제가 많아 보이지만, 어떻든 이성의 목소리를 잠재울 '전통의 유기적 성장'을 추구하려는 낭만주의의 신념 자체도 선입견으로 가득 차 있고 그 핵심은 계몽주의적이다. 실제로 전통 속에는 항상 자유와 역사의 계기가 존재한다. 아무리 내실이 있는 진정한 전통이라 할지라도 과거에 존재했던 그대로 자연스럽게 보존되는 것이 아니라 후대 사람들이 긍정하고 가꾸고 돌볼 때에만 비로소 전승될 수 있는 것이다. 전통은 그 본질상 의식적으로 보존되는 것이며, 그것은 모든 역사발전의 과정에서 작동하는 보존의 원리와 같다. 보존한다는 것은 이성에 의한 행위이다. 그것은 물론 겉으로는 눈에 잘 띄지 않는 그런 이성적 행위이다. 혁신과 계획적인 행동만이 이성에 의한 행위인 것처럼 보이는 것도 실은 그런 사정에 연유한다. 하지만 겉보기에만 그럴 뿐이다. 삶이 폭풍 같은 격변에 휩싸이는 혁명적인 시대에조차 세상만물이 뒤바뀌는 것처럼 보여도 사실은 옛것이 우리가 생각하는 것보다 더 많이 보존되며, 새로운 것과 결합하여 새로운 효력을 발휘한다. 물론 보존하는 행위가 전복하고 혁신하는 행위만큼 단호한 자유에서 비롯되는 것은 아니다. 그렇게 보면 전통에 대한 계몽주의의 비판이나 낭만주의에 의한 전통의 복권은 계몽주의나 낭만주의가 실제로 처해 있던 역사현실에 비해 뒤처진 사고의 소산이라 하겠다. 이런 사항들을 고려하다 보면 결국 정신과학적 해석학에서 전통이라는 요소는 원칙적으로 복권되어야 하지 않겠는가 하는 의문이 든다. 정신과학적 탐구는 역사적 존재인 우리가 과거를 대하는 태도와 상반되게 사유할 수는 없다. 어떻든 우리가 역사적 과거를 대할 때는—사실 우리는 언제나 과거에 대하여 일정한 태도를 취하는데—전통에서 벗어나 전통에 대하여 거리를 두려는 것이 본래의 관심사는 아니다. 오히려 우리는 항상 전통 속에 있다. 그리고 전통 속에 있다는 것은 전통이 말해주는 바를 낯선 타자로 여기는 대상적 관계가 아니라 엄연히 나 자신의 전통이요, 나에게 모범이 될 수도 있고 경악을 불러일으킬 수도 있는 어떤 것이며, 우리가 뒤늦게 역사적 사후평가를 하는 처지에서 보면 전통을 제대로 인식하기는커녕 그저 최대한 편견 없이 받아들일 수밖에 없다는 것을 깨닫는 과정에서 우리 자신을 재인식하는 것이라 할 수 있다.

따라서 우리는 인식론적 방법론 지상주의의 지배적 경향에 맞서서 다음과 같이 물어야 한다. 역사의식의 발전과 더불어 우리의 과학적 태도는 정말로 과거에 대한 그런 자연스러운 태도와 완전히 결별했는가? 자신의 역사성 전체를 벗어나야 마땅한 선입견 탓으로만 돌린다면 과연 정신과학에서 이해의 문제가 제자리를 찾아가는 것일까? 아니면 겉보기와는 달리 '선입견 없는 과학'이 오히려 전통과 과거의 역사를 있는 그대로 소박하게 받아들이고 성찰하는 태도를 오히려 더 강하게 고수하는 것은 아닐까?

어떻든 정신과학에서 이해의 문제는 전통을 보존하는 관점과 근본적인 전제를 공유하는데, 그것은 곧 전통이 우리에게 말을 걸어온다는 것이다. 전통의 내용과 마찬가지로 정신과학의 탐구대상 역시 그것이 우리에게 말을 걸어올 때만 비로소 그 의미를 생생히 경험할 수 있다. 그러한 의미는 탐구대상의 특성에 따라 다양한 방식으로 매개될 수 있으며, 현재와는 직접 관련이 없어 보이는 역사적 관심의 결과로 생겨날 수도 있다. 그리고 제아무리 '객관적인' 역사탐구를 추구한다 하더라도 탐구대상의 의미를 새롭게 규정하는 데서 역사탐구의 과제는 완수된다. 그런데 탐구대상의 의미는 탐구의 결과로 얻어질 뿐 아니라 탐구의 시작단계에서도 형성된다. 다시 말해 탐구주제를 선택하고, 탐구의 관심을 불러일으키고, 새로운 문제의식을 제시하는 과정에서 이미 의미가 형성되는 것이다.

따라서 모든 역사해석학의 시작단계에서부터 전통과 역사탐구, 역사와 역사인식 사이의 추상적 대립은 해소된다. 존속하는 전통의 영향력과 역사탐구 결과의 영향력이 어우러져서 종합적인 영향력을 행사하며, 그러한 종합을 분석해보면 항상 양자의 긴밀한 상호작용을 확인할 수 있다.[208] 따라서 역사의식을 근본적으로 새로운 것이라고 생각하지 말고—그렇게 생각하기 쉽지만—과거 역사를 대하는 태도에 새로운 계기가 마련된 정도로 생각하는 편이 좋겠다. 바꾸어 말하면 역사탐구에서 전통의 계기를 인식하고 그러한 전통의 계기가 해석학의 맥락에서 어떤 생산적 의미를 지니는지 탐구하는 것이 중요하다. 학문의 역사에 눈을 돌려서 정신과학 분야의 학문사와 자연과학 분야의 학문사에 어떤 차이가 있는가를 주목해보면, 정신과학에서는 아무리 엄밀한 방법론을 동원하더라도 전통의 요소가 영향력을 발휘하고 바로 그 점이 정신과학의 본질이자 영예이기도 하다는 것을 분명히 알 수 있다. 유한한 존재인 인간이 아무리 자신의 역사를 탐구하려고 애써도 자신의 유한성의 흔적을 완전히 지울 수 없다는 것은 너무나 당연하다. 수학과 자연과학의 역사조차도 그 나름으로 인간정신의 역사인 만큼 인간정신의 운명을 드러낸다. 만약 자연과학자가 자신이 종사하는 학문의 역사를 현재까지 도달한 지식의 관점에서 서술한다면 그러한 역사서술을 역사의 단순화라고 할 수는 없을 것이다. 그런 관점에서 보면 오류와 일탈은 역사적 관심의 대상일 뿐이다. 학문의 발전은 그러한 역사적 탐구의 자명한 척도이기 때문이다. 따라서 자연과학이나 수학이 그때그때 이룩한 발전들을 해당 학문의 역사적 순간으로 자리매김하는 것은 부차적인 문제일 뿐이다. 새로운 자연과학적 인식이나 수학적 인식의 가치 자체는 그러한 역사적 관심과는 무관하게 독자적 가치를 지니는 것이다.

그렇게 보면 자연과학에서도 전통의 요소가 영향력을 행사할 수 있다는 것을—예컨대 특정한 지역에서는 특정한 연구경향이 더 우세하다거나 하는 형태로—굳이 부인할 이유는 없다. 그렇긴 하지만 과학적 탐구 자체는 그러한 주위환경에서 탐구의 법칙을 끌어오는 것이 아니라 방법론적 성찰을 통해 찾아낸 객관적 법칙에서 탐구의 법칙을 가져오는 것이다.[209]

이러한 자연과학적 탐구 및 발전의 개념으로는 정신과학을 충분히 설명할 수 없다는 것은 분명하다. 정신과학 분야에서도 예컨대 해독하기 힘든 비문碑文을 해독한 문제해결의 역사를 서술할 수 있고, 그런 경우 최종적으로 도달한 결과에만 관심이 쏠리는 것은 당연하다. 그렇지 않다면 지난 19세기에 그러했듯 정신과학이 자연과학의 방법에 의지하는 것은 아마 불가능했을 것이다. 그렇긴 하지만 자연탐구와 정신과학의 탐구를 서로 유추하여 공통점을 찾는 것은 정신과학의 낮은 단계에서 이루어지는 연구에만 해당될 뿐이다.

그것은 정신과학의 위대한 업적들이 아무리 세월이 흘러도 거의 퇴색하지 않는다는 사실에서 금방 드러난다. 물론 수백 년 전의 역사가는 지식수준이 미미했고 그래서 여러 측면에서 잘못된 판단을 내렸다 하더라도 오늘날의 독자는 대수롭지 않게 용인할 수 있다. 그렇지만 전체적으로 따져보면 오늘날의 독자라 하더라도 현존하는 역사학자가 서술한 최근의 역사저술보다는 오히려 드로이젠이나 몸젠을 더 선호할 것이다. 여기서 이러한 선택을 좌우하는 기준은 과연 무엇일까? 이 경우 연구의 가치와 비중을 가늠할 수 있는 단일한 객관적 기준을 제시하기란 결코 쉽지 않다. 오히려 어떤 문제를 우리에게 제대로 설명해줄 수 있는 역사가의 관점에서 볼 때 비로소 그 문제가 정말 중요하다고 여겨질 것이다. 우리가 문제 자체에 관심을 갖는 것은 분명하지만, 그 문제가 지속적인 관심을 끌 수 있는가 여부는 과연 어떤 방식으로 전달되는가 여하에 달려 있는 것이다. 어떤 문제가 다양한 시대나 지역을 배경으로 다양한 방식으로 역사적으로 서술될 수 있다는 것을 우리는 인정한다. 그리고 역사연구가 지속적으로 발전한다고 해서 그처럼 다양한 서술방식들이 폐기되는 것이 아니라 역사서술의 상호배타적인 제약조건으로 계속 병존하며, 그 각각의 서술방식은 고유한 독자성을 갖고 있어서 그것들을 통합하는 것은 오로지 역사가의 몫이다. 우리의 역사의식을 채워주는 것은 과거역사를 메아리로 들려주는 다양한 목소리들이다. 과거역사는 그러한 목소리들의 다양성 속에서만 존재한다. 이것이 우리가 참여하고자 하는 전통의 본질을 규정한다. 근대의 역사탐구는 학문적 탐구일 뿐 아니라 전통의 매개자 역할을 수행한다. 우리는 전통을 학문발전과 탐구결과의 법칙을 통해서 볼 뿐 아니라, 전통과 대면하는 가운데 역사적 경험을 하기도 한다. 전통 속에서는 시시각각으로 역사적 과거의 이야기를 들려주는 새로운 목소리가 들려오기 때문이다.

이것이 가능한 이유는 무엇 때문일까? 갈수록 더 깊이 자연 속으로 파고들어가는 자연과학에서와 동일한 의미로 정신과학에서도 확고한 탐구목표가 있다고 말하긴 어려울 것이다. 정신과학에서는 오히려 전통에 관심을 기울이는 탐구자세가 수시로 바뀌는 현재의 조건과 관심 여하에 따라 독특한 방식으로 동기를 부여받는다. 과연 어떤 동기에서 탐구하는가 여부가 탐구의 주제와 대상까지도 구성하는 것이다.[210] 역사탐구를 지탱해주는 것은 삶의 터전인 역사의 운동 자체이며, 역사탐구는 탐구대상의 관점에서 목적론적으로 이해될 수는 없다. 그러한 '탐구대상' 자체는 존재하지도 않는다. 바로 그런 점에서 정신과학은 자연과학과 구별된다. 자연과학의 대상은 자연인식의 완성단계에서 도달할 수 있는 어떤 것이라고 이상적으로 규정할 수 있지만, 역사인식의 완성을 거론하는 것은 아무런 의미가 없다. 그렇기 때문에 역사탐구가 지향하는 '대상 자체'는 궁극적으로 뭐라고 확정할 수 없다.[211]

② '고전적인 것'의 예[212]

정신과학은 그와 같이 전반적으로 자연과학의 본보기를 탈피하여 탐구대상의 역사적 가변성을 단지 학문적 객관성의 위축으로 받아들이지 않고 오히려 긍정적으로 인정하는 경향이 있다. 그렇지만 정신과학이 스스로의 정체성을 단지 그렇게만 이해한다고 생각하면 확실히 부당한 억측일 것이다. 정신과학 자체의 최근 발전양상을 살펴보면 문제상황에 올바르게 대처할 수 있는 사유의 단초를 찾아볼 수 있다. 이제 정신과학 분야에서 역사학의 소박한 방법론은 더이상 독점적 우위에 있지 않다. 이제는 새로운 영역으로 연구범위를 확장하거나 새로운 자료를 발굴하는 것을 학문의 발전으로 보는 시각은 정신과학의 모든 분야에서 통용되지는 않는다. 그보다는 오히려 문제의식이 과연 얼마나 높은 성찰의 수준에 도달했는가 하는 것이 학문발전의 기준이 된다. 그리고 설령 높은 수준의 성찰에 도달했다 하더라도 당연히 연구자는 학문의 발전이라는 목적에 부합하는가를 고려한다. 하지만 이와 동시에 자신의 탐구과정을 철저히 성찰하는 해석학적 의식이 생겨난다. 이것은 무엇보다도 아주 오래된 전통을 탐구대상으로 삼는 정신과학 분야에 해당된다. 예컨대 고대 그리스·로마를 연구대상으로 하는 고고학은 엄청나게 방대한 유적을 점진적으로 발굴해낸 다음에는 고대의 탁월한 문화유적들을 정교한 문제의식으로 거듭 탐구해왔다. 이로써 고고학은 탁월한 문화유적이라고 할 때의 탁월함의 기준이 도대체 무엇인가 하는 문제를 숙고하는 가운데 일종의 자기비판을 수행했다. 드로이젠이 헬레니즘을 재발견한 이래 역사학계에서 단지 양식 개념으로 축소된 '고전적인 것'의 개념은 이제 새로운 학문적 정당성을 확보하게 된다.

'고전적인 것'이라는 규범적 개념이 과연 어떻게 학문적 정당성을 확보하는가 하는 문제는 당연히 엄밀한 해석학적 성찰을 요한다. 왜냐하면 일관된 역사주의의 관점에서 보면 과거의 모든 규범적 의미는 결국 절대적 주권을 지닌 역사적 이성에 의해 해체되기 때문이다. 규범적 요소가 역사탐구의 실질적 추진력이 되었던 것은 단지 역사주의의 초기에만 가능했고, 빙켈만Winckelmann의 기념비적 저작*이 그런 경우에 속한다.

독일의 의고전주의擬古典主義 Klassizismus 시대† 이래 특히 교육학적 사고를 지배해온 고전적 고대 및 고전적인 것의 개념은 규범적 측면과 역사적 측면을 동시에 내포한다. 인류 역사에서 특정한 발전시기는 인간의 잠재능력이 온전히 무르익어서 활짝 꽃핀 시기로 간주된다. 고전적인 것의 개념에 내재하는 규범적 의미와 역사적 의미가 이렇게 통합되는 것은 이미 헤르더에게서 찾아볼 수 있

---

* 빙켈만의 『고대 미술사 *Geschichte der Kunst des Alterthums*』(1764)를 가리킨다.
† 괴테와 실러가 긴밀한 공동작업을 수행했던 1780~1800년 무렵을 가리킨다. 괴테와 실러의 활동무대였던 바이마르의 지명을 본떠서 문학사에서는 흔히 '바이마르 고전주의'라 일컫기도 한다.

다. 헤겔 역시 그러한 통합적 의미를 고수하는 한편 또다른 역사철학적 의미를 부여한다. 헤겔은 고대 그리스·로마의 고전예술을 '예술종교Kunstreligion'*로 이해함으로써 특권적 영예를 부여한다. 그렇지만 그러한 정신의 산물은 이미 과거의 것으로 흘러가버렸기 때문에 단지 제한된 의미에서만 후대의 귀감이 된다. 고대 그리스·로마의 고전예술은 이미 지나간 과거의 예술이라는 점에서 예술 일반의 과거귀속성을 입증한다. 이로써 헤겔은 고전적인 것의 개념을 역사화하는 것을 체계적으로 정당화했고, 그리하여 마침내 고전적인 것을—의고적 경직성과 바로크적 해체 사이에서 절도와 풍만함의 일시적 조화를 이루는—기술적記述的 양식Stil 개념으로 축소시키는 결과를 초래했다. 고전적인 것의 개념이 문화사 연구의 양식사 용어로 채택된 이후부터는 본래의 규범적 의미를 선뜻 인정받기는 어렵게 되었다.[213]

그러다가 제1차 세계대전 이후 '고전문헌학klassische Philologie'이 신新인문주의의 기치하에 자기성찰을 하면서 매우 신중하게 이 개념의 규범적 의미요소와 역사적 의미요소의 결합을 다시금 인정했는데,[214] 이것은 다시 역사적 정신과학의 자기비판이 시작되는 징후라 할 수 있다. 그렇지만 고대 그리스·로마의 특정한 작가들을 정전正典으로 만드는 과정에서 평가기준으로 작용했던 고전적인 것의 개념을 그 내용상 단일한 양식이상을 표현하는 것으로 해석하는 것은—물론 그렇게 해석하려는 시도가 있긴 했지만—이제 불가능하게 되었다.[215] 이제 고대의 개념은 양식을 지칭하는 용어로서는 명확한 의미를 상실하게 되었다. 오늘날 고대 그리스·로마 이전 시대 및 이후 시대와는 명확히 구별되는 역사적 양식 개념의 뜻으로 '고전적'이라는 말을 쓸 때 이러한 일관된 역사적 개념은 고대를 규범화하는 개념과는 완전히 별개의 것이다. 오늘날 고전적이라는 개

---

*종교에 버금가는 지위와 권능을 부여함으로써 예술을 이상화하는 예술관.

념은 문화사의 특정한 시기와 국면에 해당될 뿐이지 초역사적 가치를 가리키지는 않는다.

그렇지만 고전적인 것의 개념에서 규범적 요소가 완전히 사라지지 않은 것도 사실이다. 고전적인 것의 개념은 오늘날까지도 중고등학교 인문교육 이념의 바탕이다. 고대문학 연구자의 입장에서는 조형예술사에서 발전해온 역사적 양식 개념을 문학 텍스트에 적용하는 것에는 분명히 만족하지 않을 것이다. 비근한 예로 호메로스가 '고전적' 작가라고 할 때는 예술사에서 통용되는 역사적 양식 개념의 의미로 '고전적'이라고 유추하긴 어려운 것이다. 이것은 역사의식이 언제나 스스로 생각하는 것 이상의 다른 어떤 의미를 함축한다는 것을 보여주는 하나의 사례라 하겠다.

그러한 함축적 의미를 염두에 둘 때 고전적인 것은 시대 개념이나 역사적 양식 개념 이상의 어떤 것이면서 그렇다고 초역사적 가치를 가리키지는 않는다는 바로 그 점에서 진정으로 역사적 범주라 할 수 있겠다. 고전적인 것은 특정한 역사적 현상으로 귀속되는 어떤 특성을 가리키는 것이 아니라, 역사적 보존의 장점을—부단히 새로운 검증을 거치면서—참된 것이 되게 해주는 그런 역사성의 탁월한 구현방식이다. 역사주의적 사고방식에서 생각하는 것과 달리 고전적인 것이라 일컬어지는 가치판단은 일체의 목적론적 발전사관을 비판하는 역사적 성찰에 의해 해체될 성질의 것이 아니다. 고전적인 것의 개념이 함축하는 가치판단은 오히려 그러한 비판을 통해 고유한 정당성을 얻는다. 역사적 비판을 견뎌내는 것이야말로 고전적인 것이다. 고전적인 것이 역사를 견뎌내면서 전승되고 보존되는 가치의 구속력은 일체의 역사적 성찰보다 앞서고 역사적 성찰을 거치면서 스스로의 가치를 입증하기 때문이다.

'고전적 고대'라는 총괄개념의 단적인 사례를 놓고 이 문제를 설명하자면, 헬레니즘을 고전주의의 몰락과 쇠퇴의 시대로 평가절하할 경우 그것은 확실히 비역사적 발상이다. 그런 점에서 드로이젠이 헬레니즘의 세계사적 연속성을 강조하고 또 헬레니즘이 기독교의 탄생과 전파에 중요한 기여를 했다고 강조한 것은 옳다. 하지만 그렇지 않아도 고전적인 것을 무조건 옹호하는 편견이 상존해왔고, '인문주의'의 교양이념이 '고전적 고대'를 절대적 가치기준으로 고수하여 고대의 문화유산을 서구문화에서 불변의 가치로 계승해온 터에 굳이 드로이젠이 헬레니즘을 절대적으로 신봉할 필요까지는 없었을 것이다. 고전적인 것은 어떤 역사적 현상을 객관화하는 역사의식의 도구로 활용되는 기술적 개념과는 다르다. 고전적인 것은 역사의식까지도 자신의 요소로 포괄하는 역사현실을 가리키는 개념이다. 고전적인 것은 다양한 시대를 거치면서 시대마다 다른 취향에도 불구하고 특출하게 차별화된 어떤 것이다. 고전적인 것은 직접적인 방식으로 경험될 수 있다. 그렇다고 해서 오늘날의 예술작품이 이따금 보여주는 것처럼 마치 전기가 통하듯 일체의 의식적인 기대지평을 초월하는 예감의 순간적인 충족으로 경험되는 것은 아니다. 오히려 우리가 '고전적'이라 일컫는 것은 시대상황의 온갖 변화에도 불구하고 상실되지 않고 지속적으로 보존되는 가치로서 경험되거니와, 어느 시대에나 그 시대와 더불어 공존하는 것처럼 느껴지는 무시간적 현재성의 양상을 띠는 것이다.

따라서 '고전적인 것'의 개념에서 일차적인 것은 규범적 의미이다.(그리고 그런 규범적 의미가 '고전적인 것'에 관한 고대의 어법과 근대의 어법에 두루 상응한다.) 그런데 이 규범이 과거 어느 시대의 유일무이한 위대한 문화와 연관될 때는 항상 그 규범에 역사성을 부여하는 시간적 요소가 가미된다. 따라서—이미 언급한 대로 독일에서는 빙켈만의 의고전주의가 결정적인 역할을 한—역사주의적 사고의 태동과 더불어 특정한 시대 및 시기와 결부된 역사적 개념이 그러한 규범적 의미의 고전적 가치와 분리되기 시작한 것은 너무나 당연하다. 그리하여 고전적인 것은 특정한 역사적 내용을 갖는 양식의 이상을 가리키는 동시에 그러한 이상을 충족시켜주는 특정한 시대나 시기를 가리키는 역사적·기술적 용어가 되었다. 고전적인 것을 판별하는 하나의 기준으로 아류들에 대하여 선을 긋는 데서 알 수 있듯이, 그러한 양식이상의 실현은 이미 역사적 과거가 된 세계사적 순간으로 간주된다. 근대의 사고에서 인문주의가 고대 그리스·로마의 모범적 가치를 재천명하면서 고전적인 것의 개념이 '고전적 고대' 전체를 총칭하는 의미로 사용되기 시작한 것도 그에 상응한다. 인문주의가 고전적인 것의 고대적 의미를 되살린 데는 그럴만한 이유가 있다. 인문주의가 '발견'한 고대 그리스·로마의 작가들은 고대 후기 당시에 이미 고전의 정전으로 자리잡았던 것이다.

그러한 고전들이 서구 문화사에서 계승되고 보존될 수 있었던 것은 무엇보다 그러한 고전들이 '학교교육'의 정전으로 자리잡은 데 힘입은 바 크다. 과연 어떻게 역사적 양식 개념이 그러한 규범적 어법을 차용했는지도 쉽게 파악할 수 있다. 이 개념을 규정하는 것은 규범적 관념이긴 하지만, 그와 동시에 이 개념에는 과거지향적 특성도 들어 있기 때문이다. 다시 말해 고대 그리스·로마의 고전적 규범의 탁월함에 비하면 후대의 문화는 쇠락했고 원류에서 멀어져 있다는 의식의 표현인 것이다. 그렇게 보면 고전적인 것과 고전적 양식의 개념이 고대 그리스·로마의 후기에 출현하는 것은 우연이 아니다. 이런 맥락에서 칼리마코스Kallimachos와 타키투스Tacitus의 『웅변가에 관한 대화Dialogus de oratoribus』는 결정적 기여를 했다.[216] 익히 알다시피 고전적이라 평가받는 작가들은 어느 시대를 막론하고 특정한 문학장르의 대표자들이다. 그들은 특정한 문학장르의 규범을 완벽하게 충족시킨 것으로 평가되며, 문학비평계의 사후평가에서 확고한 이상으로 자리잡는다. 그런데 이러한 장르규범을 역사적으로 생각해보면—다시 말해 해당 장르의 역사를 생각해보면—고전적인 것이란 해당 장르의 역사에서 이전 시대나 이후 시대를 통틀어서 최고정점에 도달한 시기의 양식 개념이 된다는 것을 알 수 있다. 그리고 장르의 역사에서 그러한 최고정점이 대개는 특정한 시대에 귀속된다는 점을 감안하면 고전적인 것이란 고전기 고대 그리스·로마 문화의 전반적인 역사적 발전과정 중에서도 바로 그러한 절정기를 가리키며, 따라서 양식 개념과 융합된 시대 개념이 된다.

고전적인 것의 개념은 그러한 역사적 양식 개념으로 이해하면 그 자체 내의 고유한 목표를 추구하고 통일성을 갖춘 모든 '사조'로 폭넓게 확대 적용될 수 있다. 그리고 실제로 모든 문화에는 해당 문화가 많은 분야에서 탁월한 업적을 이룩한 전성기가 존재한다. 따라서 보편적 가치를 가리키는 고전적인 것의 개념은 특정한 역사적 절정기라는 우회로를 거쳐서 다시금 보편적인 역사적 양식 개념이 된다.

고전적인 것의 역사적 발전을 이렇게 이해할 수 있다 하더라도 이 개념의 역사화는 동시에 이 개념의 역사적 뿌리를 제거하는 결과를 초래한다. 그래서 다시 역사주의에 대한 자기비판이 시작되어 고전적인 것의 개념에서 규범적 요소와 전성기의 역사적 유일무이함을 다시금 존중하기 시작한 것은 우연이 아니다. 어떤 형태의 '신인문주의'든 간에 가장 오래된 원래의 인문주의와 마찬가지로 그들이 귀감으로 삼는 고전적 이상의 직접적 계승자라는 의무적 귀속감을 느낀다. 그러한 이상은 이미 과거가 되었기에 도달할 수는 없지만 그럼에도 지금 현재에 생생하게 살아 있는 것처럼 느껴지는 것이다. 그리하여 덧없이 소멸하는 시간을 견디고 불멸의 가치를 보존하는 역사적 존재의 보편성은 '고전적인 것' 속에서 정점에 도달한다. 과거의 역사 중에서 과거로 묻혀버리지 않고 보존되는 것만이 역사적 인식을 가능하게 한다는 것이 곧 전통의 보편적 본질이다. 그렇긴 하지만 고전적인 것이란 헤겔이 말하듯 "스스로의 의미를 드러내고 그럼으로써 스스로를 해석하는 것"[217]이다. 헤겔의 이 말이 궁극적으로 의미하는 것은, 고전적인 것은 스스로의 의미를 드러내고 스스로를 해석하기 때문에 스스로를 보존한다는 것이다. 다시 말해 고전적인 것은 별도의 해석이 필요한 다른 어떤 대상에 대한 단순한 증거물이나 이미 소멸해버린 다른 대상에 대한 진술이 아니라, 후대의 모든 시대를 향해 생생한 현재형으로 직접 뭔가를 말하는 그런 것이다. '고전적'이라 일컬어지는 것은 후대의 입장에서 굳이 역사적 거리를 극복할 필요조차 없다. 과거와 현재의 부단한 상호매개 작용을 통해 고전적인 것 자체가 그러한 극복을 수행하기 때문이다. 따라서 고전적인 것은 확실히 '무시간적'이지만, 그러한 무시간성이야말로 역사적 존재의 존재방식인 것이다.

그렇긴 하지만 당연히 고전적 가치를 인정받는 작품들은 그런 작품들과 현재시점 사이의 역사적 간격을 의식하는 각성한 역사의식의 소유자에게 역사적 인식의 과제를 부여하게 마련이다. 각성한 역사의식의 관점에서 보면 설령 고전적 모범이라 하더라도 예컨대 팔라디오Palladio나 코르네유Corneille처럼 무조건 고전적 가치를 인정하기보다는 그 작품이 탄생한 시대를 배경으로 이해되어야 할 역사적 현상으로 평가할 것이다. 하지만 그러한 역사적 이해는 단지 작품이 탄생했던 과거 '세계'의 역사적 복원에만 그치지 않고 그 이상의 의미를 추구한다. 역사적 이해는 항상 탐구자 자신도 바로 그 과거의 세계에 함께 속해 있다는 의식을 내포한다. 그것은 과거의 작품 역시 우리가 사는 시대에 함께 속해 있다는 사태에 상응한다.

'고전적'이라 함은 다름 아니라 어떤 작품이 지닌 직접적 호소력의 지속적 생명력이 원칙적으로 무제한적이라는 것을 뜻한다.[218] 비록 고전적인 것의 개념이 되돌아갈 수 없는 역사적 시차를 말해주고 또 교양의 의식적 형태의 일부라 하더라도 '고전문화'는 고전으로서의 지속적 가치를 갖는다. 교양의 의식적 형태 자체도 궁극적으로는 고전작품을 탄생시킨 세계에 귀속되는 공통의 속성을 내포하는 것이다.

고전적인 것의 개념에 대한 이러한 논의는 자명한 의미를 전달하려는 것이 아니라 어떤 보편적인 문제를 환기시키기 위해서이다. 그 문제란 고전적인 것의 개념을 규정하는 과거와 현재의 역사적 매개가 과연 궁극적으로 모든 역사탐구의 실질적인 기초로 작용하는가 하는 의문이다. 낭만주의 해석학은 인간본성의 동질성을 근거로 내세워서 이해의 이론을 위한 비역사적 실체를 상정하여 과거의 역사를 자기 자신과 동질적인 세계로 이해하는 연구자를 일체의 역사적 조건으로부터 분리시켰다. 반면 역사주의의 자기비판은 결국 역사적 사건뿐 아니라 그 사건을 이해하는 과정 역시 역사적 가변성의 제약을 받는다는 인식에 도달했다. 이해라는 것은 주관성의 활동이라기보다는 과거와 현재가 부단히 상호매개 작용을 하는 전통의 전승이라는 사건 속에 참여하는 것을 뜻한다. 바로 이런 생각이 해석학 이론에서 타당성을 인정받기에 이르는데, 이러한 사고는 탐구의 과정과 방법을 특별히 중시한다.

3) 시대적 간격의 해석학적 의미[219]

우선 해석학적 탐구가 도대체 어떻게 시작되는지 생각해보기로 하자. 어떤 역사적 전통에 속해 있다는 해석학적 조건이 그 전통을 이해하는 데 어떤 영향을 주는가? 여기서 우리는 부분을 근거로 전체를 이해하고 전체를 근거로 부분을 이해해야 한다는 해석학의 규칙을 상기할 필요가 있다. 그러한 해석학적 규칙은 고대 수사학에서 유래하며, 근대 해석학은 원래 말하기의 기술이었던 것을 해석의 기술로 차용했다. 고대 수사학이나 근대 해석학에서 공통된 것은 순환적 관계이다. 말이나 글의 전체적 의미에 대한 기대치가 명확한 이해로 바뀌는 것은 전체의 맥락에서 의미가 규정되는 부분들이 역으로 전체의 의미를 규정하기 때문에 가능하다.

우리는 고대어를 배울 때 이를 알게 된다. 고대어를 배울 때는 문장 전체의 의미를 파악하려고 하기 전에 우선 문장을 '구성'해야만 한다. 그런데 문장을 구성하는 과정 자체는 다시 선행하는 문장들의 문맥에서 생겨나는 의미기대치의 영향을 받는다. 그러한 의미기대치가 다시 글 전체의 문맥에 맞게 수정되어야 하는 것은 물론이다. 그리고 이것은 의미기대치의 조율과정을 거치면서 결국 텍스트가 또다른 의미기대치 아래 통일된 생각을 표현하기에 이른다는 것을 뜻한다. 이런 식으로 이해의 과정은 언제나 전체에서 부분으로, 부분에서 전체로 진행된다. 그렇다면 해석학의 과제는 그러한 순환과정에 집중하여 이해된 의미의 통일성을 증대시키는 것이다. 모든 부분들이 전체와의 관계 속에서 조율되도록 하는 것이 올바른 이해를 위해 수시로 판단해야 할 기준이 되는 것이다. 그러한 조율을 해내지 못하면 곧 이해는 실패한다는 것을 뜻한다.

슐라이어마허는 부분과 전체의 해석학적 순환을 객관적 측면과 주관적 측면으로 구분했다. 하나하나의 낱말이 문장 전체의 맥락에 속하듯이 개별 텍스트는 저자의 작품 전체의 맥락에 속하며, 나아가서 작가의 작품은 해당 문학장르 내지 문학 전체의 맥락에 속해 있다. 다른 한편 창조적 순간의 표현인 텍스트는 작가의 정신생활 전체에 속해 있다. 어떤 텍스트든 그러한 객관적 측면과 주관적 측면이 종합될 때 비로소 온전한 이해가 가능하다. 나중에 딜타이는 슐라이어마허의 이러한 이론을 계승하여 전체의 이해를 가능케 하는 '구조' 내지는 '구심점'이라는 개념을 상정한다. 이미 앞에서 언급했듯이[220] 이로써 딜타이는 예로부터 모든 텍스트 해석의 원칙이었던 것을 역사세계에 적용한 셈이다. 그 원칙이란 텍스트를 그 자체에 근거하여 이해해야 한다는 것이다.

그렇지만 이해의 순환적 구조가 과연 적절히 이해되는가 여부도 따져볼 필요가 있다. 이와 관련하여 슐라이어마허의 해석학에 대한 이 책의 분석을 다시 참조할 수 있다. 슐라이어마허가 주관적 해석이라고 설명한 부분은 완전히 논외로 제쳐두어도 무방할 것이다.

어떤 텍스트를 이해하려고 할 때 우리는 저자의 정신세계 속으로 몰입하는 것이 아니다. 굳이 몰입이라는 표현을 쓰자면 우리는 타자가 자기 생각을 표현하는 관점 속으로 몰입한다. 바꾸어 말하면 그것은 우리가 다른 사람이 말하는 내용의 객관적 타당성을 인정하고자 노력한다는 것을 뜻한다. 그래서 이해하려고 노력하는 경우에는 심지어 저자가 말하려는 논지를 더욱 강화시켜줄 생각도 하게 된다. 텍스트의 이해뿐 아니라 대화를 할 때도 그런 일이 벌어진다. 하물며 텍스트를 이해하는 과정에서는 더더욱 그러하다. 텍스트를 이해할 때 우리는 굳이 저자의 주관성을 되새겨보지 않더라도 그 자체로 이해 가능한 의미의 차원에서 움직인다. 해석학이 밝혀내야 할 이해의 경이는 서로 다른 영혼들 사이의 신비로운 영성체 의식이 아니라 저자가 말하려는 의미를 해석자가 함께 공유하는 것이다.

그렇지만 슐라이어마허가 말하는 해석학적 순환의 객관적 측면 역시 문제의 핵심을 짚은 것은 아니다. 이미 살펴본 대로 모든 의사소통과 이해의 목표는 어떤 사안에 대한 동의이다. 그래서 예로부터 해석학의 과제 중 하나는 동의할 수 없는 내용 또는 동의를 방해하는 내용이 무엇인가를 찾아내는 것이었다. 해석학의 역사가 그것을 입증한다. 예컨대 아우구스티누스Augustinus는 구약성서를 기독교 복음의 관점에서 해석하고자 했고,[221] 초기 개신교 역시 동일한 과제에 매달렸다.[222] 심지어 계몽주의 시대도 예외는 아니었다. 계몽주의 시대에는 역사적 해석의 방법으로 어떤 텍스트의 '완벽한 이해'를 추구했던 만큼 이해를 동의와 동일시하는 관점을 포기했을 법하지만 사실은 그렇지 않았다. 낭만주의와 슐라이어마허는 그들 자신의 기원이자 그들 자신이 속해 있는 전통의 구속력을 더 이상 해석학적 탐구의 확고한 기반으로 인정하지 않음으로써 역사의식의 세계사적 기초를 새로 정립하려 했다는 점에서 질적으로 새로운 것을 보여주었다.

해석학의 선구자 중 한 사람으로 슐라이어마허 바로 앞 시기에 활동했던 문헌학자 프리드리히 아스트는 해석학이 고대 그리스·로마 문화와 기독교 문화, 새롭게 발견한 고대와 기독교 전통이 상호 소통할 수 있게 해야 한다고 요구함으로써 해석학의 과제를 단호하게 그 내용까지 규정했다. 이러한 의미에서의 해석학은 역사적 전통을 더이상 객관적 이성의 척도로 재단하지 않는다는 점에서 계몽주의에 비해 새로운 견해를 보여준다. 그런데 아스트가 생각하는 해석학이 고대와 기독교 전통을 모두 잘 파악하고 두 가지 전통을 의미 있게 합치시키고자 했다면, 그러한 해석학은 이해를 통해 내용적 동의를 얻고자 했던 만큼 원칙적으로 기존의 모든 해석학의 과제를 그대로 고수한 셈이다.

그렇지만 슐라이어마허와 그 뒤를 잇는 19세기 해석학은 고대와 기독교의 그러한 화해가 '특수성'에 집착하는 것이라 보고 그런 관점에서 탈피하여 형식적 보편성을 해석학의 과제로 설정했다. 이로써 19세기 해석학은 자연과학이 추구하는 객관성의 이상에 부응하는 데 성공했는데, 다만 그 대신 해석학 이론에서 역사의식을 구체화하는 과제는 포기했다.

반면 하이데거가 해석학적 순환의 실존적 근거를 설명한 것은 결정적 전환을 뜻한다. 19세기 해석학 이론에서도 이해의 순환적 구조에 관한 논의는 있었지만, 언제나 부분과 전체의 형식적 연관성이라는 테두리 안에서만 논의되거나 그러한 관계의 주관적 반영으로 전체의 의미를 미리 예감하고 나중에 그 전체의 의미를 다시 부분을 통해 설명하는 방식이었다. 그러한 이론에 따르면 이해의 순환운동은 텍스트의 부분과 전체 사이를 오가다가 텍스트에 대한 온전한 이해에 도달하면 소멸된다. 따라서 해석자가 완전히 저자의 입장이 되어 저자의 관점에서 텍스트에서 일체의 이질적이고 생소한 요소들을 제거하는 예지력을 발휘해야 한다고 보았던 슐라이어마허에 이르러 그러한 이해의 이론이 정점에 도달한 것은 당연하다. 반면 하이데거가 해석학적 순환을 설명하는 방식은 텍스트에 대한 이해가 의미를 선취하는 선先이해에 의해 지속적으로 영향을 받는다고 본다. 부분과 전체의 순환운동은 온전한 이해에 도달했다고 해서 소멸하기는커녕 아주 독특한 방식으로 완벽해진다는 것이다.

따라서 해석학적 순환은 형식적 성질의 것이 아니다. 해석학적 순환은 주관적인 것도 아니고 객관적인 것도 아니며, 역사적 전통의 운동과 해석자의 정신적 운동이 상호작용을 일으키는 이해의 과정을 가리킨다. 텍스트에 대한 우리의 이해를 이끌어주는 의미에 대한 기대는 주관성의 행위가 아니라 우리 자신과 전통을 결합시켜주는 공통점에 의해 규정된다. 그러한 공통점은 전통에 대한 우리의 관계 속에서 끊임없이 형성되어간다. 그 공통점은 단지 우리를 미리 제약하는 전제조건이 아니고 우리 자신이 이해의 과정에서 역사적 전통에 참여함으로써 지속적으로 우리 자신을 규정해가는 방식으로 우리 스스로 만들어내는 어떤 것이다. 따라서 이해의 순환구조는 '방법론적' 차원의 문제가 아니라 이해의 존재론적 구조를 가리킨다.

모든 이해의 바탕이 되는 이러한 순환구조는 또다른 해석학적 결론을 낳는데, 나는 그것을 '완벽한 의미의 선취'라 부르고자 한다. 이것 역시 모든 이해과정을 이끌어가는 형식적 전제임이 분명하다. 그 형식적 전제란 의미의 완벽한 통일성을 이루는 것만이 이해될 수 있음을 뜻한다. 우리가 어떤 텍스트를 읽을 때는 항상 그러한 완벽함을 전제한다. 그리고 이러한 전제가 충분치 않다고 판명되면, 다시 말해 텍스트가 제대로 이해되지 않으면, 우리는 텍스트의 전승에 의문을 갖게 되고 어떻게 전승의 오류를 바로잡을 수 있는지 고심하게 된다. 그러한 텍스트 비평 작업에서 우리가 따르는 규칙들을 여기서 일일이 열거할 필요는 없을 것이다. 이 경우에도 중요한 것은 그러한 규칙의 올바른 적용이 내용적인 이해와 불가분의 관계에 있다는 사실이다.

따라서 우리의 이해과정을 주도하는 완벽한 의미의 선취는 수

시로 그 내용이 규정된다. 텍스트 자체가 독자에게 이해의 지침이 되는 의미의 통일성을 구현한다고 전제될 뿐 아니라, 텍스트가 전하는 의미의 진리를 접하면서 생겨나는 선험적 의미기대치가 부단히 독자의 이해과정을 이끌어간다. 예컨대 어떤 편지의 수신자는 편지에 담겨 있는 소식을 발신자의 눈으로 판단하고 이해하면서 발신자가 쓴 편지의 내용이 맞다고 여기며, 발신자가 이상한 생각을 피력했는지 굳이 따지려고 하지는 않는다. 그와 마찬가지로 우리는 전승된 텍스트를 우리 자신의 잠정적 판단에서 생겨나는 의미기대치에 근거하여 이해한다. 그리고 예컨대 우리가 통신원의 보도를 믿는 것은 그가 사건의 현장에 있었거나 어떤 방식으로든 우리 자신보다 사건을 더 잘 알기 때문이듯이, 원칙적으로 우리는 전승된 텍스트가 우리 자신의 평소 지식보다는 더 많은 것을 알고 있을 거라는 가능성을 열어놓는다. 텍스트가 전하는 의미가 참된 것임을 입증하려는 시도가 좌절될 때 비로소 텍스트를 타자의 견해로서—심리적으로나 역사적으로나—'이해'하려고 노력하게 된다.[223] 따라서 완벽함에 대한 선입견은 어떤 텍스트가 완벽하게 의미를 드러낼 거라는 형식적 측면을 내포할 뿐 아니라 텍스트가 말하는 바가 완벽한 진리일 거라는 선입견까지도 내포한다.

여기서 다시금 확인할 수 있듯이 이해라는 것은 일차적으로 텍스트가 표현하는 바를 이해하는 것이며, 타자의 생각을 그 자체로 이해하는 것은 그다음의 부차적인 문제이다. 해석학의 첫번째 조건은 해석자가 텍스트와 관계를 맺음으로 인해 생겨나는 선이해인 것이다. 그러한 조건에 의거하여 과연 무엇이 통일된 의미로 구현될 수 있는지가 결정되며, 완벽한 의미의 선취가 텍스트 해석에 적용될 수 있다.[224]

이처럼 역사서술이나 텍스트 해석에서 우리 자신도 전통의 일부로 속해 있다는 것은 우리 자신이 원래 가진 선입견과 텍스트 해석의 과정에서 생겨나는 선입견이 공통의 기반 위에 형성된 것임을 뜻한다. 해석학은 어떤 텍스트를 이해하려고 하는 사람이 전승된 텍스트를 통해 언표된 문제가 그 자신과 연관이 있고 텍스트가 표현하는 전통과 그 자신이 맞닿아 있다는 가정에서 출발할 수밖에 없다. 다른 한편 해석자는 자기 자신이 의문의 여지도 없이 자명하게 해석대상과 합치된 상태일 수는 없다는 것도 잘 안다. 그것은 전통이 아무런 굴절 없이 계승될 수 없는 것과 마찬가지다. 실제로 해석자와 해석대상 사이에는 친숙함과 낯섦이라는 대극적 긴장이 존재하며, 그러한 긴장관계에 의거하여 해석학의 과제가 수행된다. 다만 그러한 긴장관계를 슐라이어마허가 심리적 차원에서 생각하듯 해석자 개인의 신비로운 개성에 의한 것으로 이해되어서는 안 되며, 오로지 해석학적으로—다시 말해 전통이 우리에게 말을 걸어오는 발언내용과 언어 그리고 우리에게 말하는 진술내용의 관점에서—이해되어야 할 것이다. 그런 요소에 의해서도 긴장관계가 형성되는 것이다. 그 긴장관계는 우리가 전통을 대할 때 느끼는 낯섦과 친숙함 사이에서 형성된다. 다시 말해 우리가 사는 시대와는 역사적 간격이 있는 대상이라는 측면에서는 낯설지만 우리 자신도 전통의 일부라는 점에서는 친숙하기도 한 것이다. 바로 이러한 긴장관계를 탐구하는 것이 해석학의 본령이다.

그러한 긴장관계의 탐구가 해석학의 본령이라는 것은 단지 이해의 방법과 절차를 발전시키는 것이 해석학의 과제가 아니라 이해를 가능하게 하는 조건의 해명이 곧 해석학의 과제라는 것을 뜻한다. 그런데 이해를 가능하게 하는 조건이라는 것은 텍스트에 그대로 적용하면 되는 '절차'나 방법과는 전혀 거리가 멀고, 오히려 이미 주어져 있는 어떤 것이어야만 한다. 해석자의 의식을 점유하는 선입견이나 사전지식은 해석자 자신이 마음대로 제어할 수 있는 것이 아니다. 해석자는 잠정적으로 이해에 도움이 되는 생산적인 선입견과 이해에 방해가 되고 오해를 유발하는 선입견을 스스로의 힘으로는 분간하지 못하는 것이다.

생산적 선입견과 부정적 선입견은 오히려 이해의 과정 자체에서 구별되어야 하며, 따라서 해석학은 그런 구별이 과연 어떻게 가능한가를 따져 물어야 한다. 이것은 지금까지의 해석학에서는 전적으로 주변부에 밀려나 있던 문제를 전면에 부각시켜야 한다는 것을 뜻한다. 그것은 곧 역사적 간격의 문제, 그리고 그 간격이 이해의 과정에서 어떤 의미를 갖는가 하는 문제이다.

이 문제는 우선 낭만주의 해석학 이론과 대비해서 보면 그 윤곽이 분명히 드러난다. 알다시피 낭만주의 해석학은 이해라는 것을 애초의 창조행위를 재현하는 것으로 보았다. 그래서 어떤 텍스트를 저자 자신보다 더 잘 이해해야 한다는 명제를 내세웠던 것이다. 우리는 그러한 명제의 유래와 천재 미학과의 연관성을 이미 살펴보았지만, 다시 이 문제로 되돌아가지 않을 수 없다. 지금 우리가 논의하는 맥락에 비추어보면 그 명제는 새로운 의미를 얻기 때문이다.

사후적 이해가 원래의 창조행위에 비해 원칙적으로 더 우위에 있고 따라서 텍스트를 원저자보다 더 잘 이해할 수 있다는 생각은 (슐라이어마허가 생각한 대로) 원저자와 대등해질 수 있는 사후적 자각에 의해 가능하다기보다는 오히려 그 반대로 해석자와 원저자 사이에 역사적 간격으로 인하여 극복할 수 없는 차이가 생겨난다는 것을 말해준다. 어느 시대든 전승된 텍스트를 그 시대 나름의 방식으로 이해할 것이다. 전승된 텍스트는 해석자의 시대가 관심을 갖고 이해하려는 역사적 전통 전체의 일부이기 때문이다. 해석자에게 전달되는 텍스트의 진정한 의미는 원저자와 동시대 독자들로 구성되는 우연적 요소에 의해 좌우되지는 않는다. 적어도 그런 요소만으로 텍스트의 의미를 설명할 수는 없다. 텍스트의 의미는 항상 해석자가 처해 있는 역사적 상황에 의해서도 규정되며, 나아가서는 객관적인 역사과정 전체에 의해서도 규정되기 때문이다. 클라데니우스Cladenius는 아직까지는 이해의 문제를 역사적 차원에서 사고하지는 않았지만 의도하지 않게 소박하게나마 바로 그러한 문제를 의식하고 있었다. 클라데니우스는 저자가 자기 작품의 의미를 스스로 깨우칠 필요는 없으며 그래서 해석자가 저자보다 더 잘 이해할 수 있고 그래야만 한다고 했던 것이다.[225] 이것은 원칙적인 중요성을 갖는 발상이다. 어떤 텍스트의 의미는 저자의 생각을 뛰어넘으며, 이것은 예외적인 경우가 아니라 항상 그렇다. 그래서 이해라는 것은 단지 원래 창조행위의 재현에만 그치지 않고 그 자체가 창조적 활동이기도 하다. 그런데 이해의 과정에 내포된 이러한 창조적 계기를 단지 원저자보다 더 잘 이해한다는 뜻으로 받아들이는 것은 온당치 않을 것이다. 이미 살펴본 대로 원저자보다 더 잘 이해한다는 말은 계몽주의 시대 텍스트 비평의 원칙을 차용하여 천재 미학의 바탕으로 삼은 것이기 때문이다. 이해라는 것은 실제로 원저자보다 더 잘 이해하는 것을 가리키지는 않는다. 원저자보다 좀더 명확한 개념으로 이해한다는 의미에서도 아니고, 또 저자의 의식상태보다 더 각성된 의식을 지녔다는 원칙적 우월성의 의미에서도 아니다. 일단 어떤 텍스트를 이해하려고 할 때는 저자와는 다른 방식으로 이해한다는 정도까지만 말해두기로 하자.

이해의 개념을 그렇게 설정하는 것은 당연히 낭만주의 해석학의 가설을 완전히 부정하는 것이다. 이제 텍스트는 한 개인의 개성이나 생각을 가리키는 것이 아니라 객관적 진리를 가리키기 때문에 텍스트는 단지 저자의 삶의 표현으로 이해될 것이 아니라 그 진리성 여부에 따라 진지하게 받아들여야 한다. 이것 또한, 아니 바로 이것이 '이해'라는 사실은 예로부터 자명한 것으로 통용되어왔다. 이를테면 내가 앞에서 클라데니우스를 인용한 구절도 그런 맥락에서 이해될 수 있다.[226] 그렇지만 역사의식이 발달하고 슐라이어마허가 해석학을 심리학적 방향으로 틀면서 그러한 차원의 해석학적 문제는 평가절하되었다. 그러다가 이 문제가 다시 복권될 수 있었던 것은 역사주의의 아포리아가 드러나면서 마침내 다시 원칙적 방향전환을 초래하면서부터 비로소 가능해졌다. 내 생각에는 하이데거가 그러한 방향전환에 결정적 자극을 주었다. 하이데거는 이해의 문제를 '실존'의 차원에서 사고하는 존재론적 방향전환을 수행하는 한편, 현존재의 존재방식을 시간의 차원에서 해석함으로써 해석자와 해석대상 사이의 역사적 간격을 생산적인 해석학적 문제로 사고할 수 있었다.

하이데거에 이르러 비로소 시간이라는 것은 분리와 단절을 유발하므로 메워야 할 심연 같은 것이 아니라 현재의 뿌리가 되는 역사적 사건을 진정으로 지탱하는 기반이 된다. 따라서 시간의 간극이라는 것은 극복되어야 할 성질의 것이 아니다. 그런 생각은 오히려 역사주의의 소박한 전제였다. 역사주의는 우리가 이해의 대상이 되는 과거시대의 정신 속으로 몰입해야 하고 그 시대의 개념과 생각으로 사유해야지 결코 우리 자신의 개념과 생각으로 사유해서는 안 되며, 그런 방식으로만 역사적 객관성에 도달할 수 있다고 보았다. 그렇지만 정작 중요한 것은 시간의 격차를 이해의 긍정적이고 생산적인 가능성으로 인식하는 것이다. 시간의 격차는 텅 빈 심연이 아니라 면면히 이어져온 관습과 전통으로 충만해 있으며, 모든 역사적 전승은 그런 전통에 근거하여 설명될 수 있다. 그러한 연속성을 갖는 역사적 사건이 곧 진정한 생산적 계기라고 해도 과언이 아니다. 익히 알다시피 상이한 시대 사이의 역사적 간격을 근거로 확실한 판단기준을 찾을 수 없을 때 우리의 판단은 미묘한 무기력 상태에 빠진다. 그래서 미학적 관점에서 보면 당대예술에 대한 판단은 극히 불확실한 것이다. 우리가 당대의 예술작품을 판단할 때는 확실히 우리 스스로 제어하지 못하는 선입견에 따르게 된다. 그러한 전제조건은 너무나도 우리를 압도해서 우리가 제대로 알아차릴 수조차 없으며, 동시대 예술작품의 진정한 내용이나 의미에 부합되지 않는 과도한 반응을 유발할 수도 있다. 그처럼 예술작품은 당대적 특성이 소멸할 때 비로소 진정한 모습을 드러내고, 따라서 설득력 있는 보편적 의미에 대한 이해가 가능해진다.

역사연구에서는 어느 정도의 역사적 거리가 있어야 비로소 객관적 인식이 가능하다고 보는 생각은 바로 그러한 경험에서 비롯된 것이다. 어떤 사물 자체에 깃든 내용은 일시적 상황에 의해 생겨난 현재적 특성에서 벗어날 때 비로소 그 의미를 드러내는 것이 사실이다. 어떤 역사적 사건이 당장의 지배적인 생각에 거리를 두고 상대적 완결성을 지녀서 조망할 수 있는 상태가 될 때 비로소 어떤 의미에서는 역사이해를 위해 진정으로 긍정적인 조건이 성립된다고 할 수 있다. 따라서 역사탐구 방법의 암묵적 전제조건은 어떤 사건이 완결된 맥락 속에 놓일 때 비로소 그 사건의 확실한 의미가 객관적으로 파악될 수 있다는 것이다. 바꾸어 말하면 이제는 단지 역사적 관심사로만 기억될 만큼 충분한 시간이 경과했을 때 비로소 객관적 인식이 가능하다. 그럴 때만 관찰자의 주관이 개입될 여지를 차단할 수 있는 것이다. 이것은 실제로 역설적 사태이다. 내 인생이 행복한지 여부는 죽기 전에는 모른다는 오랜 도덕적 문제에 상응하는 학문적 역설인 것이다. 일찍이 아리스토텔레스는 이런 종류의 문제가 인간의 판단력을 얼마나 예민하게 만들 수 있는지 보여준 적이 있다.[227] 마찬가지로 이런 문제에 대한 해석학적 성찰 역시 학문의 방법론적 자각을 첨예하게 단련시키는 데 틀림없이 기여한다. 어떤 역사적 맥락이 오직 역사적 관심의 대상만 되어도 해석학의 요구가 어느 정도는 저절로 충족되는 것이 사실이다. 그런 경우에는 오류의 원천적 가능성이 어느 정도 차단되기 때문이다. 그렇지만 과연 그렇게 해서 해석학의 문제가 모두 해결될 수 있는지는 더 따져보아야 한다. 역사적 간격이라는 것은 역사적 탐구대상에 대한 탐구자 자신의 이해관계를 소멸시키는 것 말고도 분명히 또다른 의미를 갖는다. 역사적 간격이 생길 때 비로소 탐구대상에 내재하는 진정한 의미는 온전히 드러날 수 있다. 그런데 어떤 문헌이나 예술작품에 내재하는 진정한 의미는 어느 시점엔가 남김없이 파악되어서 그것으로 종결되는 것이 아니라 진실로 무한히 생성되는 과정 속에 있다. 단지 새로운 오류의 가능성이 차단되어서 온갖 방식으로 흐려져 있던 진정한 의미가 정제되어 드러나는 데 그치지 않고, 예기치 않은 의미의 맥락을 드러내는 새로운 이해의 원천이 샘솟는 것이다. 이러한 정제작용을 하는 역사적 간격은 일정한 한도 안에서 종결되는 것이 아니라 끊임없이 움직이고 확장되는 과정 속에 있다. 역사적 간격이 수행하는 정제작용의 부정적 측면은 역사적 이해를 위해 긍정적 측면으로 작용하기도 한다. 역사적 간격은 특수성에 기인하는 선입견을 소멸시켜줄 뿐 아니라, 진정한 이해에 기여하는 선입견은 그것대로 드러나게 하는 작용도 하는 것이다.

흔히 역사적 간격[228]은 해석학 고유의 민감한 문제를 해결하는 데 기여할 수 있다. 그 문제란 우리를 올바른 이해로 인도하는 진정한 선입견과 잘못된 이해를 유발하는 그릇된 선입견을 구별하는 것이다. 그래서 해석학으로 단련된 정신의 소유자는 역사의식도 갖추게 된다. 다시 말해 이해의 과정을 이끌어가는 자신의 선입견을 자각하여 해석자 자신과는 다른 견해를 표현하는 역사적 전통을 그 자체로 드러내고 그 타당성을 인정할 수 있게 된다. 어떤 선입견을 그 자체로 드러내려면 분명히 그 선입견의 타당성에 대한 인정을 유보해야 한다. 우리가 선입견의 지배를 받는 동안에는 그 선입견을 확정적 판단이라고 여기지 않기 때문이다. 그렇다면 선입견이 어떻게 그 자체로 드러날 수 있는가? 선입견이 우리 자신도 모르게 부단히 작용하는 동안에는 우리는 선입견을 자각할 수 없다. 선입견이 이를테면 다른 어떤 생각에 의해 자극을 받을 때만 우리는 선입견을 자각할 수 있다. 그러한 자극을 가능케 하는 것이 바로 전통과의 만남이다. 우리의 이해욕구를 불러일으키는 것은 그 전에 이미 우리의 생각과는 다른 내용으로써 타당성을 인정받은 상태이기 때문이다. 이미 앞에서 언급한 대로[229] 이해의 첫걸음은 그 무엇인가가 우리에게 말을 걸어오는 데서 시작된다. 이것이 곧 모든 해석학적 조건들 중에서 으뜸가는 조건이다. 이제 우리는 그러한 조건이 무엇을 뜻하는지 안다. 즉 우리 자신의 선입견을 원칙적으로 유보해야 하는 것이다. 그런데 선입견을 유보하는 것은 물론이고 어떤 방식으로든 판단을 유보한다는 것은 논리적 차원에서 보면 물음의 구조를 갖는다.

물음의 본질은 다양한 가능성을 열어두는 것이다. 다른 사람의 말이나 어떤 텍스트의 진술에 비추어볼 때 자신의 선입견에 의문이 생긴다고 해서 곧바로 자신의 선입견을 제쳐놓고 다른 사람 혹은 텍스트의 생각이 자신의 선입견을 대신하여 타당성을 인정받는다는 뜻은 아니다. 그처럼 해석자 자신의 생각을 도외시하는 것은 소박한 역사적 객관주의일 뿐이다. 사실 오히려 자신의 선입견은 도전을 받음으로 인해 본격적으로 작동할 수 있게 된다. 그렇게 해서 자신의 선입견이 온전히 제 몫을 다할 때 비로소 타자가 주장하는 진리를 경험할 수 있고 타자 역시 온전히 자기주장을 펼칠 수 있게 된다.

이른바 역사주의의 단순한 맹점은 그러한 성찰을 하지 못하고 자신의 탐구방법론만 믿고서 자신의 역사성을 망각하는 데 있다. 여기서 우리는 그렇게 잘못 이해된 역사적 사고에서 벗어나 올바른 의미에서의 역사적 사고에 호소해야만 한다. 진정한 역사적 사고는 자신의 역사성을 함께 사유해야 하는 것이다. 그럴 때만 발전하는 학문의 대상을 역사적 객체로 대상화하여 그런 허상을 쫓지 않고, 역사적 탐구대상을 자기 자신의 타자로 파악하고 그럼으로써 자기 자신과 타자를 동시에 인식할 수 있게 된다. 진정한 역사적 대상은 그저 대상이 아니라 자기 자신과 타자의 통일체이며, 역사의 현실과 역사적 이해의 현실이 상호작용을 일으키는 관계이다.[230] 탐구대상을 제대로 볼 줄 아는 해석학은 이해의 과정 자체에서 역사현실을 드러내야만 할 것이다. 나는 이러한 요청을 '영향사 Wirkungsgeschichte'라 일컫고자 한다. 이해라는 것은 그 본질상 영향사적 과정이다.

4) 영향사의 원리

역사적 탐구의 관심은 실제 역사적 사건이나 전승된 문헌에만 국한되지 않고 부차적인 주제로 그것들이 역사 속에서 어떤 영향을 미치는가 하는 데까지 확장될 수 있으며, 여기에는 궁극적으로 학문의 역사에 대한 탐구까지 포함된다. 일반적으로 그러한 영향사 연구는 역사탐구의 보완 정도로 간주되었는데, 헤르만 그림Hermann Grimm의 라파엘로 연구에서부터 군돌프Gundolf의 저작을 거쳐 그런 관점에서 나온 수많은 연구는 소중한 역사적 통찰을 담고 있다. 그렇게 보면 영향사 자체가 새로운 것은 아니다. 그런데 어떤 작품이나 역사적 전승을 과거의 역사적 전통과 현재의 역사서술 사이에 애매하게 걸쳐 있는 상태에서 벗어나 그 본래의 의미를 명확하고 공정하게 파악하기 위해서는 반드시 영향사적 문제의식을 가질 필요가 있다. 그리고 바로 이런 문제의식은 실제로 역사의식에 대한 철저한 자기성찰을 거쳐야만 생겨나는 새로운—역사적 탐구 전반에서 새로운 것은 아닐지라도 역사탐구의 방법론에 대한 성찰이라는 점에서는 새로운—요청이라 할 수 있다.

이것은 물론 전통적 해석학 개념의 의미에서 보면 해석학적 요청이 아니다. 내가 영향사 개념을 도입하면서 말하고자 하는 것은 해석학이 작품 이해에 직접 관련되는 문제제기와 병행하여 그러한 영향사적 문제의식을 발전시켜야 한다는 뜻은 아니다. 영향사적 문제의식은 오히려 이론적 성질의 것이다. 역사 탐구자는 어떤 작품이나 역사적 전승을 어떤 중간매개도 없이 직접 탐구한다고 생각하지만—비록 탐구자 자신은 미처 의식적 자각을 하지 못하는 상태에서도—영향사적 문제의식이 항상 함께 작용한다는 것을 유념해야 한다. 과거의 역사적 사건이나 문헌을 해석할 때 우리는 일반적으로 역사적 거리를 두게 마련인데, 역사적 거리를 두고서 어떤 역사적 현상을 이해하고자 할 때 우리는 언제나 영향사의 영향을 받게 된다. 영향사는 무엇이 우리에게 의문을 야기하고 무엇이 탐구 대상이 될 것인가를 미리 규정해준다. 그렇지만 우리는 실제로 그런 일이 벌어진다는 것을 반쯤은 망각한다. 심지어 영향사가 개입되지 않은 직접적인 역사적 현상 자체를 온전한 진실이라고 받아들인다면 역사적 현상 자체의 온전한 진실을 망각하는 셈이 된다.

우리는 대상의 이해가능성이라는 척도에 따라 대상을 이해한다고 소박하게 생각하지만, 그럴 경우 타자는 너무나 우리 자신의 관점에서 해석되기 때문에 나 자신의 생각도 온전히 드러날 수 없고 타자의 견해도 온전히 표현될 수 없게 된다. 그러한 역사적 객관주의는 이른바 비판적 방법론에 의지함으로써 역사의식 자체의 바탕이 되는 복잡한 영향사적 맥락을 보지 못한다. 해석자의 취향에 따라 과거를 임의로 재단하여 현재적 의미를 부여하는 자의적 해석의 여지를 역사적 객관주의가 비판적 방법론으로 차단하는 것은 사실이다. 하지만 그렇게 함으로써 주관성에 빠질 위험부담을 덜어내는 대신에 역사적 객관주의는 이해과정을 이끌어주는 비자의적이고 근본적인 전제조건을 부인하는 결과에 이르며, 우리의 이해가 아무리 유한한 한계에 갇혀 있다 하더라도 궁극적으로 추구해야 할 진리를 비켜가게 된다. 그런 점에서 역사적 객관주의는 통계수치와 흡사하다. 통계수치가 탁월한 선전효과를 갖는 것은 다름 아니라 '사실'의 언어로 말하고 그럼으로써 객관성을 담보하는 듯한 착각을 불러일으키기 때문이지만, 이 경우 객관성은 통계수치를 산출한 문제의식이 과연 정당한가 여부에 달려 있는 것이다.

따라서 내가 말하려는 것은 영향사를 정신과학의 새로운 독자적 보조학문으로 발전시키자는 것이 아니라, 명시적으로 의식하든 아니든 간에 모든 이해행위에는 영향사의 영향이 작용한다는 것을 좀더 올바르게 이해하고 인정할 필요가 있다는 것이다. 소박하게 방법론만 신봉한 나머지 영향사의 영향을 부정할 때는 실제로 인식 자체가 왜곡되는 결과를 초래할 수 있다. 우리는 과학의 역사에서 명백히 잘못된 것을 이론의 여지없이 논박하는 사례에서 그런 경우를 확인할 수 있다. 그렇지만 전체적으로 보면 영향사가 발휘하는 힘은 그것이 인정받는가 여부에 달려 있지는 않다. 방법론을 신봉하는 나머지 우리 자신의 역사성을 부정할 때조차도 역사는 관철된다는 사실이야말로 우리 인간의 유한한 의식을 규정하는 역사의 힘이다. 이러한 영향사를 자각할 필요성이 절실한 이유는 학문적 성찰을 위해 필수적인 요구조건이기 때문이다. 그렇다고 이러한 요구조건이 어떤 경우에나 무조건 충족될 수 있다는 뜻은 결코 아니다. 사실 영향사를 완벽하게 파악했다고 섣부르게 자임하는 것도 헤겔이—역사가 완벽한 자기인식에 도달하여 개념의 수준으로 고양되었다고 보는—절대지를 주창한 것과 같은 식의 만용일 것이다. 영향사에 대한 자각은 그런 것이 아니라 이해의 과정에 작용하는 하나의 계기다. 그런 점에서 올바른 문제제기 자체가 이미 영향사의 작용에 의한 것이라는 사실을 살펴보기로 하겠다.

　　영향사적 자각은 무엇보다 우선 해석학적 상황에 대한 자각이다. 어떤 경우든 어떤 상황을 자각한다는 것은 각별한 난관이 수반되는 과제이다. 상황이라는 개념의 핵심적 특징은 그 상황에 대해 객관적 거리를 둘 만한 위치에 있지 못하고 따라서 상황을 객관적으로 인식할 수 없다는 것이다.[231] 어떤 상황 속에 있다는 것은 다시 말해 그 상황의 해명이 결코 완수될 수 없는 과제라는 것을 뜻한다. 이것은 해석학적 상황에도 적용된다. 다시 말해 우리가 이해해야 할 역사적 전통을 마주 대하는 상황도 결코 완결될 수 없는 과제를 안고 있는 상황인 것이다. 이러한 해석학적 상황을 해명하는 것, 즉 영향사적 성찰은 결코 완결될 수 없다. 그렇지만 이러한 완결 불가능성은 성찰이 부족하기 때문이 아니라 우리 자신이 속해 있는 역사적 존재의 본질에 연유한다. 역사적으로 존재한다는 것은 자기인식이 결코 종결될 수 없음을 뜻한다. 모든 자기인식은 선행하는 역사로부터 생겨난다. 헤겔이 그러한 역사적 소여를 '실체'라 일컬었던 것은 그것이 곧 모든 주관적 생각과 행동을 지탱하는 바탕이 되고, 따라서 전통을 역사적 타자성의 맥락에서 이해할 수 있는 모든 가능성을 미리 제시하면서 제약도 가하기 때문이다. 이런 관점에서 보면 아무리 주관성이 강하다 하더라도 그것을 규정하는 실체적 바탕이 드러나게 마련이며, 그런 한에는 철학적 해석학의 과제는 헤겔의 정신현상학이 거쳐갔던 길을 되밟아야 한다고 할 수 있다.

어느 시대에든 유한한 현재의 관점은 상황의 제약을 받는다. 상황이라는 개념은 관찰의 가능성을 제한하는 관점을 가리키는 것으로 정의될 수 있다. 따라서 상황 개념은 그 본질상 지평Horizont 개념을 내포한다. 지평이라는 것은 어떤 지점에서 시야에 들어오는 모든 것을 포괄하는 가시권을 가리킨다. 이것을 사고하는 의식에 적용하면 시야가 좁다거나 시야를 확장할 수 있다거나 새로운 시야를 연다거나 하는 식으로 말한다. 특히 니체와 후설 이래[232] 철학용어에서 이 말은 인간사유가 유한한 조건의 제약을 받으며 시야가 확장되는 발전의 법칙도 그런 제약하에 있다는 것을 뜻하게 되었다. 시야가 좁은 사람은 멀리 볼 줄 모르고 따라서 가까이 보이는 것을 과대평가한다. 반대로 시야가 넓다는 것은 바로 눈앞의 것에 갇히지 않고 그 너머를 볼 줄 안다는 뜻이다. 시야가 넓은 사람은 시야에 들어오는 모든 사물의 의미를 그 원근과 대소에 따라 올바르게 판단할 줄 안다. 따라서 해석학적 상황을 탐구한다는 것은 역사적 전통이 우리에게 제기하는 문제들을 풀기 위하여 올바른 문제의식을 시야에 확보한다는 것을 뜻한다.

물론 역사이해의 영역에서도 특히 과거를 우리 시대의 기준과 선입견으로 보지 말고 과거 자체로 관찰하고 과거 자체의 역사적 지평 속에서 이해해야 한다는 역사의식의 요구를 가리킬 때 지평이라는 말을 곧잘 사용한다. 역사이해의 과제를 온전히 수행하기 위해서는 탐구대상의 진정한 실상이 드러날 수 있도록 역사적 지평을 확보해야 한다. 역사적 전승의 원천이라 할 수 있는 역사적

188

지평을 제대로 파악하지 못하면 전승된 내용의 의미를 잘못 이해하게 된다. 그런 측면에서 다른 사람을 이해하기 위해서는 일단 그 사람의 입장이 되어봐야 한다는 해석학적 요청은 옳은 것처럼 보인다. 그렇지만 이런 슬로건이 과연 우리가 원하는 이해를 제대로 나타내는지는 의문이다. 그것은 마치 우리가 단지 상대방을 알기 위해—다시 말해 상대방의 입장과 식견을 파악하기 위해—대화를 나누는 것과 마찬가지 형국이다. 그런 것은 결코 진정한 대화가 아닌 것이다. 다시 말해 어떤 사안에 관해 진정한 의사소통을 추구하는 것이 아니라, 대화의 실질적인 내용은 상대방의 생각을 파악하기 위한 수단에 불과한 것이 된다. 이를테면 구두시험이나 진료상담 같은 것을 떠올릴 수도 있다. 역사 탐구자가 과거의 상황 속으로 들어가서 올바른 역사적 지평을 확보하려고 할 때도 물론 그와 비슷한 일이 벌어진다. 마치 대화를 나눌 때 상대방의 입장과 식견을 파악한 연후에야 상대방의 생각을 이해할 수 있듯이—그렇다고 상대방과 마음이 통할 필요까지는 없겠지만—역사 탐구자 역시 그렇게 전통의 의미를 이해하지만, 그렇다고 반드시 전통과 교감할 필요는 없는 것이다.

이 두 가지 경우 모두 이해의 주체는 상호교감을 추구하지는 않는다. 따라서 상대방의 깊은 내면에까지 파고드는 것은 불가능하다. 그런 상태에서는 애초부터 내가 말하려는 내용에서 상대방의 입장을 고려하기 때문에 상대방으로서는 나의 고유한 입장이 무엇인지 접근할 수조차 없는 것이다.[233] 앞에서 역사적 사고의 형성과정을 고찰하면서 우리는 역사적 사고가 실제로 애초에는 수단이었던 것을 나중에는 목적으로 추구하는 애매한 이행과정을 거쳐왔다는 것을 살펴보았다. 역사적으로 이해되는 텍스트는 진리를 표현해야 한다는 애초의 요구를 포기하지 않을 수 없게 되었다. 우리는 역사적 관점에서 전통에 접근함으로써—다시 말해 역사적 상황 속으로 들어가서 역사적 지평을 재구성함으로써—전통을 이해한다고 생각한다. 그렇지만 사실은 그렇게 함으로써 전통 속에서 우리 자신에게도 타당하고 이해될 수 있는 진리를 탐색하려는 목표를 원칙적으로 포기하는 것이다. 그런 식으로 타자의 타자성을 인정하고 타자를 객관적 인식의 대상으로 삼는 것은 결국 진리탐구의 목표를 원칙적으로 유보하는 것이다.

그런데 이러한 서술이 과연 해석학적 현상을 올바르게 설명하는 것인지도 생각해볼 문제이다. 그러한 역사적 사고에서는 서로 다른 두 개의 지평이 존재하는 것인가? 다시 말해 역사 탐구자가 사는 시대의 지평과 그가 파고드는 과거의 역사적 지평은 별개의 것인가? 과거의 생소한 지평 속으로 들어가는 법을 터득하는 것이 과연 역사적 이해의 기술을 온전히 올바르게 설명하는 것인가? 그런 의미에서 완결된geschlossen 지평이라는 것이 과연 존재하는가? 일찍이 니체는 신화로 둘러싸인 지평만이 문화가 살아 숨쉴 수 있는 공간임에도 역사주의가 그것을 해체해버렸다고 비판한 적이 있다.[234] 탐구자 자신이 사는 현재 시점의 지평은 그런 식으로 완결되어 있는가? 과연 그런 완결된 지평을 가진 역사적 상황을 상정할 수 있을까?

아니면 그런 생각은 낭만주의의 투사물, 혹은 역사적 계몽주의가 고안해낸 일종의 로빈슨 크루소식 세계, 누구도 도달할 수 없는 섬을 상상하는 허구일 뿐인가? 로빈슨 크루소를 단독자solus ipse의 원형이라고 상상하는 것이 허구이듯 완결된 지평이라는 역사적 상황 역시 허구가 아닐까? 한 개인은 언제나 다른 사람들과 소통하기 때문에 결코 고립된 개별자가 아니듯, 어떤 문화를 감싸고 있는 완결된 지평이라는 것도 추상적 관념일 뿐이다. 인간의 현존재는 결코 어떤 특정한 관점에 전적으로 얽매여 있지 않으며, 따라서 결코 진정한 의미에서 완결된 지평을 갖고 있지 않다. 바로 그것이 인간 현존재의 역사적 역동성이다. 역사적 지평이라는 것은 그렇게 완결된 것이 아니라 우리가 그 속으로 진입하여 우리와 더불어 움직이는 공간이다. 지평이라는 것은 역사 속에 살아 있는 탐구자와 더불어 움직이는 역동적인 것이다. 모든 인간 삶의 원류로서 전통 속에 존재하는 역사적 과거의 지평 역시 그런 의미에서 언제나 역동적이다. 탐구자의 역사의식이 그를 둘러싼 역사적 지평을 움직이는 주체인 것은 아니다. 탐구자의 역사의식을 통해 역사적 지평의 역동성이 바로 스스로의 역동성을 자각할 따름이다.

우리의 역사의식이 역사적 지평 속으로 옮겨간다고 해서 우리 자신의 세계와는 아무런 상관도 없는 낯선 세계로 빠져든다는 것을 뜻하지는 않는다. 우리의 역사의식과 역사적 지평 전체가 어우러져서 현재의 한계를 넘어서 우리의 자기의식에 깃든 역사의 심층까지도 포괄하는 하나의 거대한 지평을 형성하며, 그 지평은 자체의 동력에 의해 움직인다. 실제로 그것은 역사의식을 지닌 모든 것을 포괄하는 유일무이한 지평이다. 우리의 역사의식이 탐구의 대상으로 삼는 우리 자신의 과거와 다른 사람들의 과거 역시 우리 삶의 원류이자 전통으로서 우리의 삶을 규정하는 이 역동적인 지평의 형성에 관여한다.

그렇게 볼 때 전통을 이해하기 위해서는 확실히 역사적 지평을 이해해야 한다. 그렇지만 중요한 것은 자신의 관점을 어떤 역사적 상황 속으로 옮겨놓는 방식으로 역사적 지평을 확보하는 것이 아니다. 오히려 역사적 상황 속으로 들어가기 위해서는 이미 역사적 지평을 확보하고 있어야 한다. 자신의 관점을 역사적 상황 속으로 옮겨놓는다고 해서 자기 자신의 관점을 포기하는 것은 분명 아니기 때문이다. 물론 자신의 상황과는 다른 상황을 정말 생생하게 파악하기 위해서는 자신의 관점을 포기할 필요도 있긴 하다. 그렇지만 자신의 관점을 다른 상황 속으로 옮겨놓는 것은 자기 자신도 그 상황 속으로 함께 들어가야만 가능하다. 자신의 관점을 역사적 상황 속으로 옮겨놓는다는 것의 진정한 의미는 바로 이것이다. 가령 우리는 다른 사람의 처지가 되어보면 그 사람을 이해할 수 있다. 다시 말해 우리 자신이 그의 처지가 되어봄으로써 다른 사람의 고유한 개성과 타자성을 이해할 수 있는 것이다.

그처럼 타인의 처지가 된다는 것은 나의 개성을 타인의 개성 속으로 감정이입하는 것도 아니고 타인을 나의 가치기준에 종속시키는 것도 아니며, 나 자신의 개인적 특수성과 상대방의 개인적 특수성까지도 극복하여 더 높은 보편성으로 고양되는 것을 뜻한다. '지평' 개념이 바로 그런 상태를 나타내기에 적합한 것은 이해의 주체가 확보해야 하는 넓은 시야를 설명해줄 수 있기 때문이다. 역사적 지평을 확보한다는 것은 언제나 너무 가까이 있는 것을 넘어서서 더 멀리 내다볼 줄 안다는 것을 뜻한다. 물론 그렇다고 가까이 있는 것을 외면하려는 것이 아니라, 보다 큰 전체의 맥락 속에서 올바른 척도에 따라 더 잘 파악하기 위해서이다. 니체는 역사의식이 포착하는 지평이 수없이 교체된다고 했지만, 그것은 역사의식에 대한 올바른 설명이 아니다. 그런 식으로 자기 자신을 도외시할 때는 역사적 지평을 확보할 수 없다. 니체가 역사서술은 생생한 삶을 위축시키는 장애물이라고 했을 때 그 말은 역사의식 자체를 가리키는 것이 아니라, 현대 역사학의 방법론을 역사의식의 핵심적 본질로 받아들일 때 오히려 진정한 역사의식에 역행하는 자기소외를 가리킨다. 앞에서 이미 강조했듯 진정한 역사의식은 언제나 자신이 속해 있는 현재를 함께 보기 때문에 자기 자신을 역사적 타자와 마찬가지로 올바른 관계 속에서 파악할 줄 안다. 그러기 위해서는 당연히 역사적 지평을 확보하기 위해 스스로 노력해야만 한다. 우리는 언제나 희망과 두려움 속에서 우리 자신과 가장 가까운 것에 관심이 쏠려 있으며, 그렇게 마음이 쏠려 있는 상태에서 과거의 역사적 증언을 접하게 된다. 그렇기 때문에 성급하게 과거를 우리 자신의 기대지평에 맞추지 않도록 항상 유념해야 한다. 그럴 때만 전통이 역사적 타자의 의미를 우리에게 전달할 수 있도록 전통을 올바르게 이해할 수 있다.

이미 앞에서 살펴본 대로 그러한 과정은 현재와 과거가 서로를 부각시키는 방식으로 진행된다. 여기서 부각시킨다Abhebung는 개념에 유의할 필요가 있다. 부각시킨다는 것은 언제나 상호관계를 가리킨다. 나 자신이 부각된다는 것은 타자와 구별되어 부각되며, 역으로 타자 역시 나와 구별되어 부각되게 마련이다. 따라서 나 자신을 부각시키는 일체의 행위는 동시에 내가 구별하고자 하는 타자를 함께 눈에 띄게 만든다. 앞에서 우리는 그러한 상호작용을 선입견의 작용이라는 말로 설명했다. 그 논의에서 출발점으로 삼았던 것은 특정한 해석학적 상황은 우리 자신에게 수반되는 선입견의 제약을 받는다는 것이었다. 그런 만큼 선입견은 우리 자신이 속해 있는 현재의 지평을 형성한다. 선입견은 우리의 시야를 제한하는 어떤 제약을 가리킨다. 그렇다고 선입견이 현재의 지평을 제한하고 규정하는 고정불변의 견해나 가치판단이라고 잘못 생각하는 오류는 멀리할 필요가 있다. 그렇게 잘못 생각하면 과거의 타자성이라는 것은 현재의 확고한 기반에 대립되는 어떤 것으로 부각되고 만다.

사실 현재의 지평은 끊임없이 형성되는 과정 속에 있다. 우리는 모든 선입견의 타당성 여부를 부단히 검증해야 하기 때문이다. 무엇보다도 우리 자신의 근원인 전통을 이해하고 과거와의 만남을 시도하는 것이야말로 바로 그러한 검증과정의 일환이다. 따라서 현재의 지평은 과거가 없이는 결코 형성될 수 없다. 현재와 무관하게 추구해야 할 역사적 지평이 존재할 수 없듯이 현재의 지평 역시 독자적으로 존재할 수는 없다. 오히려 이해라는 것은 서로 무관하게 존재하는 것처럼 보이는 상이한 지평들의 상호융합 과정이다. 그러한 융합이 얼마나 역동적인가를 우리는 특히 고대의 사례들, 예컨대 고대인들의 소박한 자기의식과 전통을 대하는 태도에서 확인할 수 있다. 전통이 존속하는 한 그러한 상호융합은 부단히 진행된다. 그러한 상호융합을 통해 옛것과 새것은 서로 배타적으로 분리되지 않고 부단히 합쳐져서 새로운 타당성을 확보하는 것이다.

이런 식으로 서로를 부각시켜주는 상이한 지평들이 존재함으로써 '지평융합Horizontverschmelzung'이라는 말이 성립되며, 전통 깊숙이까지 자신의 경계선을 설정하는 배타적 지평의 형성은 성립될 수 없다. 문제를 제기한다는 것은 이해가 학문적 과제가 되는 상황의 특수성을 인정하고 또 그러한 상황을 해석학적 상황으로 탐구할 필요가 있다는 뜻이다. 역사의식이 수행하는 전통과의 만남은 어떤 경우든 텍스트와 현재 사이의 긴장관계를 스스로 체험한다. 해석학의 과제는 이러한 긴장을 단순한 상호동화를 통해 은폐하지 않고 의식적으로 펼쳐나가는 데 있다. 그렇기 때문에 해석학적 탐구를 위해서는 반드시 현재의 지평과는 구별되는 역사적 지평의 기투가 필요하다. 탐구자의 역사의식은 전통과는 구별되는 자신의 타자성을 자각하고 있어서 전통의 지평을 자기 자신의 지평과는 다르게 부각시킬 줄 알아야 한다. 앞으로 살펴보겠지만 다른 한편으로 전통과 현재의 상호관계는 지속적인 영향력을 갖는 전통이 현재와 포개지는 형국으로 작용하기 때문에, 서로 구별되던 것들이 다시 합쳐져서 역사의식이 확보하는 역사적 지평의 통일성 속에서 각자의 특성을 자각하기에 이른다.

그렇게 보면 역사적 지평의 기투는 이해의 전 과정에서 단지 하나의 계기일 뿐이며, 이미 과거화된 의식의 자기소외로 고착되는 것이 아니라 끊임없이 현재의 이해지평에 의해 충전된다. 역사적 지평의 기투와 동시에 그 극복이 이루어짐으로써 이해의 과정에서 진정한 지평융합이 일어나는 것이다. 그러한 지평융합을 의식적으로 수행하는 경우 영향사적 의식이 깨어 있는 상태라고 할 수 있다. 낭만주의 해석학에 뒤이어 등장한 미학적·역사적 실증주의는 이러한 과제를 외면했지만, 사실 해석학 전반의 핵심적인 문제가 바로 여기에 있다. 그것은 곧 모든 이해과정에서 작용하는 적용Anwendung의 문제이다.

2

해석학적 근본문제의 재발견

1) 적용에 관한 해석학적 문제

낭만주의 이후 학문론의 역사적 자기의식에서는 완전히 사라진 오랜 해석학의 전통에서 적용이라는 문제는 체계적인 위상을 차지하고 있었다. 원래 전통적인 해석학의 탐구영역은 '이해의 엄밀함subtilitas intelligendi'과 '분석의 엄밀함subtilitas explicandi'으로 분류되었으며, 경건주의에 이르러 세번째 영역으로 '적용의 엄밀함subtilitas applicandi'이 추가되었다.(예컨대 람바흐J. J. Rambach) 이 세 가지 요소는 이해의 전 과정을 모두 포괄한다. 그런데 세 영역 모두 '엄밀함subtilitas'으로 지칭되는 것이 눈에 띄는데, 그것은 이러한 탐구영역들이 활용 가능한 방법으로 간주되기보다는 특별히 엄밀한 사고를 요하는 지적 능력으로 간주된다는 것을 뜻한다.[235]

이미 앞에서 살펴본 대로 낭만주의를 통해 이해intelligere와 분석explicare의 내적 통일성이 인식되면서 비로소 해석학의 문제는 체계적인 중요성을 갖게 되었다. 해석Auslegung이라는 것은 먼저 이해를 한 연후에 부수적으로 따라오는 행위가 아니고 이해 자체가 이미 해석이다. 따라서 해석은 이해의 명시적 형태라 할 수 있다. 해석에 사용되는 언어와 개념 역시 이해의 내적 구성요소이며, 따라서 종전까지 우발적이고 부차적인 문제로 간주되던 언어의 문제가 철학의 중심문제로 부상하는 것도 그러한 인식에 상응한다. 이 문제에 관해서는 나중에 다시 거론할 기회가 있을 것이다.

그런데 이해와 해석의 긴밀한 내적 상관성을 강조한 나머지 해석학 문제의 세번째 요소인 적용Applikation의 문제가 해석학의 맥락에서 완전히 배제되는 결과를 초래했다. 예컨대 기독교 전도와 설교에서 교훈적인 목적으로 성서를 적용하는 것은 성서에 대한 역사적 해석이나 신학적 해석과는 전혀 별개의 문제로 간주되었다. 그렇지만 이미 설명한 바와 같이 어떤 텍스트를 이해할 때는 언제나 이해대상이 되는 텍스트를 해석자 자신이 처해 있는 현재의 상황에 적용해서 이해하게 된다. 따라서 이해와 해석뿐 아니라 적용의 문제까지도 단일한 과정으로 이해하려면 낭만주의 해석학 이전에 통용되던 해석학 전통을 고려하지 않을 수 없을 것이다. 그렇다고 해서 경건주의 전통에서 그러했듯이 이해와 해석과 적용이라는 '엄밀한 능력'을 제각기 독립된 영역으로 설정했던 전통적 구분법을 그대로 따르자는 것은 물론 아니다. 그 반대로 우리는 적용 역시 이해 및 해석과 마찬가지로 해석학적 과정의 불가결한 요소로 간주하고자 한다.[236]

해석학에 관한 기존의 논의현황에 비추어볼 때 그러한 관점의 원칙적 중요성을 강조할 필요가 있다. 이와 관련하여 우선 해석학의 잊혀진 역사를 참조할 수 있을 것이다. 원래 해석학은 어떤 텍스트의 의미를 그 텍스트가 탄생한 구체적 상황에 맞게 해석해야 한다는 것을 자명한 과제로 간주했다. 신탁의 언어를 해석함으로써 신의 뜻을 인간에게 전달해주는 통역사의 역할이 그러한 관점을 보여주는 가장 오랜 모델이었다. 그렇지만 오늘날까지도 통역사의 역할은 협상 파트너가 실제로 무슨 말을 했는가를 그저 전달해주기만 하는 것이 아니라, 쌍방의 언어에 정통한 자로서 그가 처해 있는 실질적인 대화상황에 맞게 상대방의 생각이 납득될 수 있도록 전달하는 것이다.

해석학의 역사에서 알 수 있듯이 일반 문헌학적 해석학 외에도 신학적 해석학과 법학적 해석학이 있어왔으며, 이 세 분야가 합쳐져서 비로소 해석학의 온전한 개념이 성립되었다. 18세기와 19세기에 역사의식이 발달한 결과 비로소 문헌학적 해석학과 역사학은 여타의 해석학 분야에서 분리되어 정신과학 연구의 방법론으로서 완전히 독자적인 영역을 확보하게 되었다.

원래 문헌학적 해석학이 법학적 해석학 및 신학적 해석학과 긴밀하게 결속되어 있었던 까닭은 적용의 문제가 모든 이해의 불가결한 요소라고 인정했기 때문이다. 법학적 해석학이나 신학적 해석학에서 (법전이나 전도서처럼) 성문화된 텍스트 자체와 해석의 현재적 상황에 적용하여 (판결이나 설교의 형태로) 파악된 의미 사이의 긴장은 불가결한 구성요소이다. 과거의 법률은 역사적으로 해석되는 것이 아니라 해석을 통해 정당성을 확보함으로써 비로소 효력을 발휘하는 것이다. 그와 마찬가지로 종교 전도서 역시 단지 역사적 문헌으로만 파악될 것이 아니라 구원의 효력을 발휘하는 관점에서 이해되어야 한다. 법전이든 복음서든 두 가지 경우 모두 텍스트의 요구에 합당하게 이해되기 위해서는 해석자가 처한 그때그때의 구체적 상황 속에서 새롭게 이해되어야 하는 것이다. 따라서 이해라는 것은 언제나 곧 적용이기도 하다.

우리는 정신과학에서 이루어지는 이해 역시 그 본질상 역사적이라는 인식에서 출발했다. 다시 말해 정신과학에서도 텍스트는 해석의 시점에 따라 다르게 이해되는 것이다. 바로 그런 이유에서 역사적 해석학은 동일한 해석대상과 해석자의 가변적 상황 사이에서 발생하는 긴장관계를 철저히 성찰하는 것을 과제로 삼았다. 이해의 역사적 가변성 문제는 낭만주의 해석학에 의해 주변부로 밀려났지만, 바로 그러한 역사적 가변성이야말로 해석학적 문제의식의 진정한 핵심이라는 데서 우리의 논의는 출발했다. 역사의식의 형성과정에서 전통의 의의에 관한 우리의 고찰은 현사실성의 해석학에 관한 하이데거의 분석에 의거하여 그것을 정신과학적 해석학의 생산적 준거로 삼고자 했다. 그 과정에서 확인했듯이 이해라는 것은 인식주체로 하여금 선택된 해석대상에 적용하여 객관적 인식을 가능하게 해주는 방법이라기보다는 인식주체가 이미 어떤 전통의 사건 Geschehen 속에 들어서 있다는 것을 전제로 한다. 이해 자체가 곧 하나의 사건이라 할 수 있다. 철학적 관점에서 보면 역사적 변천에 따라 가변적으로 움직이는 탐구대상이 과연 어떤 성격의 이해를 요구하며 어떤 성격의 학문으로 성립될 수 있는가를 탐구하는 것이 곧 해석학의 과제라 할 수 있다.

이로써 현대 학문은 전통적 통념에서는 벗어나는 특별한 자기 인식의 부담을 안게 된다는 것을 우리는 늘 자각한다. 전체적으로 볼 때 우리의 논의는 이러한 부담이 수많은 문제가 누적된 결과로 생겨난 것임을 입증함으로써 그 부담을 덜어보고자 노력했다. 실제로 기존의 해석학 이론은 더이상 통합할 수 없을 만큼 다양한 영역으로 분할되어왔다. 보편적인 해석이론을 정립하고자 시도할 경우 그러한 문제점은 분명히 드러난다. 예컨대 베티E. Betti가 놀라운 식견과 시야를 보여주는 저서 『일반 해석 이론』에서 구분[237]한 것처럼 인지적kognitiv 해석과 규범적normativ 해석, 그리고 재현적reproduktiv 해석을 구분할 경우 해석의 문제에서 부닥치는 다양한 현상들을 이러한 구분법에 맞추어 분류하는 작업은 난관에 직면한다. 무엇보다 우선 여러 학문분야에서 실제로 수행되는 해석에서 그러한 난관이 드러난다. 만약 신학적 해석과 법학적 해석을 하나의 범주로 묶어서 규범적 기능을 갖는다고 분류할 경우 그것은 슐라이어마허의 분류와는 어긋난다. 슐라이어마허는 거꾸로 신학적 해석학이 일반 해석학, 즉 문헌학적·역사적 해석학과 가장 긴밀한 연관성이 있다고 보았던 것이다. 실제로 신학적 해석학은 인지적 기능과 규범적 기능 사이의 괴리를 드러낸다. 설령 학문적 인식을 부차적인 교훈적 목적에 응용하는 것과는 구별한다 하더라도 그러한 괴리는 극복되지 않는다. 법학적 해석학에서도 확실히 그와 동일한 괴리가 발생한다. 어떤 법조문의 의미에 대한 인식은 구체적인 소송에 적용하는 문제와 동떨어진 것이 아니라 통일된 과정 속에 있기 때문이다.

그런데 지금까지 다루었던 해석의 문제와는 전혀 동떨어진 것처럼 보이는 해석, 즉—엄밀히 따지면 읽혀지거나 연주됨으로써 비로소 존재한다고 할 수 있는[238]—문학작품을 읽거나 음악을 감상함으로써 이루어지는 재현적 해석조차도 그 자체로 독립된 해석의 영역이라 보기는 어렵다. 재현적 해석에서도 인지적 기능과 규범적 기능은 괴리를 빚기 때문이다. 가령 텍스트 또는 악곡의 원래 의미를 이해하고 재현을 통해 해석하는 과정을 거치지 않고서는 희곡 작품을 공연하거나 문학작품을 낭송하거나 악곡을 연주하기가 불가능하다. 그와 마찬가지로 공연자나 낭송자 혹은 연주자는 텍스트를 공연이나 낭송 혹은 연주를 통해 감각적 현상으로 옮길 때, 그때 그때 자신이 처해 있는 현재적 관점에서 자신의 소신대로 양식Stil을 해석하되 원작의 양식에 합당하게 원작을 재현해야 한다는 요구의 제약으로 인해 규범적인 요소를 유념해야 한다. 이러한 과정을 거치지 않고서는 그 누구도 재현을 통한 해석을 수행할 수 없다. 외국작품을 번역하거나 번안하는 경우, 혹은 텍스트를 올바르게 낭송하기 위해서도 문헌학적 해석을 할 때와 동일한 차원의 해석이 요구되며, 따라서 이 두 가지 작업은 서로 일맥상통한다. 그 점을 분명히 인식한다면 베티가 제안한 인지적 해석과 규범적 해석 및 재현적 해석의 구분은 원칙적인 타당성을 확보할 수 없으며, 세 영역이 하나의 통일된 현상을 가리킨다는 결론을 받아들이지 않을 수 없을 것이다.

만약 그러한 결론이 옳다면 법학적 해석학과 신학적 해석학의 관점에서 정신과학적 해석학을 새롭게 정의할 필요가 있다. 그러기 위해서는 물론 우리의 탐구를 통해 도달한 인식을 참조할 필요가 있다. 다시 말해 낭만주의 해석학과 그것이 절정에 이른 심리적 해석

학, 즉 상이한 개인들의 심리를 규명하는 해석학은 이해의 문제를
너무 일면적으로 파악했다는 인식이 그것이다. 이미 살펴본 대로
해석학의 문제를 해석자의 주관성과 파악해야 할 의미의 객관성
으로 양분하여 설정하는 것은 온당치 않다. 그러한 양분법은 잘못
된 대립구도에 의거한 것으로, 설령 주관과 객관의 변증법을 인정
한다 해도 그러한 대립은 극복될 수 없다. 마찬가지로 규범적 기능
과 인지적 기능을 구분하는 것은 원래는 명백히 통합되어 있는 것
을 완전히 분리시키는 결과를 초래한다. 규범적인 적용을 통해 효
력이 발생하는 법률의 의미는 원칙적으로 보면 법률의 이해과정에
서 이미 타당성을 얻는 어떤 사태의 의미와 다르지 않다. 작품의 저
자와 해석자를 서로 연결해주는 '동질성Kongenialität'을 전제하여 텍
스트의 이해 가능성을 설명하는 것은 문제의 초점에서 완전히 벗어
난 것이다. 만약 그런 전제가 성립된다면 정신과학은 심각한 곤경
에 직면할 것이다. 전통 속에서 진정한 의의와 근원적 의미를 인식
하기 위해 그러한 동질성을 전제할 필요가 없다는 것이야말로 이해
의 심오한 이치라 하겠다. 우리는 우리 자신보다 우월한 가치를 주
장하는 텍스트를 향해 우리 자신을 열어 보일 수 있으며, 이해의 과
정을 통해 텍스트가 우리에게 건네오는 말의 의미에 부응할 수 있
다. 문헌학과 역사적 정신과학의 영역에서 해석학은 결코 '지식을
지배의 수단으로'239 삼지 않는다. 다시 말해 해석학은 텍스트를 해
석자의 소유물로 장악하는 방식으로 작동하지 않으며, 오히려 텍스
트 자체의 지배적인 요구에 해석자 자신을 종속시킨다. 법학적 해
석학이나 신학적 해석학이야말로 바로 그것을 입증해주는 진정한
본보기라 할 수 있다. 입법의 취지를 해석하거나 신의 섭리를 해석
하는 것은 분명히 해석자 자신의 우월한 권한을 행사하려는 것이
아니라 입법의 취지와 신의 섭리를 받들고자 하는 형식인 것이다.
그렇게 해서 관철되어야 할 의미를 존중하는 것이 곧 적용까지도
포함하는 해석인 것이다. 이제 내가 주장하려는 테제는 역사적 해

석학 역시 해석자의 현재적 관점에 맞게 적용하여 해석하는 작업을 수행해야 한다는 것이다. 왜냐하면 역사적 해석학 역시 해석자를 텍스트로부터 분리시키면서 텍스트에 어긋나는 생소한 의미를 극복하게 해주는 시대적 간격을 의식적으로 극복하고자 노력하며, 그런 한에는 역사적 해석학 역시 텍스트의 의미가 올바르게 관철될 수 있도록 받드는 역할을 하기 때문이다.[240]

2) 해석학의 관점에서 본 아리스토텔레스의 현재적 의의[241]

이미 앞에서 여러 차례 언급했던 문제가 여기서 새롭게 부각된다. 해석학의 가장 첨예한 쟁점은 전통 자체가 해석의 시점에 따라 늘 다르게 이해될 수밖에 없다는 것이다. 이 문제는 논리적 차원에서 보면 보편성과 특수성의 문제로 생각해볼 수 있다. 그런 관점에서 이해라는 것은 보편적인 것을 구체적이고 특수한 상황에 적용하는 특수한 경우라 할 수 있다. 이와 관련하여 아리스토텔레스의 윤리학은 특별한 중요성을 갖는데, 우리는 이미 정신과학 이론에 관한 도입부의 논의에서 이 문제를 언급했다.[242] 물론 아리스토텔레스의 관심사는 해석학의 문제나 해석학의 역사적 차원이 아니라 과연 어떻게 윤리적 행위에서 이성의 역할을 올바르게 평가할 것인가 하는 문제이다. 그런데 바로 그 대목이 우리의 관심사와 직결된다. 아리스토텔레스가 논하는 이성과 인식의 문제는 역사적 존재와 분리된 별개의 것이 아니라 역사적 존재에 의해 규정되는 동시에 역사적 존재를 규정하기도 하기 때문이다. 알다시피 아리스토텔레스는 선善의 문제를 탐구함에 있어 소크라테스와 플라톤의 '지성주의 Intellektualismus'에 제한을 가함으로써 윤리학을 형이상학과 나란히 독립된 학문영역으로 설정하여 윤리학의 창시자가 된다. 아리스토텔레스는 플라톤이 주창한 선의 이념이 공허한 보편개념이라고 비판하면서 그에 맞서 인간적인 선, 즉 인간의 행위에서 드러나는 선의 문제를 제기한다.[243] 그러한 비판적 관점에서 보면 소크라테스와 플라톤의 도덕론에 바탕이 되는 탁월함Arete과 로고스Logos의 동일시는 지나치게 과장된 논리임이 밝혀진다. 반면 아리스토텔레스는 인간의 윤리적 판단을 담보하는 요소가 '욕구orexis'이며 그것이 습관hexis으로 구체적인 모습을 드러낸다고 봄으로써 탁월함과 로고스의 상관성을 균형 있게 바로잡는다. 윤리학이라는 개념은 그 명칭 자체에서 이미 '탁월함'이 실천과 '품성ethos'에 근거를 둔다는 아리스토텔레스의 관점을 시사하는 것이다.

인간의 윤리는 단지 능력이나 힘들이 작용하는 터전이 아니다. 인간은 구체적으로 행하는 바와 살아가는 자세 여하에 따라 비로소 구체적인 역사적 존재가 되고 특정한 방식으로 행동하는 존재가 되며, 바로 그런 점에서 인간의 윤리는 자연과는 본질적으로 구별된다. 이런 의미에서 아리스토텔레스는 '자연계physis'에 대비되는 '윤리'의 영역을 설정하는데, 이 윤리의 영역에서는 무규칙이 지배하는 것은 아니지만 자연의 법칙성과는 무관하게 인간사와 인간의 행동양식이 가변적이고 제한적인 규칙성을 드러낸다.

이제 문제는 인간의 윤리적 삶에 관한 이론적 인식이 과연 어떻게 가능하며 또 인식(즉 '이성')이 인간의 윤리적 삶에서 과연 어떤 역할을 하는가 하는 것이다. 우리 인간이 경험하는 선善이라는 것은 그때그때 우리가 처해 있는 실제상황에서 행해지는 구체적 행위로 나타난다. 그렇다면 윤리적 인식의 과제는 구체적 상황이 우리에게 무엇을 요구하는가를 판별하는 일이다. 다시 말해 어떤 행위를 하는 사람은 자신에게 보편적으로 요구되는 것이 과연 무엇인가 하는 관점에서 구체적 상황을 판단해야 한다. 부정적인 방식으로 바꾸어 말하면, 구체적 상황에 맞게 자신의 행위를 이끌어낼 줄 모르는 보편적 인식은 아무런 의미가 없을뿐더러, 특정한 상황에서 필요한 구체적 요구사항을 모호하게 은폐할 우려마저 있는 것이다. 윤리적 사고의 본질을 규정하는 이러한 사태로 인하여 철학적 윤리학은 방법론적 난관을 수반할 뿐 아니라 방법론의 문제 자체도 윤리의 문제와 불가분의 연관성을 갖게 된다. 플라톤은 이데아론에 근거하여 선의 문제를 규정했지만, 이와 달리 아리스토텔레스는 '실천철학'에서는 가령 수학자에게 요구되는 것과 같은 최고 수준의 엄밀함이 중요한 것은 아니라고 강조한다. 아리스토텔레스는 윤리학에서 그러한 엄밀함을 요구한다면 그것은 문제를 잘못 짚은 것이라고 본다. 윤리학에서는 단지 문제의 윤곽을 분명히 드러냄으로써 윤리의식의 형성에 어느 정도 도움이 되는 것만으로도 충분하다.[244] 그런데 그러한 도움이 과연 어떻게 가능한가 하는 문제부터가 이미 윤리적인 문제이다. 왜냐하면 행위자가 충분한 자기인식을 통해 결단을 내려야 하고 다른 어떤 외적 요인에 의해서도 그러한 자기책임을 포기할 수 없다는 것이야말로 분명히 윤리현상의 본질적 특성이기 때문이다. 따라서 철학적 윤리학의 문제에 올바르게 접근하기 위해 결정적으로 중요한 것은 철학적 윤리학이 윤리의식의 역할을 대신하려 해서도 안 되고 또한 순전히 이론적인 '역사적' 탐구만 추구해서도 안 되며, 윤리현상들을 문제의 윤곽을 드러내는 방식으로 해명하면서 윤리의식이 분명한 자각에 도달할 수 있도록 도와주는 역할을 해야 한다는 것이다. 그러한 접근방식은 이러한 도움을 수용하는 사람들(아리스토텔레스의 경우 그의 강론을 듣는 청중들)이 도처에 존재한다는 사실을 전제로 한다. 그런 도움을 받아들이는 사람은 그에게 전달되는 가르침이 실제로 자신에게 도움이 되는 수준 이상의 것은 요구하지 않을 만큼 충분히 성숙한 인격체이어야 할 것이다. 긍정적인 방식으로 표현하자면, 그런 도움을 받아들이는 사람은 그 자신이 이미 충분한 수련과 교육을 받아서 인생의 구체적 상황에서 확고한 태도를 견지하고 올바른 처신을 통해 자신의 지속적인 관심사를 관철시킬 수 있어야 하는 것이다.[245]

알다시피 방법론의 문제는 대상에 의해 규정된다. 그것은 일찍이 아리스토텔레스가 천명했던 기본원칙이기도 하다. 우리의 논의 주제와 관련하여 중요한 것은 아리스토텔레스가 그의 윤리학에서 개진하는 윤리적 삶과 윤리의식의 독특한 상관관계를 좀더 엄밀하게 파악하는 것이다. 아리스토텔레스는 이성적 인식을 윤리적 삶의 본질적 구성요소로 간주하며, 그런 한에는 소크라테스의 가르침을 따르는 셈이다. 우리의 관심을 끄는 대목은 아리스토텔레스가 소크라테스와 플라톤의 전통을 계승하는 한편 그 자신이 주창한 '윤리'의 문제도 강조함으로써 양자 사이에서 균형 있는 시각을 취한다는 사실이다. 왜냐하면 확실히 해석학의 문제 역시 자신의 삶과 분리된 '순수한' 인식의 문제와는 다르기 때문이다. 앞에서 언급한 대로 해석자는 해석대상이 되는 전통에 속해 있으며, 이해 자체가 역사적 사건의 구성요소이다. 근대 학문은 객관주의적 방법론에 치우쳐서 학문의 본령에서 멀어졌으며, 19세기 해석학과 역사학이 봉착한 문제점도 바로 그것이었다. 내가 보기에 그것은 잘못된 대상화의 결과이다. 아리스토텔레스의 윤리학은 바로 그러한 문제점을 꿰뚫어보고 피할 수 있는 하나의 본보기라 할 수 있다. 아리스토텔레스가 말하는 윤리적 인식은 결코 대상적 인식이 아니다. 인식주체는 그저 확인하기만 하면 되는 객관적 사태를 마주하는 것이 아니라 인식주체 자신이 인식대상에 의해 직접적인 영향을 받는다. 인식대상은 인식주체가 마땅히 행해야 할 당위인 것이다.[246]

그러한 윤리적 인식이 과학의 영역에서 말하는 인식이 아니라는 것은 분명하다. 그런 한에는 아리스토텔레스가 '프로네시스 phronesis'라 일컫는 윤리적 앎과 '에피스테메 episteme'라 일컫는 이론적 앎을 명확히 구분한 것은 단순한 논법이다. 특히 고대 그리스인들에게 수학으로 대표되는 과학은 불변의 현상에 대한 인식으로서 증명에 바탕을 두며, 따라서 누구나 배울 수 있는 것임을 감안하면 아리스토텔레스의 구분이 단순하다는 것을 알 수 있다. 정신과학적 해석학의 입장에서 보면 윤리적 인식과 수학적 인식의 구별로는 배울 수 있는 게 전혀 없는 셈이다. 정신과학은 그러한 '이론적' 학문보다는 윤리적 인식과 더욱 긴밀한 관련이 있다. 정신과학은 '윤리적 학문'이라 할 수 있다. 인간과 인간의 자기인식이 곧 정신과학의 대상이다. 그런데 인간은 자기 자신이 행동하는 존재임을 알며, 그러한 자기인식은 결코 고정불변일 수 없다. 행동하는 인간은 고정불변의 존재가 아니라 가변적인 존재에 관여한다. 인간은 스스로 행동을 통해 어떻게 개입해야 할 것인가를 그러한 가변적 존재 속에서 발견하는 것이다. 인식이 곧 행위를 이끌어가야 하는 것이다.

아리스토텔레스가 그의 윤리학에서 다루는 윤리적 인식의 핵심 문제가 바로 여기에 있다. 왜냐하면 인식을 통해 행위를 이끌어가는 문제는 고대 그리스인들이 '기술techne'이라 일컬은 영역에서 가장 표본적으로 드러나기 때문이다. 그리스인들이 말하는 기술이란 특정한 물건을 만들어내는 수공업자의 지식인 제작술Kunsfertig-keit을 가리킨다. 문제는 윤리적 인식 역시 과연 그런 부류의 지식인가 하는 점이다. 만약 그렇다면 윤리적 인식은 우리 스스로 만들어내야 하는 어떤 대상에 관한 인식이 되는 셈이다. 마치 수공업자가 자신의 계획과 의지에 따라 어떤 대상을 만들어내는 방법을 배우듯이 인간이 윤리적 당위에 맞추어 자기 자신을 만들어가야 한다는 말인가? 마치 수공업자가 자신이 만들고자 하는 대상의 '형상eidos'을 미리 인식하고서 그것을 물질적 질료로 표현하듯이 인간은 자기 자신의 '형상'에 따라 스스로를 설계할 수 있는가? 알다시피 소크라테스와 플라톤은 기술 개념을 실제로 인간존재의 개념에도 적용했으며, 그렇게 함으로써 어떤 진실을 밝혀냈다는 것을 부인할 수 없다. 기술이라는 모델은 적어도 정치의 영역에서는 대단히 비판적인 기능을 수행했다. 정치에 관여하는 사람, 즉 시민이면 누구나 숙지한다고 생각하는 이른바 정치의 기술이라는 것이 아무런 소용도 없음을 밝혀낸 것이다. 소크라테스는 그의 동향인들과 함께 나눈 경험을 이야기하는 유명한 대목에서 수공업자의 지식을 지식의 영역에서 유일하게 실질적인 지식이라고 인정한다.[247] 물론 수공업자들 역시 그를 실망시키는 것은 사실이다. 수공업자들의 지식은 인간을 인간답게 만들고 시민을 시민답게 만들어주는 그런 의미에서의 참된 지식은 아닌 것이다. 그렇지만 수공업자의 지식은 실질적인 지식이다. 그것은 실질적인 기술이고 숙련이며, 단지 고도로 축적된 경험 이상의 어떤 것이다. 그런 점에서 확실히 수공업자의 지식은 소크라테스가 추구하는 진정한 윤리적 인식과 일맥상통한다. 두 영역 모두 어떤 행위를 규정하고 이끌어가기 위한 사전지식을 추구하기 때문이다. 또한 두 영역 모두 그때그때의 구체적 과제에 맞게 지식을 적용해야 한다는 공통점이 있다.

바로 이런 측면에서 윤리적 인식에 관한 아리스토텔레스의 분석은 현대 정신과학의 해석학적 문제와 관련이 있다. 해석학적 의식이 기술적 인식이나 윤리적 인식 자체와 직결되지 않는 것은 분명하다. 그렇지만 그 두 가지 인식방식은 우리가 해석학의 중심문제로 파악한 적용의 문제와 동일한 과제를 추구한다. 물론 '적용'이 동일한 의미로 사용될 수 없다는 것은 분명하다. 배우고 가르칠 수 있는 기술과, 경험을 통해 획득하는 능력 사이에는 매우 독특한 긴장관계가 존재한다. 어떤 사람이 특정한 기술을 배우면서 습득하는 사전지식은 실제 작업을 놓고 보면 그런 수련과정을 거치지는 않았어도 경험이 많은 사람에 비해 반드시 더 낫다고 할 수는 없다. 그렇다고 해서 기술의 연마를 통해 습득된 사전지식을 '이론적' 지식이라 일컬을 수는 없을 것이다. 더구나 기술적 지식을 사용할 때는 당연히 경험이 저절로 따라오게 마련이다. 기술적 지식은 언제나 실천과 연관되어 있기 때문이다. 설령 거친 재료가 수공업 기술자의 솜씨로 다루기 어렵다 하더라도 아리스토텔레스가 즐겨 인용하는 다음과 같은 시인들의 경구는 옳은 말이다. "기술techne은 행운 Tyche을 사랑하고 행운은 기술을 사랑하나니." 이 말은 대개는 훌륭

한 기술을 익힌 장인만이 훌륭한 작품을 탄생시킬 행운도 거머쥔다
는 뜻이다. 사물을 다루는 탁월한 솜씨는 기술을 통해 습득해야 하
며, 윤리적 인식에 도달하기 위해서도 그와 비슷한 어떤 것이 요구
된다. 올바른 윤리적 판단을 위해서는 분명 경험만 가지고는 부족
하기 때문이다. 윤리적 의식에 의해 자신의 행위를 이끌어갈 준비
가 되어 있어야 하는 것이다. 기술의 영역에서는 사전지식이 반드
시 실제 창작의 성공을 보증한다고 볼 수는 없다. 그렇지만 윤리의
영역에서는 사전지식과 실천이 그처럼 불확실한 관계로 연결된다
면 결코 만족할 수 없을 것이다. 윤리의식의 완성과 기술적 창작능
력의 완성 사이에는 깊은 상관성이 있지만 양자가 동일하지는 않
은 것이다.

따지고 보면 윤리의식과 기술적 지식의 차이는 분명하다. 기술
자가 작업재료를 다루듯이 사람이 자신의 행위를 제어할 수 없음은
물론이다. 어떤 사물을 만들어내듯이 사람이 자기 자신을 만들어
낼 수는 없는 것이다. 그렇게 보면 인간이 윤리적 행위 속에서 자기
자신에 관해 갖는 인식은 사물을 제작할 때의 인식과는 분명히 구
별된다. 아리스토텔레스는 이러한 차이를 '자기인식Sich-Wissen' 내
지 '대자적 인식Für-sich-Wissen'이라고 대범하고도 독특하게 표현했
다.[248] 이로써 윤리의식의 자기인식이 이론적 인식과는 구별된다는
것을 쉽게 알 수 있다. 또한 기술적 인식과의 차이도 분명하며, 그 두
영역과의 차이를 드러내기 위해 아리스토텔레스는 과감히 '자기인
식'이라는 독특한 표현을 사용한다.

아리스토텔레스는 윤리적 인식의 '대상'을 존재론적으로 불변
의 보편적 존재로 설정하지 않고 가변적인 개별적 존재로 설정한
다. 그렇게 되면 윤리적 인식을 기술적 인식과 구별하는 일은 더 어
려운 과제가 된다. 하지만 얼른 생각하면 두 영역에서 추구하는 과
제는 매우 흡사해보인다. 뭔가를 만들어낼 줄 아는 사람은 그렇게
함으로써 좋은 일을 하는 셈이며, '독자적인' 방식으로 그런 일을 해

낼 줄 안다. 따라서 그런 사람은 일단 가능성이 주어지면 실제로 뭔가를 만들어낼 수 있다. 그는 재료를 옳게 고를 줄 알고, 작업을 실행하기 위한 올바른 수단을 선택할 줄 안다. 배워서 얻은 보편적 지식을 구체적 상황에 맞게 적용할 줄 아는 것이다. 이와 똑같은 일이 윤리의식의 차원에서도 벌어지지 않는가? 윤리적 결단을 내려야 하는 사람은 미리 사전지식을 습득하고 있다. 우리는 교육과 전통을 통해 보편적으로 어떤 것이 옳은가를 안다. 윤리적 결단의 과제 역시 구체적 상황에 합당하게 올바른 일을 행하는 것이다. 다시 말해 구체적인 상황에 비추어 올바른 것을 통찰하고 실행에 옮기는 것이다. 이 경우에도 상황을 파악하고 올바른 수단을 선택해야 하는 것이다. 그리고 윤리적 행위 역시 수공업자의 행위와 마찬가지로 심사숙고를 거쳐야 한다. 그렇다면 윤리적 인식이 과연 어떻게 기술적 인식과는 전혀 다른 성질의 것이란 말인가?

프로네시스*phronesis*에 관한 아리스토텔레스의 분석은 이 문제에 답할 수 있는 풍부한 단서를 제공한다. 아리스토텔레스가 실천적 지혜가 드러나는 현상들을 온갖 다양한 측면에서 서술할 수 있다는 사실이야말로 그의 독보적인 천재성을 입증한다. "경험적인 것은 그것을 종합적으로 파악하면 사변적 개념이다."(헤겔)[249] 여기서는 우리의 논의맥락과 관련하여 중요한 몇 가지 측면만 살펴보기로 하겠다.

1. 우리는 어떤 기술을 배울 수도 있지만 배운 기술을 잊어버릴 수도 있다. 그렇지만 윤리적 인식은 그렇게 기술을 배우듯 배울 수도 없고 또 배운 기술을 잊어버리듯이 잊어버릴 수도 없다. 윤리적 인식은 실용적인 능력, 즉 기술을 선택하거나 말거나 하듯이 습득할 수 있는 것이 아니다. 오히려 우리는 이미 어떤 행위를 해야 하는 사람의 상황 속에 있으며(교육자에 대한 순종이 결단을 대신하는 미성년자의 경우는 논외로 하겠다), 따라서 행위를 하기 전에 이미 윤

리적 인식을 갖추고 있어서 그것을 적용한다. 바로 그렇기 때문에 이 경우에는 적용이라는 개념이 매우 문제적이다. 왜냐하면 적용한 다는 것은 사전에 이미 독자적으로 갖고 있는 것을 적용한다는 뜻이기 때문이다. 그렇지만 윤리적 인식이라는 것은 이미 갖고 있는 것을 구체적 상황에 적용하는 식으로 따로 소유할 수 있는 것이 아니다. 우리 인간이 마땅히 행해야 할 당위에 관해 갖는 생각들, 다시 말해 정의와 불의, 예의범절, 용기, 품위, 인간적 유대—이 모든 개념들은 아리스토텔레스의 도덕 개념에 포함된다—등에 관해 갖는 생각들은 물론 어떤 의미에서는 우리가 추구하는 이상적 가치들이다. 그렇지만 그러한 윤리적 이상은 예컨대 수공업자가 자신이 만들고자 하는 대상을 설계할 때 설정하는 이상과는 근본적으로 다른 성질의 것이다. 가령 정의라는 것은 나에게 정의로운 행동을 요구하는 상황에 좌우되는 것은 아니며, 따라서 완벽하게 규정될 수는 없다. 반면 수공업자가 만들고자 하는 대상의 '형상eidos'은 그 대상이 어떤 용도로 사용될 것인가에 따라 완벽하게 규정될 수 있다.

물론 무엇이 정의로운가 하는 문제 역시 절대적인 의미에서는 규정되어 있는 것처럼 보인다. 정의로운 것은 법으로 성문화되어 있으며, 설령 성문화되어 있지 않더라도 극히 엄정하게 규정되어 있고 보편타당한 윤리의 일반적인 행동규범에 포함되기 때문이다. 그래서 법을 집행하는 것은 지식과 능력을 요하는 고유한 과업이다. 그렇다면 법의 집행은 기술이 아니란 말인가? 법의 집행 역시 법률과 규정을 구체적인 사례에 적용하는 것 아닌가? 우리는 재판관의 '수완'이라는 말을 쓰지 않는가? 그렇다면 아리스토텔레스가 '법정행위와 관련된 실천적 지혜dikastikē phronēsis'라 일컬은 것이 과연 어떻게 기술techne이 아니란 말인가?[250]

법률을 적용하는 문제를 심사숙고해보면 법률적으로 판단하기 애매한 독특한 문제가 발생한다는 것을 알 수 있다. 그렇지만 수공업자의 처지는 전혀 다르다. 물론 작업계획과 구체적인 실행규칙을 숙지한 상태에서 작업에 임하는 수공업자 역시 구체적 상황과 여건에 적응해야만 하는 경우도 있을 것이다. 그럴 때는 애초에 구상했던 계획을 그대로 실행에 옮기는 것을 포기하지 않을 수 없다. 하지만 그렇게 애초의 계획을 포기한다고 해서 그가 의도하는 작업에 관한 지식이 더 완벽해지는 것은 아니다. 다만 구체적인 실행과정에서 자신이 아는 지식의 어떤 부분은 제외시킬 뿐이다. 그렇게 보면 이 경우 실제로 관건은 지식을 적용하는 문제이며, 다만 완벽한 적용이 불가능할 때 곤란이 따를 뿐이다.

이와 달리 법을 '적용'하는 사람의 처지는 전혀 다르다. 어떤 구체적 상황에서는 법의 엄격한 적용을 포기하지 않을 수 없는 경우도 생길 것이다. 만약 그렇게 한다면 그것은 달리 다른 방도가 없어서가 아니라 그렇게 하지 않으면 정의에 어긋나기 때문이다. 그러니까 법의 적용을 느슨하게 한다고 해서 정의를 포기하는 것이 아니라 그 반대로 더 나은 정의를 추구하는 것이다. 아리스토텔레스는 '형평성epieikeia'에 관한 분석에서[251] 그러한 의미에서 '더 나은 정의'를 일컬어 "형평성이란 법을 바로잡는 것이다"라고 확고하게 표현한다.[252] 이로써 아리스토텔레스는 모든 법률이 그 보편성으로 인해 실제현실을 완벽하게 구체적으로 반영하지는 못하며, 따라서 구체적인 행위상황과는 필연적인 긴장관계에 있음을 보여준다. 우리는 이 책의 서론에 해당하는 부분에서 판단력 문제를 분석하는 가운데 이미 이 문제를 언급한 바 있다.[253] 확실히 법학적 해석학의 본령은 바로 여기에 있다.[254] 법은 언제나 불완전하게 마련이다. 하지만 그것은 법 자체가 불완전해서가 아니라, 법이 지향하는 질서에 견주면 인간현실이 어쩔 수 없이 불완전하게 마련이어서 법의 단순적용을 허용하지 않기 때문이다.

이상의 논의에서도 알 수 있듯이 자연법Naturrecht의 문제를 보는 아리스토텔레스의 관점은 후대의 자연법 전통과 간단히 동일시할 수 없을 만큼 매우 섬세하다. 여기서는 자연법 사상과 해석학 문제의 상호관계에 초점을 맞추어 간단히 살펴보기로 하겠다.[255] 아리스토텔레스가 자연법 문제를 쉽게 무시하지 않는다는 것은 지금까지 언급한 내용에서도 확인할 수 있다. 그는 성문법만이 진정한 법률이라고 생각하지는 않으며, 적어도 이른바 형평성의 고려가 법률을 보완하는 역할을 해야 한다고 본다. 그래서 아리스토텔레스는 자연적 정의와 법적 정의의 구별을 강조함으로써 극단적인 관습주의나 법실정주의에 반대한다.[256] 이로써 아리스토텔레스가 의도하는 차이점은 단지 자연법의 불변성과 실정법의 가변성을 구별하는 차원에 그치지 않는다. 일반적으로 아리스토텔레스는 그런 구별을 강조한 것으로 이해되어온 것이 사실이다. 하지만 그렇게만 이해하면 아리스토텔레스의 통찰이 얼마나 심오한지를 간과하는 것이다. 아리스토텔레스는 절대불변의 법에 관한 생각을 피력하긴 하지만 그것은 어디까지나 신들의 몫이라고 제한을 하며, 인간사에서는 성문법뿐 아니라 자연법조차도 가변적이라고 천명한다. 아리스토텔레스에 따르면 그러한 가변성은 전혀 '자연'법의 특성과 모순되지 않는다. 내가 보기에 이러한 주장의 의의는 다음과 같이 이해될 수 있을 것이다. 즉 (예컨대 자동차는 우측통행을 한다는 교통법규처럼) 순전히 합의에 따라 제정된 법률도 있고, 그런가 하면 '자연스러운 순리'에 비추어볼 때 사람들이 임의로 합의하는 것을 허용하지 않는 법률도 있다는 것이다. 따라서 후자의 경우처럼 정해진 법률을 '자연법'이라 일컫는 것은 지당하다.[257] 자연스러운 순리에 비추어 법을 제정함에 있어 유동적인 여지가 있다면 그러한 자연법은 가변적일 수 있는 것이다. 아리스토텔레스가 다른 영역에서 인용하는 사례들을 보면 이 점을 분명히 알 수 있다. 예컨대 자연상태에서는 오른손이 더 힘세지만, 왼손을 단련시켜서 오른손만큼 강하게 만드는 것은 얼마든지 가능하다. (아리스토텔레스가 이 예를 드는 것은 분명히 플라톤이 이 예를 즐겨 사용했기 때문일 것이다.) 또다른 예로, 똑같은 잔을 사용하더라도 우리가 포도주를 사서 마실 때는 파는 사람의 입장에 서 있을 때보다 잔이 더 작게 느껴지는 경우를 들 수 있다. 이 경우는 훨씬 더 분명한데, 그것은 이 예가 이미 법률의 소관사항이기 때문이다. 아리스토텔레스가 이 예를 드는 이유는 포도주 상인이 고객들을 속이려는 경향이 있다는 말을 하기 위해서가 아니라, 그러한 태도가 곧 법으로 허용되는 한도 안에서 무엇이 정의로운가를 재량껏 판단할 수 있는 사태에 상응한다고 보기 때문이다. 아리스토텔레스는 최상의 국가는 확실히 "어디에 있든 똑같다"라고 보지만, 그렇다고 해서 "어디에서든, 그리스에서든 페르시아에서든, 불이 타오르는 것은 똑같다"라는 의미에서 동일한 것은 아니라고 강조한다.

아리스토텔레스가 이렇게 말한 의도는 분명하지만, 그럼에도 후대의 자연법 이론은 바로 이 구절에 기대서 마치 아리스토텔레스가 정의의 불변성을 자연법칙의 불변성에 견준 것처럼 엉뚱하게 해석한다.[258] 그러나 사실은 그 반대이다. 그러한 잘못된 해석을 아리스토텔레스의 생각과 비교해보면 금방 드러나겠지만, 사실 아리스토텔레스의 사유에서 자연법 사상은 오직 비판적 기능만 갖는다. 아리스토텔레스의 자연법 사상을 교조적으로 남용해서는 안 된다. 다시 말해 특정한 법의 내용 자체에 자연법의 불가침 권위를 부여해서는 안 된다. 아리스토텔레스 역시 모든 실정법은 불가피하게 결함이 있을 수밖에 없기 때문에 자연법 사상이 불가결하다고 본다. 특히 형평성을 고려하여 실질적인 정의를 구현해야 하는 경우 자연법 사상이 절실히 요구된다. 그렇지만 법과 정의가 서로 괴리를 빚어서 마땅히 자연법에 호소해야 하는 상황에서는 자연법이 비판적 기능을 갖는다.

우리는 아리스토텔레스가 상세히 논의하는 자연법의 특수한 문제 자체에 관심을 갖기보다는 그의 논의가 원칙적인 의의를 갖는다는 사실에 주목하고자 한다. 자연법과 관련하여 아리스토텔레스가 제시하는 내용은 단지 정의의 문제에 국한되지 않고 모름지기 인간이 과연 어떤 존재가 되어야 하는가 하는 당위의 문제에 관해 우리가 떠올릴 수 있는 모든 개념을 포괄한다. 그 모든 개념은 관습의 제약을 받는 임의의 이상일 뿐 아니라, 다양한 시대와 민족에 따라 윤리개념이 아무리 다양하다 해도 자연스러운 순리라는 것이 존재하게 마련이다. 그렇다고 해서 자연스러운 순리라는 것(이를테면 용기라는 이상)이 그 자체로 인식될 수 있고 적용될 수 있는 확고한 가치척도를 갖는다는 뜻은 아니다. 오히려 아리스토텔레스는 윤리학의 철인哲人 역시 다른 모든 인간과 마찬가지로 언제나 특정한 정치적·윤리적 상황의 제약을 받으며, 그러한 제약에 근거하여 사물을 판단한다고 본다. 아리스토텔레스는 그 자신이 제시하는 윤리지침들조차도 다른 사람들에게 가르칠 수 있는 지식이라고는 생각하지 않는다. 아리스토텔레스가 제시하는 윤리지침들은 하나의 모델로서만 타당할 뿐이며, 언제나 행위의 구체적 상황 속에서 비로소 구체화될 따름이다. 그 윤리지침들은 무조건 준수하기만 하면 되는 숭고한 정언율도 아니고 불변의 윤리철칙도 아니다. 다른 한편 그 윤리지침들은 단순히 관습도 아니며 실제로는 자연스러운 순리를 가리키는데, 다만 자연스러운 순리라는 것은 윤리의식을 통해 구체적 상황에 적용됨으로써 비로소 명확하게 규정된다.

2. 바로 이런 점에서 수단과 목적 개념의 상호관계는 원칙적으로 수정된다는 것이 드러나며, 이러한 수정을 통해 윤리적 인식은 기술적 지식과 구별된다. 윤리적 인식은 단지 개별적 특수성의 차원에만 국한된 목적을 추구하지 않을 뿐 아니라, 전반적으로 바르게 사는 것이 무엇인가 하는 문제에 매달린다. 반면 모든 기술적 지식은 당연히 개별적 특수성에 얽매이고 개별적 목적을 추구한다. 기술적 지식이 요구되지만 아직 갖추어져 있지 않은 경우에는 반드시 윤리적 인식이 요청되기 마련이다. 그뿐 아니라 기술적 지식이 이미 갖추어져 있다면 그 지식의 대상에 관해 독자적으로 심사숙고

할 필요조차 없을 것이다. 이미 기술techne이 주어져 있다면 그 기술을 배워야 할 테고, 그럼으로써 기술을 어떻게 적용할 것인가 하는 올바른 수단도 찾게 될 것이다. 이와 달리 윤리적 지식은 언제나 독자적인 심사숙고를 반드시 필요로 한다. 윤리적 인식이 이상적으로 완성된 경우를 상정한다 하더라도, 그 완성 정도를 가늠하는 것은 사려깊음euboulia이지 기술과 같은 부류의 앎은 아니다.

따라서 문제는 윤리적 인식과 기술적 인식의 원칙적 관계이다. 기술적 인식을 아무리 확장해서 해석한다 하더라도 기술적 인식이 자기성찰적인 윤리적 인식에 의존한다는 사실이 일거에 해소되는 것은 아니다. 원칙적으로 윤리적 인식은 전수가능한 지식과 달리 미리 익혀서 활용할 수 있는 성질의 것이 아니다. 윤리적 인식에서 수단과 목적의 관계는 올바른 수단을 미리 확보할 수 있는 성질의 것이 아니다. 그것은 올바른 목적에 관한 인식 역시 단순히 지식의 대상만은 아닌 것과 마찬가지 이유에서이다. 과연 무엇을 지향하는 것이 올바른 삶인가 하는 문제에 관해 사전지식을 가지고 미리 단정할 수는 없는 것이다. 실천적 지식에 관한 아리스토텔레스의 정의가 매우 유동적인 것은 바로 그런 이유에서이다. 실천적 지식이 때로는 목적에 치중하지만, 또 때로는 목적을 실현하기 위한 수단에 더 큰 비중을 두기도 하기 때문이다.[259] 실제로 이것이 뜻하는 바는, 우리 인생의 전반적인 목적은, 그리고 아리스토텔레스가 그의 윤리학에서 서술하는 윤리적 행동지침들은, 전수가능한 지식의 대상이 될 수 없다는 것이다. 자연법의 교조적 적용이 있을 수 없듯이 윤리학의 교조적 적용 역시 있을 수 없다. 오히려 아리스토텔레스의 윤리학은 인간의 삶과 행동에서 마땅히 추구해야 하는 올바른 중용의 전형적인 형태를 보여준다. 하지만 그러한 윤리적 행동지침을 지향하는 윤리적 인식은 그때그때의 긴박한 상황에 응답해야 하는 윤리적 인식과 동일한 것이다.

따라서 거꾸로 말하자면 윤리적 목적을 실현하는 데 기여하는 목적의식만을 고려하는 것은 있을 수 없다. 오히려 수단에 대한 고려 자체가 이미 윤리적 고려이고, 그 척도가 되는 목적의 윤리적 정당성까지도 구체화한다. 아리스토텔레스가 말하는 자기인식Sich-Wissen 역시 앎의 완벽한 적용가능성을 이미 내포하며, 특정한 상황 속에서 자신의 앎을 직접적으로 입증할 수 있다. 따라서 그러한 자기인식은 그때그때의 구체적 상황에 대처할 수 있는 앎이며, 그러한 앎을 통해 비로소 윤리적 인식이 완성된다. 따라서 그런 앎은 결코 감각적 관찰과는 다른 성질의 것이다. 우리는 어떤 상황이 우리에게 무엇을 요구하는가를 주시해야 한다. 그렇다고 해서 그러한 관찰이 상황 속에서 가시적으로 드러나는 것을 그 자체로 인지한다는 뜻은 아니며, 해당 상황을 행위자 자신의 상황으로 관찰하고 그럼으로써 과연 무엇이 옳은가 하는 관점에서 관찰하는 법을 배우는 것이다. 예컨대 우리는 평면의 기하학적 분할에서 삼각형이 가장 단순한 형태의 도형이고 더이상의 분할은 불가능한 최종적 형태라는 것을 '관찰'한다. 그와 마찬가지로 윤리적인 문제를 고려할 때도 즉각 행해야 할 일을 '알아보는' 것은 단순한 관찰이 아니라 '정신nous'의 활동이다. 그러한 관찰의 대립항이 무엇인가를 생각해보면 그 점은 분명히 입증된다.[260] 무엇이 옳은가를 알아보는 것의 대립항은 오류나 착각이 아니라 현혹인 것이다. 격정에 사로잡힌 사람은 눈앞에 벌어진 상황에서 과연 무엇이 옳은지 제대로 보지 못한다. 그런 사람은 자제심을 상실한 상태이고, 따라서 올바른 판단력도 상실한 상태인 것이다. 그런 사람은 마음속에 올바른 판단력을 상실했기 때문에 자신을 몰아붙이는 격정이 시키는 일이 곧 옳은 것처럼 여긴다. 윤리적 인식은 실제로 고유한 특성을 갖는 앎이다. 윤리적 인식은 독특한 방식으로 수단과 목적을 통합하며, 그런 점에서 기술적 인식과는 구별된다. 기술의 영역에서는 인식과 경험을 구분해야 하지만 윤리의 영역에서는 그런 구별이 아무런 의미가 없는 것은 바로 그 때문이다. 윤리적 인식은 일종의 경험을 내포하는 것이다. 앞으로 살펴보겠지만 윤리적 인식에 내포된 경험이야말로 근본적인 형태의 경험이며, 그 경험에 비하면 다른 모든 경험은 확실히 본연의 상태로부터—변질된 것까지는 아니더라도—멀어진 것이라 할 수 있다.[261]

3.　윤리적 성찰의 자기인식은 실제로 매우 독특한 방식으로 자기 자신과 관계를 맺는다. 그것은 아리스토텔레스가 프로네시스phronesis를 분석하는 과정에서 이 개념을 다양하게 변주한다는 사실에서 알 수 있다. 아리스토텔레스는 사려 깊은 성찰의 덕성을 가리키는 프로네시스라는 개념 외에 '이해synesis'라는 개념도 사용한다.[262] 이해는 내가 어떤 행동을 해야 하는 상황과는 무관하다는 점에서 윤리적 인식의 덕성을 변주한 개념으로 도입된다. 따라서 이해라는 것은 분명히 윤리적 판단력을 가리킨다. 누군가가 특정한 행동을 해야 하는 상황을 완벽하게 그의 입장이 되어 이해할 줄 안다면 그런 사람은 분명히 이해심이 깊다고 칭송받을 것이다.[263] 이 경우에도 문제는 일반적 인식이 아니라 특정한 순간에 특정한 상황을 구체적으로 이해하는 것이다. 이러한 인식 역시 기술적 지식과는 다르며 기술적 지식의 적용과도 다르다. 세상경험이 풍부한 사람이 어떤 행동을 하는 사람을 올바르게 이해하는 것은 온갖 술수와 지략에 능하고 세상만사에 노련하기 때문이 아니라 단지 어떤 전제조건을 충족시키기 때문이다. 그 전제조건이란 그 사람 자신도 올바른 행동을 원하고 이런 공통점으로 다른 사람들과 유대를 맺는다는 것이다. 그것은 '양심의 문제'와 관련하여 조언을 해줄 수 있다는 사실에서 구체적으로 확인된다. 조언을 구하거나 조언을 해줄 때는 상대방이 자신과 우애로 맺어져 있다는 것을 전제로 한다. 친구 사이에만 서로 조언을 해줄 수 있으며, 우애가 담겨 있는 조언만이 상대방에게 의미가 있는 것이다. 이 경우에도 이해심을 가진 사람은 상대방을 무심하게 대하고 판단하는 존재가 아니라, 마치 자기 자

신에게 닥친 일처럼 상대방과 유대를 맺고 각별히 상대방의 처지를 헤아릴 줄 아는 것이다.

이러한 사실은 아리스토텔레스가 제시하는 윤리적 성찰의 다른 사례들, 특히 통찰Einsicht과 배려Nachsicht의 예를 살펴보면 더더욱 분명해진다.[264] 여기서 통찰력이란 인간적 자질의 의미로 쓰인 것이다. 우리는 공정하게 올바른 판단을 내릴 줄 아는 사람을 일컬어 통찰력이 있다고 말한다. 통찰력 있는 사람은 다른 사람이 처해 있는 특수한 상황을 공정하게 이해해줄 마음의 준비가 되어 있으며, 따라서 그런 사람은 다른 사람을 배려해주거나 용서해주는 데도 가장 적극적이다. 이 경우에도 문제는 기술적 지식이 아니라는 것이 분명해진다.

아리스토텔레스는 윤리적 인식과—윤리적 인식을 갖춤으로써 생기는—덕성이라는 실천적 지혜가 천성적으로 타락한 유형의 인간을 제시함으로써 윤리적 인식과 덕성의 고유한 특성을 좀더 분명히 규정한다.[265] 아리스토텔레스가 '탁월한 능력deinos'을 지녔다고 일컫는 사람은 윤리적 인식을 위한 모든 조건과 재능을 타고나긴 했으되, 섬뜩할 만큼 비상한 수완으로 모든 상황을 자신에게 유리한 쪽으로 이용하고 어떤 상황에서도 이득을 챙길 줄 알며 어떤 상황에서도 빠져나갈 구멍을 찾을 줄 아는 인간형을 가리킨다.[266] 윤리와 덕성의 실천적 지혜를 겸비한 인간형과는 정반대의 천성을 지닌 이런 인간형은 자신의 이득을 위해서라면 '물불을 가리지 않고' 온갖 목적을 위해 아무런 거리낌 없이 자기 재주를 사용할 줄 알며, 모름지기 어떤 일은 삼가야 한다는 관념 자체가 없다. 그런 유형의 인간은 '덕이 없는 사람aneu aretēs'이다. 그리고 그런 식으로 영악한 자가 '끔찍하다'는 뜻으로도 쓰이는 한 단어로 지칭된다는 것은 결코 우연이 아니다. 비열함에 있어서 천재적인 능력을 가진 사람만큼 끔찍하고 섬뜩하고 공포스러운 존재는 없는 것이다.

윤리적 현상, 특히 윤리적 인식의 덕목에 관한 아리스토텔레스의 서술을 결론적으로 우리의 문제의식과 결부지어 보면 아리스토텔레스의 분석은 실제로 해석학적 과제와 직결되는 문제들의 모델임을 알 수 있다. 우리가 확인한 바와 같이 적용이라는 것은 이해과정에서 사후적으로 필요에 따라 수행되는 별개의 과제가 아니라, 애초부터 이해의 전 과정을 함께 규정하는 것이다. 이해의 과정에서도 적용은 보편적인 것이 미리 주어져 있고 그것이 특수한 상황에 적용되는 방식으로 이루어지지는 않는다. 전통을 다루는 해석자는 전통을 자기 자신에게 적용하고자 한다. 하지만 그렇다고 해서 해석자가 전승된 텍스트를 보편적인 것으로 받아들이고 이해함으로써 해석자 자신의 특수한 상황에 맞게 적용할 수 있도록 활용해야 한다는 뜻은 아니다. 해석자는 오히려 보편적인 것, 즉 텍스트 자체를 이해하는 것 이외의 다른 무엇도 원하지 않는다. 다시 말해 해석자는 전통이 말하는 바를 이해하고 텍스트의 의미와 의의를 규정하는 것이 무엇인가를 이해하고자 할 따름이다. 그러한 이해를 위해 해석자가 자기 자신이 처해 있는 구체적인 해석학적 상황을 도외시할 필요는 없다. 오히려 이해를 하고자 한다면 텍스트를 그러한 상황과 관련짓지 않을 수 없다.

3) 법학적 해석학의 본보기적 의의

앞에서 살펴본 대로 윤리학의 문제가 해석학의 문제와 직결되어 있다면 정신과학적 해석학과 법학적 해석학의 차이 역시 일반적으로 생각하는 것만큼 그렇게 크지는 않다. 이 문제에 관한 지배적인 견해에 따르면, 역사의식을 통해서만 비로소 이해는 객관적 학문의 방법론으로 격상되었으며, 해석학은 그런 식으로 텍스트에 관한 이해와 해석의 보편적 방법론으로 발전함으로써만 해석학 본연의 소명을 충족시킬 수 있게 되었다는 것이다. 그런데 법학적 해석학은 이러한 맥락에서 설명될 수 없다고 보는 것이 일반적인 견해이다. 그런 주장에 따르면 법학적 해석학은 전승된 문헌에 대한 이해를 추구하는 것이 아니라 법을 집행하기 위한 보조수단으로서 법학이론 체계 안에 존재하는 일종의 결함이나 문제점을 보완해주는 역할을 한다고 본다. 따라서 법학적 해석학은 전통의 이해를 추구하는 정신과학적 해석학과는 근본적으로 아무런 상관도 없다는 것이다.

그런데 만약 그렇다면 신학적 해석학 역시 독자적인 체계적 의의를 주장할 수 없게 된다. 일찍이 슐라이어마허는 신학적 해석학을 일부러 일반해석학으로 완전히 해소시켰으며, 신학적 해석학을 단지 일반해석학의 특수한 적용형태로 간주했다. 그런 이후 신학이 현대의 역사학과 나란히 학문적 위상을 견지할 수 있는 것은 성서를 해석할 때도 여타의 역사적 문헌을 해석할 때와 똑같은 법칙과 규칙이 통용되기 때문에 가능한 일이다. 그런 관점에서 보자면 신학적 해석학이 독자적으로 성립하기는 어려울 것이다.

그렇지만 현대 학문의 발전 수준에 비추어볼 때 과거의 해석학에서 통용되던 진리와 통일성을 되살리고자 한다면 그것은 역설적인 테제가 될 것이다. 현대 정신과학 방법론의 발전은 일체의 교조적 구속에서 벗어나는 것에 바탕을 둔 것이라 볼 수 있기 때문이다. 법학적 해석학이 일반해석학 이론에서 분리되어 나온 것은 법학적 해석학이 교의적 목적을 추구하기 때문이며, 반면 신학적 해석학은 교의敎義의 구속을 느슨하게 완화시킴으로써 문학연구 및 역사학의 방법론으로 수렴되었다.

이러한 상황에 비추어볼 때 우리는 법학적 해석학과 역사적 해석학의 차이점에 특별한 관심을 가질 필요가 있다. 특히 법학적 해석학과 역사적 해석학이 동일한 대상에서 그 타당성을 입증하는 사례들, 다시 말해 법률문헌이 법학적으로 해석되는 동시에 역사적으로 이해될 수 있는 그런 사례들을 탐구할 필요가 있다. 그런 경우 우리는 동일한 법률문헌을 법역사학자의 탐구방식과 법률가의 탐구

방식으로 동시에 탐구한다. 이 문제와 관련하여 우리는 에밀리오 베티의 탁월한 연구결과를 참조하여[267] 우리의 논의를 접맥시킬 수 있다. 여기서 우리가 탐구하고자 하는 문제는 교의적 관심과 역사적 관심 사이의 차이가 과연 명확한 것인가 여부이다.

그러한 차이가 존재한다는 것은 분명하다. 법률가는 구체적 사례에 근거하여, 그리고 구체적 사례에 대한 판정을 내리기 위하여 법의 의미를 파악한다. 반면 법역사학자는 구체적 사례를 논의의 출발점으로 설정하지 않은 채 법의 전반적인 적용 가능성을 구조적으로 고려함으로써 법의 의미를 규정하고자 한다. 법의 의미는 그 모든 적용 가능성을 통해 비로소 구체화되는 것이다. 따라서 법역사학자는 법이 애초에 어떻게 적용되었는가를 법의 본래적 의미로 설정하는 것에는 만족하지 못한다. 그는 오히려 역사학자의 입장에서 법이 어떤 변화를 겪어왔는가 하는 문제에 관심을 기울일 것이다. 법이 애초에 어떻게 적용되었는가 하는 문제와 현재에는 어떻게 적용되는가 하는 문제를 서로 관련지어서 이해해야만 하는 것이다.

예컨대 법역사학자의 과제가 "법조문의 원래 의미를 재구성" 하는 것이고 법률가의 과제는 "법조문의 본래 의미를 현재의 구체적 상황에 맞게 조정"하는 것이라고 말한다면 그것은 양쪽의 과제에 대한 충분한 설명은 되지 못하는 것으로 보인다. 그런 식의 제한은 법률가의 과제가 더 포괄적이고 법역사학자의 과제까지도 포함한다는 뜻을 함축한다. 법률가 자신이 법역사학자의 입장에서 사고해야 하는 것이다. 다만 법률가의 입장에서는 역사적 이해가 단지 법의 적용이라는 목적을 위한 수단에 불과할 뿐이다. 반면 법역사학자의 입장에서는 법을 원래 교의대로 충실히 적용하는 문제에는 전혀 관심이 없다. 그는 역사학자의 입장에서 역사적 대상을 그 역사적 위상에 맞게 파악하는 데 주안점을 두는 것이다. 반면 법률가는 그렇게 파악된 법을 현재의 법리에 맞게 적용하는 데 주안점을 둔다. 에밀리오 베티는 법역사학자와 법률가의 차이점에 관해 이와 같이 설명한다.

이제 문제는 그러한 설명방식이 과연 법역사학자의 접근방식을 충분히 포괄적으로 규정하는가 하는 것이다. 지금 우리가 다루는 사례에서 역사적 지평은 과연 어떻게 확보될 수 있는가? 사람들은 실정법을 대할 때 당연히 그 법의 의미가 명확하다고 생각하며, 또한 현재의 법 적용이 그 법의 본래 의미를 따른다고 생각한다. 만약 사실이 그러하다면 어떤 법률의 의미에 관한 질문은 법학적으로나 역사적으로나 동일한 문제가 된다. 그렇다면 법률가의 입장에서 해석학적 과제는 곧 법의 본래 의미를 확인하여 올바르게 적용하는 것에 다름 아니다. 그런 맥락에서 사비니는『로마법 체계*System des römischen Rechts*』(1840)에서 법학적 해석학의 과제를 순전히 역사적인 것이라고 간주했다. 슐라이어마허 역시 현재의 해석자가 자기 자신을 작품 탄생 당시 독자들과 동일시해야 한다는 요구가 아무런 문제도 없다고 보았다. 마찬가지로 사비니는 어떤 법이 처음 제정되었던 당시의 본래 의미와 현재의 법리적 의미 사이의 긴장관계를 도외시한 것이다.[268]

그러한 관점이 법학적으로 설득력이 없는 허구적 가설이라는 것은 후대에 이르러 분명히 입증되었다. 포르스트호프E. Forsthoff는 그의 훌륭한 연구에서 법의 역사적 변천에 관한 법학 고유의 성찰이 법학적 이유에서 생겨날 수밖에 없으며, 그러한 역사적 변천을 통해 어떤 법의 본래적 의미내용과 법의 실제적 적용을 통해 형성되는 의미내용이 서로 다를 수밖에 없다는 점을 밝혀냈다.[269] 확실히 법률가는 언제나 법 자체를 염두에 둔다. 그렇지만 법의 규범적 의미는 법을 적용하는 구체적 사례에 따라 규정되게 마련이다. 구체적 사례에 적용하는 법의 의미를 엄밀하게 규정하기 위해서는 본래의 의미에 관한 역사적 인식이 필요하다. 그리고 바로 그런 이유에서 법률 해석자는 입법행위를 통해 해당 법에 부여되는 역사적 대표가치Stellenwert를 함께 고려하는 것이다. 그렇지만 법률 해석자는 법을 제정한 사람들의 의도에 관한 의회 기록 등을 통해 확인할 수 있는 입법취지에 얽매이지는 않는다. 오히려 법률 해석자는 시대상황의 변화를 고려해야 하고, 따라서 법의 규범적 기능을 새롭게 규정해야 한다.

　　법역사학자의 경우에는 사정이 전혀 다르다. 얼핏 생각하면 법역사학자는 해당 법의 본래 의미, 즉 그 법이 공표될 당시 어떤 취지로 제정되었고 어떻게 집행되었는가 하는 문제에만 관심을 가진 것으로 보이기 쉽다. 하지만 법의 본래 의미를 과연 어떻게 인식할 수 있겠는가? 법이 제정되던 당시와 해석자가 사는 현재 사이에 가로놓인 시대상황의 변천을 고려하지 않고서도 과연 그 법의 본래 의미를 파악할 수 있을까? 법률 해석자는 재판관이 행하는 것과 동일한 일을 수행해야 하지 않을까? 다시 말해 현시점을 살아가는 사람의 입장에서 해당 법에 대한 선이해를 근거로 그 법에 부여하는 의미와 제정 당시 법조문의 본래 의미를 구별해야 하지 않을까? 내가 보기에는 바로 그런 점에서, 다시 말해 모든 텍스트에 대하여 직접적인 의미의 기대치를 갖고 대면한다는 점에서, 역사학자가 처해 있는 해석학적 상황과 법률가가 처해 있는 해석학적 상황은 동일하다. 역사적 대표가치를 객관적으로 드러내는 역사적 대상에 아무런 매개 없이 직접적으로 접근한다는 것은 불가능하다. 역사학자는 법률가가 수행하는 것과 동일한 성찰을 수행해야 하는 것이다.

　　그렇게 보면 법역사학자의 관점에서 이해한 내용이나 법률가의 관점에서 이해한 내용은 동일하다. 따라서 앞에서 역사학자의 접근방식이라고 설명한 내용은 충분하지 않다. 역사적 인식이라는 것은 반드시 과거가 현재와의 연관성 속에서 파악되는 방식으로만 이루어질 수 있다. 그런데 "법의 계승을 지속적인 과제로 수행하여 법사상의 전통을 보존하는 것"[270]이 곧 법률가의 과제라면 법률가 역시 실질적이고 규범적인 과제를 수행하는 가운데 역사학자와 동일한 일을 수행하는 셈이다.

물론 앞에서 분석한 모델이 실제로 역사적 이해의 보편적인 문제를 적절히 보여줄 수 있는 사례인지는 더 따져볼 필요가 있다. 우리가 논의의 출발점으로 삼았던 모델은 실제로 현재 효력을 발휘하는 법률의 이해에 관한 문제였다. 이 문제에 관해서는 법역사학자의 관점을 취하든 법리학자의 관점을 취하든 결국 동일한 대상을 다루는 것은 마찬가지다. 그렇지만 이런 경우는 오히려 특이한 예외가 아닐까? 과거의 법문화를 탐구하는 법역사학자—그리고 현재와의 연속성이 직접적으로 드러나지 않는 과거를 탐구하는 모든 역사학자—는 자신이 탐구하는 사례에서 과거의 어떤 법이 지금까지도 지속적으로 효력을 발휘한다고 생각하지는 않을 것이다. 법역사학자의 입장에서는 법학적 해석학은 역사적 해석학의 맥락에서는 전혀 찾아볼 수 없는 전혀 다른 특수한 법리해석의 과제를 안고 있다고 말할 것이다.

그런데 실제로는 그 반대일 것이라 생각된다. 법학적 해석학은 정신과학의 실질적인 연구방법이 어떤 것인지 우리에게 상기시켜줄 수 있다. 우리는 법학적 해석학에서 우리가 찾고자 하는 과거와 현재의 상호관계에 관한 모델을 얻을 수 있다. 역사적으로 전승되어온 법률을 현재의 필요에 맞게 해석하는 재판관은 분명히 현실적인 과제를 해결하고자 한다. 하지만 그렇다고 해서 재판관이 자의에 따라 법률을 해석하는 것은 아니다. 그것은 이미 오래전부터 그러했다. 이 경우에도 이해하고 해석한다는 것은 타당한 의미를 인식하고 인정한다는 것을 뜻한다. 재판관은 해당 법률을 현재의 맥락과 관련지어 해석함으로써 그 법률의 '법사상'에 충실하고자 노력한다. 재판관은 법 제정의 역사적 의의나 법 적용의 구체적 사례들을 알려고 하는 것이 아니라 해당 법의 법률적 의미를 알고자 한다. 재판관은 비록 법역사학자의 입장에서 접근하지는 않지만, 자기 자신의 역사, 즉 현재에 대하여 일정한 입장을 취하는 것이다. 따라서 그는 재판관의 입장에서 명시적으로든 암묵적으로든 의당 다루어야 하는 문제들에 대하여 언제나 법역사학자의 입장에서 접근할 수도 있다.

반면 법역사학자는 법률적 판단을 내려야 할 의무는 없으며, 단지 해당 법률의 역사적 의의를—다른 역사적 문헌과 마찬가지로—탐구하고자 한다. 그렇지만 법역사학자는 법의 제정이 법률적으로 이해되어야 한다는 사실을 도외시할 수는 없다. 법역사학자는 역사적으로 사고해야 할 뿐 아니라 법률적으로 사고할 줄도 알아야 하는 것이다. 법역사학자가 오늘날까지도 효력을 발휘하는 법조문을 고찰한다면 그것은 확실히 예외적 경우이다. 하지만 이러한 예외적 경우를 통해 우리는 우리 자신이 일체의 전통과 맺고 있는 관계를 규정하는 요인이 무엇인가를 분명히 알 수 있다. 어떤 법률을 그 법률이 처음 제정되었던 초창기의 역사적 상황에 의거하여 이해하고자 하는 법역사학자는 그 법률이 그후로도 지속적인 법적 효력을 발휘했다는 사실을 간과할 수 없다. 그 법률이 지속적인 효력을 발휘한다면 법역사학자는 역사적 전통을 향해 던져야 할 질문이 무엇인가를 분명히 파악할 수 있을 것이다. 그런데 어떤 텍스트이든지 간에 그 진술내용이 이해되어야 한다는 점에서 그것은 사실 모든 텍스트에 해당되지 않는가? 그것은 다시 말해 텍스트의 변환Umsetzung이 필요하다는 뜻이 아닌가? 그리고 그러한 변환은 언제나 현재와의 매개를 거쳐서만 가능하지 않은가? 역사적 이해의 본래적 대상은 단지 역사적 사건 자체가 아니라 그 사건의 '의미'이다. 그런 한에는 그 자체로 존재하는 대상이 먼저 있고 해석의 주체는 단지 그 대상에 접근하기만 하면 된다는 식으로 말하면 그것은 역사적 이해를 완전히 잘못 파악한 것이다. 사실 역사적 이해의 핵심은 우리에게 다가오는 전통이 현재를 향해 발언하고 그러한 매개를 통해—더 정확히 말하면 그러한 매개로서—이해되어야 한다는데 있다. 따라서 법학적 해석학은 실제로 특별한 예외적 경우가 아니라 역사적 해석학의 문제지평을 온전히 펼쳐보이고, 그럼으로써 법학자와 신학자와 문학연구자가 함께 머리를 맞대고 고민할 수 있는 해석학 탐구 본연의 통일성을 회복할 수 있는 적절한 계기를 제공한다.

이미 앞에서 언급한 대로[271] 정신과학적 이해의 전제조건 가운데 하나는 정신과학적 이해가 전통의 영향을 받는다는 것이다. 그러한 사실을 입증하는 사례로서 이제 이해의 이러한 구조적 요소가 법학적 해석학과 신학적 해석학에서 어떻게 나타나는가를 살펴보기로 하겠다. 우선 전통의 영향이 이해를 제한하는 조건이 아니라 이해를 가능하게 해주는 조건이라는 것은 분명하다. 해석자가 해석대상이 되는 텍스트의 영향을 받는다는 것은 마치 그림 감상자의 시점視點이 그림 속에 제시되어 있는 시점의 영향을 받는 것과 같은 이치다. 그렇다고 해서 감상자의 시점을 하나의 고정된 관점으로 받아들여야 한다는 뜻은 아니다. 오히려 그림을 이해하려는 사람은 자신의 시점을 자의적으로 선택하는 것이 아니라 그 시점에 부합되는 합당한 자리가 이미 주어져 있다는 뜻이다. 그렇기 때문에 법학적 해석학이 성립할 수 있기 위해서는 법이 해당 법률 공동체의 모든 구성원을 결속시켜줄 수 있어야만 한다. 가령 절대군주의 의지가 법 위에 군림하는 절대왕정에서 그러하듯 만약 그러한 조건이 충족되지 못하면 법학적 해석학은 성립될 여지가 없다. "군주는 공통의 해석규칙에 반하여 자신의 뜻을 관철시킬 것이기 때문이다."[272] 그렇게 되면 법의 바탕이 되는 법리에 따라 구체적 사례를 공정하게 판결할 수 있는 방향으로 법을 해석할 여지가 사라지는 것이다. 법의 규제를 받지 않는 군주의 의지는 법을 고려하지 않고―다시 말해 법을 올바르게 해석할 필요도 없이―군주 자신이 옳다고 생각하는 것을 임의로 실행할 수 있는 것이다. 법에 위배되지 않고 법의 규제를 받는 무엇인가가 성립할 수 있을 때만 비로소 이해와 해석의 과제가 설정될 수 있는 것이다.

법학적 해석학에서 해석의 과제는 곧 구체적 사례마다 법을 구체화하는 것,[273] 다시 말해 법을 적용하는 것이다. 그렇게 해서 법을 생산적으로 보완하는 일은 재판관의 몫이지만, 재판관 역시 법률 공동체의 다른 모든 구성원과 마찬가지로 법의 규제를 받는다. 법질서의 기본이념은 재판관의 판단이 예측불가능한 자의에서 나오는 것이 아니라 법체계 전반을 공정하게 고려하는 데서 비롯된다는 것이다. 어떤 사태를 온전히 구체적으로 해석할 수 있는 식견을 갖춘 사람이면 누구나 그러한 공정한 고려를 수행할 능력이 있다. 바로 그렇기 때문에 법치국가에서는 법적 안정성이 존립한다. 다시 말해 법의 이념에 비추어 구체적 사례에 관해 판단을 내릴 수 있는 것이다. 모든 법률고문과 변호사들은 원칙적으로 기존의 법을 근거로 올바른 법적 판단을 내리고 올바르게 조언해줄 수 있다. 물론 법률 조항을 안다고 해서 법을 올바르게 적용할 수 있는 것은 아니다. 구체적 사건을 법률적으로 판단하기 위해서는 판례도 파악해야 하고 해당 판례를 규정하는 모든 요소도 파악하고 있어야 할 것이다. 그런데 법이 구속력을 갖기 위해서는 다름 아니라 법질서가 누구에게나 타당한 것으로 인정되어야 하며, 그 누구도 법질서의 바깥에 예외로 존립하지 못해야 한다. 따라서 기존 법질서를 그 자체로 파악하는 것은 원칙적으로 항상 가능한 일이며, 그것은 곧 모든 구체적 판례가 다시 법리에 비추어서 새롭게 해석될 여지가 있다는 뜻이다. 따라서 법학적 해석학과 법리학Rechtsdogmatik 사이에는 해석학을 그 바탕으로 하는 본질적 상관성이 있다. 따라서 모든 판결에 자동적으로 적용할 수 있는 완벽한 법리학의 이념은 성립될 수 없다.[274]

이제 개신교 신학에서 발전된 신학적 해석학의 경우를 우리의 논의주제와 연결시켜 살펴보기로 하겠다.[275] 신학적 해석학에서도 교리학Dogmatik이 그 자체로 절대적 특권을 가질 수는 없다. 그런 점에서는 신학적 해석학 역시 법학적 해석학과 정확히 일치한다. 신앙의 가르침을 구체화하는 것은 본래 설교의 몫이다. 그것은 법질서의 구체적 실현이 판결을 통해 이루어지는 것과 같은 이치다. 그렇지만 신앙의 설교와 법의 판결 사이에는 커다란 차이가 있다. 재판관이 내리는 판결과 달리 설교는 설교를 통해 해석되는 경전에 대한 생산적인 해석이 될 수 없다. 그렇기 때문에 신앙의 가르침을 구체화하는 설교를 통해서는 내용상 구원의 복음에 보탬이 되는 것은 아무것도 없다. 그것은 재판관의 판결이 법을 보완하는 힘을 갖는 것과는 대비된다 하겠다. 구원의 복음이 설교자의 생각을 통해 더 비근하게 규정된다는 것은 애초부터 불가능한 일이다. 교구의 신도들 앞에서 설교를 하는 성직자는 교리 자체의 권위를 지니지는 못하는 것이다. 그와 달리 재판관은 법리의 권위를 빌려 판결을 할 수 있다. 물론 설교를 할 때도 신앙의 타당한 진실이 무엇인지 해석하는 일이 관건이긴 하다. 하지만 신앙의 진실은 교리의 권위에 의해 고지된다. 그러한 고지가 과연 성공하는가 여부를 결정하는 것은 설교자의 생각이 아니라 복음 자체의 권능을 통해서이며, 복음은 그릇된 설교를 통해 오히려 반대의 효과를 낳을 수도 있다. 신앙의 고지는 그것이 수행되는 과정과 불가분의 관계에 있는 것이다. 이에 비하면 신앙의 순수한 가르침을 교리로 고정시키려는 모든 시도는 부차적인 문제일 뿐이다. 성서는 신의 말씀이다. 다시 말해 성서를 해석하는 사람들이 세운 교리에 비하면 성서 자체는 절대적 우위에 있다.

성서 해석자는 이 점을 항상 명심해야 한다. 신학자의 학문적 해석 역시 성서가 신에 의한 구원의 고지라는 점을 항상 유념해야 한다. 따라서 성서를 이해한다는 것은 성서의 의미에 대한 학문적 탐구 이상의 어떤 차원에서 이루어지는 일이다. 불트만은 언젠가 이렇게 말했다. "여타의 모든 문헌 해석과는 달리 성서의 해석은 이해를 제약하는 다른 요인들의 제약을 받지 않는다."[276] 이 명제는 중의적 의미를 내포한다. 왜냐하면 우선 형식적 보편성의 관점에서 보면 어떤 텍스트에도 적용되어야 하는 이해의 제약조건은 모든 문헌 해석이 준수해야 할 제약일 터이기 때문이다. 모든 이해과정에서 해석자 자신의 삶이 텍스트와 어떤 관계를 맺고 있고 또 텍스트에서 다루어지는 문제와 잠정적으로 어떤 관련이 있는가 하는 맥락이 전제된다는 것을 불트만 자신도 강조한다. 불트만은 이러한 해석학적 전제조건을 선이해Vorverständnis라 일컫는다. 그러한 해석학적 전제조건은 이해의 과정을 통해 추구되는 목표가 아니라 이미 전제된 것이 분명하기 때문이다. 불트만이 이런 맥락에서 별 비중을 두지 않은 채 인용하는 호프만Hofmann은 성서해석학은 성서의 내용에 대한 이해를 이미 전제한다고 서술하는 것이다.

그런데 문제는 여기서 '전제조건'이라는 말이 어떤 의미로 쓰이는가 하는 점이다. 그 전제조건은 인간존재와 더불어 이미 주어져 있는 것인가? 인간이 본래 신이 던지는 물음에 의해 움직일진대, 그러므로 인간이면 누구나 일시적으로나마 신적 계시의 진리와 일정한 관계를 맺고 있다는 말인가? 아니면 신에 의해서만, 다시 말해 신앙에 의해서만, 인간 존재는 신이 던지는 물음에 의해 움직인다는 것을 깨우치게 된다는 말인가? 하지만 그런 뜻이라면 선이해의 개념이 함축하는 '전제조건'의 의미는 미심쩍은 것이 된다. 그러한 의미에서의 전제조건은 분명히 보편적인 것이 아니라 올바른 신앙에 의해서만 타당한 것으로 통용될 수 있기 때문이다.

이 해석학적 문제는 구약성서 해석에서 오랜 논란이 되었다. 구약성서에 대한 기독교적 해석에서 과연 신약성서에 의거한 해석이 옳은가, 아니면 유대교 전통에 따른 해석이 옳은가? 아니면 두 입장은 대등하게 타당하고, 따라서 두 입장 사이에는 공통점이 있는 것인가? 그렇다면 구약성서에 대한 해석이 실제로 이해하는 것은 그러한 공통점이란 말인가? 구약성서의 텍스트를 기독교인과는 다르게 이해하는 유대인은 자신도 신이 던지는 물음에 의해 움직인다는 전제조건을 공유하는 셈이다. 물론 유대인의 입장에서는 기독교 신학자의 해석에 대하여 신약성서의 관점으로만 제한할 때는 구약성서의 진리를 올바르게 이해할 수 없다는 견해를 피력할 것이다. 그렇게 보면 신이 던지는 물음에 의해 움직인다는 전제조건은 실질적으로 참된 신과 그 신의 계시에 대한 올바른 인식의 요구를 내포한다. 따라서 불트만이 출발점으로 삼았던 실존적 선이해라는 것 자체도 단지 기독교적 선이해일 공산이 크다.

사정이 이러하다 보니 그저 종교적 텍스트라는 것은 신의 문제에 답하는 텍스트로 이해될 수밖에 없다는 사실을 안다는 것으로 족하지 않겠냐고 그러한 딜레마를 피하려 할 수도 있겠다. 해석자 자신의 종교적 태도까지 문제삼을 필요는 없다는 입장인 셈이다. 그렇다면 모든 종교적 진술을 사회적 지배관계에 연유하는 이해관계의 반영물로만 보는 마르크스주의자라면 이런 문제에 대해 뭐라고 하겠는가? 그런 입장에서는 분명히 인간 존재가 신이 던지는 물음에 의해 움직인다는 전제조건 자체를 인정하지 않을 것이다. 그러한 전제조건은 분명히 참된 신 앞에서 과연 믿음을 택할 것인가 말 것인가 하는 양자택일의 결단을 인정하는 사람에게만 통하는 것이다. 그렇게 보면 신학적 선이해의 해석학적 의미 자체가 이미 신학적 성격의 것이라 하겠다. 따라서 해석학의 역사에서도 어떤 텍스트에 대한 질문 자체가 이미 극히 구체적인 선이해에 의해 규정된다는 것을 여실히 확인할 수 있다. 개신교 신학 해석학의 전통에서 유래하는 근대 해석학은 확실히 성서 해석의 기술로 자리잡았기 때문에 가톨릭 교회의 교리학 전통 및 성서 텍스트 고증학과 대결하는 가운데 긴밀한 관련을 맺지 않을 수 없었다. 따라서 근대의 해석학 자체가 특정한 신앙의 교리와 연관되어 있다. 그렇다고 해서 신학적 해석학이 특정한 교리의 선입견에 사로잡혀 있어서 그 선입견을 텍스트에 투영하여 읽어낸다는 뜻은 아니다. 신학적 해석학 역시 텍스트 해석에 모든 것을 거는 모험을 한다. 그렇지만 신학적 해석학은 성서의 말씀이 옳다는 것을 전제하며, 믿든 회의하든 간에 그 말씀에 마음이 움직이는 사람만이 성서를 이해한다는 것을 전제한다. 그런 한에는 적용Applikation이 최우선의 과제이다.

그렇게 보면 모든 형태의 해석학의 진정한 공통점은 해석을 통해 비로소 텍스트의 의미가 구체화되고 완성되지만 그러한 해석행위는 전적으로 텍스트의 의미에 결부되어 있다는 사실이다. 법학자든 신학자든 법리와 교리를 적용한다고 해서 텍스트로부터 자유로운 것은 결코 아니다.

그럼에도 불구하고 보편적인 것을 구체화하고 적용하는 과제는 역사적 정신과학 안에서 전혀 다른 기능을 갖는 것으로 보인다. 여기서 적용이라는 것이 무엇을 뜻하고 정신과학이 수행하는 이해의 과정에서 적용이 어떻게 이루어지는가를 생각해보면, 법학자가 법률을 적용하고 신학자가 신의 고지된 말씀을 적용하는 것과 같은 유형의 문헌적 전통이 존재한다는 것을 인정하게 될 것이다. 그러한 방식으로 재판관은 정의를 구현하고자 하고 성직자는 구원의 복음을 전파하고자 하며, 그러한 정의의 선포와 구원의 고지를 통해 뭔가를 알리고자 하는 행위의 의미는 온전히 구현된다. 마찬가지로 철학 텍스트나 문학 텍스트 역시 텍스트를 이해하려는 독자에게 독자적 행위를 요구하며, 독자는 그러한 텍스트에 대하여 단순히 역사적 거리를 두기만 하는 식의 자유를 누릴 수는 없다. 그렇다면 철학과 문학 텍스트의 해석에서도 이해라는 것이 이미 이해된 의미를 적용하는 것까지도 포함한다는 것을 인정할 수 있을 것이다.

그런데 적용이라는 것이 이해의 본질적이고 필수적인 구성요소인가? 현대 학문의 관점에서 보면 이 물음에 그렇지 않다고 부정할 것이다. 해석자가 어떤 텍스트의 본래 수신자를 대신하여 해석하게 만드는 적용이라는 것은 현대 학문의 범위에서 벗어난다고 간주할 것이다. 역사적 정신과학에서 그런 의미의 적용이라는 것은 원칙적으로 배제된다. 현대 학문이 추구하는 학문적 엄밀성의 요체는 전통을 객관화하는 것이고, 또한 해석자의 현재 관점이 이해과정에 개입하는 것을 방법론적으로 배제하는 것이기 때문이다. 이러한 목표의 이행은 종종 난관에 부닥칠 수 있다. 특정한 독자를 염두에 두지 않으면서도 전통을 이해하는 사람이면 누구에게나 통할 수 있는 의미를 담고 있다고 자임하는 그런 텍스트들이야말로 그처럼 역사적 관심과 교리적 관심을 구분해야 한다는 방법론적 원칙을 견지하기 어려운 것이다. 학문으로서의 신학이 성서의 전통에 대하여 어떤 입장을 취해야 하는가 하는 문제는 그러한 난관을 보여주는 좋은 본보기다. 물론 연구자 개인의 차원에서는 역사적·과학적 입장과 교리적 입장 사이에서 절충점을 찾을 수도 있다. 그리고 철학자나 문예비평가의 입장에서도 어떤 작품에 감동을 받으면 그와 유사한 일이 벌어질 수도 있을 법하다. 그렇지만 학문은 일체의 주관적 관심사와는 무관한 방법론적 엄밀성을 요구한다.

현대 학문이론의 관점에서 보면 아마도 이와 같은 반론을 제기할 수밖에 없을 것이다. 그리고 그런 관점에서 보면 해석자가 텍스트의 수신자를 곧장 대체한다는 것이 어불성설인 표본적 사례들을 반대논거로 제시할 수도 있다. 예컨대 계약 상대방이나 계산서 혹은 명령서의 수신자처럼 텍스트가 특정한 수신자를 겨냥하는 경우를 상정해볼 수 있다. 그런 경우 텍스트의 의미를 온전히 이해하기 위해서는 해석자가 수신자의 입장이 될 수도 있을 것이다. 그리고 이렇게 수신자의 입장이 되어 텍스트에 접근하면 텍스트의 의미가 온전히 구체화되는 결과에 이를 수도 있다. 그런 한에는 이런 과정을 거쳐 해석자가 파악한 의미도 엄연히 해석의 성과로 인정할 수 있을 것이다. 그렇지만 슐라이어마허가 '원래의 독자'라고 말한 그런 독자의 입장이 된다는 것은 교의를 적용하는 것과는 전혀 다른 문제이다. '원래 독자'의 입장이 된다는 것은 텍스트가 탄생한 시대와 해석자가 속해 있는 현재, 텍스트의 저자와 해석자 자신을 매개해야 하는 과제를 제쳐두는 것이기 때문이다. 하지만 바로 그런 과제야말로 '적용'에 해당되며, 가령 법학적 해석학도 그런 의미에서의 '적용'을 탐구과제로 추구한다.

예컨대 어떤 명령서를 이해하는 문제를 생각해보기로 하자. 명령서라는 것은 명령을 이행할 사람이 존재할 때만 성립된다. 따라서 이 경우 명령서를 이해한다는 것은 명령을 이행할 사람을 포함한 여러 사람의 관계를 전제로 한다. 명령서를 이해한다는 것은 명령이 지시하는 구체적 상황 속에서 명령의 내용을 적용한다는 것을 뜻한다. 물론 명령이 제대로 이해될 수 있도록 점검하기 위해 반복해서 명령을 내릴 수도 있다. 그렇다 하더라도 '뜻에 합당하게' 명령이 수행될 때만 명령의 참된 의미가 구현된다는 사실에는 변함이 없다. 바로 그렇기 때문에 단순한 명령불복종과 달리, 명령의 의미와 명령을 이행할 구체적 여건에 비추어서 복종하지 않는 것이 오히려 합당한 경우도 있게 마련이다. 그런 경우 명령에 따르기를 거부하는 사람은 명령의 의미를 제대로 이해한 것이다. 명령을 구체적 상황에 적용해보았을 때 명령에 따를 경우 어떤 일이 벌어질지 그 의미를 파악하고 있으므로 거부하는 것이기 때문이다. 이런 경우 확실히 명령에 대한 이해라는 것은 명령서 자체의 축자적 의미라든가 명령을 내리는 사람의 진의와는 다른 차원의 어떤 척도에 따라 가늠될 것이다. 그 척도는 오히려 구체적 상황에 대한 이해와 명령 수행자의 책임의식에 의해 규정되는 것이다. 명령내용에 대한 올바른 이해와 명령 수행과정을 제어하기 위하여 설령 문서로 명령을 하달한다 하더라도 명령서 안에 모든 것이 들어 있다고 할 수는 없다. 명령의 진정한 의미를 고려하지 않은 채 축자적 의미만 좇아서 명령을 수행한다면 그것은 허튼 장난이나 다름없는 셈이다. 명령의 수신자는 명령의 의미를 제대로 파악하여 특정한 방식으로 생산적인 과제 수행을 해야 한다는 것은 의문의 여지가 없다.

전통 속에서 그러한 명령을 발견하고 이해하려는 역사학자라면 명령의 원래 수신자와는 전혀 다른 상황에 처해 있게 마련이다. 역사학자는 원래 저자가 염두에 두었던 독자가 아니며, 따라서 저자가 발신한 명령과는 무관한 사람이다. 그렇긴 하지만 역사학자의 입장에서는 명령을 제대로 이해하기 위해서는 명령의 원래 수신자가 수행하는 것과 동일한 과제를 수행하는 것이 이상적이다. 자신이 명령의 수행자임을 자각하는 원래의 독자 역시 단지 명령을 이해하는 것과 명령을 수행하는 것은 엄연히 다른 일임을 알았을 것이다. 원래의 독자 역시 설령 명령을 이해했다 하더라도, 아니 제대로 이해했기 때문에 더더욱, 명령에 따르지 않았을 수도 있다. 역사학자의 입장에서는 문제의 명령이 하달된 구체적 상황을 재구성하는 일이 난관에 부닥칠 수도 있을 것이다. 그렇지만 역사학자 역시 명령을 구체적 실행에 옮기는 과제를 수행할 때만 온전한 이해에 도달할 것이다. 어떤 텍스트의 진술내용을 텍스트가 탄생한 구체적 상황에 의거하여 이해해야 한다는 것은 해석학의 자명한 요구사항이다.

따라서 현대 학문의 관점에서 보면 어떤 텍스트가 원래 특정한 수신자를 독자로 겨냥했든지 아니면 '영원히 모든 독자'를 향했든지 간에 후대의 역사학자에겐 그런 구별이 아무런 의미가 없다. 해석학적 과제의 보편성이라는 것은 어떤 텍스트든 간에 텍스트에 합당한 관점에서 이해해야 한다는 요청에 의거한 것이기 때문이다. 그런데 이것은 역사학이 모든 텍스트를 일단 그 자체로 이해해야 하고, 텍스트의 의미내용을 해석자 자신이 이끌어내는 것이 아니라 텍스트 자체의 객관적 진리로 드러내야 한다는 것을 뜻한다. 이해라는 것은 분명히 텍스트의 의미를 구체화하는 작업이긴 하지만, 그러한 해석학적 거리를 지키면서 의미를 구체화하는 것이어야 한다. 게임에 비유하자면 게임의 바깥에서 거리를 두고 볼 줄 아는 사람만이 게임을 이해할 수 있는 것이다. 그것이 곧 학문의 요청이다.

그러한 정신과학적 방법론의 입장에서 보면 해석자는 어떤 텍스트를 대하든 간에 텍스트의 수신자를 상정한다고 일반적으로 말할 수 있겠다. 텍스트가 명시적으로 특정한 수신자를 염두에 두든 말든 그것은 상관이 없다. 어느 경우든 텍스트의 수신자는 해석자가 자기 자신과는 구별해야 하는 원래의 독자이다. 이 문제는 부정적인 경우를 가정해보면 더욱 분명해진다. 문헌학자나 역사학자의 입장에서 어떤 텍스트를 이해하려는 사람은 어떤 경우에도 텍스트의 진술을 자기 자신과 결부시키지는 않는다. 중요한 것은 저자의 생각을 이해하는 것일 뿐이다. 오로지 그런 이해만 추구하는 사람이라면 저자의 생각이 과연 어떤 객관적 진리를 담보하는가 하는 문제 자체에는 관심이 쏠리지 않는다. 설령 해당 텍스트 자체가 어떤 진리를 설파하려는 의도를 가졌다 하더라도 마찬가지다. 그런 점에서 문헌학자와 역사학자의 관점은 일치한다.

그렇긴 하지만 해석학과 역사학이 완전히 같은 것은 아니다. 양자 사이의 방법론적 차이를 좀더 깊이 규명함으로써 우리는 양자의 피상적 공통점을 간파하고 진정한 공통점이 무엇인지 인식할 수 있게 된다. 역사학자는 전승된 텍스트를 통해 과거의 한 토막을 규명하고자 한다는 점에서 해석학자와는 다른 입장에서 텍스트에 접근한다. 따라서 역사학자는 텍스트를 여타의 역사적 문헌들로 보완하고 제어하고자 한다. 문헌학자는 텍스트를 예술작품처럼 다루는데, 역사학자는 그것이 문헌학자의 취약점이라고 생각한다. 예술작품이란 그 자체로 완결된 전일적 세계이다. 그렇지만 역사학자는 그러한 자기완결성을 인정하지 않는다. 그래서 딜타이는 슐라이어마허와 달리 이렇게 말하는 것이다. "문헌학의 입장에서는 어떤 텍스트든 자기완결적 세계로 보고자 한다."[277] 설령 전승된 문학이 역사학자에게 감명을 주더라도 해석학적 의의는 가질 수 없다. 원칙적으로 역사학자는 자신이 해당 텍스트의 수신자라고 생각하지 않으며, 텍스트의 요구에 끌려가지 않는다. 오히려 역사학자는 텍스트 자체가 말하지 않는 어떤 맥락에 비추어 텍스트를 규명하고자 한다. 이미 역사적 서술로 간주될 정도로 오래된 문학 텍스트에 대해서도 역사학자는 그런 입장을 취한다. 역사서술자 역시 그러한 역사적 비판정신에 충실하게 마련이다.

그런 한에는 역사학자는 해석학적 작업의 범위를 넘어선다. 그렇기 때문에 역사학에서는 해석의 개념이 더욱 첨예한 새로운 의미를 얻게 된다. 역사학에서 해석의 개념은 일단 문헌학자가 수행하는 것과 같은 차원에서 어떤 텍스트에 대한 이해를 온전히 완수하는 것 이상을 뜻한다. 나아가서 역사학적 해석 개념은 표현이라는 개념에서도 문헌학의 관점과 차이를 보인다. 다시 말해 역사학적 해석학에서 표현 개념은 관습화된 고전적 의미, 즉 언어와 사유의 상관성을 나타내는 수사학적 용어로 사용되지 않는다. 표현이 표현하는 것은 그 표현을 통해 드러나야 할 저자의 생각뿐 아니라, 오히려 표현이 '저자의 의중으로 드러내는 것'을 명시적으로 드러내지 않으면서 그러한 진술과 더불어 드러나는 어떤 것이다. 이런 넓은 의미에서 '표현' 개념은 언어적 표현보다 훨씬 더 많은 것을 포괄한다. 표현 개념은 언어적 표현을 넘어서서 그 배경의 맥락으로 규명되어야 할 모든 것을 포괄한다. 그리고 그 모든 것을 규명하는 일이 가능하도록 하는 것이 표현의 특성이다. 따라서 여기서 해석은 저자가 의도한 의미를 해명하는 것이 아니라, 감춰져 있지만 규명할 수 있는 의미를 밝혀내는 것을 뜻한다. 그런 뜻에서 하나하나의 모든 텍스트는 이해 가능한 어떤 의미를 담고 있을 뿐 아니라, 다양한 측면에서 해석을 필요로 한다. 무엇보다도 텍스트 자체가 다른 어떤 사태의 표현현상이다. 역사학자의 입장에서 보면 이런 측면에 관심이 끌리는 것은 납득할 만한 일이다. 가령 어떤 보고서가 갖는 증언적 가치는 해당 텍스트가 어떤 사태의 표현이라는 데 연유한다. 보고서를 보면 독자는 그 작성자가 어느 정당에 속해 있는지, 어떤 사안에 대하여 어떤 신념을 견지하는지, 심지어 어느 정도나 몰양심적이고 진실성이 결여되어 있는지, 그런 것들을 굳이 겉으로 드러내지 않더라도 무엇을 말하고자 했는가를 간파할 수 있는 것이다. 해당 문서를 판독하는 사람은 증인의 신빙성을 가늠하는 이러한 주관적 요소들을 유념할 것이 틀림없다. 그렇지만 무엇보다도 전승된 텍스트의 내용은, 텍스트의 주관성·신빙성이 의심

할 여지가 없다 하더라도, 그 자체로 해석되어야 한다. 다시 말해 텍스트는 그 본래 의미가—이를테면 전승된 텍스트의 역사적 가치를 평가하는 데 도움이 될 만한 다른 자료들과 비교하는 방식으로—축자적 의미를 넘어서야 제대로 규명될 수 있는 하나의 기록문서로 이해되어야 하는 것이다.

그렇게 보면 원칙적으로 역사학자의 입장에서는 전승된 텍스트를 텍스트 자체가 드러내고자 하는 것과는 다른 의미로 해석해야 한다. 역사학자는 언제나 텍스트의 배후맥락을 규명해야 하고, 텍스트가 표현하는 저자의 생각을 넘어서서 저자가 의도하지 않았던 현실적 맥락까지 파고들어야 한다. 따라서 역사학자가 해석하는 텍스트는 흔히 부차적 잔여물로 간주되는 여타의 역사적 자료들과 대등하게 다루어진다. 역사학자는 텍스트 자체가 진술하는 것만 이해하는 것이 아니라 텍스트가 증언하는 다른 맥락까지도 해석해야 하는 것이다.

역사학의 입장에서 보면 그러한 해석까지 이루어져야 온전히 해석의 개념을 충족시켰다고 할 수 있다. 텍스트의 의미가 직접적으로는 이해되지 않을 때 해석이 필요한 것이다. 직접적으로 드러나는 의미를 신뢰하기 힘들 때는 무조건 해석이 이루어져야 한다. 그래서 정신분석가는 환자의 삶에 관한 진술을 액면 그대로 믿기 어려울 때 환자의 무의식에서 어떤 일이 벌어지는가를 해석한다. 마찬가지로 역사학자는 전승된 텍스트가 표현하는 동시에 그 이면에 감춘 진정한 의미를 파악하기 위해 텍스트를 해석한다.

이렇게 보면 역사학자와 문헌학자 사이에 긴장이 형성되는 것은 당연하다. 문헌학자는 어떤 텍스트를 그것의 아름다움과 진실성에 비추어 이해하고자 하기 때문이다. 반면 역사학자는 텍스트 자체는 진술하지 않는, 그리고 텍스트 자체의 의미로 설정될 필요도 없는, 현실적 맥락에 근거하여 텍스트를 해석한다. 이런 점에서 역사학자의 의식과 문헌학자의 의식은 근본적으로 갈등관계에 빠진다. 그렇긴 하지만 역사적 의식이 문헌학자의 태도까지도 변화시키면서부터 그러한 긴장관계는 거의 사라진 것으로 보인다. 그러면서 문헌학자는 자신이 해석하는 텍스트가 규범적 정당성을 갖는다는 주장은 포기한 것으로 보인다. 그리하여 문헌학자는 더이상 텍스트를 언어적 진술 및 진술내용의 최고 전범이라 여기지 않고, 문헌학자 역시 텍스트 자체가 의도하지 않는 것에 비추어 텍스트에 접근한다. 말하자면 문헌학자 역시 텍스트를 역사서술자의 입장에서 보는 것이다. 이로써 문헌학은 역사연구의 보조학문이 되었다. 이런 현상은 고전문헌학에서 확인할 수 있는데, 가령 빌라모비츠Wilamowitz가 그러했듯 그들 스스로 고전문헌학을 '고전학Altertums-wissenschaft'이라 일컫는 것이다. 고전학이란 특히 언어와 문학을 주된 연구대상으로 삼는 고대사 연구의 한 분과이다. 이렇듯 자신이 연구하는 고대의 문헌에서 독자적인 역사적 지평을 박탈함으로써 문헌학자는 역사연구자가 된 셈이다. 그렇게 되면 이해라는 것은 주어진 텍스트를 언어의 역사와 문학적 형식과 양식 등의 맥락에서 파악할 뿐 아니라, 궁극적으로는 해당 시대의 역사적 삶의 맥락에 편입시켜서 해석하는 것을 뜻한다. 그렇긴 하지만 때로는 문헌학자 특유의 원래 본성이 발휘되기도 한다. 이를테면 고대 역사가들을 평가할 때면 그 위대한 문필가들을 실제보다 더 높이 평가하는 것이다. 역사학자라면 올바르게 평가하겠지만 말이다. 이처럼 문헌학자가 텍스트의 증언가치를 과대평가하는 데서 이들이 텍스트를 너무 쉽게 믿는 이데올로기적 성향이 드러나거니와, 그것은 예전부터 이들이 추구해온 믿음, 즉 '아름다운 말'의 벗이 되어야 하고 고전기 고대문학의 전달자 역할을 해야 한다는 믿음의 잔재라 하겠다.

오늘날 역사학자와 문헌학자가 의견의 일치를 보이는 그러한 정신과학의 해석방법이 과연 타당한 것인지, 그리고 역사의식이 제기하는 보편적 요구가 과연 타당한 것인지 따져볼 차례가 되었다. 그런 방법론은 우선 문헌학의 관점에서 볼 때 미심쩍어 보인다.[278] 문헌학자가 '아름다운 말'의 벗이 되기를 자임하면서도 역사연구의 기준에 순응한다면 그것은 결국 자신의 본분이 무엇인지 망각하는 것이다. 문헌학자가 해석하는 텍스트가 전범典範의 가치를 지닐 수 있다면 그것은 우선 텍스트의 형식에 관계되는 문제일 것이다. 인문주의 시대는 고대 그리스·로마 고전문학이야말로 모든 것을 전범적인 방식으로 표현했다는 데 오래도록 열광했다. 그렇지만 그렇게 전범으로 표현된 것은 실제로는 단지 형식적 전범 이상의 어떤 차원에 관계된다. 아름다운 말이 아름답다 일컬어지는 것은 단지 표현하는 방식이 아름답다는 뜻이 아니라 표현되는 내용까지도 아름답다는 뜻이다. 단순한 미사여구가 아닌 것이다. 제 민족의 문학적 전승을 보면 우리가 그 문학적 힘과 상상력과 표현기법에만 감탄하는 것이 아니라 무엇보다도 거기서 표현되는 탁월한 진리에 감탄한다는 사실이 전적으로 타당함을 알 수 있다.

따라서 문헌학자의 작업에서 전범으로 삼을 만한 것이 남아 있다면 연구자는 텍스트를 단지 당대 현실의 맥락에서 재구성된 수신자들과 관련짓는 데 그치지 않고 자기 자신과도 관련지을 것이다.(물론 문헌학자 자신은 그것을 인정하지 않더라도 말이다.) 문헌학자는 전범이 될 만한 것을 전범으로 확립하는 것이다. 그런데 어떤 텍스트를 전범으로 삼는다는 것은 언제나 이해를 전제로 한다. 그 이해의 과정은 그냥 생략될 수 있는 성질의 것이 아니라 이미 선별과 해석의 필요성을 전제로 한다. 따라서 해석자가 전범적 텍스트와 맺는 관계는 언제나 전범의 계승이라는 성격을 띤다. 계승이 단순한 모방이 아니듯 이해 역시 부단히 새로운 만남의 형식이며, 그 자체로 하나의 사건이다. 전범을 무조건 인정하는 것이 아니라 어떤 해석기준을 적용하는 것이기 때문이다. 말하자면 문헌학자는 우리 모두를 엮어주는 거대한 전통과 전승의 직물을 계속 짜나가는 것이다.

이러한 사태를 인정한다면 문헌학은 역사연구로부터 벗어날 때만 가장 확실하게 본연의 품격과 적절한 방법론에 도달할 수 있을 것이다. 그렇지만 내가 보기엔 그것도 절반의 진실일 뿐이다. 나아가서 역사적 해석을 이끌어가는 상像 자체도 과연 왜곡된 상은 아닌지 따져보아야 한다. 아마도 문헌학자의 태도뿐 아니라 역사학자의 태도 역시 자연과학의 방법론적 이상을 준거로 삼기보다는 법학적 해석학과 신학적 해석학이 제공한 모델을 준거로 삼았을 공산이 크다. 텍스트에 대한 역사적 접근방식이 애초부터 텍스트에 긴박되어 있는 문헌학자의 접근방식과 다르다는 것은 맞는 말일 것이다. 역사학자가 텍스트 자체로부터는 잘 드러나지 않는 이면의 맥락을 탐구하여 문제를 해명한다는 것도 맞는 말이다. 개별 텍스트가 제시하는 기준을 가지고 가늠하면 실제로 그렇게 보인다. 역사학자가 텍스트를 대하는 방식은 마치 예심판사가 증인을 심문하는 것과 같다. 그렇지만 사건에 연루된 증인들에게서 밝혀내는 사실들을 단지 확인하는 것만 가지고는 제대로 된 역사학자가 될 수 없으며, 그러한 사실 확인이 무엇을 뜻하는지 그 의미를 이해해야만 한다. 그런 한에는 역사적 증언은 재판과정의 증언과 합치된다. '증언'이라는 동일한 용어가 사용되는 것은 결코 우연이 아니다. 두 경우 모두 증언은 사실 확인을 위한 보조수단인 것이다. 하지만 사실 확인 자체가 본래 목적은 아니며, 정의를 구현하고자 하는 재판관 본연의 과제를 수행하기 위한 기초자료일 뿐이다. 마찬가지로 역사가에게도 어떤 사건의 역사적 의미를 역사적 자기의식 전체 속에서 규정하고자 하는 본연의 과제를 수행하기 위한 기초자료일 뿐이다.

그렇게 보면 두 영역 사이의 차이는 기껏해야 단지 판단기준의 문제인 것처럼 보인다. 하지만 문제의 핵심을 짚으려면 그 차이를 너무 축소해서는 안 된다. 우리는 전통적 해석학의 문제점으로 현상의 차원을 인위적으로 축소시켰다는 것을 지적했다. 역사적 해석학 역시 동일한 문제점을 안고 있는 것으로 보인다. 이 영역에서도 역사학의 방법론을 적용하는 모든 경우에 본래의 결정적인 문제가 전제되는 것은 아닌가? 역사탐구의 본질이라는 문제를 중심에 두지 않고 역사학자가 전통을 탐구하는 동기가 무엇인가를 묻지 않는 역사해석학은 본래 탐구해야 할 핵심을 놓치는 것이다.

이 점을 염두에 두면 문헌학과 역사연구의 관계도 전혀 다른 각도에서 보이게 된다. 앞에서 문헌학이 역사연구에 의해 본령에서 멀어졌다는 점을 지적했지만, 그렇다고 그것이 문제의 핵심은 아니다. 오히려 내가 보기에는 우리가 문헌학자에게 상기시켜 주고자 했던 적용의 문제는 역사이해의 복잡한 문제에도 결정적인 의미를 갖는다. 그런데 얼핏 생각하면 이런 문제제기는 어불성설처럼 보일 것이다. 전통에 의해 제기되는 적용의 요구가 역사해석에서는 원칙적으로 불가능한 것처럼 보이기 때문이다. 이미 살펴본 대로 역사학자는 독특한 방식으로 저자의 의도를 배제하기 때문에 텍스트 해석에서 결코 저자의 의도가 관철되지 못하게 하며, 텍스트를 단지 역사적 원천자료로만 간주할 뿐이다. 다시 말해 텍스트 자체는 전혀 의도하지 않았으나 역사가의 눈에는 드러나는 그런 의미를 읽어내는 것이다.

하지만 이 문제를 좀더 면밀히 살펴보면 과연 역사학자의 이해가 문헌학자의 이해와 구조적으로 다른 것인가 하는 의문이 제기된다. 역사학자가 다른 관점에서 텍스트를 본다는 것은 분명하다. 하지만 그러한 지향성의 차이는 개별 텍스트 자체에만 해당될 뿐이다. 그럼에도 역사학자에겐 개별 텍스트가 다른 사료와 증언과 합쳐져서 전체적인 전통의 맥락 속으로 편입된다. 이러한 전통 전체의 단일한 맥락이 역사학자의 진정한 해석학적 탐구대상이 되는 것이다. 그리고 역사학자는 전통 전체의 단일한 맥락을 문헌학자가 자신의 단일한 생각으로 텍스트를 이해하는 것과 동일한 의미에서 이해한다. 따라서 역사학자 역시 선이해의 적용이라는 과제를 완수하는 셈이다. 바로 이것이 문제의 핵심이다. 넓게 보면 역사이해 역시 문헌학의 일환임이 밝혀지는 것이다.

그렇다고 해서 앞에서 그 문제점을 지적한 역사학파의 해석학적 태도를 우리가 그대로 공유한다는 뜻은 아니다. 앞에서 우리는 역사해석의 방법론에서도 문헌학 방법론의 도식이 압도적이라는 것을 지적했다. 특히 딜타이의 정신과학 방법론을 예로 들어 지적했듯이, 역사를 실재로 파악하지 않고 단지 이념체계의 전개로 보려는 역사학파의 본래 의도는 실제로 관철되지 못했다. 하지만 우리는 결코 딜타이가 말했던 뜻으로 그 의미를 읽어낼 수 있는 텍스트와 마찬가지로 모든 역사적 사건이 완벽한 의미를 지닌다고 주장하지는 않았다. 우리는 역사서술 역시 넓은 의미에서 문헌학과 같다고 했지만, 그렇다고 해서 역사서술이 정신사로 이해되어도 무방하다는 뜻은 결코 아니다.

우리의 생각은 오히려 그 반대 방향으로 나아간다. 그렇게 할 때만 텍스트를 읽는다는 것이 무엇을 뜻하는지 더 올바르게 이해할 수 있다. 세계사라는 거대한 책을 마치 책 읽듯이 술술 읽어갈 수 있는 그런 눈을 가진 독자는 결코 존재할 수 없다. 그리고 눈앞에 펼쳐져 있는 책을 그저 쓰인 그대로 읽는 독자도 없다. 어떤 방식으로 책을 읽든 독자 자신의 선이해를 적용하는 과정이 동반되는 것이다. 그렇기 때문에 어떤 텍스트를 읽는 사람은 그 자신이 텍스트와 소통하는 맥락에서 독서행위를 한다. 그렇게 해서 독자는 자신이 이해하려는 텍스트의 일부가 되는 것이다. 그렇기에 독서과정에서 드러나는 의미의 가닥은 언제나 불확실하게 열려 있는 채 단속적으로 토막날 수밖에 없다. 후세의 독자들은 텍스트를 자신과 다르게 이해할 거라는 사실을 당대의 독자는 인정할 수밖에 없을 것이다. 책을 읽는 독자가 경험하는 이러한 사태는 역사학자에게도 똑같이 해당된다. 다만 역사학자는 역사적 전통 전체를 탐구대상으로 삼을 뿐이다. 역사를 이해하기 위해 역사학자는 역사적 전통 전체를 자신이 사는 현재의 삶과 매개해야 하고, 그럼으로써 현재의 삶이 다시 미래를 향해 열릴 수 있도록 해야 하는 것이다.

이런 관점에서 문헌학과 역사학의 내적 통일성을 인정할 수 있다. 하지만 역사연구 방법의 보편성에 의해 양자가 합치된다고 보는 것은 아니고, 해석자의 관점을 원래 독자의 관점으로 대체하여 객관화하는 방식을 인정하는 것도 아니며, 전승된 텍스트 자체를 역사연구의 방법으로 비판하는 것도 아니다. 오히려 그 반대로 문헌학과 역사학 모두 똑같이 선이해의 적용을 수행하며, 다만 해석의 기준만 다르다는 것이 그러한 내적 통일성의 핵심이다. 문헌학자가 어떤 텍스트를 저자가 의도한 의미대로 이해한다면, 역사학자는 그가 밝혀낸 세계사의 거대한 텍스트를 이해하며, 문헌으로 전승된 개별 텍스트는 그 세계사의 텍스트 안에서 단지 하나의 토막난 의미, 하나의 활자일 뿐이며, 개별 텍스트 역시 세계사라는 거대한 텍스트 속에서 이해된다. 현대 과학의 방법론만을 유일한 척도로 삼았던 사고방식에 의해 자기망각에 빠져들었던 문헌학자와 역사학자는 이런 경로를 통해 다시 본령을 되찾게 된다. 문헌학자와 역사학자가 진정한 공통의 토대로 삼아야 할 그 본령이란 영향사적 문제의식이다.

　이상의 논의에서 살펴보았듯 법학적 해석학은 실제로 생산적인 참조모델이 될 수 있다. 법학자가 법을 시행하는 재판관의 입장에서 어떤 법률의 원래 의미를 올바르게 보완할 권한이 있다면, 법학자는 다른 모든 이해에서 이루어지는 일을 똑같이 수행하는 셈이다. 그렇게 볼 때 문헌학자와 역사학자의 모든 해석학적 작업에서 영향사적 문제의식이 공동의 토대가 된다는 점을 인정한다면, 해석학의 모든 영역이 원래 단일한 공통의 토대를 기반으로 삼았다는 사실이 새롭게 복권되는 것이라 할 수 있다.

　이로써 모든 이해과정에 선행하는 선이해의 적용이 어떤 의미를 갖는지 밝혀졌다. 선이해의 적용은 이미 주어진 보편적 원칙을 사후적으로 구체적 사례에 적용하는 것이 아니라, 우리가 어떤 텍스트를 이해하는 과정에서 비로소 보편적 원칙도 제대로 이해되는 것이다. 이해라는 것은 영향을 주고받는 방식의 하나이며, 그 자체가 영향을 주고받는 과정임이 밝혀진 것이다.

3

영향사적 의식에 대한 분석

1) 반성철학*의 한계[279]

여기서 우리가 생각해볼 문제는 인식과 영향이 서로 어떤 관계에 있는가 하는 것이다. 영향사적 의식은 어떤 작품이 남기는 흔적 같은 것을 추적하는 영향사 탐구와는 다르다. 오히려 영향사적 의식은 작품 자체에 관한 의식이며, 그런 점에서는 그 자체로 영향력을 행사한다는 것을 우리는 앞에서 이미 강조했다.[280] 앞에서 지평의 형성과 지평의 융합에 관해 서술했던 것은 순전히 영향사적 의식의 작용방식을 설명하기 위함이었다. 그런데 영향사적 의식이란 과연 어떤 성질의 것인가? 바로 이것이 결정적인 의문이다. 영향사적 의식이 이미 영향관계 자체 내에 편입되어 있다는 것은 얼마든지 강

---

*광학에서 유래하는 의식철학의 개념으로, 인식주체가 어떤 사태를 인식하고 있음을 스스로 자각함으로써 인식의 자기확실성을 확보하는 것을 가리키며, 데카르트의 철학에서 사유의 반성적 구조는 모든 인식의 확실성의 기초가 된다. 헤겔이 비판적 의미로 사용하는 반성철학은 개념을 고립된 개별적 상태로 파악하고 단순히 형식적 대립과 결합을 통해 체계화를 시도하는 '오성철학 Verstandesphilosophie'을 가리킨다. 헤겔에 따르면 그러한 반성철학을 통해서는 세계경험과 자기경험의 총체를 파악할 수 없는데, 역사적 경험의 현실적 과정은 상호대립적 가능성과 대립개념들까지도 포괄하기 때문이다. 헤겔은 반성철학이 주관성의 자장을 벗어나지 못하고 진정한 현실성을 확보할 수 없다고 본다.

조해서 말할 수 있다. 영향사적 의식은 그것이 의식인 한에는 그 본질상 그 무엇에 관한 의식의 차원을 넘어설 수 있는 가능성으로 나타난다. 반성성Reflexivität의 구조는 근본적으로 일체의 의식과 더불어 이미 주어져 있는 것이다. 따라서 반성성의 구조는 영향사 의식에도 적용될 수 있어야 한다.

이 문제는 다음과 같은 문제제기로 표현해볼 수도 있겠다. 우리가 영향사적 의식에 관해 말할 때 우리는—'영향'이 의미하는 모든 직접적 관련성을 해체하는—반성Reflexion의 내재적 법칙성에 의해 구속을 받지 않는가? 그렇다고 보았던 헤겔의 관점이 결국 옳다는 것을 인정할 수밖에 없지 않은가? 또한 헤겔이 생각했던 역사와 진리의 절대적 매개가 해석학의 기초가 아닐까?

슐라이어마허에서 딜타이에 이르는 역사학파의 세계관과 그 역사적 전개과정을 생각해보면 바로 앞에서 제기된 문제들은 막중한 중요성을 갖는다. 그러한 의문들은 해석학의 문제에 접근할 때 어느 대목에서나 부닥치는 문제들이다. 어떤 경우에도 해석학의 요구는 무한한 앎의 과정 속에서만 충족될 수 있으며, 일체의 전통과 현재를 매개하는 무한한 사유과정 속에서만 충족될 수 있다. 해석학의 요구는 계몽의 완성이라는 이상에 바탕을 두며, 우리 인간의 역사적 지평의 한계를 끊임없이 돌파하고 무한한 앎을 통해 인간의 유한함을 극복하는, 요컨대 역사를 인식하는 정신이 모든 영역에서 온전한 앎으로 충만하고자 하는 열망에 바탕을 둔다. 19세기 역사주의가 이러한 방향을 추구하려는 자각에 도달하지 못했다는 사실은 그다지 대수로운 일이 아니다. 그러는 가운데 궁극적으로 정당성을 확보한 것은 헤겔의 관점이다. 비록 매 시대의 역사적 경험 자체를 중시했던 역사학파가 헤겔 대신 슐라이어마허와 빌헬름 폰 훔볼트를 중시하긴 했지만 말이다. 그렇지만 슐라이어마허나 훔볼트는 자신들의 관점을 일관되게 끝까지 밀고가지 못했다. 그들은 이해과정에서 극복해야 하는 개성적 특성과 낯선 인식대상의 제약을 무척 강조하긴 했지만, 그럼에도 결국에는 무한한 의식 속에서 이해가 완성된다고 보았고, 해석자의 개성이 그러한 이해가능성의 토대가 된다고 보았다. 모든 개성은 이미 절대자 안에 포용되어 있다고 보는 범신론적 사고가 곧 이해라는 기적을 가능케 하는 것이다. 그런 식으로 해석의 문제에서도 존재와 앎은 절대자를 통해 완벽하게 합치된다. 헤겔이 절대적 변증법을 통해 관념론의 사변적 완성을 꾀한다면, 그에 비해 슐라이어마허와 훔볼트의 칸트주의는 결코 독자적 체계성을 확보하지 못한다. 헤겔이 반성철학을 비판했던 논리는 똑같이 그들에 대한 비판의 논리로 적용될 수 있다.

이제 우리는 역사적 해석학을 정립하려는 우리의 독자적 시도 역시 헤겔이 슐라이어마허와 훔볼트를 비판했던 것과 동일한 비판의 표적이 되는 것은 아닌지 따져볼 필요가 있다. 아니면 우리의 시도는 반성철학의 형이상학적 요구에서 벗어나, 청년헤겔학파가 엄정한 비판적 역사의식에 입각하여 헤겔을 비판했던 맥락을 염두에 두면서 해석학적 경험의 정당성을 확보할 수 있을 것인가.

이 문제를 따져보기 위해서는 우선 절대적 반성의 구속력을 제대로 파악할 필요가 있으며, 다른 한편 헤겔 비판자들이 절대적 반성의 마법을 제대로 논파하지 못했다는 사실도 인정할 필요가 있다. 그리하여 사변적 관념론의 비합리주의적 관점에 만족하지 않고 헤겔적 사유의 참된 핵심을 제대로 파악할 때만 사변적 관념론의 모순된 결론들에서 탈피하여 역사적 해석학의 문제를 제대로 다룰 수 있다. 여기서 관건은, 작품의 직접성과 우월성이 영향의 의식 속에서 단순한 반성적 사유의 현실로 해소되지 않도록 영향사적 의식을 사유하는 것, 그리고 반성적 사유가 아무리 전능한 힘을 발휘하더라도 엄연히 현실이 반성적 사유의 한계를 설정하는 척도가 되도록 사유하는 것이다. 바로 이것이 헤겔에 대한 비판의 요체요, 실제로 반성철학의 원칙이 반성철학을 비판했던 여타의 모든 비판자보다 우월함을 입증했던 요체이기도 하다.

칸트의 '물 자체'에 대한 헤겔의 유명한 비판이 그 점을 분명히 보여준다.[281] 칸트는 이성의 한계를 비판적으로 설정하면서 여러 범주의 적용가능한 대상을 경험가능한 대상들에 한정했으며, 현상계의 기저에 놓여 있는 물 자체는 원칙적으로 인식할 수 없다고 천명했다. 헤겔의 변증법은 이를 비판하는 논거로, 이성은 그러한 한계를 설정하고 현상계를 물 자체와 구별함으로써 바로 그러한 차이가 실제로 이성 자체의 고유한 차별성임을 입증했다고 반박했다. 따라서 이성은 결코 그 자체의 한계에 봉착하는 것이 아니라, 이러한 한계를 설정함으로써 이성의 고유한 역할을 온전히 수행한다고 보았다. 다시 말해 이성은 그러한 한계를 극복했다는 것이다. 어떤 한계가 한계로 설정된다는 것은, 그 한계로 인해 한계 안에 갇혀 있는 것의 바깥에 존재하는 것까지도 언제나 포괄한다는 것을 뜻한다. 한계의 변증법은, 그 한계가 스스로를 지양함으로써만 존재한다는 것이다. 그와 마찬가지로 물 자체가 현상계와 구별되는 즉자존재Ansichsein 역시 그것을 대자적으로 인식하는 인간 주체에 대해서만 즉자적으로an sich 존재한다. 한계의 변증법에서 논리적 보편성으로 드러나는 것은, 의식에 의해 구별되는 즉자존재가 의식 자체의 타자라는 경험 속에서 의식의 대상으로 특수하게 나타난다. 의식에 의해 구별되는 즉자존재는 자기 자신Selbst으로 의식될 때만, 다시 말해 완성된 절대적 자기의식 속에서 자기 자신을 인식할 때만 비로소 그 진리내용이 온전히 인식된다. 이러한 논증의 정당성과 한계에 관해서는 나중에 다시 다룰 기회가 있을 것이다.

헤겔 비판자들은 온갖 다양한 관점에서 이러한 절대적 이성의 철학을 비판하지만, 헤겔이 특히 『정신현상학』에서 현상적인 앎에 관한 학문으로 개진한 총체적인 변증법적 자기매개의 일관된 논리 앞에서는 설득력을 상실한다. 헤겔 변증법의 무한성에 대한 모든 반론의 원형은, 타자는 순수한 자기의식에 의해 포섭된 나 자신의 타자가 아니라 타자 자체로서, '나Ich'가 아닌 '너Du'로서 경험되어야 한다는 것이다. 하지만 이러한 반론은 헤겔의 진의를 간과한 소치일 뿐이다.『정신현상학』의 변증법적 사유과정은 다름 아니라 진정한 '타자'를 인정하는 것으로 일관하기 때문이다. 그러한 사유과정의 몇몇 국면만 예시해보자면 다음과 같다. 헤겔에 따르면 자기의식은 타자 속에서 인정을 쟁취해낼 때만 진정한 자기의식에 도달할 수 있다. 예컨대 남자와 여자의 직접적 관계는 서로가 인정받았다는 사실에 대한 자연스러운 인식이다.(『정신현상학』 325쪽[282]) 나아가서 양심이라는 것은 인정받기 위한 정신적 요소를 나타내며, 고백과 용서를 통해서야 비로소 정신이 절대성에 도달하는 상호인정은 실현될 수 있다. 헤겔이 설명한 정신의 이러한 작용방식은 나중에 포이어바흐Feuerbach와 키르케고르가 헤겔에 대해 비판적으로 제기한 문제의식을 이미 선취한다고 단언할 수 있다.

　절대정신을 사유한 헤겔에 대한 반론들은 그 자체의 고유한 관점이 없다. 헤겔 철학의 근간을 뒤흔들 수 있는 아르키메데스의 점은 반성적 사유에서는 결코 찾을 수 없다. 반성철학이 어떤 관점을 취하더라도 결국 자기회귀적 의식의 반성적 운동으로 귀착된다는 것이야말로 반성철학의 핵심을 이루는 형식적 특징이다. 반성철학에서는 아무리 직접성을 갈망하더라도—그것이 생생한 자연의 직접성이든, 나에게 뭔가를 요구해오는 직접적 타자이든, 우발적인 역사적 사건의 불가해한 사실성이든, 생산관계의 현실이든 간에—결국 자신의 갈망을 부정하는 결과에 이를 수밖에 없다. 반성적 사유행위 자체가 직접적인 것이 아니라 반성적으로 사유하는 행위이기 때문이다. 헤겔 좌파는 실제로 세계를 변화시켜야 함에도 사고 속에서만 화해를 한다고 헤겔을 비판하며, 철학이 정치로 변환되어야 한다고 주장한다. 하지만 그러한 주장은 철학의 토대 위에서는 결국 철학 자체를 폐기하는 것과 다를 바 없다.[283]

　그렇다면 반성철학의 변증법적 우월성이 과연 어느 정도나 실질적 진실에 부합하고 또 과연 어느 정도나 단지 형식적 가상을 만들어낼 뿐인가 하는 문제가 제기된다. 유한한 인간의식의 관점에서 사변적 사유를 비판한다 하더라도 그러한 비판이 어떤 진실을 내포한다는 사실은 궁극적으로 반성철학의 논리로도 결코 부인될 수 없다. 그것은 특히 관념론의 아류철학에서 분명히 드러나는데, 가령 생철학이나 실존철학에 대한 신칸트학파의 비판이 그러하다. 하인리히 리케르트Heinrich Rickert는 1920년에 쓴 책에서 '생철학'의 근본을 뒤흔들고자 했지만, 당시 이미 널리 확산되기 시작한 니체와 딜타이의 영향을 따라잡지 못했다. 그러한 상대주의의 내적 모순은 너무나 분명하다. 하이데거는 아주 당당해보이는 그러한 논리들이 기습작전 같은 데가 있다고 언명했다.[284] 그러한 논리는 아무리 호소력이 있는 것처럼 보여도 결국 문제의 핵심을 보지 못한다. 그러한 논리를 휘두를 때는 옳은 것처럼 보이지만 결국 생산적 논의를 가능케 할 탁월한 통찰은 내놓지 못하는 것이다. 회의와 상대주의를 표방하는 테제 자체가 모종의 진리성을 주장하고 그런 한에서 자신의 입장 자체를 폐기할 때 그것은 논박할 수 없는 논거가 된다. 하지만 그렇게 한다고 해서 과연 뭔가 이루어지는 성취가 있는가? 그러한 방식으로 논리적 우월성을 차지하려는 반성적 사유의 논거는 반성적 사유의 진리가치를 미심쩍게 만들기 때문에 오히려 그러한 논거를 펼치는 당사자에게 부메랑이 되어 돌아온다. 그런 사유를 통해 타격을 입는 것은 일체의 진리를 해체하는 상대주의나 회의적 사유가 겨냥하는 실재가 아니라 그러한 형식적 논증의 진리성 자체인 것이다.

그렇게 볼 때 그러한 반성적 사유의 논거들에 내재하는 형식주의는 겉보기와 달리 철학적 정당성을 확보할 수 없다. 실제로 그러한 형식주의적 논거들을 통해 인식되는 것은 아무것도 없다. 그러한 논증의 허구적 정당성은 고대 소피스트 철학에서 분명히 드러나거니와, 그 내적 공허함은 이미 플라톤이 지적했다. 또한 플라톤은 언어의 진정한 철학적 사용이 소피스트적 언어사용과 구별될 수 있는 그 어떤 충분한 논증적 기준도 없다는 것을 명확하게 통찰했던 철학자이기도 하다. 특히 플라톤은 그의『제7서한』에서 어떤 테제를 형식적으로 논박할 수 있다고 해서 반드시 그 테제의 진리성이 부정되는 것은 아니라고 밝혔다.[285]

우리가 알지 못하는 문제에 대해서도 어떻게 질문을 던질 수 있는가 하는 소피스트들의 문제제기는 일체의 공허한 논증의 원조격이라 할 수 있다. 소피스트들의 그러한 주장에 대하여 플라톤은『메논』[286]에서 그들보다 더 우월한 논리로 논파하는 것이 아니라, 인간의 영혼은 태어나기 전부터 존재한다는 신화를 끌어들여 비판한다. 물론 이러한 논법은 매우 반어적이다. 태어나기 전부터 영혼이 존재하며 현생의 인간은 그것을 다시 기억해낸다는 신화는 철학적 문제제기와 탐색의 수수께끼를 풀기 위한 화두로 던진 것이다. 따라서 그것은 실제로 종교적 신념을 맞받아치기 위한 것이 아니라, 인식의 확실성을 추구하는 영혼의 본성에 근거한 발상이며, 그러한 영혼의 탐색은 공허한 형식주의적 논증을 거뜬히 논파하는 것이다. 물론 플라톤이 로고스의 취약점이라고 인식하는 대목은 소피스트들의 논증을 논리적으로 비판하지 않고 신화를 논거로 끌어들이는 것이다. 진정한 의견개진이 일종의 신적 자비와 천부의 재능으로 표현되듯이, 진정한 로고스의 탐색과 인식은 신적 자비와 무관한 정신의 전유물이 아니다. 나중에 다시 살펴보겠지만, 플라톤이 소크라테스의 변증법에 부여하는 신화적 정당성은 원칙적 중요성을 지닌다. 만약 소피스트들의 궤변이 논박되지 않은 채 넘어간다면—실제로 논증의 방식으로는 논박될 수도 없거니와—그에 맞서는 논변은 체념으로 귀결되고 말 것이다. 만약 그렇게 되면 그것은 '게으른 이성'의 논변에 불과한 것이 되고, 그로 인한 파장은 상징적 파급력을 갖게 될 것이다. 일체의 공허한 반성적 사유가 승리를 구가하는 듯 보이지만 실은 반성적 사유 자체를 폄하하는 결과를 초래할 것이기 때문이다.

물론 소피스트의 궤변적 변증론에 대한 플라톤의 신화적 비판은 그 자체로 명료해보인다 하더라도 현대의 사유에 비추어보면 흡족하지 못한 것도 사실이다. 그렇긴 하지만 플라톤의 사유에서 신화는 철학적 사유 자체라기보다는 교육적 고려사항에 속한다. 궁극적으로 이성의 기초가 되는 것은 이성 자체이다. 바로 그런 맥락에서 헤겔은 반성적 사유의 변증법을 철두철미 이성의 총체적 자기매개로 파악하고자 했다. 그런 점에서 헤겔은 플라톤이 '소피스트적'이라 일컫은 형식주의 논리를 원칙적으로 뛰어넘었다. 따라서 헤겔의 변증법은 그가 '표피적 성찰'이라 일컫은 공허한 이해의 논리에 대하여 플라톤의 스승 소크라테스에 못지 않게 단호히 비판적 입장을 취했다. 바로 이런 이유에서 해석학의 문제를 다룰 때 헤겔의 입장을 따져보는 일은 핵심적 중요성을 갖는다. 헤겔의 정신철학은 역사와 현재의 총체적 매개를 추구하기 때문이다. 여기서 관건은 반성적 사고의 형식주의가 아니라 사유의 준거가 되는 객관적 사태 자체이다. 헤겔은 해석학 문제의 뿌리가 되는 역사적 차원을 철저하게 성찰했다.

그런 이유에서 우리는 영향사적 의식의 구조를 헤겔의 관점을 참조하는 동시에 차별화하여 규명해보고자 한다. 헤겔은 기독교에 대한 정신주의적 해석을 통해 정신의 본질을 규명한다. 그런 접근방식은 역사의 타자성Andersheit을 포함하는 타자의 경험을 고려할 여지가 없다는 반론에 직면하기 십상이지만, 아직 그런 반론이 본격적으로 제기된 적은 없다. 정신은 타자존재Anderssein 속에서 자기 자신을 인식할 때 비로소 생명력을 얻는다. 자기인식을 추구하는 정신은 '실정적인 것das Positive'을 낯선 대상으로 인식하면서 이원적으로 분열되며, 그 낯선 것을 자기 자신의 고향으로 인식함으로써 낯선 대상과 화해하는 법을 배워야 한다. 정신은 실정성實定性 Positivität의 견고한 낯설음을 해소함으로써 자기 자신과 화해하기에 이른다.* 정신이 수행하는 그러한 화해는 역사적 작업이며, 그런 만큼 정신의 역사적 활동은 단지 정신의 자기투영도 아니고 자신에게 거슬리는 자기소외를 그저 형식주의적 변증법으로 지양하는 것도 아니며, 현실을 경험함으로써 스스로 현실적 존재가 되는 그런 경험Erfahrung이다.

2) 경험 개념과 해석학적 경험의 본질

영향사적 의식은 경험의 구조를 취한다는 것, 바로 그 점이 영향사적 의식의 분석을 위해 반드시 고수해야 할 기본인식이다. 역설적으로 들릴지 모르겠지만, 경험 개념은 우리가 익히 안다고 생각하는 개념들 중에 가장 미흡하게 해명된 개념의 하나이다. 경험 개념은 자연과학에서 통용되는 귀납법의 논리에서 주도적 개념인 까닭에 철저히 인식론적 도식화에 함몰되었으며, 그러한 인식론적 도식화는 경험 개념의 원래 내용을 편협하게 축소시킨 것으로 보인다. 내 기억으로는 이미 딜타이가 영국 경험론이 역사적 교양을 결여했다고 비판한 바 있다. 우리는 앞에서 딜타이가 '생철학'의 사상적 동기와 과학이론적 동기 사이에서 모호하게 동요하고 있다고 지적했지만, 여기서 딜타이가 영국 경험론의 한계를 그렇게 비판한 것

---

* 헤겔은 초기 저작에서 '실정적인 것'을 '자율적autonom이지 않은 것'의 의미로 사용하면서 '자연스러운natürlich' 것의 대립개념으로 설정한다. '실정성'은 지배요구를 뜻하며 타율적 규정과 동일시된다. 또한 어떤 이론을 교조화하는 것을 헤겔은 '실정화Positivierung'라 일컫는다. 변증법의 맥락에서는 대립의 '실정적' 결과라는 말을 사용하는데, 그런 맥락에서는 대립의 지양에 의해 규정되는 통일성을 가리킨다. 의식과 관련해서는 외재적äußerlich 방식으로 의식에 포착되는 모든 것을 '실정적'이라 일컬으며, 감각적인 것이나 법률 등이 여기에 해당된다. 또한 신학적·형이상학적 논의에서는 불확정성의 상태를 극복하고 확실한 진술에 도달한 상태를 실정적이라 일컫는다.

도 단지 절반의 비판에 불과할 뿐이다. 엄밀히 말하면 그것은 딜타이를 포함하여 지금까지 개진되어온 경험이론 전반의 결함이다. 지금까지의 경험이론은 과학을 그 준거로 삼았을 뿐 결코 경험의 내적 역사성에는 주목하지 않았다. 과학의 목표는 그 어떤 역사적 계기도 경험 속에 섞여들지 않도록 경험을 객관화하는 것이다. 자연과학적 실험은 방법론적 장치를 고안해냄으로써 바로 그런 일을 수행한다. 그런데 정신과학에서의 역사적·비판적 방법 역시 그와 비슷한 작업을 수행한다. 그리하여 그 두 가지 방식으로 사태의 기저에 놓여 있는 경험을 누구나 반복해서 경험할 수 있게 함으로써 객관성이 확보된다고 생각하는 것이다. 자연과학에서 실험이 반복해서 검증할 수 있는 것이듯 정신과학에서도 인식의 전 과정이 제어가능해야 한다는 것이다. 그런 한에는 과학에서 경험의 역사성이 들어설 자리는 없다.

그리하여 현대 과학은 모든 경험 속에서 이미 추구되던 바를 그 나름의 방법론으로 더 연장시킬 뿐이다. 모든 경험은 그것이 입증될 때 비로소 통용될 수 있다. 그런 점에서 경험의 가치는 원칙적인 반복가능성에서 연유한다. 그런데 그것은 경험이 그 고유한 본질상 자체의 역사를 자기 안에서 지양하고 그럼으로써 소멸시킨다는 것을 뜻한다. 일상생활의 경험에서도 그 점은 분명하며, 하물며 온갖 과학적 장치로 경험을 처리할 때는 더더욱 분명하다. 그런 점에서 현대 과학이론이 일면성을 띠는 것은 결코 우연이 아니라, 경험에 관한 이론이 경험을 통해 도달해야 할 진리의 추구에 맞추어서 순전히 목적론적으로 경험에 접근하기 때문이다.

근래에 와서는 특히 에드문트 후설이 이 문제에 각별한 관심을 쏟았다. 그는 여러 학문분야에서 경험을 일방적으로 관념화하는 성향을 부단히 새로운 발상으로 탐구하여 해명하고자 시도했다.[287] 이러한 의도에서 후설이 제시하는 경험의 계보학은 여러 학문에서 경험을 관념화하기 이전에 존재하는 생활세계의 경험을 출발점으로 삼는다. 그렇지만 후설 자신도 그가 비판하는 일면적 성향에서 벗어나지 못하는 것으로 보인다. 왜냐하면 후설은 순전히 육체적 지각에 맞추어진 외적 지각을 다른 모든 경험의 토대로 설정함으로써 결국 엄밀한 학문적 경험이라는 이상화된 세계를 원초적 세계경험 속으로 투사하는 셈이기 때문이다. 후설의 말을 그대로 옮기면 다음과 같다.

> 이러한 감각적 현존에 기초하여 우리의 실천적 관심사나 심정적 관심사는 예컨대 유익한 것, 매력적인 것 혹은 불쾌한 것 등으로 지각되는 바로 그 순간 우리 자신에게 자각된다. 비록 그렇긴 하지만, 이 모든 지각의 기초가 되는 것은, 그 지각의 기저가 순전히 감각적으로만 파악될 수 있는 속성을 지녔다는 사실이다. 그러한 감각적 속성에 접근함으로써 언제라도 가능한 해석의 길이 열리는 것이다.[288][여기서도 후설의 사유를 압도하는 것은 '현존성Anwesenheit'에 대한 존재론적 선이해Vorgriff임을 알 수 있다.]

경험의 근원을 감각의 발생기원으로 소급해서 파악하고 엄밀한 학문으로 관념화를 극복하려는 후설의 시도는, 자아의 순수한 선험적 주관성이 그 자체로는 현실성을 확보할 수 없으며 언제나 언어에 의한 관념화를 통해서만 현실성을 지닌다는 난관에 맞서 치열하게 분투해야 할 터이다. 언어의 관념화 작용은 일체의 경험습득 과정에 수반되며, 그런 작용을 통해 개별적 자아가 단일한 언어공동체에 속해 있다는 사실이 실질적 영향력으로 확인되는 것이다.

　실제로 근대 과학이론과 논리학의 초기단계를 돌이켜보면 이 문제는 이성의 순수한 사용이 과연 어느 정도나 실현될 수 있는가 하는 문제와 직결된다. 여기서 이성의 순수한 사용이란 방법론적 원리에 따라 사고를 전개하고, 특히 '언어 자체에 너무 집착하는' 모든 편견과 선입견을 극복하려는 태도를 말한다. 이 문제와 관련하여 베이컨Bacon의 탁월한 업적은, 경험에 관한 이론을 올바른 귀납에 관한 이론으로 발전시키려는 논리내재적 과제에 만족하지 않고 경험이 수행하는 역할을 온갖 도덕적 난제 및 인간학적 의구심과 결부지어 논의했다는 점이다. 베이컨의 귀납법은 일상적 경험이 그 변증법적 활용을 뛰어넘어 구현되는 무규칙하고 우발적인 방식을 극복하고자 했다. 그런 맥락에서 베이컨은 근대의 방법론적 탐구의 길잡이가 될 만한 방식으로 인문주의 시대에 활약했던 스콜라철학이 표방했던 귀납이론을 '단순 증명enumeratio simplex'에 의거하여 완전히 전복시켰다. 귀납이론은 일반화가 우연적인 관찰에 근거하여 성공적으로 이루어지고, 반대논거가 없는 한 그러한 관찰이 통용될 수 있다는 가정에서 출발한다. 알다시피 베이컨은 일상적 경험의 조급한 일반화에 해당되는 예단anticipatio을 자연의 참된 존재에 대한 학문적 해석에 해당되는 자연해석interpretatio naturae에 대비시킨다.[289] 그러한 '자연해석'은 일정한 방법론에 따라 고안된 실험을 통해 그 타당성을 검증할 수 있는 진정한 보편적 진리, 즉 자연의 단순한 형태들을 향해 점진적으로 나아가는 것을 가능케 해준다. 이러한 참된 탐구방법의 특징은 인간정신이 결코 자기 자신에게만 의존하지는 않는다는 것이다.[290] 정신은 자의적으로 비상해서는 안 된다. 오히려 정신은 특수한 사례로부터 보편적 진리로 점진적으로 상승해야 하며, 그럴 때만 일체의 조급함을 피하여 질서정연한 경험을 획득할 수 있다.[291]

베이컨이 요구하는 이러한 탐구방법을 그 자신은 실험적 방법이라 일컫는다.[292] 그런데 여기서 유의할 것은 베이컨이 말하는 실험이란 일정하게 격리된 조건하에서 실험의 진행과정을 인위적으로 수행하고 측정가능한 것으로 만드는 그런 자연과학의 기술적 실험장치만 가리키는 것은 아니라는 사실이다. 오히려 베이컨이 말하는 실험은 무엇보다도 조급한 일반화에 빠지지 않도록 우리의 정신을 정교하게 운용하는 것을 가리킨다. 그렇게 함으로써 정신은 자연에서 접하는 관찰대상들을 의식적으로 변주할 수 있고, 얼핏 생각하면 서로 가장 동떨어져 보이고 서로 모순되는 듯한 사례들을 의식적으로 대질시키면서 점진적으로 지속적인 탐구를 수행하여, 어긋나는 사례들을 하나씩 제외시키는 과정을 거쳐 마침내는 보편적 원리에 도달할 수 있는 것이다.[293]

물론 전체적으로 평가하자면 베이컨에 대한 일반적 비판과 마찬가지로 그의 방법론 제안이 실망스럽다는 점을 시인하지 않을 수 없을 것이다. 그의 방법론은 너무 애매하고 일반적이어서 특히 오늘날 수행하는 자연탐구에 적용하기에는 거의 쓸모가 없다. 공허한 변증론적 궤변에 맞섰던 베이컨 자신도 실은 그가 맞서 싸웠던 형이상학 전통과 그 변증론적 논증방식에 깊숙이 연루되어 있었던 것이다. 자연의 목소리에 귀를 기울임으로써 자연을 제압하고자 했던 그의 목표, 자연을 공격하고 억압하려는 새로운 태도, 그를 근대 과학의 전위투사로 등극시킨 그 모든 것은 그의 저작 중에서 실용적인 한 측면에 불과했으며, 그러한 실제적 적용가능성의 측면에서 보면 그의 업적 중에 후세에 길이 남을 만한 것은 거의 없다. 베이컨의 고유한 업적은 오히려 인간정신을 사로잡고 사물에 대한 참된 인식을 가로막는 편견들을 포괄적으로 탐구하여—단지 방법론의 차원을 넘어 학문의 기본원리라 할 만한—정신의 방법론적 자기정화를 수행했다는 사실에서 찾을 수 있다. '편견'에 관한 베이컨의 유명한 논의는 무엇보다 이성의 방법론적 사용을 최우선의 과제로 삼았다는 데 그 의의가 있다.[294] 바로 이런 측면에서 그는 우리의 관심을 끈다. 왜냐하면 비록 배타적 비판의 의도가 개입하긴 했지만 바로 그런 측면에서 과학의 목표에 목적론적으로 종속되지 않는 경험세계의 계기들이 드러나기 때문이다. 가령 인간의 정신은 긍정적인 것만 기억하고 싶어하고 부정적 경험instantiae negativae은 잊고 싶어하는 성향이 있다는 의미로 '종족의 우상idola tribus'을 말할 때도 바로 그런 맥락에서이다. 예컨대 신탁에 대한 믿음은 이처럼 망각하기 쉬운 인간의 속성에서 연유하거니와, 적중하는 예언은 마음에 새겨두고 들어맞지 않는 예언은 그냥 흘려버린다는 것이다. 이와 마찬가지로 베이컨이 보기에는 인간정신이 언어의 관습을 대하는 태도 역시 공허한 관습적 형식들로 인해 인식이 미혹에 빠지는 하나의 형태일 뿐이다. 그런 의미에서 언어관습은 '시장의 우상idola fori'에 속한다.

이 두 가지 사례만 보더라도 베이컨이 파고드는 문제의식에서 목적론적 측면이 유일한 가능성은 아니라는 사실이 분명히 드러난다. 과연 어떤 문제를 고찰할 때나 긍정적인 것이 더 잘 기억에 남는지, 또 부정적인 것은 잊어버리려는 성향을 어떤 문제를 다룰 때나 과연 비판적으로 봐야 할 것인가는 좀더 따져볼 필요가 있다. 아이스킬로스Aischylos의 『프로메테우스』 이래로 희망의 본질은 인간 경험의 고유한 특성을 너무나 명확하게 드러낸다. 다시 말해 인식 행위의 목적론적 가치척도만을 유일하게 타당한 것으로 인정하려는 원칙은 인간의 경험적 한계에 비추어볼 때 극히 일면적일 수밖에 없는 것이다. 일체의 경험을 이끌어가는 언어에 관해서도 비슷하게 말할 수 있다. 언어사용 자체에만 집착하는 부차적인 문제들도 특정한 언어관습의 지배에서 유래한다. 다른 한편 언어가 경험의 긍정적 제약조건이자 경험을 이끌어가는 역할을 하는 것도 분명한 사실이다. 그렇지만 후설 역시 베이컨 이상으로 언어적 표현영역의 긍정적 측면보다는 부정적 측면에 더 주목한 것은 사실이다.

따라서 우리는 경험 개념을 분석함에 있어 그러한 선례들을 길잡이로 삼지는 않을 생각이다. 지금까지는 경험 개념이 주로 목적론적 측면에서 분석되었지만, 우리의 논의는 그런 측면에 국한될 수 없기 때문이다. 그렇다고 해서 목적론적 측면이 경험의 구조에서 어떤 진정한 계기를 올바르게 포착한 것이라는 사실을 부정하려는 것은 아니다. 경험은 그것과 모순되는 사태가 발생하지 않을 때에만 타당하다는 사실이야말로—현대적 의미에서의 실험장치로 이루어지는 경험이든, 옛적부터 익히 알려진 일상적 경험이든 간에—경험의 보편적 본질을 잘 드러낸다는 것은 분명하다.

다른 한편 경험의 이러한 특성은 일찍이 아리스토텔레스가 그의 『분석론 후서*Zweite Analytik*』에서 제시한 귀납의 개념에 전적으로 상응한다.[295] 여기서 아리스토텔레스는 (『형이상학』 제1장에서와 흡사하게) 수많은 개별적 지각들이 과연 어떻게 다양한 개별성을 유지하면서도 마침내 통일된 경험을 산출하는지 서술한다. 그런데 여기서 말하는 통일성이란 과연 어떤 성질의 것인가? 그것은 분명히 단일한 보편의 통일성이다. 그렇지만 경험의 보편성은 과학의 보편성에는 미치지 못한다. 아리스토텔레스에서 경험의 보편성은 수많은 개별적 지각들과 개념의 진정한 보편성 사이에서 명확히 규정되지 않은 독특한 중간적 위치를 차지한다. 과학과 기술은 개념의 보편성에서 출발한다. 그렇다면 경험의 보편성이란 어떤 것이며, 그것은 과연 어떻게 로고스의 보편성으로 진입할 수 있는가? 경험을 통해 우리는 특정한 치료제가 특정한 효능을 발휘한다는 것을 안다. 다시 말해 그것은 수많은 경험적 관찰사실 중에서 뭔가 공통된 것이 추출되었음을 뜻한다. 그렇다면 그런 방식으로 확증된 관찰을 바탕으로 본래의 의학적 질문, 학문 차원의 질문, 즉 로고스에 관한 질문이 성립될 수 있을 것이다. 과학은 어떤 이유에서 특정한 치료제가 치유효능을 갖는지 알아낼 수 있다. 경험이 과학 자체는 아니지만 과학의 필요조건이 되는 것이다. 경험 자체가 이미 확증된 것이어야 한다. 다시 말해 개별적 관찰들이 규칙적으로 동일한 결과를 보여주어야 하는 것이다. 경험 속에서 관찰되는 보편성이 사전에 확보되어야만 비로소 그러한 보편적 경험이 성립될 수 있는 근거에 관한 탐구가 가능해지고, 과학의 차원으로 나아가는 문제제기가 성립될 수 있다. 거듭 되묻자면, 그런 경험적 보편성은 과연 어떤 성질의 것인가? 그것이 수많은 개별적 관찰사실 중에서 아직은 명확히 구별되지 않은 공통점을 가리킨다는 것은 분명하다. 그처럼 수많은 개별적 관찰사실을 보존할 때만 어느 정도 예측이 가능할 것이다.

　경험과 보존, 그리고 그런 과정을 통해 산출되는 경험적 통일성의 상관관계는 아리스토텔레스의 논의에서는 아직 명확하지 않은 것이 분명하다. 이 문제와 관련하여 확실히 아리스토텔레스는 그의 시대에 이미 고전적인 틀로 자리잡은 어떤 사유의 전통을 따르고 있다. 그런 사유 전통의 가장 오랜 출처는 아낙사고라스Anaxagoras에서 찾아볼 수 있으며, 그에 관한 기록을 남긴 플루타르코스Plutarchos에 따르면 아낙사고라스는 인간이 동물과 구별되는 우월한 특성으로 경험empiria, 기억mneme, 지혜sophia 그리고 기술techne을 꼽았다고 한다.[296] 아이스킬로스의 『프로메테우스』에서도 그와 비슷한 맥락에서 '기억'을 강조한다.[297] 그리고 플라톤의 프로타고라스Protagoras 신화에서 이에 상응하는 '기억'에 관한 서술이 없는 것이 아쉽긴 하지만, 아리스토텔레스와 마찬가지로 플라톤 역시 기억이라는 문제가 어떤 확고한 이론과 결부되어 있음을 보여준다.[298] 중요한 지각들이 '지속성을 갖는다는 것monē'은 개별적 경험이 보편적 인식으로 고양될 수 있도록 양자를 결합시켜주는 계기임이 분명하다. 이런 의미에서 기억력, 즉 과거 내지 시간을 지각하는 능력을 가진 모든 동물은 그런 점에서 인간에 가깝다고 할 수 있다. 우리가 문헌적 전승을 통해 아는 고대의 이러한 경험이론이 과연 어느 정도나 기억과 언어의 상관성을 파악하고 있었는지는 별도의 연구를 통해 규명해야 할 문제일 것이다. 이름과 언어를 습득하는 과정이 보편적 개념의 습득을 수반했으리라는 것은 분명하다. 테미스티우스 Themistius는 아리스토텔레스의 귀납법을 대뜸 언어습득과 조어과정의 사례로 설명하는 것이다. 어떻든 분명히 확인할 수 있는 사실은 아리스토텔레스가 말하는 경험의 보편성이 개념 및 과학의 보편성은 아니라는 것이다. (이런 이론을 계속 파고들어서 부닥치는 문제는 결국 소피스트들의 사고영역 안으로 들어서기 십상이다. 여기서 말하는 인간의 우월한 특성과 자연의 보편적 이치 사이의 상관관계는 우리가 접할 수 있는 고대 문헌에서 그 사유의 흔적들을 속속들이 확인할 수 있다. 그런데 인간과 동물을 대비시키는 바로 이러한 사유의 동기가 곧 소피스트들의 교양이상의 출발점이었다.) 경험이라는 것은 언제나 개별적 관찰을 통해서만 생생하게 현존한다. 경험은 비록 잠정적으로나마 보편성으로 인식되지 못한다. 바로 그렇기 때문에 경험은 원칙적으로 새로운 경험을 향해 열려 있다. 그래서 오류는 바로잡을 수 있다는 일반적인 의미에서 그러할 뿐 아니라, 나아가 경험은 그 본질상 부단히 검증되어야 존속할 수 있고, 따라서 검증이 불가능한 상태가 되면 필연적으로 다른 경험으로 전화된다.

아리스토텔레스는 경험이 작동하는 이러한 논리를 아주 근사한 비유로 설명한 바 있다. 그는 어떤 사람이 경험하는 수많은 관찰을 도망치는 병사들의 무리에 비유한다. 경험과 마찬가지로 달아나는 병사들의 무리도 한곳에 머물러 있지 않고 순식간에 지나가버린다. 그렇지만 모두가 달아나는 중에도 일단 어떤 대상에 대한 관찰이 반복적 경험으로 확증될 수 있다면 그러한 관찰은 지속성을 갖는다. 그리하여 바로 이 지점에서부터 전반적인 패주에도 불구하고 최초로 고정된 대상이 관찰되기 시작한다. 이런 식으로 다른 대상들도 차례로 관찰대상이 되어서 마침내는 도망치는 병사들 무리 전체가 관찰대상이 될 수 있다면 그들이 다시 단일한 명령체계에 복종할 가능성이 열린다고 할 수 있다. 여기서 전체를 단일한 명령체계로 제어한다는 것은 곧 과학이 무엇인가를 구체적인 비유로 보여준다. 이 비유는 어떻게 해서 과학, 즉 보편적 진리에 도달할 수 있는가를 보여준다. 보편적 진리는 관찰의 우발성에 좌우되지 않고 현실적 보편성의 형태로 타당성을 발휘해야 하는 것이다. 그런데 관찰의 우발성에서 출발하여 과연 어떻게 거기까지 갈 수 있단 말인가?

이 비유가 우리에게 중요한 것은 경험의 본질에서 결정적 계기가 무엇인가를 생생하게 예시하기 때문이다. 모든 비유가 그러하듯 이 비유 역시 깔끔하게 맞아떨어지지는 않는다. 그런데 비유가 깔끔하게 완결되지 않는다는 것은 결코 결함이 아니라, 그 비유를 통해 수행하는 추상적 사유의 이면일 따름이다. 경험을 달아나는 병사들 무리에 견준 비유가 깔끔하지 못한 이유는 극히 미심쩍은 사태를 전제하기 때문이다. 다시 말해 병사들의 패주를 다시 명령으로 제지할 수 있다는 가정에서 출발하는 것이다. 그렇듯 실현가망이 희박한 가정에서 출발하므로 이 비유가 가리키고자 하는 인식의 실현이라는 문제에 그대로 적용될 수 없는 것은 당연하다. 그런데 바로 이러한 결함으로 인해 이 비유를 통해서만 생생하게 드러날 수 있는 것이 무엇인지 분명해진다. 다시 말해 경험이라는 것은 그 누구도 제어할 수 없는 하나의 사건으로 실현된다는 것이다. 경험의 그러한 특성은 특정한 관찰대상에 무게를 싣는다고 해서 규명될 수 있는 것이 아니며, 모든 대상은 도저히 꿰뚫어볼 수 없는 방식으로 복잡하게 얽혀 있다. 이 비유는 경험이 습득되는 과정의 독특한 미결정 상태를 적절히 포착하는 것이다. 이런 경험을 접하는 사람이 누구든 간에 이러한 경험의 습득은 급작스럽고 예측할 수 없지만, 그렇다고 전혀 마음의 준비가 되어 있지 않은 것도 아니다. 그리고 그렇게 하나의 경험이 습득되면 새로운 경험이 습득될 때까지는 유효하다. 이런저런 특정한 상황에서만 유효한 것이 아니라, 이와 유사한 모든 상황에서 구속력을 갖는다. 바로 이것이 아리스토텔레스가 말한 경험의 보편성이다. 아리스토텔레스에 따르면 경험의 이러한 보편성을 통해 개념의 진정한 보편성과 과학의 가능성이 실현될 수 있다. 그렇게 보면 이 비유는 아무런 원칙도 없는(경험의 단순한 나열일 뿐인) 경험의 보편성이 과연 어떻게 원칙arche의 통일성으로 나아갈 수 있는가를 생생하게 보여준다. (arche는 '명령'이란 뜻도 되고 '원칙'이라는 뜻도 된다.)

아리스토텔레스가 그랬듯이 경험의 본질을 오로지 '과학'의 관점에 비추어 생각해보면—여기서 말하는 '과학'은 물론 '현대적' 의미의 과학Wissenschaft이 아니라 '앎Wissen' 자체를 가리킨다—과학이 구현되는 과정은 단순화된다. 앞에서 인용한 비유는 그 과정을 보여주긴 하지만, 실제로는 적용될 수 없는 단순화된 전제조건들을 서술하는 것이다. 경험의 유형학이 마치 아무런 모순도 없이 저절로 전개될 수 있는 것처럼 가정하는 것이다. 아리스토텔레스는 관찰대상들이 달아나는 가운데서도 정지상태에 도달하여 보편적인 것으로 형성되는 공통점을 미리 전제한다. 반면 아리스토텔레스는 개념의 보편성을 존재론적 제1존재prius로 간주한다. 아리스토텔레스가 경험에 관심을 갖는 기본동기는 오로지 경험이 어떻게 개념의 형성에 기여하는가 하는 측면이다.

그와 같이 경험을 그 결과에 비추어서 고찰하면 경험 자체의 고유한 과정을 건너뛰게 된다. 경험의 과정은 본질상 부정적인 것으로 간주되는 셈이다. 경험의 과정은 전형적인 보편성이 단절 없이 지속적으로 형성되어가는 그런 것이 아니다. 보편성의 형성과정은 오히려 잘못된 보편화 과정이 부단히 경험에 의해 논파되는 가운데 애초에는 전형적이라고 간주되었던 사태가 다시금 그 전형성을 박탈당하는 방식으로 진행된다.[299] 우선 언어의 측면에서만 보더라도 그것은 분명한데, 우리는 경험이라는 말을 이중적 의미로 사용하기 때문이다. 경험이라는 말은 한편으로 우리의 기대에 부합하고 기대를 충족시켜주는 경험들을 가리키고, 다른 한편 우리가 의도적으로 '만들어내는' 경험들을 가리키기도 한다. 경험의 본래적 의미에 해당되는 후자의 경험은 언제나 부정적인 경험이다. 우리가 어떤 대상을 경험한다고 할 때 그것은 우리가 지금까지는 사물을 제대로 보지 못했으나 이제는 사물이 처한 상태를 좀더 잘 파악하게 되었다는 것을 뜻한다. 경험의 부정적 측면은 독특한 생산적 의미를 지니는 것이다. 경험의 부정적 측면은 단지 사후에 확인된 착각이나 바로잡아야 할 오류가 아니라, 경험의 과정을 통해 얻어진 포괄적인 앎인 것이다. 따라서 우리가 경험을 통해 깨우치는 대상은 임의로 채집된 대상이 아니며, 그 대상에 관해 더 나은 앎을 얻을뿐더러 우리가 그전까지 안다고 추정했던 것, 즉 보편적인 것에 관해서도 더 나은 앎을 얻는 방식으로 경험한다. 이렇듯 부정에 힘입어 경험이 성취하는 것은 보편적인 것으로 나아가는 앎에 의해 규정되는 부정이다. 우리는 이와 같은 성격의 경험을 변증법적이라 일컫는다.

경험의 이러한 변증법적 계기에 관해서는 아리스토텔레스보다는 헤겔이 훨씬 설득력 있게 논증한다. 헤겔은 역사성의 계기를 정당하게 평가하기 때문이다. 헤겔은 경험을 회의주의적 사유가 철저히 관철되는 과정으로 파악한다. 이미 앞에서 살펴보았듯 어떤 사람이 겪는 경험은 그 자신의 모든 앎을 변화시킨다. 엄밀한 따지면 이런 의미에서의 경험은 두 번 다시 '의도적으로 반복할 수는 없는' 일회적인 것이다. 물론 경험은 끊임없이 옳고 그름을 확인해가는 속성을 지닌다. 경험은 그러한 과정의 반복을 통해서만 체득되는 것이다. 하지만 그러한 반복과정을 거쳐 확증된 경험은 결코 다시 '의도적으로 반복할 수 있는' 성질의 것이 아니다. 어떤 경험을 했다는 것은 다시 말해 그 경험을 체득했다는 뜻이다. 그런 연후에는 이전까지 예측하지 못했던 것을 예측할 수 있게 된다. 이와 동일한 사태를 하나의 새로운 경험으로 경험할 수는 없을 것이다. 그러한 경험을 체득한 사람에겐 다른 어떤 예기치 않은 사태가 새로운 경험으로 다가올 터이기 때문이다. 그리하여 그런 경험을 체득한 의식은 역으로 자기 자신으로 회귀한다. 경험하는 사람은 자신의 경험을 자각하기에 이르고, 이른바 유경험자가 되는 것이다. 그리하여 그런 유경험자는 새로운 경험이 펼쳐질 수 있는 새로운 지평을 얻게 된다.

바로 이런 측면에서 헤겔은 경험에 관한 사유의 중요한 증언자가 된다. 『정신현상학』에서 헤겔은 자기 자신을 자각하고자 하는 정신이 과연 어떻게 경험을 수행하는가를 보여주었다. 의식이 접하는 대상은 즉자An-sich이지만, 즉자인 것은 반드시 그것을 경험하는 의식이 어떻게 파악하는가 여하에 따라 인식될 수밖에 없다. 따라서 어떤 사태를 경험하는 의식은 바로 그러한 경험, 즉 대상의 즉자는 그것을 경험하는 '우리의 의식에 대하여für uns' 즉자적으로an-sich 존재한다는 것을 경험한다.[300]

이 대목에서 헤겔은 경험 개념을 분석하는데, 그의 분석은 특히 하이데거의 주목을 끌었으며, 그러면서 하이데거는 이끌림과 거부감을 동시에 느꼈다.[301] 헤겔은 이렇게 말한다.

> 의식이 자기 자신에 대하여, 다시 말해 자신의 앎과 그 앎의 대상에 대하여 수행하는 변증법적 운동은, 그러한 의식 활동을 통해 새로운 참된 대상이 드러나는 한에는, 우리가 경험이라 일컫는 바로 그것이다.

여기서 헤겔은 분명히 경험의 보편적 본질에 관해 뭔가를 말하고자 하는데, 이미 우리가 앞에서 확인한 내용에 비추어서 여기서 헤겔이 말하려는 내용이 무엇인지 따져볼 필요가 있겠다. 하이데거는 여기서 헤겔이 경험을 변증법적으로 해석하는 것이 아니라 거꾸로 변증법이 무엇인가를 경험의 본질에 비추어서 사유한다고 지적했는데,[302] 내 생각에는 하이데거의 지적이 옳다. 헤겔에 따르면 경험은 의식의 변증법적 변환의 구조를 보여주며 그러므로 변증법적 운동이다. 물론 헤겔은 우리가 일반적으로—대상 자체가 변화하는 것이 아니라 '어떤 대상에 대해 애초에 파악했던 개념이 틀렸다는 것을 다른 어떤 대상을 통해 경험한다'는 의미로—경험이라는 말을 사용할 때와는 전혀 다른 맥락에서 경험을 논의하는 것처럼 보인다. 하지만 겉보기와는 달리 헤겔이 말하는 경험도 다른 차원의 경험은 아니다. 실제로 철학적 의식은 경험하는 의식이 하나의 대상에서 다른 대상으로 옮겨가면서 본래 수행하는 바로 그것, 즉 경험의 과정 속에 있는 의식이 이전의 경험을 부단히 뒤집으면서 나아가는 과정을 꿰뚫어본다. 따라서 헤겔은 경험 자체의 참된 본질이 스스로를 역전시킨다고 주장하는 것이다.

실제로 이미 살펴본 대로 경험이라는 것은 무엇보다 부정의 경험이다. 경험은 우리가 애초에 가정하는 대로 진행되지는 않는다. 다른 대상을 통해 새로운 경험을 함으로써 우리의 앎도 바뀌고 앎의 대상도 바뀌는 것이다. 그러한 변화를 겪으면서 우리가 더 분명히 깨우치는 것은 경험의 대상 자체는 "검증을 통과하지 못한다"는 사실이다. 그리하여 새롭게 다가오는 대상은 지나간 대상에 관한 진실을 내포한다.

헤겔이 이러한 방식으로 경험이라고 서술하는 것은 의식이 스스로 만들어가는 경험이다.

> 어떤 경험내용을 상정하여 그것을 진실로 받아들이기 위해서는 경험의 당사자 자신이 그 경험과 함께해야만 한다. 이것이 경험의 원칙을 규정하는 가장 핵심적 특성이다. 더 엄밀히 말하자면, 경험 당사자는 경험내용을 자기 자신에 대한 확신과 합치시켜야 한다.[303]

경험의 개념은 다름 아니라 자기 자신과의 합일상태를 창출하는 것을 뜻한다. 바로 이것이 의식 속에서 벌어지는 역전, 즉 낯선 타자 속에서 자기 자신을 인식하는 것이다. 경험의 경로가 다양한 경험내용 속으로 자기 자신을 확산시키는 방향으로 진행되는 경우든, 아니면 정신이 부단히 새로운 형태로 전개되어 그러한 변화의 필연성을 철학적으로 파악하는 경우든, 어느 경우든 간에 문제의 핵심은 의식이 부단히 역전되는 과정을 거친다는 것이다. 경험에 관한 헤겔의 변증법적 서술은 어느 정도 사태의 핵심을 짚고 있다.

물론 헤겔에 따르면 의식에 포착되는 경험은 자기 자신 이외에 낯선 타자를 포함하지 않는 자기인식으로 귀결된다. 헤겔에게 경험의 완성은 '학문Wissenschaft', 즉 앎을 통해 자기 자신에 관한 확신을 얻는 것이다. 헤겔이 경험을 사유하는 척도는 따라서 자기 자신에 관한 앎이다. 그렇기 때문에 경험의 변증법은 일체의 경험을 극복하는 것으로 종결된다. 그러한 최종적 극복상태는 의식과 대상의 완벽한 동일성을 뜻하는 절대적 앎에서 구현된다. 이런 맥락에 비추어보면 헤겔이 철학의 절대적 자기의식으로 이해하는 절대지의 역사적 적용이 어째서 해석학적 의식을 올바르게 고려하고 있지 않은가를 비로소 이해할 수 있다. 헤겔은 경험의 본질을 애초부터 경험을 초극한 어떤 척도로 사유하는 것이다. 경험 자체는 결코 학문으로 성립될 수 없다. 경험과 앎의 대립은 결코 극복될 수 없으며, 이론적 보편지知 혹은 기술적 보편지에서 유래하는 지식과 경험의 대립 역시 결코 극복될 수 없다. 경험의 진실성은 언제나 새로운 경험과의 연관성을 함축한다. 따라서 경험이 많다고 일컬어지는 사람은 이미 겪은 경험들을 통해 그런 경지에 이르렀을 뿐 아니라 새로운 경험들을 향해 열려 있는 존재이기도 하다. 그런 사람이 도달하는 경험의 완성태, 즉 '경험이 많다'고 일컬어지는 사람의 완성된 존재는 그가 이미 모든 것을 터득했다는 뜻이 아니다. 오히려 그 반대로 경험이 많은 사람은 철저히 교조적 원칙을 거부하는 사람이다. 그런 사람은 너무나 많은 것을 경험했고 경험을 통해 체득했기 때문에 새로운 경험을 하고 부단히 경험을 통해 배울 수 있는 능력을 갖춘 사람이다. 경험의 변증법은 최종적인 앎에서 완성되는 것이 아니라, 경험 자체를 통해 새롭게 다가오는 경험을 향해 열려 있는 상태를 가리킨다.

그렇게 볼 때 경험 개념은 질적으로 새로운 계기를 내포한다. 경험 개념은 이런저런 대상에 관한 지식이라는 의미에서의 경험만을 가리키지 않는다. 경험은 총체적인 것이다. 경험은 언제나 스스로 체득해야 하는 것이지 누구는 면제받아도 좋은 그런 것이 결코 아니다. 경험은 인간의 역사적 본질을 구성하는 어떤 것이다. 예컨대 부모가 자식을 배려하는 마음으로 누구에게는 어떤 경험을 면제해주는 것이 교육적 배려에 합당한 조치일 수는 있다. 그렇지만 총체로서의 경험이라는 것은 누구에게는 면제해줄 수 있는 그런 것이 아니다. 그런 의미에서 경험은 오히려 기대의 온갖 좌절을 전제하며, 그런 과정을 겪어야만 경험이 체득될 수 있다. 경험이라는 것은 대개는 고통스럽고 불쾌한 경험이다. 그렇다고 해서 경험이라는 것을 특별히 비관적으로만 보자는 것이 아니라 경험의 본질 자체가 그렇다는 말이다. 일찍이 베이컨이 간파했듯이 사람들은 부정적 경험을 통해서만 새로운 경험으로 나아갈 수 있다. 경험이라는 이름에 값하는 모든 경험은 우리의 기대를 배반한다. 그렇기 때문에 인간을 구성하는 본질적 계기인 인간의 역사적 존재는 원칙적으로 부정의 계기를 내포하며, 그 부정성은 경험과 통찰 사이의 본질적 연관성으로 그 모습을 드러낸다.

통찰Einsicht이라는 것은 이런저런 사안에 대한 인식을 넘어서는 차원의 앎이다. 항상 통찰은 현혹에 빠져 있던 상태에서 벗어나는 앎을 내포한다. 그런 점에서 통찰은 자기인식의 계기를 내포하며, 우리가 본래적 의미에서 경험이라 일컫는 사태의 필수적 구성요소를 보여준다. 통찰은 어떤 과정을 거쳐서 도달하는 앎이다. 뭔가를 통찰해야 하고 통찰하는 마음가짐을 갖는 것도 궁극적으로는 인간존재 자체의 소명 가운데 하나이다.

경험의 본질을 구성하는 이 세번째 요소를 가장 훌륭하게 증언한 사례로는 아이스킬로스를 꼽을 수 있다. 그는 '겪어서 깨우치다pathei-mathos'라는 말로써 통찰의 형이상학적 의의를 인식했고, 경험의 고유한 역사성을 적절히 포착했다. '겪어서 깨우치다'라는 말은 단지 고통의 대가를 치러야 지혜가 생기고 미혹과 환멸을 두루 겪어야 비로소 사물에 대한 올바른 인식을 얻는다는 뜻만은 아니다. 그런 정도의 뜻이라면 이 말은 인간의 경험 자체만큼이나 오래된 것일 터이다. 아이스킬로스는 그런 차원을 넘어서는 어떤 사태를 말한다.[304] 정작 아이스킬로스가 말하려는 진의는 왜 그런 일이 벌어지는지 그 이유를 밝히려는 것이다. 인간이 고통을 통해 깨우쳐야 하는 것은 이런저런 개별적 지식이 아니라 인간존재 자체의 한계에 대한 통찰이다. 다시 말해 아무리 한계를 극복해도 결코 신의 경지에 이를 수는 없다는 통찰이다. 그것은 결국 종교적 인식으로, 그러한 종교적 인식에서 고대 그리스 비극이 탄생하는 것이다.

경험이라는 것은 결국 인간의 유한성에 대한 경험이다. 인간의 유한성을 자각한 사람, 인간은 결코 시간의 주인이 될 수 없고 미래의 주인이 될 수 없음을 아는 자만이 본래적 의미에서 경험을 통해 깨우침에 도달한 사람이다. 따라서 경험을 통해 깨우침에 도달한 자는 예측의 한계를 알고 모든 계획의 불확실성을 아는 사람이다. 경험의 진리치는 바로 그러한 통찰에 도달한 사람에게서 온전히 구현된다. 아직 경험의 과정을 밟고 있는 사람은 경험과정의 매 단계마다 새로운 경험을 향해 새롭게 열리는 법을 배운다. 그것은 완벽한 경험의 이념에도 똑같이 적용된다. 완벽한 경험에 이르러 경험이 종결되고 더 높은 형태의 앎에 도달하는 것이 아니라(헤겔은 그렇게 생각하지만), 완벽한 경험 속에서 비로소 경험은 가장 고유하고 온전한 모습으로 현존한다. 종잡을 수 없는 망상에 사로잡히는 인간의 마음에서 비롯되는 온갖 교조주의는 온전한 경험에 이르러 비로소 더이상 운신할 수 없는 절대적 한계점에 도달한다. 경험은 현실적인 것을 인정하는 법을 깨우쳐준다. 따라서 있는 그대로의 존재를 인식하는 것이야말로 모든 경험의 본래적 귀결이며, 그것은 모름지기 모든 인식욕구의 귀결이 그러한 것과 마찬가지 이치다. 여기서 말하는 있는 그대로의 존재란 이런저런 개별적 사태가 아니라 "더이상 임의로 밀쳐낼 수 없는 궁극의 사태"(랑케)이다.

본래적 의미에서 경험이라는 것은 인간이 자신의 유한성을 자각하는 경험이다. 인간이 자신의 의지대로 뭔가를 할 수 있다는 믿음과 이성의 기획을 좇는 자기의식은 바로 그러한 경험에 즉하여 그 한계에 도달한다. 모든 것을 되돌릴 수 있다거나, 모든 일에는 때가 있으니 언젠가는 다시 기회가 오리라는 그런 믿음은 한낱 허상에 불과하다. 역사 속에 발을 딛고 행동하는 인간은 오히려 그 어떤 것도 다시는 반복되지 않을 것임을 부단히 경험한다. 여기서 있는 그대로의 존재를 인정한다는 것은 일회적으로 현존하는 사태를 있는 그대로 인식한다는 뜻이 아니라, 인간의 기대와 기획이 불확실한 미래를 향해 열려 있다는 그런 한계를 통찰한다는 뜻이다. 보다 근본적으로 말하면, 유한한 인간존재의 모든 기대와 기획은 유한하고 그 한계가 정해져 있음을 통찰한다는 뜻이다. 따라서 본래적 의미에서의 경험은 인간존재의 역사성에 대한 경험이다. 이로써 경험의 개념에 관한 논의는 우리가 본래 다루고자 했던 영향사적 의식의 문제를 해명하는 데 풍부한 실마리가 될 모종의 결론에 도달한 셈이다. 인간존재의 역사성에 대한 경험은 진정한 경험형식으로서 경험의 보편적 구조를 온전히 보여줄 것이다. 그런 맥락에서 우리는 경험에 관한 지금까지의 분석에서 몇 가지로 구별해보았던 경험의 계기들을 다름 아닌 해석학적 경험에서 탐색해보고자 한다.

해석학적 경험은 전통의 전승과 관련이 있다. 전승은 경험으로 구현되어야 한다. 하지만 전승이라는 것은 단순히 경험을 통해 인식하고 마음대로 다룰 수 있는 그런 사건이 아니라 언어이다. 따라서 언어로 전승된 전통은 마치 대화의 상대방처럼 스스로 말을 걸어온다. 대화 상대는 그저 대상이 아니라 나와 일정한 관계를 맺는다. 그렇다고 해서 전통의 전승을 통해 경험으로 발현되는 것이 특정한 대화 상대인 타자의 견해로 이해된다는 뜻으로 오해해서는 안 된다. 오히려 분명히 확인해두어야 할 것은, 전승에 대한 이해는 전승된 문헌을 특정한 타자의 삶의 표현으로 파악하는 것이 아니라 해석자와 저자의 견해에 일체 구애받지 않는 총체적 의미를 이해한다는 것이다. 물론 해석자가 저자를 대하는 태도라든가 텍스트에서 개진되는 경험의 의미는 해석학적 경험을 분석하는 데 도움이 될 수 있다. 왜냐하면 우리 자신과 저자, 해석자와 저자를 아우르는 진정한 소통의 파트너는 그 자체가 전통의 일부이기 때문이다.

전승된 텍스트 속에서 타자Du와 소통하는 경험은 독특한 경험임에 틀림없다. 소통 파트너는 단지 대상이 아니라 그 스스로 누군가에게 어떤 태도를 취하는 것이 분명하다. 그렇게 보면 앞에서 살펴보았던 경험의 구조적 계기들은 여기서 일정하게 변형된다. 이 경우에는 경험의 대상 자체가 인격적 특성을 띠기 때문에 소통 파트너와 대면하는 해석학적 경험은 윤리적 현상이며, 그러한 해석학적 경험을 통해 습득한 앎, 즉 타자에 대한 이해 역시 윤리적 현상이 된다. 따라서 해석대상을 소통의 파트너로 경험하는 해석학적 경험에서 경험의 구조가 어떻게 바뀌는지 따져볼 필요가 있다.

텍스트 이해의 과정에서 타자와 소통하는 경험은 역사 속에서 더불어 사는 인간이 취하는 태도에서 전형적인 것을 읽어내고 경험을 바탕으로 타자의 예견을 읽어내는 것이다. 우리는 그것을 인간에 대한 앎이라 일컫는다. 우리는 평소에 우리 자신의 경험장場 안에서 전형적인 사건을 이해하듯이 바로 그런 식으로 텍스트 속의 타자를 이해한다. 우리는 그 타자를 계산적 고려의 대상으로 삼을 수 있다. 타자의 태도는 우리가 어떤 목적을 추구함에 있어 여타의 모든 수단과 마찬가지로 우리에게 유익한 수단이 된다. 도덕적 관점에서 보면, 텍스트 속의 타자를 그렇게 대하는 태도는 순전히 우리 자신에 대한 배려에 기인하며 따라서 인간의 도덕적 본분에 어긋난다. 익히 알다시피 칸트는 도덕적 정언명령을, 무엇보다 타인을 수단으로 삼아서는 안 되며 언제나 목적 자체로 인정해야 한다는 뜻으로 해석했다.

인간에 대한 앎의 견지에서 타자를 대하고 이해하는 방식을 해석학의 문제에 적용해보면, 방법론에 대한 그러한 소박한 믿음과 그 믿음을 통해 도달할 수 있는 객관성은 해석학의 문제에서도 동일하게 나타난다. 역사적 전승을 그런 방식으로 이해하는 사람은 역사적 전승을 대상화하는 것이다. 그런데 이러한 대상화는 해석자가 아무런 편견 없이 역사적 전승과 마주하고 전통과의 관련 속에서 일체의 주관적 동기들을 배제함으로써 역사적 전승에 담겨 있는 내용을 인식하는 것이다. 이미 살펴보았듯이 그렇게 함으로써 해석자는 그 자신이 속해 있는 역사현실까지도 포괄하는 전통의 지속적인 영향에서 벗어나게 된다. 그런 해석방법은 일찍이 흄이 강령적 원칙으로 제시한 18세기의 방법론적 사유에 상응하는 사회과학 방법론을 따르는 것으로, 사실상 자연과학의 방법론을 그대로 답습한 상투적인 방식이다.[305] 그런 방법론에서 정신과학의 실질적 탐구방법은 부차적으로 차용될 뿐이며, 그나마도 인간활동에서 전형적인 것과 법칙적인 것만 인정한다는 점에서는 도식적 논리로 축소시킨 것일 뿐이다. 그런 식으로 해석학적 경험의 본질은 피상적으로 처리되며, 그런 피상적 논리는 익히 알다시피 아리스토텔레스 이래 귀납 개념에 대한 목적론적 해석으로 그 명맥을 유지해왔다.

타자를 경험하고 이해하는 두번째 방식은 타자를 인격체로 인정하고 타자의 경험을 이해함에 있어 인격적 측면을 고려하되 그럼에도 타자에 대한 이해를 나의 주관적 관심사로 귀속시키는 방식이다. 그러한 자기중심적 태도는 나와 타자의 상호관계가 마치 변증법적 성격을 띠는 듯한 착각에서 연유한다. 사실 나와 타자의 관계는 직접적인 것이 아니라 반성적 사유에 의해 매개된 관계이다. 어느 한쪽이 어떤 요구를 앞세우더라도 상반되는 요구가 똑같이 제기될 수 있다. 따라서 그런 관계에서는 어느 한쪽이 상대방을 반성적 사유를 통해 제쳐버리는 일이 가능해진다. 상대방의 요구를 똑같이 내세울 수 있을 뿐 아니라, 오히려 상대방보다 더 능숙하게 요구할 수 있는 것이다. 따라서 상대방은 그 자신이 누군가에게 기대하는 직접적 소통의 가능성을 상실하게 된다. 따라서 상대방이 이해된다

하더라도 타자의 관점에서, 타자의 기대치와 반성적 사유에 포획된 상태로 이해될 뿐이다. 그런데 이것은 상호적 관계이기 때문에, 이런 양상은 곧 나와 타자의 관계 자체를 규정하는 현실이 된다. 삶에서 벌어지는 모든 인간관계의 내적 역사성으로 인하여 상호인정은 언제나 쟁취의 결과로 얻어진다. 그러한 상호인정은 다양한 강도의 긴장관계를 조성하거니와, 심지어 어느 한쪽이 상대방을 완전히 지배하는 것으로 귀결될 수도 있다. 그렇지만 지배와 예속의 가장 극단적인 형식들조차도 헤겔이 말하는 인정투쟁 구조의 진정한 변증법적 관계의 일환일 뿐이다.[306]

이런 식으로 형성되는 타자의 경험은 타자를 단지 계산적 고려 대상으로 삼으려는 인간에 대한 인식태도보다는 객관적 사태에 더 부합된다. 타자를 내려다볼 수 있고 지배할 수 있는 도구로 간주하는 것은 허황된 환상일 뿐이다. 니체가 적절히 간파했듯이 심지어 노예조차도 주인에게 대항하려는 권력의지를 갖는다.[307] 그런데 나와 타자 사이의 모든 관계를 지배하는 이러한 상호성의 변증법은 개별자의 의식에서는 은폐될 수밖에 없다. 주인을 섬김으로써 오히려 주인을 꼼짝 못하게 지배하는 하인 자신은 그러한 섬김이 곧 자신의 욕구를 관철시키는 방편이라고는 생각하지 못하는 것이다. 실제로 그런 하인이 스스로 생각하는 자기의식은, 그러한 상호성의 변증법에서 벗어나 자신이 타자와의 관계에서 벗어나는 쪽으로 반성적 사고를 하고, 그럼으로써 타자가 접근하지 못하도록 하려는 성향을 띤다. 특히 상대방에 대한 배려의 변증법은 이런 방식으로 관철되는데, 모든 인간관계를 지배욕구의 굴절된 형식으로 작동하게 하는 것이다. 타자를 미리 알아서 이해해야 한다는 요구는 실제로는 타자의 요구를 사전에 무력화시키는 기능을 수행한다. 그런 유형은 예컨대 교육자와 피교육자의 관계에서 권위주의적 배려의 형태로 익히 알려져 있다. 그런 식으로 굴절된 배려의 형태에서 나와 타자의 변증법적 관계는 더욱 첨예해진다.

　해석학의 영역에서는 일반적으로 역사의식이라 일컬어지는 것이 바로 그러한 타자경험에 상응한다. 역사의식은 타자의 타자성을 인식하고자 한다. 다시 말해 타자에 대한 이해가 타자를 인격체로 인식하는 것과 마찬가지로 과거를 그 타자성 속에서 인식하는 것이다. 역사의식은 과거의 타자성 속에서 보편적 법칙성이 통용되는 구체적 사례를 탐색하는 것이 아니라 일회적인 역사적 사건을 탐색한다. 역사의식은 타자를 인정하는 가운데 자신의 모든 제약을 완전히 뛰어넘으려 하지만, 그럼으로써 결국 가상의 변증법에 갇히고 만다. 그것은 사실상 과거를 지배하는 주인이 되고자 애쓰는 것이기 때문이다. 그런 일은 굳이 세계사의 철학이라는 사변적 요구를 통해 실현될 성질의 것이 아니다. 그것은 계몽의 완성이라는 이상을 추구함으로써 역사연구를 기반으로 하는 제반 학문의 경험적 탐구과정을 조명해줄 수 있으며, 알다시피 딜타이가 바로 그런 작업을 수행했다. 역사의식이 만들어내는 변증법적 허상은 앎을 통해 완성되는 경험의 변증법적 허상과 일치하는데, 역사적 계몽의 이상이 완수될 수 없는 것인 한에는 그러한 변증법적 허상이 해석학적 의식에 관한 분석에서 어느 정도는 밝혀진 셈이다. 탐구방법의 객관성에 의지하여 자기 자신이 처해 있는 역사적 제약을 부정함으로써 스스로 편견에서 벗어났다고 자신하는 사람은 필경 부지불식간에 닥쳐올 편견의 막강한 위력에 뒤통수를 얻어맞을 것이다. 자기 자신을 압도하는 편견을 인정하려 들지 않는 사람은 그 편견이 백일하에 드러났을 때의 결과를 오인하게 된다. 나와 타자 사이의 관계도 마찬가지다. 반성적 의식을 통해 그러한 상호관계에서 벗어난 채 자기 자신을 고찰하는 사람은 나와 타자 사이의 관계를 뒤바꾸어놓으며, 그러한 상호관계의 윤리적 구속력을 망가뜨린다. 그와 똑같은 이치로, 삶을 통해 전통과 맞물려 있는 관계로부터 자기 자신을 떼어놓으려는 사람은 전통의 진정한 의미를 망가뜨린다. 역사의식이 전통을 이해하고자 한다면, 마치 자기 자신의 판단과 편견은 배제할 수 있다는 듯이 전승 텍스트에 접근하는 그런 비판적 방법에 의지해서는 안 된다. 오히려 자기 자신의 역사성을 함께 사유해야 한다. 이미 앞에서 살펴본 대로 전통 속에 서 있다는 것은 인식의 자유를 제한하는 것이 아니라 오히려 인식을 가능하게 한다.

이처럼 영향사적 의식이 전통을 향해 열려 있음을 인식하고 인정하는 것이야말로 해석학적 경험의 세번째 방식, 최고의 방식이 된다. 전통을 향해 열려 있는 이러한 의식은 타자의 경험에도 그대로 적용된다. 이미 살펴보았듯이 인간관계에서 가장 중요한 것은 타자를 타자로서 제대로 경험하는 것이다. 다시 말해 타자의 요구를 흘려듣지 않고 타자의 목소리에 귀를 기울이는 것이다. 그러기 위해서는 열려 있는 자세가 요구된다. 그런데 이러한 열린 자세는 궁극적으로 귀를 기울이는 상대방만을 위한 것은 아니다. 모름지기 남의 말에 귀를 기울이는 사람은 원칙적으로 열려 있는 사람이다. 상호간에 그렇게 열린 자세로 대하지 않으면 진정한 인간적 유대는 성립될 수 없다. 마음이 통한다는 것은 언제나 상대방의 말을 귀담아 들을 능력이 있다는 뜻이다. 두 사람이 서로 이해한다는 것은 한 사람이 다른 한 사람을 '이해'한다는 뜻이 아니다. 그런 일방적 이해는 상대방을 얕보는 것이다. 마찬가지로 '누군가의 말에 귀를 기울인다'는 것은 단순히 상대방이 원하는 것을 무조건 따른다는 뜻이 아니다. 그런 사람은 그저 귀가 얇다고 할 뿐이다. 따라서 상대방을 향해 마음이 열려 있다는 것은, 굳이 나한테 자기주장을 펴려는 사람이 따로 없다 할지라도 내 스스로 내 뜻을 굽힐 줄 알아야 한다는 자세까지도 포함한다.

바로 이것은 해석학적 경험에 상응한다. 나는 전통의 요구가 관철되도록 해야 하지만, 그렇다고 과거의 타자성을 무조건 인정한다는 뜻이 아니라 과거가 나에게 말을 걸어오는 방식으로 그렇게 해야 한다. 그러기 위해서는 원칙적으로 열려 있는 자세가 요구된다. 이와 같은 방식으로 전통에 대해 열려 있는 사람은 역사의식이 실제로는 개방적인 것이 아니라, 어떤 텍스트를 '역사적으로' 읽을 때는 전통을 지나가는 과정으로 이해하고 원칙적으로 균질화하며, 그리하여 해석자 자신의 가치척도가 전통에 의해 결코 의문시될 수 없다는 것을 꿰뚫어보게 된다. 나는 한껏 고조된 역사의식을 표방하는 소박한 하나의 비교사례를 상기하고자 한다. 프리드리히 슐레겔Friedrich Schlegel의 『리체움 단상*Lyceumfragment*』에는 다음과 같은 구절이 나온다.

> 이른바 역사적 비평의 두 가지 주요 원칙은 통속성Gemein-heit과 범속성Gewöhnlichkeit을 따라야 한다는 것이다. 위대하고 선하고 아름다운 모든 것은 신빙성이 없다는 것이다. 왜냐하면 그런 것은 정상적 상태에서 벗어난 것이고, 적어도 미심쩍은 것이기 때문이다. 범속성을 요구하는 이유는, 지금 우리가 그렇고 그렇게 살듯이 과거 어느 시대에도 그러했을 것이고, 그것이 곧 자연스러운 것일 터이기 때문이다. [『리체움 단상』(Nr. 25)]

이런 주장과는 반대로 영향사적 의식은 전통을 경험이 되게 하고 전통에서 접하는 진리에의 요구를 향해 열려 있음으로 해서 그처럼 소박한 균질화와 비교를 넘어서고자 한다. 해석학적 의식은 방법론적 자기확신에서 완성되는 것이 아니라, 독단에 사로잡혀 있는 사람과는 달리 경험을 체득한 사람답게 기꺼이 경험을 받아들일 태세가 되어 있는 그런 열린 자세에서 완성된다. 이제 우리가 경험의 개념을 통해 좀더 비근하게 말할 수 있는 영향사적 의식의 요체는 바로 이것이다.

3) 해석학에서 '물음'의 우선적 중요성

① 플라톤 변증법의 선구적 사례

지금까지의 논의를 바탕으로 우리가 앞으로 탐구할 방향이 어느 정도는 제시된 셈이다. 이제 우리가 생각해볼 문제는 해석학적 의식의 기본특성인 개방성Offenheit의 논리적 구조이다. 이와 동시에 다시 상기해볼 문제는 해석학적 상황의 분석에서 물음Frage이라는 개념이 어떤 의미를 갖는가 하는 것이다. 모든 경험에서 물음의 구조가 전제된다는 것은 분명한 사실이다. 물음을 던지지 않고서는 어떤 경험도 할 수 없다. 애초에 생각했던 것과는 다르다고 판명되는 것은 분명히 어떤 형태로든 물음의 과정을 거쳐서 그런 결론에 도달했음을 전제한다. 경험의 본질에 속하는 개방성은 논리적으로 보면 그처럼 다양한 형태로 물음의 가능성이 열려 있음을 뜻한다. 경험의 개방성은 물음의 구조를 갖는 것이다. 그리고 경험의 변증법적 부정성Negativität이 우리 자신의 유한한 한계를 온전히 깨우치는 온전한 경험의 이념으로 완성되듯이, 물음의 논리적 형식과 그 고유한 부정성은 철저한 부정성에서 완성된다. 그 철저한 부정성이란 무지를 깨닫는 것이다. 소크라테스의 유명한 '무지에 대한 통찰docta ignorantia'은 극단적 부정성의 아포리아를 통해 물음의 진정한 탁월성을 보여준다. 해석학적 경험의 독특한 실현방식을 해명하기 위해서는 물음의 본질을 좀더 깊이 천착할 필요가 있다.

물음의 본질은 물음 자체가 어떤 의미를 가진다는 것이다. 그런데 여기서 말하는 의미란 방향성을 가진 의미다. 물음의 의미는 이미 합당한 대답이 나올 수 있는 방향을 함축하는 것이다. 물음과 더불어 그 물음의 대상은 특정한 관점에서 포착된다. 따라서 물음과 더불어 그 질문대상의 존재 자체가 드러나는 셈이다. 그렇게 드러난 존재를 펼쳐보이는 로고스는 그 자체로 이미 하나의 대답이다. 로고스는 오로지 물음이라는 뜻에서만 의미를 갖는 것이다.

소크라테스에 관한 플라톤의 서술이 보여주는 가장 위대한 통찰 가운데 하나는 물음이―일반적인 생각과는 정반대로―답을 제시하는 일보다 더 어렵다는 것이다. 소크라테스의 대화 상대들은 소크라테스의 까다로운 질문에 답하기가 난감해지면 거꾸로 역습을 하려고 딴에는 더 우월한 질문자의 입장이 되어 질문을 하려고 하지만, 그러는 순간 그들은 완전히 낭패를 본다.[308] 플라톤의 대화편은 이 문제를 다루면서 외관상 희극적으로 이야기를 풀어가지만, 그 이면에는 진정성이 있는 대화와 진정성이 결여된 대화에 대한 비판적 구별이 깔려 있다. 상대방과 대화를 하면서 자신의 정당성만 강변하려 들고 문제가 무엇인지 통찰하려 하지 않는 사람은 당연히 질문을 하는 편이 답을 찾는 것보다 쉽다고 생각할 것이다. 사실 그런 태도로 대화에 임하면 질문에 대답을 해야 하는 부담을 피할 수는 있다. 그렇지만 제대로 된 질문을 하는 데 번번이 실패하다 보면 결국 자기주장만 펴는 사람은 질문도 제대로 하지 못한다는 것이 드러난다. 질문을 할 수 있기 위해서는 알고자 하는 욕구가 있어야 하는데, 요컨대 자신이 무지하다는 것을 깨우치고자 하는 마음가짐이 필요하다. 플라톤은 물음과 대답, 앎과 무지를 마치 희극처럼 역할 바꾸기로 서술하지만, 결국 어떤 문제를 규명하기 위한 일체의 인식과 대화에서 무엇보다 올바른 문제제기가 선결요건임을 인정하는 것이다. 어떤 문제를 규명하기 위한 대화에서는 먼저 질문을 통해 문제 자체가 무엇인지 드러내야만 한다.

이런 이유에서 물음과 대답의 변증법, 아니 모든 앎의 변증법은 문제제기의 과정을 거쳐야만 한다. 질문을 한다는 것은 문제를 보는 시야를 열어둔다는 뜻이다. 그리고 과연 무엇이 문제인지가 미지의 가능성으로 열려 있다는 것은 해답 역시 미리 정해져 있지는 않다는 뜻이다. 무엇이 문제인지도 결정적 판단을 내리기 전까지는 불확실하다. 물음의 핵심적 의의는 이처럼 과연 무엇이 문제인지도 의문인 채로 열어두는 것이다. 찬반의 견해가 팽팽한 균형을 유지할 수 있도록 문제 자체가 의문으로 남아 있어야 한다. 모든 물음은 그것을 열린 의문으로 유보하는 불확실성을 통과한 연후에야 비로소 그 의미가 분명해진다. 모든 진정한 물음은 바로 이러한 개방성을 요구한다. 개방성이 결여된 물음은 근본적으로 진정한 탐구의식이 결여된 가짜 문제의식일 뿐이다. 그런 사례는 교육자의 입장에서 던지는 질문에서 흔히 발견되는데, 역설적이게도 그런 질문이 어려워보이는 것은 진정한 문제의식을 느끼지 못하는 사람의 질문이기 때문이다. 또한 수사학적 질문 역시 그러한데, 이 경우에는 진정한 문제의식을 갖고 질문하는 사람이 없을 뿐 아니라 그런 질문에 제대로 답할 용의가 있는 사람도 없다.

그렇지만 물음 자체가 의문인 채로 열려 있다고 해서 아무런 기준도 없이 마냥 불확실하기만 하다는 것은 아니다. 오히려 물음의 개방성은 문제지평Fragehorizont에 의해 그 경계가 분명하게 설정된다. 그러한 문제지평을 고려하지 않는 질문은 공허한 것을 좇게 된다. 어떤 물음이 제대로 된 물음으로 성립하기 위해서는 그 물음이 추구하는 방향의 유동적인 불확실성이 '이러저러한' 구체적인 문제지평에 의해 명확히 규정되어야 한다. 다시 말해 문제를 제기해야만 한다. 문제제기는 개방성을 전제하지만, 동시에 제한을 필요로 한다. 문제를 제기하기 위해서는 여전히 풀리지 않는 의문을 드러내는 출발점이 되는 확고한 전제조건들을 분명히 설정해야 한다. 따라서 문제제기 자체가 옳을 수도 있고 틀릴 수도 있는데, 그것을 판별하는 기준은 아직 미지의 영역으로 열려 있는 진정한 문제의식을 제대로 짚어내는가 여부이다. 어떤 문제제기가 틀렸다고 할 때는 그러한 문제의식을 미처 따라잡지도 못하면서 잘못된 전제들을 고수함으로써 문제를 호도하는 경우이다. 그런 잘못된 문제제기는 문제의 개방성과 판단가능성 자체를 풀어야 할 의문인 것처럼 내세운다. 그러나 현실적으로 확고한 전제들에 입각하여 풀어야 할 의문이 무엇인지 올바르게 부각되지 않으면 진정으로 열린 탐구를 수행할 수 없으며, 따라서 아무것도 판단할 수 없게 된다.

그것은 우리가 특히 실제생활에서 질문이 빗나갔다고 할 때의 잘못된 문제제기에서 극명히 드러난다. 빗나간 질문에는 답이 있을 수 없는데, 그런 질문은 겉보기와 달리 판단의 가능성을 향해 열려 있는 것이 아니기 때문이다. 그런 질문이 잘못된 것이 아니라 빗나 갔다고 하는 것은 그 이면에 풀어야 할 문제가 숨어 있기 때문이긴 하지만, 제기된 문제를 제대로 풀기 위한 방향에서는 벗어나 있는 것이다. 올바른 방향에서 벗어난 것을 빗나갔다고 하는 것이다. 어 떤 질문이 빗나갔다는 것은 그 질문이 현실적 방향감각을 상실하고 있으며, 따라서 답을 찾을 수 없다는 뜻이다. 마찬가지로 어떤 주장 이 완전히 틀린 것은 아니지만 올바르지도 않을 때 빗나간 주장이 라고 한다. 어떤 주장이 과연 빗나간 것인지 여부도 그 주장에 담긴 의미, 즉 그런 주장이 과연 어떤 질문에 합당한 것인가에 따라 판단 할 문제이다. 어떤 주장에 모종의 진실이 숨어 있다면 그 주장을 틀 리다고 할 수는 없지만, 그렇다고 옳은 주장이라 할 수도 없다. 그런 주장은 의미 있는 질문에 대한 응답이 아니고, 따라서 그 주장을 바 로잡지 않으면 올바른 의미를 제시할 수 없기 때문이다. 의미라는 것은 가능한 질문을 염두에 두고 제대로 문제해결의 방향을 찾아갈 때 얻어진다. 무엇이 옳은가 하는 의미도 어떤 질문에 의해 제시된 방향과 합치되어야 하는 것이다.

어떤 물음이 열려 있다는 것은 언제나 그 물음에 대한 판단이 긍정과 부정 어느 쪽으로도 귀결될 가능성을 내포한다. 문제제기와 앎의 본질적 연관성은 바로 그 점에서 연유한다. 앎의 본질은 어떤 문제를 올바르게 판단할 뿐 아니라, 그러한 판단에 합치되게 동일 한 이유에서 올바르지 않은 것은 배제하는 것이기 때문이다. 물음 에 관해 판단을 내리는 것은 앎으로 나아가기 위한 길이다. 그렇다 면 무슨 기준으로 물음을 판단할 것인가 하는 문제는 과연 어떤 가 능성을 옹호하고 어떤 가능성을 반박할 것인가 하는 판단의 근거 가 어느 쪽으로 기우느냐에 달려 있다. 하지만 그것만으로는 아직 온전한 인식에 도달하지 못한다. 반대논거의 오류를 꿰뚫어보고 반대논거가 완전히 와해될 때만 비로소 문제의 전모가 드러난 것이라 할 수 있다.

그런 사례는 특히 중세의 변증술Dialektik에서 찾아볼 수 있다. 중세의 변증술은 찬반논리를 개진하여 독자적인 판단을 내릴 뿐 아니라, 최종 단계에 가서는 다양한 논지들을 전체적으로 자리매김한다. 중세 변증술의 이러한 형식은 단지 변증술을 가르치는 교육체계의 결과가 아니라, 거꾸로 학문과 변증술, 즉 대답과 질문의 긴밀한 내적 연관성에서 연유한다. 아리스토텔레스의 『형이상학』에는 바로 그런 맥락에서 해명될 수 있는 유명한 대목이 있는데,[309] 이 대목은 중세의 변증술에 지대한 영향을 주었다. 여기서 아리스토텔레스는 말하기를, 변증술이란 서로 상반되는 대립관계에서 어느 한쪽을 모르고서도 그것을 탐구할 수 있는 능력, 그리고 하나의 동일한 학문이 상반되는 것을 동시에 다룰 수 있는가를 탐구하는 능력이라 일컫는다. 여기서 아리스토텔레스가 설명하는 변증술의 일반적인 특징은(그것은 예컨대 플라톤이 『파르메니데스』에서 설명하는 내용과 흡사한데) 우리가 『토피카Topik』에서 익히 아는 매우 특수한 '논리적' 문제와 관련되어 있다.[310] 하나의 학문이 상반되는 것을 다룰 수 있는가 하는 문제는 사실 매우 특수한 문제인 것처럼 보인다. 그래서 사람들은 이 문제를 풀기 힘든 지엽적인 문제로 치부하기도 했다.[311] 사실 아리스토텔레스가 제기한 두 가지 문제의 상관성은 대답보다 질문이 우선한다는 원칙만—그 원칙이 곧 앎의 개념에 바탕이 되거니와—분명히 인식하면 금방 이해된다. 모름지기 앎이란 서로 대립되는 것을 동시에 보는 것이다. 그런 앎은 가능성을 단지 가능성으로만 사유하는 그런 편협한 인식태도에 비해 우월하다. 앎은 근본적으로 변증법적이다. 의문을 가진 사람만이 앎을 터득할 수 있다. 그런데 의문이라는 것은 긍정과 부정의 대립, 상이한 상황의 대립을 내포한다. 앎이라는 것은 이런 포괄적 의미에서 변증법적이며, 바로 그렇기 때문에 긍정과 부정의 대립을 의식적 탐구대상으로 설정하는 '변증법'이 가능하다. 하나의 학문이 과연 대립되는 사태를 다룰 수 있는가 하는 문제는 겉보기에는 지나치게 특수한 문제처럼 보이지만, 실제로는 변증법이 가능한 근거가 바로 이 의문에 내포되어 있다.

증명과 추론에 관한 아리스토텔레스의 견해는—그 견해 자체는 변증술을 인식의 부차적 계기로 격하시키는 것이긴 하지만—문제제기의 우선적 중요성을 잘 보여주는데, 이에 관해서는 아리스토텔레스의 삼단논법Syllogistik이 정립된 경위를 탁월하게 설명하는 에른스트 카프Ernst Kapp의 논의를 참조할 만하다.[312] 앎의 본질을 규명함에 있어 문제제기의 우선적 중요성은 앎에 관한 우리의 논의 전체의 출발점이 되었던 방법론적 사고의 한계를 가장 근원적인 방식으로 보여준다. 질문하는 법을 배우고 의문을 발견하는 법을 배우는 왕도는 없다. 오히려 소크라테스의 사례가 보여주듯이 문제의 핵심은 내가 모른다는 것을 아는 것이다. 대화를 교란시키는 수법을 통해 그러한 인식에 도달하는 소크라테스의 변증술은 문제제기를 하기 위한 전제조건을 창출한다. 모든 문제제기와 인식욕구는 무지에 대한 인식을 전제로 한다. 무엇을 모르는지가 분명해질 때 비로소 무엇이 문제인지가 분명해지는 것이다.

플라톤은 우리가 무엇을 모르는가를 깨우치는 것이 어째서 어려운 일인지 탁월하게 설명했다. 우리가 안다고 생각하는 견해는 무지의 고백을 가로막는 막강한 힘을 발휘한다. 안다고 생각하면 질문이 나올 수 없는 것이다. 우리가 익히 안다고 생각하는 견해는 널리 확산되려는 특이한 성향이 있다. 그런 견해는 언제나 보편적 견해가 되려는 속성이 있는 것이다. 고대 그리스인들이 그런 견해를 가리키는 말로 사용한 견해Doxa라는 말은 폴리스 평의회에서 대다수가 찬성하는 '의결'을 뜻하는 말이기도 했다. 그렇다면 도대체 어떻게 무지를 깨우치고 문제를 제기할 수 있단 말인가?

우선 분명히 말할 수 있는 것은 무지를 깨우치고 문제를 제기하는 것은 마치 어떤 착상이 떠오를 때처럼 이루어진다는 것이다. 물론 착상은 문제를 제기하는 상황보다는 가령 수수께끼를 풀 때처럼 대답을 해야 하는 상황에 더 어울리는 말이다. 그럼에도 착상이라는 말을 빌리는 이유는 해결책에 해당되는 생각은 방법론적 경로를 통해서는 결코 도달할 수 없다는 것을 분명히 하기 위해서이다. 그렇지만 착상이라는 것이 아무런 사전준비 없이 떠오르지는 않는다는 것도 분명하다. 착상은 착상의 단서가 되는 미지의 영역을 향해 생각의 방향을 잡을 때 비로소 가능하다. 다시 말해 문제제기를 전제로 하는 것이다. 착상의 고유한 본성은 착상이 마치 어떤 수수께끼의 해답처럼 떠오르는 것이라기보다는, 의문이 떠올라 열린 가능성을 향해 나아가고 그럼으로써 대답도 가능해진다는 것이다. 모든 착상은 의문의 구조를 갖는다. 의문이 떠오른다는 것은 이미 널리 퍼져 있는 일반적 견해를 뚫고 들어가는 것이다. 따라서 의문이라는 것도 우리가 어떤 의문을 제기한다기보다는, 그 의문 자체가 스스로 문제를 제기하는 방식으로 떠오른다.

이미 살펴본 대로 경험의 부정성은 논리적 차원에서 말하면 문제제기를 함축한다. 실제로 선입견에 순응하지 않는 어떤 문제제기를 자극으로 받아들일 때 비로소 진정한 경험이 가능해진다. 따라서 문제제기라는 것은 적극적 행위라기보다는 외부의 압박을 감수하는 쪽에 가깝다. 의문이 그 압박을 뚫고 나오는 것이다. 우리에게 익숙한 선입견에 머물지 않고 더이상 의문을 피할 수 없을 때 비로소 문제가 제기되는 것이다.

물론 이러한 사실은 플라톤과 아리스토텔레스의 변증술에서 질문의 기술이 의식적 행위로 부각되는 것과는 모순되는 것처럼 보이기도 한다. 다른 한편 질문의 기술이라는 것은 다른 차원에서 논의되어야 할 문제이기도 하다. 이미 살펴보았듯이 의문이라는 것은 앎의 욕구가 있는 사람, 따라서 이미 질문거리를 가진 사람에게만 떠오른다. 질문의 기술이라는 것은 이런저런 견해의 압박에 저항하기 위한 수단이 아니라 자유를 전제로 한다. 그것은 고대 그리스인들이 '테크네techne'라는 뜻으로 말한 그런 기술이 아니다. 다시 말해 진리의 인식을 가능하게 해주는 수단으로서의 기술, 가르치고 전수할 수 있는 그런 기술이 아니다. 플라톤의 『제7서한』에 수록되어 있는 이른바 인식론적 보론은 변증술의 독특한 기술 중 하나인 이 질문의 기술이 결코 가르치거나 배울 수 있는 그런 기술과는 완전히 다른 독특한 것임을 정확히 지적한다. 변증술에서 말하는 기술은 상대방을 논파하기 위한 그런 기술이 아니다. 반대로 변증술의 기술, 즉 진리에 관해 묻고 탐색하는 기술을 구사하는 사람은 제3자의 눈으로 보면 오히려 불리한 위치에 있는 것처럼 보일 수도 있다. 질문의 기술로서의 변증술은 제대로 의문을 제기할 줄 아는 사람이 자신의 의문을 열린 방향으로 끝까지 밀고나갈 수 있는 능력에서 그 진가를 발휘한다. 질문의 기술은 질문을 계속 밀고나갈 수 있는 기술, 따라서 사유의 능력을 가리킨다. 그러한 질문의 기술이 변증술이라 일컬어지는 까닭은 진정한 대화를 이끌어가는 기술이기 때문이다.

대화를 이끌어가기 위해서는 우선 대화 당사자들이 서로 겉도는 이야기를 하지 말아야 한다. 대화가 질의응답의 구조를 갖추어야 하는 것은 그 때문이다. 대화의 기술이 성공하기 위한 첫번째 조건은 항상 상대방과 보조를 맞추어야 한다는 것이다. 예컨대 플라톤의 대화편에 등장하는 대화 상대들이 줄곧 맞장구만 치는 것은 익히 알려진 사례이다. 이처럼 단조로운 응답의 긍정적 측면은 대화를 통해 어떤 문제가 전향적으로 개진되고 있으므로 그런 결과가 나올 수 있다는 것이다. 대화를 이끌어간다는 것은 대화 당사자들이 집중하는 문제의 향방을 존중하고 따른다는 뜻이다. 대화를 이끌어가기 위해서는 상대방의 견해를 깎아내릴 것이 아니라 그 반대로 상대방 견해의 실질적 중요성을 제대로 평가해주어야 한다.

그래서 대화의 기술은 곧 검증의 기술이다.[313] 그런데 검증의 기술은 곧 질문의 기술이다. 이미 살펴보았듯이 의문을 제기한다는 것은 곧 탐색의 가능성을 열어두는 것이기 때문이다. 고정된 견해들과 달리 의문을 제기하는 행위는 어떤 문제를 다양한 가능성을 향해 열어두는 것이다. 질문의 '기술'을 터득한 사람은 지배적 견해에 의해 질문 자체가 봉쇄되는 상황에 맞설 줄 아는 사람이다. 이런 기술을 터득한 사람은 다른 사람들이 어떤 견해를 갖고 있는지 알려고 귀를 기울인다. 변증법의 요체는 상대방 발언의 약점을 잡으려 하지 않고 상대방 발언의 취지가 충분히 살아나게 하는 것이다. 그렇다고 약점을 강점으로 둔갑시키는 그런 논변술을 가리키는 것이 아니라, 다른 견해들을 객관적 사태에 즉하여 존중할 줄 아는 사유의 기술을 가리킨다.

플라톤의 대화편은 그처럼 상대방의 견해를 존중할 줄 아는 사유의 기술로 인해 오늘날까지도 진지하게 생각해볼 여지를 제공한다. 그렇게 함으로써 발언내용은 언제나 최대한의 정당성과 진리치를 확보할 수 있고, 그 타당한 의미에 제한을 가하려는 일체의 반대 논리를 넘어설 수 있기 때문이다. 상대방의 견해를 존중하는 그러한 태도가 무조건 인정하는 것과는 다름은 물론이다. 인식의 욕구를 가진 사람이라면 아무 견해에나 만족하지는 않을 것이기 때문이다. 바꾸어 말하면 문제가 되는 견해들에 대해 멀찌감치 거리를 두어서도 안 된다.[314]

대화에서는 언제나 발언자가 문제의 진실이 마침내 밝혀질 때까지 질문을 받도록 되어 있다. 소크라테스의 산파술적 대화와 산파술적 어법의 생산적 효과는 물론 대화 상대로 참여하는 사람들 자신을 겨냥한 것이긴 하지만, 그러한 대화가 준거로 삼는 것은 그들이 표명하는 견해들일 뿐이다. 대화를 통해 그러한 견해가 공정한 내적 논리에 따라 충분히 개진되도록 하려는 것이다. 그러한 대화를 통해 밝혀지는 진실은 나의 것도 아니고 상대방의 것도 아닌 로고스이다. 그렇기 때문에 대화 당사자들의 주관적 의견은 끝까지 극복되어야 하며, 심지어 대화를 이끌어가는 사람조차도 시종 해답을 모르는 사람으로 남아 있어야 한다. 대화를 이끌어가는 기술로서의 변증술은 어떤 하나의 관점에서 전체적인 맥락을 볼 줄 아는 synhoran eis hen eidos 기술이기도 하다. 다시 말해 어떤 견해가 함축하는 전체적인 맥락이 드러나게 하고, 그럼으로써 개념의 형성이 가능해지도록 하는 기술인 것이다. 어떤 진술이 문자로 고정될 때 경직된 형태를 띠기 쉬운 것과는 달리 대화라는 것은 질문과 응답을 하고 말을 주거니 받거니 하면서 밀착된 대화와 의견의 일치를 통해 의사소통을 완수한다. 그러한 대화적 의사소통 과정을 정교하게 분석하는 작업이야말로 문헌적 전승에 대한 분석에 비해 오히려 해석학의 과제에 더 충실한 것이라 하겠다. 따라서 해석학의 과제가 흔히 텍스트와의 대화라고 할 때, 그것은 단지 비유가 아니라 해석학이 애초에 추구했던 본연의 과제를 상기시킨다. 그러한 과제를 수행하는 해석이 언어를 통해 이루어진다는 것은 원래의 표현수단과는 다른 낯선 표현수단을 잘못 차용하는 것이 아니라, 오히려 그 반대로 본래의 의사소통 과정을 복원한다는 뜻이다. 그리하여 문헌의 형태로 전승된 것은 문자로 고정된 소외상태로부터 벗어나서 생생한 현재진행형의 대화로 복원되며, 그 대화의 본래적 수행방식은 언제나 질문과 응답인 것이다.

해석학적 현상을 규명하기 위하여 물음의 의의를 전면에 부각시킬 때 플라톤을 참조할 수 있는 것은 그런 맥락에서이다. 특히 플라톤 자신이 이미 해석학적 현상을 독특한 방식으로 논의하기 때문에 더더욱 참조할 가치가 있다. 문자문화에 대한 그의 비판은 고대 아테네에서 문학적 전승과 철학적 전승이 글로 기록되는 문화적 맥락의 관점에서도 새롭게 평가할 여지가 있다. 플라톤의 대화편은 특히 문학 텍스트가 소피스트들의 언어관습에 따라 교훈적 목적으로 '해석'되면서 플라톤의 거부감을 유발했다는 것을 잘 보여준다. 나아가서 플라톤이 로고이logoi〔장문 텍스트〕의 취약점, 특히 글로 기록된 로고이의 취약점을 그 자신의 대화체 문학으로 극복하고자 했다는 것도 알 수 있다. 대화체의 문학형식은 말과 개념을 대화의 본원적 운동상태로 돌려놓는 것이다. 그렇게 함으로써 말은 일체의 교조적 남용을 피할 수 있게 된다.

대화의 본원적 성격은 대화에서 파생된 질의응답의 형식으로도 드러난다. 이를테면 편지글 형식은 글로 기록된 대화의 일종으로서 흥미로운 과도기적 현상인데, 이러한 대화체는 서로 말을 주고받고 의견의 일치에 도달하는 대화 형식을 글로 늘어놓은 형국이라 할 수 있다. 편지글의 묘미는 글로 쓴 진술이 논리적 언술이 아닌 형태로 수신자에게 받아들여지도록 하는 것이다. 또한 역으로 보면, 글로 기록된 모든 언술이 글로 기록되는 순간 최종적 진술로 고정되는 것과 달리 그러한 최종적 성격을 적절히 조율하면서 완수하는 것도 편지글의 묘미라 할 수 있다. 따라서 편지를 부치고서 답장을 받기까지의 시차는 단지 외연적 사태가 아니라 문자문화의 독특한 형식인 편지글의 소통형식에서 본질적 특성에 속한다. 그런 점에서 편지가 송달되는 기간을 줄인다고 해서 편지글의 소통형식이 밀도를 더하는 것이 아니라 오히려 그 반대로 편지글의 묘미를 떨어뜨리는 효과를 낳는 것이다.

질의응답의 맥락에서 본 대화의 본원적 성격은 헤겔의 변증법이 철학적 방법으로 제시하는 그런 극단적인 경우에도 잘 드러난다. 헤겔 논리학의 주된 관심사인 사유의 총체성은 근대의 '방법'인 거대한 독백을 통해 사유의 지속성을 확보하려는 시도이다. 그런 근대적 방법의 관점에서 보면 여러 발언자들이 주고받는 대화는 사유의 지속성을 부분적으로만 실현하는 셈이 된다. 헤겔은 추상적 사유의 과정을 장려한 흐름으로 풀어내고 글에 혼을 불어넣고자 하는데, 그런 시도는 바꾸어 말하면 논리를 다시 언어의 발화형식으로 녹여내고 묻고 답하는 말의 호소력으로 개념을 용해하는 것을 뜻한다. 비록 그런 시도가 실패로 돌아간다 하더라도 그러한 시도 자체는 변증법이 원래 어떤 것이었는가를 커다란 맥락에서 상기시켜주는 것이라 하겠다. 헤겔의 변증법은 모든 진정한 대화에서 서서히 무르익는 것을 앞질러서 수행하고자 하는 사유의 독백이다.

② 물음과 대답의 논리

앞에서 우리는 해석학적 현상 역시 대화의 본원적 특성을 지니며 물음과 대답의 구조를 갖고 있다는 사실을 확인했는데, 이제 그 문제를 다시 짚어보기로 하겠다. 전승된 텍스트가 해석의 대상이 된다는 사실은 곧 해당 텍스트가 해석자에게 질문을 던지는 형국이다. 그런 점에서 해석이라는 것은 언제나 해석자에게 던져지는 질문과의 본질적 연관성을 갖는다. 텍스트를 이해한다는 것은 곧 그 질문을 이해한다는 뜻이 된다. 그런데 이미 앞에서 살펴보았듯이 텍스트가 던지는 질문을 이해한다는 것은 해석학적 지평을 획득함으로써 이루어진다. 그 해석학적 지평을 우리는 텍스트의 의미를 탐색하는 방향을 가늠하는 문제지평Fragehorizont으로 인식하고자 한다.

텍스트를 이해하고자 하는 사람은 계속 의문을 제기하면서 서술내용의 이면을 파고들어야 한다. 다시 말해 텍스트의 서술내용으로 답변된 질문의 관점에서 텍스트가 어떤 답변을 제시하는지 이해해야 하는 것이다. 서술내용의 이면을 파고든다는 것은 곧 서술내용의 범위를 넘어서 의문을 제기해야 한다는 뜻이다. 그런 식으로 텍스트가 제시하는 것과는 다른 답변까지도 염두에 두는 문제지평을 확보함으로써만 텍스트의 의미를 이해할 수 있다. 그런 까닭에 예컨대 어떤 문장의 의미를 이해하기 위해서는 그 문장 자체가 말하는 내용의 범위를 넘어서 의문을 제기해야 한다. 이런 맥락을 고려할 때 정신과학의 논리는 곧 문제제기의 논리라 할 수 있다.

일찍이 플라톤이 그런 논리의 중요성을 간파했지만 그럼에도 우리는 여전히 그러한 논리에 매우 취약한 실정이다. 그런 점에서 참고가 될 만한 유일한 사례로 나는 콜링우드R. G. Collingwood를 꼽고자 한다. 그는 옥스퍼드학파의 '실재론적' 성향에 대한 재치 있고도 적절한 비판에서 '물음과 대답의 논리'에 관한 생각을 개진한 적이 있는데, 유감스럽게도 체계적인 서술로 발전시키지는 못했다.[315] 그는 관례화된 철학적 비판의 바탕이 되는 소박한 해석학에 결여된 '물음과 대답의 논리'를 예리한 안목으로 인식했다. 특히 콜링우드는 영국의 대학체제에서 만연해 있던 '언술statements'에 관한 논의가 모든 이해의 바탕이 되는 역사성을 간과하고 있다는 점을 예리하게 지적했다. 콜링우드의 논지에 따르면, 텍스트를 제대로 이해하기 위해서는 우선 텍스트가 답하는 물음을 이해해야만 한다. 그런데 그 물음은 텍스트 안에서 찾아내야 하므로 텍스트의 답변이 과연 적절한가를 검토하는 작업이 곧 질문의 재구성을 위한 방법론적 전제조건이 되는 셈이다. 따라서 텍스트의 답변에 대한 비판적 분석은 순전히 가상의 맞수를 상대로 벌이는 논전이 되는 형국이다. 예술작품을 이해할 때도 마찬가지의 과정을 거쳐야 한다. 예술작품 역시 물음과 답변의 정합성을 전제할 때 비로소 이해될 수 있다. 예술작품에서도 먼저 질문을 찾아내야 하고, 그럴 때만 작품이 제시하는 답변을 이해할 수 있다. 실제로 예술작품에 관한 이해의 과정에서도 앞에서 우리가 '완벽함에 대한 선이해'라고 설명했던[316] 모든 해석학의 기본원리가 관건이 되는 것이다.

바로 그것을 콜링우드는 모든 역사적 인식의 핵심으로 본다. 역사적 인식 방법론에서는 물음과 대답의 논리를 역사적 전승문헌에 적용한다. 어떤 인물의 역사적 행위를 통해 그 답변이 제시되는 애초의 의문을 재구성할 때만 역사적 사건은 이해될 수 있다. 콜링우드는 트라팔가 해전과 넬슨 제독의 작전계획을 예로 들어 그 점을 설명한다. 이 전투의 실제 경과를 통해 넬슨 제독의 작전계획을 이해할 수 있게 되는 것은 그 작전계획이 성공리에 수행되었기 때문에 가능한 일이다. 반면 적군의 작전계획은 그 반대의 이유에서, 다시 말해 실패로 끝났기 때문에 전투의 실제 경과를 통해 재구성할 수 없다. 전투의 실제 경과를 이해하는 것과 넬슨 제독이 실행한 작전계획을 이해하는 것은 결국 동일한 이해가 되는 것이다.[317]

실제로 좀더 면밀히 생각해보면 그런 경우 물음과 답변의 논리에 따르자면 두 가지 상이한 질문을 재구성해야 하고, 그 물음에 대한 답변 역시 두 가지임을 알 수 있다. 다시 말해 한편으로 어떤 거대한 역사적 사건의 의미에 관해 따져보아야 하고, 다른 한편 그 사건의 경과가 과연 계획대로 진행되었는가도 따져보아야 하는 것이다. 물론 인간이 세운 계획이 역사적 사건의 실제 경과와 합치된다면 그것은 당연히 하나의 물음으로 수렴될 문제이다. 그렇긴 하지만 지금 우리와 바를 바 없는 인간들의 역사인 역사적 전통을 대면하며 역사 속에서 살아가는 우리 인간이 그러한 전제조건을 방법론적 원칙으로 미리 앞세울 수는 없는 노릇이다. 톨스토이의 『전쟁과 평화』에는 전투를 앞두고 작전회의에서 모든 전술적 가능성을 주도면밀하게 고려하여 일체의 작전계획을 조언하는 유명한 장면이 나오는데, 정작 야전사령관 자신은 그 작전회의에 참석하여 잠을 잔다. 그렇지만 작전회의가 끝난 후 야전사령관은 전투 전야에 명령을 하달하며, 우리가 역사라 일컫는 역사적 전투의 실상을 훨씬 더 잘 꿰뚫어본다. 야전사령관 쿠초프는 작전회의에 참석한 전술가들보다 실제 현실과 그 현실을 규정하는 힘들을 더 정확히 읽어내는 것이다. 이러한 사례를 통해 우리는 역사의 해석자가 역사적 사건의 의미를 규정하는 역사적 맥락을 실제로 역사적 사건 속에서 행동하고 계획을 세운 사람들의 의도만 쫓아서 잘못 짚을 위험이 상존한다는 것을 알 수 있다.[318]

그런데 헤겔은 그러한 전제조건들을 당당히 역사탐구의 방법론으로 설정한다. 그의 역사철학은 세계정신의 계획을 미리 꿰뚫어보고, 그렇게 미리 전제된 인식을 바탕으로 특정한 역사적 인물들을 세계사적 개인으로 설정하여 그들의 특수한 개인적 생각이 실제로 역사적 사건의 세계사적 의미와 합치된다고 보는 것이다. 그렇지만 역사적 전통에 비추어보면 헤겔의 그러한 생각은 단지 부분적인 진실만 내포할 따름이다. 수많은 동기들이 무한히 엮여서 역사를 규정하며, 따라서 그러한 동기들이 역사적 인물 개개인의 계획과 맞아떨어지는 것은 역사를 단순화할 때나 가능한 예외적 현상일 뿐이다. 따라서 헤겔이 그러한 특별한 사례로 꼽는 역사적 인물들은 역사적 사건의 전반적 맥락과 개인의 주관적 생각이 반드시 합치되지는 않는다는 보편적 진실을 반증할 뿐이다. 일반적으로 우리가 경험하는 역사의 진행은 우리의 계획과 기대치를 부단히 수정하는 방향으로 나아가는 것이다. 그럼에도 자신의 계획을 경직되게 고수하려는 사람은 이성의 무기력을 경험할 따름이다. 역사적 사건이 우리의 계획과 소망에 부응하여 만사가 '순리대로' 진행되는 경우란 아주 희귀한 예외적 순간에만 가능하다. 그런 경우에는 모든 것이 계획대로 진행된다고 할 수 있을 것이다. 하지만 그런 경험을 역사 전체에 적용한다는 것은 우리의 역사적 경험에 정면으로 모순되는 견강부회일 뿐이다.

그런데 콜링우드가 물음과 답변의 논리를 해석학 이론에 적용하는 방식은 바로 그러한 견강부회로 인해 그 의의가 희석된다. 문자로 기록된 전승 텍스트를 이해할 때 우리가 텍스트에서 인식하는 의미와 텍스트의 저자가 의도했던 의미가 반드시 일치한다고 전제할 수는 없다. 일반적으로 어떤 역사적 사건이 그 사건에 참여한 역사적 인물의 주관적 생각과 일치하지 않듯이, 일반적으로 텍스트의 의미 역시 저자가 의도했던 바를 크게 벗어날 수 있다.[319] 이해의 과제는 일차적으로 텍스트 자체의 의미를 탐구해야 하는 것이다.

콜링우드가 염두에 둔 것도 바로 그런 문제임이 분명하다. 그가 역사적 질문과 철학적 질문은—텍스트는 곧 그 질문에 대한 대답일 터인데—차이가 난다는 것을 완강히 부정하는 것은 그런 맥락에서이다. 반면 우리는 텍스트를 통해 재구성되어야 할 질문이 일차적으로는 저자의 생각이 아니라 전적으로 텍스트 자체의 의미라는 것을 분명히 해두고자 한다. 우리가 어떤 문장의 의미를 이해할 때는, 다시 말해 그 문장이 답하는 질문을 재구성할 때는, 질문자에게 우리가 재구성한 질문을 던져야 하고 질문자의 견해가 무엇인지 되물어봐야만 한다. 질문자의 견해에 대하여 텍스트는 어쩌면 단지 하나의 잠정적인 대답을 제시해줄 뿐이다. 그런데 콜링우드는 텍스트가 잠정적으로 답하는 문제와 텍스트의 진정한 답변을 구별하는 것이 방법론적 이유에서 어불성설이라고 생각하는데, 그런 생각은 옳지 않다. 텍스트를 이해한다고 해서 일반적으로 그런 구별이 가능하지는 않다는 단서를 달 때만—다시 말해 텍스트에 대한 이해는 텍스트 자체가 말하는 바를 의미한다는 단서를 달 때만—콜링우드의 생각이 옳다고 인정할 수 있다. 반면 저자의 생각을 재구성하는 것은 전혀 별개의 문제이다.

저자의 생각을 재구성하는 과제가 과연 어떤 조건하에서 성립될 수 있는가는 별도로 따져볼 필요가 있다. 텍스트의 의미를 이해하는 진정한 해석학적 경험과 달리 저자가 실제로 염두에 둔 의미를 재구성하는 것은 훨씬 더 제한적인 과제임이 분명하다. 그런데 역사주의는 그러한 제한을 학문적 엄밀성이라 간주하고 텍스트의 형성과정을 반복해서 추적하는 것이 곧 텍스트의 이해라고 오판함으로써 바로 그런 함정에 빠진 형국이다. 그리하여 역사주의는 자연과학 방법론에서 익히 알려져 있는 인식모델을 이상적 방법론으로 추구하는데, 그런 방법론에 따르면 어떤 사건을 인공적 실험으로 재구성할 수 있을 때만 그 사건을 제대로 이해하는 것이라 여긴다.

이미 앞에서 살펴보았듯이[320] 비코는 바로 그러한 방법론적 이상을 역사탐구의 가장 순수한 완성태라고 보는데, 그런 인식모델에서 인간은 자기 자신의 역사현실을 마주하게 된다는 것이다. 우리는 그런 논리에 맞서 모든 역사학자와 문헌학자는 텍스트 해석의 장場이 되는 의미지평Sinnhorizont이 원칙적으로 완결될 수 없다는 점을 고려해야 한다고 강조했다. 역사적 전승문헌은 역사의 진행으로 인해 원칙적으로 제약을 받는다는 사실을 고려함으로써만 이해될 수 있다. 따라서 문학 또는 철학 텍스트를 해석하는 문헌학자는 역사의 흐름으로 인해 제약을 받기 때문에 의미 해석의 새로운 가능성이 항상 열려 있다는 것을 잘 안다. 문학 텍스트든 철학 텍스트든 간에 역사적 전승문헌은 역사의 경과 속에서 늘 새로운 차원의 의미를 창출하는 것이다. 텍스트는 이해의 과정 속에서 늘 새로운 측면이 강조됨으로써 새로운 맥락 속으로 편입된다. 그것은 어떤 역사적 사건이 역사의 경과 자체로 인해 새로운 국면에 편입되는 것과 마찬가지다. 우리가 해석학적 경험에서 영향사적 계기라 일컬었던 사태가 바로 그것이다. 이해과정에서 현재의 관점으로 새로운 측면을 강조하는 것은 이해대상이 되는 텍스트의 역사적 가능성을 고려한 결과이다. 우리의 삶은 역사의 제약을 받기 때문에 우리는 다음 세대의 해석자가 언제나 다른 관점에서 해석할 것임을 자각하고 있다. 이와 마찬가지로 해석학적 경험에서 분명한 사실은 동일한 작품이라 하더라도 이해의 초점이 달라지면 새로운 의미로 충전되며, 그것은 동일한 역사적 사건이 늘 새로운 의미로 해석되는 것과 같은 이치다. 따라서 텍스트의 의미를 저자의 의도로 환원시키는 것은 어떤 역사적 사건을 행위자의 의도로 환원시키는 것과 마찬가지로 적절치 않다.

어떤 텍스트가 답하는 질문을 재구성하는 일은 순전히 역사적 방법만으로는 이루어질 수 없다. 출발점이 되는 것은 텍스트가 해석자에게 던지는 질문이다. 전승된 텍스트는 해석자에게 말을 걸어오고, 따라서 텍스트의 이해는 언제나 해석자 자신이 현재의 관점과 역사적 전통을 매개하는 과제를 수행할 때만 가능하다. 따라서 질문과 대답의 관계는 사실상 역전되는 형국이라 할 수 있다. 역사적 전승물―즉 텍스트, 작품, 역사적 사건의 흔적 등―은 우리에게 말을 걸어서 질문을 던지고 우리의 견해를 유도하는 것이다. 우리에게 던져진 질문에 답하기 위해 우리는 다시 스스로 질문을 해봐야만 한다. 우리는 역사적 전승물에서 답을 구할 수 있을지도 모를 질문을 재구성해봐야 하는 것이다. 그런데 질문의 맥락이 되는 역사적 지평을 통과하지 않고서는 질문을 재구성하기란 불가능하다. 텍스트에서 답을 구해야 하는 질문을 재구성하는 작업 자체도 텍스트가 우리에게 던지는 질문에 답하기 위하여 다시 우리 스스로 문제를 제기하는 과정에 포함된다. 따라서 그런 방식으로 재구성된 질문은 결코 원래의 역사적 지평 안에 머물러 있지 않는다. 질문의 재구성을 통해 서술된 역사적 지평은 전체의 맥락을 포괄하는 지평이 아닌 것이다. 오히려 그 역사적 지평 자체는 텍스트가 말을 걸어오면 스스로 질문을 재구성해야 하는 우리 자신까지도 포괄하는 지평 속에 있다.

그런 점에서 해석학은 언제나 단지 문제를 재구성하는 차원을 넘어서야만 한다. 심지어 저자 자신은 의문을 품지도 않았고 생각하지도 않았던 문제까지도 생각해서 모든 가능성을 열어놓고 질문거리로 삼아야 한다. 그렇다고 마냥 자의적으로 생각해서도 안 되며 텍스트 안에서 어떤 일이 벌어지는가를 찾아내야 한다. 우리에게 말을 걸어오는 텍스트의 한 구절 한 구절을 이해한다는 것은 언제나 재구성된 질문을 의문거리로 열어둔 채 텍스트가 우리에게 던지는 질문 속으로 파고들어야 한다는 것을 뜻한다. 만약 그러한 노력을 쏟지 않고서도 '역사적인' 문제가 저절로 드러난다면, 그것은 이미 더이상 '질문'으로 성립될 수 없다. 그렇게 문제가 저절로 드러난다면 그것은 텍스트를 이해하지 못했음을 반증하는 것이며, 여전히 텍스트 이해의 바른 경로를 찾지 못한 채 우회로를 맴돌고 있다는 뜻이다.[321] 그와 달리 올바른 이해에 도달하기 위해서는 역사적 과거의 개념들을 그것이 우리 자신의 개념적 이해와 합치되는 방향으로 새롭게 인식해야 한다. 앞에서 우리는 그것을 지평의 융합이라 일컬었다.[322] 콜링우드의 말을 빌리자면 우리는 텍스트가 답하는 문제를 이해할 때만 텍스트를 이해할 수 있으며, 그렇게 이해된 내용은 우리 자신의 생각과는 분리된 별개의 의미로 성립되지는 않는다. 오히려 텍스트가 답하는 문제의 재구성은 우리 자신이 풀어야 할 문제로 넘어온다. 텍스트라는 것은 진정한 문제제기에 대한 답변으로 이해될 수밖에 없기 때문이다.

질문과 이해의 긴밀한 상호관계는 해석학적 경험의 진면목을 보여준다. 텍스트를 이해하고자 하더라도 정작 서술내용의 진실성 자체에는 그다지 관심이 없을 수도 있다. 또한 어떤 문제에 대한 직접적인 견해 자체에는 별 관심이 없는 대신 텍스트의 의미에 관심을 기울이면서도 정작 그 의미가 참된 것이라기보다는 그저 의미 있는 내용 정도로만 간주할 수도 있다. 그리하여 텍스트가 진실을 담고 있을 가능성 자체가 불확실할 수도 있다. 바로 그러한 불확실성을 허용하는 것, 그것이 곧 문제제기의 본래적 특성이다. 문제제기는 언제나 그처럼 불확실한 가능성들을 염두에 둔다. 어떤 텍스트가 말하는 견해를 그 견해에 동의하지 않고서도 이해할 수는 있지만 제대로 문제제기를 하지 않고서는 문제를 이해할 수 없는 것은 그런 이유에서이다. 어떤 문제가 미심쩍다는 점을 이해하는 것 자체가 이미 문제제기다. 어떤 문제를 제기할 때 그저 시험 삼아 가능성을 타진해보는 태도는 있을 수 없다. 문제제기라는 것은 단지 가능성을 설정하는 것이 아니라 그 자체가 이미 가능성의 검증이기 때문이다. 문제제기의 그러한 본성에 비추어보면 플라톤의 대화편이 실제로 수행하는 바가 무엇인지 분명히 드러난다.[323] 사유할 의지가 있는 사람은 스스로 문제를 제기해야 한다. 비록 신중하고 정중한 태도에서 적극적인 문제제기를 하지 않더라도 어떤 것이 문제가 될 수 있겠다고 생각하는 것 자체가 이미 진정한 문제제기다.

바로 그렇기 때문에 모든 이해는 단지 다른 사람의 견해를 쫓아가는 것만은 아니다. 문제를 제기한다는 것은 곧 의미의 가능성들을 열어두는 것이며, 따라서 문제제기의 과정에서 의미가 있다고 여겨지는 것은 곧 자기 자신의 견해가 된다. 비록 스스로 문제를 제기하지 않더라도 문제를 이해할 수는 있지만, 그것은 극히 지엽적인 현상일 뿐이다. 예컨대 이미 시효가 지났거나 실체가 없는 문제가 그런 경우이다. 바꾸어 말하면 특정한 역사적 전제조건하에서만 어떤 문제가 제기되는가를 이해할 수 있다는 뜻이다. 따라서 문제를 이해한다는 것은 그때그때의 역사적 전제조건을 이해한다는 뜻이며, 역사적 전제조건의 적실성 여부가 곧 문제의 적실정 여부를 판가름한다. 예컨대 영구운동체Perpetum mobile*라는 것을 생각해보자. 이 문제의 의미지평은 여전히 열려 있는 가능성처럼 보이지만 사실은 그렇지 않다. 이것은 더이상 의미 있는 문제로 이해될 수 없다. 영구운동체라는 것을 의미 있는 문제로 사유할 가능성은 없다는 것만 이해할 수 있기 때문이다.

어떤 문제를 이해한다는 것은 곧 그 문제를 문제로서 제기한다는 뜻이다. 어떤 견해를 이해한다는 것은 그 견해를 어떤 문제에 대한 답변으로 이해한다는 뜻이다.

콜링우드가 개진했던 물음과 대답의 논리는 '옥스퍼드학파의 실재론자들'이 고전철학자들을 재해석하는 이론적 기초가 되었던 이른바 영구미결의 문제에 종지부를 찍었고, 또한 신칸트학파가 개진한 문제사Problemgeschichte라는 개념에도 종지부를 찍었다. 문제사가 역사로서 성립할 수 있으려면 어떤 문제의 자기동일성이 공허한 추상일 뿐임을 인식하고 문제제기가 역사적 가변성을 지닐 수밖에 없다는 것을 인정할 때나 가능할 것이다. 어떤 문제의 해결은 역사적 가변성을 띨 수밖에 없다. 그럼에도 역사의 바깥에 설정한 관점에서 문제의 자기동일성을 사유하려는 것은 사실상 어불성설이다.

* 근대 초기의 과학에서 외부의 동력 공급이 없이도 자체적으로 영구운동을 할 수 있다고 상상했던 기계장치.

물론 철학 텍스트에 관한 모든 이해는 해당 텍스트에서 인식된 내용에 관한 재인식을 요구한다는 것은 옳다. 그런 재인식을 거치지 않고서는 아무것도 이해할 수 없다. 하지만 그렇다고 해서 우리 자신의 삶을 제약하고 이해의 조건이 되는 역사적 제약에서 벗어날 수는 없다. 우리가 재인식하는 문제는 그것이 진정한 문제제기의 과정을 완수하여 얻어진 것이라면 결코 과거에 존재했던 문제 자체와 동일하지 않다. 단지 우리의 역사적 안목이 짧기 때문에 동일한 문제라고 착각하는 것일 뿐이다. 과거의 문제와 동일하다고 여기는 것은 우리 자신이 처해 있는 역사적 제약을 초월하여 어떤 관점을 설정할 때나 가능한데, 그런 관점 자체가 순전히 허구일 뿐이다.

어째서 그런지 그 이유는 분명히 통찰할 수 있다. 문제사에서 말하는 '문제'라는 개념은 하나의 추상물이다. 다시 말해 문제의 내용을 해명하려는 문제제기의 과정으로부터 문제의 내용을 분리시킨 결과이다. 그런 개념으로는 원래 실질적 동기에서 생겨난 실질적 문제가 추상적 도식으로 환원되어 흡수되고 마는 것이다. 그러한 '문제'라는 것은 원래 그 문제에 분명한 의미와 동기를 부여했던 문제제기의 맥락과는 동떨어진 것이다. 따라서 그런 문제는 원래 분명한 의미를 갖지 않는 모든 문제가 그러하듯 결코 해결될 수 없다. 문제제기의 실질적 동기도 없고 문제 자체가 제기되지도 않았기 때문이다.

그것은 '문제'라는 개념의 유래에서도 분명히 드러난다. 이 개념은 진리를 추구하기 위해 벌이는 '선의의 논쟁'[324] 과정에서 형성된 것이 아니라, 변증술에서 상대방의 허를 찌르고 비방하기 위해 동원하는 투쟁수단의 일환으로 생겨났다. 원래 아리스토텔레스의 변증술에서 '문제problema'라는 것은 근거를 갖고 판단을 내리기에는 너무 거창한 문제여서 논쟁의 쌍방이 얼마든지 각자 자기한테 유리한 쪽으로 이용할 수 있고, 따라서 어느 쪽으로도 결정을 내릴 수 없는 그런 문제를 가리킨다.[325] 따라서 그런 의미에서의 문제라는 것은 진정한 문제가 아니다. 아예 문제로 제기될 수도 없고 따라서 그 의미의 형성과정에서 답변의 실마리를 찾을 수도 없기 때문이다. 그런 문제에 관해서는 어떤 판단도 내릴 수 없는 상반된 주장이 가능하며, 따라서 오로지 논쟁의 기술로만 활용할 수 있을 뿐이다. 변증술에서 이런 의미로 생겨난 '문제'라는 말은 본래 철학이 아니고 수사학에 귀속되는 용어였던 것이다. 이 개념은 그 특성상 근거를 갖고 명확한 판단을 내리기 불가능하게 한다. 그런 이유에서 칸트는 '문제'라는 개념의 사용을 순수이성의 변증론에만 제한했다. '문제'라는 것은 "본래 있어야 할 자리에서 완전히 동떨어져 나온 그런 과제들"이며, 완벽한 해결을 전혀 기대할 수 없는 이성의 산물이다.[326] 19세기에 와서 철학적 문제제기의 직접적 전통이 붕괴되고 역사주의가 등장하면서 그러한 '문제' 개념이 일반적으로 통용되기 시작하는데, 그것은 곧 철학의 객관적 문제들을 직접 다루는 접근방식이 설 자리를 잃게 되었다는 징후이다. 그리하여 역사주의의 득세로 인해 곤경에 처한 철학은 그처럼 공허한 '문제' 개념으로 도피했으며, 진정한 문제들이 과연 어떤 방식으로 '존재'하는가에 관해서는 관심을 기울이지 않았다. 이렇게 볼 때 신칸트주의가 표방한 '문제사'라는 개념은 역사주의의 서자庶子인 셈이다. 물음과 대답의 논리로 '문제' 개념을 비판하면 '문제들'이 마치 밤하늘의 별처럼 존재하는 듯한 허구적 환상을 깰 수 있다.[327] 해석학적 경험에 유념하면 문제들은 질문으로 바뀌며, 그 질문은 실질적 동기를 근거로 해서 의미를 얻는다.

해석학적 경험의 구조로 드러나는 물음과 답변의 변증법은 영향사적 의식이 과연 어떤 성격의 것인가를 좀더 분명히 규정해준다. 앞에서 살펴보았던 물음과 답변의 변증법은 텍스트 이해의 과정을 일종의 대화적 관계처럼 볼 수 있게 해주기 때문이다. 물론 텍스트가 대화의 파트너처럼 말을 걸어오는 것은 아니다. 텍스트를 이해하려는 우리 자신이 텍스트가 말을 걸어오도록 만들어야 한다.

그런데 이미 살펴보았듯이 그렇게 이해를 위하여 텍스트로 하여금 말을 걸어오도록 하는 과정은 우리가 아무렇게나 임의로 수행할 수 있는 일이 아니라, 텍스트에 들어 있는 답변을 염두에 두면서 질문을 던져야 한다. 그런데 질문에 대한 답변이 텍스트에 들어 있다는 것은 곧 전통이 질문자에까지 도달하여 호소한다는 것을 뜻한다. 바로 그것이 영향사적 의식의 실상이다. 그것은 역사적 경험을 지닌 의식으로, 그러한 의식은 완벽한 계몽이라는 허황된 목표를 포기하고 그럼으로써 역사의 경험을 향해 열려 있다. 그러한 역사적 의식의 작동방식을 우리는 텍스트와 해석자를 서로 매개해주는 이해지평들의 융합이라 설명했다.

다음에 이어질 논의의 주도적인 생각은 이해과정에서 발생하는 지평들의 융합은 곧 언어의 고유한 성취라는 것이다. 물론 과연 언어가 무엇인가 하는 문제는 인간이 사유해야 할 과제들 중 가장 미지의 영역에 속한다. 언어라는 것은 우리의 사유와 너무나 밀착해 있어서 사유가 진행되는 과정에서 언어를 대상화하는 것은 너무나 어려우며, 따라서 언어는 그 본성상 자신의 존재 자체를 은폐한다. 그럼에도 우리는 정신과학적 사유를 분석하는 가운데 언어의 우선적 특성인 보편적 불가해성의 문제에 상당히 접근한 상태이기 때문에 지금까지 진척된 논의를 바탕으로 언어에 관한 인식을 더 진전시킬 수 있지 않을까 한다. 우리는 우리 자신의 존재를 규정하는 대화를 출발점으로 삼아 언어라는 미지의 영역에 접근해보고자 한다.

해석학적 현상을 두 사람 사이에 오가는 대화의 모델에 따라 탐구하고자 할 때 텍스트 이해와 대화적 의사소통은 매우 상이한 별개의 상황처럼 보일 수도 있다. 그럼에도 양자에 공통된 주도적 생각은 무엇보다도 모든 텍스트 이해와 대화적 의사소통은 우리 앞에 가로놓인 어떤 문제를 염두에 두고 진행된다는 것이다. 어떤 사태에 관해 대화 상대와 의사소통을 하듯이, 텍스트 해석자 역시 텍스트가 그에게 말해주는 어떤 사태를 이해하는 것이다. 이러한 이해는 반드시 언어의 형태로 이루어질 수밖에 없다. 그렇다고 해서 이해가 선행하고 그렇게 이해된 내용이 나중에 말로 옮겨지는 것은 아니다. 텍스트에 관한 이해든 어떤 진술을 하는 대화 상대에 대한 이해든 간에 이해가 이루어지는 방식 자체가 어떤 사태의 언어적 구현과정 자체와 정확히 일치한다. 그 점을 염두에 두고 우리는 먼저 대화의 구조를 분석한 다음, 이를 바탕으로 텍스트의 이해라는 다른 형태의 대화의 특수성을 규명하고자 한다. 앞에서 우리는 대화의 본질을 참조하여 해석학적 현상을 규명함에 있어 물음의 핵심적 의의를 살펴보았는데, 이제부터는 그 물음의 바탕이 되는 대화의 언어적 특성이 곧 해석학을 구성하는 핵심적 계기라는 것을 입증하고자 한다.

우선 분명히 해두어야 할 것은 어떤 사태가 언표되는 언어라는 것이 대화 당사자들 중 어느 한쪽이 마음대로 구사할 수 있는 소유물이 아니라는 점이다. 모든 대화는 공통의 언어를 전제로 한다. 아니, 더 정확히 말하면 모든 대화는 공통의 언어를 창출한다. 고대 그리스의 철학자들이 말했듯이, 대화에서는 대화 당사자 중 어느 한쪽이 아닌 중간지대에서 뭔가가 표현되는데, 대화 당사자들은 바로 그 중간지대에 참여하여 서로 생각을 주고받는다. 대화를 통해 구현되어야 할 어떤 사태에 관한 의사소통은 따라서 대화의 과정에서 비로소 공통의 언어가 형성된다는 것을 뜻한다. 그것은 언어를 도구적 장식물로 삼는 피상적 과정이 아니다. 그렇기 때문에 대화 당사자들이 서로 상대방에게 적응한다는 말도 어불성설이며, 오히려 두 사람이 성공적인 대화를 수행하면 서로를 새로운 공통점으로 결속시켜줄 어떤 사태의 진실에 도달하게 된다. 대화를 통해 이루어지는 의사소통은 어느 한쪽의 관점을 관철시키고 상대방의 입장을 무력화하는 것이 아니라, 이미 대화 이전의 상태와는 달라진 새로운 공통의 세계 속으로 진입하면서 서로가 변화를 겪는 과정이다.[328]

3부

언어를 통한 해석학의 존재론적 전환

해석학에서 최우선의 전제는 바로 언어이다.

—슐라이어마허

해석학적 경험매체로서의 언어

우리는 흔히 대화를 '이끌어간다'고 말한다. 그렇지만 진정한 대화일수록 대화를 이끌어가는 일은 결코 대화 당사자 중 어느 한쪽의 의지에 좌우되지 않는다. 진정한 대화는 우리가 이끌어가고자 하는 그런 것이 결코 아니다. 일반적으로 말하면 오히려 우리가 대화 속에 얽혀들거나, 그 정도까지는 아니더라도 대화 속에 빠져든다고 하는 편이 옳다. 대화를 통해 하나의 말이 다른 말을 낳고, 대화의 흐름이 바뀌고, 그렇게 대화가 지속되어서 결말에 이르기까지의 과정은 대화를 이끌어가는 것이라 할 수도 있다. 하지만 그렇게 대화를 이끌어가는 과정에서 대화 당사자들은 대화를 이끌어간다기보다는 오히려 이끌려간다고 하는 편이 적절하다. 대화를 통해 어떤 결론이 내려질지 미리 아는 사람은 아무도 없다. 대화를 통해 의사소통에 성공하든 아니면 실패하든 간에 그것은 우리 자신에게 벌어지는 하나의 사건이다. 따라서 우리는 그저 대화가 잘 진행되었다거나 혹은 운이 나빠서 실패했다거나 하는 말만 할 수 있을 뿐이다. 이 모든 사실이 뜻하는 바는 대화는 그 자체의 고유한 정신에 따라 수행된다는 사실, 그리고 대화중에 언표되는 언어는 그 자체의 고유한 진실을 내포한다는 사실이다. 다시 말해 대화를 통해 언어는 이전까지 감춰져 있던 무엇인가를 드러나게 하고, 그럼으로써 비로소 존재하기 시작하는 무엇인가가 나타나게 한다.

이미 낭만주의 해석학에 관한 분석에서 확인했듯이, 이해라는 것은 나 자신을 타인의 관점 속으로 옮겨놓는 방식이나 내가 타자의 생각을 직접 공유하는 방식에 기초하지는 않는다. 이미 살펴보았듯이 어떤 사람이 말하는 바를 이해한다는 것은 언어를 통해 스스로 의사소통을 하는 것이지 결코 다른 사람의 입장이 되어서 다른 사람의 생각을 따라잡는 것이 아니다. 우리는 그렇게 이해의 과정에서 생겨나는 의미의 경험이 언제나 선이해의 적용을 내포한다는 점을 강조한 바 있다. 이제 우리가 주목하고자 하는 것은 그 모든 과정이 언어적 과정이라는 사실이다. 원래 이해의 본래적인 문제와 이해방법을 기술적으로 제어하려는 시도—즉 해석학이 다루는 주제—가 전통적으로 문법과 수사학의 영역에 속했던 것은 그럴 만한 이유가 있다. 대화 당사자들 사이의 의사소통은 언어를 중심으로 이루어지고, 어떤 사안에 대한 온전한 이해 역시 언어를 중심으로 이루어진다.

원활한 의사소통이 방해를 받고 어려워질 때 모든 의사소통을 제약하는 조건이 무엇인가를 가장 확실하게 파악할 수 있다. 예컨대 번역이나 통역을 통해 서로 다른 언어로 대화가 이루어질 때 언어적 과정은 풍부한 단서를 제공한다. 그런 경우 번역자는 이해하고자 하는 의미를 대화 상대가 살아가는 다른 환경의 맥락 속으로 옮겨야만 한다. 물론 그렇다고 해서 상대방이 말하는 의미를 임의로 조작해서는 안 된다. 의미는 그대로 보존되어야 하지만, 그 의미가 새로운 언어세계에서 이해되어야 하므로 그 의미가 새로운 방식으로 관철되어야만 한다. 따라서 모든 번역은 그 자체가 이미 해석이며, 번역자가 자신의 언어를 통해 도달한 해석의 완성이라 할 수 있다.

번역의 예를 통해 우리는 언어가 곧 의사소통의 매체Medium라는 것을 분명히 알 수 있는데, 특히 언어라는 매체는 고도로 의식적인 상호매개를 통해 정교하게 고안되어야만 한다. 그런 정교한 장치를 고안하는 일은 대화에서는 일반적인 요건이 아니다. 또한 우리가 외국어를 접할 때도 일반적으로 번역을 염두에 두는 것은 아니다. 오히려 번역을 해야만 하는 상황이란 예컨대 대화 당사자들이 제각기 자신의 자율적 주권을 포기하는 것처럼 받아들여지기 쉽다. 번역이 필요한 상황에서는 언표된 원래의 언어에 구현된 정신과 그것을 다른 언어로 재현해야 하는 과제 사이에 괴리가 발생하는 것을 감수해야만 한다. 그러한 괴리를 완전히 극복한다는 것은 불가능하다. 따라서 그런 경우 의사소통은 대화 당사자들 사이에 이루어지는 것이 아니라, 공통의 소통환경에서 실제로 마주칠 수도 있는 번역자들 사이에 이루어진다.(알다시피 각자 자신의 모국어로 말하는 상이한 언어들 사이의 대화가 가장 어렵다. 비록 제각기 상대방의 언어를 이해하긴 하지만 말로 표현할 줄은 모르기 때문이다. 그런 경우에는 두 개의 언어 중 어느 한쪽이 마치 강압이라도 하듯이 다른 언어보다 더 우월한 소통수단이 될 소지가 있다.)

의사소통이 이루어질 때는 굳이 번역과정을 거칠 필요가 없이 곧장 말을 하게 된다. 사실 외국어를 이해한다고 해서 반드시 번역까지 해야 할 필요는 없다. 어떤 언어를 완전히 습득했다면 굳이 번역을 할 필요가 없을뿐더러, 번역 자체가 불가능해진다. 어떤 언어를 이해한다는 것 자체는 아직 진정한 이해는 아니고, 아직 해석의 단계까지는 도달하지 못한 상태에서 그저 삶을 수행하는 것일 뿐이다. 어떤 언어를 이해한다는 것은 그 언어 속에서 살아갈 때만 가능하다. 알다시피 이 명제는 살아 있는 언어뿐 아니라 이미 사라진 사어死語에도 해당된다. 따라서 해석학적 문제라는 것은 올바른 언어 습득의 문제가 아니라, 언어를 매개로 어떤 사안에 관해 이루어지는 올바른 의사소통의 문제이다. 모든 언어는 배워서 익힐 수 있으며, 따라서 어떤 언어를 완벽하게 구사한다는 것은 굳이 외국어를 자국어로 옮기고 자국어의 관점에서 사고를 하는 것이 아니라 아예 외국어로 사유한다는 것을 뜻한다. 대화로 의사소통을 하기 위해서는 해당 언어의 습득이 선결조건이 되는 셈이다. 모든 대화는 당연히 대화 당사자들이 동일한 언어를 사용한다고 전제한다. 서로 말을 주고받으며 언어를 통해 의사소통을 하는 것이 가능해질 때 비로소 이해와 의사소통은 문제가 될 수 있다. 통역자의 통역에 의존해야 하는 상황은 해석학적 과정, 즉 대화를 이중적으로 제약하는 극단적 경우라 할 수 있다. 다시 말해 그것은 한편으로 통역자와 상대방 사이에서 이루어지는 대화이며, 다른 한편 자기 자신과 통역자 사이에서 이루어지는 대화인 것이다.

대화는 의사소통의 과정이다. 진정한 대화가 가능하기 위해서는 상대방의 말에 귀를 기울이고 상대방의 관점을 진정으로 존중해야 한다. 또한 굳이 상대방의 개성까지 이해하지는 않더라도 상대방이 하는 말은 이해하려고 한다는 점에서는 상대방의 입장이 되어 생각해볼 수도 있다. 유념해야 할 것은 어떤 사안에 관해 의견 일치를 보기 위해서는 상대방의 견해도 대등한 정당성을 지닌다는 점이다. 따라서 상대방의 견해를 상대방 자신과 결부시키기보다는 오히려 우리 자신의 견해와 관련지어 생각해보아야 한다. 실제로 상대방을 인격체로 대해야 하는 상황, 예컨대 정신치료를 위한 대화라든가 피고를 심문하는 상황에서는 진정한 의사소통이 성립될 수 없다.[329]

대화를 통한 의사소통의 특성을 규정하는 이 모든 요인은 텍스트 이해의 맥락에서는 독특하게 해석학적 문제로 변환된다. 여기서도 외국어의 번역이라는 극단적 사례로 논의를 시작해보기로 하자. 아무리 번역자가 저자의 삶과 감정을 속속들이 이해한다 하더라도 텍스트의 번역이라는 것은 결코 원저자의 본래 마음속에서 벌어졌던 사건을 단지 그대로 재생시키는 것이 아니라, 텍스트의 서술 내용에 대한 이해를 통해 텍스트를 재창조하는 것이다. 번역은 단지 저자의 생각을 그대로 따라가는 과정이 아니라 독자적 해석이라는 것은 의문의 여지가 없다. 텍스트는 다른 언어권 독자를 위하여 다른 언어에 의해 새롭게 조명되는 것이다. 번역은 원어에 충실해야 한다고 하지만, 그렇다고 해서 언어의 근본적 차이가 해소되는 것은 아니다. 번역자가 아무리 원어에 충실하고자 해도 때로는 언어의 차이로 인해 어려운 결단을 내리지 않으면 안 된다. 번역과정에서 원문의 중요한 특징을 부각시키고자 할 때는 그 대신 텍스트의 다른 특징들을 부차적으로 다루거나 아예 억눌러야만 가능하다. 바로 그것이 우리가 해석이라 일컫는 것이다. 번역이라는 것은 다른 모든 해석과 마찬가지로 특정한 측면에 초점을 맞추어 부각시키는 것이다. 번역자는 스스로 그런 초점을 자신의 과제로 선택해야 한다. 번역자는 자신이 명확히 파악하지 못한 것을 애매하게 남겨두어서는 안 된다. 번역자는 자기만의 색깔을 가져야 한다. 원래 텍스트에서 (심지어 원어민에게조차도) 실제로 뜻이 분명치 않은 극단적 경우들이 있을 수는 있다. 하지만 바로 그러한 극단적인 해석학적 상황에서 오히려 번역자가 처해 있는 불가피한 처지가 더욱 분명히 드러난다. 그런 경우 번역자는 포기할 수밖에 없을 것이다. 번역자는 자신이 어떻게 이해하는가를 분명히 말해야 한다. 그렇지만 번역자는 번역 텍스트의 모든 측면을 온전히 표현할 수는 없으며, 그렇다면 수시로 포기해야 하는 상황이 닥칠 수 있다는 뜻이다.

번역의 과제를 제대로 파악한 모든 번역은 원문보다 더 명료하고 더 단순화된다. 아무리 번역이 탁월한 재창조라 하더라도 원문에 깃들어 있는 배음背音 같은 것을 제대로 살려내기는 어렵다. (아주 드물게 번역이 장인적 창조의 경지에 도달한 경우 그러한 결손은 다른 요소로 대체되거나 새롭게 창조될 수도 있다. 예컨대 보들레르의 『악의 꽃』을 독일어로 번역한 슈테판 게오르게Stefan George의 재창조는 독특하고도 새로운 생기로 숨쉬는 듯하다.)

번역자는 원어와의 어쩔 수 없는 격차를 흔히 고통스럽게 자각한다. 번역자가 텍스트와 씨름하는 과정은 대화를 통해 의사소통을 하려고 애쓰는 것과 흡사한 측면이 있다. 다만 번역의 경우 의사소통 과정이 워낙 힘들고, 원저자의 견해와 번역자 자신의 견해 사이의 괴리는 결국 해소될 수 없는 것으로 판명된다. 그리고 대화에서 설령 그런 견해차이가 존재하더라도 말을 주고받는 가운데 절충이 이루어질 수 있듯이, 번역자 역시 심사숙고를 거듭하다가 결국 절충으로 귀착될 최선의 해결책을 찾아낼 수도 있다. 그러한 목적을 위해 대화에서 일단 상대방의 입장이 되어 상대방의 입장을 이해할 수 있듯이, 번역자 역시 원저자의 입장이 되고자 애쓴다. 하지만 그렇게 한다고 해서 대화에서 진정한 의사소통이 이루어지는 것이 아니듯, 번역자 역시 원저자의 입장이 된다고 해서 재창조에 성공하는 것은 아니다. 대화와 번역의 구조는 매우 흡사하다. 대화를 통한 의사소통에서는 쌍방이 의사소통에 응할 용의가 있고 낯선 반대의견도 들어줄 용의가 있다는 것이 전제된다. 대화 쌍방이 모두 그런 마음가짐을 갖고 있고 각자가 자신의 입장을 고수하면서도 상대방의 입장도 고려한다면 마침내 당사자들 자신도 모르는 사이에 서로의 입장이 상대방에게 전이되어서(우리는 그것을 의견교환이라 부른다) 마침내 공통의 언어와 공통의 입장표명에 도달할 수 있을 것이다. 그와 마찬가지로 번역자 역시 모국어의 정당한 권리를 지키면서도 때로는 모국어와 상반되기도 하는 낯선 외국어 텍스트와 그 표현방식에 귀를 기울여야 한다. 사실 번역자의 과제를 이렇게 설명하는 것 자체가 사태를 너무 단순화하는 것이다. 하나의 언어에서 다른 언어로 번역되어야 하는 극단적 상황에서조차도 번역내용은 언어와 불가분의 관계에 있다. 텍스트를 통해 드러난 사태를 언어로 옮기는 번역자만이 진정한 재창조를 해낼 수 있을 것이다. 그렇게 하기 위해서는 모국어에도 합치되고 원어에도 합치되는 언어를 찾아내야만 한다.[330] 번역자가 처해 있는 상황과 해석자가 처해 있는 상황은 근본적으로 동일한 것이다.

상이한 언어 사이의 간극을 극복해야 하는 번역자의 사례는 해석자와 텍스트의 상호관계를 특히 잘 보여주는데, 그 상호관계는 대화를 통한 의사소통에서의 상호관계에 상응한다. 모든 번역자는 곧 해석자이기 때문이다. 번역해야 할 텍스트가 외국어로 되어 있다는 사실은 그 낯설음을 극복해야 하는 만큼 해석학적 난관이 더 가중되었음을 뜻할 따름이다. 그런데 전통적 해석학이 다루는 모든 '대상'은 바로 그런 의미에서 똑같이 낯설다. 번역자가 수행하는 재창조의 과제는 모든 텍스트가 제기하는 해석학의 일반적 과제와 질적으로 다른 것이 아니라 다만 정도의 차이가 있을 뿐이다.

물론 그렇다고 해서 해석학적 상황이 두 사람 사이에 이루어지는 대화의 기록과 완전히 일치한다는 것은 아니다. 그런 대화록 텍스트는 '긴 시간을 두고 기록된 삶의 표현'[331]이며, 그런 텍스트를 이해한다는 것은 곧 대화 쌍방 중 어느 한쪽이 해석자의 역할을 맡음으로써만 해석학적 대화의 다른 한쪽 상대가 텍스트의 형태로 말할 수 있다는 것을 뜻한다. 문자화된 기호는 그런 해석자를 통해서만 다시 본래의 의미를 되찾는다. 물론 이러한 복원을 통한 이해과정에서 텍스트가 말하는 사태 자체가 언어로 표현된다. 실제 대화에서와 마찬가지로 텍스트와 해석자를 서로 결합시켜주는 것은 공통의 사안 자체이다. 번역자가 통역자의 역할을 할 때는 논의되는 사안에 관해 관심을 기울일 때만 대화의 의사소통이 가능해진다. 그와 마찬가지로 텍스트를 해석할 때도 해석자가 텍스트의 의미에 관심을 기울일 때만 해석이 가능해짐은 물론이다.

따라서 해석학적 대화를 상정하는 것은 정당한 근거를 확보한다. 그런데 해석학적 대화 역시 여느 대화와 마찬가지로 공통의 언어를 창출해야 하는데, 그 공통언어의 창출은 여느 대화에서와 마찬가지로 의사소통 자체를 목적으로 추구하기 위한 도구를 만들어내는 것과는 전혀 다른 성질의 것이다. 오히려 공통언어의 창출은 이해와 의사소통을 수행하는 과정 자체와 맞아떨어져야 한다. 두 사람 사이의 인간적 관계에서와 마찬가지로 두 사람 사이의 '대화'에서도 단지 상대방에게 적응하기만 하는 방식으로는 의사소통이 이루어질 수 없다. 텍스트는 어떤 사태를 언어로 드러내는데, 그러한 언표행위 자체가 이미 결국 해석자의 몫이 된다. 텍스트와 해석자 모두 해석에 참여하는 형국이다.

 따라서 텍스트가 말하는 의미는 요지부동으로 고정된 관점에서 생겨나는 것이 아니며, 따라서 텍스트가 해석자에게 특정한 질문만 허용하고 여타의 질문들은 허황된 생각이라고 기각하는 일은 결코 일어나지 않는다. 이런 취지에서 보면 단지 텍스트를 재구성하는 '역사적 이해'가 텍스트 이해의 관건은 아니라는 것이 분명해진다. 오히려 중요한 것은 텍스트 자체를 이해하는 것이다. 그러기 위해서는 텍스트의 의미를 재발견하는 과정에서 항상 해석자 자신의 생각이 함께 작용해야 한다. 그런 한에는 해석자 자신의 지평이 결정적인 역할을 한다. 그렇다고 해서 물론 해석자 자신의 관점을 미리 정해놓고서 그대로 관철시켜서는 안 되며, 텍스트가 말하는 바를 올바르게 이해하는 데 도움이 될 수 있도록 자신의 견해를 제시하고 자유롭게 의미의 가능성을 개진해야 한다. 그러한 과정을 우리는 앞에서 지평융합Horizontverschmelzung이라 일컬었다. 이제 우리는 그것이 또한 어떤 문제를 풀어가는 대화의 수행형식이기도 하다는 것을 인식했는데, 대화에서 다루어지는 문제는 해석자나 저자 어느 한쪽만의 관심사가 아니라 공통의 관심사이다.

 대화의 언어적 특성이 모든 이해과정에서 갖는 체계적 중요성을 처음 간파한 것은 독일 낭만주의였다. 독일 낭만주의는 이해와 해석이 결국 동일한 과제라는 것을 가르쳐주었다. 그리고 이러한 인식을 통해 비로소 해석이라는 개념은 18세기까지 통용되었던 교육적이고 우발적인 의미에서 벗어나 체계적 위상을 확보하는데, 그 체계적 위상은 철학적 문제제기 전반에서 언어 문제가 차지하는 핵심적 위치에 의해 규정된다.

 낭만주의 이래로는 해석의 기초가 되는 개념들이 이해의 수단으로 동원된다는 식의 발상은 설득력을 잃었다. 해석의 기초가 되는 개념들은 마치 언어의 저장고처럼 미리 준비되어 있어서 필요하면 가져다 쓸 수 있는 그런 것이 아니다. 따라서 텍스트에 대한 직접적 이해가 가로막혀 있다고 해서 그런 방법을 동원할 수도 없다. 오히려 언어는 이해 자체가 이루어지도록 하는 보편적 매체이다. 이해의 수행방식은 해석이다. 그렇다고 언어적 표현 자체의 고유한 문제가 따로 존재하지 않는다는 뜻은 아니다. 텍스트의 언어와 해석자의 언어의 차이, 혹은 번역자와 원작품을 갈라놓는 괴리는 결코 부차적 문제가 아니다. 오히려 그 반대로 언어적 표현의 문제 자체가 사실은 이미 해석의 문제이다. 모든 이해는 곧 해석이며, 모든 해석은 언어라는 매체를 통해 이루어진다. 언어는 해석대상을 말로 드러나게 해주는 동시에 해석자 자신이 사용하는 언어이기도 한 것이다.

이로써 해석학적 현상은 사유와 언술행위의 보편적 관계가 특수한 형태로 발현된 경우임을 알 수 있다. 사유와 언술행위 사이에는 수수께끼처럼 풀기 어려운 긴밀한 관계가 성립되는데, 바로 그렇기 때문에 사유의 과정에서 언어가 사태를 감추는 결과에 이르는 것이다. 대화와 마찬가지로 해석이라는 것은 질문과 답변의 변증법을 통해 완결되는 순환적 구조를 갖는다. 그것은 언어를 매체로 수행되는 진정한 역사적 삶의 관계에 해당되며, 따라서 텍스트 이해를 대화에 비견할 수 있는 것이다. 이해가 언어를 매개로 이루어진다는 것은 곧 영향사적 의식이 구체화된다는 뜻이다.

언어와 이해의 본질적 연관성은 우선 역사적 전통의 본질이 언어를 매개로 존재하며, 따라서 해석의 주 대상이 언어적 특성을 갖는다는 사실에서 분명히 드러난다.

1) 해석학적 대상 규정으로서의 언어

역사적 전승의 본질이 언어적 특성을 갖는다는 사실은 중요한 해석학적 결론들을 함축한다. 언어로 기록된 전승물은 여타의 모든 전승물에 비해 독특한 우월성을 갖는다. 물론 언어적 전승물은 직접적인 생생함의 측면에서 보자면 예컨대 조형예술 기념물에 비해 뒤질지도 모른다. 그렇지만 그러한 직접성의 결여는 결함이 아니다. 얼핏 생각하면 결함처럼 보이지만, 모든 '텍스트'의 낯선 추상성에 힘입어 모든 언어적 전승물은 독특한 방식으로 이해의 대상이 되기에 더더욱 적합하다. 언어적 전승물이 여타의 전승물과 구별되는 독특함은, 언어적 전승물에 대한 탐구와 해석은 단지 과거의 유물을 탐구하는 것과는 차원이 다르다는 것이다. 언어적 전승의 경로를 거쳐 우리에게 전해지는 것은 단지 유물로서 전해지는 것이 아니라 우리에게 양여된 것이다. 다시 말해 언어적 전승물은 우리에게 뭔가 말을 걸어온다. 그것은 신화와 전설, 관습과 풍습이 살아 있는 직접적인 구비전승의 형식이든, 글로 기록되어 그 문자를 해독할 줄 아는 독자를 위해 전승된 형식이든 마찬가지다.

역사적 전승의 본질이 언어적 특성을 지닌다는 사실이 특히 온전한 해석학적 의미를 얻는 것은 역사적 전승이 문자로 기록된 경우이다. 언어는 문자로 기록됨으로 해서 언어가 전달되는 과정의 가변적 변수로부터 자유롭게 된다. 모든 역사적 전승은 문자의 형태로 전해질 때 어느 시대의 독자에게나 동일하게 읽힐 수 있다. 매 시대의 역사의식이 문자로 기록된 역사적 전승에 자유롭게 접근할 능력만 있다면 문자로 기록된 전승은 과거와 현재의 독특한 공존을 가능케 해준다. 과거의 소식을 현재와 연결시켜주는 구비전승에 의존할 필요 없이 문학적 전승을 직접 활용함으로써 해석자는 자신의 지평을 옮기고 확장하여 자신의 세계를 아주 심층적 차원으로까지 풍요롭게 할 수 있다. 문학적 전승의 수용은 심지어 여행의 모험이나 낯선 언어세계를 탐사하는 경험까지도 능가한다. 외국어 문학에 심취하는 독자는 어느 순간에라도 자유롭게 모국어의 세계로 돌아올 수 있으며, 따라서 두 세계를 동시에 오간다고 할 수 있다.

문헌전승은 지나간 과거의 잔재가 아니라 과거를 넘어서 텍스트가 말하는 의미의 영역으로 고양된다. 과거의 잔재는 덧없이 사라질 유한한 것이지만, 글로 기록된 모든 것은 문자 자체의 자기동일성에 힘입어 그러한 유한성을 넘어선다. 역사적 전승의 매개자는 과거의 유품으로 남은 문헌 자체가 아니라 역사적 기억의 연속성이다. 역사적 기억의 연속성을 통해 역사적 전승은 그것을 수용하는 현재세계의 일부가 되며, 그리하여 역사적 전승이 전달하려는 바가 곧바로 언어로 표현될 수 있는 것이다. 문헌전승을 이해하면 이런 저런 개별적 사실만 알게 되는 것이 아니라, 그 당대를 살았던 사람들 자신과 그들이 처해 있던 전반적 생활상까지도 생생하게 파악하게 된다. 우리가 어떤 문화에 대하여 문헌전승을 확보하지 못하면 그 문화에 대한 이해가 불확실하고 단편적인 것은 그런 이유에서이다. 예컨대 문헌전승 없이 기념물만 남아 있는 경우 과거에 관한 지식을 역사라고 하기에는 미흡한 것이다. 반면 텍스트는 전체를 진술할 수 있다. 처음에는 이해할 수 없을 만큼 생소해보이는 의미 없는 낙서라 하더라도 그것이 문자로 해독되기만 하면 아주 정확히 이해될 수 있으며, 전체적 맥락이 파악되면 심지어 전승과정에서 생기는 실수도 바로잡을 수 있다.

그렇게 보면 글로 기록된 텍스트가 본래 해석학의 탐구대상이다. 언어가 문자로 기록되는 것은 언어의 자기소외이다. 따라서 텍스트에 대한 독서를 통해 그러한 자기소외를 극복하는 것이야말로 텍스트 이해의 최고 과제가 된다. 비문碑文에 새겨진 단순한 기호도 그 텍스트를 다시 언어로 복원시킬 때만 올바르게 읽어내고 이해할 수 있다. 그렇게 언어로 복원하는 과정에서 해석자는 언제나 텍스트가 말하는 객관적 의미에 대해 일정한 태도를 취하게 된다. 여기서 이해의 과정은 전적으로 언어적 전승물을 통해 전달되는 의미의 영역 안에서만 움직인다. 따라서 비문 기호의 경우 그것이 올바르게 해독될 때만 해석학적 탐구대상이 된다. 문자가 없는 기념물이 해석학적 탐구대상이 되는 것은 해석학의 확장된 의미에서만 가능한 일이다. 그러한 기념물은 그 자체를 근거로 해서 이해될 수 있는 것이 아니기 때문이다. 그 기념물들이 무엇을 의미하는가 하는 문제는 해석의 문제이지 기호해독이나 자구이해의 문제가 아닌 것이다.

언어는 문자화됨으로써 비로소 진정한 정신적 특성을 얻는다. 문헌전승에 대한 이해의 과정에서 해석자의 의식은 완벽한 자율적 판단력을 행사한다. 해석자의 의식은 그 무엇에도 의존하지 않고 존립한다. 그리하여 해석자의 의식은 독서과정에서 자기 자신의 역사를 잠재적으로 확보하게 된다. 원래 '말하기를 좋아하다'라는 뜻을 지녔던 '문헌학Philologie' 개념은 바로 그런 맥락에서 문자문화의 부상과 더불어 다른 모든 문화를 총괄하는 독서문화로 완전히 넘어갔고, 그리하여 말하기와 논증의 문제를 주로 다루던 원래의 관심사에서 멀어지게 되었다. 독서하는 의식은 결국 역사적 의식이며, 자유롭게 역사적 전승과 소통하는 의식이다. 헤겔이 말하듯이 전통을 만들고자 하는 의지, 즉 '지속적 추념追念'에의 의지가 형성되는 시기가 곧 역사의 시작과 일치한다는 것은 그런 점에서 옳은 말이다.[332] 따라서 문자문화라는 것은 구비전승이 지속되다가 아무런 질적 차이도 없이 그저 우연히 추가된 그런 것이 결코 아니다. 물론 지속성을 확보하려는 의지는 문자 없이도 존립할 수 있다. 그렇지만 문자로 기록된 전승을 통해서야 비로소 단지 지나간 삶의 잔재를 보존하는—선대의 삶을 하나씩 되돌아보면서 과거에 대한 인식을 보완하고 해명해나가는—수준에서 탈피하게 되었다.

비문의 전승은 돌이나 여타 소재로 유물의 형태로 남겨졌기 때문에 처음에는 우리가 문헌이라 부르는 자유로운 전승형식의 일부가 아니었다. 문자로 기록되어 우리에게 전해내려오는 모든 것은 지속성을 지니려는 의지 덕분에 우리가 문헌이라 일컫는 고유한 형태의 지속성을 확보할 수 있게 되었다. 글로 기록된 전승은 기념비나 기호 이상의 어떤 것을 담고 있다. 글로 기록된 것은 그것을 수용하는 후대의 모든 현재와 고유한 동시성을 갖는다. 글로 전승된 것을 이해한다는 것은 단지 지나간 삶을 되짚어보는 것이 아니라 현재의 관점에서 그 글이 말하는 바에 참여한다는 것을 뜻한다. 여기서 일차적 관건이 되는 문제는 (아마 미지의 인물일) 저자와 독자 사이의 인간적 관계가 아니라, 텍스트가 우리에게 전해주는 의미에 참여하는 것이다. 전승된 텍스트를 통해 우리가 그 저자에 관한 상을 그릴 수 있는가, 혹은 전승에 대한 역사적 해석의 확장을 통해 우리의 현재적 관심사를 입증해줄 원천을 찾을 수 있는가 여부와는 전혀 무관하게 우리가 이해하는 그대로 텍스트의 의미는 존재한다.

여기서 원래 해석학의 과제는 무엇보다 텍스트 이해였다는 사실을 상기할 필요가 있다. 그러다가 해석학의 문제에서 문헌의 핵심적 지위를 완화시킨 것은 슐라이어마허였는데, 그는 구비전승 역시 그 나름으로는 완결된 형태로 이해의 대상이 될 수 있다고 보았던 것이다. 그리하여 이미 앞에서 살펴본 대로[333] 슐라이어마허는 해석학의 심리학적 전환을 가져왔고, 그로 인해 해석학적 현상의 고유한 역사적 차원이 차단되는 결과를 초래했다. 그러나 실제로 해석학적 현상에서 문자기록이 핵심적 의의를 갖는 것은 글의 형태를 통해 텍스트는 원저자로부터 벗어나고 특정한 독자 혹은 수신자로부터도 벗어나서 독자적 존립근거를 갖기 때문이다. 말하자면 글로 기록된 것은 글을 읽을 줄 아는 사람이면 누구나 접근할 수 있는 의미영역으로 들어와서 만인에게 공개되는 것이다.

확실히 구어에 비하면 문어가 파생적 현상인 것으로 보인다. 그리고 고대의 기호언어는 본래의 구어로 소급할 때만 그 의미가 해독된다. 그렇지만 언어가 글로 기록될 수 있다는 것은 결코 부차적 현상이 아니라 언어의 본질에 속한다. 언어가 글로 기록될 수 있다는 것은 발화행위 자체가 발화행위를 통해 전달되는 의미의 순수한 자기동일성을 추구한다는 사실에 근거한다. 발화된 의미는 글의 형태를 통해 표현과 전달의 정서적 계기들과는 무관하게 순수하게 자립한다. 어떤 텍스트는 삶의 표현으로 이해되기보다는 텍스트가 말하는 바대로 이해되어야 한다. 글이라는 것은 언어의 추상적 자기동일성이다. 따라서 글로 기록된 것의 의미는 원칙적으로 그 동일성을 확보할 수 있고 반복해서 전달될 수 있다. 반복해서 전달됨에도 불구하고 동일성을 유지하는 것만이 진정한 의미에서 글로 기록된 것이라 할 수 있다. 따라서 여기서 반복이라는 말도 엄밀한 뜻으로 사용한 것은 아니라는 것이 분명해진다. 여기서 반복이라는 것은 뭔가가 말해지거나 기록되었던 최초의 상태를 그대로 되풀이한다는 뜻이 아닌 것이다. 독서를 통한 이해는 단순히 과거의 반복이 아니라 현재까지 생생하게 살아 있는 의미에 참여하는 것이다.

글로 기록될 때의 방법론적 장점은 일체의 심리적 요소와 무관하게 해석학적 문제가 순수하게 드러날 수 있다는 것이다. 우리의 의도에 비추어보면 방법론적 장점으로 부각되는 측면은 물론 어떤 특수한 취약점의 표현일 수도 있는데, 그 취약점은 언어 일반의 현상이라기보다는 특히 모든 문어에 해당된다. 문어의 약점을 분명히 인식하면 이해의 과제 역시 아주 분명히 드러난다. 이와 관련하여 우리는 다시 플라톤의 선례를 참조할 수 있다. 플라톤은 글로 전달될 때는 고의든 아니든 간에 잘못 이해될 경우 오해를 바로잡도록 도와줄 방도가 없다는 것이 글의 독특한 취약점이라고 보았다.[334]

알다시피 플라톤은 문어의 이러한 약점이 구어의 약점에 비해 더 크다고 보았다. 구어의 경우에는 변증술의 도움을 받아 이러한 약점에서 벗어날 수 있는 반면 문어에서는 그럴 가망이 없다고 보았던 것이다. 하지만 플라톤 자신이 글로 된 저작들을 남겼고 그 자신의 글에서 그러한 취약점을 극복하는 방법을 구사하는 만큼 그런 주장은 반어적 과장이라 하겠다. 실제로 그러한 문제점은 글에서나 말에서나 똑같이 나타난다. 말로 의사를 전달할 때 말을 전달하는 기술과 진정한 사유의 기술, 논증과 변론 등이 합치해야 하듯이, 말이 다시 글로 기록되었을 때는 그러한 기술이 곱절로 요구된다. 예컨대 전달하는 기술은 진정한 사유에 도움이 되어야 하고, 진정한 사유는 전달하는 기술에 도움이 되어야 하는 것이다. 실제로 사유에 도움을 줄 수 있는 글쓰기의 기술도 있으며, 그런 글쓰기 기술은 이해의 기술에 상응하는 것이기도 하다. 이해의 기술 역시 글로 기록된 것이 더 잘 이해될 수 있도록 도와주기 때문이다.

이미 말했듯이 글로 기록된 모든 것은 일종의 소외된 발화이며, 따라서 문자라는 기호를 원래의 말과 뜻으로 복원시킬 필요가 있다. 글로 기록됨으로 인해 말의 원래 의미는 일종의 자기소외를 겪었기 때문에 그러한 복원은 해석학의 고유한 과제가 된다. 서술된 의미가 새롭게 진술되어야 하는데, 그것도 순전히 문자를 통해 전승된 텍스트를 근거로 그러한 작업이 이루어져야만 한다. 구어와 달리 문어에 대한 해석에서는 다른 방도가 없다. 따라서 이 경우에는 글쓰기의 '기술' 자체가 특별한 의미를 갖는다.[335] 반면 구어는 어법이나 어조 혹은 템포, 그리고 말을 하는 정황 등을 통해 놀라울 정도로 저절로 해석되는 측면이 있다.[336]

하지만 글로 기록된 것 중에도 거의 저절로 읽혀지는 것이 있다. 독일의 위대한 철학적 문필가인 실러와 피히테가 철학에 있어서 정신과 문자에 관해 벌인 의미심장한 논쟁은 바로 그러한 사실을 출발점으로 삼는다.[337] 내가 보기에 특기할 만한 사실은 둘 사이의 논쟁은 두 사람이 사용하는 미학적 판단기준을 가지고는 판가름 나지 않는다는 것이다. 이 논쟁에서 문제가 되는 근본적 쟁점은 훌륭한 스타일의 미학에 관한 문제가 아니라 해석학적 문제이기 때문이다. 독자의 사고를 자극하고 생산적 활동을 하도록 글을 쓰는 '기술'은 통상적인 수사학적 기술이나 미적 기술과는 거의 아무런 상관이 없는 문제이다. 그런 글을 쓰는 기술의 요체는 글쓴이가 생각한 것을 독자가 더불어 생각하도록 유도하는 데 있다. 따라서 여기서 글쓰기의 '기술'을 그 자체로만 이해하여 강조해서는 안 된다. 글쓰기의 기술이나 말하기의 기술은 그 자체가 목적이 아니며, 따라서 해석학적 작업의 원래 대상이 아니다. 이해의 과정은 전적으로 텍스트가 말하는 의미에 의해 작동된다. 따라서 이해의 과제를 수행함에 있어 불명료한 사고나 '잘못' 쓰여진 것은 예컨대 해석학적 기술의 온전한 영예를 더더욱 빛내주는 본보기가 아니라, 오히려 그 반대로 해석의 성패를 좌우하는 전제조건인 의미의 명확성을 저해하는 극단적 사례일 뿐이다.

글로 기록된 모든 것은 원래 스스로 언어적 차원을 환기시키려는 성향을 갖는다. 의미의 자율성에 대한 이러한 요구는 절대적이어서 심지어 시인이 자신의 시를 낭송한다고 해도, 듣는 사람의 주의력이 이해대상이 되는 텍스트의 초점에서 멀어지는 결과를 초래한다면 그런 낭송 역시 미심쩍은 것이 된다. 중요한 것은 텍스트의 참된 의미를 전달하는 것이기 때문에 텍스트 해석은 이미 객관적 규범의 제약을 받는 것이다. 플라톤의 변증술이 로고스를 그 자체로서 관철시키려 하고 흔히 대화의 실제 당사자를 무시하는 것도 바로 그러한 객관적 규범의 요구 때문이다. 사실 글이 구어에 비해 그때그때 교정하기 힘든 특별한 약점을 갖고 있긴 하지만, 반면 이해의 변증법적 과제를 곱절로 더 명료하게 드러낼 수 있는 장점이 있다. 대화에서와 마찬가지로 글에서도 이해를 위해서는 발언의 의미를 더욱 분명히 해야 한다. 텍스트가 말하는 내용은 일체의 우발성에서 탈피하여 텍스트의 의미를 온전히 드러낼 수 있는 이상적인 상태로 파악되어야 한다. 그리하여 글로 기록된 것은 서술의미를 서술자로부터 완전히 분리시키기 때문에 텍스트를 이해하려는 독자에게 오로지 진리에의 요구만 제기한다. 따라서 독자는 자신에게 제기되는 요청과 자신이 이해하는 바를 온전히 경험할 수 있게 된다. 독자가 이해한 것은 단지 다른 사람의 견해가 아니라 그 자체가 이미 잠재적 진리다. 바로 그것이 텍스트의 의미가 저자로부터 분리되고 글이 의미의 지속성을 확보함으로 해서 드러나게 되는 잠재적 진리다. 이미 앞에서 살펴보았듯이[338] 독서에 익숙하지 않은 사람들은 글로 서술된 것이 틀릴 수도 있다는 의구심을 제대로 이해하지 못하는데, 그것은 글로 서술된 모든 것은 저절로 신빙성이 보증된 기록문서와 같다고 생각하기 때문이다. 이런 편견을 가질 수밖에 없는 것은 그 나름의 해석학적 근거가 있다.

글로 기록된 모든 것은 실제로 해석학의 대상으로 선호된다. 외국어 텍스트와 번역의 문제라는 극단적 경우에서 분명히 확인했듯이, 텍스트 이해의 과정에서는 독서의 자율성이 관철된다. 다시 말해 이해라는 것은 저자의 심리상태를 그대로 되짚는 것이 아니다. 이해의 의미지평은 저자가 원래 의도했던 바에 의해 제한되지도 않고 텍스트가 탄생하던 당대 수신자의 의미지평에 의해서도 제한을 받지 않는다.

우리가 어떤 텍스트를 읽을 때 저자와 당대 독자가 염두에 두지 않았던 그 어떤 것도 텍스트에 주입해서는 안 된다는 말은 해석학이 지켜야 할 합리적 원칙처럼 보이며, 실제로 일반적으로 공인된 생각이기도 하다. 그렇지만 극단적인 경우에만 이러한 원칙은 실제로 적용가능하다. 왜냐하면 텍스트는 저자의 주관적 삶의 표현으로 이해되어서는 안 되기 때문이다. 텍스트의 의미는 저자의 주관에 의해 제한될 수 없다. 그럼에도 텍스트의 의미를 저자의 '진짜' 생각으로 제한하는 것만이 문제가 있는 것은 아니다. 텍스트의 의미를 객관적으로 규정하고자—슐라이어마허가 그러했듯이—동시대의 논의맥락을 이해하고 그 시대의 독자를 끌어들인다 하더라도 결코 우발적 요인에 의한 의미제한을 피할 수 없다. 동시대의 수신자라는 개념도 일정하게 제한된 비판적 관점하에서만 그 타당성이 인정될 수 있다. 동시대인들이란 도대체 누구인가? 그저께의 독자도 모레의 독자와 마찬가지로 동시대인이라는 범주에 포함된다. 그렇다면 독자의 범위에서 제외시켜야 하는 '모레'의 경계는 과연 어느 시점으로 설정해야 한다는 말인가? 동시대인이란 과연 어떤 집단이며, 어제와 내일과 모레의 독자까지 다양하게 뒤섞여 있는 상태에서 어떤 텍스트의 진리를 가늠하는 기준은 과연 무엇인가? 이렇게 볼 때 동시대의 독자라는 개념도 미처 규명되지 않은 문제점을 이상화한 것일 뿐이다.

문학적 전승의 본질을 올바르게 통찰하면 동시대 독자라는 개념은 전혀 해석학적 정당성을 확보할 수 없다는 것을 분명히 알 수 있다. 이미 언급한 대로 글이라는 것은 후세에 양여되려는 속성을 갖는다. 하지만 무엇을 글로 옮겨 적어서 후대에 넘겨주는 사람은 그 자신의 동시대인들을 위해 그렇게 한다. 그렇게 볼 때 원래의 독자를 상정한다거나 저자의 원래 의도를 상정하는 것은 아주 거친 역사적인 해석학적 원칙만 제시할 뿐이며, 그런 것으로 텍스트의 의미지평을 제한할 수는 없다. 그렇지만 글로 기록된 것은 그 출처와 원저자가 처해 있던 우발적 제약에서 벗어나 새로운 의미맥락을 적극적으로 열어놓는다. 저자의 견해라는 규범적 개념이나 원래 독자의 이해 같은 개념은 실제로 그때그때 이해의 조건 여하에 따라 채워지는 공백일 뿐이다.

2) 해석학적 수행 규정으로서의 언어

이로써 언어와 이해의 관계를 보여주는 두번째 측면을 논의할 차례가 되었다. 이해의 대상으로 선호되는 역사적 전승이 언어적 특성을 지닐 뿐 아니라, 이해 자체가 원칙적으로 언어의 문제와 직결되어 있다. 이해는 곧 해석이라는 명제를 우리는 논의의 출발점으로 삼았는데, 이해라는 것은 어떤 텍스트의 의견이 관철되는 해석학적 지평을 형성하기 때문이다. 그런데 어떤 텍스트의 견해를 객관적인 내용으로 표현할 수 있으려면 우리는 그 견해를 우리 자신의 언어로 옮겨야만 한다. 다시 말해 우리 자신의 언어생활의 터전이 되는 가능한 견해들 전체와 관련지어야만 한다. 우리는 이미 이 문제의 논리적 구조를, 물음이 해석학적 현상으로 두드러지게 부각되는 경우를 예로 들어 살펴보았다. 이제 모든 이해의 언어적 특성에 초점을 맞추면 앞에서 물음과 답변의 변증법으로 파악했던 문제를 다른 측면에서 새롭게 조명할 수 있을 것이다.

이로써 우리는 역사적 탐구방법에 의존하는 학문들의 일반적 자기인식에서는 흔히 간과되는 새로운 차원으로 접어든다. 역사학자는 대개 탐구대상의 역사적 특성을 설명하는 개념들을 그 개념의 출처나 정당성에 대한 적극적 성찰을 거치지 않고 선택한다. 역사학자는 오로지 자신의 관심사에만 주의를 기울일 뿐, 자신이 선택한 개념들이 과연 탐구대상에 적합한지 여부가 자신의 탐구의도에 결정적 변수가 될 수 있다는 사실은 고려하지 않는다. 특히 그 개념들이 생소한 역사적 대상을 친숙한 것으로 동화시키고 따라서 아무리 공정하게 접근해도 대상의 상이성을 탐구자 자신의 선입견에 종속시킨다는 점에서 탐구자가 선택하는 개념들은 탐구의도와 직결된다. 그렇게 되면 아무리 과학적 방법을 동원한다 하더라도 여느 탐구자와 다를 바 없이 자기가 사는 시대의 아들로서 아무런 생각 없이 자기 시대의 선입견과 편견에 사로잡힐 수밖에 없을 것이다.[339]

역사학자가 그처럼 소박한 접근방식의 위험을 자각하지 못하면 결코 탐구대상 자체가 요구하는 성찰의 수준에 도달할 수 없다. 그런데 그런 소박한 접근방식의 문제점을 어느 정도 자각하여 이번에는 거꾸로 역사이해에서는 탐구자 자신의 개념을 제쳐두고 탐구대상이 되는 시대의 개념들로만 사고해야 한다고 주장한다면, 그런 단순논리는 치명적 오류를 낳는다.[340] 그런 주장은 마치 역사의식의 일관된 관철인 것처럼 들리지만, 생각이 있는 독자의 입장에서 보면 단순한 환상임이 밝혀진다. 그런데 그런 주장이 단순한 이유 는, 예컨대 해석자가 자신의 관점을 배제해야 한다는 이상을 충족 시키지 못해서 그런 주장과 역사의식의 기획이 실현되지 못했기 때 문이 아니다. 그렇게 되면 해석자가 자신의 관점을 배제해야 한다 는 이상 자체는 정당하고, 따라서 최대한 그 이상에 근접하고자 애 써야 한다는 논리가 성립될 것이다. 그런데 한 시대를 그 시대 자체 의 개념들로 이해해야 한다는 역사의식의 정당한 요구가 과연 실제 로 무엇을 뜻하는가 하는 것은 전혀 다른 차원의 문제이다. 해석자 자신이 속해 있는 현재의 개념들을 배제해야 한다는 요구는 그렇 다고 단순히 과거의 입장으로 돌아가라는 뜻이 아니다. 그러한 요 구는 오히려 해석자 자신의 개념들과 관련해서만 의미가 있는 상대 적인 것이다. 이해를 도모하기 위하여 이해를 가능하게 해주는 유 일한 근거를 배제하려 한다면 그것은 역사의식이 스스로를 잘못 인 식하는 것이다. 역사적으로 사고한다는 것은 우리가 과거의 개념들 을 가지고 사고하고자 할 때 그 과거의 개념들에서 발생하는 변화를 온전히 파악하는 것을 뜻한다. 따라서 역사적으로 사고한다는 것은 언제나 과거의 개념들과 해석자 자신의 사고 사이의 매개를 내포 한다. 해석의 과정에서 해석자 자신의 개념을 피하려고 하는 것은 불가능할 뿐 아니라 어불성설이다. 텍스트를 해석한다는 것은 다름 아니라 해석자 자신의 선이해를 자유롭게 개진함으로써 텍스트에 담겨 있는 생각이 실제로 우리에게 말을 걸어오도록 하는 것이다.

앞에서 우리는 해석학적 과정을 분석하면서 해석의 지평이 지 평융합으로 얻어진다는 것을 확인했다. 이제 그 점을 해석의 언어 적 차원이라는 측면에서 입증해보고자 한다. 텍스트는 해석을 통 해 언표된다. 그 어떤 텍스트나 책도 다른 사람에게 전달되는 언어 로 말하지 않고는 언표되지 않는다. 따라서 해석은 정녕 텍스트로 하여금 말하게 하려면 올바른 언어를 찾아야만 한다. 따라서 올바른 해석 '자체an sich'라는 것은 존재할 수 없다. 모든 해석은 구체적인 텍스트를 다루기 때문이다. 전통은 부단히 새롭게 수용되고 해석됨으로써 역사적 생명력을 얻는다. 따라서 올바른 해석 '자체'라는 것은 전통의 그러한 본질을 간과하는 공허한 이상일 뿐이다. 모든 해석은 해석의 준거가 되는 해석학적 상황에 자신을 맞추어야만 한다.

그러나 해석이 상황의 제약을 받는다고 해서 모든 해석이 마땅히 추구해야 할 올바른 인식에의 요구가 주관적 요인이나 상황적 가변성에 의해 와해되어서는 안 된다. 일찍이 낭만주의는 해석학의 문제에서 일체의 가변적 상황을 배제했는데, 우리의 논의도 적어도 그러한 낭만주의의 인식보다 후퇴해서는 안 될 것이다. 우리의 입장에서도 해석이라는 것은 교육적 목적을 위한 것이 아니라 이해를 완수하는 것 그 자체이다. 그런 이해는 해석의 결과를 활용할 다른 사람들을 위해서뿐 아니라 해석자 자신에게 언어적 해석의 표현을 통해 완수되는 것이다. 모든 해석의 언어적 특성에 힘입어 확실히 모든 해석은 타자와의 잠재적 연관성을 내포한다. 말하는 사람과 그가 말을 건네는 사람을 서로 묶어주지 않는 발화행위는 있을 수 없다. 그것은 해석의 과정에도 그대로 통용된다. 그렇지만 발화자와 수신자 사이의 그러한 연관성은 의식적으로 교육적 목적에 적응하는 방식으로 이해와 해석의 과정을 규정하지는 않으며, 오히려 이해와 해석의 과정 자체가 곧 의미의 구현 자체이다. 우리는 해석학에서 완전히 추방되었던 선이해의 적용이라는 계기를 다시금 복권시켰다. 그 과정에서 우리는 어떤 텍스트를 이해한다는 것이 곧 그 텍스트를 우리 자신에게 적용하는 것임을 확인했다. 어떤 텍스트는 언제나 다르게 이해될 수밖에 없지만, 그럼에도 그 텍스트는 그때그때 우리에게 다르게 제시되는 동일한 텍스트라는 것도 확인했다. 그렇다고 해서 개별적 해석의 진실성이 조금도 상대화되지 않는다는 것은 모든 해석이 그 본질상 언어적 특성을 지닌다는 사실에서 분명해진다. 텍스트에 대한 이해는 해석을 통해 명확한 언어로 표현되지만, 그렇다고 애초에 이해되고 해석된 의미 외에 또다른 의미가 생겨나는 것은 아니다. 이해의 과정에서 해석의 도구가 되는 개념들은 그 자체로는 문제가 되지 않는다. 그 개념들은 오히려 해석을 통해 말로 표현되도록 하는 의미의 이면으로 사라지는 경향이 있다. 역설적이게도 해석은 그런 식으로 자취를 감출 때 올바른 해석이 된다. 하지만 그와 동시에 해석은 그렇게 사라지는 흔적의 형태로 드러나지 않을 수 없는 것도 사실이다. 이해의 가능성은 그처럼 매개자의 역할을 하는 해석의 가능성에 달려 있다.

의식적 해석을 수행하지 않고 직접적 이해가 이루어지는 경우에도 그것은 사실상 타당하게 적용된다. 그런 방식으로 이해를 할 때도 반드시 해석은 가능하기 때문이다. 그런데 이것은 이해가 해석의 잠재적 가능성을 내포한다는 것을 뜻한다. 해석은 다만 이해를 좀더 분명히 입증할 수 있게 해준다. 따라서 해석은 이해를 가능케 하는 수단이 아니라, 이해의 내용 속으로 편입된다. 이미 살펴보았듯이 그것은 텍스트의 의미내용이 통일적으로 이해된다는 것을 뜻할 뿐 아니라, 또한 그러한 이해의 과정에서 텍스트가 다루는 문제도 말로 표현된다는 것을 뜻한다. 말하자면 해석은 어떤 문제를 말의 저울대 위에 올려놓는 셈이다. 이렇게 일반적으로 확인되는 원칙은 몇몇 측면에서 독특한 변화를 겪는데, 그러한 변화 역시 일반적 원칙을 간접적으로 확인시켜준다. 언어텍스트의 이해와 해석에서 언어를 매개로 하는 해석은 이해가 무엇인가를 분명히 보여준다. 다시 말해 텍스트가 말하는 바를 해석자 자신의 것으로 받아들이는 것, 그것이 곧 이해인 것이다. 언어적 해석은 해석 전체를 대표하는 형식이다. 심지어 해석이 언어적 성격을 띠지 않는 경우에도, 그러니까 텍스트가 아니라 그림이나 음악인 경우에도, 언어적 해석이 모범이 된다. 그 자체로는 언어가 아니지만 실제로는 언어적 특성을 전제하는 그런 해석형식들로 인해 혼란에 빠지지 말아야 할 것이다. 이를테면 우리는 대비라는 수단을 통해 뭔가를 보여줄 수 있다. 가령 두 개의 그림을 나란히 보여주거나 두 편의 시를 차례로 낭송함으로써 어느 한쪽이 다른 한쪽에 의해 해석되도록 할 수 있다. 그런 경우 보여주는 행위는 언어적 해석에 선행한다. 그렇지만 사실은 그렇게 보여주는 행위 또한 언어적 해석의 변주를 뜻한다. 그렇게 보여주는 대상에는 해석의 잔영이 남으며, 해석은 그렇게 보여주는 행위를 언어의 생생한 축약형으로 활용하는 셈이다. 그럴 경우 보여주는 행위는 예컨대 번역이 해석의 결과를 종합한 것과 같은 의미에서 해석이라 할 수 있다. 혹은 어떤 텍스트를 올바르게 낭송하면—제대로 이해할 때만 제대로 낭송할 수 있을 터이므로—해석의 문제가 이미 판명되는 것과 같은 의미에서 해석이라 할 수도 있겠다. 이해와 해석은 불가분의 관계로 긴밀하게 관련되어 있다.

해석Interpretation이라는 개념이 학문적 분석에만 사용될 뿐 아니라 음악연주나 무대공연에서 인위적 재현Reproduktion을 가리킬 때도 사용된다는 사실은 모든 해석이 이미 이해의 과정에 동반된다는 사실과 관련이 있다. 앞에서 살펴보았듯이 그러한 재현은 최초의 창작과 다른 차원에서 이루어지는 독립된 창작이 아니라 예술작품을 본래의 모습으로 드러나게 해주는 구실을 한다. 어떤 음악 텍스트나 드라마를 재현해주는 기호문자가 다만 그러한 재현을 통해 텍스트를 치환하는 역할을 할 뿐이다. 낭송도 그런 부류의 재현이라 할 수 있는데, 말하자면 텍스트를 새로운 형태의 직접성으로 변환하거나 그런 직접성의 효과를 낳는 것이다.[341]

그것은 소리내지 않고 읽는 모든 이해에도 똑같이 적용된다. 원칙적으로 독서 자체도 언제나 해석을 내포한다. 그렇다고 해서 독서를 통한 이해가 일종의 내적 재현이고 그 과정에서 예술작품은—비록 정신적 내면성에 집중된 것이긴 하지만—만인이 보는 앞에서 공연할 때와 마찬가지로 독립적으로 존재한다는 뜻은 아니다.

오히려 거꾸로 시간과 공간의 외연으로 펼쳐진 공연이 실제로는 작품 자체와 비교하면 독립적 실체가 아니며, 독립적 예술작품에 비하면 부차적인 미적 차이를 드러낼 뿐이다. 공연된 형태의 음악이나 문학에 대한 해석은 해석학적으로 보면 독서를 통해 텍스트를 이해하는 것과 다르지 않다. 이해는 언제나 해석을 내포하는 것이다. 문헌학자가 하는 일은 텍스트를 읽을 수 있게 하고 이해할 수 있게 하며 확증하는 것이다. 그렇게 볼 때 재현된 작품을 대상으로 이루어지는 해석과 문헌학자가 수행하는 해석은 원칙적으로 아무런 차이가 없다. 재현 예술가는 자신의 작품해석이 말과 글로 평가받는 것을 극히 부차적이라 여기고 비예술적이라고 거부할 수도 있을 것이다. 재현을 통해 해석이 원칙적으로 그러한 입장을 취할 수 있다는 것을 재현 예술가는 부인하지 못할 것이다. 재현 예술가 역시 자신의 생각이 옳고 설득력 있다고 생각할 것이며, 자신의 재현 예술이 텍스트와 연계되어 있다는 것을 굳이 부인할 생각조차 하지 않을 것이다. 그렇지만 그 텍스트는 학자가 해석의 대상으로 삼는 텍스트와 동일하다. 따라서 재현 예술가도 자신의 재현적 해석을 통해 표현되는 작품이해가 다시 해석을 통해 정당화될 수 있다는 것을 부인하지는 못할 것이며, 그러한 해석은 언어적 형태로 완수된다. 그러한 해석도 의미의 새로운 창출은 아니다. 그것은 해석이 다시 해석으로서 자취를 감추고 이해의 직접성 속에 그 진실을 보존하는 것에 상응한다.

해석과 이해의 긴밀한 내적 연관성에 대한 통찰은 천재 미학 Genieästhetik의 이름으로 예술가와 학자가 직접성을 낭만화하는 그릇된 환상을 불식시켜준다. 해석은 해석되는 작품을 대체해서는 안 된다. 해석은 예컨대 자신의 서술에 시적 힘을 불어넣어서 해석자 자신의 입장만 앞세워서는 안 된다. 해석은 작품 자체에 비하면 원칙적으로 부차적인 것이다. 그것은 해석자가 사용하는 말뿐 아니라 재현적 해석의 경우에도 마찬가지다. 해석자가 사용하는 말은 그것이 해석학적 질문에 의해 유발되었다는 점에서 항상 부차적인 것이다. 계몽주의 시대에 해석의 역할을 교육적 목적으로 제한했던 의미에서 그러할 뿐 아니라, 이해는 언제나 진정한 사건이기 때문에[342] 그에 비해 해석은 부차적이다. 재현의 형태로 이루어지는 해석 역시 원칙적 의미에서 부차적인데, 그것은 비단 교육적 의도에서 과장되게 연주나 연기 또는 낭송을 하는 경우에만 그런 것은 아니다. 그런 경우 재현은 과시적 과장을 통해 재현의 의도를 노골적으로 드러내는 특별한 의미로 해석되는데, 그렇다고 다른 재현의 방식과 원칙적으로 다른 것은 아니며, 다만 정도의 차이가 있을 뿐이다. 문학작품이나 악곡은 공연을 통해 작품 자체가 몸짓으로 재현될 수 있지만, 그럼에도 공연을 할 때는 강조점을 분명히 설정해야 한다. 그렇게 보면 교육적 의도에서 과시적 과장을 하는 것과 보통의 연기는 그다지 큰 차이가 나지 않는다. 모든 공연은 곧 해석이다. 그리고 모든 해석은 과장을 동반한다.

　　다만 공연은 오래 지속될 수 없고 그것이 재현하는 작품 속으로 사라지기 때문에 그러한 문제가 분명히 드러나지 않을 뿐이다. 조형예술에서 비근한 예를 들어보자. 가령 어떤 위대한 화가가 옛 대가들의 화풍을 본받아 그림을 그린다고 가정해보면 그런 경우에도 과장된 해석이 이루어진다. 마찬가지로 오래된 영화를 재상영할 때 생겨나는 독특한 효과도 유사하게 평가할 수 있으며, 얼마 전에 보았던 영화를 다시 볼 때의 효과 역시 비슷할 것이다. 그럴 경우 모든 것이 지나칠 정도로 선명하게 부각되어 보일 것이다. 따라서 어떤 작품을 공연할 때마다 그 바탕이 되는 특정한 해석에 관해 논하는 것은 당연하며, 그러한 해석은 원칙적으로 정당성을 확보할 수 있어야만 한다. 공연을 위한 전체적 작품해석은 그 나름의 타당성을 지닌 수많은 부분적 판단들의 종합이다. 논증적 정당화나 해석은 굳이 예술가가 신경쓸 일은 아니다. 그뿐 아니라 언어적 해석의 표현적 특성은 원칙적으로 근사치의 타당성만 지닐 뿐이며, '예술가'의 재현 자체가 도달하는 구체화의 수준에는 못 미친다. 그렇긴 하지만 모든 이해가 해석과 긴밀한 내적 연관성이 있고 원칙적으로 언어를 통한 해석이 가능하다는 사실에는 변함이 없다.

우리는 해석의 문제에서 언어의 원칙적 우위를 주장하지만, 이 말은 올바르게 이해될 필요가 있다. 확실히 우리가 느끼는 바를 언어로 표현하기 힘들 때가 종종 있다. 예술작품에 완전히 압도되어 그 느낌을 말로 표현하는 것이 무망해보일 때도 있다. 우리의 이해욕구와 이해능력은 그때그때 도달한 표현을 항상 넘어서려는 성향이 있다는 사실은 언어에 대한 비판의 빌미가 되기도 한다. 그렇지만 언어의 원칙적 우위에는 변함이 없다. 우리의 인식능력은 언어가 허용하는 표현능력에 비해 훨씬 더 개체적으로 분화된 것으로 보인다. 사회적 획일화 경향에 따라 이해를 편협한 도식에 짜맞추려는 언어적 관행이 작용하지만, 우리의 인식의지는 그러한 도식화와 선입견에서 벗어나고자 한다. 우리가 언어에 대해 요구하는 비판적 우위는 언어적 표현의 관습에 관련된 문제가 아니라 언어로 표현되는 생각의 관습에 관련된 문제이다. 따라서 그것은 이해와 언어의 본질적 상관성을 부정하지 않을뿐더러, 사실은 그런 상관성을 입증해준다. 올바른 이해를 위해 언술행위의 도식성을 비판할 때 그러한 비판은 언어의 형태로 표현되기 때문이다. 그런 점에서 언어는 언어의 고유한 권한에 대한 일체의 반론을 거뜬히 넘어선다. 언어의 보편성은 이성의 보편성과 합치된다. 해석학적 의식은 언어와 이성의 보편적 관계를 규정하는 어떤 사태에 관여한다. 모든 이해가 그 이해에 상응하는 해석으로 연결될 수 있고 이해에는 원칙적으로 한계가 없다면, 해석을 통해 이해가 경험하는 언어적 파악 역시 일체의 한계를 극복하는 무한성을 내포하고 있을 것이다. 언어는 곧 이성 자체의 언어이다.

물론 아무런 유보 없이 그런 주장을 펼 수는 없을 것이다. 왜냐하면 언어가 그만큼 이성에 가깝다면, 다시 말해 이성이 명명하는 사물들에 가깝다면, 언어는 이성이 가리키는 모든 사물과 똑같이 가까워야 하므로 그 사물의 수만큼이나 무수히 많은 언어가 존재해야 하지 않을까 하는 의문이 생기기 때문이다. 어떤 언어권 안에서 살아가는 사람은 자신이 사용하는 말들이 실제로 의도하는 사물과 완벽하게 합치된다는 것을 속속들이 느낀다. 그리하여 외국어의 다른 어휘가 동일한 사물을 이렇게 완벽하게 명명할 수 있다고는 생각조차 하지 않는다. 세상에 둘도 없이 딱 들어맞는 말은 언제나 모국어 어휘라고 생각되며, 따라서 그 낱말이 가리키는 사물도 유일무이한 것으로 여겨진다. 사실 번역가의 고통도 무엇보다 원어가 그 지시대상에서 분리될 수 없을 거라는 생각에 연유한다. 그리하여 어떤 텍스트를 이해되게 하려면 그대로 옮기는 대신 폭넓은 해석을 통해 고쳐 써야만 하는 사태가 벌어지는 것이다. 우리의 역사의식이 민감하게 반응할수록 낯선 것의 번역가능성도 그만큼 더 민감하게 받아들여진다. 하지만 이로써 말과 사물의 내적 통일성이라는 문제는 해석학의 골칫거리가 된다. 우리가 스스로 사용하는 언어에 완전히 사로잡혀 있다면 과연 어떻게 외국어로 기록된 전승을 이해할 수 있단 말인가?

그러한 사고방식은 피상적이라는 것을 직시할 필요가 있다. 실제로 우리의 역사의식이 낯선 것에 민감하다는 것은 그 반대의 사실을 입증해준다. 이해하고 해석하려는 노력은 언제나 의미 있는 일이다. 그런 점에서 그때그때 언어환경의 한계를 넘어서는 이성의 우월한 보편성이 드러난다. 해석학적 경험은 사유하는 이성이 언어적 제약을 넘어설 수 있게 해주는 교정제 역할을 하며, 해석학적 경험 자체가 언어를 근간으로 해서 이루어진다.

이런 측면에서 볼 때 애초부터 언어의 문제는 언어철학과는 다른 맥락에서 논의되어야 한다. 물론 언어학이 관심을 갖는 언어의 다양성 문제는 해석학의 관점에서도 생각해볼 문제이긴 하다. 그렇지만 모든 언어가 다른 언어와의 온갖 차이에도 불구하고 원하는 것을 모두 표현할 수 있어야 한다는 관점에서 보면 이 문제는 단 하나의 문제로 수렴된다. 모든 언어가 나름의 고유한 방식으로 원하는 것을 모두 표현한다는 것을 언어학은 가르쳐준다. 우리의 입장에서 제기해야 할 문제는 표현방식이 그렇게 다름에도 불구하고 과연 어떻게 모든 언어에서 사고와 언어의 통일성이 유지되고 원칙적으로 모든 문헌전승이 이해될 수 있는가 하는 문제이다. 따라서 우리는 언어학자가 탐구하려는 것과는 반대의 측면에 관심을 갖는다.

언어와 사고의 내적 통일성은 언어학 역시 출발점으로 삼는 전제이다. 그런 전제에서 출발함으로써만 언어학은 학문으로 성립될 수 있었다. 언어와 사고의 통일성이 성립되기 때문에 언어학자는 일정한 추상을 통해 언어 자체를 탐구대상으로 삼을 수 있는 것이다. 예컨대 헤르더와 훔볼트는 신학과 합리주의의 관습주의적 편견과 결별함으로써만 언어를 세계관의 관점에서 파악할 수 있게 되었다. 사고와 언어의 통일성을 인식함으로써 그들은 그러한 통일성이 다양한 방식으로 관철되는 양상들을 비교할 수 있었다. 우리도 그러한 통찰에서 출발하긴 하지만, 그들과는 반대의 경로를 따라 탐구하고자 한다. 우리는 표현방식이 아무리 다양하다 하더라도 사고와 언어의 부단한 통일성을 견지하고자 한다. 그러한 통일성을 우리는 해석학적 현상에서 이해와 해석의 통일성으로 접하게 된다.

우리가 줄곧 관심을 기울이고자 하는 문제는 모든 이해의 개념적 성격Begrifflichkeit에 관한 문제이다. 얼핏 생각하면 이것은 부차적인 문제처럼 보인다. 우리는 개념적 해석이 해석학적 경험 자체의 작동방식이라는 것을 이미 확인했다. 바로 그렇기 때문에 이해의 개념적 성격에 관한 문제는 더더욱 난제가 된다. 해석자 스스로는 자신의 견해와 개념을 해석의 과정에 끌어들인다는 것을 의식하지 못한다. 해석자의 견해는 언어적 표현 속에 완전히 용해되어 있기 때문에 언어적 표현 자체는 결코 대상화되지 않는 것이다. 해석이 이런 방식으로 작동하는 측면은 완전히 간과된다는 사실을 이제 납득할 것이다. 여기에 더하여 부적절한 언어이론의 개입으로 인하여 해석대상 자체가 왜곡되는 문제가 발생한다. 말과 개념을 언제든지 이용할 수 있는 도구로 간주하는 도구주의적 기호이론이 해석학적 현상을 다룰 수 없다는 것은 자명하다. 언어와 말을 통해, 그리고 특히 정신과학이 수행하는 전통과의 대화를 통해 발생하는 사건에 유념한다면 우리는 그 과정에서 언제나 개념이 형성된다는 사실을 인정하지 않을 수 없다. 그것은 이를테면 해석자가 새로운 말이나 특별한 말을 사용한다는 뜻이 아니다. 개별적 현상을 보편적 개념 속으로 편입시키는 논리적 포섭Subsumption을 통해서는 친숙한 낱말의 사용이 가능하지 않다. 오히려 알다시피 이해라는 것은 언제나 선이해의 적용을 포함하며, 그런 점에서는 지속적으로 개념이 형성되어가는 과정이라 할 수 있다. 바로 그 점을 염두에 둘 때 이른바 언어철학의 선입견에서 벗어나 이해의 고유한 언어적 특성을 제대로 파악할 수 있다. 해석자가 말과 개념을 사용하는 것은 예컨대 수공업자가 연장을 손에 들고 작업을 하는 것과는 다르다. 오히려 이해의 모든 과정이 속속들이 개념에 의해 짜여진다는 것을 인식해야 하며, 말과 사물의 내적 통일성을 인정하지 않는 그 어떤 이론도 배격해야 한다.

사실 여기서부터 더 큰 난관에 봉착한다. 현대 언어학과 언어철학이 출발점으로 삼는 언어 개념이 과연 언어의 실상에 부합하는가 하는 문제가 제기되는 것이다. 최근에 와서 언어학 분야에서도 현대의 언어 개념이 역사적 산물인 언어의식을 전제로 하며, 역사의 초기단계의 언어, 특히 고대 그리스인들이 생각한 언어에는 들어맞지 않는 언어의식을 전제로 한다는 점을 올바르게 규명했다.[343] 그에 따르면 고대 그리스 시대에는 언어에 대한 의식이 전무했고, 근대에 와서 언어에 대한 도구주의적 폄하가 시작되었다. 언어관 자체의 변화를 수반하는 이러한 의식변화는 급기야 언어를 그 내용과 무관하게 형식 자체로만 파악하는 관점에까지 이르렀다.

언어관과 언어이론의 관계를 그렇게 설명하는 것이 과연 타당한지는 모르겠으나, 어떻든 언어학과 언어철학이 언어의 형식을 유일한 탐구주제로 삼는다는 전제하에 작업한다는 것은 의문의 여지가 없다. 그런데 여기서 형식이라는 개념을 사용하는 것이 과연 적절한가? 언어라는 것은 카시러Cassirer가 말한 대로 상징적 형식인가? 그런데 카시러가 상징적 형식이라 일컫은 모든 것, 즉 신화와 예술과 법률 등을 모두 포괄하는 것이 곧 언어의 유일무이한 특성일진대, 과연 상징적 형식이라는 개념으로 언어의 특성을 설명하는 것이 합당한가?[344]

우리는 해석학적 현상의 분석과정에서 언어의 보편적 기능에 관한 문제에 봉착했다. 해석학적 현상은 언어적 차원에서 드러남으로써 보편적 의의를 지니게 된다. 이해와 해석은 독특한 방식으로 언어적 전통에 귀속된다. 하지만 이해와 해석은 또한 그러한 전통적 귀속성을 넘어선다. 그것은 우선 인류의 모든 문화창조물, 심지어 비언어적 문화창조물조차도 그처럼 전통을 초극하는 방식으로 이해되려는 속성이 있기 때문이다. 그뿐 아니라 보다 원칙적인 이유에서 모든 이해의 대상은 이해와 해석이 가능한 형태로 접근되어야 하기 때문이다. 이것은 이해에도 적용되고 언어에도 똑같이 적용된다. 이해와 언어를 경험적 탐구대상인 사실로 간주해서는 안된다. 이해와 언어는 단순한 개별적 탐구대상이 아니라 탐구대상이 될 수 있는 것 전부를 포괄한다.[345]

언어와 이해의 이러한 원칙적 상관성을 인식할 때 언어에 대한 의식이 없던 상태에서 언어의식이 생기고 결국 언어를 폄하하는 단계에 이르기까지의[346] 역사적 변천과정이 결코 단순하지 않다는 것을 알 수 있다. 이러한 도식은 언어이론의 역사를 설명하기에도 충분치 않아 보이며, 하물며 나중에 살펴보겠지만 언어 자체의 생생한 변천과정을 설명하기에는 더더욱 미흡해 보인다. 발화행위 속에 생생하게 살아 있는 언어는 모든 이해와 텍스트 해석까지도 포괄하는데, 그러한 언어는 사고와 해석의 과정에 막강하게 작용한다. 따라서 언어가 내용으로 전해주는 것을 도외시한 채 형식만 생각하려든다면 구체적으로 파악할 수 있는 것은 거의 없다. 언어에 대한 의식이 없다는 것은 언제나 언술행위의 고유한 존재방식이었다. 따라서 우리가 언어라 일컫는 것을 가리키는 말을 몰랐던 고대 그리스인들이 낱말과 말의 당연한 통일성에 의문을 품고 탐구하기 시작했던 당시를 참조하는 편이 차라리 나을지도 모르겠다. 또한 교리해석과 신학적 관심 때문에 말씀과 언어의 통일이라는 신앙의 신비를 새롭게 탐구하기 시작했던 중세 기독교의 사유도 참조할 필요가 있겠다.

2

서구 사상사에서 '언어' 개념의 형성

1) 언어와 로고스

고대에는 말과 사물의 내적 통일성이 너무나 당연시되어서 진정한 이름은 그 이름이 가리키는 사물의 일부, 혹은 심지어 사물의 대리물로 경험되었다. 그런 점에서 고대 그리스에서 낱말을 뜻하는 onoma가 '이름', 특히 고유명사를 뜻하기도 했다는 것은 의미심장하다. 낱말은 무엇보다 이름으로 이해되기 시작했던 것이다. 그런데 이름이라는 것은 누군가가 그 이름으로 불리고 그 이름의 부름에 응할 때 성립된다. 다시 말해 이름은 그 이름을 가진 사람의 일부인 것이다. 이름이 맞는가를 판단하는 기준은 그 이름의 부름에 응하느냐 여부이다. 이름은 그 이름을 가진 사람 자신의 일부인 것이다.

그런데 고대 그리스 철학은 말이 이름에 불과하다는 인식, 다시 말해 말은 실체를 대표하지 않는다는 인식과 더불어 시작되었다. 애초에는 이름이 사물을 대변한다는 생각에 의문의 여지가 없었지만, 이제 그런 생각에 철학적 의문이 파고들기 시작한 것이다. 그리스 계몽시대의 사고가 말과 사물의 관계를 파악했던 문제상황은 말에 대한 믿음과 말에 대한 불신으로 규정될 수 있다. 계몽시대를 거치면서 말은 모범에서 그 반대의 상으로 바뀐다. 작명할 수도 있고 개명할 수도 있는 이름은 말의 진실성에 대한 의문을 유발했던 것이다. 그렇다면 과연 어떤 것이 옳은 이름인가 하는 물음이 성립될 수 있을까? 그렇지만 우리는 말의 옳고 그름을 논할 수 있고, 다시 말해 말과 사물의 통일성을 요구할 수 있지 않은가? 그리고 고대의 가장 심오한 사상가였던 헤라클레이토스Heracleitos는 말장난의 깊은 뜻을 발견하지 않았던가? 헤라클레이토스의 생각을 바탕으로 플라톤의 『크라튈로스Kratylos』가 나올 수 있었다. 고대 그리스의 언어에 관한 사유의 기초를 놓은 플라톤의 이 저작은 언어에 관한 모든 문제를 포괄하고 있어서 우리가 제대로 알지 못하는 후대의 논의들은 새로운 본질적 인식을 거의 추가한 바 없다.[347]

플라톤의 『크라튈로스』에서 논의되는 두 가지 학설은 제각기 상이한 방식으로 말과 사물의 관계를 규명하고자 한다. 관습주의 학설은 의견의 일치와 연습을 통해 확보되는 어법의 명확한 의미가 곧 낱말뜻의 유일한 원천이라고 본다. 그 반대의 학설은 말과 사물의 자연스러운 일치를 옹호하는데, '올바름orthotēs'이라는 개념도 원래는 그런 뜻이다. 이 두 가지 입장은 확실히 양극단의 견해를 대변하며, 따라서 양자를 배타적으로 생각할 필요는 없다. 어떤 사람이 말을 할 때는 어떻든 그러한 입장을 전제하는 '올바름'을 굳이 염두에 두지는 않는다.

우리가 '일반적 어법'이라 일컫는 언어의 존재방식은 그 두 가지 학설에 제한을 가한다. 관습주의Konventionalismus의 한계는, 언어가 존속하려면 낱말이 뜻하는 의미를 자의적으로 바꿀 수 없다는 것이다. '특수언어'의 문제는 그러한 자의적 의미변경이 가능한 조건이 무엇인지 보여준다. 『크라튈로스』에서 헤르모게네스Hermogenes는 노예의 경우에는 이름을 개명할 수 있다는 것을 예로 든다.[348] 노예의 삶은 내면적 독립성이 없기 때문에 노예의 인격은 그가 수행하는 기능과 일치하며, 그로 인해 여느 상황에서는 인격의 영예를 지켜야 한다는 명분 때문에 행할 수 없는 일이 가능해지는 것이다.

마찬가지로 어린아이들과 연인들 역시 그들 자신의 세계 안에서만 통용되는 '그들만의' 언어를 가지고 있다. 하지만 이 경우에는 의미를 자의적으로 고정시킨 것이라기보다는 특수한 언어관습의 형성에 해당된다고 할 수 있다. 언제나 하나의 세계를 공유한다는 것이야말로—설령 그런 상태가 유희적이라 할지라도—'언어'가 성립되기 위한 전제이다.

유사성 이론Ähnlichkeitstheorie의 한계도 분명하다. 말이 가리키는 사물을 염두에 두면서 말이 사물을 올바르게 재현하지 않는다는 의미로 언어에 비판을 가할 수는 없다. 모름지기 언어라는 것은 마치 도구처럼 필요하면 집어들고 뭔가를 전달하고 구별하는 용도로 써먹을 수 있는 그런 것이 아니다.[349] 말에 관한 이 두 가지 해석의 관점은 말 자체의 존재방식과 쓰임새를 판단의 기준으로 삼은 것이며, 말이 가리키는 사물 자체는 이미 사전에 인지된 것으로 전제한다. 바로 그렇기 때문에 두 관점 모두 애초부터 언어를 사후적이고 부차적인 것으로 간주하는 문제점을 안고 있다. 따라서 우리는 플라톤이 이 두 극단의 관점은 타당성이 없다는 것을 보여주면서 두 관점에 공통된 전제조건을 과연 문제삼는지 따져볼 필요가 있다. 내가 보기에 플라톤의 의도는 아주 분명하다. 언어철학은 체계적으로 문제들을 해명하기 위하여 끊임없이 『크라튈로스』의 논지를 곡해하여 차용하기 때문에 플라톤의 분명한 의도가 무엇인가는 거듭 강조할 필요가 있다. 플라톤은 당대 언어이론의 논의를 빌려와서, '이름들의 올바른 사용법orthotēs tōn onomatōn'을 추구하는 언어의 맥락 안에서는 '실제 존재자에 대한 앎alētheia tōn ontōn'에 도달할 수 없다는 것, 그리고 '이름들이 없이는aneu tōn onomatōn' 존재자를 순전히 '이름 그 자체에 의거하여auta ex heautōn' 인식할 수밖에 없다는 것을 보여주고자 했다.[350] 이로써 언어의 문제는 근본적으로 새로운 차원으로 이월된다. 이러한 발상의 전환이 추구하는 변증법은 한편으로 사고의 자기준거를 탐색하는 동시에 사고의 진정한 대상, 즉

‘이데아’를 향해 열려 있는 사고를 촉구한다. 그리하여 ‘말의 위력 dynamis tōn onomatōn’을 극복하고 소피스트의 논쟁술에서 말이 이성의 제어를 벗어나서 도구화되는 양상도 극복해야 한다고 보는 것이다. 물론 변증술을 통해 말의 영역을 초극해야 한다고 해서 실제로 말이 필요 없는 인식이 존재한다는 뜻은 아니다. 다만 진리에 접근할 수 있는 통로를 열어주는 것은 말이 아니며, 오히려 그 반대로 말의 ‘올바름’ 여부가 사물에 대한 인식에 의해 판별되어야 한다는 것이다.

그런데 이 점은 인정한다 하더라도 뭔가 아쉬움이 남는다. 정작 말과 사물의 진정한 관계를 논해야 할 대목에서 분명히 플라톤은 뒤로 물러서는 것이다. 이 대목에서 플라톤은 과연 어떻게 존재자를 인식할 것인가 하는 문제는 너무 큰 문제라고 밝히는 한편, 변증술의 본질에 관해 서술하는 대목에서는 『제7서한』의 보론에서 보는 바와 같이 애매모호한 구석이 많은 외적 계기일 뿐이라고 단정하는 것이다.[351] 플라톤에 따르면 언어라는 것은 사물보다 전면에 나서는 결함이 있어서 진정한 변증술 사상가라면 사물의 감각적 외양과 마찬가지로 제쳐놓아야 한다는 것이다. 이데아를 직관하는 순수한 사유dianoia는 영혼들 사이의 대화이기 때문에 ‘소리 없는 말aneu phōnēs’이라는 것이다. 로고스는 그런 사유에서 발원하여 ‘입을 통해 표현되는 술어rheuma dia tou stomatos mata phthongou’라 일컬어진다.[352] 감각적인 소리로 표현되는 것은 고유한 진리치를 가질 수 없다고 단언하는 것이다. 하지만 사유의 과정이 영혼들의 대화로 간주된다면 그러한 사유 자체가 언어의 구속을 받는다는 것은 의문의 여지가 없다. 『제7서한』에서 이 문제에 관해 언급하는 대목은 인식의 변증법이라는 맥락, 다시 말해 인식의 전 과정이 동일자das Eine, auto의 운동 속에 편입되어 있다는 맥락에서이다. 사유가 언어의 구속을 받는다는 것을 인정하긴 하지만 그 진정한 의미가 무엇인지는 해명되지 않는 것이다. 플라톤의 사유에서 언어의 문제는 인식의

한 계기일 뿐이며, 언어를 포함한 인식의 계기들은 인식이 추구하는 사물 그 자체에 의해서만 변증법적 과정의 잠정적 계기로 드러날 뿐이다. 결론적으로 말하면 플라톤은 이데아를 발견함으로써 언어의 고유한 본질을 더욱 철저히 은폐한다. 그것은 예컨대 소피스트 이론가들이 언어의 사용과 남용을 통해 언어 자체의 기술techné을 발전시켰던 것보다 더욱 철저한 은폐인 셈이다.

어떻든 플라톤이 변증법을 미리 암시하면서 『크라튈로스』의 논의범위를 넘어서는 대목에서도 우리가 읽어낼 수 있는 플라톤의 언어관은 이미 살펴본 대로 언어는 도구라는 것이다. 다시 말해 언어는 사물 자체 혹은 원상原象Urbild을 본뜬 모상模像Abbild이요, 원상에 입각하여 모상을 만들어내고 평가하는 계기일 뿐이라는 것이다. 따라서 플라톤은 언어의 영역에서는 독자적인 인식의 기능을 인정하지 않지만, 언어의 영역을 초극해야 한다고 요구함으로써 결과적으로 사물에 부여된 이름의 '올바름' 여부에 관한 탐구를 가능케 하는 문제지평을 확보하는 셈이다.(이를테면 『제7서한』의 맥락에서) 플라톤은 이름의 자연스러운 타당성에 관해서는 전혀 인정하지 않음에도 불구하고 같은 맥락 안에서도 이름과 사물의 일치 여부를 이름의 타당성 여부를 가늠하는 척도로 고수한다. 모상과 원상이라는 모델은 플라톤에게서도 인식론적 문제das Noetische와의 모든 연관성을 사유할 수 있게 해주는 형이상학적 모델인 것이다. 수공업자의 기술이든 조물주의 기술이든, 웅변가의 기술이든 철학적 변증론자의 기술이든 간에, 모든 기술은 그 기술이 활용하는 매개체를 통해 이데아의 진정한 존재를 모상으로 드러내는 것이다. 어느 경우에든 원상과 모상 사이의 괴리apechei는—진정한 변증론자는 스스로의 힘으로 그 괴리를 극복하지만—상존한다. 진정한 발화의 요소는 말〔이름onoma인 동시에 술어rhēma로서의 말〕이며, 그 말은 곧 진리를 인식이 불가능할 만큼 완벽한 무에 가깝게 은폐하는 바로 그 말과 동일하다.[353]

이러한 논의배경을 염두에 두면서 『크라튈로스』에서 해명하고 있는 '이름의 올바름'에 관한 논쟁을 살펴보면, 여기서 다루는 학설들이 갑자기 플라톤 자신의 의도까지도 넘어서는 관심사로 부상한다는 것을 알 수 있다. 플라톤은 소크라테스의 견해에 따라 두 가지 학설을 모두 기각하지만, 실제로는 그 두 가지 학설에 잠복해 있는 진리치를 온전히 다루지는 않기 때문이다. 관습주의 학설은 말의 '올바름' 문제를 명명법의 문제로, 다시 말해 사물에 이름을 부여하는 문제로 환원해서 본다. 그런 관점에서 보면 이름이라는 것은 객관적 인식과는 무관하다. 그런데 소크라테스는 참된 로고스와 거짓된 로고스의 구별을 근거로 삼아 로고스의 구성요소인 이름onomata에 관해서도 참과 거짓의 구별을 적용하며, 같은 맥락에서 명명법 역시 발화를 통한 존재ousia의 드러냄이라는 맥락과 연결시킨다. 이런 방식으로 소크라테스는 관습주의 학설의 옹호자들을 논파한다.[354] 이것은 관습주의 학설의 논지와는 도저히 합치될 수 없는 주장이어서, 역으로 소크라테스의 논거를 되받아서 참된 이름과 올바른 명명법을 뒷받침해주는 말의 '자연스러운 본성'을 얼마든지 연역해낼 수 있다. 그러한 의도를 가지고 이름의 '올바름' 문제를 논하기로 작정하면 용어상의 혼란과 터무니없는 결론들을 이끌어낼 수도 있다는 것은 소크라테스 자신도 시인했다. 그런데 말이 자연발생적으로 생겨난 것이라고 보는 반대학설을 다룰 때도 마찬가지로 미묘한 문제가 발생한다. 어떤 발언의 유래가 되는 말이 참된 것임을 근거로 내세워서 그 발언이 참된 것이라고 추론하는 것은 추론의 오류라고―이에 관한 사실적 논증은 『소피스트Sophistes』에서 찾아볼 수 있다―자연발생론을 논박할 수 있다고 기대하지만, 그런 논리 자체도 착각일 뿐이다. 오히려 이 문제는 '자연발생론Natur-Theorie'에서 상정하는 원칙적 전제의 테두리 안에서만 논의할 때 설득력이 있다. 다시 말해 유사성 이론에 초점을 맞춰 논할 때만 유사성 이론 자체를 점진적 제한을 통해 논파할 수 있다. 말하자면 이름의 '올바름'이 실제로 사물 자체와 합치되는 올바른 명명에 근거한다 하더라도, 그런 정합성을 가늠할 때 늘 그렇듯이 정합성의 정도와 수준을 따져보아야 하는 것이다. 그렇게 볼 때 사물에 부여한 이름이 '어느 정도까지는' 사물과 합치되고 사물의 '유형typos'까지는 올바르게 모사하여 그 사물을 나타내는 말로서 쓸모가 있다고 생각해볼 수 있다.[355] 그렇지만 이런 정황을 계속 용인하려면 상당한 인내심이 필요하다. 예컨대 사물 자체와는 전혀 발음의 유사성이 없는 낱말도 관습과 합의에 의해 이해해야만 할 것이고, 그렇게 되면 유사성의 원칙 전체가 흔들리게 되며 가령 숫자를 나타내는 말들은 유사성 원칙에 정면으로 위배될 것이기 때문이다. 숫자라는 것은 가시적이고 가변적인 세계에 속하는 것이 아니기 때문에 말과 사물의 유사성이 성립될 수 없으며, 따라서 오로지 관습적 합의의 원칙에 의해서만 통용될 수 있는 것이다.

이처럼 자연발생론Physei-Theorie을 포기할 때는 관습주의 학설과 절충할 여지가 매우 커보이는데, 가령 유사성 이론으로 설명할 수 없을 때는 관습주의 원칙으로 보완할 수도 있을 법하다. 플라톤은 유사성 원칙이 비록 구체적으로 적용할 때는 상당히 느슨해질 수밖에 없지만 그래도 비교적 합리적이라고 생각하는 듯하다. 구체적인 언어생활에서 실제로 말의 정합성을 판단하는 기준이 되는 관습은 필요에 따라 유사성 원칙을 활용할 수도 있겠지만, 그렇다고 유사성 원칙에 구애받지는 않는다.[356] 이러한 절충은 매우 소극적 관점이라 할 수 있다. 하지만 여기에는 말이 실질적 인식을 담보하지는 않는다는 원칙적 전제가 깔려 있다. 그런데 이러한 절충적 결론은 말의 차원과 말의 정합성에 관한 문제를 넘어서 사물 자체에 대한 인식의 문제로 이월된다. 바로 이것이 플라톤의 유일한 관심사라는 것도 분명하다.

그렇지만 크라튈로스에 대한 소크라테스의 반론은 이름찾기와 이름짓기의 도식을 고수함으로써 일련의 통찰을 억누르는 결과를 초래한다. 말이 사물에 대한 깨우침과 분별을 가능하게 해주는 도구이며 따라서 어느 정도는 존재와 합치될 수 있는 존재자라는 것을, 말의 본질에 관한 질문은 이미 기정사실로 전제한다. 사실 이러한 전제는 의문의 여지가 없지 않다. 규명해야 할 실체인 사물과 관련이 있다고 해서 곧 그 사물의 의미가 드러날 수 있다고 보기 때문이다. 말은 어떤 사물을 드러낼 때, 다시 말해 사물의 미메시스mimēsis일 때 참이라 할 수 있다. 여기서 미메시스라는 것은 가시적 현상이나 소리를 모방하는 식으로 그대로 모방한다는 의미에서의 모방적 재현이 아니라, '존재하다einai'라는 말에 값하는 '존재ousia'이며, 그 존재는 말을 통해 드러나야만 한다. 그런데 이런 의미에서의 재현을 나타내는 개념으로 대화에서 사용되는 '모방mimēma'이라든가 '있는 그대로 보여줌dēlōma' 등의 개념이 과연 적합한가 하는 문제는 더 따져볼 필요가 있다.

말이 어떤 대상을 그 실상에 부합하게 명명하고 그 대상을 지시하는 의미를 지닌다고 해서 반드시 대상의 모사模寫 Abbildung란 법은 없다. 확실히 모방의 본질은 말 자체가 표현하는 것과는 다른 어떤 대상을 표현한다는 데 있을 것이다. 따라서 아무리 '있는 그대로'를 재현하는 단순한 모방이라 하더라도 원본과 모방 사이의 존재의 괴리를 성찰할 수 있는 잠재적 가능성이 상존한다. 그런데 단순 모방이 대상을 어느 정도 유사하게 재현할 수 있다면, 말은 그런 유사성의 기준으로는 가늠할 수 없을 만큼 훨씬 내밀하고 정신적인 방식으로 사물을 명명한다. 크라틸로스가 그러한 모방설을 비판하는 것은 전적으로 옳다. 또한 말이 말로서 성립되려면 '올바른' 말이어야 하고 '적재적소'에 쓰여야 한다고 한 것도 전적으로 옳다. 그렇지 못하면, 즉 말이 아무런 의미도 없으면, 그것은 '울리는 징'에 불과한 것이다.[357] 그렇게 되면 '틀린' 말이라고 하는 것도 아무런 의미가 없다.

물론 어떤 사람을 혼동해서 이름을 잘못 부를 수도 있고 사물을 오인하여 '정확한 말'을 구사하지 못할 수도 있다. 하지만 그런 경우에는 말 자체가 틀린 것이 아니라 말의 쓰임새가 잘못된 것이다. 그말이 적용된 대상에는 어울리지 않게 사용된 것이다. 그런 말은 원래 다른 대상을 가리켜야 하고, 그렇게 쓰이면 옳은 말이다. 외국어를 배우면서 모르는 단어의 의미를 익히는 사람은 그 단어들이 사전에서 설명하는 어법대로 올바른 의미를 갖는다고 전제한다. 물론 단어의 의미를 혼동할 수도 있지만, 그런 경우에도 '올바른' 단어를 잘못 사용하는 것일 뿐이다. 그렇게 볼 때 말의 가시적 표현과 그 의미 사이의 관계가 단지 감각적인 것이 아니고 양자 사이에 전혀 괴리가 없다면 말의 절대적 완벽함을 상정해볼 수도 있다. 만약 그런 가정이 성립된다면 크라튈로스가 굳이 모상의 도식에 얽매여 수세에 몰릴 이유도 없을 것이다. 모상이라는 것은 원상Urbild의 단순모방이 아니면서도 원상에 가까운 것이다. 다시 말해 원상과는 다른 어떤 존재이면서 그 불완전한 유사성을 통해 다른 어떤 대상을 가리킨다. 그런데 이것은 말과 그 의미의 관계에는 들어맞지 않는다. 그런 점에서 그것은 마치 어둠에 가려져 있던 진리가 한순간 섬광처럼 번쩍이는 형국이다. 소크라테스가—그림zōa과는 달리—말은 사물을 올바르게 표현할 뿐 아니라 참된 것alēthē일 수도 있다고 인정한 것은 그런 맥락에서이다.[358] 물론 말의 '참됨Wahrheit'은 말의 정확성, 다시 말해 말이 정확하게 사물을 지시하는 것과는 다른 차원의 문제이다. 말의 참됨은 오히려 말의 완벽한 정신성, 다시 말해 말이 언표될 때 그 의미가 온전히 드러나는 데서 찾아야 한다. 이런 의미에서 보면 모든 말은 '참된wahr' 것이다. 다시 말해 말의 존재는 그 의미 속에 해소된다. 반면 모상은 정도의 차이는 있어도 그저 유사할 뿐이며, 그런 점에서—사물의 외양에 비추어보면—사물을 어느 정도 정확하게 재현하는가 하는 차원에 머물 뿐이다.

플라톤이 늘 그러하듯 소크라테스가 자신이 논박하는 대상에 대해 그토록 맹목적인 데는 그럴 만한 이유가 있다. 크라튈로스는 말의 의미가 쉽게 해당 사물과 동일시될 수 없다는 것을 분명히 자각하지 못했다. 더구나 로고스와 담화Reden와 발화Sprechen, 그리고 그것을 통한 사물의 드러남이 말에 내재하는 의미의 개진과는 다른 차원의 것이며, 바로 그런 점에서 올바른 것, 참된 것을 전달하는 언어의 고유한 가능성이 발휘될 수 있다는 것은 더더욱 자각하지 못했다. 플라톤의 스승 소크라테스가 더 우위에 있다고 할 수 있는 것은 그 때문이다. 이처럼 말에 내재하는 진리의 가능성(그 반대의 가능성, 즉 오류의 가능성도 말의 본질에 속한다)을 간과함으로써 말의 소피스트적 남용이 생겨난다. 로고스가 사물의 재현과 드러남으로 이해되고 말의 진리탐구 기능이 개별 낱말들의 의미기능과 원칙적으로 구별되지 않으면, 언어의 고유한 속성인 혼란의 가능성이 활짝 열린다. 그렇게 되면 말로써 사물을 소유한다는 주장도 가능해지는 것이다. 그러면 말에 의지하는 것이 곧 인식에 이르는 정당한 경로가 된다. 하지만 그 반대의 경우도 가능하다. 만약 우리가 어떤 인식을 갖고 있다면 말의 진리는 낱말들과 그 구성요소들의 진리로 설명될 수 있다. 또한 이 낱말들의 '정확성', 즉 해당 사물과의 자연스러운 정합성을 전제하듯이, 마찬가지로 그 낱말의 구성요소들, 즉 문자들 역시 사물에 대한 모방기능으로 설명할 수 있을 것이다. 소크라테스는 이런 결론으로 상대방을 궁지에 몰아넣는다.

그런데 이 모든 논의에서 간과되는 사실은 사물의 진리는 발화를 통해, 다시 말해 사물에 관한 통일된 견해의 표명을 통해 구현되는 것이지 결코 개별 단어에서—한 언어의 어휘 전체에서도—구현되는 것이 아니라는 점이다. 크라튈로스가 이것을 혼동하기 때문에 소크라테스는 말의 진실성, 즉 유의미성에 관해서는 너무나 정확하게 보고 있는 크라튈로스의 반론을 논파할 수 있다. 소크라테스는 말의 사용, 즉 발화 내지 로고스가 참일 수도 있고 거짓일 수도 있다는 사실을 말의 사용을 비판하는 논거로 제시한다. 이름 혹은 말은 그것이 참되게 사용되는가 아니면 거짓되게 사용되는가에 따라—다시 말해 존재자에 합당한 맥락에서 사용되는가 여부에 따라—참일 수도 있고 거짓일 수도 있다. 그런데 그런 맥락을 판단하는 것은 더이상 말의 몫이 아니라 로고스의 몫이며, 로고스를 통해 적절히 표현될 수 있다. 예컨대 누군가를 '소크라테스'라고 부른다는 것은 그가 소크라테스라고 불리우는 맥락을 전제하는 것이다.

로고스의 몫인 그러한 맥락의 문제는 단지 말과 사물의 일치 여부보다 더 높은 차원의 문제이다. 그러한 일치 여부의 문제는 결국 엘레아학파의 존재론과 상통하는 것으로, 모방이론의 전제가 된다. 로고스에 함축되어 있는 진리는 단지 지각noein만도 아니고 존재의 현상적 드러남도 아니며, 어떤 관점에 따라 파악되어서 뭔가를 인정받은 존재 자체이다. 진리를(또한 오류를) 담보하는 것은 말이 아니라 로고스이다. 그 필연적인 결과로, 로고스가 사물들을 배치하고 해석하는 이러한 관계구조에서 말의 표현이 분명한가 하는 문제와 언어의 제약 문제는 극히 부차적일 뿐이다. 인식론적 문제의 고유한 패러다임은 말이 아니라 숫자라는 것을 우리는 익히 알고 있다. 알다시피 숫자에 이름을 붙이는 것은 순전히 관습일 뿐이며, 숫자의 '정확성'은 각각의 숫자가 일정한 순서에 따라 제 위치를 차지하는 데 있다. 따라서 숫자라는 것은 순전히 지성의 산물이다. 그렇다고 그 존재근거가 약화된다는 뜻이 아니라 완벽하게 이성으로 가늠할 수 있다는 의미에서 그러하다. 『크라튈로스』에서 추론할 수 있는 진짜 결론은 바로 이것이다. 그리고 이 결론에서 다시 엄청나게 풍부한 결실을 가져올 하나의 새로운 결론을 이끌어낼 수 있는데, 바로 그 결론이 실제로 『크라튈로스』 이후 언어에 관한 모든 사고에 영향을 미친다.

로고스의 영역이 인식론적 문제의 영역을 그 다양한 맥락 속에서 제시해 보인다면 말이라는 것은 숫자와 마찬가지로 이미 인식되고 잘 정의된 존재를 나타내는 한낱 기호Zeichen에 불과할 것이다. 이것은 원칙적으로 문제를 거꾸로 제기하는 것이다. 이제는 사물을 준거로 삼아 말의 존재 내지 매개적 존재Mittelsein에 관해 묻는 것이 아니라, 말을 수단으로 삼아 과연 말이 무엇을 어떻게 말의 사용자에게 전달해주는가를 묻는 것이다. 기호의 본질은 어떤 기능으로 사용될 때만 존속할 수 있다는 것이다. 또한 기호의 쓰임새는 다른 무엇을 지시할 때만 유지될 수 있다. 따라서 기호가 본래의 사물적 속성을 지양하고 의미로 해소되기 위해서는—그렇게 되면 기호로서는 사라지는 것이지만—기호로서 받아들여지고 사용되는 환경에서 벗어나 기호로서의 기능을 탈피해야만 한다. 그것은 곧 기호의 지시적 기능 자체의 추상화를 뜻한다.

따라서 기호라는 것은 독자적 내용을 실현할 수 있는 무엇이 아니다. 기호는 심지어 그 지시대상과 유사할 필요도 없으며, 설령 유사하다 하더라도 도식적 유사성일 뿐이다. 바꾸어 말하면 일체의 가시적인 독자적 내용은 지시적 기능을 보조할 수 있는 최소한으로 축소된다는 뜻이다. 기호의 지시적 의미가 명확할수록 기호는 순전히 기호일 뿐이다. 다시 말해 기호의 효용은 어떤 맥락에서 지시적 기능을 수행하는 것으로 소진된다. 이를테면 문자기호는 특정한 소리를 가리키고, 숫자기호는 특정한 숫자를 가리키는 방식이 그러하다. 이런 기호들은 모든 기호 중에서도 가장 정신적인 것이라 할 수 있다. 그 기호들은 지시체계 안에서 오로지 기호의 효용만 갖기 때문이다. 배지, 휘장, 부호, 표식 등은 기호로 간주되고 지시적 기능으로 추상화될 수 있다는 측면에서 보면 정신적 특성을 갖는다 할 수 있다. 다만 이 경우 기호의 존립근거는 다소 차이가 난다. 다시 말해 기호의 구실을 하는 사물로서 일단 그 자체로 존립하고 독자적 의미를 가지는 동시에 기호로서 통용되기도 하는 것이다. 이런 경우에는 기호적 의미가 그 기호를 받아들이는 주체와의 관련 속에서만 성립될 수 있다. "기호가 자체 내에 절대적 의미를 갖고 있지는 않다. 다시 말해 주체가 그 기호 속으로 지양된 것은 아니다."[359] 그런 기호는 여전히 직접적 존재자이다. 그것은 다른 존재자와의 상호관계 속에서만 존립할 수 있다. 문자기호조차도 예컨대 장식적 맥락에서 사용될 때만 장식적 가치를 지니며, 그 직접적 존재에 근거하여 비로소 지시적 기능을 갖고 이념적인 것이 된다. 그런 기호의 존재와 의미 사이의 차이는 절대적인 것이다.

그 반대의 극단적 사례인 모상Abbild의 경우에는 사정이 다르다. 모상 역시 그 존재와 의미 사이의 모순을 내포하는 것은 분명하지만, 모상은 그 자체에 내재하는 유사성에 힘입어 그러한 모순을 자체적으로 지양한다. 모상은 그것을 기호로 받아들이는 주체에 의해 지시적 기능 내지 재현적 기능을 확보하는 것이 아니라 그 자체의 내용에 근거하여 지시적 기능을 확보한다. 모상은 한낱 기호가 아닌 것이다. 모상은 모사의 대상 자체를 표현하고 지속적으로 존속하게 하며 생생하게 보여준다. 바로 그렇기 때문에 모상은 그 유사성에 입각하여—다시 말해 직접 현존하지 않는 대상이 과연 얼마나 생생하게 드러날 수 있는가에 따라—평가된다.

말이라는 것은 '순수한 기호'에 불과하지 않은가, 혹은 '이미지Bild' 같은 것이 아니겠는가 하는 의문은 당연해보이지만『크라튈로스』는 그러한 의문을 원천적으로 무효화한다. 말이 모상이라는 가설이 자가당착으로 판명된 상황에서는 말이 곧 기호라는 주장이 유일한 가설로 통용될 공산이 크다.『크라튈로스』에서도 부정적 논의 과정을 거쳐—비록 명시적으로 구별하지는 않지만—결국 그런 결론이 제시된다. 하지만 그러한 인식은 지성계die intelligible Sphäre의 영역으로 추방되는 방식으로 봉인되고 만다. 그런 연유로 언어에 관한 모든 성찰에서 이미지eikōn 개념은 기호sēmeion, sēmainon 개념으로 대체된다. 이것은 단지 용어상의 변화가 아니고, 언어에 관한 사유 자체의 획기적인 판단 변화를 드러낸다.[360] 사물의 진정한 존재는 '이름 없이' 탐구되어야 한다는 주장은, 말 자체의 고유한 실상은 진리에 접근하는 통로를 보여주지 않는다는 인식을 전제로 한다. 비록 모든 탐구와 문제제기와 답변, 가르침과 구별은 당연히 말이라는 수단을 통하지 않고서는 이루어질 수 없지만 말이다. 바꾸어 말하면 사고를 위해서는 말이 필수불가결하지만, 말이라는 것은 단지 지시대상과 생각과 사물을 드러내는 기호로만 간주될 뿐이고, 말은 사물 자체에 비하면 극히 부차적인 위치로 밀려난다는 뜻이다. 말이라는 것은 소리를 매개로 뜻하는 바를 드러내고ekphrein 로고스를 전달하는logos prophorikos 수단일 뿐이다. 따라서 분명한 의미를 전달하는 지시체계로 구성되는 이상적인 기호체계에서는 구체적인 역사언어에서 우발적인 변수로 표출될 수 있는 말의 위력dynamis tōn onomatōn을 어법이 혼탁해진 것이라고 간주하는 것도 당연하다. 바로 그것이 보편문자characteristica universalis*의 이상이다.

18세기와 20세기 계몽정신의 이상은 언어가 기호라는 도구로서 목적에 합당하게 기능하는 범위를 넘어서는 것을 차단하고자 하며, 명확하게 정의된 인위적인 상징체계를 통해 언어의 자기극복을 추구한다. 이것은 사실상 이상적인 언어를 상정하는 것이다. 그러한 언어의 이상은 인식할 수 있는 모든 것, 존재 자체가 절대적으로 언어를 통해 장악될 수 있는 대상이라고 상정하기 때문이다. 그렇기 때문에 그러한 수학적 기호언어가 그 기호언어의 관습을 설명해주는 또다른 언어 없이는 생각조차 할 수 없을 거라는 당연한 문제제기도 용납되지 않는다. 이러한 '메타언어'의 문제는 무한한 반복과정을 거치기 때문에 풀기 어려운 난제로 보인다. 하지만 그러한 반복과정이 무한하다고 해서 그러한 과정을 통해 도달하려는 이상의 원칙적 정당성이 무효화되는 것은 아니다.

또한 학술용어는 활용하기 좋은 장점이 많지만 학술용어가 형성되기까지는 모두 그런 과정을 거친다는 것도 인정하지 않을 수 없다. 전문용어Terminus란 도대체 무엇인가? 전문용어란 개념으로 정의되어서 그 뜻이 명확하게 제한되어 있는 말을 가리킨다. 말 자체가

＊라이프니츠가 보편적인 과학용어를 자연에 상응하는 보편적인 기호체계로 통일시켜야 한다고 생각했던 '보편문자'를 말한다.

인위적으로 만들어졌든 아니면—이 경우가 더 빈번하지만—이미 사용되던 말이 여러 가지 다양한 의미들을 걸러내고 특정한 개념적 의미로 고정되었든 간에, 전문용어라는 것은 언제나 인위적이다. 빌헬름 폰 훔볼트가 올바르게 통찰했듯이[361] 어느 정도 유동적인 의미를 갖게 마련인 구어口語의 풍성함에 비하면 전문용어는 경직된 말이다. 그런 점에서는 어떤 말을 전문용어로 사용한다는 것은 곧 언어에 대한 일종의 폭력이다. 그렇지만 논리연산에서 사용되는 순수한 기호언어와 달리 전문용어의 사용은 (비록 외래어의 형태로 사용하는 경우가 잦긴 하지만) 그나마 언어생활 속에 녹아들어 있다. 순전히 전문용어로만 말을 하는 경우는 있을 수 없으며, 언어의 본성에 어긋나게 인위적으로 만들어진 인공적 표현이 (현대 광고언어의 인공적 표현도 그런 경우에 해당되는데) 언어생활 속에 다시 정착되는 것도 아니다. 그것을 방증하는 사례로 예컨대 전문용어를 가지고 구별하려고 해도 정작 실생활의 어법에 의해 그러한 구별이 무효화되기도 한다는 사실을 들 수 있겠다. 그것은 전문용어 역시 언어의 요구에 순응해야 한다는 것을 뜻한다. 예컨대 신칸트학파에서 '초월적transzendent'이라는 용어를 '선험적transzendental'이라는 용어로 잘못 사용한다고 아무리 고식적으로 비난해도 아무런 소용이 없다. 또한 '이데올로기'라는 용어는 원래 논쟁적이고 도구주의적 특색이 강한 말이지만 실정적 교리학positive Dogmatik에서 도입한 다른 의미로 널리 유포되었던 것이다. 따라서 학술문헌을 해석하더라도 언제나 어떤 말이 전문용어로 사용되는 동시에 비교적 느슨한 어법으로 사용되기도 한다는 점을 염두에 두어야 한다.[362] 고대 텍스트의 현대적 해석자들은 이 점을 곧잘 무시하는데, 그것은 개념어가 현대의 학술어로 사용될 때는 아직 외래어나 인공언어를 거의 모르던 고대에 비해 더 인위적이고 더 고착되어 있기 때문이다.

역사언어의 우발성과 개념적 불확정성을 극복해야 한다는 원칙은 수학적 상징체계를 통해서만 실현될 수 있을 것이다. 라이프니츠는 그처럼 철저한 기호체계의 조합을 통해 수학적 확실성에 기초한 새로운 진리들을 확보할 수 있다고 생각했는데, 그러한 기호체계를 통해 모사된 질서ordo는 모든 언어에서 똑같이 적용될 수 있다고 보았기 때문이다.363 그러한 보편문자가 일종의 '발견술ars inveniendi'이 되어야 한다는 라이프니츠의 요청은 확실히 상징체계의 인위적 구성에 기초한 것이다. 그러한 발견술은 수학적 조합체계의 형식적 법칙성들로 구성된 상관관계를 발견하여 수학적 연산을 가능하게 한다. 그리고 그러한 수학적 연산은 실제로 그에 상응하는 사물의 연관성을 경험적으로 확인할 수 있는가 여부와는 무관하게 구현된다. 그와 같이 가능성의 세계를 미리 사고로 구현함으로써 사변적 이성 자체는 절대적 완벽함에 도달한다. 인간의 이성이 도달할 수 있는 가장 완벽한 인식은 다름 아닌 수학적 인식notitia numerorum이며,364 이러한 수학적 인식을 모델로 하여 모든 연산이 이루어진다. 그렇지만 보편적으로 타당한 사실은, 인간의 불완전함 때문에 수학적 인식과 맞아떨어지는 인식은 원천적으로 불가능하며 따라서 경험이 불가결한 요건이 된다는 것이다. 수학적 상징체계를 통해 인식이 명징해지는 것은 아니다. 상징이라는 것은 경험적 직관의 대상이 아니기 때문이다. 따라서 상징이 현실적 인식을 대체하면서 실현가능성을 참칭할 경우 수학적 인식의 완벽함에 맞춘 인식은 '맹목적'인 것이 된다.

그렇게 보면 라이프니츠가 추구하는 언어의 이상은 이성의 '언어'이다. 다시 말해 '가장 근본적인' 개념들에서 출발하여 참된 개념들의 온전한 체계를 발전시키고 신적 이성과 마찬가지로 모든 존재자의 모사를 가능케 한다고 간주되는 '개념의 분석analysis notionum'에 해당된다.365 조물주가 모든 가능성 중에서도 최선의 가능성을 산출하여 그러한 계산에 따라 이 세계가 창조되었다고 보는 생각은 이와 같은 방식으로 인간정신에 의해 사후적으로 연산이 되는 것이다.

이러한 이상에서 실제로 분명히 드러나는 것은 언어라는 것이 대상세계 전체를 지시하는 단순한 기호체계와는 다르다는 것이다. 말은 단지 기호인 것만은 아니다. 언어라는 것은 뭐라고 꼬집어서 말하긴 어렵지만 모상과 비슷한 어떤 것이다. 그 반대의 극단에 해당되는 순수한 인공언어를 생각해보면 그러한 이상적 언어이론에도 나름의 일리가 있다는 것을 알 수 있다. 말이라는 것은 불가사의한 방식으로 '모사된 대상das Abgebildete'과 결부되어 있으며 모사된 대상의 존재에 귀속된다. 이것은 언어의 기본원리가 그렇다는 뜻이며, 언어의 형성과정에 미메시스적 요소도 어느 정도 작용한다는 부차적인 의미가 아니다. 이러한 원칙에는 이론의 여지가 없다. 이미 플라톤 역시 확실히 언어가 존재의 매개자라는 생각을 했었다. 오늘날 언어학 역시 말의 형성과정에서 소리를 묘사하는 표현이 일정한 기능을 한다고 보는 점에서는 그런 생각을 공유한다. 그렇지만 언어학에서는 원칙적으로 언어가 사유의 대상인 존재 자체와는 완전히 분리되어 있으며 주관성의 도구라고 본다. 다시 말해 추상의 방향으로 언어를 사고하며, 그러한 추상의 종착점은 인공언어의 합리적 구성이다.

내가 보기에 그러한 사고방식은 언어의 본질에서 멀어지는 방향으로 나아간다.[366] 언어는 사물에 대한 사고와 불가분의 관계에 있다. 따라서 진리의 체계를 미리 주어져 있는 존재의 가능성들로 이루어진 체계로 간주하여 기호의 질서에 편입시키고, 그 기호들을 탐색하는 주체가 미리 주어진 존재의 가능성들을 활용할 수 있다고 보는 것은 어디까지나 추상일 뿐이다. 말은 마음대로 활용할 수 있는 기호도 아니고, 임의로 만들어내어 타인에게 양도할 수 있는 기호도 아니며, 남이 주는 대로 받아서 이상적인 의미를 부여하고 다른 존재자를 드러내보일 수 있는 그런 사물도 아니다. 그런 생각은 이중의 오류를 범하는 것이다. 오히려 이상적인 의미는 말 자체 속에 들어 있다. 말 자체가 이미 의미인 것이다. 그렇지만 다른 한편으로 생각하면 말이 존재자의 모든 경험에 선행하는 것도 아니고, 이미 완료된 경험을 자기 것으로 귀속시켜서 기존의 경험에 외적으로 부가되는 것도 아니다. 경험 자체는 말 없어도 성립되며, 그런 연후에 말로 명명됨으로써 말의 보편성으로 파악되고 성찰의 대상이 된다. 오히려 경험 자체는 그 경험을 표현해줄 말을 필요로 하고 실제로 말로 표현된다. 사람들은 실제로 사물에 부합되는 적확한 말을 탐색하며, 그리하여 경험 자체가 말로 표현된다. 우리는 이것이 사물과 말의 단순한 모사관계를 뜻하지는 않는다는 입장을 고수하지만, 말은 사물의 유기적 일부이기 때문에 기호로서 사물의 질서에 사후적으로 귀속되는 것이 아니다. 우리는 앞에서 귀납법을 통해 개념이 형성되는 과정을 분석한 아리스토텔레스의 견해를 살펴보았는데, 그러한 견해는 우리의 입장을 뒷받침하는 하나의 방증이 될 수 있다. 물론 아리스토텔레스 자신은 개념의 형성을 조어과정이나 언어습득의 문제와 명시적으로 결부시키지는 않지만, 테미스티우스Themistius는 개념의 형성을 어린아이들의 언어습득 문제와 직결시켜서 알기 쉽게 설명한다.[367] 로고스는 그 정도로 언어와 긴밀히 결부된다.

고대 그리스 철학이 말과 사물, 언술과 사유의 이러한 긴밀한 관계를 인정하려 들지 않았던 것은 철학적 사유가—언어생활을 하는 인간의 생활환경과 직결되는—말과 사물의 긴밀한 관계에 얽매이기를 꺼려했기 때문일 것이다. "모든 언어 중에서도 가장 말이 많은 인간의 언어"(니체)는 인간의 사고를 너무나 압도하기 때문에 언어의 막강한 위력에서 벗어나는 것이 곧 철학의 절박한 관심사였던 것이다. 그리하여 그리스 철학자들은 일찍부터 사유를 미혹에 빠뜨리는 '이름onoma'을 퇴치하고자 했으며, 그 대신 언어 속에서 완성되는 이상을 견지했다. 그런 취지에서 이미 파르메니데스Parmenides는 사물의 진리를 로고스에서 찾고자 했으며, 특히 '담화Rede'를 존중한 플라톤의 방향전환 이후로는 그런 경향이 절대적이 되었다.

존재의 형식을 언술의 형식에 준하여 사고한 아리스토텔레스의 생각도 플라톤의 사고를 계승한 것이었다. 아리스토텔레스의 사고에서 본질eidos를 추구하는 정신이 곧 로고스의 핵심이었던 만큼 언어 자체의 존재는 혼란거리로 간주될 수밖에 없었고, 그 혼란을 제어하고 몰아내는 것이 사고의 중요한 과제가 되었다.『크라튈로스』에서 본격적으로 다루어지는 이름의 정확성에 대한 비판은 이미—이성의 기호체계를 이상화하는—근대의 도구주의적 언어이론을 예고하는 첫걸음이었다. 이미지와 기호 사이에서 궁지에 몰린 언어의 존재는 결국 순수한 기호체계에 편입되어 균질화되었다.

2) 언어와 말씀

그런데 고대 그리스의 사상이 아니면서 언어의 문제를 더 잘 다루어 서구의 사유에서 언어에 대한 망각을 극복할 단서를 제공해주는 사유가 존재한다. 그것은 기독교의 현현顯現 Inkarnation 사상이다. 현현은 말씀의 육화를 뜻하지는 않는다. 그러한 육화의 개념과 결부되어 있는 영혼에 관한 표상이나 신에 관한 표상은 기독교의 현현 개념과는 다르다.

플라톤이나 피타고라스의 철학에서 다루는 영혼과 육체의 관계나 영혼의 유전流轉에 관한 종교적 관념에 상응하는 영혼과 육체의 관계는 영혼이 육체와는 전혀 다르다고 상정한다. 영혼은 어떤 형태로 육화되어도 독자적 실체를 유지하며, 육체로부터의 해방은 영혼의 정화로, 즉 영혼의 참된 존재를 회복하는 것으로 간주된다. 신이 인간의 형상으로 현신한다고 보았던 점에서 고대 그리스의 종교는 매우 인간적이었지만, 그런 생각도 기독교의 현현 개념과는 전혀 무관하다. 고대 그리스 종교에서 신은 인간이 되는 것이 아니라 인간의 형상으로 인간에게 자신을 드러내며, 따라서 초인간적 형상을 온전히 유지한다. 반면 기독교의 가르침에서 신이 인간이 된다고 하는 것은 십자가에 못박힌 인간의 아들이 스스로 희생양의 역할을 떠맡는 것이며, 이로써 신과 인간의 관계는 또다른 신비가 되는데, 그러한 신·인 관계에 대한 신학적 해석은 삼위일체설로 나타난다.

기독교적 사유에서 현현의 문제는 말씀의 문제와 아주 긴밀하게 관련되어 있기 때문에 우리는 기독교적 사유의 이러한 핵심을 견지하고자 한다. 중세 기독교 사상이 가장 중요한 과제로 삼았던 삼위일체의 신비에 대한 해석의 문제는 이미 교부철학에서 논의되기 시작하여 마침내 스콜라철학 전성기에 아우구스티누스의 사상으로 체계화되면서 인간의 언어와 사유의 관계로 이어진다. 이와 관련하여 교리학은 무엇보다 요한복음 서장의 생각을 계승하는데, 중세 교리학이 그들의 고유한 신학적 과제를 해결하기 위해 주로 고대 그리스의 사고방법을 빌려오듯이 중세의 철학적 사유는 교리학을 통해 고대 그리스 사상은 알지 못했던 새로운 차원을 개척한다. 말씀이 살이 되고 이러한 현현을 통해 비로소 정신의 현실성이 완성된다면, 이를 통해 로고스는―그 자체로는 우주적인 잠재적 가능성을 뜻하는―정신성으로부터 벗어나게 된다. 구원사의 유일무이성에 힘입어 역사적 존재는 서구적 사유 속에 편입되고, 언어현상도 이상적인 의미 속에 침잠해 있던 상태에서 벗어나 철학적 성찰의 대상이 된다. 고대 그리스 철학의 로고스와는 달리 말씀은 오로지 인격적 의미에서만 사용되기 때문이다verbum properie dicitur personaliter tantum.[368]

여기서 인간의 언어는 간접적인 방식으로만 고려의 대상이 된다. 인간의 말과 대비되는 신의 말씀verbum dei이라는 신학적 문제, 다시 말해 성부와 성자의 통일성이 해명되어야 하는 것이다. 그런데 우리에게 결정적으로 중요한 것은 이러한 통일성의 신비가 언어현상에 투영되어 나타난다는 사실이다.

교부철학에서 현현의 신비에 관한 신학적 사변이 헬레니즘적 사유와 접맥되는 방식 자체가 이미 교부철학이 추구하는 새로운 차원을 분명히 드러낸다. 초기 교부철학은 내적 로고스logos endiathetos와 외적 로고스logos prophorikos라는 스토아학파의 개념을 활용하고자 했다.[369] 이러한 구별은 원래 스토아철학에서 세계를 구성하는 원리인 로고스를 단순한 외적 모방과 구별하기 위해 도입한 것이다.[370] 그런데 기독교 계시신앙에서는 그 반대방향의 사유가 특별한 중요성을 지니게 되었다. 내적 말씀과 외적 말씀의 유추관계, 즉 말씀이 소리로 현현되는 양상이 이제는 특별한 가치를 갖게 된 것이다.

태초에 천지창조는 하느님의 말씀을 통해 이루어졌다. 초기 교부철학자들은 천지창조에 관한 비非그리스적 사고를 그렇게 표현함으로써 언어의 기적을 말했다. 그런데 가장 중요한 구원의 역사로 하느님의 아들을 세상에 내려보낸 현현의 신비는 요한복음 서장에서 하느님의 말씀으로 서술되어 있다.

성서해석학은 말씀이 소리로 나오는 것을 하느님의 육화와 마찬가지로 기적이라고 해석한다. 이 두 경우 모두 문제가 되는 '변화'는 어떤 것이 다른 어떤 것으로 바뀌는 그런 변화가 아니다. 여기서 문제는 이전까지의 상태와 결별하는 것도 아니고, 내적 말씀이 외화됨으로 인해 줄어드는 것도 아니며, 내적 말씀이 사용되어 다른 상태로 변화하는 것도 아니다.[371] 이미 초창기부터 그리스적 사고를 받아들였던 성서해석학의 새로운 방향은 성부와 성자, 성령과 말씀의 통일성을 인식하는 것이었다. 그리고 기독교 교리학 말기에 와서는 말씀이 소리로 나오는 외화를 직접 끌어들이는 것을 배척했으며, 그것은 종속론Subordinationismus*을 배척하는 경향과 합치되는 것이었다. 그러한 결단에 근거하여 언어의 신비, 그리고 언어와 사

*2~3세기경 초기 기독교 교리학의 삼위일체론에서 하느님의 아들이 신적인 존재임을 인정하면서도 신에 종속된 존재라고 보았던 관점.

유의 관계를 철학적으로 새롭게 조명할 필요성이 제기되었다. 언어의 위대한 경이는 말씀이 육화되고 외적 존재로 드러난다는 사실이 아니라, 그렇게 드러나고 외화되어 표현되는 것 자체도 여전히 말씀이라는 사실에서 찾아야 한다. 말씀은 하느님과 함께하고 영원히 함께한다는 것, 바로 이것이 종속론을 거부하면서 당당히 득세한 교회의 가르침이며, 그런 입장에서는 언어의 문제도 사유의 극히 내적인 계기로 중시된다.

이 문제를 줄곧 탐구했던 아우구스티누스는 겉으로 드러나는 말씀, 즉 언어의 다양성과도 직결되는 이 문제를 명시적으로 폄하했다.[372] 외적 말씀, 내면적으로만 재현되는 외적 말씀은 특정한 언어에 얽매여 있다. 그렇지만 하느님의 말씀이 언어마다 다르게 표현될 수 있다는 사실은 단지 하느님의 말씀이 인간의 언어로는 참모습을 드러낼 수 없다는 것을 뜻할 따름이다. 아우구스티누스는 플라톤의 관점에서 감각적 현상을 완전히 폄하하면서 이렇게 말한다. "우리는 사물을 있는 그대로 말하지 않고 우리의 감각에 의해 눈에 보이거나 귀에 들릴 수 있게 말한다." 하지만 '참된' 말씀은 그러한 감각적 현상과는 무관하다는 것이다. '참된' 말씀은 겉으로 드러나는 것도 아니고 소리의 유사성으로 생각할 수 있는 것도 아니다. 따라서 이러한 내적 말씀은 하느님의 말씀을 비춰주는 거울이자 이미지다. 아우구스티누스와 스콜라철학자들이 삼위일체의 신비를 개념적으로 설명하기 위한 방편으로 말씀의 문제를 다룰 때 그들이 관심을 쏟는 주제는 오로지 내적 말씀, 마음속의 말씀, 그리고 그 말씀과 지성intelligentia의 관계이다.

이로써 언어의 본질과 관련된 아주 특정한 측면이 부각된다. 삼위일체의 신비는 언어의 기적에 투영된다. 사물을 있는 그대로 말하는 참된 말씀은 그 자체로는 아무것도 아니고 특별한 무엇이 되려고 하지도 않기 때문이다: '(언어는) 자신에 대해서는 아무것도 가지지 않는다. 대신에 어떤 것과 관련해서 탄생한 그 지식에 대한 전체를 갖는다nihil de suo habens, sed totum de illa scientia de qua nascitur.'* 말씀은 계시를 통해 존재한다. 바로 그것은 삼위일체의 신비에도 적용된다. 삼위일체의 신비에서도 중요한 것은 구세주가 지상에서 현신한 모습 자체가 아니라, 그의 완벽한 신성, 신과의 본질적 동일성이다. 이러한 본질적 동일성 속에서도 예수 그리스도의 고유한 인격적 존재를 사고하는 것이 곧 신학의 과제이다. 여기서는 인간의 척도로 유추하여 정신의 말씀을 참고하는 것이 문제의 이해에 도움이 될 것이다. 이것은 단순한 비유 이상의 문제이다. 왜냐하면 인간의 몫인 사유와 언술의 관계는 아무리 불완전하다 하더라도 삼위일체의 신성한 관계에 상응하기 때문이다. 정신의 내면적 말씀은 본질적으로 사유와 동일하고, 그것은 성자가 성부와 일체인 것과 같은 이치다.

그런데 이러한 논법은 이해할 수 없는 문제를 이해할 수 없는 방식으로 설명하는 것은 아닌가 하는 의문이 제기될 법하다. 사유의 내면적 대화로만 머물러 있고 겉으로 소리나지 않는 그런 말이 도대체 어떤 종류의 말인가? 그런 말이 대체 있기나 한 것일까? 우리의 모든 사고는 확실히 특정한 언어의 궤도 안에서 움직이는 것 아닌가? 우리가 어떤 언어로 말하고자 한다면 그 언어로 사고해야 하는 것은 너무 당연하지 않은가? 우리의 사고가 언어의 제약을 받는다 하더라도 이성은 자유를 확보한다. 그래서 인공적 기호언어를 고안하여 사용하기도 하고, 어떤 언어를 다른 언어로 번역할 줄도 안다. 그러한 시도는 뜻하는 바의 의미에 도달하기 위해 언어의 제약을 극복할 것을 전제로 한다. 그렇지만 이미 살펴보았듯이 언어의 제약을 극복하는 일 자체도 결국 언어적 차원에서 이루어진다. '이성의 언어'라는 것은 그 자체로는 언어가 아니다. 그렇다면 결코 언어의 제약을 뛰어넘을 수 없을진대 순수한 이성의 언어로 '내적

---

* 언어는 형식이므로 그 자체로는 내용을 갖지 않지만, 그럼에도 어떤 사태에 대한 앎을 온전히 표현할 수 있다는 뜻.

말씀'을 운위하는 것은 도대체 어떤 의미가 있단 말인가? 도대체 어떻게 해서 이성의 말—여기서는 '지성intellectus'을 '이성'으로 번역하기로 하겠다—이 현실적인 '말'이 될 수 있다는 것인가? 이성의 언어는 소리를 내는 실제언어도 아니고, 실제언어의 환영도 아니며, 실제언어에 의해 기호로써 표시되는 것, 즉 뜻하는 바와 생각하는 바 그 자체가 아닌가?

내적 말씀에 관한 학설은 삼위일체에 대한 신학적 해석을 유추를 통해 설명하기 때문에 여기서 신학적 문제 자체는 우리의 논의에 도움이 되지 않는다. 그렇다면 오히려 이 '내적 말씀'이 무엇인가를 그 자체로 따져볼 필요가 있겠다. 그것은 고대 그리스 철학자들이 말한 로고스도 아니고, 영혼을 동반하는 대화도 아니다. 오히려 '로고스'가 '이성'과 '말씀'을 통해 재현된다는 단순한 사실은, 스콜라철학이 그리스 형이상학을 수용하는 과정에서 언어의 제 현상을 그리스인들 자신보다도 훨씬 더 중요하게 강조했다는 것을 시사한다.

스콜라철학의 사고를 우리의 문제의식과 관련하여 생산적으로 재해석하고자 할 때 부닥치는 난관은, 고대 그리스 후기 철학의 사고를 부분적으로 차용하고 부분적으로는 변형하여 형성된 기독교의 언어관이 전성기 스콜라철학에서 아리스토텔레스의 철학을 수용하면서 다시금 그리스 고전철학의 로고스 개념에 근접했다는 사실에 기인한다. 그런 관점에서 토마스 아퀴나스Thomas Aquinas는 요한복음 서장에서 개진된 기독교 교리를 아리스토텔레스의 사상과 체계적으로 결합하고자 했다.[373] 특기할 만한 것은 토마스 아퀴나스가 언어의 다양성에 관해서는 거의 언급조차 하지 않는다는 사실이다. 아우구스티누스만 해도 이 문제를 논하긴 하지만, 그 역시 '내적 말씀'을 부각하기 위해 언어의 다양성에 관해서는 극히 제한적으로만 다룰 뿐이다.

토마스 아퀴나스는 '내적 말씀'에 관한 가르침을 자명한 것으

로 전제하며, 그런 전제하에 언어의 '외적 형태forma'와 '말씀verbum'
의 상관관계를 탐구한다.

　　그럼에도 토마스 아퀴나스 역시 로고스와 말씀의 완벽한 일치
를 상정하지는 않는다. 자신의 생각을 타인에게 전달하려면 부득불
말로 표현하지 않을 수 없지만, 그러한 언표 자체는 말씀이 역사하
는 사건이 아니다. 반면 말씀이 존재로 구현되는 것은 하나의 사건
이다. 내적 말씀은 외적으로 표현될 가능성과 관련이 있다. 정신적
으로 파악하는 말씀의 실질적 내용은 그것이 말로 언표될 가능성에
따라 정돈된다similitudo rei concepta in intellectu et ordinata ad manifestationem
vel ad se vel ad alterum. 그러니까 내적 말씀은 확실히 특정 언어와 결부
되지는 않는다. 그리고 내적 말씀은 기억에서 불러오는 말들을 떠
올려서 언표될 성질의 것이 아니라, 철저하게 사유과정을 거쳐서
인식된 실질적 내용이다. 이처럼 철저한 사유과정이 관건이라면 내
적 말씀 역시 구현의 과정을 거친다는 것을 인정할 수 있다. 내적 말
씀은 '구현과정per modum egredientis'을 거치는 것이다. 물론 그것은 외
적 언표가 아니라 사고이긴 하지만, 이처럼 스스로 말하는 과정을
통해 사고를 끝까지 밀고가는 것이다. 내적 말씀은 사고를 표현함
으로써 우리 인간의 논증적 오성의 유한한 한계를 닮게 된다. 인간
의 오성은 인식하는 바를 일거에 파악하지는 못하기 때문에 그때그
때 생각하는 바를 겉으로 표현하지 않을 수 없으며, 마치 자기 자신
과 대화하듯이 생각하는 바를 자신에게 드러내야만 한다. 이런 의
미에서 모든 사유는 자기 자신과의 대화이다.

　　그리스의 로고스 철학 역시 그 점을 인식하고 있었다. 플라톤
은 사유를 영혼의 내적 독백이라고 설명했고,[374] 그가 철학자들에
게 요구한 변증법적 사고의 무한성은 곧 우리 인간의 유한한 오성
이 논증적 사고를 거칠 수밖에 없음을 드러내는 것이다. 플라톤은
비록 '순수한 사유'를 촉구하긴 했지만, 그럼에도 근본적으로는 객
관적 사고를 위해서는 말과 로고스의 상호매개가 불가결하다고 인

정했다. 그런데 내적 말씀에 관한 가르침이 결국 인간적 사고와 언표의 논증적 성격을 가리키는 것에 다름 아니라면, 과연 어떻게 해서 '말씀'이 삼위일체설에서 말하는 신인神人의 사유과정과 유추관계에 있다는 것인가? 말씀에 대한 직관과 오성적 논증의 대립이 그러한 유추적 사유에 걸림돌이 되는 것은 아닌가? 그러한 직관적 사유의 '과정'과 논증적 사유의 '과정' 사이에서 과연 어떻게 공통점을 찾을 수 있다는 것인가?

삼위일체설에서 신과 인간의 상호관계에 시간의 계기가 틈입할 수 없다는 것은 사실이다. 그런데 인간의 논증적 사고는 시간 속에서 순차적으로 전개되는 것 같지만, 근본적으로 따지면 이것 역시 시간적 관계는 아니다. 인간의 사고가 이런저런 계기를 거쳐서 순차적으로 진행되기는 하지만, 그렇다고 해서 하나의 생각이 종결되고 또다른 생각이 시작되는 식으로 진행되지는 않는다. 단순히 상이한 생각들이 선후로 이어지는 방식으로 사고가 전개되지는 않는 것이다. 바꾸어 말하면 스스로의 생각 자체를 부단히 수정하면서 사고가 진행된다. 어떤 생각을 하다가 다시 다른 생각을 한다 하더라도 그것은 오히려 그러한 생각의 변화를 스스로 파악하고 있다는 뜻이다. 다시 말해 어떤 생각을 또다른 생각과 결합시킬 줄 안다는 뜻이다. 그렇게 보면 인간의 논증적 사고 역시 시간적 관계가 아니라 하나의 정신적 과정, 즉 지성의 끊임없는 흘러나옴emanatio intelltualis이다.

이러한 신플라톤주의적 개념을 원용하여 토마스 아퀴나스는 내적 말씀의 과정적 성격과 삼위일체설의 과정적 성격을 설명하고자 한다. 이로써 플라톤의 로고스 철학에는 애초에 존재하지 않았던 새로운 계기가 도입된다. 흘러나옴Emanation〔유출流出〕이라는 개념은 신플라톤주의에서 단지 마음이 충만해서 흘러넘치는 심적 움직임 이상의 어떤 의미를 지닌다. 그것은 만물의 시원을 가리키는 원천源泉의 이미지와 결부되어 있다.[375] 원천으로부터 샘솟는 것, 즉 유일자는 아무리 흘러나와도 결코 고갈되지도 않고 줄어들지도 않는다. 성부로부터 성자가 태어나는 것도 같은 이치다. 성자의 탄생으로 인해 성부의 존재가 소진되는 것이 아니라 오히려 더더욱 충만해지는 것이다. 이것은 또한 정신의 창의적 활동, 즉 자기 자신과 대화를 하면서 사유가 진행되는 과정에도 마찬가지로 해당된다. 정신활동은 그러면서도 온전히 자기 자신을 유지하는 것이다. 말씀과 정신의 성스러운 관계는 말씀이 부분적으로가 아니라 온전히 정신의 근원과 닿아 있다는 관점으로 설정될 수 있다. 마찬가지 이치로 우리의 논의 맥락에서 보면 어떤 하나의 말은 전적으로 또다른 말의 원천에서, 다시 말해 정신의 원천에서 생겨나는 것이다. 전제들에서 결론을 추론하는 것ut conclusio ex principiis도 그와 같은 이치로 설명된다. 그렇게 보면 사고의 전개과정 역시 결코 변화의 과정motus이 아니다. 다시 말해 잠재적 가능성이 현실성으로 이행하는 변화의 과정이 아니고, 현실성이 현실성으로 구현되는 과정('행위로부터 행위가 나오는 것ut actus ex actu')이다. 다시 말해 인식이 완결된 다음에—스콜라철학의 어법으로 말하면 정신의 형성이 개념적 인식species을 통해 완결된 다음에—말이 생겨나는 것이 아니라 말자체가 곧 인식의 완성과정이다. 그런 점에서 말은 곧 정신의 형성formatio과 동시적 사건이다.

그렇게 볼 때 말씀의 탄생은 삼위일체에 필적하는 사건으로 이해될 수 있다. 그것은—물론 생명을 점지하고 수태하는 파트너가 있는 것은 아니지만—실제로 창조행위이고 진정한 탄생인 것이다. 말이 탄생하기까지의 이러한 정신적 성격은 신학적 모델로 기능하는 데 결정적 의미를 갖는다. 신인神人의 삼위일체와 사고의 과정 사이에는 실제로 공통점이 있는 것이다.

그런데 우리의 논의 맥락에서 그러한 공통점보다 더 중요한 것은 신의 말씀과 인간의 말 사이의 차이점이다. 이 차이는 신학적 관점과도 완전히 합치된다. 내적 말씀에서 유추하여 해명되어야 할 삼위일체의 신비는 인간적 사고의 관점에서 보면 끝까지 불가해한 문제로 남는다. 신의 말씀에서 성령이 온전히 표현된다면, 그 말씀이 계기적 과정을 거쳐 실현된다는 것은 인간의 유추적 사고로는 근본적으로 이해할 수 없는 어떤 사태를 가리킨다. 성령은 그 자신을 인식함으로써 모든 존재자를 인식하며, 그렇게 보면 신의 말씀은 모든 것을 직관으로 통찰하고 창출하는 정신의 말씀이기도 하다. 정신활동은 신적 전지성全知性의 활동 속으로 해소되는 것이다. 따라서 창조행위도 현실적 과정이 아니라, 삼라만상의 질서를 시간의 도식에 따라 해석하는 것일 따름이다.[376] 말씀의 과정적 성격은 언어와 이해의 관계에 관한 우리의 문제의식에서 중요한 사안이다. 이 문제를 좀더 엄밀하게 파악하기 위해서는 신학적 문제와 합치되는 측면에만 계속 관심을 기울이지 말고 인간정신의 불완전성, 그리고 인간정신과 성령의 차이점에 주목할 필요가 있다. 이 문제에 관해서도 세 가지 차이점을 강조한 토마스 아퀴나스의 견해를 참고하고자 한다.

1. 첫번째 차이는 인간의 말은 실현되기 전까지는 잠재적 가능성에 머물러 있다는 것이다. 인간의 말은 일정한 형식으로 표현될 수 있지만, 그러기 전까지는 어떤 형식도 갖추지 못한 상태에 머물러 있다. 우리의 기억 속에서 어떤 생각이 떠오를 때 우리의 사고는 시작된다. 그렇다고 해서 기억이 손실되는 것은 아니라는 측면에서 보자면 이것 역시 흘러나옴Emanation의 일환이라 할 수 있다. 하지만 그렇게 떠오르는 생각 자체는 아직 완결된 생각은 아니다. 오히려 이제 막 사고의 운동이 시작되어서, 정신이 이리저리 분주하게 움직이고 이런저런 사항들을 고려하면서 탐구와 사색을 통해 완결된 생각을 표현하고자 애쓴다. 따라서 완결된 말은 사고 속에서 형성되며, 그런 점에서는 도구와 비슷하다. 그렇지만 완결된 생각의 표현으로 일단 말이 만들어지면 그 말을 가지고 다른 무엇을 만들어낼 수 있는 것은 아니다. 생각의 완성과 더불어 존재하는 말 속에는

그 말이 표현하는 사물 자체가 현존한다. 따라서 말은 본래 도구가 아니다. 이러한 사태를 토마스 아퀴나스는 멋진 비유로 설명했다. 말은 사물을 들여다볼 수 있는 거울과 같다는 것이다. 그런데 거울은 그 특성상 어떤 경우에도 해당 사물의 범위를 넘어서는 이미지를 보여주지는 않는다. 말 속에는 오직 하나의 특정한 사물만이 투영되고, 따라서 거울 전체가 그 사물의 모상similitudo만을 재현한다. 이러한 비유가 근사한 것은, 여기서 말은 사물의 완벽한 투영, 즉 사물의 표현으로 파악되며, 그 말을 탄생시킨 사고의 과정을 이미 모두 거쳐온 것으로 상정하기 때문이다. 그렇지만 성령에 관해서는 이러한 논리가 성립되지 않는다.

2. 성령과 달리 인간의 말은 그 본질상 불완전하다. 인간의 그 어떤 말도 인간정신을 완벽하게 표현하지는 못한다. 하지만 이미 거울의 비유가 말하듯이 그것은 본래 말 자체의 불완전함이 아니다. 사실 말은 정신이 생각하는 바를 완벽하게 재현한다. 오히려 문제는 인간정신의 불완전함이다. 인간정신은 결코 완벽한 각성상태를 유지할 수 없으며, 이런저런 생각으로 분산되어 있다. 정신의 이러한 본질적 불완전성으로 인하여 인간의 말은 신의 말씀처럼 유일무이한 상태로 표현되지 못하고 많은 말을 필요로 한다. 따라서 말의 다양성은 개별 낱말의 결함이 아니라—그런 차원의 결함이라면 정신이 뜻하는 바를 완벽하게 표현하지 못하는 결함을 얼마든지 교정할 수 있을 것이다—인간정신의 불완전함에 기인한다. 다시 말해 인간정신은 스스로 아는 바를 완벽하게 자각하지 못하며, 따라서 말의 다양성을 필요로 하는 것이다. 인간정신은 스스로 무엇을 아는지 온전히 알지 못한다.

3. 그것은 세번째 차이와 관련이 있다. 신은 말씀을 통해 자신의 본성과 실체를 다른 매개를 거치지 않고 직접 완벽하게 표출한다.

반면 인간의 사고와 사고를 완수하는 매개체인 말은 정신의 구현을 위한 단순한 계기일 뿐이다. 인간의 사고를 표현하는 말은 사물 자체를 인식의 목표로 추구하긴 하지만 사물을 전체로서 담아내지는 못한다. 그리하여 정신은 늘 새로운 구상을 향해 나아가고, 근본적으로 그 어떤 구상으로도 완결될 수 없다. 정신이 이처럼 완성에 도달할 수 없는 사태 이면의 긍정적 측면은, 정신의 진정한 불완전성으로 인해 정신은 늘 새로운 전개과정을 통해 자기 자신을 극복하고, 바로 그런 점에서 늘 새로운 사고를 향해 나아갈 수 있는 자유도 찾을 수 있다는 것이다.

말씀의 신학에서 우리에게 유익한 참고가 될 만한 것을 요약해보자면, 첫째로 이전까지의 분석에서는 거의 표현된 바 없고 스콜라철학에서도 거의 논의되지 않았지만 우리의 관심사인 해석학적 현상을 설명하는 데는 결정적 중요성을 갖는 하나의 관점을 확인할 수 있다. 삼위일체설에 입각한 현현의 신비는 자기 자신과의 대화와 사고의 내적 통일성을 담보하는데, 그러한 통일성은 정신의 내적 말씀이 반성적 행위를 통해 형성되지 않는다는 것을 내포한다. 뭔가를 사고하는 사람은 자기 자신과의 대화를 통해 자신이 말하고자 하는 바, 즉 사물 자체를 표현하고자 한다. 따라서 말을 만들어낼 때는 자신의 사고를 되돌아보게 된다. 말은 정신활동의 산물인 것이다. 정신은 사고를 끝까지 수행함으로써 자체적으로 계속 말을 형성해간다. 그렇지만 정신활동에서 생겨나는 여타의 산물과 달리 말은 온전히 정신적인 것 안에 머물러 있다. 그리하여 이러한 정신활동은 정신이 자기 자신과 관계를 맺는 것처럼 보이고, 자기 자신과의 대화는 반성적 사고인 것처럼 보인다. 그러나 사실은 그렇지 않다. 인간의 사고가 자기 자신에 대해 반성적 태도를 취하고 대상적으로 될 수 있는 것은 사고의 구조에 기인한다. 사고와 언표의 내적 통일성을 규정하는 말의 내면성은 반성적 사고를 거치지 않은 직접적인 '말'이 쉽게 오해받는 빌미를 제공한다. 사고를 하는 사람은 한

가지 생각에서 다른 생각으로 순차적으로 나아가지 않고, 사고에서 자기 자신과의 대화로 나아가지 않는다. 말은 사고로부터 자유로운 정신의 영역에서 생기는 것이 아니다. 그리하여 마치 말의 형성이 정신의 자기성찰로부터 이루어지는 것처럼 보인다. 그러나 실제로는 말의 형성과정에서 반성적 사고는 작용하지 않는다. 왜냐하면 말은 정신을 표현하는 것이 아니라 사물의 의미를 표현하기 때문이다. 따라서 말이 만들어지는 출발점은 정신을 충만하게 해주는 사물의 의미내용 자체이다. 자신을 표현하고자 하는 사고는 정신에 의지하는 것이 아니라 사물 자체에 의지한다. 그렇게 보면 말은 정신의 표현이 아니고 사물의 모상模像에 해당된다. 사고를 통해 인식된 내용과 말은 서로 매우 긴밀하게 통일되어 있다. 양자의 통일성은 너무나 긴밀하기 때문에, 말이 인식내용과는 별도로 정신 속에 자리잡는 것이 아니라 말을 통해 인식이 완성되고 인식내용이 철저히 사고된다. 토마스 아퀴나스는 그런 점에서 말은 색채를 드러내보여주는 빛과 같다고 말한다.

　스콜라철학에서 두번째로 배울 점이 있다. 신의 말씀의 단일성과 인간 언어의 다양성 사이의 차이가 사태를 종결짓는 절대적인 것은 아니다. 오히려 이러한 단일성과 다양성은 근본적으로 변증법적 관계에 있다. 그러한 변증법적 관계는 말의 본질을 규정한다. 신의 말씀 역시 다양성의 개념과 완전히 무관하지는 않다. 신의 말씀은 물론 구원자의 형상으로 이 세상에 강림한 유일무이한 말씀이다. 하지만 신의 말씀이 사건인 한에는—아무리 종속론을 거부한다 해도 신의 말씀이 사건인 것은 사실이다—신의 말씀의 단일성과 그 말씀이 교회를 통해 드러나는 현상 사이에는 본질적 관련이 있다. 기독교 복음의 내용인 구원의 고지告知는 성사와 설교로 이루어지는 하나의 독자적 사건으로서, 예수 그리스도의 구원의 행적에서 일어난 사건만을 표현한다. 그런 점에서 신의 말씀은 유일무이한 단일성을 지니지만, 그 말씀은 언제나 설교를 통해 고지된다. 신의 말씀이 복음의 성격을 띤다는 점에서 이미 그 말씀이 고지되는 방식의 다양성을 짐작할 수 있다. 말씀의 의미는 그 말씀을 고지하는 사건과 분리될 수 없다. 오히려 신의 말씀이 사건Geschehen의 성격을 띤다는 사실이야말로 말씀의 의미 자체를 구성하는 요소이다. 그것은 마치 저주의 말이 누군가를 겨냥하여 누군가의 입에서 발설되는 것과 분리될 수 없는 것과 마찬가지다. 우리가 그러한 저주의 말에서 알아듣는 것은 그 내용의 추상적·논리적 의미가 아니라 그 말을 통해 실제 사건으로 벌어지는 저주인 것이다.[377] 교회에서 고지되는 말씀의 단일성과 다양성에 관해서도 똑같이 말할 수 있다. 십자가에 못박힌 예수의 죽음과 부활은 어느 교회에서나 설교의 내용이 된다. 부활한 예수와 설교의 대상이 되는 예수는 동일자이다. 특히 현대 개신교 신학은 이러한 변증법적 관계에 바탕을 둔 종말론적 신앙관을 부각시킨다.

역으로 생각하면 인간언어의 다양성과 신의 말씀의 단일성의 변증법적 관계는 인간의 말에서는 새롭게 조명된다. 인간의 말이 담화의 성격을 지닌다는 사실, 다시 말해 다양한 말들을 일정한 맥락으로 정리함으로써 의사표현의 통일성을 추구한다는 사실을 일찍이 플라톤은 잘 알고 있었고, 로고스의 이러한 구조를 변증론의 방식으로 발전시켰다. 이어서 아리스토텔레스는 명제와 판단, 명제의 맥락과 결론 등을 규정하는 논리적 구조를 밝혀냈다. 그렇지만 그것으로 문제가 종결된 것은 아니다. 수많은 말들의 다양성을 통해 해석되는 말씀의 단일성은 나아가서 본질적 논리구조에 흡수되지 않고 언어의 사건적 성격을 잘 보여주는 새로운 차원을 제시한다. 개념 형성의 과정이 바로 그것이다. 스콜라철학은 말씀에 관한 이론을 발전시키는 가운데 개념의 형성을 단지 본질적 질서의 모상이라고만 보는 차원을 넘어서게 된다.

3) 언어와 개념 형성

언어와 더불어 자연스럽게 개념이 형성되는 과정은 반드시 개념의 본질에 준하여 이루어지는 것이 아니라 흔히 우발적인 관계들이 얽혀서 이루어진다. 이것은 개념에 대한 플라톤의 분석과 개념에 관한 아리스토텔레스의 정의에서도 입증된다. 그렇지만 개념의 논리적 본질은 실체와 우발적 계기라는 두 가지 개념을 통해 규정되는데, 이러한 논리적 본질에 비추어보면 언어와 더불어 개념이 자연스럽게 형성되는 과정은 인간의 유한한 정신의 불완전성에 기인하는 것으로 보인다. 우리는 오직 우발적 계기들만 인식하기 때문에 개념의 형성과정을 탐구할 때도 그런 우발적 계기들을 추적하게 된다. 그것이 사실이라 하더라도 인간정신의 불완전성에는 나름의 장점도 있는데, 토마스 아퀴나스는 바로 그 점을 제대로 인식했던 것으로 보인다. 그 장점이란 개념의 형성을 끝없이 추구할 수 있는 자유와 우리가 의도하는 바를 철저히 지속적으로 탐구할 수 있는 자유가 주어진다는 것이다.[378] 사고의 과정은 말을 통한 해명의 과정이기 때문에, 무한을 추구하는 정신이 인식하는 사물의 질서에 의해서는 온전히 파악될 수 없는 언어의 논리적 작용이 가시적으로 드러난다. 아리스토텔레스와 그의 사고를 계승한 토마스 아퀴나스가 설명했듯이, 언어를 통한 개념의 자연스러운 형성과정이 논리학의 본질적 구조에 종속된다는 것은 따라서 단지 상대적으로만 타당하다. 기독교 신학이 고대 그리스의 논리학에 관한 사고를 철저히 수용함으로써 새로운 인식이 싹트는데, 즉 언어가 말씀의 현현이라는 사건을 매개하는 중심적 역할을 수행한다는 것을 온전히 인식하게 되는 것이다. 이로써 예수 그리스도에 대한 새로운 해석은 유한한 인간정신을 신적 무한성과 새로운 방식으로 매개하는 새로운 인간학을 개척한다. 이미 살펴보았던 해석학적 경험은 바로 이러한 새로운 인식에 근거한다.

그런 취지에서 언어를 통해 이루어지는 자연스러운 개념 형성을 새롭게 주목할 필요가 있다. 언표행위는 그때그때 의도하는 바를 이미 확립되어 있는 말의 보편적 의미에 종속시킬 수밖에 없다. 그렇다고 해서 언표행위가 그때그때의 특수성을 보편적 개념에 편입시키는 포섭과정의 조합으로만 간주될 수 없다는 것은 분명하다. 말을 하는 사람, 다시 말해 말을 그 보편적 의미로 사용하는 사람이라 하더라도 사물에 대한 직관의 특수성에 따라 사고하기 때문에 그가 말하는 모든 것은 그가 염두에 두는 상황의 특수성에 관여하게 된다.[379]

이것은 역으로 생각하면 조어과정을 통해 구축되는 보편적 개념 자체가 수시로 사물에 대한 직관을 통해 풍요로워지고, 그리하여 사물에 대한 직관의 특수성을 더 충실히 반영하는 새롭고 독특한 조어가 가능해진다. 언표행위가 보편적 의미를 확보한 기존의 말을 사용한다는 것은 분명하지만, 그 과정에서 언어의 의미가 계속 풍요롭게 발전하는 방식으로 부단히 개념 형성이 이루어지는 것도 분명하다.

그렇게 보면 귀납과 추상의 논리적 도식은 사태를 오도할 공산이 크다. 왜냐하면 언어의식은 다양한 차이들을 통합하는 공통점을 명시적으로 고려하지 않으며, 말을 그 보편적 의미로 사용한다 하더라도 구체적 지시대상의 의미를 보편적 개념에 포섭된 뜻으로 사용하는 것은 아니기 때문이다. 인간의 언어의식은 유類 개념의 보편성과 그에 따른 계통적 개념체계에 따라 작동하지는 않는다. 유 개념과 아무런 상관이 없는 온갖 형식적 보편성은 차치하더라도, 어떤 대상에 관한 표현을 다른 대상에 적용하여 비유적으로 사용할 때는 양자의 공통점을 염두에 두긴 하지만, 그렇다고 반드시 유적 보편성까지 고려할 필요는 없다. 그럴 때는 오히려 유사성—사물의 현상적 유사성이든 우리가 의미 있다고 생각하는 유사성이든 간에—을 인지하는 일반적 경험에 따를 뿐이다. 바로 그러한 유사성을 표현할 줄 아는 것이 언어의식의 독창성이다. 우리는 그것을 언어의식의 기본원리인 비유적 사고라 일컫고자 한다. 어떤 말의 비유적 사용을 언어의 본질에서 벗어난 오용이라고 폄하하려는 논리적 이론은 오히려 언어의 본질을 모르는 편견이라는 것을 유념할 필요가 있다.[380]

어떤 경험의 특수성은 그러한 비유로 표현되는 것이지 추상을 통한 개념 형성의 산물이 아니라는 것은 자명하다. 또한 이러한 방식으로 상이한 사물의 공통점에 대한 인식이 생겨난다는 것도 자명하다. 그러한 방식으로 우리의 사고는 언어를 통해 비축된 자산을 활용하여 스스로를 깨우친다.[381] 플라톤은 이른바 '로고이logoi로의 도피'를 통해 명시적으로 그런 사례를 보여주었다.[382] 그런데 체계분류적 논리학 역시 이미 언어가 수행한 논리적 정지작업을 바탕으로 논리를 전개한다.

체계분류적 논리학의 전사前史, 특히 플라톤학파의 개념 형성 이론을 일별해보면 그 점을 입증할 수 있다. 이미 살펴본 대로 사물의 이름에 얽매이지 말아야 한다는 플라톤의 요청은 원칙적으로 이데아의 세계가 언어에 구애받지 않는다는 것을 전제한다. 그런데 사물의 이름을 넘어서서 이데아를 지향하는 것이 변증법으로 규정된다면, 다시 말해 가변적인 현상들에서 공통점을 찾아내고 관찰대상의 통일성을 통찰하는 것이라면, 그것은 언어 자체가 자연스럽게 형성되는 방향과 맞아떨어진다. 사물의 이름에 얽매이지 말아야 한다는 것은 단지 이름 자체에 사물의 진리가 들어 있지는 않다는 뜻일 뿐이다. 이름과 로고스의 매개 없이도 사고가 가능하다는 뜻은 아닌 것이다. 오히려 플라톤은 그러한 매개를 통해 사고해야 한다는 것을 언제나 인정했으며, 다만 항상 새로운 인식에 의해 수정될 필요가 있다고 보았을 뿐이다. 사물의 참된 존재인 이데아는 이러한 매개를 거치지 않고서는 인식될 수 없다. 그런데 과연 이데아 자체를 그러한 개별적 특수성으로 인식할 수 있는 것일까? 마치 언어가 전체적 통일성을 이루는 것과 마찬가지로 사물의 본질 역시 그러한 전체적 통일성은 아닌가? 말의 통일성 속에서 비로소 개별적 낱말들이 그 의미를 얻고 상대적 명확성을 획득할 수 있듯이 사물의 본질에 관한 참된 인식 역시 이데아의 전체적 상관구조 속에서만 가능하다. 바로 이것이 플라톤이 『파르메니데스』에서 주장하는 테제이다. 그런데 이러한 테제는 또다른 의문을 낳는다. 유일무이한 이데아를 정의하기 위해서는, 다시 말해 이데아의 존재를 여타의 모든 존재와 구별하기 위해서는, 전체를 인식해야만 하지 않는가?

플라톤이 생각하듯 이데아의 세계를 존재의 참된 구조로 간주한다면 그러한 결론을 피하기 어려울 것이다. 실제로 플라톤의 아테네학당을 계승한 후계자 스페우시포스Speusippos는 그런 결론에 도달한 것으로 알려져 있다.[383] 그는 특히 다양성 속에서 공통점을 탐색하는 방법을 강구했는데, 그 과정에서 논리학의 유類 개념에서 말하는 보편화를 넘어서 유추, 즉 비례적 상응관계를 탐구의 방법론으로 도입했다. 그에 따르면 다양성을 통일된 맥락에서 파악하고 공통점을 발견하는 변증법적 능력은 논리적 규칙에 얽매이지 않는 언어의 보편성 및 조어원리와 흡사하다. 스페우시포스가 다양한 사례에서 유추를 통해 찾아내는 공통점은—이를테면 새의 날개는 물고기의 지느러미에 해당된다는 상응관계는—언어적 조어의 가장 중요한 원리 중 하나를 보여준다는 점에서 개념을 정의하는 데도 유용하다. 어느 한 영역에서 통용되는 개념을 다른 영역에 적용하는 것은 논리적 기능만 가질 뿐 아니라, 언어 자체의 기본원리인 비유적 성격에 부합된다. 비유의 표현양식 중 하나로 익히 알려진 은유는 언어와 논리의 차원을 두루 포괄하는 이러한 보편적 조어원리를 보여주는 수사학적 양식의 하나일 뿐이다. 그런 맥락에서 아리스토텔레스는 이렇게 말한다. "비유를 잘 구사한다는 것은 공통점을 잘 인식한다는 뜻이다."[384] 개념과 언어가 불가분의 관계로 얽혀 있다는 아리스토텔레스의 논의는 숱한 사례로 입증된다. 그의 논의에서 개념적 정의를 위하여 공통의 유 개념을 설정하는 것은 공통점에 관한 관찰에서 시작된다.[385] 따라서 유類에 관한 논리학의 시발점이 되는 것은 언어의 선행작업이다.

이러한 발견과 같은 맥락에서 아리스토텔레스는 다양한 사례에서 언표행위를 통해 사물의 객관적 질서가 드러나는 방식에 지대한 의미를 부여한다.('범주들'도 진술의 형식으로 간주되는데, 아리스토텔레스가 '범주'라고 특칭해서 말하지 않는 경우에도 이것은 해당된다.) 철학적 사고는 언어가 수행하는 개념의 형성을 활용할 뿐 아니라 특정한 방향으로 발전시킨다. 이미 앞에서 살펴보았듯이 귀납법Epagoge을 통한 개념 형성에 관해 아리스토텔레스는 어린아이들의 언어습득을 예로 들어 설명한다.[386] 아리스토텔레스의 '논리학' 체계의 형성과 개념정의에 관한 논리학의 의식적 탐구, 특히 자연에 관한 체계적 분석은 언어적 우발성을 배제하고 사물의 본질적 질서를 인식하려는 노력으로 일관한다. 그럼에도 아리스토텔레스 자신은 언어와 사고의 통일성을 전적으로 인정했다.

아리스토텔레스의 저작에서 언어를 그 자체로 다루는 대목은 매우 소략하지만, 그런 경우에도 언어의 의미영역을 그것이 가리키는 객관세계와 동떨어진 채로 다루지는 않는다. 아리스토텔레스는 발음 내지 문자가 상징symbolon이 될 때 비로소 '지시적 의미'를 갖는다고 본다. 그것은 일단 발음이나 문자가 자연발생적으로 생겨난 것이 아니라 합의kata synthēkēn에 의해 생겨났다는 뜻으로 이해될 수 있다. 그렇지만 이것은 결코 도구주의적 기호이론을 뜻하지는 않는다. 오히려 발음이나 문자에 어떤 의미를 부여하는 합의라는 것은 소통수단에 관한 합의를 뜻하는 것이 아니라—언어는 그러한 합의를 당연히 전제한다—공동체의 구성원들이 과연 무엇이 옳고 선한 것인가에 관해 합의를 바탕으로 의견 일치에 도달했다는 것을 뜻한다.[387] 따라서 발음과 기호의 사용에 관한 합의는 선과 정의에 관한 근본적 합의를 표현하는 하나의 사례일 뿐이다. 물론 그리스인들은 선과 정의로 통용되는 것, 즉 규범nomoi이라 일컬어지는 것이 신적 권능을 가진 초인들의 입법이자 위업이라 간주했다. 그렇지만 아리스토텔레스는 규범의 그러한 유래에 관해서도 그 발생경위보다는 구체적 효용을 중시한다. 그렇다고 아리스토텔레스가 종교적 전통을 인정하지 않았다는 뜻이 아니라, 발생론에 관한 그의 모든 탐구가 그러하듯 이 경우에도 존재와 현실적 효력에 관한 인식에 도달하는 방법이 주된 관심사였음을 뜻한다. 따라서 아리스토텔레스가 언어에 관해 말하는 합의라는 것도 언어의 발생론이 아니라 존재방식을 규정하는 것이다.

그것은 앞에서 언급했던 귀납법에 관한 분석에서도 입증된다.[388] 이미 살펴본 대로 아리스토텔레스는 과연 어떻게 보편적 개념이 만들어지는가 하는 문제에 대하여 매우 독창적인 방식으로 모든 가능성을 열어둔다. 이로써 아리스토텔레스는 언어에 의한 자연스러운 개념 형성이 항상 진행중이라는 측면을 고려했다는 사실을 알 수 있다. 아리스토텔레스에 따르면 그런 점에서 언어에 의한 개념 형성은 전혀 독단에 얽매이지 않고 자유롭게 이루어진다. 우리가 접하는 경험에서 공통으로 추출되어 보편적인 것으로 설정되는 것은 단지 언어에 의한 예비작업의 성격을 띠며, 그것이 학문의 시발점이 되긴 하지만 아직 학문으로 성립된 것은 아니다. 아리스토텔레스가 강조하는 것은 바로 이것이다. 학문이 증명의 구속력을 방법론적 이상으로 설정하는 한 그러한 귀납적 접근방식은 극복되어야만 할 것이다. 그런 맥락에서 아리스토텔레스는 자신의 이상적인 증명방법론의 관점에서 공통성에 관한 스페우시포스의 학설과 플라톤의 분류학적dihairetisch 변증술을 비판했다.

그렇지만 이러한 논리적 증명의 이상을 준거로 삼았기 때문에 아리스토텔레스의 비판은 언어의 논리적 작용에서 학문적 정당성을 박탈하는 결과를 가져왔다. 언어의 논리적 작용은 단지 수사학의 관점에서만 인정되고 비유의 수단으로만 이해될 뿐이다. 그리하여 모든 자연스러운 개념 형성의 기초가 되는 언어의 생생한 비유를 압도하는 것은 개념에 따라 상위범주와 하위범주로 분류하는 논리적 이상이다. 논리를 지향하는 문법만이 말의 본래적 의미와 비유적 의미를 구별할 수 있기 때문이다. 원래 언어생활의 바탕이 되고 언어생활의 논리적 생산성을 담보하며 사물에 질서를 부여하는 공통점의 독창적 발견이 이제는 그저 하나의 비유로서 주변부로 밀려나고 수사학적 표현수단으로 도구화되는 것이다. 이로써 그리스의 청소년들을 교육하는 문제를 둘러싼 철학과 수사학의 싸움은 아테네 철학의 승리로 판가름이 났다. 그 여파로 인해 언어에 관한 사고는 원래 학문적 개념 형성의 이상을 추구했음에도 결국 문법과 수사학의 문제로 축소되었다. 이로써 언어의 의미영역은 원래 언어적 형상화와 직결되어 있던 객관세계로부터 분리되기 시작한다. 그 결과 스토아학파의 논리학은 처음으로 사물에 관한 언술이 비물질적 의미로 수행될 수 있다는 주장을 펴기에 이른다. 그러한 의미가 토포스topos, 즉 공간과 동렬에 놓인다는 것은 매우 의미심장한 사태이다.[389] 공간 속에서 일정한 질서를 형성하는 사물들을 배제함으로써 이제 텅 빈 공간이 사고의 대상이 되듯이,[390] 그와 마찬가지로 '의미' 역시 이제는 사물과 무관하게 그 자체로서 사고되며, 원래 말의 의미를 통해 명명되던 사물을 배제함으로써 의미 자체를 지칭하는 개념이 만들어진다. 의미 역시 사물이 질서를 형성하는 공간처럼 간주되는 것이다.

그러한 사고가 가능한 것은 확실히 언어와 사고의 자연스러운 관계, 즉 내적 통일성이 교란되기 때문이다. 로만Lohmann이 설명하듯이[391] 스토아적 사고와 라틴어의 문법적·통사적 완성이 서로 맞아떨어지는 것은 바로 그런 맥락에서이다. 헬레니즘 시대에 접어들면서 라틴어와 그리스어가 동시에 사용되기 시작함으로써 언어에 관한 사고를 촉진시켰다는 것은 의문의 여지가 없다. 그렇지만 이러한 발전의 기원은 훨씬 이전으로 소급되며, 학문의 발전과 더불어 이러한 발전과정도 촉진되었다. 따라서 그러한 발전과정의 시발점은 학문이 태동한 고대 그리스 초기로까지 소급된다. 음악과 형이상학과 자연과학 분야에서 학문적 개념의 형성은 그러한 추정을 뒷받침해주는데, 이런 분야들에서는 합리적 객관성이 두드러지기 때문이다. 그러한 합리적 객관성의 구축은 말의 세계와는 다른 차원에서 그에 상응하는 관계들을 창출했다. 원칙적으로 말하면 말이 단순한 기호적 기능만 떠맡는 모든 영역에서 언어와 사고의 근원적 상호관계는—그것이 곧 우리의 관심사인데—도구적 관계로 전환된다. 말과 기호의 이러한 관계 변화는 학문적 개념 형성 전반의 바탕이 된다. 그리고 우리가 볼 때 그러한 관계 변화는 너무나 자명한 것이 되었기 때문에 명확한 개념을 지향하는 학문적 이상과 병행하여 언어 자체의 고유한 활동이 변화되지 않은 채 계속 진전된다는 것을 상기하기 위해서는 특별히 섬세한 기억이 요구된다.

철학의 역사를 주목해보면 그처럼 학문적 이상의 이면에 가려진 고유한 언어활동을 되살리려는 노력이 없지는 않았다. 이미 살펴보았듯이 중세 기독교 사상에서 언어 문제의 신학적 관련성은 사고와 언술의 통일성 문제로 거듭 사고되었고, 그 과정에서 고대 그리스 철학에서는 미처 생각하지 못했던 계기가 중요하게 부각되기도 했다. 신의 말씀에 관한 사색이 보여주듯이 말이라는 것은 의미의 통일성이 온전히 표현되는 과정이라는 인식은 통일성과 다양성에 관한 플라톤의 변증법과는 또다른 새로운 통찰이다. 플라톤 철학에서는 로고스 자체가 그러한 변증법의 테두리 안에서 움직이며 이데아의 변증법을 감내하는 역할만 수행할 뿐이다. 여기서 해석 자체의 고유한 문제는 고려되지 않는다. 해석의 수단인 말과 언술이 사고하는 정신에 의해 부단히 추월되기 때문이다. 그와 달리 삼위일체설의 사고에서는 신인神人의 교호작용이 유일자로부터 생성이 전개되는 신플라톤주의적 문제의식을 함축하고 있고, 따라서 언어의 과정적 성격이 최초로 제대로 다루어진다. 그러다가 언어의 문제가 본격적으로 온전히 다루어지는 것은 스콜라철학이 기독교 사상과 아리스토텔레스의 철학을 매개하면서, 성령과 인간정신의 구별을 긍정적 방향으로 전환시키고 근대적 사고에 지대한 영향을 주는 새로운 계기를 보완함으로써 비로소 가능해진다. 그것은 성령과 인간정신에 공통된 창조성의 계기다. 근래 들어 많이 논의되는[392] 니콜라우스 폰 쿠사누스Nicolaus von Cusanus의 위치는 내가 보기에는 그런 점에서 독보적이다.

그러한 두 가지 방식의 창조성을 서로 유추하는 것은 물론 한계가 있는데, 그 한계는 앞에서 강조했던 신의 말씀과 인간의 말 사이의 차이에 상응한다. 신의 말씀은 세계를 창조하되 창조에 대한 생각과 창조의 기간이 시간적 순서에 따라 펼쳐지는 것은 아니다. 반면 인간의 정신은 자신의 모든 생각을 오로지 시간적 순서에 따라 전개한다. 토마스 아퀴나스의 생각에서 살펴보았듯이 그것은 물론 순전히 시간적 관계만은 아니다. 쿠사누스 역시 그와 비슷한 생각을 강조한다. 그것은 마치 수열數列과 같다. 수열이 만들어지는 것은 본래 시간적 사건이 아니라 이성의 작용인 것이다. 쿠사누스는 유類와 종種이 감각적 상태에서 벗어나 개별적 개념과 말로 표현될 때 그와 동일한 이성이 작용한다고 본다. 유와 종 또한 이성적 실재entia rationis인 것이다. 이성의 전개에 관한 이러한 논의가 너무나 플라톤적이고 신플라톤주의의 색채가 강해보일지 모르겠지만, 사실 쿠사누스는 이성의 전개에 관한 신플라톤주의 학설의 유출설적 도식을 결정적으로 극복했다. 그는 기독교의 말씀론으로 신플라톤주의를 극복하는 것이다.[393] 그에게 말씀은 성령의 존재 그 자체이고 성령의 드러남이며, 성령은 그러한 드러남으로 인해 줄어들거나 약화되지 않는다. 바로 그 점을 인식함으로써 기독교 철학자는 플라톤주의자에 비해 더 우월한 위치를 점한다. 이와 마찬가지로 인간정신이 전개되는 다양함은 참된 통일성으로부터 퇴락한 현상도 아니고 정신의 고향을 상실하는 것도 아니다. 인간정신의 유한성은 절대적 존재의 무한한 통일성을 추구하면서 오히려 긍정적 정당성을 확보한다. 그러한 긍정적 전환을 담보하는 것은 총괄complicatio 개념이다. 그리고 바로 이 지점에서부터 언어현상은 새로운 국면에서 조명된다. 인식대상을 총괄하는 동시에 전개하는 역할을 수행하는 것은 인간정신이다. 담론의 다양성으로 전개되는 것은 비단 개념뿐 아니라 언어현상으로까지 확장된다. 언어의 다양성에 따라 가능한 명명법의 다양성은 개념적 분화를 한층 더 촉진한다.

이와 같이 고전적 본질논리학Wesenslogik의 명목주의적 해소와 더불어 언어의 문제는 새로운 단계로 접어든다. 이제 사물들 사이의 일치와 차이를 고려하여 사물을 다양한 방식으로 (그렇지만 자의적이지는 않게) 표현할 수 있다는 것은 긍정적 의미를 얻게 된다. 유와 종의 관계가 사물의 본성에 의해—생생하게 살아 있는 자연의 자가생성을 통해 형성되는 '진정한' 종의 모범에 따라—정당화될 수 있을 뿐 아니라, 다른 한편 인간과 관련해서는 사물을 명명하는 인간의 주권에 의해 정당화될 수 있다. 그렇다면 역사적으로 생성된 언어들, 그리고 그 언어들의 의미의 역사와 문법과 통사구조는 자연발생적이고 역사적인(초자연적인 것까지도 포함하는) 경험의 논리가 다양한 형태로 변주된 것으로 이해될 수 있다. 언어가 지시하는 사물 자체는 일찍부터 명료한 것이었다.[394] 모든 언어가 그 나름의 방식으로 수행하는 낱말과 사물의 분류는 어떤 언어에서나 학문적 개념 형성의 체계와는 상당한 거리가 있는 최초의 자연스러운 개념 형성을 보여준다. 낱말과 사물의 분류는 전적으로 인간적 측면, 즉 인간적 욕구와 관심의 체계를 따른다. 어떤 언어공동체가 중시하는 문제를 그 언어공동체는 여타의 측면에서는 전혀 다른—그렇지만 마찬가지로 언어공동체에 중요한 측면을 갖고 있는—문제들과 관련지어서 통일된 이름으로 명명할 수 있다. 이름짓기impositio nominis는 학문의 본질적 개념들 및 유와 종의 분류체계에 상응하지 않는다. 학문적 분류체계와 비교하면 이름짓기는 오히려 흔히 우발적 요소들에 따르며, 그러한 우발적 요소들로부터 어떤 낱말의 일반적 의미가 도출된다.

물론 그 과정에서 학문이 언어에 어느 정도 영향을 줄 수 있다는 점은 고려되어야 할 것이다. 이를테면 오늘날에는 고래를 Walfisch라 하지 않고 그냥 Wal이라 일컫는데, 고래가 포유류라는 것을 누구나 알기 때문이다. 다른 한편으로 특정한 사물을 민간에서는 다양한 이름으로 부르다가 현대적 의사소통의 편의와 학문적·기술적 표준화로 인하여 점차 이름이 단일화되는 경향을 보인다. 그리하여 실제로 사용되는 어휘는 늘어나기보다 오히려 줄어든다. 반면 아프리카에서는 낙타를 무려 200여 가지의 다양한 이름으로 부른다고 한다. 사막 주민들이 낙타를 활용하는 생활환경의 차이에 따라 다양한 이름들이 존재하는 것이다. '낙타'가 그들의 생활환경에서 주로 차지하는 의미에 따라 낙타가 마치 제각기 다른 동물처럼 간주되는 것이다.[395] 그런 경우에는 유의 개념과 언어상의 이름 사이의 긴장이 매우 크다고 할 수 있다. 개념적 일반화의 경향과 실용적 의미를 중시하는 경향 중에 어느 쪽을 택할 것인가 하는 문제는 그 어떤 생활언어에서도 완벽하게 어느 한쪽으로 정리될 수는 없다. 따라서 자연발생적 개념 형성의 우발성을 사물의 본질적 질서를 기준으로 재단하여 우발성을 폄하한다면 그것은 언어의 본성에 어긋나는 작위적 평가라 하겠다. 사실 그러한 우발성은 인간의 정신이 사물의 본질적 질서를 표현할 때 당연히 다양한 변이를 허용할 수밖에 없는 사정에 연유하는 것이다.

인간의 언어적 혼란에 관해서는 성서에서도 그 의미를 짚고 있다. 그럼에도 라틴어를 사용하던 중세가 언어 문제의 이러한 측면을 제대로 탐구하지 않았다는 사실은 학술적 라틴어가 자명하게 우위를 점했기 때문이기도 하고, 또한 고대 그리스 철학의 로고스론이 지속적으로 영향을 미쳤기 때문이기도 하다. 학문의 문외한도 글을 깨우치고 개별 민족어가 학문의 언어로 자리잡기 시작한 르네상스 시대에 와서야 비로소 다양한 민족어와 내적 말씀 내지 '자연발생적' 어휘의 관계에 대하여 생산적 탐구가 시작되었다. 그렇다고 해서 곧장 현대 언어학과 그 도구주의적 언어관의 문제의식을 여기에 적용하려 들어서는 곤란하다. 오히려 르네상스 시대에 언어 문제가 최초로 부각된 의의는 그리스적 전통과 기독교적 전통이 르네상스 당시만 해도 자명하게 통용되었다는 사실에서 찾을 수 있다. 그것은 쿠사누스의 경우를 생각해보면 너무나 분명하다. 말로 표현된 개념들은 정신의 통일성이 전개되는 일환으로 자연발생적 어휘vocabulum naturale와의 연관성을 유지하며, 개별적 명명이 아무리 자의적이라 하더라도imposotio nominis fit ad beneplacitum 자연발생적 어휘의 흔적은 모든 개념에 남아 있다.[396] 그렇다면 그러한 연관성이 어떤 성질의 것이고 자연발생적 어휘가 어떤 성질의 것인지 의문이 생길 법하다. 그렇지만 모든 언어에서 정신의 단일한 통일성이 전개된다는 사실을 염두에 두면 어떤 언어의 개별어휘들은 다른 언어의 개별어휘들과 궁극적으로는 일치한다고 보는 것이 방법론상 타당할 것이다.

쿠사누스 역시 자연발생적 언어를 인간의 언어혼란이 생기기 이전의 원시언어라고 보지는 않는다. 오늘날의 언어와는 완전히 다른 그러한 아담의 언어는 쿠사누스의 생각과는 거리가 멀다. 오히려 쿠사누스가 논의의 출발점으로 삼는 것은 인간의 앎은 근본적으로 부정확하다는 것이다. 알다시피 그것이 플라톤적 요소와 명목주의적 요소가 교차하는 그의 인식론이다. 그에 따르면 인간의 모든 인식은 추측과 견해일 뿐이다.[397] 그는 이러한 생각을 언어에 적용한다. 그런 관점에서 그는 민족어의 다양성과 외관상 자의적으로 보이는 어휘적 특성을 인정하지만, 그렇다고 해서 순전히 관습주의적 언어관이나 도구주의적 언어관에 빠지지도 않는다. 인간의 인식이 본질적으로 '부정확'하고 따라서 과잉과 결핍을 허용하듯이 인간의 언어 또한 마찬가지다. 어떤 언어에서 아주 적확하게 표현되는 어휘가 다른 언어에서는 야만적이고 빗나간 표현으로 간주될 수도 있다. 따라서 적확한 표현이라는 것도 언어에 따라서는 과도한 표현이 되거나 모자라는 표현이 될 수도 있다. 모든 사실적 명명은 어느 정도는 자의적이긴 하지만, 사물의 실상에 부합하는 자연스러운 표현과 필연적 연관성이 있다. 모든 표현은 그 나름의 일리가 있지만 그렇다고 모든 표현이 정확한 것은 아니다.

이러한 언어이론은 언어로 표현되는 사물 역시 인간인식의 목표가 되는 기성의 근원적 질서에 접근하는 것이 아니라, 그러한 질서 자체가 사물이 처해 있는 구체적 정황에 따라 구별과 종합을 통해 비로소 형성된다는 것을 뜻한다. 바로 이런 측면에서 쿠사누스의 사고는 명목론으로 전환된다. 유와 종 자체가 그처럼 이성의 구성물이라면 말은 그 말이 표현하는 사물에 대한 직관과 일치한다는 것을—물론 상이한 언어마다 상이한 말이 사용되긴 하겠지만—이해할 수 있다. 문제는 표현의 차이가 아니라 사물에 대한 직관의 차이, 그리고 그에 따른 개념 형성의 차이인 것이다. 다시 말해 언어는 본질적으로 부정확하지만, 그렇다고 모든 언어에 사물 자체가 투영되어 있다는 것을 배제할 수는 없다. 언어의 부정확성은 정신이 무한한 것을 향해 도약할 때만 극복될 수 있다. 그럴 경우 무한한 것 속에는 단 하나의 존재와 단 하나의 말, 즉 뭐라고 형언할 수 없는 신의 말씀만 존재할 것이며, 그 말씀은 만물에 투영될 것이다.

그와 같이 인간정신이 신의 원상原象이 투영된 모상模像처럼 존재한다면 인간언어의 다양한 차이는 용인될 수 있다. 말과 개념의 관계에 관한 논의의 시작부에서 플라톤학파의 유추이론을 살펴보았다면, 이제 마무리 단계에서는 보편개념에 관한 중세의 논의를 살펴봄으로써 말과 개념이 실제로 서로 근접해 있음을 확인할 수 있다. 그렇지만 말과 개념에 관한 그러한 생각은 현대적 사고에서 언어의 다양성을 빌미로 세계관적 상대주의를 이끌어내는 논리와는 전혀 무관하다. 언어가 아무리 다양하게 차이가 나더라도 서로 부합되는 측면은 유지되며, 바로 그것이 기독교적 플라톤주의자인 쿠사누스의 관심사이기도 하다. 다시 말해 사물에 대한 인간의 인식이 언어의 구속을 받는다기보다는 모든 인간언어는 사물과의 객관적 연관성을 갖고 있다는 것, 바로 이것이 쿠사누스에겐 본질적인 것이다. 인식이 언어의 구속을 받는다는 것은 사태의 한 단면만 보여줄 뿐이다.

3

해석학적 존재론의 지평으로서의 언어

1) 세계경험으로서의 언어

앞에서 우리는 언어문제의 역사에서 몇몇 측면을 특별히 깊이 천착했고, 그 과정에서 현대의 언어철학 및 언어학과는 거리가 먼 다른 관점들을 확인할 수 있었다. 헤르더와 훔볼트 이래 언어에 관한 현대의 사고는 전혀 다른 방향으로 관심을 기울이고 있다. 현대 언어학은 인간언어의 자연발생적 측면이—이에 관한 통찰은 합리주의 및 정통 기독교 교리에 맞서 싸워서 힘겹게 얻어진 것인데—인간언어의 구조적 다양성에 관한 폭넓은 경험 속에서 어떻게 전개되는가를 탐구하는 데 주력한다. 그리하여 모든 개별언어가 그 나름의 유기적 성격을 지닌다는 점을 인정하면서, 인간정신이 언어능력을 발휘하기 위해 동원하는 온갖 수단에 대한 비교연구를 시도한다. 그런데 이러한 경험적 비교연구는 쿠사누스의 문제의식과는 전혀 거리가 멀다. 쿠사누스는 다양한 언어의 차이들이 그 자체의 고유한 진리를 내포하지는 않으며, 따라서 '참된 것'과 합치될 때만 탐구의 대상이 될 수 있다고 보았다. 그런 점에서 쿠사누스는 플라톤주의자였다. 훔볼트와 달리 쿠사누스는 이제 막 형성되기 시작하는 다양한 민족어의 고유한 민족적 특성에는 전혀 관심이 없었다.

그런데 현대 언어철학의 창시자인 훔볼트의 경우에도 그의 사상을 올바르게 평가하려면 그가 개척한 비교언어학과 비교민족심리학이 불러일으킨 지나친 반향에 대해서는 경계해야 한다. 사실 훔볼트까지만 해도 '말의 진리'[398]에 관한 문제를 완전히 도외시하지는 않았다. 훔볼트가 언어구조의 다양성을 탐구한 것은 단지 언어라는 가시적 표현영역을 통해 각 민족의 고유한 특성을 규명하고자 하는 이유 때문만은 아니었다.[399] 훔볼트와 그의 시대가 민족어의 개별적 특성에 관심을 가졌다고 해서 개념의 보편성을 외면했던 것은 아니다. 오히려 훔볼트는 개별 민족어의 특수성과 보편성 사이에는 불가분의 상관성이 있다고 보았다. 개별적 특수성을 인지할 때는 언제나 동시에 총체성을 예감하듯이,[400] 마찬가지로 개별적 언어현상의 특수성을 깊이 천착하면 동시에 인간의 언어능력 전반에 대한 인식의 길이 열릴 수 있다.

훔볼트의 출발점은 언어가 곧 인간 '정신력'의 산물이라는 것이다. 언어가 있는 곳이면 어디서나 인간정신의 근원적 언어능력이 작용하며, 모든 개별언어는 인간이 이러한 타고난 능력으로 추구하는 보편적 목표에 도달할 수 있다. 이것은 다양한 언어들의 비교를 통해 언어분화의 준거가 되는 완전성의 척도에 관해 탐구하는 것을 배제하지 않으며, 오히려 그러한 탐구를 통해 정당성을 얻는다. 왜냐하면 "언어의 완성이라는 이념을 현실에서 구현하기 위한 노력"은 모든 언어에 공통된 것이며, 언어학자의 과제는 다양한 언어가 과연 어느 정도나 그리고 어떤 수단을 통해 이러한 이념에 근접해 있는가를 탐구하는 것이기 때문이다. 따라서 훔볼트는 개별언어들 나름의 완벽함에도 차이가 있다고 본다. 그렇지만 훔볼트는 완전성의 척도를 미리 정해놓고 언어현상의 다양성을 억지로 그 척도에 끼워맞추는 것이 아니라, 언어의 내적 본질과 언어현상의 다양성에 입각하여 그러한 척도를 탐구한다.

따라서 훔볼트가 인간언어의 구조를 규범적으로 비교한다고 해서 개별언어의 특수성과 나름의 상대적 완전성을 도외시하는 것은 아니다. 알다시피 훔볼트는 인간의 근원적 언어능력이 다양하게 분화되기 이전의 내적 형식을 탐구함으로써 각각의 개별언어가 고유한 세계관을 내포한다고 보았다. 이러한 테제의 배경에는 주체가 세계의 파악에 능동적으로 관여한다고 보는 관념론 철학이 작용할 뿐 아니라, 라이프니츠가 처음으로 개진했던 개체성의 형이상학도 작용한다. 그것은 언어현상을 설명하는 총괄개념으로 정신력이라는 개념을 상정하는 것으로도 나타나고, 특히 훔볼트가 발음을 통한 언어의 분화 외에도 내적 언어감각으로서의 정신력이 언어의 분화를 가능케 한다고 보는 관점에서도 나타난다. 훔볼트는 "내적 감각의 개체성이 언어현상에 작용한다"고 보며, 그리하여 "정신력의 에너지"를 통해 내적 감각이 발음에도 영향을 미친다고 본다.[401] 훔볼트에 따르면 이러한 에너지가 모든 언어에서 균등하게 작용하지 않는다는 것은 당연하다. 여기서 알 수 있듯 훔볼트는 개체화의 원리가 참된 것과 완벽한 것에 근접해간다고 보는 계몽주의의 형이상학적 원리를 공유한다. 그것은 곧 라이프니츠가 모나드론에서 말하는 세계로서, 그 세계는 언어구조의 다양성이 구현되는 장場이다.

여기서 훔볼트의 탐구방향은 형식을 지향하는 추상으로 규정된다. 이로써 훔볼트는 인간의 다양한 언어가 각 민족의 정신적 특성을 반영한다고 보며, 이로써 언어와 사고의 보편적 상관성을 능력의 형식주의로 제한한다.

훔볼트는 이 문제의 원칙적 의의를 다음과 같이 언어에 관한 생각으로 표명한다.

> 언어는 인간이 생각할 수 있는 모든 것의 총괄개념, 끝도 없고 한계도 없는 그 무한한 영역을 마주한다. 따라서 언어는 유한한 수단을 무한히 활용해야 하며, 생각과 언어를 만들어내는 정신력의 동일성을 통해 이것을 수행한다.[402]

유한한 수단을 무한히 활용할 수 있는 능력, 그것이 곧 그러한 수단 자체에 내재하는 힘Kraft의 고유한 본질이다. 그러한 힘은 자신의 능력을 입증할 수 있는 모든 것을 포괄한다. 따라서 언어능력 역시 그 능력이 적용되는 일체의 내용보다 더 우월한 위치에 있다. 따라서 능력의 형식주의로 규정되는 언어능력은 언어로 표현된 특정한 내용과는 무관하게 자립한다. 훔볼트의 독창적 통찰은 바로 그러한 인식에 바탕을 둔다. 훔볼트는 언어 자체의 힘에 비하면 개개인의 언어능력은 매우 제한적이지만, 인간에게 언어에 대한 자유를 허용하는 방식으로 개개인과 언어 사이에는 상호관계가 성립된다는 것을 간파한다. 그러한 자유가 제한적이라는 것도 훔볼트는 직시한다. 하나하나의 개별언어는 그때그때 언어로 표현된 것에 비하면 자립적으로 존재한다. 그리하여 "언어에는 조상들이 느꼈던 감정이 생생하게 배어 있고 그 향기를 간직하고 있기 때문에 먼 과거조차도 생생한 현재의 느낌과 연결된다"[403]는 것을 개별언어에서 특히 분명하고 생생하게 느낄 수 있다. 훔볼트는 형식으로 파악된 언어가 정신의 역사적 삶을 간직한다고 본다. 언어능력 개념이 언어현상의 기초로 설정됨으로써 내적 형식의 개념은 언어생활의 역사적 역동성을 올바르게 파악할 수 있는 고유한 정당성을 확보하는 것이다.

물론 그러한 언어 개념은 추상의 결과이며, 우리의 논의맥락에서는 그러한 추상의 결과를 다시 원상태로 되돌려놓아야 한다. 언어형식과 전승된 내용은 해석학적 경험에서는 분리되지 않는다. 하나하나의 개별언어가 그 나름의 고유한 세계관을 반영한다면 개별언어는 우선 (언어학자들이 보는 시각과 달리) 언어의 특정한 유형으로서 세계관을 반영하는 것이 아니라, 언어를 통해 표현되고 전승된 것을 통해 세계관을 반영한다.

언어와 전승의 통일성을 일단 인정하면 문제의 양상이 달라지고 더 잘 파악될 수 있다는 것을 구체적 사례를 통해 확인해보기로 하겠다. 일찍이 훔볼트는 외국어를 습득하는 것은 기존의 세계관에 새로운 관점을 가져오는 것이라면서 이렇게 말했다.

> 외국어를 배울 때 우리는 언제나 어느 정도 우리 자신의 세계관과 언어관을 외국어에 투영하기 때문에 정작 외국어를 성공적으로 습득했다는 사실을 온전히 순수하게 느끼지 못한다.[404]

여기서 외국어를 온전히 받아들이지 못하는 제한과 부족함이라 간주되는 것은 (자기만의 방식으로 인식을 추구하는 언어학자의 입장에서는 그렇게 보는 것이 당연하지만) 사실은 해석학적 경험이 완수되는 방식을 보여준다. 외국어의 습득 자체가 아니라 외국어를 어떻게 활용하는가 하는 문제가—실생활에서 외국인과 교류하기 위해서든 외국문학을 공부하기 위해서든 간에—'기존의 세계관에' 새로운 관점을 가져오는 관건이 되는 것이다. 아무리 외국어의 사고방식을 받아들인다 하더라도 자기 자신의 세계관과 언어관을 망각하지는 않는다. 그럴 때 우리에게 다가오는 것은 단지 하나의 낯선 세계가 아니라 여러 연관성을 함축하는 다른 세계이다. 그 다른 세계는 그 자체로 고유한 진실을 가질 뿐 아니라 우리 자신과 관련되는 고유한 진실을 갖고 있다.

그 과정에서 우리가 경험하는 다른 세계는 단지 지식을 얻기 위한 탐구대상만은 아니다. 예컨대 외국문학 전통을 받아들여서 외국문학이 자신에게 말을 걸어오는 경험을 하는 사람은 해당 외국어 자체를 단지 탐구대상으로만 대하지는 않으며, 외국어를 사용하는 여행자 역시 마찬가지다. 그렇게 외국문학을 접하는 사람은 가령 외국어로 서술된 전승문헌을 언어의 역사 혹은 언어비교의 관점에서 탐구하는 언어학자와는 전혀 다른 태도를 취한다. 가령 학교에서 외국어를 가르칠 때 문학작품을 완전히 사장시키면서 외국어만 가르치는 관행에서 그 점은 극명히 드러난다. 물론 언어 자체에 집중하지 않고는 외국어 문헌을 제대로 이해할 수 없는 것은 사실이다. 하지만 그에 못지 않게 주목해야 할 또다른 측면으로, 텍스트의 진술을 통해 전달되는 친숙한 세계로 파고들지 않고서는 외국어 문헌이 무엇을 말하고 무엇을 말해야 하는가를 제대로 이해할 수 없는 것도 사실이다. 따라서 외국어를 배운다는 것은 그런 점에서 우리가 배울 수 있는 경험을 확장하는 것이다. 다만 언어학자가 학문적으로 성찰하는 차원에서만 외국어의 성공적 습득을 "온전히 순수하게 느끼지 못할" 뿐이다. 해석학적 경험은 오히려 정반대이다. 다시 말해 외국어를 배우고 이해한다는 것—언어능력의 형식주의—은 외국어로 말해진 바를 언표된 그대로 받아들일 수 있는 입장이 된다는 것을 뜻한다. 이러한 이해를 실행하는 것 자체가 이미 언표된 텍스트의 요구를 받아들인다는 뜻이다. 그리고 "자신의 세계관과 언어관"을 함께 고려하지 않고서 그런 요구를 수용하기는 불가능하다. 사실 훔볼트 자신도 언어 자체를 지향하는 추상적 사고를 하면서도 실제로는 제 민족의 문학적 전승을 너무나 친숙하게 받아들였거니와, 그 점을 밝히자면 별도의 탐구가 필요할 것이다.

훔볼트가 해석학의 문제와 관련하여 중요한 것은 다른 측면에서인데, 언어관을 세계관과 같은 맥락에서 보는 관점이 그것이다. 훔볼트는 언어의 생생한 발화, 즉 언어적 능력energeia을 언어의 본질이라 보았고, 그런 점에서 문법학파의 교조주의를 타파했다. 특히 훔볼트는 그의 언어관 전체의 바탕이 되는 힘Kraft의 개념에 근거하여 이전까지 신학의 개입으로 인해 지나치게 과부하가 걸려 있던 언어의 기원에 관한 문제도 바로잡았다. 훔볼트는 특히 과거 어느 시대 어느 곳에선가는 언어로 설명되었으나 지금은 언어로 남아 있지 않은 인간세계의 구성물까지 포함할 경우 언어의 기원에 관한 문제가 얼마나 엉뚱하게 오도될 수 있는가를 보여주었다. 그런 경우에 관하여 훔볼트는 언어라는 것이 원래부터 인간적이라는 점을 정당하게 강조했다.[405] 이러한 사실의 확인은 언어의 기원에 관한 문제의 구도를 바꾸어놓을 뿐 아니라, 커다란 파장을 미치는 인류학적 통찰의 토대가 되기도 한다.

언어라는 것은 단지 인간이 이 세상에서 획득한 여러 가지 필수품 중 하나일 뿐 아니라, 모름지기 인간이 세계를 가지고 있다는 사태 자체가 언어에 근거하며 언어를 통해 표현된다. 인간에게 이 세계가 세계로서 존재한다는 것은 세상에 존재하는 그 어떤 생명체의 경우와도 비할 바 없이 전혀 다른 차원에서 그러하다. 인간의 세계는 언어로 구조화되어 있다. 바로 이것이 훔볼트가 전혀 다른 의도에서 언어가 곧 세계관이라고 했던 명제의 핵심이다.[406] 원래 훔볼트가 말한 의도는, 언어는 언어공동체에 속해 있는 개개인으로부터 독립된 자립적 실체이며 해당 언어공동체에서 성장하는 개개인을 특정한 세계관으로 이끌어준다는 뜻이었다. 그런데 정작 더 중요한 것은 이러한 진술의 바탕에 깔려 있는 핵심이다. 다시 말해 언어는 그 언어를 통해 표현되는 세계에 대하여 자립적으로 존재할 수 없다는 것이다. 세계는 언어로 표현될 때만 세계일 뿐 아니라, 언어를 통해 세계가 표현될 때만 비로소 언어는 고유한 생명을 얻는다. 언어가 근원적으로 인간적이라는 사실은 인간의 세계 내 존재 In-der-Welt-Sein 자체가 원래 언어에 근거한다는 것을 뜻한다. 해석학적 경험의 언어적 특성을 해명할 적절한 지평을 확보하기 위해서는 언어와 세계의 관계를 규명해야만 할 것이다.[407]

세계를 가진다는 것은 세계에 대하여 어떤 태도를 취한다는 뜻이다. 세계에 대하여 어떤 태도를 취하기 위해서는 세계 속에서 마주치는 경험을 있는 그대로 대할 수 있도록 그 경험에 대해 일정한 거리를 두어야 한다. 경험을 있는 그대로 대할 수 있는 능력은 세계를 가지는 동시에 언어를 갖는 하나의 사태로 집약된다. 이로써 세계Welt라는 개념은 세상에서 살아가는 모든 생명체를 둘러싼 환경으로서의 세계Umwelt와는 대립된다.

물론 환경으로서의 세계라는 개념은 무엇보다도 인간이 살아가는 환경을 가리키는 것으로 사용되었고 애초부터 그런 의미로만 사용되었다. 그런 의미에서의 세계는 우리가 살아가는 '생활환경Milieu'이며, 그러한 생활환경이 인간의 성격과 생활방식에 미치는 영향이 곧 환경의 의미를 규정한다. 인간은 이 세계가 자신에게 보여주는 특수한 측면과 무관하게 존재하지 않는다. 따라서 환경이라는 개념은 원래 개개인이 사회환경에 의존해 있음을 가리키는 사회적 개념, 즉 인간에게만 해당되는 개념이다. 그렇지만 포괄적 의미에서 보면 이러한 환경 개념은 모든 생명체에 적용될 수 있으며, 생명체가 삶을 영위하는 조건을 총괄하는 개념이다. 하지만 이로써 분명해지는 것은 여타의 생명체와 달리 인간은 '세계'를 갖고 있다는 사실이다. 그 '세계'가 다른 생명체의 경우와 동일한 의미로 세계와 관계를 맺는 것이 아니라, 그 세계의 환경 속에 이미 편입되어 있다는 의미에서 그러하다. 따라서 환경 개념을 모든 생명체로 확장해서 적용할 때는 실제로 그 의미가 달라진다.

여타의 모든 생명체와 달리 인간이 세계와 맺는 관계는 환경으로부터 자유롭다는 점을 유념해야 한다. 환경으로부터 자유롭다는 것은 이 세계가 언어에 의해 구조화되어 있다는 뜻을 함축한다. 이 두 가지 명제는 동일한 사태의 양면이다. 세계 속에서 마주치는 경험의 압박을 넘어선다는 것은 언어를 갖고 있고 세계를 갖고 있다는 뜻이다. 근래에 철학적 인간학은 이러한 방식으로 니체와 대결하는 가운데 인간의 독특한 위치를 부각시켰으며, 세계가 언어에 의해 구조화되어 있다고 해서 인간의 세계이해가 언어로 도식화된 환경 속에 갇혀 있다는 뜻은 아니라는 것을 밝혀냈다.[408] 오히려 그 반대로 언어가 존재하고 인간이 존재하는 곳이면 어디서든 세계의 압박을 넘어서는 혹은 이미 넘어선 상태는 구현되어 있으며, 게다가 환경으로부터 자유롭다는 것은 우리가 사물에 부여하는 이름에 대해서도 자유롭다는 것을 뜻한다. 창세기에서 독창적인 방식으로

서술되듯이 이미 아담은 이름을 명명하는 전권을 하느님에게서 부여받았던 것이다.

이런 명제가 어떤 파급적 의미를 갖는가를 분명히 인식하면 과연 어째서 인간이 언어를 통해 세계와 맺는 보편적 관계가 갖가지 언어의 다양성과 대비되는가를 이해할 수 있다. 인간은 환경으로부터 자유롭기 때문에 자유로운 언어능력을 지녔으며, 인간의 언술행위가 특정한 세계와 관계를 맺는 방식의 역사적 다양성도 설명된다. 신화에서 단일한 근본언어를 상정하고 다양한 언어의 출현으로 인한 언어혼란을 이야기할 때, 그러한 신화적 표상은 언어의 다양성이 이성을 향해 던지는 진짜 수수께끼를 재치있게 보여준다. 그렇지만 그 수수께끼를 제대로 이해하면 그러한 신화적 표상은 사태의 진상을 거꾸로 말하고 있다는 것을 알 수 있다. 원래는 단일한 근본언어를 사용하던 인류가 언어의 혼란으로 인해 원래의 일체감을 상실했다는 뜻이기 때문이다. 그렇지만 애초부터 인간은 그때그때의 우연적 환경을 넘어설 능력이 있었고, 언술행위를 통해 세계를 언어로 표현했기 때문에 애초부터 자신의 언어능력을 다양하게 구사할 자유가 있었다고 봐야 할 것이다.

여기서 환경을 넘어선다는 것은 애초부터 인간적 의미, 즉 언어적 의미를 가진다. 동물들은 생활환경을 떠나서 온 세계를 누비고 다닐 수 있지만, 그렇다고 해서 환경에 의해 구속받는 상태를 벗어나지는 못한다. 반면 인간이 환경을 넘어선다는 것은 세계를 향해 넘어선다는 것이지 환경을 떠난다는 뜻은 아니다. 환경에 대해 다른 태도를 취하고 자유롭게 거리를 둔다는 뜻이며, 그러한 태도를 실행에 옮기는 것은 언제나 언어를 통해 이루어진다. 동물의 언어라는 것은 단지 같은 소리로 여러 가지 뜻을 나타내는 방식으로만 존재한다. 언어를 자유롭게 가변적으로 사용할 수 있는 것은 인간의 능력이다. 인간에게 언어가 가변적이라는 것은 단지 따로 습득할 수 있는 다른 외국어가 존재한다는 뜻만은 아니다. 인간에게 언

어의 가변성은 동일한 사물을 다양하게 표현할 가능성을 열어준다
는 의미에서 언어 자체의 내재적 특성이다. 듣지도 말하지도 못하
는 사람들처럼 언어장애가 발생하는 경우에도 언어는 몸짓을 표현
하는 것이 아니라, 원래 제대로 표현되었던 음성언어가 같은 방식
으로 표현된 몸짓으로 대체되어 모사된 것일 뿐이다. 동물들 사이
의 소통가능성에는 그러한 가변성의 여지가 없다. 존재론의 차원에
서 말하면 동물들은 서로 의사소통을 하더라도 이 세계로 총괄되
는 객관적 사태에 관해 의사소통을 하는 것은 아니라는 뜻이다. 이
미 아리스토텔레스는 이 점을 명확히 인식했다. 동물의 울음소리는
동족들이 특정한 행동을 하도록 유도하지만, 로고스를 통한 언어적
의사소통은 존재자 자체를 개현開顯하는 것이다.[409]

　　언어와 세계의 이러한 관계를 바탕으로 독특한 즉물성Sachlich-
keit이 성립된다. 언어는 어떤 사태 자체를 표현한다. 어떤 사태가 다
양한 방식으로 존립함으로써 그 사태가 독립적 타자로 존재한다는
것을 인정할 수 있게 되며, 그러한 타자적 존재는 발화자가 그 사태
에 대하여 독자적 거리를 둔다는 것을 전제로 한다. 이러한 거리두
기에 근거하여 어떤 사태가 고유한 사실적 정황으로 부각되어 다른
사람들도 이해할 수 있는 진술내용이 될 수 있다. 그처럼 독자적으
로 존립하는 사실적 정황의 구조는 늘 부정적인 것을 동반한다. 이
와 같이 고유한 방식으로 존립함으로써 모든 존재자는 특정하게 규
정된다. 따라서 원칙적으로 부정적인 사실적 정황도 존재하며, 고
대 그리스 철학이 그런 측면을 처음으로 포착했다. 이미 엘레아학
파는 존재와 사고noein의 상호관계를 무언의 일자적一者的 관계로 파
악했는데, 그러한 그리스적 사고는 언어의 근본적 즉물성을 염두에
두었던 것이다. 그리고 플라톤은 엘레아학파의 존재개념을 극복하
는 과정에서 존재에 깃들어 있는 비존재Nichtsein를 존재자에 관한
언술의 고유한 가능성으로 인식했다. 이미 살펴보았듯이 그리스 철
학이 언어의 즉물성에 관해 집중적으로 탐구하긴 했지만, 형상eidos

에 내재하는 로고스를 아무리 정교하게 규정하더라도 언어의 고유한 존재에 관한 문제는 제대로 개진될 수 없다. 그리스 철학은 자연스러운 세계경험을 그것의 언어적 표현이라는 관점에서 탐구함으로써 세계를 존재로 사유한다. 그리스 철학이 존재자로 상정하는 모든 것은 로고스로—다시 말해 언술이 가능한 사태로서—언어의 세계지평을 형성하는 전체적 맥락으로부터 분리된 채 부각된다. 그러한 방식으로 존재자로 상정되는 것은 원래 언술의 대상이 아니라 '언술을 통해 언어로 표현된다.' 이로써 존재자는 인간의 사유 속에서 개현되는 존재로서 그 진리성을 획득한다. 이와 같이 고대 그리스의 존재론은 언어의 본질을 언술에 근거하여 사고함으로써 언어의 즉물성에 바탕을 둔다.

그러한 사고의 전통과는 별도로 또 한 가지 강조해야 할 사실은 언어가 대화를 통해—다시 말해 의사소통Verständigung을 수행하는 과정에서—비로소 고유한 존재를 확보한다는 것이다. 그렇지만 의사소통 자체가 곧 언어의 목적인 것처럼 오해해서는 곤란하다. 의사소통이라는 것은 예컨대 다른 사람들에게 나의 의사를 전달하기 위해 기호를 만들어내는 목적의식에 따른 행위가 아니다. 의사소통 자체는 오히려 본래적인 의미에서의 도구 같은 것은 필요로 하지 않는다. 의사소통은 삶의 공동체가 영위되는 삶의 과정이다. 그런 점에서 대화를 통해 이루어지는 인간의 의사소통은 동물들이 주고받는 의사소통과 다르지 않다. 그렇긴 하지만 인간의 언어는 언어적 의사소통을 통해 '세계'가 개현된다는 점에서는 독특하고 유일무이한 삶의 과정이다. 언어를 통한 의사소통은 소통하는 당사자들을 염두에 두면서 소통하는 내용을—이를테면 정당들 사이에 논란이 되는 쟁점 같은 것을—제시한다. 그와 같이 이 세계는 서로 말을 주고받는 모든 사람을 결속시켜주는, 만인이 인정하는 전인미답의 공유지와 같다. 인간생활 공동체의 모든 형태는 언어공동체의 형식들이며, 나아가서 그러한 형식들이 언어를 창출하기도 한다. 언어라는 것은 그 본질상 대화의 언어이기 때문이다. 언어는 의사소통을 수행함으로써 비로소 현실성을 얻는다. 따라서 언어는 단지 의사소통을 위한 수단에 그치지 않는다.

따라서 의사소통을 위해 인공적으로 고안해낸 체계는 결코 언어가 아니다. 가령 암호나 수학적 기호와 같은 인공언어는 그 기저에 언어공동체나 생활공동체를 갖고 있지 않고, 의사소통을 위한 수단과 도구로서만 도입되고 적용되기 때문이다. 바로 그렇기 때문에 언어는 생활 속에서 이루어지는 언어적 의사소통을 이미 전제한다. 알다시피 인공언어를 사용하기 위한 합의는 필연적으로 또 다른 언어에 귀속된다. 반면 실제 언어공동체에서는 의식적으로 어떤 합의를 하는 것이 아니라 아리스토텔레스가 말하듯이 이미 합의가 되어 있다.[410] 공동체 생활에서 우리에게 드러나는 것은 세계이며, 그 세계는 의사소통이 추구하는 모든 것을 포괄한다. 언어적 수단 자체가 의사소통의 대상은 아닌 것이다. 어떤 언어에 관한 의사소통은 의사소통의 본래적인 형식이 아니며, 어떤 도구 내지 기호체계에 관한 합의의 특수한 사례일 뿐이다. 그러한 기호체계는 대화 속에 존재하는 것이 아니라 정보전달을 위한 수단으로 쓰일 뿐이다. 인간의 세계경험이 언어에 기초한다는 사실은 해석학적 경험에 관한 우리의 분석에 더욱 확장된 지평을 열어준다. 이미 번역의 문제를 통해 모국어의 한계를 넘어서 이루어지는 의사소통의 가능성에서 입증되었듯이, 어떤 사람이 살아가는 모국어의 세계는 자기인식을 방해하는 걸림돌이 아니라 원칙적으로 우리의 인식이 확장되고 고양될 수 있는 모든 가능성을 포괄한다. 물론 특정한 언어와 문화의 전통 속에서 사람은 다른 전통에 속해 있는 사람들과는 다르게 세계를 바라볼 것이다. 역사 속에서 명멸한 역사적 '세계들'이 제각기 상이하고 오늘날의 세계와도 다르다는 것은 분명하다. 그렇긴 하지만 그 세계 역시 인간적 세계, 다시 말해 언어에 의해 구조화된 세계로서, 그 세계 안에서 전통 역시 드러나게 마련이다. 그러한 세계가 언어에 의해 구조화된 세계인 한에는 제각기 그 자체로 인식될 수 있으며, 그 세계 고유의 세계관이 확장될 가능성도 열려 있고, 그런 가능성에 상응하여 다른 세계에 의해서도 이해될 수 있다.

이러한 사실은 원칙적 중요성을 갖는다. 이로써 '세계 자체Welt an sich'라는 개념을 사용하는 것이 문제가 될 수 있기 때문이다. 자신의 세계관이 점차 확장되는 것을 가늠하는 척도는 언어의 바깥에 존재하는 '세계 자체'를 통해 형성되는 것이 아니다. 인간의 세계경험이 무한한 완성의 가능성을 지향한다는 것은 오히려 어떤 언어권에서 살아가든 간에 세계를 보는 '관점'이 점점 더 확장되어간다는 것을 뜻한다. 그러한 세계관이 상대적이라는 것은 그러한 세계관과는 대비되는 '세계 자체'가 설정될 수 있다는 의미에서가 아니다. 그런 '세계 자체'를 별도로 설정하면 마치 인간 언어세계의 바깥에 존재하는 관점에 입각하여 올바른 세계관이 '세계 자체'를 인식할 수 있는 것처럼 오도될 소지가 있다. 물론 인간 없는 세계가 있을 수 있다는 것은 의문의 여지가 없다. 그런 가능성 역시 인간의 언어로 파악된 세계관이 생생하게 작용하는 의미의 일부이다. 모든 세계관은 세계의 '즉자존재Ansichsein'를 함축한다. 세계관은 언어의 도식으로 파악된 경험이 관련을 맺는 전체이다. 그러한 세계관의 다양성은 '세계'의 상대화를 뜻하지 않는다. 오히려 세계 자체는 그 세계가 표현되는 세계관과 다른 것이 아니다.

이러한 관계는 사물을 지각할 때와 흡사하다. 현상학적으로 보면 '물 자체'는 후설이 밝힌 바와 같이 사물을 지각할 때 사물을 보는 관점 여하에 따라 뉘앙스의 차이가 나면서도 지각의 연속성이 유지되는 것에 그 핵심이 있다.[411] 세계의 '즉자존재'를 세계를 보는 '관점', 즉 세계관과 대립시키는 사람은 신학적으로 사고하는 사람이거나 —그런 경우 '즉자존재'는 그렇게 사고하는 사람의 관점이 아니라 오로지 신의 관점에서 그렇게 설정되는 것이다—아니면 사탄 루시퍼의 관점을 취하는 사람일 것이다. 다시 말해 세계 전체가 자신에게 복종해야 한다는 식으로 자신을 신과 동격에 놓으려는 입장이다. 하지만 그런 관점을 취하면 세계의 즉자존재는 자신의 전능한 상상력에 제한을 가하는 셈이 된다.[412] 사물을 지각할 때와 흡사한 의미로 우리는 세계를 다양한 언어세계로 경험하는 '언어적 뉘앙스의 차이'를 거론할 수 있다. 그렇지만 사물이 지각될 때 '뉘앙스의 차이'는 서로 배타적으로 차이가 나고 '물 자체'는 그러한 차이에도 불구하고 지각의 연속성을 뒷받침한다. 반면 언어적 세계관의 뉘앙스 차이는 각각의 세계관이 다른 모든 세계관을 잠재적으로는 함축한다는 뚜렷한 차이점이 있다. 다시 말해 하나하나의 언어적 세계관은 뉘앙스의 차이에도 불구하고 다른 세계관으로 확장될 여지가 있다. 언어적 세계관은 다른 언어로 표현되는 세계'관'을 자신의 관점에서 이해하고 파악할 수 있는 것이다.

따라서 우리의 세계경험이 언어의 구속을 받는다고 해서 상이한 관점들이 서로 배타적 관계에 있음을 뜻하지는 않는다는 것을 분명히 확인해둘 필요가 있다. 우리는 다른 언어의 세계 속으로 들어가서 우리 자신의 기존 세계경험이 지닌 한계와 선입견을 극복한다. 그렇다고 해서 우리 자신의 세계를 떠나거나 부정하는 것은 아니다. 예컨대 외국을 여행하면 우리는 새로운 경험을 가지고 돌아온다. 설령 외국으로 이민을 가서 끝내 돌아오지 않는다 하더라도 고향을 완전히 망각하지는 않을 것이다. 우리는 역사적 지식을 가진 존재로서 이 세계에 관한 모든 인간적 사유가 역사적 제약을 받고 우리 자신 역시 그러한 제약을 받는다는 사실을 원칙적으로 명확하게 인식하고 있다. 그렇다고 해서 그 어떤 제약도 받지 않는 다른 절대적 관점을 상정하는 것은 아니다. 특히 원칙적으로 그러한 제약을 받는다는 것을 가정하는 것 자체는 무조건 옳고, 따라서 아무런 모순 없이 그러한 가정 자체에 적용될 수 있다 하더라도, 그것이 곧 그런 가정에 대한 논박이 될 수는 없다. 제약에 대한 자각이 제약 자체를 지양하지는 않는다. 동일한 논리적 차원에 존재하지 않는 것을 여러 명제의 상관관계로 이해하려는 것은 반성철학 Reflexionsphilosophie의 선입견 중 하나이다. 따라서 여기서 반성철학의 논리를 끌어들이는 것은 적절하지 않다. 중요한 것은 여러 판단들의 모순 없는 관계가 아니라 삶의 관계 자체이다. 우리의 세계경험이 언어로 파악된다는 사실에 입각할 때 다양하기 이를 데 없는 삶의 관계들을 모두 포괄할 수 있게 된다.[413]

예컨대 우리는 천동설을 뒤집은 코페르니쿠스의 전환을 알고 난 다음에도 여전히 해가 지는 것을 관찰한다. 시각적 지각을 믿으면서도 이성적으로는 실제로는 그 반대라는 것을 인식하는 것은 얼마든지 양립할 수 있다. 사실 언어야말로 중층적 삶의 관계에서 뭔가를 정립하고 정리하면서 그 진가를 발휘하지 않는가? 해가 진다고 하는 말은 확실히 자의적인 것이 아니라 실제로 목격한 사실을 가리킨다. 그것은 스스로는 움직이지 않는 관찰주체에게 보이는 모습이다. 태양은 그 빛이 우리에게 도달했다가 다시 떠나간다. 그런 점에서 일몰은 우리가 관찰하는 하나의 현실이다.(그런 현상은 '현존재의 상대적' 제약을 받는다.) 다른 한편 우리는 사고를 통해 다른 모델을 구성함으로써 그처럼 자명한 관찰사실로부터 벗어날 수 있다. 그런 능력이 있기 때문에 우리는 또한 코페르니쿠스의 이론에 대해 이성적 견해로 말할 수 있다. 그렇지만 우리는 눈에 들어오는 자연현상을 과학적 인식의 '눈'으로 부정하거나 논박할 생각은 없다. 그런 발상이 무의미한 것은 비단 눈으로 관찰하는 현상이 우리에겐 진정한 실재이기 때문만이 아니라, 과학이 우리에게 말해주는 진리가 어떤 세계관의 관점에서 보면 상대적이고 전체를 대변한다고 보긴 어렵기 때문이기도 하다. 진정으로 우리의 세계관 전체를 해명할 수 있는 것은 아마도 언어일 것이다. 그리고 이러한 언어의 총체 속에서 비로소 눈으로 관찰하는 사실은 과학과 마찬가지로 정당성을 확보할 것이다.

물론 그렇다고 해서 언어가 곧 그러한 정신적 집중력의 요인이라는 뜻은 아니다. 다만 세계와 우리 자신에 대한 직관의 직접성이 언어 속에서 보존되고—유한한 존재인 우리 인간은 어디에서 와서 어디로 가는지 모르기 때문에—변형되기도 한다는 것을 뜻할 뿐이다. 개개인의 의식을 넘어서 실재하는 것이 언어를 통해 가시화되는 것이다.

따라서 불변의 것만이 언어적 사건 속에서 정처定處를 찾는 것이 아니라 사물의 변화 역시 그러하다. 예컨대 우리는 말의 쇠락현상을 통해 윤리와 가치의 변화를 읽어낼 수 있다. 이를테면 '미덕Tugend'이라는 말은 오늘날의 언어에서는 거의 반어적 뉘앙스로만 잔존한다.[414] 만약 우리가 미덕이라는 말 대신에 미덕이라는 말에 어울리는 신중한 태도로 윤리규범의 지속적 타당성을 확고한 관습의 세계와는 무관한 오늘날의 방식으로 표현하는 다른 말을 사용한다면, 그러한 언어변화의 과정 자체가 현실에서 실제로 벌어지는 사태를 반영하는 것이다. 설령 시가 닳고 닳은 듯한 말로도 삶의 비밀을 일깨우고 우리 자신을 깨우쳐준다면 그런 경우에도 시어는 과연 무엇이 진실인가를 가늠하는 하나의 시금석이 될 수 있을 것이다. 언어가 이 모든 것을 수행할 수 있는 것은 확실히 언어가 반성적 사고의 산물이 아니라 삶의 좌표가 되는 세계관을 형성하는 역할을 수행하기 때문일 것이다.

이로써 우리가 이미 앞에서 확인했던 사실, 즉 언어 속에서 세계는 스스로를 드러낸다는 사실이 전적으로 확증된 셈이다. 언어적 세계경험은 '절대적'이다. 그것은 존재정립Seinssetzung의 모든 상대성을 넘어선다. 언어적 세계경험은 즉자존재가 어떤 관계로 (상대성으로) 드러나든 간에 모든 존재 자체를 포괄하기 때문이다. 세계경험의 언어적 특성은 존재자로 인식되고 언명되는 모든 것에 선행한다. 언어와 세계가 근본적인 관계를 맺고 있다는 것은 따라서 세계가 언어의 대상이 된다는 뜻이 아니다. 인식과 언술의 대상이 되는 것은 오히려 이미 언어의 세계지평Welthorizont 속에 포함되어 있

다. 인간의 세계경험의 언어적 특성 자체는 세계의 대상화를 뜻하지 않는다.[415]

반면 과학이 인식하는 대상성, 과학의 객관성을 담보하는 대상성은 언어와 세계의 상관성에 의해 포괄되는 상대성의 세계에 속한다. 그러한 대상성 속에서 '인식'의 본질을 규정하는 '즉자존재'의 개념은 의지에 의한 규정Willensbestimmung의 성격을 띤다. 그 자체로 존재하는 것은 자신의 욕구나 선택과는 무관하다. 그렇지만 그 자체로 존재하는 것이 인식됨으로 인해 인식대상을 고려하는 방식으로 대상화되고 자신의 목적에 따라 편입시킬 수 있는 것이 된다.

여기서 알 수 있듯이 이러한 즉자존재의 개념은 고대 그리스의 '그 자체kath' hauto' 개념과 일치하는 것처럼 보이지만 사실은 그렇지 않다. 고대 그리스의 '그 자체' 개념은 무엇보다도 어떤 존재자의 실체적 측면 혹은 본질적 측면이 잠재적 가능성 내지 가변성과 구별되는 존재론적 차이를 가리킨다. 어떤 존재자의 영속적 본질에 속하는 것은 당연히 명백하게 인식될 수 있는 것, 다시 말해 언제나 인간정신에 비해 선행하는 것이다. 그렇지만 현대철학에서 말하는 '그 자체an sich'라는 개념은 그와 같이 본질적인 것과 비본질적인 것의 존재론적 차이와는 아무런 상관이 없으며, 사물에 대한 제어를 가능하게 해주는 확고한 인식으로 규정된다. 확고하게 파악된 사실은 우리가 고려해야 할 대상이나 저항과 같은 것이다. 따라서 그 자체로 존재하는 것은—특히 막스 셸러Max Scheler가 설명했듯이—인식과 욕구의 특정한 방식에 비추어볼 때는 상대적이다.[416]

그렇다고 해서 어떤 특정한 학문이 특별한 방식으로 존재자의 장악을 추구하고 이러한 지배욕에 부합되게 즉자존재의 의미를 규정한다는 뜻은 아니다. 막스 셸러가 역학에서 설정하는 세계모델이 특히 대상을 개조하려는 목적과 관련이 깊다고 강조한 것은 옳은 말이다.[417] 그렇지만 그것은 너무 일면적인 모델이다. 지배를 위한 지식은 근현대 자연과학 전반에 공통된 현상이다. 또한 근래에 부상하는 생명에 대한 물리화학적 연구와 최근에 전개되는 진화론 역시 공공연히 그런 목적을 표방한다. 특히 새로운 연구의도와 결합된 새로운 연구목표가 은폐되는 경우에 그런 경향은 두드러진다.

이를테면 생물학자 윅스퀼Uexküll의 환경연구는 물리학의 세계와는 다른 생명계를 탐구대상으로 표방하는데, 그러한 생명계는 식물과 동물과 인간의 경계를 넘나드는 다층적 생명계를 설정한다.

이러한 생물학적 문제의식은 생명체가 살아가는 환경의 특수한 구조들을 탐구함으로써 종전 동물연구의 소박한 인간중심주의 극복을 목표로 한다. 그에 따르면 인간의 생활세계도 동물들이 살아가는 환경과 마찬가지로 인간의 감각으로 인식할 수 있는 요소들로 구성되어 있다는 것이다. 만약 각각의 생물계가 속해 있는 '세계들'이 이러한 방식으로 생물학적 계획에 의한 설계로 이해된다면 물리학에서 인식할 수 있는 즉자존재의 세계도 당연한 것으로 전제되는 것처럼 보인다. 선별의 원칙에 따라 극히 다양한 생물이 그 자체로 존재하는 소재를 사용하여 제각기 그들의 세계를 구축할 수 있을 것이기 때문이다. 생물계는 그와 같이 물질계의 재구조화를 통하여 만들어지고 그러한 물질계를 간접적으로 전제한다. 이것은 분명히 새로운 문제의식이다. 이것은 오늘날 행태연구로 널리 인정된 연구방향이다. 이러한 연구방향은 당연히 인간이라는 종種까지도 연구대상에 포함한다. 오늘날 이러한 연구는 새로 개척한 물리학의 도움을 빌려, 인간이 발전시킨 시간관과 공간관을 대단히 복잡한 수학적 구조를 가진 특수한 인간적 표상으로 파악한다. 그것은 마치 오늘날 벌들이 자외선에 예민하게 반응하는 능력에 따라 행동하는 것으로 벌들의 세계를 인식하는 것과 같은 형국이다.

따라서 물리학의 세계는 인간세계와 동물계를 모두 포괄하는 것으로 보인다. 그리하여 마치 '물리학의 세계'가 그 자체로 존재하는 진짜 세계처럼 간주되고, 종種에 따라 제각기 다른 방식으로 반응하는 모든 생물계의 행태를 설명할 수 있는 절대적 실재인 것처럼 간주되는 것이다.

그런데 정말로 이 세계가 존재자의 모든 상대성을 제치고 단일한 절대과학이 인식할 수 있는 그런 즉자존재의 세계인 것일까? '절대적 대상'이라는 개념 자체가 이미 나무로 만든 쇳덩어리 같은 형용모순이 아닐까? 사실은 생물계든 물질계든 그 세계의 구성요소인 현존재의 상대성을 부인하지 못한다. 그런 한에는 물리학이든 생물학이든 학문으로서는 결코 초극할 수 없는 동일한 존재론적 지평을 갖는다. 물리학과 생물학은 존재의 세계를 인식하며, 이미 칸트가 밝혔듯이 그것은 존재자가 어떻게 시간과 공간 속에 주어져 있고 경험의 대상이 되는가를 인식한다는 뜻이다. 바로 그것이 학문의 세계에서 추구하는 인식의 진보를 규정한다. 물리학의 세계 역시 존재자 전체를 인식대상으로 삼는다고 장담할 수는 없다. 심지어 모든 존재자를 연산할 수 있고 따라서 체계의 관찰자 자신도 체계의 비밀을 해명할 방정식의 한 요소로 산정할 수 있다고 상정하는, 이 세계의 비밀을 해명할 그런 방정식이 있다 하더라도, 그러한 연산을 수행하는 물리학자가 결코 연산의 대상이 될 수 없다는 것은 너무나 당연하다. 스스로를 연산하는 물리학, 스스로에 관한 연산 자체인 그런 물리학은 자기모순이다. 생물계와 인간의 행태를 연구대상으로 삼는 생물학에 대해서도 마찬가지 평가를 내릴 수 있다. 그런 방식의 연구를 통해 인식되는 내용은—연구자 자신도 생물이고 인간이므로—연구자 자신에게도 적용될 것이다. 하지만 그런 사실을 근거로 생물학 자체가 인간 행동방식의 하나일 뿐이고 그런 관점에서 탐구대상이 된다고 결론내릴 수는 없다. 생물학 또한 인식이다.(따라서 오류를 범할 수도 있다.) 물리학자와 마찬가지로 생물학자 역시 존재의 세계를 탐구하는 것이지 그 자신이 탐구의 대상은 아니다.

물리학에서든 생물학에서든 탐구대상이 되는 존재 자체는 문제제기의 방식에 의해 어떻게 존재가 정립되는가에 따라 상대적이다. 물리학이 존재 자체를 인식해야 한다는 요청에 대하여 그런 수준을 넘어서는 정당성을 부여할 하등의 근거도 없다. 물리학이든 생물학이든 과학의 관점에서 사전에 이미 탐구대상을 설정해놓았고, 그 탐구대상을 인식한다는 것은 곧 대상을 지배한다는 뜻이다.

반면 언어를 통해 인간이 세계와 관계를 맺는 전체적 양상은 전혀 사정이 다르다. 언어를 통해 드러나고 파악되는 세계는 과학의 탐구대상과 같은 의미에서 그 자체로an sich 존재하지도 않고 상대적이지도 않다. 언어로 파악되는 세계는 대상성을 갖지 않기 때문에 그 자체로 존재하지 않는다. 언어로 파악되는 세계는 결코 포괄적인 전체로서 경험 속에 미리 주어지지 않는다. 또한 그 세계는 특정한 언어에 따라 상대적인 것도 아니다. 언어공동체의 일원으로서 언어의 세계 속에서 살아간다는 것은 마치 동물들이 생존환경에 둘러싸인 것과 같은 의미에서 환경 속에 편입되어 있다는 것을 뜻하지는 않는다. 또한 생물학이나 물리학이 탐구대상을 제압하듯이 언어의 세계를 그런 방식으로 인식할 수는 없다. 언어를 인식대상으로 설정하는 어떤 관점이 언어의 세계 바깥에 존재하는 것은 아니기 때문이다. 물리학도 그런 관점을 확보하지는 못한다. 물리학이 탐구하고 계산하는 대상은 세계, 즉 존재자 전체가 아니기 때문이다. 언어의 구조를 탐구하는 비교언어학 역시 언어의 바깥에서 존재자 자체를 인식할 수 있는 관점을 설정하지는 못한다. 그런 관점을 설정하다면 언어적 세계경험의 다양한 형식들을 존재자 자체로부터 도식적으로 선별하여 마치 동물의 생태계를 그 구조적 원리에 따라 재구성하듯이 언어의 세계도 그렇게 재구성할 수 있다는 오류를 범하는 것이다. 오히려 모든 언어는 존재자의 무한성과 직접적 관련을 맺는다. 언어를 갖고 있다는 것은 동물들이 환경의 구속을 받는 것과는 전혀 다른 존재방식을 뜻한다. 사람들이 외국어를 배운다고 해서 마치 수생동물이 육지동물로 진화할 때와 같은 방식으로 세계와 관계맺는 방식이 바뀌는 것이 아니라, 오히려 원래의 방식을 유지함으로써 외국어의 세계를 통해 더욱 시야가 확장되고 풍요롭게 된다. 언어를 가진 사람은 세계를 '갖고' 있다.

그 점을 분명히 인식할 때만 언어의 즉물성Sachlichkeit을 과학의 객관성과 혼동할 소지가 없다. 언어를 통해 세계와 관계를 맺을 때 언어사용자와 세계 사이에 발생하는 거리 자체는 마치 자연과학이 인식의 주관적 요소를 배제함으로써 확보하는 그런 객관성을 확보하지는 못한다. 물론 언어를 통한 거리두기와 언어의 즉물성은 언어의 고유한 성취로서, 그런 성취가 저절로 생겨나지는 않는다. 우리는 어떤 경험을 언어로 표현함으로써 어떻게 그 경험을 제어할 수 있는지 안다. 그렇게 함으로써 경험의 위협적이고 충격적인 직접성에 거리를 취하고 조절할 수 있으며, 타인에게 전달가능한 경험으로 확실하게 관리할 수 있다. 이처럼 언어를 통해 경험을 제어하는 것은 예컨대 과학이 경험을 객관화하고 임의의 목적을 위해 가공하는 것과는 전혀 다르다. 자연과학자가 자연현상의 법칙성을 인식할 때는 도구를 이용하여 자연현상을 재구성하려고 시도한다. 그렇지만 언어를 통해 이루어지는 자연발생적 세계경험에서는 그런 일이 결코 있을 수 없다. 언어를 사용한다는 것은 대상을 가공할 수 있고 계산할 수 있는 상태로 만드는 것이 전혀 아니다. 언술행위를 통한 판단은 다양한 언어활동 중에서 단지 하나의 특수한 형태일 뿐 아니라, 언술행위 자체가 삶을 대하는 태도와 긴밀하게 관련되어 있다. 그렇기 때문에 경험을 객관화하는 과학은 언어로 구조화된 자연스러운 세계경험을 선입견의 원인 중 하나라고 간주한다. 베이컨의 경우가 보여주듯이 근대 과학은 수학적 계량의 방법으로 언어의 편견과 소박한 목적론에 맞서서 과학 자체의 구조적 탐구계획을 수립하고자 한다.[418]

다른 한편 언어의 즉물성과 인간의 과학적 능력 사이에는 긍정적인 사실적 연관성이 존재한다. 그것은 특히 고대의 자연철학에서 두드러지게 나타나는데, 고대의 자연철학은 언어적 세계경험에 연원을 두기 때문에 그 점이 특별한 장점이기도 하고 특별한 약점이 되기도 한다. 그 취약점이라 할 수 있는 소박한 인간중심주의를 극복하는 과정에서 근대 과학은 고대 자연철학의 장점, 즉 인간의 자연스러운 세계경험에서 유래하는 장점까지도 포기했다. 이론이라는 개념은 그것을 아주 잘 보여주는 사례이다. 근대 과학에서 이론이라 일컬어지는 것은 고대 그리스의 자연철학이 세계의 질서를 파악하는 수단이었던 직관적 인식의 태도와는 거의 아무런 상관도 없는 것으로 보인다. 근대 과학에서 말하는 이론은 경험을 통일적으로 집약하고 제어가능한 것으로 만들기 위한 구조화의 수단일 뿐이다. 따라서 그런 이론이라는 것은 흔히 말하듯이 '만들어내면' 되는 것이다. 바로 이런 어법에서도 확인할 수 있듯이 어떤 이론은 다른 이론을 무효화시키며, 모든 이론은 애초부터 제한된 타당성만 갖는다. 다시 말해 진일보한 더 나은 이론이 출현하기 전까지만 유효한 것이다. 그렇지만 고대의 이론은 그런 의미에서의 수단이 아니라 목적 자체이며 인간의 최고의 존재방식이다.[419]

그럼에도 양자 사이에는 긴밀한 연관성이 있다. 고대의 이론 개념이나 근대 과학의 이론 개념은 마주치는 모든 대상을 주관적 의도와 목적의 관점에서만 바라보는 실천적·실용적 관심에서는 벗어나 있다. 아리스토텔레스에 따르면 생활에 필요한 필수적 욕구가 모두 충족되었을 때만 이론적 태도는 생겨날 수 있다.[420] 근대 과학의 이론적 태도 역시 특정한 실용적 목적을 위해 자연을 탐구하지는 않는다. 물론 근대 과학에서 문제제기와 탐구의 방식 자체가 이미 존재자를 지배하려는 목적을 추구하고, 그런 한에는 실용적이라 일컬어질 수밖에 없는 것은 사실이다. 그렇지만 개별 과학자의 의식에서 인식의 결과물을 응용하는 문제는 부차적이다. 응용의 필요성은 인식에 기반을 둔 것이긴 하지만 나중에 생겨나며, 인식내용을 과연 활용할 것인가 혹은 무엇을 위해 활용할 것인가 하는 문제를 인식과정에서 미리 고려하지는 않는다. 이러한 유사성에도 불구하고 인식과 응용의 차이는 '이론'과 '이론적'이라는 말의 의미에서도 드러난다. 현대의 어법에서 '이론적'이라는 개념은 거의 사적私的 개념이다. 어떤 것을 이론적이라 일컬을 때는 두드러지게 행위의 목적에 얽매이지 않는 경우를 가리키는 것이다. 그 반대로 현대 과학이 고안해내는 이런저런 이론들은 응용가능성에 의해 평가된다. 다시 말해 이론적 인식 자체가 존재자에 대한 의도적 지배의 관점에서 목적이 아닌 수단으로 사고되는 것이다. 반면 고대의 이론 개념은 전혀 다르다. 고대의 이론은 세계의 질서를 그 자체로 직관할 뿐 아니라, 그런 차원을 넘어서 세계 전체의 질서에 참여하는 것을 의미한다.[421]

고대 그리스의 이론 개념과 근대 과학의 이론 개념이 이러한 차이를 보이는 것은 내가 보기에는 언어적 세계경험에 대한 상이한 입장에 근거한다. 앞에서 강조한 바와 같이 고대 그리스의 앎은 무엇보다 언어적 세계경험에 기반을 두고 있어서 언어의 유혹에 광범위하게 노출되어 있다. 따라서 말의 위력dynamis tōn onomatōn에 맞서 싸우더라도 말의 위력을 완전히 극복할 수 있는 순수한 기호언어를 개발하는 방향으로 나아가지는 않았으며, 그런 점에서 현대 과학이 존재자의 지배를 위해 순수한 기호언어를 추구하는 것과는 대조적이다. 아리스토텔레스가 논리학에서 사용하는 문자상징, 그리고 그의 자연학에서 운동의 경과를 비례관계와 상관관계로 서술하는 방식 역시 17세기 수학에서 사용되기 시작하는 표기방식과는 전혀 다르다.

고대 그리스인이 과학의 창시자라는 것을 강조할 때는 이러한 사실을 간과해서는 안 된다. 근대 과학의 방법이 새로운 척도를 도입하면서 결국 고대 그리스의 세계는 돌이킬 수 없는 과거가 되었다. 플라톤이 칸트의 관점에서 재해석되고, 이데아가 자연법칙의 관점에서 새롭게 해석되며(신칸트주의), 데모크리토스가 근대의 진정한 '역학적' 자연인식에 서광을 비춰주었다고 칭송될 때 이미 고대세계의 자연인식은 근대 과학의 관점으로 대체되었던 것이다. 그렇지만 헤겔이 삶의 이념을 기치로 삼아 오성Verstand의 관점을 원칙적으로 극복했다고 자임했던 맥락만 살펴보아도 이러한 근대적 고찰방식의 한계가 드러난다.⁴²² 내가 보기에 하이데거는『존재와 시간』에서 고대 그리스의 과학과 근대 과학 사이의 차이점과 공통점을 생각해볼 수 있는 관점을 제시한다. 하이데거는 현존성 Vorhandenheit 개념을 존재의 결핍양상으로 파악하고, 그 배경으로 고대 형이상학과—고대 형이상학의 잔재가 남아 있는—근대의 주관성 개념을 지목했다. 이로써 하이데거는 고대 그리스의 이론과 근대 과학 사이의 존재론적 연관성을 올바르게 파악했다. 존재에 대한 시간적 해석의 지평에서 보면 고대의 형이상학 전체는 현존성의 존재론이고, 근대 과학은—근대 과학 자체는 이 점을 자각하지는 못했지만—그러한 고대의 형이상학 전통을 계승한 셈이다. 고대 그리스의 이론 개념 자체는 근대 과학과는 다른 어떤 측면을 내포한다. 고대 그리스의 이론 개념은 현존재를 파악한다기보다는 아직까지는 '사물'의 품위를 간직하는 물 자체 Ding an sich 를 파악한다. 후기 하이데거는 사물의 경험이 순전한 현존성의 단순한 확인과는 전혀 무관하고 이른바 경험과학에서 말하는 경험과도 전혀 무관하다는 점을 강조했다.⁴²³ 그런 관점에서 우리는 사물의 품위와 언어의 사실성을 현존재의 존재론에 대한 편견이나 객관성 개념에서 탈피하여 사고해야만 한다.

우리가 논의의 출발점으로 삼고자 하는 것은, 인간의 세계경험을 언어로 파악할 때는 현존재가 고려되거나 계산되지 않으며 인간에게 의미 있게 드러나는 존재자가 언표된다는 것이다. 근대의 수학적 자연과학을 지배하는 합리적 구성이라는 방법적 이상이 아니라 바로 그러한 인식을 바탕으로 삼을 때 정신과학이 수행하는 이해는 올바르게 인식될 수 있다. 앞에서 우리는 영향사적 의식이 언어활동을 매개로 작용한다는 것을 확인했거니와, 그것은 언어활동이 인간의 세계경험 전반을 규정하기 때문이다. 언어활동을 통해 '세계'가 대상화되는 것이 아니듯 영향사 역시 해석학적 의식의 대상은 아니다.

인식과 의미를 통해 구성되는 세계경험의 통일체인 사물들이 언어로 표현되듯이, 우리에게 전해내려오는 전통 역시 이해와 해석을 통해 다시금 언어로 표현된다. 이러한 언표의 언어적 차원은 인간의 세계경험 전반의 언어적 차원과 같은 맥락에 있다. 해석학적 현상에 대한 우리의 분석이 결국 언어와 세계와의 관계에 대한 논의로 이어지는 것은 바로 그런 사태에 연유한다.

2) 언어의 중심과 그 사변적 구조

인간의 세계경험이 본질적으로 언어적 성격을 지닌다는 사실은 알다시피 플라톤이 '로고이logoi로의 도피'를 주창한 이래 고대 그리스의 형이상학이 존재에 관한 사유를 개진할 때 길잡이 역할을 했다. 그렇다면 고대 그리스 철학이 이 문제에 관해 제시한 답변이—그 답변은 헤겔에 이르기까지 지속적인 영향을 미치는데—과연 우리의 중심적 문제의식에 어느 정도나 부합하는지 되새겨볼 필요가 있다.

고대 그리스 철학이 내놓은 답변은 신학적 성격을 띤다. 고대 그리스의 형이상학은 존재자의 존재를 사유함으로써 존재를 사유 속에서 완성되는 존재자로 이해했다. 여기서 사유는 곧 정신nous의 사유를 가리킨다. 그리스적 사유에서 정신은 가장 본질적인 지고의 존재자로 간주되었고, 모든 존재자의 존재를 총괄하는 것으로 간주되었다. 로고스의 표현은 존재자의 구조를 언어로 드러내고, 그러한 언표는 그리스적 사유에서 다름 아닌 존재자 자체의 현현顯現, 존재자의 진리aletheia를 뜻한다. 그러한 진리현현의 무한성이 곧 인간의 사유가 완벽한 가능성 내지 신적인 상태를 향하여 추구하는 목표가 된다.

여기서는 그러한 사유가 다시금 엄청난 자기망각에 빠진 역사를 굳이 추적하지는 않겠다. 또한 헤겔의 절대적 관념론이 보여주듯이 근대의 주관성 개념을 바탕으로 그러한 자기망각을 쇄신하려는 시도에 관해서도 굳이 되짚어볼 생각이 없다. 우리의 주된 관심사는 해석학적 현상이기 때문이다. 해석학적 현상 전체의 바탕이 되는 기초는 역사적 경험의 유한성이다. 이 문제를 올바르게 해명하기 위하여 우리는 언어의 흔적을 추적했는데, 언어는 존재의 구조를 단지 모사할 뿐 아니라 언어의 궤적 속에서 비로소 우리의 경험 자체의 질서와 구조가 형성되고 항상 변화를 동반한다.

언어가 유한성의 흔적인 이유는 인간의 언어구조가 다양하게 존재하기 때문이 아니라, 모든 언어는 부단히 형성되는 과정에 있고 언어가 더 많은 세계경험을 표현할수록 언어의 형성과정이 더더욱 촉진되기 때문이다. 각각의 개별언어가 유한한 것은 다른 모든 언어와는 다르기 때문이 아니라 언어의 본질이 원래 그러하기 때문이다. 앞에서 우리는 언어에 관한 서구적 사고의 중요한 전환기들을 탐구했다. 그 결과 기독교적 사고가 '말씀'에 관해 주창했던 것보다 훨씬 더 근본적인 의미에서 언어적 사건이 인간의 유한성에 상응한다는 것을 확인했다. 우리의 모든 세계경험과 특히 해석학적 경험이 전개되는 출발점은 언어라는 중심Mitte이다.

중세철학이 생각했던 것과는 달리 말이란 단지 종種species의 완성이 아니다. 사고하는 정신이 존재자를 파악할 때 그것은 이미 주어져 있는 존재질서의 모사가 아니다. 그러한 존재질서의 진정한 관계는 무한한 정신(창조주의 정신)에 의해 직관될 수 있다. 그렇지만 말이라는 것은 이를테면 수학의 언어처럼 계산을 통해 처리할 수 있는 대상화된 존재자의 세계를 구조화하기 위한 도구가 아니다. 우리 인간의 유한성의 척도에 따라 가늠되는 존재의 경험은 무한한 정신에 의해서도 무한한 의지에 의해서도 능가할 수 없다. 존재자 전체와 관련을 맺는 언어의 중심을 통해서만 인간의 유한한 역사적 존재를 인간 자신과, 그리고 세계와 매개할 수 있다.

플라톤은 다수로 구성되어 있으면서 동시에 단일자인 존재를 상정하면서 로고스에 역행하는 이 변증법의 난제에 몰입했고, 중세의 삼위일체설은 이 문제를 신앙의 신비로 해명하고자 했다. 이제 언어의 중심적 성격에 주목할 때 비로소 이 문제는 진정한 근거를 확보한다. 플라톤은 언어가 곧 다수로 구성된 단일자라는 것을 인식함으로써 이 문제의 해명을 위한 첫걸음을 떼었다. 우리가 서로 주고받는 말, 우리에게 건네지는 말은 언제나 하나의 말이다.(신학적으로 보면 신의 '말씀'인 것이다.) 그런데 앞에서 이미 살펴보았듯이 말의 이러한 통일성은 언표된 말 속에서는 시시각각으로 해체된다. 플라톤과 아우구스티누스의 변증법이 인식했던 이러한 로고스와 말씀의 구조는 말의 논리적 내용이 투영된 것일 뿐이다.

또다른 형태의 말의 변증법이 존재하는데, 그 변증법에 따르면 하나하나의 낱말은 원래 단일한 하나의 말이 다시 내적 차원에서 수많은 낱말로 분화되었다고 본다. 다시 말해 개개의 낱말은 어떤 중심으로부터 분열되어 생겨났고, 개별 낱말의 존재근거가 되는 전체와 관련을 맺고 있다. 개별 낱말은 그것이 속해 있는 언어 전체의 음조를 드러내며, 그 낱말의 바탕에 깔려 있는 세계관 전체를 드러나게 한다. 따라서 개별 낱말은 또한 그 낱말이 탄생하는 순간의 사건을 통해 미처 말해지지 않은 것까지도 함께 드러내며, 그 말해지지 않은 것에 대해 간접적인 암시로 응답하기도 한다. 인간의 발화행위가 우발적 계기에 따라 이루어지는 것은 인간의 표현능력이 임의의 정황에 의해 불완전하기 때문이 아니라, 발화행위의 생동하는 잠재적 가능성에 기인하는 논리적 결과이다. 인간의 발화행위는 온전한 의미를 다 표현하지는 못하더라도 최대한 자유롭게 작동시키는 것이다.[424] 모든 인간적 언표행위는 무한한 의미를 전개하고 해석할 잠재적 가능성을 내장하고 있다는 의미에서 유한하다. 따라서 해석학적 현상 역시 기본적으로 언어적으로 구조화된 존재의 근본적 유한성에 입각하여 해명되어야 한다.

앞에서 우리는 해석자가 텍스트에 속해 있다는 귀속성Zugehörig-keit의 문제를 언급하면서 전통과 역사서술의 내적 상관성을 규명했는데, 그러한 상관성은 영향사적 의식의 개념으로 집약될 수 있다. 이제 해석자가 텍스트에 속해 있다는 귀속성의 개념을 언어적으로 파악된 세계경험의 관점에서 좀더 면밀히 규명할 수 있을 것이다.

이로써 우리는 예로부터 철학이 친숙하게 다루어온 문제영역으로 접어들었다. 형이상학에서 귀속성이라는 것은 존재와 진리 사이의 선험적 관계를 가리키며, 그러한 관계는 인식을 주체의 태도이기 이전에 존재 자체의 한 계기로 사고한다. 그처럼 인식이 존재와 내적 관련을 맺는다는 것은 고대와 중세 철학의 전제이다. 존재하는 것은 그 본질상 참된 것이다. 다시 말해 존재하는 것은 무한한 정신의 현현으로 존재하며, 바로 그렇기 때문에 인간의 유한한 사유로 존재자를 인식할 수 있게 된다. 따라서 사고의 출발점이 되는 것은 그 자체로 존재하면서 다른 모든 것을 대상화하는 주체의 개념이 아니다. 그 반대로 플라톤의 사고에서 '영혼'의 존재는 참된 존재에 관여한다는 특성으로 규정된다. 다시 말해 영혼의 존재는 이데아와 마찬가지로 본질의 영역에 속하며, 아리스토텔레스가 영혼에 관해 말하듯이 영혼은 어떤 의미에서는 모든 존재자이다.[425] 이러한 사고의 맥락에서는 세계를 갖지 않은 정신이 자기 자신을 자각하면서 세계 속의 존재를 탐색한다는 것은 어불성설이며, 정신과 세계는 근원적으로 서로에게 귀속되어 있다. 양자의 관계가 무엇보다 우선적인 것이다.

고대의 사유는 목적론에 보편적인 존재론적 기능을 부여함으로써 그러한 관계를 고려했다. 목적과의 관계에서 보면 어떤 결과를 낳는 매개작용이 목적의 실현에 적합한 것은 우연적인 것이 아니라 처음부터 목적에 부합하는 수단을 선택하고 강구하기 때문이다. 목적에 부합하는 수단을 선택하는 것이 일차적 관건이다. 우리는 그것을 합목적성이라 일컫는데, 알다시피 이성적인 인간행위만

이 이러한 방식으로 목적에 부합하는 것은 아니다. 삶의 모든 관계에서 그러하듯 굳이 목적을 설정하고 수단을 선택하지 않더라도 삶의 여러 관계는 합목적성의 이념에 따라 사고되며, 모든 부분들의 상호조율이 이루어진다.[426] 이 경우에도 부분보다는 전체의 관계가 더욱 근원적이다. 심지어 진화론에서도 적응 개념은 신중하게 사용되어야 한다. 적응 개념은 부적응 상태를 자연스러운 관계로 전제하기 때문이다. 그런 전제하에서는 마치 생명체가 살아가는 세계가 사후적으로 적응해야 할 환경인 것처럼 간주되는 것이다.[427] 생명체가 삶과의 관계에서 이미 적응상태에 있듯이, 인식의 개념 역시 목적의식의 지배를 받는 상태에서는 인간정신이 사물의 본성에 합당하게 자연스럽게 맞추어져 있는 것으로 정의된다.

그런데 근대 과학에서는 그와 같이 인식주체가 인식대상에 귀속된다는 형이상학적 사고는 정당성을 얻지 못한다.[428] 근대 과학이 이상적으로 생각하는 방법론은 인식의 매 단계마다 인식을 구성하는 요소들을 산정하며, 반면 '사물'의 종이나 유기적 전체로 설정되는 목적론적 의미단위는 과학의 방법론에서는 정당성을 상실한다. 특히 우리가 앞에서 살펴보았던 아리스토텔레스와 스콜라철학의 과학관이 언어중심주의Verbalismus에 빠져 있다고 보는 근대 과학의 비판은 로고스 철학의 토대가 되었던 인간과 세계의 상관성에 관한 오랜 전통을 해체시켰다.

그런데 근대 과학이 17세기 이래 새로운 자기인식에 도달하고 새롭게 개척된 무제한적 인식가능성을 자각하긴 했지만, 그렇다고 고대 그리스의 전통을 완전히 부정한 것은 아니다. 근대 과학의 선언문에 해당되는 데카르트의 방법서설과 그 '규칙들'은 알다시피 데카르트 사후 한참이 지난 뒤에야 출간되었다. 반면 수학적 자연인식과 형이상학의 통합가능성에 관한 그의 사려 깊은 성찰은 근대 내내 새로운 탐구의 과제가 되었다. 라이프니츠로부터 헤겔로 이어지는 독일 철학은 아리스토텔레스의 유산을 쇄신하면서 보존하는 철학과 사변적 학문으로 물리학이라는 새로운 과학을 보완하는 데 주력했다. 뉴턴에 맞섰던 괴테의 저항, 셸링과 헤겔과 쇼펜하우어의 저항도 그런 맥락에서 이해될 수 있다.

그렇게 보면 그후 한 세기 동안 근대 과학과 특히 역사적 정신과학의 자기인식이 우리에게 안겨준 비판적 경험을 바탕으로 우리가 다시금 고대 자연철학의 유산을 계승하려 한다고 해서 결코 놀랄 일은 아니다. 애초에는 독일 관념론이 남긴 유산 중에서 그다지 주목받지 못한 부차적인 주제로 보였던 정신과학적 해석학을 올바르게 규명하려면 다시 고대 형이상학의 문제로 소급하지 않을 수 없는 것이다.

19세기 철학에서 변증법 개념이 수행한 역할을 생각해보면 그러한 소급이 불가피하다는 것을 알 수 있다. 19세기의 변증법 개념은 고대 그리스의 기원과 연속성이 강한 문제라는 것을 입증한다. 주관주의를 넘어서 역사를 지배하는 힘들을 파악하고자 할 때 고대 그리스 철학은 주관주의의 아포리아에 빠져 있는 현대철학보다 앞서는 인식을 갖고 있었다. 고대 그리스 철학은 인식의 객관성이 담보되는 근거를 탐구함에 있어 주관성을 인식의 출발점 혹은 지향점으로 설정하지는 않았다. 오히려 고대 그리스의 사유는 애초부터 사유가 존재의 한 계기라고 생각했다. 그런 맥락에서 파르메니데스는 사고가 존재의 진리에 대한 인식을 향해 가는 도정에서 가장 중요한 이정표라고 생각했다. 이미 강조한 대로 로고스에 역행하는 것처럼 보이는 변증법은 그리스 철학에서 사유에 의해 완수되는 운동이 아니라 사유를 통해 경험할 수 있는 사물 자체의 운동이었다. 그러한 발상의 전환이 헤겔을 떠올리게 하는 것은 결코 잘못된 현대적 해석이 아니라 올바른 역사적 맥락을 입증한다. 헤겔은 우리가 비판적으로 조명했던 근대적 사고의 문제점에 직면하여 의식적으로 고대 그리스의 변증법을 모범으로 삼았던 것이다.[429] 따라서 고대 그리스 철학에서 뭔가를 배우고자 하는 사람은 그 전에 헤겔

철학에서도 배울 것이 있다. 사고를 규정하는 요인들에 관한 헤겔의 변증법과 지식의 형태들에 관한 그의 변증법은 일찍이 고대 그리스 철학의 기초였던 사고와 존재의 총체적 상관성을 다시 의식적으로 철저히 파고든 결과이다. 우리의 해석학 이론은 사건Geschehen과 이해의 긴밀한 상관성을 인정한다는 점에서 헤겔뿐 아니라 파르메니데스의 사유에까지 소급한 것이라 하겠다.

역사주의의 아포리아에서 가져온 귀속성 개념을 이처럼 일반 형이상학의 맥락에서 재해석한다고 해서 존재의 인식가능성에 관한 고전철학의 학설을 그대로 되살려서 역사세계에 적용하려는 것은 아니다. 만약 그렇게 한다면 헤겔을 그대로 답습하는 것일 뿐이다. 그런 입장은 경험에 관한 근대 과학의 관점과 칸트의 관점에 의해 논파될 뿐 아니라, 무엇보다 그 어떤 신성한 인식으로도 미리 예견할 수 없는 역사 자체의 경험에 의해 논파될 것이다. 우리가 주관적인 것과 객관적인 것의 상호귀속성에 입각하여 객관 개념과 이해의 객관성 개념을 극복하려는 것은 단지 사태의 필연성에 따라 그렇게 하는 것일 뿐이다. 우리가 객관적인 것의 개념을 비판하고 근대 과학의 데카르트주의적 기초에서 벗어나 그리스적 사유의 진리 계기를 재해석하려는 것은 미적 의식과 역사적 의식의 비판에 따른 결과이다. 그렇지만 고대 그리스의 철학이나 독일 관념론의 동일성 철학을 그대로 따를 수는 없으며, 우리는 언어를 중심에 놓고 사고를 전개하고자 한다.

언어를 중심에 놓고 사고할 때 비로소 귀속성 개념은 형이상학에서 생각하듯 정신이 존재자의 본질적 구조와 관련을 맺고 있다고 보는 목적론적 관점을 극복할 수 있다. 해석학적 경험이 그 본질상 언어적 차원에서 이루어지고 전통과 해석자 사이에 대화가 이루어진다는 사실은 오히려 그런 형이상학적 입장과는 전혀 다른 근거에 기초한 것이다. 중요한 것은 전통과 해석자 사이에서 어떤 사건이 벌어진다는 것이다.[430] 해석자 자신의 의식도 전통의 언어로 해석자에게 전달되는 것의 주인이 될 수 없으며, 전승을 통해 벌어지는 사건을 존재자에 관한 진보하는 인식으로 적확하게 서술할 수도 없다. 따라서 오직 가상의 무한한 지성만이 전통 전체가 말하는 바를 온전히 인식할 수 있을 것이다. 해석자의 입장에서 보면 전통과 해석자 사이에서 벌어지는 이러한 사건이 뜻하는 바는, 해석자가 대상을 탐색하여 전통의 본래적 의미를 방법론의 수단을 동원하여—물론 해석자 자신의 선입견에 의해 다소간 방해를 받고 장애를 겪으면서—'발굴'해내는 인식의 주체는 아니라는 것이다. 그것은 해석학의 본래적 사건에서 단지 외적 측면일 뿐이다. 그런 외적 측면은 해석자의 자기인식을 위해 불가결한 방법론적 규율이 형성되도록 하는 계기일 뿐이다. 그렇지만 본래의 해석학적 사건은 그것만으로는 성립될 수 없다. 본래의 해석학적 사건은, 역사적 전승의 형태로 우리에게 전해지고 우리가 귀를 기울여야 하는 말이 실제로 우리 자신에게 와닿아서 우리 자신을 수신자로 말을 걸어오는 것이다. 앞에서 우리는 이러한 측면을 물음의 해석학적 논리로 설명하면서, 어떻게 질문자가 다시 질문대상이 되고 물음의 변증법을 통해 해석학적 사건이 전개되는가를 살펴보았다. 여기서 그것을 다시 상기하는 이유는 해석학적 경험에 상응하는 귀속성의 의미를 올바르게 규정하기 위해서이다.

다른 한편 '대상'의 측면에서 보면 이러한 해석학적 사건은 전통의 내용이 상이한 수용자에 따라 늘 새로운 의미로 해석되고 새로운 반향을 불러일으키는 방식으로 구현된다는 것을 뜻한다. 전통은 이처럼 새롭게 언표됨으로써 과거에는 존재하지 않았던 새로운 어떤 것이 창출되고 전개된다. 우리는 그 어떤 역사적 사례에서도 이 점을 입증할 수 있다. 전승된 내용이 문학작품이든 혹은 위대한 역사적 사건에 관한 기록이든 간에 어떤 경우에도 그렇게 전승되는 내용은 늘 새롭게 재현된다. 예컨대 호메로스의 『일리아스』나 알렉산드로스 대왕의 인도 출정이 전승물의 새로운 수용을 통해 우리에게 말을 걸어올 때는 원래 텍스트 자체의 내용이 점점 더 많이 드러나는 것이 아니라 늘 새로운 의미가 드러나는 것이다. 그것은 마치 진정한 대화를 나눌 때면 대화 당사자들 중 누구도 혼자 힘으로는 알지 못하던 새로운 세계가 펼쳐지는 것과 같은 이치다.

여기서 관건이 되는 귀속성 개념을 올바르게 정의하기 위해서는 상대방의 말을 듣는 행위를 통해 구현되는 독특한 변증법에 주목해야 한다. 상대방의 말을 듣는 사람은 단지 상대방이 말을 걸어오는 수동적 위치에만 머무르지는 않는다. 누군가가 말을 걸어오면 스스로 원하든 원치 않든 간에 상대방의 말을 들어야만 한다. 서로 대화를 나눌 때는 예컨대 누군가가 자신을 바라볼 때 다른 쪽으로 시선을 돌림으로써 상대방을 외면할 수 있듯이 그렇게 흘려듣지는 못한다. 보는 것과 듣는 것의 이러한 차이가 중요한 것은 이미 아리스토텔레스가 인식했듯이[431] 해석학적 현상에서는 듣는 것이 더 우선하기 때문이다. 언어를 매개로 하여 듣기를 통해 접근할 수 없는 대상은 존재하지 않는다. 다른 모든 감각은 언어적 세계경험의 보편성에 직접적으로 관여하지 않고 오직 특수한 영역들만 해명할 수 있는 반면, 청각은 전체를 향해 나아가는 통로 역할을 한다. 청각은 로고스의 목소리를 들을 수 있기 때문이다. 우리의 해석학적 문제의식에 비추어보면 청각이 시각보다 우선한다는 오랜 인식은 매우 특별한 중요성을 갖는다. 청각이 관여하는 언어는 모든 것이 언어로 표현된다는 의미에서만 보편적인 것은 아니다. 오히려 해석학적 경험은 언어가 여타의 모든 세계경험과는 전혀 다른 새로운 지평을 열어준다는 데 그 의의가 있다. 그 새로운 지평이란 전통이 현재를 살아가는 사람들에게 호소하는 심층적 지평이다.

문자를 사용하기 전, 이미 예로부터 듣기의 진정한 본질은 옛 조상들의 설화와 신화와 진리를 들을 수 있다는 것이었다. 거기에 비하면 우리가 아는 문헌을 통한 전통의 전수는 전혀 새로운 것이 아니고 단지 전달의 형식만 바꾼 것으로, 이로 인해 진정한 듣기의 과제는 어려움에 직면한다.

그로 인해 귀속성 개념도 새로운 방식으로 규정된다. 전통이 우리에게 말을 걸어옴으로써 귀속성은 생겨난다. 그와 같이 전통의 영향권 안에 있는 사람은 전통이 자신에게 걸어오는 말에 귀를 기울여야 한다. 그것은 역사의식을 통해 겉보기에는 전통의 영향에서 벗어났다고 자임하는 사람에게도 마찬가지로 적용된다. 전통의 진실은 우리의 감각을 향해 직접적으로 열려 있는 현재와 같은 것이다.

물론 전통의 존재방식은 감각의 직접성과는 다르다. 전통의 존재방식은 언어이다. 그리고 전통을 이해하고자 전통에 귀를 기울이고 텍스트를 해석함으로써 전통의 진실은 해석자 자신의 언어적 세계관과 내적 관련을 맺는다. 현재와 전통 사이의 이러한 언어적 소통은 이미 앞에서 살펴보았듯이 모든 이해의 과정에서 어김없이 발생하는 사건이다. 해석학적 경험은 생생하게 다가오는 그런 모든 사건을 진정한 경험으로 받아들여야 한다. 해석학적 경험은 그런 사건을 사전에 선택하거나 배척할 자유가 없다. 또한 해석학적 경험은 인식하고자 하는 대상의 특수성처럼 보이는 미결정 상태를 그대로 내버려둔다고 해도 절대적 자유를 주장할 수는 없다. 해석학적 경험으로 이미 발생한 사건을 마치 없었던 일처럼 무시할 수는 없는 것이다.

과학적 방법론과는 너무나 상치되는 해석학적 경험의 이러한 구조는 이미 상세히 서술했던 언어의 사건적 특성에 연유한다. 언어의 사용과 언어적 표현수단의 지속적인 발전은 개개인의 의식을 통해 선별적으로 인식할 수 있는 그런 과정이 아니다. 그런 한에는 우리가 언어를 말한다기보다는 언어가 우리에게 말을 한다고 보는 것이 더 올바른 표현이다.(그렇기 때문에 어떤 텍스트에서 사용되는 어법을 분석해보면 텍스트의 탄생시대에 관해 오히려 원저자보다 더 정확히 알 수 있다.) 더 중요한 사실은—우리가 계속 강조하는 바이지만—언어는 언어 그 자체나 문법이나 사전의 형태로가 아니라 전승을 통해 말해진 내용이 언어로 표현됨으로써 비로소 본래적인 의미에서 해석학적 사건, 즉 해석을 통해 전유하는 해석학적 사건이 된다는 것이다. 그런 점에서 이러한 사건은 우리가 사물에 가하는 행위가 아니라 사물 자체가 행하는 일이라고 하는 것이 옳다.

이로써 이미 앞에서 밝힌 바와 같이 우리의 문제의식이 헤겔과 고대 그리스에 근접해 있다는 사실이 입증된다. 우리가 근대의 방법론 개념에 만족할 수 없다는 것이 곧 우리 탐구의 출발점이었다. 그러한 불만이 철학적 정당성을 확보한 가장 중요한 선례는 헤겔이 고대 그리스의 방법론 개념을 의식적으로 참조한 사례에서 찾을 수 있다. 헤겔은 사물의 본성에 맞지 않는 방식으로 사물에 적용되는 그런 방법 개념이 '외재적 반성äußere Reflexion'이라고 비판했다. 그 반대로 진정한 방법은 사물 자체의 행위이다.[432] 이렇게 주장한다고 해서 철학적 인식이 어떤 행위가 아니라는 뜻은 물론 아니다. 철학적 인식은 긴장된 노력, 즉 '개념에 의한 긴장된 노력'을 요구한다. 그런데 이러한 행위와 긴장된 노력은 자의적이어서는 안 되며, 주관적 착상에 따라 이런저런 기성관념을 끌어들이거나 사고 자체의 내적 필연성에만 함몰되어서는 안 된다. 물론 우리가 의식적으로 사고하지 않고서는 사물이 순리대로 드러나지 않을 것이다. 사고를 한다는 것은 다름 아니라 사물이 그 고유한 내적 필연성에 따라 전개되는 것을 뜻한다. 그러기 위해서는 '교묘하게 자기주장만 펼치는' 사고방식을 멀리해야 하며 사고의 일관성을 견지해야 한다. 그러한 사유는 고대 그리스 철학 이래 변증법이라 일컬어진다.

헤겔은 사물 자체의 전개를 유도하는 진정한 방법을 플라톤을 모범으로 삼아 설명했다. 플라톤은 스승 소크라테스가 제자들과 대화를 나누는 서술방식을 즐겨 구사했다. 그렇게 해서 제자들은 지배적인 편견에 구애받지 않고 소크라테스의 정곡을 찌르는 질문을 곧잘 따라왔던 것이다. 헤겔은 자신의 변증법적 사고방식을 사물 자체의 전개과정에 자의적으로 개입하지 않고 주관적 착상을 과시하지 않으면서 '가르침을 잘 받아들이는 제자들'에 비유했다. 그렇게 보면 변증법이라는 것은 대화를 이끌어가는 기술, 특히 지배적인 편견의 부적절함을 끊임없는 질문의 과정을 통해 드러내는 기술이라 할 수 있다. 그런 점에서 변증법은 부정적 방식으로 전개되며, 기존의 견해를 혼란에 빠뜨린다. 하지만 그런 혼란은 동시에 해명을 뜻한다. 그런 혼란은 사물을 보는 올바른 시각을 열어주기 때문이다. 플라톤의 『메논Menon』에 나오는 유명한 장면에서 노예는 혼란상태에 빠져 있다가 자신에게 주어진 수학문제를 올바르게 푸는 길로 인도되는데, 그러기까지 타당하지 않은 모든 선입견을 불식하는 과정을 거친다. 그런 관점에서 보면 변증법의 부정성은 사물 자체를 통해 참된 것을 드러내는 전조라 할 수 있다.

비단 교육적 목적으로 수행되는 대화에서만이 아니라 모든 사고에서 사물 자체의 일관된 전개를 따라갈 때만 비로소 사물 자체가 드러날 수 있다. 자명하다고 여겨져온 직관과 견해를 무시하고 사고력 자체에 집중할 때 사물 자체가 개진될 수 있다. 그런 관점에서 플라톤은 우리가 제논Zenon의 경우를 통해 익히 아는 엘레아학파의 변증술을 소크라테스의 대화술과 관련지어 설명함으로써 『파르메니데스』에서 새로운 단계의 성찰에 도달했다. 사고의 전개과정에서 사물이 부지불식간에 변화하고 반대의 것으로 역전되기도 한다는 사실, 사고는 "인식대상을 알지 못하는 상태에서도 상반되는 가정들을 근거로 추론을 해낼"[433] 힘이 있다는 사실, 바로 그것이 헤겔의 방법 개념이 순수한 사고의 자기전개로서 체계적인 전체적 진리로 나아가는 사고의 경험이다.

그런데 우리가 언어를 중심에 놓고 사고하고자 하는 해석학적 경험은 언어의 힘으로부터 완전히 벗어나고자 하는 개념의 변증법과 같은 의미에서 사고의 경험은 아니다. 물론 해석학적 경험에서도 변증법에 견줄 만한 어떤 것이 작용한다. 그것은 근대 과학의 방법론과는 대립되는 하나의 사건으로서의 이해, 사물 자체의 전개를 받아들이는 그런 이해이다.

해석학적 경험 역시 엄정한 자기논리를 갖고 있다. 그 논리란 결코 미혹에 빠지지 않고 오로지 텍스트가 건네오는 말을 듣는 것이다. 이 경우에도 긴장된 사고가 없이 사물이 저절로 드러나지는 않는데, 그러한 사고의 핵심은 '자기 자신에 대하여 부정적 태도를 취하는 것'이다. 어떤 텍스트를 이해하려는 사람은 자신의 선입견으로 인해 의미의 기대치로 떠오르는 모든 것을 멀리해야 한다. 특히 자신의 기대치가 텍스트 자체의 의미와 충돌할 때는 더더욱 그러하다. 대화의 과정에서 끊임없이 돌출하는 의미 역전의 경험 역시 선입견이 전복되는 현상이라 할 수 있으며, 그런 점에서 진정한 변증법적 경험에 해당된다. 이해를 통해 총체적인 의미를 파악하고자 할 때는 이미 해석한 것을 다시 철회하는 과정을 반드시 거칠 수밖에 없다. 사물 자체가, 즉 텍스트의 의미 자체가 온전히 드러날 때 비로소 해석의 자기지양은 완수된다. 해석의 과정이 변증법적이라는 것은 단지 모든 해석의 일면성이 다른 해석에 의해 보완되기 때문이 아니라—앞으로 살펴보겠지만 이러한 보완은 해석과정에서 부차적인 현상이다—무엇보다도 해석을 통해 텍스트의 의미를 적중시키면서 총체적 의미를 언어로 드러내는 말이 의미의 무한성을 유한한 언어로 표현하기 때문이다.

여기서 언어를 중심에 놓고 사고하는 변증법이 플라톤이나 헤겔의 형이상학적 변증법과는 구별된다는 것은 좀더 엄밀히 논의될 필요가 있다. 형이상학적 변증법과 해석학적 변증법의 공통점은 헤겔의 어법을 빌리자면 변증법의 사변적 성격das Spekulative이다. 여기서 사변적이라 함은 반영관계das Verhältnis des Spiegelns를 가리킨다.[434] 거울에 비춰서 본다는 것은 어떤 사물을 끊임없이 다른 사물로 대체해서 보는 것이다. 어떤 대상이 다른 것에 투영되는 것이다. 예컨대 연못의 수면에 성城이 투영되어 보인다는 것은 연못이 성의 모습을 되비추어 보여준다는 뜻이다. 그렇게 투영된 상은 관찰자를 통해 실제로 그 대상을 바라보는 행위와 본질적 관련성을 갖는다. 투영상은 그 자체로는 존재하는 것이 아니며, 대상 자체는 아니지만 대상의 모습 자체를 거울처럼 비춰주는 '현상'이다. 그것은 대상을 복제하는 것 같지만, 실제로 존재하는 것은 하나의 대상일 뿐이다. 이러한 투영의 진정한 신비는 투영상을 파악하기 힘들다는 것, 순수한 재현임에도 포착하기 힘들다는 것이다.

1800년 무렵 철학에서 통용되던 '사변적'이라는 말을 사용하여 예컨대 어떤 사람은 사변적인 머리를 갖고 있다거나 어떤 생각이 매우 사변적이라고 할 때 이 말의 바탕에는 그러한 투영의 개념이 깔려 있다. 따라서 사변적이라는 말은 일상에서 경험하는 교조주의에 대립되는 뜻을 갖는다. 사변적인 사람은 현상의 가시적 외양에 얽매이지도 않고 고정관념에 휘둘리지도 않으며 사물을 성찰할 줄 아는 사람, 헤겔의 표현을 빌리면 즉자Ansich를 나와 관련된 대자Fürmich로 인식하는 사람이다. 그리고 어떤 생각이 사변적이라는 것은, 그 생각을 통해 표명된 관계를 어떤 주체에게 귀속되는 의미로 단정하거나 어떤 속성을 특정한 사물에 귀속되는 의미로 단정하지 않고 거울에 투영된 관계처럼 사고하는 것을 가리킨다. 그러한 투영관계에서 투영 자체는 투영된 대상의 순수한 현상이다. 그것은 유일자das Eine가 타자das Andere와의 관계에서 본 유일자요, 타자는 유일자와의 관계에서 본 타자인 것과 같은 이치다.

헤겔은 사고의 이러한 사변적 관계를 철학적 명제의 논리에 관한 탁월한 분석을 통해 설명했다.[435] 헤겔은 철학적 명제가 그 외적 형식에 있어서만 하나의 판단이라는 것을 보여준다. 다시 말해 명제의 술어부에 마치 판단의 주체가 있는 것처럼 상정한다는 것이다. 그러나 실제로는 철학적 명제는 주체 개념에서 출발하여 주체와 관련이 있는 다른 개념으로 이행하는 것이 아니라, 술어의 형태로 주체의 진리를 표현한다. 예컨대 '신은 유일자이다'라는 명제는 유일자라는 것이 신의 속성이라는 뜻이 아니라, 유일성으로 존재하는 것이 곧 신의 본질이라는 뜻이다. 이 명제에서 개념이 정의되는 과정은 주체라는 확고한 토대와 관련되어 있지 않으며, 따라서 그러한 토대 위에서 사고의 과정이 이리저리 진행되는 것이 아니다. 주체는 이런 측면에서는 이런 방식으로, 저런 측면에서는 저런 방식으로 정의되는 것이 아니다. 그것은 오히려 인식대상에 관해 표상하는 사고의 작용방식이지 개념의 작용방식은 아니다. 개념적 사고에서 개념적 정의의 자연스러운 인식방식은 명제의 주체가 개입하지 못하는 상태에서 제어되며 "주체를 일정한 방식으로 표상하면 그 반대의 표상에 맞닥뜨리게 된다. 마치 주체가 명제의 기반이 되는 것처럼 주체를 사고의 출발점으로 삼는다 하더라도 주체는 술어부로 이행하고, 그럼으로써 지양된다. 그런 방식으로 애초에는 술어부로 보였던 것이 자립적 진술로 엄청나게 확대됨으로써 사고는 자유롭게 이리저리 움직일 수 있는 것이 아니라 이러한 무게중심에 의해 제어된다."[436] 사변적 명제는 어떤 대상에 관해 어떤 진술을 하는 것이 아니라 개념의 통일성을 서술하기 때문에 명제의 형식은 스스로 해체된다. 철학적 명제는 반反명제를 수반하면서 유동적인 두 개의 정점을 이루는데, 이것을 헤겔은 재치있게 리듬에 견주어 설명한다. 리듬은 박자와 강세라는 두 개의 요소를 가지고 유동적인 화음을 만들어낸다는 것이다.

명제는 그 내용을 통해 관습적 인식태도를 포기하게 만들고 사고의 과정을 엄청나게 제어하는데, 이것이 곧 모든 철학의 사변적 본질을 규정한다. 헤겔의 광대한 철학사 서술은 애초부터 철학은 이런 의미에서 사변적 사고였다는 것을 보여준다. 사변적 사고가 술어서술의 형태로 표현된다면—다시 말해 신과 영혼과 세계에 대한 확고한 표상을 가지고 작업을 한다면—사변적 사고는 자신의 본질을 오인하고 '이성의 인식대상에 대한 오성적 견해'에 일면적으로 치우친다. 헤겔에 따르면 바로 그것이 칸트 이전의 교조적 형이상학의 본질로서 "근대에 횡행하는 반反철학의 특징이다. 그렇지만 플라톤은 그런 교조적 형이상학자가 아니었으며 아리스토텔레스는 더더욱 아니었다. 그럼에도 사람들은 종종 그 반대로 생각한다."[437]

헤겔에 따르면 이런저런 표상들을 계속 펼쳐가는 사고의 관습이 개념을 통해 중단될 때 사고가 경험하는 내적 구속감을 명시적으로 표현하는 것이 중요하다. 비사변적 사고는 그런 것을 요구할 수 있다. 비사변적 사고는 "그런 요구를 할 권리가 있는데, 그런 권리는 타당하긴 하지만, 사변적 명제의 사고방식에서는 그런 권리를 중시하지 않는다." 비사변적 사고가 요구할 수 있는 것은 명제의 변증법적 자기해체를 표현하는 것이다. "다른 형태의 인식에서는 증명이 표현된 내면성의 이러한 측면을 결정한다. 그렇지만 변증법이 증명으로부터 분리된 이후로는 실제로 철학적 증명이라는 개념은 사라졌다." 이러한 언명을 통해 헤겔이 말하려는 바가 무엇이든 간에[438] 어떻든 그가 철학적 증명의 의의를 복원하려는 것은 분명하다. 그런 노력은 명제의 변증법적 운동을 재현하는 것으로 나타난다. 명제의 변증법적 운동은 실질적으로wirklich 사변적인 것이며, 변증법적 운동의 표현만이 사변적 서술이다. 따라서 사변적 관계는 변증법적 서술로 이행할 수밖에 없다. 헤겔에 따르면 바로 그것이 철학의 요청이다. 물론 여기서 표현Ausdruck과 서술Darstellung이라 일컬어지는 것은 본래 증명하는 행위가 아니라, 사물 자체가 그렇게 표현되고 서술됨으로써 스스로를 증명한다. 그리하여 변증법은 애초의 사고가 반대로 역전되는 불가사의한 반전을 실제로 경험하게 된다. 일관된 사고를 견지할 때만 그처럼 놀라운 반전을 경험할 수 있다. 예컨대 정의를 추구하는 사람이 정의관념을 엄격하게 고수할 때 그러한 관념은 '추상적'으로 되어서 오히려 극단적 불의로 판명날 수 있다는 것을 경험하는 것이다. '최고의 정의는 최고의 불의가 된다summum ius summa iniuria.'

여기서 헤겔은 사변적인 것과 변증법적인 것을 어느 정도는 구별한다. 변증법은 사변적인 것의 표현, 사변적인 것 속에 원래 내포되어 있는 것의 서술이며, 그런 한에는 '실질적으로' 사변적인 것이다. 그런데 이미 살펴본 바와 같이 서술이 사물의 바깥에서 부가되는 행위가 아니라 사물 자체의 드러남이라면, 철학적 증명 자체도 사물에 귀속된다. 이미 확인했듯이 철학적 증명은 물론 관습적 표상에 연유하는 것이다. 다시 말해 철학적 증명은 오성의 외재적 반성을 서술하는 것이다. 하지만 아무리 그렇다고 해도 그러한 서술이 실제로 외재적인 것은 아니다. 사고라는 것이 결국 사물에 대한 성찰로서 스스로를 입증한다는 것을 인식하지 못할 때만 외재적으로 보이는 것이다. 헤겔이 사변적인 것과 변증법적인 것의 구별을 『정신현상학 서설』에서만 강조한다는 것도 그런 사태에 부합된다. 사물의 본질상 그러한 구별은 저절로 지양되기 때문에 후기 헤겔은 절대지의 관점에서 그러한 구별을 더이상 고수하지 않는다.

바로 여기서 우리의 본래적인 문제의식이 플라톤과 헤겔의 사변적 변증법과 가깝다는 사실은 원칙적 한계에 부닥친다. 개념에 관한 헤겔의 사변적 이론에서 보듯이 사변적인 것과 변증법적인 것의 구별이 지양된다는 것은 결국 헤겔이 스스로 고대 그리스의 로고스 철학의 완성자라고 자임한다는 것을 보여준다. 헤겔이 변증법이라 일컫는 것과 플라톤이 변증법이라 일컫는 것은 객관적으로 보면 언어를 '진술Aussage'에 종속시키는 데서 연유한다. 변증법적 모순의 극대화를 내포하는 '진술' 개념은 해석학적 경험, 그리고 인간의 세계경험의 언어적 본질과는 정면으로 대립된다. 물론 헤겔의 변증법 역시 실제로 언어의 사변적 정신을 따르기는 한다. 그렇지만 헤겔의 자기인식에 따르면 그는 언어를 이미 사고에 의해 결정된 인식들이 투영된 결과로만 보려고 하며, 반면 사고는 인식된 앎의 총체성 속에서 변증법적 매개과정을 거쳐 개념의 자기인식으로 고양된다. 이로써 사고는 언술된 내용의 차원에만 머물며 언어적 세계경험의 차원에는 도달하지 못한다. 지금까지의 소략한 논의를 통해 언어의 변증법적 본질이 해석학의 문제와 어떤 관련이 있는지 어느 정도 암시는 된 셈이다.

언어는 전혀 다른 의미에서 사변적 성격을 갖는다. 헤겔이 말한 바와 같이 언어는 논리적 성찰의 여러 관계를 직감적으로 선취한다는 뜻에서만이 아니라, 의미의 실현으로서, 발화와 소통과 이해가 이루어지는 사건으로서, 사변적 성격을 지닌다. 그러한 의미 실현이 사변적 것은 말의 유한한 가능성에도 불구하고 언어를 통해 실현되는 의미는 무한을 지향하기 때문이다. 뭔가를 말하고자 하는 사람은 다른 사람에게 자신의 의사를 전달할 수 있는 말을 탐색하고 찾아낸다. 그것은 '진술'을 한다는 뜻은 아니다. 진술을 한다는 것이 무엇을 뜻하는지, 진술이라는 것은 말하고자 하는 바의 언술과는 거의 무관하다는 것을—비록 증인의 입장에서라도—심문을 받아본 사람이면 누구나 익히 안다. 진술행위에서는 원래 말하고자 하는 내용의 의미지평은 방법적으로 엄격하게 은폐된다. 그리하여 진술의 결과로 남는 것은 진술된 내용의 '순수한' 의미일 뿐이다. 그 것은 기록문서로 분류될 성질의 것이다. 진술된 내용으로 축소되는 그런 의미는 확실히 왜곡된 의미일 뿐이다.

반면 말하고자 하는 바를 말하는 것, 의사소통을 한다는 것은 말하지 않은 것의 무한성과 말한 것을 통일된 의미로 통합하여 이해할 수 있게 해준다. 이러한 방식으로 말하는 사람은 아무리 범상하고 관습적인 말을 사용하더라도 미처 말하지 못한 것과 말해야 할 것을 언어로 표현할 수 있다. 그런 방식으로 말하는 사람이 사변적 태도를 취하는 것은 그의 말이 존재자를 모사하는 것이 아니라 존재 전체와의 관련성을 언어로 표현하기 때문이다. 이미 했던 말을 계속 되풀이하는 사람은 진술을 기록하는 사람과 마찬가지로 굳이 의식적으로 의미를 왜곡하지 않더라도 말한 의미를 저절로 변조하게 된다. 극히 일상적인 대화에서도 사변적 투영과의 본질적 관계, 즉 말하고자 하는 바를 온전히 포착할 수 없는 상태가 곧 의미의 가장 순수한 실현이라는 사실이 드러난다.

시적 언어에서는 이 모든 것이 더욱 고양된 형태로 나타난다. 이 경우에는 시적 표현의 고유한 실재성을 시적 '진술'에서 찾는 것이 정당하다. 시적 언어의 의미는 여타의 부차적 지식이 없더라도 표현 그 자체에서 진술되어야 하고 그럴 때만 의미가 있기 때문이다. 사람들 사이의 의사소통에서 진술이 자연스러운 의사소통을 훼손하는 것과 달리 시적 언어에서는 진술개념이 온전한 의미를 얻는다. 시적 표현이 작가 자신의 온갖 의도나 체험과는 무관하게 자립성을 확보하는 것이야말로 시적 언어의 실재성을 규정하는 것이다. 그런데 이러한 진술은 무엇을 표현하는 것일까?

우선 모든 일상언어가 시적 언어에서도 등장할 수 있다는 것은 분명하다. 문학이 인간을 대화 속에서 드러낸다면 시적 진술은 기록문서로 정리되는 그런 '진술'을 답습하는 것이 아니라, 신비로운 방식으로 대화 전체를 생생하게 재현한다. 문학작품의 화자가 표현하는 말들은 일상생활의 언술이 사변적인 것과 동일한 방식으로 사변적이다. 다시 말해 말하는 사람은 이미 앞에서 확인한 바와 같이 언표를 통해 존재에 대한 관계를 언어로 표현한다. 물론 우리가 시적 진술이라고 할 때는 작품 속에서 누군가가 말하는 진술 자체를 가리키는 것이 아니라, 시적 언어로 표현된 작품 그 자체가 곧 시적 진술이라는 뜻이다. 따라서 시적 진술 자체는 시적 언어의 언어적 사건이 존재에 대한 고유한 관계를 표현한다는 의미에서 사변적이다.

예컨대 횔덜린Hölderlin이 서술한 '시 정신의 작용방식'에 초점을 맞추면 문학에서 구현되는 언어적 사건이 과연 어떤 의미에서 사변적인지가 분명히 드러난다. 횔덜린은 시어의 발견이 일체의 관례적 말과 표현방식의 총체적 해체를 전제로 한다는 것을 보여주었다.

시인은 자신의 내적 삶과 외적 삶 전체가 근원적 감각의 순수한 음조音調에 사로잡힌다고 느끼면서 자신이 속해 있는 세계를 둘러볼 때면 이 세계가 미지의 새로운 세계처럼 느껴진다. 그리하여 시인 자신이 겪은 모든 경험과 지식, 직관과 사색, 예술과 자연의 총체가 마치 생전 처음으로 생생하게 펼쳐지는 것처럼 느껴진다. 따라서 그 세계가 아직 파악되지도 규정되지도 않은 채로, 순전히 소재와 삶 자체로 용해된 듯한 느낌을 받는다. 바로 그런 느낌이 드는 순간 시인은 그 무엇도 미리 주어진 당연한 것으로 받아들이지 말아야 하며, 그 어떤 실정적 경험도 출발점으로 삼지 말아야 한다. 이런 자세가 무엇보다 중요하다. 그리하여 시인이 이전까지 알던 자연과 예술은 바로 시인 자신을 위한 하나의 언어가 탄생하기 전까지는 말하지 않도록 해야 한다.*

(횔덜린의 이러한 생각이 실정성Positivität에 대한 헤겔의 비판과 흡사하다는 것을 유념할 필요가 있다.) 작품으로 탄생한 창조물로서의 시는 이상이 아니라 무한한 삶으로부터 길어올린 정신이다.(이러한 발상 역시 헤겔을 떠올리게 한다.) 시에서는 존재자가 지시되거나 의미로 표현되는 것이 아니라, 신적인 동시에 인간적인 하나의 세계가 개현된다. 시적 진술이 사변적인 것은 이미 존재하는 현실을 모사하거나 종種에 대한 직관을 존재자들의 질서 속에서 재현하는 것이 아니라, 그 새로운 세계에 대한 새로운 직관을 시적 창안이라는 상상적 매개물로 표현하기 때문이다.

이로써 우리는 언어적 사건의 사변적 구조를 일상어와 시적 언어를 통해 살펴보았다. 일상어와 시적 언어 사이에는 내적 상응 관계가 성립하며, 시적 언어는 일상어의 고양된 형태로서 일상어

---

* Friedrich Hölderlin, 「시 정신의 작용방식에 대하여Über die Verfahrensweise des dichterischen Geistes」, 전집Sämtliche Werke 제4권, Stuttgart 1962, 275쪽.

와 관련되어 있다. 이것은 이미 심리적·주관적 측면에서는 관념론적 언어철학과 그 전통을 혁신적으로 계승한 크로체Croce나 포슬러Voßler가 인식한 바 있다.[439] 그런데 우리는 또다른 측면으로 언어적 표현의 문제를 언어적 사건의 본래적인 과정으로 강조하고자 하며, 이로써 해석학적 경험을 논할 계기를 마련하고자 한다. 이미 앞에서 살펴보았듯이 전통이 어떻게 이해되고 늘 새롭게 언어로 표현되는가 하는 문제는 생생한 대화와 마찬가지로 진정한 사건이다. 다만 전통의 이해 문제가 특수한 것은 이 경우에는 언어적 세계경험의 창조성이 이미 언어를 통해 매개된 내용에 새롭게 적용된다는 것이다. 해석학적 관계 역시 사변적 관계이긴 하지만, 이 사변적 관계는 헤겔 철학이 서술하는 정신의 변증법적 자기전개와는 원칙적으로 구분된다.

해석학적 경험은 헤겔에서 변증법적 서술에 상응하는 언어적 사건을 내포하며, 따라서 해석학적 경험 역시 앞에서 살펴보았던[440] 질문과 답변의 변증법을 공유한다. 전승된 텍스트를 이해한다는 것은 이미 확인한 대로 텍스트 해석과 긴밀한 본질적 연관성이 있다. 그리고 해석이라는 것이 늘 상대적인 미완의 운동이라면 이해는 그러한 미완의 운동 안에서도 상대적 완결성을 갖는다. 따라서 헤겔이 설파하듯이 철학적 진술의 사변적 내용은 자체에 내재하는 모순을 변증법적으로 서술해야 하며, 그럴 때만 진정한 학문으로 성립될 수 있다. 여기에는 실질적인 상응관계가 존재한다. 해석은 인간정신의 담론적 성격Diskursivität에 관여하며, 인간정신은 인식대상이 시간적 순서에 따라 배치될 때만 사물의 통일성을 사고할 수 있다. 따라서 해석은 모든 유한하고 역사적인 존재의 변증법적 구조를 갖는다. 모든 해석은 어떤 기점에서 시작될 수밖에 없고, 해석의 과정에 동반되는 일면성을 극복하고자 하기 때문이다. 해석자가 보기에 어떤 것은 꼭 필요하다고 생각되어 특별히 강조되기도 한다. 모든 해석은 이런 뜻에서 동기부여의 맥락에 따라 수행되고 그 의의를 얻는다. 또한 해석은 일면성에 치우쳐서 사물의 어떤 측면에 과도한 비중을 두기도 하는데, 그럴 경우에는 불균형을 해소하기 위해 다른 것을 계속 말할 수밖에 없다. 철학적 변증법은 모든 일면적 가성을 스스로 지양하고 모순을 첨예하게 하는 동시에 지양하면서 총체적 진리를 서술하고자 한다. 그와 마찬가지로 해석학 역시 총체적 의미를 전체적 맥락 속에서 해명해야 할 과제를 안고 있다. 의도된 의미의 개별성은 모든 정의의 총체성에 상응한다. 가령 슐라이어마허를 생각해보면, 그는 개체성Individualität의 형이상학을 자신의 변증법의 기초로 삼았으며, 해석학 이론에서는 상호모순적 사고를 추구함으로써 해석의 방법을 구축했다.

슐라이어마허가 개체성을 변증법적으로 구축할 때는 해석학적 변증법을 따르고 헤겔이 총체성을 변증법적으로 구축할 때는 철학적 변증법을 따르는 것으로 보인다. 여기서 알 수 있듯이 해석학적 변증법과 철학적 변증법은 일정한 상응관계에 있긴 하지만 실제로 일치하지는 않는다. 양자를 동일시할 때는 해석학적 경험의 본질과 그 바탕이 되는 철저한 유한성이 간과되기 때문이다. 해석은 어느 기점에서부터 시작되어야 하긴 하지만, 그 시작부분이 임의로 설정되는 것은 아니다. 이미 살펴보았듯이 해석학적 경험의 특성상 이해 대상이 되는 텍스트는 선입견에 의해 규정되는 특정한 상황을 향해 발언을 한다. 그것은 이해의 순수성을 훼손하는 왜곡이 아니라, 우리가 해석학적 상황이라 일컬었던 이해가능성의 조건이다. 이해하는 사람과 텍스트 사이에 자명한 일치관계가 성립되지 않기 때문에 오히려 우리는 텍스트를 통해 해석학적 경험에 참여할 수 있는 것이다. 애초에는 낯설어 보이던 텍스트가 이해과정을 통해 전유됨으로써 비로소 텍스트를 이해하는 사람의 입장에서는 할 말이 생기는 것이다. 바로 텍스트가 그런 과정을 요구하기 때문에 비로소 해석이 가능해지며, 해석은 텍스트가 요구하는 바대로 이루어지는 것이다. 얼핏 생각하기에는 어떤 주장으로 시작될 것 같은 해석은 실제로는 답변으로 시작되며, 모든 답변이 그러하듯 해석의 의미 역시 물음을 통해 규정된다. 이처럼 물음과 답변의 변증법은 해석의 변증법에 선행한다. 물음과 해석의 변증법이 곧 이해를 하나의 사건이 되게 한다.

이러한 측면을 고려할 때 해석학은 이해의 시작에 해당되는 문제라는 것을 상정할 수 없으며, 그것은 예컨대 헤겔 논리학이 학문의 시작에 해당되는 문제를 설정하는 것과는 다르다.[441] 시작하는 문제라는 것은 그 문제가 어느 부분에서 제기되든 간에 사실상 최종적인 문제이기도 하다. 왜냐하면 최종적인 결과의 관점에서 볼 때만 시작은 그 끝의 시작으로 규정될 수 있기 때문이다. 그렇게 보면 무한한 인식을 전제하고 사변적 변증법을 전제할 때는 과연 무엇으로 해석을 시작해야 하는가 하는 문제는 원칙적으로 해결할 수 없는 문제로 보일 것이다. 모든 시작은 곧 끝이고 모든 끝은 곧 시작이다. 어떻든 이러한 완벽한 순환논법에서는 철학적 학문의 시작에 관한 사변적 질문은 원칙적으로 보면 학문의 완성이라는 관점에서만 제기될 수 있다.

그렇지만 해석학적 경험이 완수되는 영향사적 의식에서는 사정이 전혀 다르다. 영향사적 의식은 스스로 관여하는 의미의 개진이 결코 종결될 수 없도록 열려 있다는 것을 익히 알고 있다. 물론 이 경우에도 각각의 이해가 도달하는 정도의 차이는 있으며, 그런 한에는 완벽한 이해의 가능성도 생각해볼 수 있다. 그러한 이해의 정도를 가늠하는 척도는 언어로 표현되는 전통의 내용 자체이다. 그렇지만 전승되는 '사태' 자체를 영원의 빛으로 조명하여 드러나게 해줄 가능성을 지닌 의식이라는 것은 존재하지 않는다. 이 점을 우리는 거듭 강조했거니와, 이해의 역사성이 바로 여기에 근거하는 것이다. 전통의 전유는 매 경우마다 상이한 역사성을 띤다. 하지만 이해가 역사적 제약을 받는다고 해서 전통에 대한 모호한 인식을 뜻하지는 않는다. 각각의 이해는 오히려 그러한 사태 자체에 대한 그 나름의 고유한 '견해'를 경험하게 해준다.

모든 전승된 내용은 자기동일성을 유지하면서도 동시에 타자로 존재하기도 하는데, 이러한 역설은 모든 해석이 사실상 사변적이라는 것을 입증한다. 따라서 해석학은 마치 비판철학이 경험의 교조주의를 꿰뚫어보았듯이 '의미 그 자체'의 교조주의를 꿰뚫어보아야 한다. 이것은 모든 해석자가 자기 자신의 의식에 대하여 사변적이라는 뜻이 아니다. 다시 말해 해석자가 자기 자신의 해석의도에 교조주의를 갖고 있다는 뜻이 아니다. 그것은 오히려 모든 해석이 방법적 자각의 차원을 넘어서 실제로 해석을 수행하는 과정 자체가 사변적이라는 것을 뜻하며, 그것은 해석이 그 본질상 언어적 성격을 띤다는 데서 드러난다. 해석에 사용되는 말은 해석자의 말이지 해석된 텍스트의 언어나 어휘가 아니기 때문이다. 바로 그런 점에서 의미를 전유한다는 것은 전승된 텍스트의 단순한 복원이나 재현이 아니라 이해를 통해 새롭게 창조하는 것과 같다. 모든 의미가 자기중심적이라는 것은 올바르게 강조되었다.[442] 해석학적 현상에서 이것이 뜻하는 바는, 전통의 모든 의미는 이해하는 주체와의 관련 속에서 구현되는 것이지 원래 저자의 의도를 재구성하는 것은 아니라는 것이다.

따라서 이해와 해석의 긴밀한 통일성은, 텍스트에 함축된 의미를 개진하고 언어로 표현하는 해석이 텍스트와 견줄 때는 마치 새로운 창조인 것처럼 보이는 반면 이해와는 별도로 존립할 수 없다는 것으로 나타난다. 이미 앞에서 언급했듯이[443] 해석에 사용되는 개념들은 이해의 완성을 통해 지양되는데, 해석에 사용되는 개념들은 원래 사라지게 되어 있다. 이것은 해석에 사용되는 개념들이 필요할 때는 끌어다 썼다가 사용 후에는 내버리면 그만인 그런 자의적 보조수단이 아니라 (의미로 구현되는) 사물의 내적 구조에 속한다는 것을 뜻한다. 사고를 수행하는 모든 말이 그러하듯 해석에 사용되는 말 역시 그 자체로 대상적인 것은 아니다. 해석에 사용되는 말들은 이해를 완수한다는 점에서 영향사적 의식의 생생한 실재이며, 그런 점에서 진정으로 사변적이다. 다시 말해 본래의 존재 자체는 포착되지 않지만 본래의 존재를 드러내는 상을 투영해 보여주는 것이다.

사람들 사이의 직접적 의사소통이나 시인의 말에 비하면 해석자의 언어는 확실히 이차적 언어현상이다. 해석자의 언어는 다시 언어와 관계를 맺는 것이다. 그럼에도 해석자의 언어는 모든 방식의 언어사용과 언어형태를 내포하는 언어현상 전반의 포괄적 현현이다. 우리가 논의의 출발점으로 삼았던 것은, 이해는 그처럼 포괄적인 언어적 특성을 지니며 따라서 그 언어적 특성은 이성활동 전반과도 관련이 있다는 것이다. 그리고 이제 우리는 바로 이러한 관점에서 우리의 탐구 전체를 요약할 수 있다. 우리는 해석학 문제가 슐라이어마허에서 출발하여 딜타이를 거쳐 후설과 하이데거에 이르기까지 발전해온 과정을 서술했다. 역사적 측면에서 보면 그러한 발전과정은 이제 우리가 도달할 결론, 즉 문헌학의 방법론적 자각은 철학의 체계적 문제를 촉발한다는 것을 입증해준다.

3) 해석학의 보편적 측면

지금까지 우리의 논의를 이끌어온 생각은 언어가 나와 세계가 만나는 매개자라는 것, 보다 정확히 말하면 나와 세계가 근원적으로 서로에게 속해 있다는 것이다. 또한 언어의 이러한 사변적 매개자 역할이 개념에 의한 변증법적 매개와 비교하면 유한한 사건이라는 것도 밝혀졌다. 우리가 분석한 모든 사례에서, 즉 대화언어와 시적 언어와 해석의 언어에 관한 분석에서 언어의 사변적 구조는 고정되어 있는 기존 대상의 모사가 아니라 의미 전체가 말을 걸어오는 언어적 표현이라는 것이 밝혀졌다. 그럼으로써 우리의 논의는 고대 그리스의 변증법에 근접했는데, 고대 그리스의 변증법에서는 주체의 방법적 활동이 아니라 사물의 작용 자체가 사고를 통해 드러난다. 이러한 사물 자체의 작용이 곧 발화자를 사로잡은 본래의 사변적 운동이다. 우리는 그러한 사변적 운동이 언어를 통해 주관적으로 투영되는 과정을 살펴보았다. 우리는 이처럼 사물 자체의 작용이 의미의 언어적 표현으로 드러난다고 보는 발상의 전환은 이해가 추구하는 모든 대상의 기본적 특성인 보편적인 존재론적 구조와 결부되어 있다는 것을 인식하게 되었다. 이해될 수 있는 존재는 곧 언어이다. 여기서 해석학적 현상은 그 고유한 보편성을 보편적 의미에서 언어로 규정하고 존재자와의 관계를 해석으로 규정함으로써 자신의 보편성을 이해대상의 존재론적 구조에 역으로 투영한다. 이것은 비단 예술의 언어뿐 아니라 자연의 언어, 나아가서 사물의 언어 전반에도 해당된다.

앞에서 우리는 근대 과학의 태동과 더불어 자연인식과 문헌학이 독특한 상관관계를 맺는다는 것을 강조했다.[444] 이것이 곧 자연인식과 문헌학의 공통된 기초이다. [그런 점에서 흔히 '자연의 책'이라는 비유를 사용하는 것은 우연이 아니다. 이 말은 성서를 '책 중의 책'이라고 일컫는 것에 비견될 만한 진실을 내포하고 있다.] 이해될 수 있는 것은 곧 언어이다. 그것은 사물 자체가 이해의 대상으로 드러난다는 뜻이다. 이런 측면에서도 언어의 사변적 구조가 입증된다. 사물이 언어로 드러난다는 것은 사물이 제2의 현존재를 획득한다는 뜻이 아니다. 무엇인가로 드러나는 것은 오히려 독자적인 존재의 일부가 된다. 언어로 드러나는 모든 것은 사변적 통일성을 형성하며, 독자적 존재이면서 자신을 드러낸다는 점에서는 내적 구별이 있지만 엄밀히 말하면 그것은 구별이 아니다.

이로써 언어의 사변적 존재방식은 보편적인 존재론적 의의를 획득한다. 언어로 드러나는 것은 언표된 말 자체와는 다른 어떤 것이다. 그렇지만 말이 말로서 성립되는 것은 말을 통해 드러나는 그 무엇을 통해서만 가능하다. 말이 독특한 감각적 존재로 성립되는 것은 오로지 말해진 것 속으로 지양되기 위해서이다. 역으로 언어로 드러나는 것 역시 언어 이전에 미리 주어져 있는 것이 아니라 말 속에서 그 존재가 규정된다.

우리는 미적 의식과 역사적 의식에 대한 비판으로 해석학적 경험에 대한 분석을 시작했는데, 그런 비판을 통해 염두에 두었던 것은 바로 이러한 사변적 운동이다. 예술작품의 존재는 그것의 재현이나 현상의 우연적 요소와 구별되는 존재 그 자체가 아니다. 다만 예술작품의 재현이나 현상을 부차적인 문제로 다룰 때만 그러한 '미적 구별'이 가능할 뿐이다. 전통에 대한 역사적 인식 또는 전승문헌 자체로서—역사적 탐구나 문헌학적 탐구의 대상으로서—우리에게 다가오는 것, 즉 어떤 사건 혹은 텍스트의 의미 역시 그저 확인하기만 하면 되는 확고한 대상으로 그 자체로 존재하는 것이 아니다. 역사적 의식 역시 실제로 과거와 현재의 매개를 내포한다. 이제 그러한 매개의 보편적 중심이 곧 언어라는 것을 인식함으로써 우리는 문제제기의 구체적 출발점으로 삼았던 미적 의식과 역사적 의식에 대한 비판과 그것을 대신하는 해석학을 확장하여 보편적 문제의식에 도달할 수 있게 되었다. 인간이 세계와 맺는 관계는 근본적으로 언어를 매개로 하며, 따라서 사유를 통해 이해될 수 있는 것이기 때문이다. 이미 살펴보았듯이 그런 점에서 해석학은 단지 이른바 정신과학의 방법적 토대일 뿐 아니라 철학의 보편적 측면이다.

언어를 중심에 놓고 볼 때 대상화를 통해 이루어지는 자연인식과 모든 인식의 의도에 부합하는 즉자존재Ansichsein의 개념은 추상의 결과물임이 밝혀진다. 우리가 세계와 맺는 근원적 관계는 우리의 세계경험이 본질상 언어적이라는 사실에 기초한다. 대상적 자연인식이나 개념적 인식은 그러한 근원적 관계를 일정한 방법론적 장치에 따라 추상함으로써 존재자를 확실하게 전유하고자 한다. 따라서 그러한 확실성을 허용하지 않고 자연에 대한 지배의 증대에 도움이 되지 않는 모든 지식은 이단시된다. 반면 우리는 예술과 역사의 존재방식과 그에 상응하는 경험을 과학의 객관성이라는 이상에 내재하는 그러한 존재론적 선입견으로부터 해방시키고자 했으며, 예술과 역사의 경험에 의거하여 인간이 세계와 맺는 보편적 관계에 부합하는 보편적 해석에 도달했다. 이러한 보편적 해석학을 언어 개념에 근거하여 정의함으로써 정신과학에서 객관성 개념을 남용하는 잘못된 방법론을 막을 수 있을 뿐 아니라, 헤겔식으로 무한성의 형이상학을 상정하는 관념론적 정신주의도 피할 수 있다. 해석학적 근본경험은 슐라이어마허의 주된 구상이 그러했듯이 비단 낯섦과 친숙함, 오해와 이해 사이의 긴장만으로 규정되지는 않는다. 그렇지만 결국 슐라이어마허는 전지전능한 이해의 완성을 지향함으로써 헤겔의 입장에 근접했다. 반면 우리는 이해의 언어적 본성에서 출발함으로써 이해가 구체적으로 실현되는 언어적 사건의 유한성을 강조했다. 사물에—그것이 어떤 사물이든 간에—수반되는 언어는 '본질의 언어logos ousias'가 아니며, 무한한 지성의 자기직관을 통해 완성되는 것이 아니다. 오히려 사물에 수반되는 언어는 우리가 말하는 법을 배움으로써 우리의 유한한 역사적 존재가 듣게 되는 언어이다. 그것은 전승된 텍스트의 언어에도 똑같이 해당된다. 따라서 진정한 역사적 해석학의 과제는 바로 그러한 언어를 매개로 수행된다. 이것은 예술의 언어와 역사의 언어에도 마찬가지로 적용된다. 사실 '예술'이나 '역사'라는 개념은 해석학적 경험의 형태로 존재하는 해석학적 존재의 보편적 존재방식에 근거하는 이해방식을 가리킨다.

표현을 통해 존재가 성립되는 것은 비단 예술작품만의 특수한 정의는 아니다. 마찬가지로 역사적 존재만이 그 의미를 이해할 수 있는 특수한 대상은 아니다. 표현되고 이해될 수 있다는 것은 동일한 사태의 양면이며, 따라서 양자는 호환적 관계에 있다. 예술작품은 그 영향사의 측면에서, 역사적 전승물은 그것이 현재의 관점에서 이해된다는 측면에서 양자는 일치한다. 사변적이고, 스스로를 구별하고, 스스로를 표현하고, 의미를 표현하는 언어를 갖고 있는 것은 비단 예술작품과 역사만이 아니라 이해될 수 있는 모든 존재자가 그러하다. 해석학의 바탕이 되는 존재의 사변적 성격은 이성 및 언어와 같은 차원에서 보편성을 갖는다.

우리의 해석학적 문제의식은 존재론적 전환을 통해 형이상학적 개념에 근접하게 되었는데, 이제 그 개념의 근원을 추적해봄으로써 그 개념의 의의를 살펴보도록 하겠다. 미의 개념은 18세기에 숭고das Erhabene의 개념과 더불어 미학의 문제에서 중심적 위치를 차지했지만, 19세기를 경과하면서 의擬고전주의에 대한 비판을 통해 완전히 사장되다시피 했다. 알다시피 미의 개념은 18세기 이전에는 보편적인 형이상학적 개념이었고, 형이상학, 즉 보편적 존재론 안에서 결코 미적 문제에 국한되지 않는 기능을 갖고 있었다. 여기서는 그러한 미의 개념이 정신과학의 방법론에 대한 비판을 기반으로 하는 포괄적 해석학에서도 유용하다는 것을 밝혀보고자 한다.

미의 개념은 그 의미에 대한 어원적 분석만 해보아도 우리가 개진한 해석학적 문제의식과 긴밀한 연관성이 있다는 것을 알 수 있다. 독일어로 '아름답다schön'는 말에 해당되는 그리스어는 kalon*이다. 물론 이 그리스어와 완벽하게 일치하는 말을 독일어에서는 찾을 수 없으며, 독일어와 연결될 만한 매개어로 pulchrum(좋은)이라는 용어 역시 정확히 일치하지는 않는다. 그렇긴 하지만 고대 그리스의 사고는 '아름답다'는 말의 의미사를 어느 정도는 규정해주고 있어서 양자는 본질적 의미소를 공유한다. 예컨대 '아름다운' 예술이라는 말이 그런 경우이다. '아름다운'이라는 수식어는 예술을―유익한 것을 만들어내는 '기계적' 기술로서의―기술과 구별해주는 역할을 한다. 아름다운 풍속, 아름다운 문학, 아름다운 정신 등과 같은 조어 역시 유사한 경우들이다. 이 모든 어법에서 아름답다는 말은 그리스어 '아름다움kalon'과 '유용함chrēsimon' 개념의 구별에

*고대 그리스어 kalon은 진·선·미의 합일을 가리키는 개념에 가깝다.

상응한다. 생존을 위한 필수적 요건에 해당되는 것이 아니라 어떻게 살 것인가의 문제, '잘 사는 것eu zēn'에 해당되는 모든 문제, 그리스인들이 '교양paideia'이라 일컬었던 일체의 문제가 kalon으로 지칭되는 것이다. 아름다운 것은 그 자체로 가치를 지닌다. 따라서 어떤 용도로 쓰일 것인가 하는 목적에는 개의치 않는다. 아름다운 것은 그 자체로 빼어난 것이며, 그런 점에서 다른 무엇인가를 위한 효용과는 다르다. 이러한 어법에서도 알 수 있듯이 kalon이라 일컬어지는 것은 고매한 품격을 지닌 존재를 가리킨다.

아름답다는 개념의 통상적 대립어인 '흉하다aischron'는 말 역시 그런 맥락에서 사용된다. '흉하다'는 것은 보기에 역겨운 것을 가리킨다. 반면 아름다운 것은 넓은 의미에서 보기 좋은 것을 가리킨다. 독일어 어법에서도 '보기 좋다'는 것은 품격을 가리키는 표현이다. 실제로 '아름답다'는 그리스어와 독일어에서 언제나 일정한 품격을 갖춘 것을 가리키는 말로 사용된다. 보기 좋다는 말은 윤리적 맥락에서 품격을 갖춘 것을 총칭하는 말로 사용됨으로써 유용성과는 대비되는 개념적 표현에 근접한다.

이로써 미의 개념은 '선하다agathon'는 개념과 긴밀한 관련을 맺는다. 유용한 수단과는 전혀 무관하게 오로지 그 자체를 위해 선택할 수 있는 목적에 해당되기 때문이다. 아름답다는 것은 다른 무엇을 위한 수단으로 간주되지 않는 것이다.

그런 맥락에서 플라톤의 철학에서는 선의 이념과 미의 이념이 긴밀하게 연관되고 때로는 서로 혼용되기도 한다. 두 가지 개념은 일체의 제약과 다양성을 초극한다. 예컨대 사랑을 하는 영혼은 다양하게 펼쳐지는 아름다움을 경험한 끝에 최종적으로 아름다움 그 자체를 오직 하나의 형상을 지닌 존재, 이루 형언할 수 없는 감흥을 불러일으키는 존재, 유일자로서 접하게 되거니와(『향연』), 그것은 곧 선한 것의 이념이 일체의 제약과 다양성을 넘어서서 특정한 관점에서 볼 때만 선한 것으로 존재하는 것과 같은 이치다.(『정치학』) 아름다움 자체는 선한 것 자체epekeina와 마찬가지로 일체의 존재자를 초극해서 존재한다. 오로지 선한 것 자체만을 지향하는 존재자의 질서는 아름다움의 질서와 합치된다. 디오티마Diotima*가 설파하는 사랑의 도정은 아름다운 육체를 경유하여 아름다운 영혼으로 나아가며, 다시 거기서부터 아름다운 제도와 풍속과 법칙으로 나아가고, 마침내는 "아름다운 말들의 드넓은 바다"445에 비견되는 (예컨대 수학에서 수의 아름다운 비례관계로 표상되는) 학문의 세계에 도달하며, 궁극적으로는 이 모든 것을 초극한다. 여기서 가시적 감각계를 넘어서 '지성계das Intelligible'로 나아가는 것이 과연 아름다움이 아름다움 자체로 승화되는 것을 뜻하는지, 아니면 단지 아름다운 존재자 자체의 승화를 가리키는 것인지 의문이 제기될 수 있다. 플라톤은 목적론적 존재질서는 곧 아름다움의 질서라고 단언한다. 다시 말해 아름다움은 척도에 어긋나고 불완전함으로 인해 혼탁한 가시적 감각계에서보다는 지성계에서 더욱 순수하고 명징하게 드러난다는 것이다. 마찬가지로 중세철학 역시 아름다움의 개념을 선함bonum의 개념과 긴밀하게 결부시키는데, 그 과정에서 '아름다움'에 관한 아리스토텔레스의 고전적 정의는 논외로 밀려나고 '아름다움kalon'이 곧장 '선함bonum'으로 번역된다.446

피타고라스와 플라톤의 '절도Maß' 개념은 아름다움의 이념과 목적론적 존재질서의 긴밀한 연관성에 바탕을 둔다. 플라톤은 아름다움을 척도, 적합성, 비례로 정의한다. 그리고 아리스토텔레스는 아름다운 것의 형상eidē을 질서taxis와 균형symmetria과 절도hōrismenon라 일컬으며, 수학에서 그러한 전형적 사례들을 발견한다. 아름다움의 수학적 존재질서와 천상계의 수학적 존재질서 사이의 긴밀한 관련성은 나아가서 모든 가시적인 훌륭한 질서의 모범이라 할

진리와 방법 ❷

---

*플라톤의 『향연』에 등장하는 가공의 여성인물로, 청년 소크라테스에게 에로스의 본질, 진리와 아름다움의 관계 등에 관해 설파하는 지혜로운 신비의 여인으로 묘사된다.

수 있는 우주가 아름다움이 가시화된 최고의 사례라는 것을 뜻한다. 척도에 부합하는 것, 균형이야말로 모든 아름다움의 결정적 조건이 되는 것이다.

잘 아는 바와 같이 아름다움에 대한 그러한 정의는 보편적 존재론에 입각한 것이다. 여기서 자연과 예술은 대립되지 않는다. 그것은 물론 예술에 견주어도 자연의 우위는 의문의 여지가 없다는 뜻이다. 예술은 자연의 질서에 포함된 모든 형체 안에서 예술적 형상화의 가능성을 인지하고 그런 방식으로 아름다운 자연의 존재질서를 완벽하게 구현하고자 한다. 그렇다고 해서 일차적으로 예술에서 '아름다움'을 경험할 수 있다는 뜻은 아니다. 존재자의 질서 자체가 신성한 것으로 혹은 신의 창조물로 이해된다면—이런 견해는 18세기까지 통용되는데—예술이라는 예외적 사례 역시 이러한 존재질서의 지평 안에서만 이해될 수 있다. 이미 앞에서 설명한 바와 같이 19세기에 와서야 비로소 미학의 문제가 예술의 관점으로 옮겨간다. 우리는 그러한 변화의 바탕에 형이상학적 관점이 깔려 있다는 것을 익히 알고 있다. 존재론적으로 보면 그처럼 예술로 관점이 옮아가는 현상은 형태Gestalt와는 무관하게 사고되는—내지는 기계적 법칙에 의해 지배되는—양적 존재를 전제로 한다. 기계적 구성을 통해 유익한 것을 만들어내는 인간의 예술정신은 일체의 아름다움까지도 전적으로 인간정신의 작품이라는 관점에서 이해하는 것이다.

그런 사태에 부합되는 현상으로, 존재자의 기계적 구성을 추구하는 첨단에 이르러서야 비로소 근대 과학은 '형태Gestalt'의 자립적 존재가치에 주목하면서 형태에 관한 사고를—다분히 형식주의적 균형개념에 입각하여—자연탐구, 특히 생물학이나 심리학 같은 생명계의 탐구를 위한 부차적인 인식원리로 받아들인다. 그렇다고 근대 과학이 원래 추구하던 기본입장을 포기한 것이 아니라, 단지 존재자에 대한 과학적 지배라는 목표를 좀더 세련된 방식으로 달성하려는 것뿐이다. 근대 자연과학의 자기인식에 맞서서 그 점은 강조되어야 한다.[447] 이와 동시에 과학은 그 자체의 경계, 즉 과학이 수행하는 자연지배의 경계에서 이해관계와는 무관하게 쾌감을 안겨주는 자연의 아름다움과 예술의 아름다움을 인정하기도 한다. 이미 언급한 바와 같이 자연미와 예술미의 관계가 역전되면서 자연미가 마침내 우월한 지위를 상실하는 위상 변동이 일어났으며, 그리하여 자연미 역시 정신활동의 반영물로 간주되기에 이르렀다. 여기에 한 가지 덧붙이자면 '자연'이라는 개념 자체도 예술 개념에 의해 역으로 규정되는 양상을 띠었으며, 그러한 역전의 과정은 루소 때부터 진행되어왔다고 할 수 있다. 이로써 자연 개념은 정신의 타자, 자아의 타자로서 논쟁적 개념이 되었다. 그 결과 자연 개념은 한때는 아름다운 사물들의 질서로 표상되던 우주적 자연에 부여되었던 보편적인 존재론적 존엄을 상실하기에 이르렀다.[448]

이러한 발전과정을 되돌려놓을 수는 없을 것이다. 예컨대 고대 그리스 철학에서 그러했듯이 아름다움의 형이상학적 위상을 그 전통을 마지막으로 계승한 18세기의 완전성 미학으로 쇄신함으로써 복원하지는 못할 것이다. 근대 미학에서 칸트와 더불어 시작된 주관주의로의 발전이 아무리 문제가 있다 하더라도 칸트는 미학적 합리주의가 더이상 통용될 수 없다는 것을 설득력 있게 입증했다. 또한 오로지—합리주의적 규범미학이 상정하는 의擬고전주의적 가상Schein 개념의 궁극적 기초가 되는—척도의 존재론과 목적론적 존재질서에만 근거하여 아름다움의 형이상학을 정립하려는 것도 옳지 않다. 실제로 아름다움의 형이상학은 그러한 미적 합리주의의 적용과는 합치되지 않는다. 차라리 플라톤으로 돌아갈 때 미적 현상의 전혀 다른 측면이 인식될 수 있는데, 우리의 해석학적 문제의식에서 관심을 끄는 것은 바로 그 측면이다.

플라톤은 아름다움의 이념과 선한 것의 이념을 아주 긴밀하게 결부시켰지만, 그러면서도 양자 사이의 차이를 염두에 두었다. 그 차이란 아름다움의 우월한 지위를 독특하게 인정하는 것이었다. 이미 확인한 바와 같이 선함을 궁극적으로 파악하기 어렵다는 사태는 사물의 조화와 그것의 개현으로 나타나는 아름다움에도 똑같이 해당된다. 아름다움 역시 궁극적으로는 형언할 수 없는 상태로 경험되기 때문이다. 그러면서도 플라톤은 선함 자체를 파악하려다 보면 결국 선함은 아름다움 속으로 달아난다고 말한다.[449] 다시 말해 아름다움은 파악될 수 있다는 점에서 도무지 파악하기 힘든 선함과는 구별된다. 아름다움은 그 고유한 본질상 현상으로 드러나는 것이다. 그리하여 선함을 찾아가다 보면 아름다움이 드러난다. 이것은 인간영혼의 관점에서 볼 때 일단 아름다움의 영예라 할 수 있다. 완벽한 형태로 드러나는 것은 사랑의 욕구를 불러일으킨다. 아름다움은 그 자체로 사람의 마음을 사로잡는다. 반면 인간적 미덕의 귀감은 잘 드러나지 않는 현상으로, 쉽게 식별되지 않는다. 미덕은 스스로 빛을 발하지 않으며, 그런 연유로 우리는 곧잘 미덕의 불순한 모방이나 가식적 현상에 현혹되기도 한다. 그렇지만 아름다움은 다르다. 아름다움은 스스로 밝게 빛나기 때문에 우리는 왜곡된 모방에 의해 현혹되지 않는다. "오직 아름다움만이 가장 밝게 빛나고 가장 사랑스러운 것"[450]이기 때문이다.

　플라톤이 탁월하게 서술하는 아름다움의 이러한 심층적 기능에서 아름다움의 존재론적 구조와 존재 자체의 보편적 구조가 드러난다. 선함에 비해 아름다움의 우월한 장점은 아름다움은 스스로 그 의미가 드러나고 그 존재 자체가 빛을 발한다는 것이다. 이것은 아름다움의 가장 중요한 존재론적 기능, 즉 이념과 현상을 매개하는 기능이다. 바로 이 지점이 플라톤주의의 형이상학적 난제에 해당된다. 이념과 현상의 매개는 분유分有methexis의 개념으로 구체화되며, 이 개념은 현상과 이념의 관계, 그리고 이념들 사이의 관계를 가리킨다. 플라톤이 『파이드로스』에서 설파하듯이, 플라톤은 논란의 소지가 많은 그러한 '분유'의 관계를 아름다움을 예로 들어 명확히 규정하고자 한다. 아름다움의 이념은 아름다운 대상 자체 속에 분열되지 않은 온전함으로 존재한다. 아름다움의 예를 통해 플라톤이 말하려는 형상eidos의 '임재臨在parousia'는 명료하게 설명될 수 있으며, '변화'하는 것이 '존재'를 온전히 공유한다는 것을 논리적으로 설명하기 힘든 난점도 명료하게 해명해줄 수 있다. '현존성Anwesenheit'이 아름다움의 존재 자체에 속한다는 것은 설득력이 있다. 물론 아름다움이 천상적 존재의 반사물처럼 경험될 수도 있지만, 어떻든 아름다움은 가시적인 것으로 현존한다. 아름다움이 그렇게 가시적으로 드러날 때는 실제로 다른 존재, 다른 질서를 가진 존재라는 것은 아름다움의 현상방식에서 드러난다. 아름다움은 갑자기 출현하며, 마찬가지로 그 어떤 이행과정도 없이 즉각 사라진다. 플라톤의 말을 빌려 감각적인 것과 이념적인 것 사이의 '분리chōrismos'를 논할 수 있다면 아름다움의 이러한 급작스러운 명멸현상이 곧 그 분리 지점인 동시에 그 분리가 극복되는 지점이기도 하다.

아름다움은 감각적으로 가시화되는 대상에서만 현상으로 드러나는 것이 아니라, 온갖 복잡한 다양성을 초극한 단일자로서 그 고유한 모습을 드러낸다. 아름다움은 실제로 스스로 '가장 빛나는 것to ekphanestaton'이다. 다른 한편 아름다운 것과 아름답지 않은 것 사이의 첨예한 경계는 현상학적으로 확실한 근거를 갖는다. 그런 맥락에서 아리스토텔레스는 '잘 만들어진 작품'에는 아무것도 가감할 것이 없다고 말한다.451 엄밀한 조화와 예민한 중심은 아름다움에 관한 가장 오래된 정의의 본질적 구성요소인 것이다. 그것은 이를테면 음악을 구성하는 기본원리인 화음의 민감성을 떠올려보면 금방 알 수 있다.

'빛난다'는 것은 아름다움의 속성 중 하나가 아니라 아름다움의 고유한 본질을 이룬다. 인간의 영혼을 직접적으로 끌어당기는 아름다움의 영예로운 특성은 아름다움의 존재방식 자체에 근거하는 것이다. 아름다움은 사물의 조화에 힘입어 그저 있는 그대로만 존재하지 않고 그 자체로 균형 있고 조화로운 전체로서 드러난다.

플라톤이 『필레보스』에서 말하는 '진리의 드러남aletheia'은 아름다움의 본질에 속한다.[452] 아름다움은 단순히 조화로운 상태만이 아니라 그 조화를 바탕으로 빛나는 것이다. 아름다움은 빛나는 어떤 것이다. 그런데 빛난다는 것은 그 어떤 것을 향하여 빛난다는 뜻이며, 따라서 비춰지는 대상 자체에서 아름다움은 드러난다. 아름다움은 빛의 존재방식으로 존재한다.

그것은 빛이 없으면 아름다움이 드러날 수 없고 그 무엇도 아름다울 수 없다는 것을 뜻한다. 그뿐 아니라 그것은 아름다운 것의 아름다움이 빛으로서, 빛의 광채로서 드러난다는 뜻이기도 하다. 아름다움은 스스로를 드러낸다. 그와 같이 스스로를 되비추는 것이야말로 실제로 빛의 보편적 존재방식이다. 빛이라는 것은 비추는 대상의 밝기로 나타나는 것이 아니라, 다른 대상을 가시적으로 드러냄으로써 그 자체도 드러나며, 다른 대상을 드러내는 방식으로만 스스로를 드러낸다. 이미 고대철학에서도 빛의 이러한 반사적 구조를 강조했다.[453] 이것은 현대철학에서 중요한 역할을 하는 반성Reflexion 개념이 원래 광학용어였다는 사실에 부합된다.

빛이 시각과 관찰대상을 연결시켜주고 따라서 빛이 없으면 시각도 없고 관찰대상도 없다는 빛의 존재방식은 확실히 빛의 반사적 성격에 근거한다. 일견 사소해보이는 이러한 사실은 빛이 아름다움과 어떤 관련이 있고 미 개념의 의미와 어떤 관련이 있는가를 생각해보면 중요한 의미를 함축한다. 실제로 가시적인 사물을 '아름답고'도 '좋은' 형태로 분명히 드러내는 것은 바로 빛이다. 그렇지만 아름다움이 가시적인 영역에서만 드러나는 것은 아니다. 그것은 이미 살펴보았듯이 당위적으로 존재해야 할 선한 것의 존재방식이다. 가시적인 것뿐 아니라 정신적 영역도 드러내는 빛은 태양이 발하는 그런 빛이 아니라 정신의 빛, 지성nous의 빛이다. 이미 플라톤은 의미심장한 유추로 그 점을 설명했고,[454] 그것을 바탕으로 아리스토텔레스는 지성론을 개진했으며, 다시 그것을 계승하여 중세 기독교

철학은 능동적 지성intellectus agens의 개념을 발전시켰다. 스스로의 힘으로 사고대상의 다양성을 펼쳐보이는 정신은 바로 그렇게 함으로써 생생한 자각에 도달하는 것이다.

앞에서 상세히 살펴보았던 기독교의 언어관, 즉 창조하는 말씀verbum creans에 관한 이론은 플라톤주의와 신플라톤주의의 빛의 형이상학에 접맥해 있다. 아름다움의 존재론적 구조가 사물이 척도와 윤곽을 드러내도록 비추는 것이라면 지성계에 관해서도 같은 논리가 적용된다. 모든 사물을 그 자체로 자명하고 이해될 수 있도록 드러나게 하는 빛은 곧 말씀의 빛이다. 아름다움이 빛나는 방식으로 드러나고 이해가능한 것이 자명한 것으로 드러나는 양상 사이의 긴밀한 관계는 이처럼 빛의 형이상학에 근거해 있다.[455] 우리의 해석학적 문제의식 역시 바로 그러한 관계를 길잡이로 삼았다. 알다시피 예술작품의 존재에 관한 분석이 해석학의 문제제기로 이어졌고, 해석학의 문제제기는 다시 보편적인 문제의식으로 확장되었다. 그 모든 과정은 빛의 형이상학을 끌어들이지 않은 채 전개되었다. 그런데 이제 빛의 형이상학이 우리의 문제의식과 긴밀한 관련이 있다는 사실에 주목하면, 신플라톤주의적 사고방식에서 감각적인 동시에 정신적인 빛의 근원에 관한 형이상학적 표상으로부터 빛의 구조가 분리될 수 있다는 사실이 우리의 논의에 도움이 될 것이다. 그것은 이미 창세기에 대한 아우구스티누스의 교리적 해석에서 분명히 드러난다. 이 대목에서 아우구스티누스는 빛을 발하는 천체의 창조와 사물의 구별이 있기 전에 빛이 창조되었다는 데 주목한다.[456] 그는 특히 하느님의 말씀이 있기 전에 태초의 천지창조가 이루어졌다는 것을 강조한다. 하느님은 빛을 창조할 때 처음으로 말씀을 하신다. 빛이 있으라 하니 빛이 생기는 그 말씀을 아우구스티누스는 형체를 지닌 사물들의 구별을 가능하게 해주는 정신적 빛의 생성으로 해석한다. 애초에는 형체가 없는 물질 덩어리였던 태초의 천지가 빛을 통해 비로소 다양한 형태로 형체를 가질 수 있게 되었다는 것이다.

아우구스티누스의 독창적인 창세기 해석은 우리가 해석학적 세계경험의 분석에서 개진했던 언어에 대한 사변적 해석을 상기시킨다. 해석학적 세계경험의 기초가 되는 언어의 관점에서 보면 말씀의 단일성에서 사고대상의 다양성이 생겨난다. 그와 동시에 우리는 빛의 형이상학이 고대의 미 개념의 어떤 측면을 계승한다는 것도 알 수 있다. 다시 말해 고대의 미 개념은 실체의 형이상학의 맥락에서 분리되고, 무한한 신적 정신과의 형이상학적 연관성에서 분리되어 독자적 정당성을 확보했던 것이다. 그리스 고전철학에서 아름다움의 위상에 관한 분석은 그러한 형이상학이 우리의 해석학적 문제의식에 생산적인 도움이 될 수 있다는 것을 보여주었다.[457] 존재는 스스로 드러남이며 모든 이해는 하나의 사건이라는 근원적이고 궁극적인 통찰은 실체 개념이 주관성 개념과 과학적 객관성 개념으로 변형된 것과 마찬가지 방식으로 실체 형이상학의 지평을 넘어선다. 그런 점에서 아름다움의 형이상학은 우리의 해석학적 문제의식에 유익한 참고가 되었다. 예술 혹은 예술적인 것이—혹은 역사와 정신과학의 방법론이—진리를 담보해야 한다는 요청을 학문이론의 관점에서 정당화하는 것은 19세기에만 해도 중요한 쟁점이 되었던 과제였지만 이제는 더이상 중요한 과제가 아니다. 지금 중요한 관건이 되는 문제는 오히려 훨씬 보편적 과제, 즉 해석학적 세계경험의 존재론적 기초를 확립하는 것이다.

아름다움의 형이상학이라는 관점에서 볼 때 아름다움이 비추는 방식으로 드러나고 이해가 자명한 것으로 드러나는 양상 사이의 관련성에서 연유하는 두 가지 측면에 특히 주목할 필요가 있다. 첫째, 미의 현상과 이해의 존재방식은 모두 사건Ereignis의 성격을 지닌다는 것이다. 둘째, 전승된 의미에 대한 경험으로서의 해석학적 경험은 예로부터 아름다움의 경험과 진리의 자명함을 돋보이게 해주는 직접성Unmittelbarkeit을 공유한다는 것이다.

1. 먼저 빛과 아름다움에 관한 사유의 전통에 비추어볼 때 해석학적 경험에서 사물 자체의 작용에 우선권을 부여하는 입장이 정당성을 얻는다. 여기서 문제는 신화도 아니고 헤겔식의 단순한 변증법적 역전도 아니다. 오히려 근대의 과학적 방법에 비해 더 설득력이 있는 오랜 진리계기가 지속적으로 영향력을 행사한다는 사실이 관건임이 입증된다. 우리가 사용한 개념들의 어원에서도 그 점을 알 수 있다. 이미 말했듯이 아름다움은 의미 있는 모든 것이 그러하듯 '깨우쳐주는einleuchtend' 상태로 드러난다.

이 '깨우침Einleuchten'이라는 개념은 수사학의 전통에 닿아 있다. '개연성eikos', '진짜처럼 보이는 것verisimile', '개연성이 있는 것', '자명한 것' 등은 입증되고 인식된 대상의 참됨과 확실성에 버금가는 독자적 정당성을 지닌, 일련의 대상들을 가리킨다. 이 책의 서두에서 우리는 공통감각sensus communis에 특별한 의의를 부여했다.[458] 이 개념과 나란히 신비주의적·경건주의적 색채가 강한 깨달음illuminatio의 개념이 깨우침의 개념에 영향을 주었을 수도 있다.(외팅거Oetinger의 경우에서 보듯이[459] 그 개념은 공통감각에서도 찾아볼 수 있다.) 어떻든 어느 영역에서든 빛의 비유가 사용되는 것은 우연이 아니다. 우리가 사건에 대해 말하고 사물 자체의 작용에 대해 말하는 것은 사물 자체의 요청에 따른 것이다. 깨우침을 주는 것은 항상 말로 표현된—제안이든 계획이든 추측이든 주장이든 간에—어떤 것이다. 아울러 늘 유념해야 할 것은, 깨우침을 주는 것은 이미 증명되고 확실한 것이 아니라 가능성과 추측의 범위 안에서 탁월한 것으로 인정받는 것이라는 사실이다. 따라서 심지어 우리가 어떤 주장을 옹호하면서도 그 반대주장도 깨우침을 주는 측면이 있다고 인정할 수 있다. 그럴 경우 우리 자신이 옳다고 생각하는 주장 전체와 그런 반대주장이 과연 통합될 수 있는 것인가 하는 문제는 미결로 남겨질 수밖에 없다. 다만 그 반대주장이 '그 자체로는' 깨우쳐주는 바가 있고 인정할 만한 측면이 있다고 말할 수 있을 따름이다. 이러한 사례가 아름다움과 연관성이 있다는 것은 분명하다. 아름다움 역시 우리의 기본입장 및 가치관 전체와 곧바로 합치되지 않더라도 그 자체로 매력적일 수 있는 것이다. 사실 아름다움은 매혹이나 모험처럼 우리의 전반적인 경험에서 돌출하여 별도의 해석을 통해 통합되어야 할 그런 부류의 경험이다. 그와 마찬가지로 깨우침을 주는 것 역시 마치 인식대상의 영역을 확장시켜줄 새로운 빛의 출현처럼 예기치 않은 놀라움을 선사한다.

해석학적 경험 역시 진정한 경험을 동반하는 사건이기 때문에 그러한 영역에 속한다. 말로 표현된 어떤 사태가 깨우침을 준다는 것, 그럼에도 어떤 측면에서도 확실한 판단과 결정이 내려지지는 않았다는 것은 역사적 전통에서 그 무엇이 우리에게 말을 걸어올 때면 늘 경험하는 일이다. 역사적 전승은 이해됨으로써 정당성을 확보하며, 이해되기 전까지 우리를 둘러싸고 있던 지평을 다른 차원으로 옮겨놓는다. 그것은 이미 우리가 밝힌 의미에서 진정한 경험이다. 아름다움의 결과물과 해석학적 사건은 인간실존의 유한성을 원칙적으로 전제한다. 오히려 우리는 무한한 정신이 과연 아름다움을 우리가 경험하듯이 그렇게 경험할 수 있을까 하고 물어볼 수도 있다. 그런 무한한 정신은 자기 앞에 놓인 전체의 아름다움과는 다른 무엇을 볼 수 있을까? 아름다움이 우리에게 '빛나는' 것은 우리 인간의 유한한 경험으로만 포착될 수 있다. 중세철학은 이와 유사한 문제를 알고 있었는데, 신이 다수多數의 존재가 아닌 유일자라면 과연 아름다움이 어떻게 신 안에 존재할 수 있는가 하는 문제였다. 이 문제에 관해서는 신 안에서 다수의 존재가 하나의 복합체적 특성complicatio을 띠는 방식으로 존재한다고 보았던 쿠사누스의 학설이 만족스러운 해결책을 제시했다.(이 책의 375쪽에서 인용한 쿠사누스의 「아름다움에 대하여Sermo de pulchritudine」 참조) 무한한 앎에 관한 헤겔의 철학에서 예술이 개념과 철학에서 지양되는 표상형식으로 설정되는 것은 바로 이런 맥락에서 일리가 있다.

마찬가지로 해석학적 경험의 보편성은 원칙적으로 무한한 정신으로는 포착될 수 없다. 무한한 정신은 의미를 지닌 모든 것, 모든 지적 인식대상noēton을 자기 자신으로부터 전개하며 자기 자신에 대한 온전한 직관을 통해 생각할 수 있는 모든 것을 사고하기 때문이다. 아리스토텔레스의 신(또한 헤겔의 정신)은 유한한 존재의 몫인 '철학'에 관여하지 않는다. 그 어떤 신도 철학적 사고를 하지는 않는다고 플라톤은 말한다.[460]

그리스의 로고스 철학은 해석학적 경험의 기반, 즉 언어를 중심에 두는 사고를 단지 부분적으로만 다루었다. 그럼에도 우리가 거듭 플라톤을 참조할 수 있었던 것은 아름다움에 관한 플라톤의 철학에서—아리스토텔레스에서 스콜라철학으로 이어지는 형이상학의 역사에서 저류를 형성하고 신플라톤주의와 기독교 신비주의 그리고 신학적·철학적 정신주의에서 때때로 드러나는—다른 측면에 주목했기 때문이다. 이러한 플라톤주의 전통에서 인간존재의 유한함에 관한 사고가 필요로 하는 개념적 어휘가 형성되었다.[461] 플라톤의 미론과 보편적 해석학 이념의 친화성 역시 이러한 플라톤주의 전통의 연속성을 입증한다.

2. 해석학적 존재경험을 통해 밝혀진 바와 같이 존재가 곧 언어이며 존재의 자기표현이라는 존재론적 관점에서 출발할 때는 비단 아름다움의 사건적 성격과 모든 이해의 사건적 성격만이 드러나는 것은 아니다. 아름다움의 존재방식이 보편적 존재구조를 선취하는 특성을 지닌다면 이것은 진리 개념에도 똑같이 적용될 수 있다. 이 경우에도 형이상학적 전통을 출발점으로 삼을 수 있지만, 그 전통에서 해석학적 경험에 유효하게 적용될 수 있는 것이 과연 무엇인지 따져보아야 할 것이다. 전통적 형이상학에 따르면 존재자의 참됨은 존재자에 대한 선험적 규정에 속하며, 선함과 긴밀하게 결부되어 있는데, 이 선함에서 아름다움도 함께 드러난다. 아름다움은

인식과의 관련성에 따라 정의될 수 있고 선함은 욕구와의 관련성에 따라 정의될 수 있다고 했던 토마스 아퀴나스의 진술은 그런 맥락에서 이해될 수 있다.[462] 어떤 대상을 바라볼 때 욕구가 평정된다면 그 대상은 아름답다고 할 수 있다.('대상에 대한 파악 자체가 아름답다cuius ipsa apprehensio placet') 아름다움은 선함을 지향할 뿐 아니라 인식능력과도 결부된다.('아름다움은 선함을 넘어 인식의 힘으로 향하는 어떤 질서를 부여한다addit supra bonum quendam ordinem ad vim cognoscitivam') 아름다움의 '광휘Vorschein'는 여기서 일정한 형태로 형성된 사물을 비추는 빛처럼 나타난다.('형상 위에 발하는 빛lux splendens supra formatum')

우리는 이러한 진술을 다시 플라톤과 관련지어 형이상학적 형상론Forma-Lehre의 맥락과는 분리시키고자 한다. 플라톤은 처음으로 아름다움의 본질적 구성요소가 '진리의 드러남alētheia'이라 규정했다. 플라톤이 이 말을 통해 의도한 바는 분명하다. 즉 아름다움—혹은 선함이 드러나는 방식—은 스스로 그 존재를 드러내며 스스로를 표현한다는 것이다. 그렇게 표현되는 것은 스스로를 표현하기 때문에 자기 자신과 다른 타자가 아니다. 그것은 스스로를 대변하는 어떤 것도 아니고 다른 대상들을 대변하는 타자도 아니다. 그것은 또한 다른 어떤 대상의 속성도 아니다. 그것은 어떤 형상을 바깥에서부터 에워싸는 빛 같은 것도 아니다. 오히려 그렇게 빛을 발하고 스스로를 표현하는 것은 곧 그 형상 자체의 고유한 존재론적 특성이다. 여기서 추론할 수 있는 사실은, 아름다움 자체와 관련해서 보면 아름다운 것은 언제나 존재론적으로 '형상Bild'으로 이해되어야 한다는 것이다. '아름다움 자체'가 드러나는가 아니면 그것의 모상이 드러나는가 하는 것은 중요한 차이가 아니다. 이미 살펴보았듯이 아름다움의 형이상학적 특징은 이념과 현상의 괴리를 극복하게 해주는 매개 역할을 한다는 것이다. 아름다움이 '이념Idee'이라는 것은 분명하다. 다시 말해 아름다움은 덧없이 흘러가는 현상계를 초극하여 그 자체로 항상적인 존재질서에 속해 있다. 또한 분명한 것은 아름다움은 스스로를 현상으로 드러낸다는 것이다. 이런 측면은 이미 확인한 바와 같이 이념에 대립되는 것이 아니라 이념의 문제를 집약해서 보여주는 전형적 사례이다. 플라톤은 아름다움이 자명하게 드러나는 것이라고 할 때 '아름다움 자체'와 그것의 모상을 대립적으로 보지 않는다. 그러한 대립을 성립하게 하는 동시에 지양하는 것이 바로 아름다움 자체이다.

여기서 플라톤의 생각을 되새겨보는 것은 진리의 문제와 관련하여 다시 중요성을 갖는다. 우리는 예술작품을 분석하면서 예술작품의 자기표현이 예술작품의 참된 존재로 간주되어야 한다는 점을 입증하고자 했다. 이를 위해 우리는 놀이Spiel 개념을 참조했고, 놀이 개념을 통해 좀더 보편적인 맥락에서 논의를 전개할 수 있었다. 놀이를 통해 스스로를 표현하는 것의 진리는 그 유희적 사건에 참여하는 차원을 넘어서 별도로 '믿음'이나 '불신'의 대상이 되지는 않는다는 것을 우리는 확인했다.[463]

미적 영역에서 보면 그것은 자명하다. 설령 시인이 예언자처럼 추앙받는다 하더라도 시인의 시에서 정말로 예언을 읽어내려고 하지는 않는다. 예컨대 횔덜린이 신들의 귀향을 노래한다고 해서 그것을 진짜 예언으로 받아들이지는 않는 것이다. 시인이 예언자라 할 수 있는 것은 오히려 시인 자신이 지금 존재하는 것과 과거에 존재했던 것, 그리고 장차 존재할 것을 표현하기 때문이며, 그리하여 그가 고지하는 의미를 스스로 증언하기 때문이다. 시적 진술은 마치 신탁처럼 그 자체로는 애매한 것이 사실이다. 하지만 바로 그러한 애매함 속에 해석학적 진실이 담겨 있다. 그런 애매함을 삶의 진지함이 결여된 미적 결함이라 여기는 사람은 해석학적 세계경험에서 인간의 유한함이 얼마나 근본적인 사태인가를 간과하는 것이다. 신탁의 뜻이 애매하다는 것은 신탁의 약점이 아니라 강점이다. 마찬가지로 횔덜린이나 릴케가 정말 신과 천사들을 믿는가 여부에 따라 이들을 평가하려는 사람은 문제를 헛짚는 것이다.[464]

미적 쾌감을 이해관계와 무관한 쾌감이라고 했던 칸트의 근본적 정의는 예컨대 미적 취향의 대상이 유용하게 쓰이는 것도 아니고 윤리적 선함으로 추구될 것도 아니라는 소극적 의미만 갖는 것이 아니라 적극적 의미도 내포한다. 다시 말해 미적 존재는 곧 자기표현이기 때문에 미적 쾌감의 내용에 '삶의 내용'을 덧붙일 필요도 없고 '순수한 관조'의 대상으로 족하다는 것이다. 물론 도덕적 관점에서 보면 미적 대상에 이해관계가 개입할 여지도 있다. 예컨대 나이팅게일의 노래를 고혹적으로 모방하는 것을 칸트는 도덕적으로 불순하다고 보았던 것이다. 그런데 미적 존재가 이러한 특성을 갖는다고 해서 정말로 미적 대상에서는—미적 대상은 인식의 대상이 아니므로—진리를 탐구할 여지도 없는가 하는 것은 별도로 따져볼 문제이다. 우리는 미적 분석에서 칸트의 문제의식을 제약하는 인식 개념의 협소함을 지적했다. 그리고 예술의 진리에 관한 문제에서 출발하여 예술과 역사가 서로 긴밀한 관련을 맺는 장場으로서의 해석학으로 나아가는 길을 발견했다.

만약 이해라는 것을 텍스트의 '진리'와는 무관하게 철학적 의식의 내재적 활동으로만 간주한다면 그것은 해석학적 현상을 제대로 다룰 수 없도록 문제를 부당하게 제한하는 것이라는 사실도 밝혀졌다. 다른 한편 텍스트에 대한 이해가 진리의 문제를 우월한 객관적 인식의 관점에서 미리 판정된 것으로 받아들이고 이해를 단지 그런 우월한 인식을 입증하는 문제로 간주해서는 안 된다는 것도 분명하다. 오히려 해석학적 경험의 온전한 품격은—또한 인간의 인식 전반에 대한 역사의 의의는—해석이 단순히 기존의 지식에 편입될 수 없다는 사실, 그리고 우리가 전통 속에서 마주치는 어떤 사태가 우리에게 뭔가 말을 걸어온다는 사실에서 찾을 수 있다. 그렇다면 이해라는 것은 단지 문헌으로 기록된 모든 것을 능숙하게 '이해'하는 기술적 완벽성에 만족할 수는 없다. 진리로서 타당성을 획득하는 것은 오히려 진정한 경험, 다시 말해 전통이 말해주는 어떤 사태와의 만남이다.

그러한 만남은 이미 논의했던 여러 가지 이유에서 텍스트 해석의 언어적 작업을 통해 완수되며, 이로써 언어현상과 이해는 존재와 인식 일반의 보편적 모델이 된다. 이를 바탕으로 이해를 통해 드러나는 진리의 의미는 좀더 구체적으로 규정될 수 있다. 우리는 어떤 사태를 언어로 표현하는 말 자체가 하나의 사변적 사건이라는 것을 확인했다. 말을 통해 표현된 것, 바로 그 안에 진리가 내포되어 있으며, 특수한 주관적 관심사에 무기력하게 갇혀 있는 다른 어떤 의도에서 진리를 찾을 수는 없다. 어떤 사람이 말하는 바를 이해한다는 것은 말하는 사람의 내면생활을 들여다보는 감정이입의 문제가 아니라는 것을 다시금 상기할 필요가 있다. 물론 이해를 하기 위해서는 언술된 말이 그때그때 의미의 보완을 통해 더욱 명확히 규정될 필요가 있다. 그렇지만 언술된 말이 상황과 맥락을 통해 명확히 규정되고, 어떤 말을 의미의 총체성을 담보하도록 보완하고, 그리하여 언술된 내용을 더욱 분명히 하는 일은 말하는 사람의 의도가 아니라 언술된 바에 따라 이루어진다.

그에 상응하여 시적 진술은 의미가 진술 속에 완전히 녹아들어서 구현된 특수한 경우임이 밝혀졌다. 시에서 언어로 표현된다는 것은 언술된 것의 '진실'을 담보하고 보증하는 질서의 맥락 속에 들어가는 것과 같다. 비단 시적 진술뿐 아니라 모든 언술행위는 그러한 입증Bezeugung의 특성을 갖는다. "말이 끊어진 곳에서는 사물이 존재하지 않는다." 말을 한다는 것은 우리가 강조한 바와 같이 결코 개별자가 보편적 개념 속에 편입되는 양상으로 이루어지지 않는다. 말을 사용할 때 직관의 대상은 보편적인 것을 예시하는 개별적 사례로 다루어지는 것이 아니라 언표된 것 자체 속에 생생하게 존재한다. 그것은 아름다움의 이념이 아름다운 대상 속에 생생하게 존재하는 것과 같은 이치다.

여기서 진리라 일컬어지는 것은 이 경우에도 놀이 개념을 통해 가장 잘 규정될 수 있다. 우리가 이해과정에서 마주치는 사물의 비중이 드러나는 양상은 언어적 과정으로, 뜻하는 바를 여러 가지 방식으로 내보이는 말의 놀이라 할 수 있다. 우리가 배우는 사람으로서—우리가 과연 언제 배우기를 그칠 수 있겠는가?—세계를 이해하는 방편도 언어적 놀이이다. 여기서 우리가 놀이의 본질에 관해 확인했던 내용을 다시 상기할 필요가 있겠다. 이미 언급한 바와 같이 놀이에 참여하는 사람의 태도는 주관성의 태도로 이해되어서는 안 된다. 놀이라는 것은 유희하는 사람을 끌어들이고 그리하여 놀이 자체가 놀이운동의 본래적인 주체가 되는 것이기 때문이다.[465] 따라서 언어를 수단으로 삼거나 우리에게 호소력이 있는 세계경험의 내용 혹은 전통을 수단으로 삼는 유희라는 것은 성립될 수 없으며, 오로지 언어 자체의 놀이가 있을 뿐이다. 언어 자체가 우리에게 말을 걸어오고, 뭔가를 제안하거나 철회하고, 묻고 답하면서 스스로를 충족시키는 것이다.

　　따라서 이해가 하나의 놀이라는 것은 이해하는 사람이 장난하듯 뒷전으로 물러서는 소극적 태도를 취한다거나 자신에게 제기되는 요구사항에 책임감 있게 대응하지 않아도 좋다는 뜻이 아니다. 그런 유보적 태도를 취할 수 있으려면 자기 뜻대로 행동할 자유가 보장되어야 하지만, 여기서는 그런 자유가 허용되지 않는다. 놀이 개념을 이해에 적용할 때는 이 점을 유념해야 한다. 이해를 하는 사람은 어떤 의미 있는 일이 관철되는 사건 속에 이미 들어와 있다. 따라서 해석학적 현상에서 사용되는 놀이 개념이 미적 경험에서 사용되는 놀이 개념과 동일한 것은 충분히 타당한 이유가 있다. 우리가 어떤 텍스트를 이해하는 과정에서 의미 있는 내용은 우리의 마음을 사로잡는데, 그것은 아름다움이 그 자체로 마음을 사로잡는 것과 같은 이치다. 텍스트에서 의미 있는 내용 혹은 아름다움은 우리가 정신을 가다듬고 우리에게 던져진 의미를 검토하기도 전에 그 뜻을 관철시키고 우리의 마음을 사로잡는 것이다. 우리가 아름다움을 경험하고 전통의 의미를 이해하는 과정에서 마주치는 것은 실제로 놀이의 진리성을 함축한다. 우리는 이해의 과정에서 이미 진리가 구현되는 사건 속에 편입되어 있기 때문에 우리가 믿고자 하는 바를 인식하고자 할 때는 이미 때가 늦은 것이다.

우리의 인식의지가 선입견의 영향권을 벗어나고자 아무리 애를 써도 결국 일체의 선입견에서 자유로운 이해라는 것은 존재하지 않는다. 우리의 탐구 전체는 과학적 방법을 통해 담보되는 확실성이 진리를 보증하는 충분조건은 되지 못한다는 것을 보여주었다. 그것은 특히 정신과학에 해당되는데, 그렇다고 학문적 엄밀성이 약화된다는 뜻이 아니라, 오히려 그 반대로 정신과학이 예로부터 추구해온 각별한 인문주의적 의미지향을 정당화해준다. 정신과학적 인식에서는 인식주체 자신이 더불어 사고의 대상으로 편입되는데, 이것은 물론 '방법'으로서의 한계일지는 몰라도 학문의 한계는 아니다. 방법이라는 도구를 가지고 탐구될 수 없는 것은 오히려 진리를 보증하는 질문과 탐구의 원칙을 통해 진정으로 추구될 수 있는 것이다.

1 아우구스티누스의 『기독교인을 위한 교양 *De doctrina christina*』이 대표적인 경우라 할 수 있다. 이에 관한 최근의 서술로는 『종교학 사전 *Religion in Geschichte und Gegenwart*』(약칭 RGG) 제3판에 수록된 에벨링 G. Ebeling의 '해석학' 항목 참조.

2 Dilthey, 『해석학의 형성 *Die Entstehung der Hermeneutik*』, 전집 Gesammelte Schriften 제5권, 317~338쪽.

3 루터의 성서 해석에 바탕이 되는 해석학적 원리는 홀 K. Holl 이후로는 에벨링이 상세히 연구했다. G. Ebeling, 「복음서 해석. 루터의 해석학에 대한 연구 Evangelienauslegung. Eine Untersuchung zu Luthers Hermeneutik」(1942)와 「루터 해석학의 출발점 Die Anfänge von Luthers Hermeneutik」, 『신학 및 교회사 학보 *Zeitschrift für Theologie und Kirche*』(약칭 ZThK) 48(1951), 172~230쪽 그리고 「신의 말씀과 해석학 Wort Gottes und Hermeneutik」, ZThK 56(1959).

4 머리 caput와 신체 membra의 비유는 플라치우스 Flacius에게서도 발견된다.

5 체계 System 개념은 명백히 해석학과 동일한 상황에 직면했던 신학적 상황을 바탕으로 성립되었다. 그 점에 대해서는 리츨 Ritschl의 연구가 대단히 시사적이다. (O. Ritschl, 『학술용어의 역사와 철학적 방법론에 있어서의 체계 및 체계적 방법 *System und systematische Methode in der Geschichte des wissenschaftlichen Sprachgebrauchs und in der phlosophischen Methodologie*』, Bonn 1906) 이 연구는 교리적 전통의 백과사전적 집대성을 원하지 않았고 성서의 중요한 전거를 바탕으로 그리스도론을 새롭게 구축하고자 했던 종교개혁 진영의 신학이 체계학을 지향했다는 것을 보여준다. 17세기 철학에서 '체계'라는 용어가 다시 등장한다는 점을 고려하면 이러한 사실의 확인은 이중적 의미에서 시사하는 바가 크다. 17세기 철학에서도 일찍이 스콜라철학이 추구했던 전통적 종합학문의 구조에 자연과학이라는 새로운 영역이 편입되는 것이다. 이 새로운 경향으로 인해 철학은 체계적 학문, 즉 옛것과 새로운 것을 조화시키는 종합학문을 지향하지 않을 수 없었다. 이때부터 철학의 불가결한 방법론적 요건이 된 체계 개념은 따라서 근대 초기에 철학과 과학이

분리되는 과정에 역사적 연원을 둔다. 그리고 체계 개념이 철학에 대한 자명한 요청이 되는 것은 다름 아니라 철학과 과학의 이러한 분리가 향후 지속적으로 철학에 새로운 과제를 안겨주기 때문이다.[체계 개념의 역사에 관해서는 『에피노미스*Epinomis*』(991e)를 그 연원으로 꼽을 수 있는데, 여기서 체계systema 라는 말은 수arithmos와 조화harmonia의 상호관계라는 맥락에서 등장한다.(Arnim 편,『스토아 단편 선집*Stoicorum Veterum Fragmenta*』II, 168, fr. 527, 11 passim.) 또한 헤라클레이토스의 화음harmonia 개념을 떠올릴 수도 있다.(Diels-Kranz 편, 『소크라테스 이전 자연철학 선집*Vorsokratische Schriften*』, 12 B 54) 여기서는 조화로운 음정Intervalle을 통해 불협화음Dissonaz이 '극복'되는 것으로 서술된다. 또한 '체계' 개념은 천문학과 철학에서 서로 분리되어 있는 것을 통합하는 뜻으로 사용되기도 한다.]

6 Dilthey, 전집 제2권, 126쪽 각주 3. 여기서 딜타이는 플라치우스에 대한 리하르트 시몬Richard Simon의 비판을 다룬다.

7 제믈러는 이러한 주장을 제기하면서도 스스로는 여전히 성서의 신성한 의미를 해독하는 데 기여한다고 생각했다. 역사적 관점에서 성서를 이해함으로써 "현재 우리가 처해 있는 변화된 시대와 인간적 상황이 요구하는 바에 합당한 방식으로 성서를 이해할 수 있다"(『종교학 사전』에 수록된 에벨링의 '해석학' 항목 서술에서 재인용)며 역사학이 성서 해석에 기여할 수 있다고 보았던 것이다.

8 이러한 사실을 알고는 있었지만 평가는 다르게 한 딜타이는 1859년에 이미 이렇게 서술한다. "문헌학과 신학과 역사 그리고 철학이…… 우리가 흔히 생각하는 것처럼 결코 서로 그렇게 갈라져 있는 것은 아니라는 점에 유의할 필요가 있다. 하이네 Heyne가 비로소 문헌학을 독립된 분과학문으로 개척했고, 볼프는 자기가 문헌학도라고 생각한 최초의 학자였던 것이다."(『청년 딜타이*Der junge Dilthey*』, 88쪽)

9 그런 맥락에서 크리스티안 볼프Christian Wolff와 그의 학파는 '보편적 해석이론'을 철학의 영역에 편입시켰는데, 왜냐하면 "해석이론이 추구하는 궁극적 목표는 우리가 다른 사람들의 언술을 이해함으로써 다른 진실들을 인식하고 검토하는 것"이기 때문이다.(Walch,『철학사전*Philosophisches Lexicon*』, 1726, 165쪽) 이와 비슷한 맥락에서 벤틀리Bentley는 문헌학자의 사명을 다음과 같이 정의한다. "문헌학자의 유일한 지침은 이성이다. 저자의 생각에서 발산되는 빛과 그 호소력을 밝혀내는 것이다."(Wegner,『고전학*Altertumskunde*』, 94쪽에서 재인용)

10 반면 슐라이어마허가 유클리드조차도 그의 사상적 형성과정을 '주관적 측면'에 의거하여 해석할 수 있는 가능성을 부단히 언급한다는 사실은 역사적 사유가 승리하는 양상을 단적으로 보여주는 징후라 할 수 있다.(『신정론』, 151쪽 참조)

11 그런 맥락에서 베이컨은 자신의 새로운 탐구방법을 '자연해석interpretatio naturae'으로 이해한다. 이 책의 253쪽 이하 참조.[다음도 참조하기 바란다. E. R. Curtius,『유럽문학과 라틴중세*Europäische Literatur und lateinisches Mittelalter*』,

Bern 1948, 116쪽 이하; E. Rothacker, 『'자연이라는 책'. 은유의 역사에 관한 사료
및 원론*Materialien und Grundsätzliches zur Metaphergeschichte*』, W. Perpeet편,
유고집, Bonn 1979]

12 Cladenius, 『이성적인 말과 글에 대한 올바른 해석 입문*Einleitung zur richtigen
Auslegung vernünftiger Reden und Schriften*』, 1742.

13 클라데니우스를 그런 맥락에서 해석하는 바흐J. Wach의 세 권짜리 저서 『이해*Das
Verstehen*』는 전적으로 딜타이의 시야 안에 머물고 있다.

14 이것은 제믈러의 경우에 해당된다고 볼 수 있는데, 앞에서(주 7) 인용한
제믈러의 말은 역사적 해석의 요청이 신학적 맥락에서 이루어진다는 사실을
보여주고 있다.

15 [히르슈D. Hirsch 같은 학자들이 나를 비판하는 근거로 삼았던 이해와 해석의
이러한 융합을 내가 차라리 슐라이어마허 자신의 다음 저작을 근거로
논증했더라면 좋았을 것이다. Schleiermacher, 전집*Sämtliche Werke* 제3권, 3부,
384쪽.(= Gadamer 편, 『철학적 해석학*Philosophische Hermeneutik*』, Suhrkamp 1976,
163쪽): "해석이 이해와 구별되는 것은 단지 소리내어 하는 말이 속으로 하는 말과
구별되는 차이일 뿐이다." 하지만 이러한 차이는 사유의 언어적 차원과 관련하여
또다른 문제들을 낳는다.]

16 에르네스티는 해석을 이해와 같은 차원에서 다룬다. Ernesti, 『신약성서 해석을
위한 가르침*Institutio interpretis Novi Testamenti*』(1761), 7쪽.

17 J. J. Rambach, 『해석학의 기초에 대하여*Institutiones hermeneuticae*』(1723), 2쪽.

18 Schleiermacher, 『해석학*Hermeneutik*』 §15, §16, 전집*Werke* 제1권, 7부, 29쪽 이하.

19 같은 책, 30쪽.

20 Schleiermacher, 전집 제3권, 3부, 390쪽.

21 같은 책, 392쪽.

22 [이 대목에 대한 만프레트 프랑크Manfred Frank의 비판과 나의 답변에 관해서는
다음 참조. Gadamer, 「현상학과 변증법 사이에서—자기비판의 시도Zwischen
Phänomenologie und Dialektik—Versuch einer Selbstkritik」, 전집 제2권, 13쪽
이하.]

23 지금까지 슐라이어마허의 해석학에 대한 우리의 지식은 1829년 프로이센 학술원
강연 원고와 뤼케Lücke가 편찬한 해석학 강의록에 의존해왔다. 이 강의록은
1819년 초고와 특히 슐라이어마허 생애의 마지막 10년 동안 기록된 수강생 노트를
바탕으로 구성되었다. 이러한 표면적 사실만 보더라도 오늘날 우리가 익히 아는
슐라이어마허의 해석학 이론은—프리드리히 슐레겔Friedrich Schlegel과 교류하며
의욕적인 활동을 펼쳤던 초기가 아니라—후기에 결실을 맺었다는 것을 알 수 있다.
그의 후기 해석학 이론은 특히 딜타이를 통해 역사적 영향력을 발휘했다. 만프레트
프랑크의 비판과 나의 답변을 통해 이루어진 토론 역시 이 텍스트들을 근거로 삼아
그 핵심 논지를 밝혀내고자 한 것이다. 뤼케가 편찬한 강의록 역시 슐라이어마허

해석학의 발전과정을 보여주는 사유의 계기들을 담고 있어서 별도로 연구할 만한 가치가 있다. 나의 이러한 생각에 자극을 받아서 하인츠 키머를레Heinz Kimmerle는 베를린 소재 독일학술원에 소장된 슐라이어마허 유고遺稿를 비판적 검토를 거쳐 새롭게 편찬하고 서문을 붙여서 『하이델베르크 학술원 논총』으로 간행했다.(『하이델베르크 학술원 논총Abhandlungen der Heidelberger Akademie der Wissenschaften』, 1959, 제2호) 이 책의 서문에서 인용하는 키머를레의 학위논문은 슐라이어마허 해석학의 발전과정이 어떤 의의를 지니는가를 탐구한 흥미로운 시도이다. 『칸트 연구Kantstudien』 제51집, 4호, 410쪽 이하에 수록된 키머를레의 논문 참조.[키머를레가 새로 편찬한 판본은 슐라이어마허의 초고를 최대한 살린 장점이 있지만, 그 대신 뤼케의 판본보다 가독성이 떨어진다. 뤼케의 판본은 만프레트 프랑크가 최근에 새로 펴냈다. M. Frank(편), 『슐라이어마허. 해석학과 비판Schleiermacher. Hermeneutik und Kritik』, Frankfurt 1977 참조]

24 Schleiermacher, 전집 제1권, 7부, 262쪽: "우리는 비록 신약성서 각 부분의 고유한 개성적 특성을 완벽하게 이해하지는 못한다 하더라도 신약성서 전체에 공통된 예수의 생애를…… 완벽하게 파악하는 최고의 과제는 수행할 수 있다."

25 같은 책, 83쪽.

26 Schleiermacher, 전집 제3권, 3부, 355, 358, 364쪽.

27 『문헌학 백과사전 및 방법론Enzyklopädie und Methodologie der philologischen Wissenschaft』, Brautuschek(편), 제2판, 1886, 10쪽.

28 딜타이는 문학적 상상력에 대한 탐구의 맥락에서 그러한 창작과정을 '인상이 형성되는 지점Eindruckspunkt'이라 일컬었으며, 특히 예술가에 관한 논의를 역사서술자에 관한 논의로 이전시켰다.(Dilthey, 전집 제6권, 283쪽) 정신사의 관점에서 볼 때 논의 맥락의 그러한 변동이 어떤 의미를 갖는가에 대해서는 나중에 다시 살펴보겠지만, 그 바탕이 되는 것은 슐라이어마허의 삶이라는 개념이다. "삶은 여러 가지 기능들과 부분들을 지탱해주는 바탕이 된다." '싹틈Keimentschluß'의 개념에 관해서는 Schleiermacher, 전집 제1권, 7부, 168쪽 참조.

29 Schleiermacher, 『변증법Dialektik』, Odebrecht(편), 569쪽 이하.

30 같은 책, 470쪽.

31 같은 책, 572쪽.

32 Schleiermacher, 『미학Ästhetik』, Odebrecht(편), 269쪽.

33 같은 책, 384쪽.

34 Schleiermacher, 전집 제1권, 7부, 146쪽 이하.

35 같은 책, 7부, 33쪽.

36 그사이에 파츄H. Patsch는 낭만주의적 해석학의 초기 역사를 더욱 구체적으로 밝혀냈다. Patsch, 「프리드리히 슐레겔의 '문헌학의 철학'과 슐라이어마허의 초기 해석학 구상Friedrich Schlegels 'Philosophie der Philologie' und Schleiermachers frühe Entwürfe zur Hermeneutik」, 『신학 및 교회사 학보Zeitschrift für Theologie und Kirche』, 1966, 434~472쪽 참조.

37 저자의 자기해석을 해석의 지침으로 삼는 현대의 유행은 잘못된 심리주의의 결과이다. 다른 한편 음악이나 시학이나 수사학 등의 '이론'은 해석의 타당한 준거가 될 수 있다. Gadamer, 「현상학과 변증법 사이에서―자기비판의 시도」, 전집 제2권, 3쪽 이하 참조.

38 Steinthal, 『심리학과 언어학 입문*Einleitung in die Psychologie und Sprachwissenschaft*』, Berlin 1881.

39 Dilthey, 전집 제5권, 335쪽.

40 O. F. Bollnow, 『이해*Das Verstehen*』.

41 Fichte, 전집*Werke* 제6권, 337쪽.

42 Kant, 『순수이성비판*Kritik der reinen Vernunft*』, B 370.

43 [레데커M. Redeker는 새로 출간된 딜타이의 『슐라이어마허의 생애*Schleiermachers Leben*』에 붙인 서문에서 비슷한 시기에 헤르더가 『신학 연구에 관한 서한*Briefe, das Studium der Theologie betreffend*』(1781) 제5부에서 원저자보다 더 잘 이해해야 한다는 말을 한다고 언급하면서, 이 말이 루터의 초기 저작(Clemen V, 416쪽)에서 유래한다고 지적한다. 루터의 언급은 주 46에서 다시 인용될 것이다.]

44 Fichte, 『학문론*Wissenschaftslehre*』 제2판 서문, 전집 제1권, 485쪽.

45 같은 책, 479쪽 주석.

46 보른캄H. Bornkamm은 문헌학의 규칙이라고 잘못 알려진 이 명제가 논쟁적 비판에서는 자연스럽게 활용되어왔다는 훌륭한 사례를 제시한 바 있다. 1514년 12월 25일 강론에서 루터는 아리스토텔레스의 운동 개념을 삼위일체에 적용하면서 다음과 같이 말했다. "아리스토텔레스가 자신의 철학에서 얼마나 적절하게 신학에 시중드는지를 참조하라. 비록 자기 자신이 원치 않았을지도 모르겠지만, 오히려 더 잘 이해되고 적용되었다. 왜냐하면 어쩌면 그도 다른 곳에서 훔쳐왔을 것이라고 나[루터]는 믿는데, 어쨌든 저토록 화려한 장엄함이 제시하고 과시하는 바의 사태를 아리스토텔레스는 진실하게 표현하기 때문이다*Vide quam apte serviat Aristoteles in philosophia sua theologiae, si non ut ipse voluit, sed melius intelligitur et applicatur. Nam res vere est elocutus et credo quod aliunde furatus sit, quae tanta pompa profert et jactat.*" 문헌학적 작업이 이러한 '규칙'을 계승했을 거라고는 생각하기 어렵다.

47 슐라이어마허가 다음과 같이 말하는 것도 그 점을 뒷받침한다. "이 명제가 뭔가 진실을 말한다면…… 바로 이런 의미일 것이다." 또한 그는 학술원 강연원고에서도 "저자가 마치 자기 자신에 관해 설명할 수 있다는 듯이"(전집 제3권, 3부, 362쪽)라고 말함으로써 그러한 역설을 피한다. 같은 시기(1828년)에 강의록에서도 "저자의 말을 저자 자신과 대등하게, 나아가서는 더 잘 이해하는 것"(『하이델베르크 학술원 논총』 제2호, 1959, 87쪽)이라는 구절이 나온다. 프리드리히 슐레겔이 '철학적 수업시절'에 처음 발표한 아포리즘 모음집 역시 위와 같은 추정을 뒷받침한다. 슐라이어마허와 긴밀한 교분을 맺고 있던 바로 그 시절에

슐레겔은 다음과 같은 메모를 남겼다. "누군가를 이해하기 위해서는 우선은
상대방보다 더 똑똑해야 하고, 그다음에는 상대방과 같은 눈높이로 똑똑해야 하고,
그리고는 상대방만큼이나 어리석어야 한다. 복잡한 저작의 본래적인 의미를
저자보다 더 잘 이해하는 것만으로는 충분하지 않다. 복잡함 자체도 그것이 어떤
원칙으로 구성되어 있는지 남김없이 알아야 하고, 그 특징과 구조를 파악해야
한다."(Schlegel, 『미완성 저작집 *Schriften und Fragmente*』, Behler 편, 158쪽)

    슐레겔의 이러한 지적은 한편으로 저자보다 더 잘 이해한다는 것이 극히
중립적 의미로 사용되고 있음을 보여준다. 다시 말해 저자보다 '더 잘' 이해한다는
것은 '복잡하지 않게' 이해한다는 뜻이다. 나아가서 복잡함 자체도 이해와 '구조적
인식'의 대상으로 격상되는 것은 슐라이어마허의 새로운 해석학적 원칙으로
이행하는 전환점이 된다. 저자보다 더 잘 이해한다는 원칙은 여기서 보편적·
계몽주의적 의미에서 새로운 낭만주의적 의미로 변환되는 것이다. [하인리히 뉘세
Heinrich Nüsse는 『슐레겔의 언어이론 *Die Sprachtheorie Schlegels*』(92쪽 이하)에서
슐레겔의 이러한 어법이 역사적 관점에 충실한 문헌학자의 태도임을 설득력 있게
설명한다. 문헌학자는 설령 텍스트를 '절반만' 이해하는 한이 있더라도 원저자가
말하고자 하는 '개성적인' 의미를 밝혀내야 한다는 것이다.(『아테네움 단상
Athenäumfragmente』, 401쪽) 이와 달리 '저자보다 너 잘 이해한다'는 원칙을
낭만주의적으로 변환시킨 것은 슐라이어마허 자신의 업적이다.] 셸링Schelling
역시 『선험적 관념론의 체계 *System des transzendentalen Idealismus*』에서 그와
유사한 중간적 입장을 보여준다. "자신이 살아온 시대에 비추어보든 자신의 여타
발언에 비추어보든 어떤 대상의 의미를 온전히 꿰뚫어볼 수 없는 대상에 대하여
말하고 주장하는 경우, 그러니까 겉보기에는 의식적으로 말하는 듯하지만 사실은
무의식적으로 말하는 경우……."(전집 제3권, 623쪽) 또한 클라데니우스를
인용하면서 '저자를 이해하는 것'과 '텍스트를 이해하는 것'을 구분한 것도
참조.(같은 책, 187쪽) 저자보다 더 잘 이해한다는 말이 원래 의도했던 계몽주의적
의미를 확인할 수 있는 논거로—유사한 예로 Schopenhauer, 전집 제2권, Deussen
(편), 299쪽 또한 참조—최근 전혀 비낭만주의적 사상가가 전문적인 철학적
비판의 척도로 이 명제를 사용하는 예를 들 수 있다. 후설 전집Husserliana 제6권,
74쪽.

48 Dilthey, 『슐라이어마허의 생애 *Das Leben Schleiermachers*』, 117쪽.

49 [Gadamer, 「역사의 연속성에 관한 객관적 문제에 대하여Zum sachlichen Problem
der Kontinuität der Geschichte」, 『소논문집 *Kleine Schriften*』 I, 149~160쪽, 특히
158쪽 이하; 전집 제2권, 133쪽 이하].

50 C. Hinrich, 『랑케와 괴테 시대의 역사신학*Ranke und die Geschichtstheologie der
Goethezeit*』(1954). 이 책에 관해서는 『철학적 전망*Philosophische Rundschau*』 제4호,
123쪽 이하에 실린 나의 서평 참조.

51 Ranke, 『세계사*Weltgeschichte*』 제9권, 270쪽.

52 Ranke,『루터에 관한 단상들*Lutherfragmente*』, 1쪽.

53 Gerhard Masur,『랑케의 세계사 개념*Rankes Begriff der Weltgeschichte*』(1926) 참조.

54 Ranke,『세계사』제9권, XIV쪽.

55 같은 책, XIII쪽.

56 나는「헤르더 사상에서 민중과 역사Volk und Geschichte im Denken Herders」 (1942)[『소논문집』III, 101~117쪽; 전집 제4권]라는 글에서 헤르더가 라이프니츠의 힘 개념을 역사세계에 적용했다는 것을 지적했다.

57 Hegel,『정신현상학*Phänomenologie des Geistes*』, Hoffmeister(편), 120쪽 이하.

58 Platon,『카르미데스*Charmides*』169a.[Gadamer,「반성적 사유의 선행형태들 Vorgestalten der Refelxion」,『소논문집』III, 1~13쪽; 전집 제6권, 116~128쪽 참조]

59 Hegel,『백과사전*Enzyklopädie*』, §136 이하;『정신현상학』, 105쪽 이하;『논리학 *Logik*』, Lasson(편), 144쪽 이하.

60 Ranke,『정치적 대화*Das politische Gespräch*』, Rothacker(편), 19, 22, 25쪽.

61 Ranke, 같은 책, 163쪽; Droysen,『역사학*Historik*』, Rothacker(편), 72쪽.

62 랑케뿐 아니라 역사학파의 역사가들이 '포섭submumieren' 개념을 '총합summieren' 개념으로 사용하는 것은 역사학파의 숨은 의도를 단적으로 드러낸다. Ranke, 같은 책, 63쪽 참조.

63 K. Löwith,『세계사와 구원사*Weltgeschichte und Heilsgeschehen*』(Stuttgart 1953)와 RGG 3에 수록되어 있는 졸고 '역사철학' 항목 참조.

64 Ranke,『세계사』제9권, 2부, XIII쪽.

65 같은 책, 1부, 270쪽 이하.

66 Hinrich,『랑케와 괴테 시대의 역사신학』, 239쪽 이하.

67 Löwith,『세계사와 구원사』제1장 참조.

68 Ranke, 같은 책, 2부, 5, 7쪽.

69 "왜냐하면 그것이 곧 신적인 앎의 일부이기 때문이다."(Ranke,『정치적 대화』, 43, 52쪽)

70 같은 책, 52쪽.

71 Dilthey, 전집 제5권, 281쪽.

72 Ranke,『루터에 관한 단상들』, 13쪽.

73 같은 책, 1쪽.

74 하인리히 랑케Heinrich Ranke에게 보낸 편지(1828년 11월),『자서전*Zur eigenen Lebensgeschichte*』, 162쪽.

75 [이 책의 232쪽 이하, 415쪽 이하 및 전집 제2권, 보론 VI, 384쪽 이하 참조.]

76 Droysen,『역사학』, 65쪽.

77 같은 책, 65쪽.

78 『버클에 대한 드로이젠의 비판*Droysens Auseinandersetzung mit Buckle*』, Rothacker(편) 개정판, 61쪽 참조.

79 Droysen,『역사학』, R. Hübner(편), 1935, 316쪽. 이 판본은 마이네케F. Meinecke가
기록한 강의록에 바탕을 둔 것이다.

80 [탐구라는 개념이 신학적 색채를 띠는 것은 끝까지 탐구할 수는 없는 인격 및
인격의 자유와 결부되어 있기 때문만은 아니며, 역사의 '의미', 즉 우리가 결코
밝혀낼 수 없는 신의 '의지'에 의해 예정된 섭리와 결부되어 있기 때문이기도 하다.
그런 한에는 드로이젠의 '역사학'이 해석학과 전혀 동떨어진 것은 아니며, 이것은
'헬레니즘'의 발견자인 드로이젠에게 어울리는 면모이기도 하다. Gadamer, 전집
제2권, 123쪽 이하 및「하이데거의 사상적 경로Heideggers Wege」,『마르부르크
학파의 신학Die Marburger Theologie』(전집 제3권), 35쪽 이하 참조.]

81 [이 문제에 관해서는 나의 초기 논문「근현대 독일 철학에서 역사의 문제Das
Problem der Geschichte in der neueren deutschen Philosophie」(1943), 전집 제2권,
27쪽 이하 참조.]

82 [이 문제에 관해서는 나의 논문「역사의식의 문제Das Problem des historischen
Bewußtseins」(『소논문집』 IV, 142~147쪽)와 1983년 딜타이 탄생 150주년에
즈음하여 새로 발표한 논문들(전집 제4권 수록) 참조. 딜타이 연구가 새로
활발해진 계기는 무엇보다『정신과학 서설Einleitung in die Geisteswissenschaft』
(딜타이 전집 제18권, 19권)의 속편을 위한 초고가 간행되면서부터이다.]

83 딜타이 전집 제5권에 부친 게오르크 미슈의 방대한 해설과 미슈의 저서『생철학과
현상학Lebensphilosophie und Phänomenologie』(1930)에서 딜타이에 관한 서술 부분
참조.

84 O. F. Bollnow,『딜타이Dilthey』(1936).

85 Dilthey, 전집 제7권, 281쪽.

86 인식론 문제의 고대적 선행 형태는 예컨대 데모크리토스에게서도 발견되며
신칸트학파의 역사서술은 플라톤에서도 그러한 문제의식을 찾아내는데, 고대적
사유는 다른 기반 위에 구축된 것이었다. 데모크리토스에서 연유하는 인식론
문제에 관한 논의는 실제로 고대의 회의론에 이르러 종결되었다. Paul Natorp,
『고대의 인식론 문제에 관한 연구Studien zum Erkenntnisproblem im Altertum』
(1892)와 나의 연구서『소크라테스 이전 사상가들의 개념세계에 대하여Um die
Begriffswelt der Vorsokratiker』, 1968, 512~533쪽 참조.[전집 제5권, 263~282쪽]

87 P. Duhem,『레오나르도 다 빈치 연구Etudes sur Léonard de Vinci』, 3권, Paris 1955;
『세계의 구조Le système du monde』, 10권, Paris 1959.[『진리와 방법 1』 주 4 참조]

88 이 문제에 관해서는 첼러E. Zeller의 논문「인식론의 의의와 과제에 대하여Über
Bedeutung und Aufgabe der Erkenntnistheorie」(1862),『강연록 및 논문집Vorträge
und Abhandlungen』, Leipzig 1875-84, 446~478쪽 및 필자의 논문「에두아르트 첼러,
신학에서 철학으로 나아간 한 자유주의자의 사상적 경로E. Zeller, Der Weg eines
Liberalen von der Theologie zur Philosophie」참조.[W. Doerr(편),『언제나 열려
있는 정신―하이델베르크 대학 개교 600주년 기념 논총 1386~1986 Semper

Apertus-600 Jahre Ludwig-Karls-Universität Heidelberg 1386-1986 Festschrift』,
전6권, Heidelberg 1985, 제2권]

89 H. Rickert, 『인식의 대상*Der Gegenstand der Erkenntnis*』, Freiburg 1892.

90 이 책의 250쪽 이하 경험의 역사성에 관한 서술 참조.

91 Dilthey, 전집 제7권, 278쪽.

92 같은 곳.[그런데 과연 누가 역사를 만드는가?]

93 같은 책, 27쪽 이하 및 230쪽.

94 같은 책, 13a 참조.

95 같은 책, 282쪽 이하. 이와 동일한 문제를 게오르크 짐멜Georg Simmel은 체험의
주관성과 객관적 맥락의 변증법으로—따라서 결국 심리학적으로—해결하고자
했다. Simmel, 『교량과 성문*Brücke und Tor*』, 82쪽 이하 참조.

96 Dilthey, 『정신과학 내에서 역사세계의 구축*Der Aufbau der geschichtlichen Welt in
den Geisteswissenschaften*』, 전집 제7권.

97 Dilthey, 전집 제7권, 13a.

98 Dilthey, 전집 제5권, 266쪽.

99 Dilthey, 전집 제7권, 157, 280, 333쪽.

100 같은 책, 280쪽.

101 볼노는 딜타이의 생철학에서 힘의 개념이 너무 등한시된다는 점을 올바르게
통찰했다. 그런 점에서는 낭만주의 해석학이 딜타이의 사유를 완전히 압도했다고
할 수 있다. Bollnow, 『딜타이』, 168쪽 이하 참조.

102 Dilthey, 같은 책, 148쪽.

103 Nohl(편), 『초기 헤겔의 신학적 저작*Hegels theologische Jugendschriften*』, 139쪽
이하.

104 Dilthey, 같은 책, 136쪽.

105 Dilthey, 전집 제8권, 224쪽.

106 초기 헤겔의 '신학'에 관한 연구에 초석을 놓은 딜타이의 논문 「헤겔의 초기 사상
형성과정Die Jugendgeschichte Hegels」은 1906년에 처음 발표되었고, 전집 제4권
(1921년 간행)에 수록된 논문은 유고遺稿를 보완한 것이다. 이 논문은 헤겔
연구사에서 획기적인 업적인데, 연구결과 자체보다는 연구과제의 설정을 놓고 볼
때 그러하다. 이 논문이 나온 후 곧이어(1911년) 헤르만 놀Hermann Nohl이
『초기 헤겔의 신학적 저작』을 펴냈고, 이 책은 테오도어 헤링Theodor Haering이
펴낸 철저한 주석서 『헤겔 I』(1928)을 통해 빛을 보게 되었다. Gadamer, 「헤겔과
역사정신Hegel und der geschichtliche Geist」 및 『헤겔 변증법*Hegels Dialektik*』
[전집 제3권]과 Herbert Marcuse, 『헤겔의 존재론과 역사성 이론의 정초*Hegels
Ontologie und die Grundlegung einer Theorie der Geschichtlichkeit*』(1932) 참조.
마르쿠제의 책은 삶의 개념이 『정신현상학』의 모델을 제시하는 개념임을
논증한다.

107 이에 관한 상세한 내용은 「헤겔의 초기 사상」에 관한 유고노트(전집 제4권, 217~258쪽) 참조. 더 깊이 있는 논의는 Dilthey, 『정신과학 내에서 역사세계의 구축』 제3장, 146쪽 이하 참조.

108 Dilthey, 전집 제5권, 265쪽.

109 Dilthey, 전집 제7권, 136쪽.

110 Dilthey, 전집 제5권, 139쪽 이하 및 전집 제8권 참조.

111 Dilthey, 『슐라이어마허의 생애*Leben Schleiermachers*』, Mulert(편), 1922, XXXI쪽.

112 Dilthey, 『슐라이어마허의 생애』, 제1판, 1870; 『슐라이어마허의 정신적 발전의 기념비들*Denkmale der inneren Entwicklung Schleiermachers*』, 118쪽. Schleiermacher, 『독백*Monologen*』, 417쪽 참조.

113 Dilthey, 전집 제7권, 291쪽: "한 낱말의 철자들과 마찬가지로 삶과 역사에도 의미가 있다."

114 Dilthey, 전집 제5권, 277쪽.

115 이 점에 관해서는 특히 Max Scheler, 『공감감정 및 애증의 현상학과 이론에 대하여*Zur Phänomenologie und Theorie der Sympathiegefühle und von Liebe und Haß*』 (1913) 참조.

116 Droysen, 『역사학』, §41.

117 슐라이어마허도 그렇게 생각하기는 했지만, 노년의 지혜를 모범으로 삼는 데는 매우 유보적이었다. 슐라이어마허의 다음 메모 참조. "특히 현실세계에 대한 노년의 불만은 역시 현실세계와 어울리지 못하지만 희열에 들떠 있는 젊은이들이 잘 이해하지 못하는 부분이다. 새로운 시대에 대한 노년의 거부감도 노년 특유의 비감한 정서에 속한다. 영원한 젊음은 결코 타고난 선물이 아니라 자유를 통해 획득하는 것인데, 그처럼 영원한 젊음에 도달하기 위해서는 역사적 감각이 절대적으로 불가결하다."(Dilthey, 『슐라이어마허의 생애』, 초판본, 417쪽)

118 Dilthey, 전집 제5권, 278쪽.

119 Dilthey, 전집 제7권, 99쪽.

120 이러한 '비교의 방법'을 능수능란하게 옹호한 것은 로타커E. Rothacker인데, 이 문제에 관한 그의 저술은 오히려 비교의 방법이 재치 있는 착상이나 과감한 종합 등과 같이 터무니없는 방법이라는 것을 훌륭하게 반증한다.

121 Paul Graf Yorck von Wartenburg, 『서한집*Briefwechsel*』, 1923, 193쪽.

122 『논리학』, 제2권, Lasson(편), 1934, 36쪽 이하.

123 Dilthey, 전집 제7권, 207쪽.

124 같은 책, 347쪽.

125 같은 책, 290쪽.

126 Dilthey, 전집 제5권, 364쪽.

127 Dilthey, 전집 제7권, 6쪽.

128 같은 책, 6쪽.

129 같은 책, 3쪽.

130 이 점 역시 게오르크 미슈가 지적했다. Misch,『생철학과 현상학』, 295쪽, 특히
312쪽 이하 참조. 미슈는 '의식됨Bewußtwerden'과 '의식하기Bewußtmachen'를
구분하며, 철학적 성찰은 양자를 모두 포괄한다고 본다. 그런데 딜타이는
'의식되기'에서 '의식하기'로의 지속적인 이행만을 탐색하는 오류를 범하고
있다는 것이다. "객관화를 지향하는 의식은 본질적으로 이론적인 것으로 삶의
객관화라는 개념과 분리될 수 없다."(298쪽) 내가 여기서 딜타이에 관해 서술하는
부분은 미슈의 비판과는 관점을 달리한다. 이미 낭만주의 해석학에
데카르트주의가 내재해 있다고 보고, 바로 그 데카르트주의가 딜타이의
사유과정을 분열시킨다고 보기 때문이다.

131 Dilthey, 전집 제7권, 6쪽.

132 『정신과학 내에서 역사세계의 구축』에 덧붙인 딜타이의 유고(전집 제7권)에
포함된 자료 중에는 출전을 밝히지 않은 채 슐라이어마허에서 따온 글이
포함되어 있는데(『해석학』225쪽), 이 글은 이미 딜타이가 슐라이어마허 전기에
덧붙인 부록에 수록했던 것이다. 이것은 딜타이가 낭만주의 해석학의 문제의식을
제대로 극복하지 못했음을 보여주는 방증이라 하겠다. 딜타이의 글에서는
인용문과 본인 자신의 문장을 구별하기 힘들 때가 종종 있다.

133 이 책의 96쪽 이하 참조.

134 이 책의 제1부〔『진리와 방법 1』〕주 122의 오자 참조.

135 Dilthey, 같은 책, 291쪽.

136 같은 책, 333쪽.

137 같은 책, 148쪽.

138 하이데거는 이미 1923년에 나에게 게오르크 짐멜의 후기 저작에 관해 감탄어린
어조로 말한 적이 있다. 하이데거가 짐멜의 철학적 개성을 전적으로 인정할 뿐
아니라 내용상으로도 짐멜의 자극을 받았다는 것은 하이데거가 '삶의 직관'이라는
제목으로 엮어놓은 네 편의 '형이상학론' 중 첫번째 장을 읽어보면 분명히 알 수
있다. 그 부분을 보면 죽음을 앞둔 짐멜이 고심했던 철학적 과제가 무엇인지 알 수
있다. 거기에는 가령 "삶은 실제로 과거이자 미래이다"라는 구절이 나온다. 또한
"진정한 절대성으로서의 삶의 초월성"이라는 표현도 나오는데, 그 글은 다음과
같이 끝맺는다. "삶을 직관하는 방식을 개념으로 표현한다는 것이 얼마나 어려운
논리적 난관에 부닥치게 되는지 나는 잘 안다. 나는 엄청난 논리적 위험을
무릅쓰고 삶을 직관하는 방식을 개념으로 표현하고자 시도했다. 어떻든 논리적
난관 때문에 곧바로 침묵해야 하는 극한상황이 오기 전까지는 뭔가를 표현할 수
있는 여지가 있기 때문이다. 논리학의 형이상학적 뿌리도 사실은 그러한
극한상황에 도달하기까지의 언술가능성에서 자양분을 얻는 것이다."

139 후설의『순수현상학과 현상학적 철학의 이념Ideen zu einer reinen Phänomenologie
und phänomenologischen Philosophie』에 대한 나토르프Natorp의 비판(『로고스

Logos』, 1917), 그리고 후설 자신이 나토르프에게 보낸 개인 서한(1918년 6월 29일) 참조: "덧붙이고 싶은 말은 제가 이미 십여 년 전부터 정태적 플라톤주의의 단계는 극복했고, 나의 주된 관심사인 현상학에 선험적 생성transzendentale Genesis의 이념을 부여한다는 것입니다."『후설 기념 논총*Husserlfestschrift*』에 기고한 베커O. Becker의 주석(39쪽)도 이와 동일한 방향을 취하고 있다.

140 후설 전집Husserliana 제6권, 344쪽.

141 같은 책, 346쪽.

142 같은 책, 339쪽 및 271쪽.

143 후설 전집 제4권, 1952.

144 [이하의 서술에 관해서는 나의 논문 「현상학 운동Die phänomenologische Bewegung」(『소논문집』 III, 150~189쪽; 전집 제3권)과 「생활세계에 관한 학Die Wissenschaft von der Lebenswelt」(『소논문집』 III, 190~201쪽; 전집 제3권)을 참조하기 바란다.]

145 후설 전집 제6권, 169쪽.

146 같은 곳.

147 Natorp,『비판적 방법에 따른 심리학 입문*Einleitung in die Psychologie nach kritischer Methode*』(1888),『비판적 방법에 따른 일반 심리학*Allgemeine Psychologie nach kritischer Methode*』(1912).

148 후설 전집 제3권, 390쪽: "자연세계를 (세계로 설정하지 않고) 출발점으로 삼은 커다란 과오"(1922년), 그리고 상세한 자기비판(제3권, 399쪽; 1929년). 지평 개념 및 지평의식 개념은 윌리엄 제임스William James의 주변fringe 개념에서 자극을 받았다고 한다.(후설 전집 제6권) 후설이 '학문세계'를 비판하는 맥락에서 '세계' 개념을 사용하는 데 아베나리우스R. Avenarius의『인간의 세계 개념*Der menschliche Weltbegriff*』(Leipzig 1912)이 끼친 영향에 관해서는 최근 뤼베H. Lübbe가 스칠라지W. Szilasi 교수 기념 논총에서 다루었다. H. Lübbe, 「실증주의와 현상학(마흐와 후설)Positivismus und Phänomenologie(Mach und Husserl)」,『스칠라지 교수 기념 논총』, München 1960, 161~184쪽, 특히 171쪽 이하 참조.

149 Dilthey, 전집 제1권, XVIII쪽.

150 후설 전집 제6권, 148쪽.

151 [생활세계의 문제에 관해서는 나 자신의 논문들(「현상학 운동」, 「생활세계에 관한 학」, 전집 제3권)과 란트그레베L. Landgrebe의 논문들 외에 비슷한 방향에서 새로운 저작이 많이 나왔다. 슈츠A. Schütz, 브란트G. Brand, 클레스겐스U. Claesgens, 뒤징L. Düsing, 야센P. Jassen 등 참조.]

152 후설 전집 제6권, 501쪽.

153 가령 핑크E. Fink의 강연 「지향성 분석과 사변적 사유의 문제L'analyse intentionnelle et problème de la pensée spéculative」,『현상학의 현안 문제*Problèmes actuels de la Phénoménologie*』(1952).

154 후설 전집 제6권, §34, 265쪽 이하.

155 같은 책, 116쪽.

156 '자연'의 존재를 역사성과 대립시키려는 근래의 시도들이 과연 어떻게 이러한 '방법론적' 비판을 감당할 수 있을지 의문이다.

157 [C. Wolzogen, 『자율적 관계. 파울 나토르프의 후기 저작에서 관계의 문제에 대하여. 관계이론의 역사에 관한 기고*Die autonome Relation. Zum Problem der Beziehung im Spätwerk Paul Natorps. Ein Beitrag zur Geschichte der Theorien der Relation*』(1984) 참조. 이 책에 대한 나의 서평은 『철학적 전망』 32(1985), 160쪽 참조.]

158 후설 전집 제6권, 99쪽.

159 진D. Sinn의 하이델베르크 대학 박사학위 논문 『후설의 선험적 상호주관성과 그 존재지평*Die transzendentale Intersubjektivität mit ihren Seinshorizonten bei E. Husserl*』(1958)은 상호주관성을 구성하는 '감정이입' 개념의 방법론적·선험적 의미를 파악하는 데 기여했다. 이에 앞서 알프레트 슈츠도 후설의 '감정이입' 개념을 다루었다. A. Schütz, 「후설의 선험적 상호주관성 문제*Das Problem der transzendentalen Intersubjektivität bei Husserl*」, 『철학적 전망』 5, 1957년 제2호. [진D. Sinn이 『철학적 전망』 14(1967), 81~182쪽에 게재한 하이데거에 관한 논문도 하이데거 후기철학의 의도를 잘 요약해준다.]

160 이와 관련하여 빅토르 폰 바이츠제커Viktor von Weizsäcker의 '형태인지의 순환구조Gestaltkreis' 개념이 폭넓은 시야를 제시할 수 있다는 점만 언급해두고자 한다.〔Gestaltkreis: 바이츠제커의 인지생리학 이론에서 감각기관의 외부세계 지각이 지각대상과 긴밀하게 맞물려서 상호작용을 한다고 보는 이론으로, 감각기관은 외부세계의 자극을 수동적으로 받아들이는 것이 아니라 자극과 동시에 선택이 이루어진다고 본다.─옮긴이〕

161 Yorck, 『의식태도와 역사*Bewußtseinseinstellung und Geschichte*』, Tübingen 1956.

162 같은 책, 39쪽.

163 같은 곳.

164 같은 곳.

165 Hegel, 『정신현상학』, 128쪽.

166 이러한 연관성에 관한 탁월한 서술로 드 발랑스A. de Waelhens의 『존재와 의미작용*Existence et Significaton*』, Louvain 1957, 7~29쪽 참조.

167 [이하의 서술에 관해서는 나의 저서 『하이데거의 사상적 발전과정. 후기 저작 연구*Heideggers Wege. Studien zum Spärwerk*』, Tübingen 1983(전집 제3권) 참조.]

168 지금까지 간행된 후설 전집에서는 특이하게도 명시적으로 하이데거를 비판한 글들은 완전히 빠져 있다. 이것은 확실히 전기적인 이유 때문만은 아니다. 오히려 하이데거가 『존재와 시간』에서 개진한 생각이 때로는 선험적 현상학과 유사해 보이고 때로는 선험적 현상학에 대한 비판처럼 보이기도 했기 때문에 후설

자신이 늘 애매한 입장을 취할 수밖에 없었던 것으로 보인다. 후설은 『존재와 시간』이 자신의 생각을 수용했다고 보았지만, 그러면서도 자신의 생각을 논쟁적으로 왜곡하여 전혀 다른 맥락 속에 편입시켰다고 보았다.

169 『후설 기념 논총』(39쪽)에서 베커가 그 점을 강조했다.

170 Heidegger, 『존재와 시간』, §77.

171 같은 책, 153쪽.

172 고도의 학식과 지성이 투여된 베티Betti의 논문은 거의 분노에 차서 하이데거의 생각을 논박한다. E. Betti, 「보편적 해석학의 기초정립을 위하여Zur Grundlegung einer allgemeinen Auslegungslehre」, 91쪽 각주 14b 참조.

173 '이해'의 개념사를 살펴보아도 이러한 방향을 시사한다. 이해의 원뜻은 법정에서 자기 행위의 원인을 제시한다는 뜻의 법률용어에서 나온 것으로 보인다. 그런 어원에서 유래하여 이 말이 정신적 차원으로 옮겨왔을 거라는 추정은 법정에서 어떤 사안의 원인을 제시하는 행위도 사태를 잘 이해하고 있어서 상대방이 제기할 수 있는 모든 이의에 맞서서 자신의 정당성을 주장할 수 있다는 뜻을 내포한다는 사실로써 분명히 설명된다.[하이데거는 '이해'라는 말을 '변호'라는 뜻으로 사용하기도 하는데, 그러한 용법 역시 사실상 다른 사람을 상대로 '응대'할 능력이 있음을 뜻하며, 따라서 '판정'을 내리는 문제와 관련이 있음을 뜻한다. 이 책의 제3부에서 헤겔의 '변증법'을 비판하면서 '대화'를 강조한 '논쟁'의 쟁점도 바로 이러한 맥락에 놓여 있다. Gadamer, 「자기이해의 문제에 대하여Zur Problematik des Selbstverständnis」 참조.(『소논문집』 제1권, 70~81쪽; 전집 제2권, 121~132쪽)]

174 [Husserl, 『유럽 학문의 위기와 선험적론 현상학』, 후설 전집 제6권, 91쪽 (219쪽).]

175 Yorck, 『딜타이와의 서신교환Briefwechsel mit Dilthey』, 191쪽.

176 F. Kaufmann, 「요르크 백작의 철학Die Philosophie des Grafen Paul Yorck von Wartenburg」, 『철학과 현상학 연구 학회지Jahrbuch für Philosophie und phänomenologische Forschung』 IX, Halle 1928, 50쪽 이하 참조.[그사이에 딜타이 탄생 150주년이 되는 1982년에 딜타이의 의의가 여러 측면에서 새롭게 평가되었다. 전집 제4권에 수록된 나의 기고문들 참조.]

177 Heidegger, 같은 책, 182, 192쪽.

178 포슬러O. Vossler는 『랑케의 역사이해 문제Rankes historisches Problem』에서 랑케의 그러한 표현이 얼핏 보기와는 달리 그리 간단치 않으며 도덕주의적 역사서술의 독선을 경계하기 위한 것이라고 설명했다.[Gadamer, 「해석학 문제의 보편성Die Universalität des hermeneutischen Problems」(『소논문집』 제1권, 101~112쪽; 전집 제2권, 219쪽 이하 참조]

179 이 책의 225쪽 이하 참조.

180 Bollnow, 『정조의 본질Das Wesen der Stimmung』, Freiburg 1943.

181 [이것은 베커가 제기한 의문이다. O. Becker, 『현존재와 현존존재*Dasein und Dawesen*』, Pfullingen 1963, 67쪽 이하 참조.]

182 Heidegger, 『휴머니즘에 대하여*Über den Humanismus*』, Bern 1947, 69쪽.

183 [베티가 제기한 쟁점을 다루는 나의 글 「해석학과 역사주의*Hermeneutik und Historismus*」 참조. 전집 제2권, 392쪽 이하]

184 Gadamer, 전집 제2권, 보론 III, 381쪽 이하 참조.

185 Heidegger, 『존재와 시간』, 312쪽 이하.

186 슐라이어마허는 예술학의 오랜 이상에 대한 믿음을 강조했다. Schleiermacher, 『해석학*Hermeneutik*』, Kimmerle(편), 『하이델베르크 학술원 논총』, 제2호, 1959, 127쪽 주석: "나는…… 이론이 탐구대상으로 삼는 해석기술의 본질과 기초를 다루는 차원에만 머무는 것을 혐오한다."[이 책의 20쪽 이하 참조]

187 가령 에밀 슈타이거Emil Staiger는 『해석의 기술*Die Kunst der Interpretation*』 (11쪽 이하)에서 이런 생각에 동의한다. 그렇지만 "우리가 텍스트가 탄생한 시대의 독자 처지로 돌아갈 때만" 비로소 문예학적 작업이 시작된다는 생각에는 동의할 수 없다. 우리는 동시대의 독자와 "인격적 동일시나 시간적 동일시"를 이루지 못하더라도 이해는 가능하다. Gadamer, 같은 책, 보론 IV, 382쪽 참조. [또한 나의 논문 「이해의 순환구조에 대하여Vom Zirkel des Verstehens」, 『소논문집』 IV, 54~61쪽; 전집 제2권, 57~65쪽] 나의 글에 대한 비판으로는 W. Stegmüller, 『이른바 이해의 순환구조에 대하여*Der sogenannte Zirkel des Verstehens*』 (Darmstadt 1974) 참조. 그런데 해석학적 순환에 대하여 논리학의 입장에서 제기된 비판은 해석학적 순환이 과학적 증명에 관련된 개념이 아니라 슐라이어마허 이래의 수사학에서 익히 알려진 논리적 비유를 가리킬 뿐이라는 사실을 간과한다. 이에 관한 적절한 비판으로는 K.-O. Apel, 『철학의 변천 *Transformation der Philosophie*』, Frankfurt a. M. 1973, 제2권, 83, 89, 216쪽 참조.

188 Heidegger, 같은 책, 312쪽 이하.

189 Leo Strauss, 『스피노자의 종교비판*Die Religionskritik Spinozas*』, 163쪽: "'선입견' 이라는 말은 무엇에도 얽매이지 않고 자유로운 판단을 내리고자 했던 계몽주의의 원대한 소망과 의지를 가장 잘 보여주는 표현이다. 선입견이라는 말은 너무나 다양한 의미를 지닌 '자유'의 정반대가 되는 말이다."

190 크리스티안 토마지우스Christian Thomasius가 이미 『선입견에 대하여*lectiones de praeiudiciis*』(1689~90)와 『이성론 서설*Einleitung der Vernunftslehre*』(c.13, §§39/40)에서 '권위에 의한 선입견praeiudicium auctoritatis'과 '경솔함에 의한 선입견praeiudicium precipitantiae'을 구별했다. Walsch, 『철학용어 사전 *Philosophisches Lexikon*』(1726), 2794쪽 이하 참조.

191 Kant, 「'계몽이란 무엇인가'라는 물음에 대한 답변Beantwortung der Frage: Was ist Aufklärung?」(1784).

192 고대 그리스 철학으로 결실을 맺었고 특히 소피스트 철학에서 정점에 이르렀던

고대의 계몽사상은 본질적으로 다른 성질의 것이었다. 그래서 이를테면 플라톤 같은 사상가는 철학적 신화를 통해 종교적 전통과 철학적 사고의 변증법을 결합시킬 수 있었다. Erich Frank,『철학적 인식과 종교적 진리*Philosophische Erkenntnis und religiöse Wahrheit*』, 31쪽 이하 참조. 이 책에 대한 나의 서평은 『신학적 전망*Theologische Rundschau*』(1950), 260~266쪽 참조. 특히 Gerhard Krüger,『통찰과 열정*Einsicht und Leidenschaft*』(2판, 1951)도 참조.

193 역사탐구의 과정에서 고대 역사서술의 권위가 붕괴되기까지 장구한 세월이 걸렸다는 사실, 그리고 문헌발굴연구Archivforschung와 발굴연구가 역사연구의 방법론으로 확립되기까지도 장구한 세월이 걸렸다는 사실이 그 점을 잘 보여준다.(콜링우드B. R. G. Collingwood는『사색. 자서전*Denken. Eine Autobiographie*』제6장에서 '토대연구Bodenforschung'라는 용어를 베이컨의 자연과학 혁명에 버금가는 것으로 서술한다.)

194 이에 관해서는 이 책의 22쪽 이하에서 스피노자의『신정론神政論』에 관해 서술한 내용 참조.

195 그러한 경향은 예컨대 G. F. Meier,『인간의 선입견론에 관한 논고*Beiträge zu der Lehre von den Vorurteilen des menschlichen Geschlechts*』(1766)에서 발견된다.

196 임머만Immermann의「천년왕국 소네트Chiliastische Sonette」에 관한 소논문에서 나는 그러한 사례를 분석했다. Gadamer,『소논문집』II, 136~147쪽 참조.(전집 제9권)

197 [나의 글「신화와 이성Mythos und Vernunft」(『소논문집』IV, 48~53쪽; 전집 제8권) 및「신화와 과학Mythos und Wissenschaft」(전집 제8권) 참조.]

198 호르크하이머Horkheimer와 아도르노Adorno의 '계몽의 변증법'에 대한 분석은 나의 생각과 완전히 일치하는 것으로 보인다. 그렇지만 '시민적'이라는 사회학적 개념을 오디세이에 적용하는 것은 일찍이 괴테가 비판한 대로 호메로스와 포스J. H. Voss〔호메로스 독일어 번역본 정본을 확립한 역자―옮긴이〕를 혼동하는 것까지는 아니더라도 역사적 성찰의식의 결여인 것만은 분명하다.

199 Otto Ladendorf,『역사적 유행어 사전*Historisches Schlagwörterbuch*』, Straßburg 1906, 217쪽; H. Leo,『국가의 자연상태에 관한 연구 및 단상*Studien und Skizzen zu einer Naturlehre des Staates*』(1833).

200 일찍이 루카치Lukács는『역사와 계급의식*Geschichte und Klassenbewußtsein*』(1923)에서 이 중요한 문제를 다루었다.

201 Rousseau,『인간불평등 기원론*Discours sur l'origines et les fondements de l'inégalité parmi les hommes*』.

202 Gadamer,「플라톤과 시인들Plato und die Dichter」, 12쪽 이하 참조.[전집 제5권, 187~211쪽]

203 Walch,『철학용어 사전』(1726), 1013쪽.

204 같은 책, 1006쪽 이하.('사고의 자유' 항목에 대한 설명) 이 책의 145쪽도 참조.

205 Schleiermacher, 전집 제1권, 7부, 31쪽.

206 (카를 야스퍼스와 크뤼거G. Krüger는 권위를 인정하는 경향을 보여주지만,
     권위가 인식에 기반을 둔다는 원칙을 인정하지 않는 한 그러한 인식은 불완전한
     것이라 하겠다. Karl Jaspers,『진리에 대하여*Von der Wahrheit*』, 766쪽 이하;
     Gerhard Krüger,『자유와 세상 다스리기*Freiheit und Weltverwaltung*』, 231쪽 이하
     참조.) "당은(혹은 지도자는) 항상 옳다"는 악명 높은 구호가 잘못된 것은
     지도부의 우월성을 주장하기 때문이 아니라, 올바를 수도 있는 일체의 비판을
     권력의 결정으로 차단하여 지도부를 비호하기 때문이다. 진정한 권위는
     권위적으로 보일 필요가 없다.[이 문제에 관해서는 그 사이에 많은 논의가
     이루어졌다. 특히 나와 하버마스 사이의 논쟁 참조. Habermas,『해석학과
     이데올로기 비판*Hermeneutik und Ideologiekritik*』, Frankfurt 1977. 그리고
     졸로투른에서 행한 나의 강연「권위와 비판적 자유의 관계에 대하여Über den
     Zusammenhang von Autorität und kritischer Freiheit」,『스위스 신경학,
     신경외과학 및 정신병리학 회보*Schweizer Archiv für Neurologie, Neurochirurgie und
     Psychiatrie*』133(1983), 11~16쪽. 제도가 권위의 형성에 기여하는 역할에
     관해서는 특히 아르놀트 겔렌Arnold Gehlen이 규명한 바 있다.]

207 Aristoteles,『니코마코스 윤리학*Ethika nicomachean*』, K 10 참조.

208 막스 셸러Max Scheler는 역사학이 발전함에 따라 전통의 무의식적 영향력이 점차
     줄어든다고 보는데, 나는 그런 생각이 옳다고 보지 않는다.(Scheler,『우주에서
     인간의 위상*Stellung des Menschen im Kosmos*』, 37쪽 참조) 그런 생각은 역사학이
     전통에 의존하지 않는다고 보는 견해를 함축하는데, 내가 보기에 그것은 셸러가
     다른 맥락에서라면 충분히 꿰뚫어볼 수 있을 자유주의적 허구일 뿐이다. Scheler,
     『유고집*Nachlaß*』제1권, 228쪽 이하 참조.

209 [이 문제는 토머스 쿤Thomas Kuhn의『과학혁명의 구조*The Structure of Scientific
     Revolution*』(Chicago 1963)와『필수적 긴장. 과학의 전통과 발전에 관한 연구논집
     The Essential Tension. Selected Studies in Scientific Tradition and Change』(Chicago
     1977)이 나온 이래 훨씬 더 복잡하게 논의되고 있다.]

210 [파버K.-G. Faber는 이 문장을 인용하면서 '구성하는'이라는 말 다음에 느낌표(!)
     를 덧붙여서 반어적 의도를 드러내지만, 과연 '역사적 사실'을 달리 어떻게 정의할
     수 있는지 되묻지 않을 수 없다. Faber,『역사학 이론*Theorie der Geschichtswissen-
     schaft*』(2판, München 1972), 25쪽 참조.]

211 [이 책이 나온 이후 지난 30여 년 사이에 이룩한 과학사의 발전을 놓고 볼 때 이
     대목에서 내가 자연과학을 '이상화'한 것이 지나친 단순화였다는 것을 지금은
     기꺼이 인정한다.]

212 이 부분에 관해서는 나의 글「현상학과 해석학 사이에서—자기비판의 시도
     Zwischen Phänomenologie und Dialektik—Versuch einer Selbstkritik」(전집
     제2권) 참조.

213 '양식' 개념에 관해서는 이 책의 제1부〔『진리와 방법 1』〕 주 67과 전집 제2권 보론, 375~378쪽 참조.

214 이것을 단적으로 보여주는 사례는 베르너 예거Werner Jaeger가 주도하여 '고전적인 것'을 주제로 개최되었던 나움부르크 학술대회(1930)와 학술지『고대 *Die Antike*』의 창간(1931)을 들 수 있다.『고전적인 것의 개념과 고대*Das Problem des Klassischen und die Antike*』(1931) 참조.

215 나움부르크 학술대회에서 슈트룩스J. Stroux가 발표한 강연에 대한 쾨르테A. Körte의 타당한 비판(『작센 학술원 보고서*Berichte der Sächsischen Akademie der Wissenschaften*』 86, 1934)과『그노멘*Gnomen*』 11(1935) 612쪽 이하에 게재된 나의 논평(전집 제5권, 350~353쪽) 참조.

216 따라서 나움부르크 학술대회의 고전적인 것에 관한 논의에서『웅변가에 관한 대화』가 특별히 주목받은 데는 그럴 만한 이유가 있다. 타키투스는 이 책에서 웅변술이 몰락한 원인을 진단하는데, 그러한 진단에는 과거 한때 웅변술이 위대한 전성기를 구가했음을 인정하는 규범적 관념이 작용하는 것이다.

　　　슈넬B. Snell은 '바로크'라든가 '고대 그리스·로마풍'이라든가 하는 역사적 양식 개념이 한결같이 고전적인 것의 규범적 개념과의 연관성을 전제로 하며, 고전적인 것과 대비되는 부정적 의미를 불식하는 데 오랜 시간이 걸렸다는 점을 적절히 지적했다.『인간의 본질과 현실. 플레스너 기념 논총*Wesen und Wirklichkeit des Menschen. Festschrift für H. Plessner*』, 333쪽 이하 참조.

217 Hegel,『미학*Ästhetik*』 제2권 3장.

218 이와 관련하여 프리드리히 슐레겔은 다음과 같이 해석학적 결론을 이끌어낸다. "고전적 작품은 결코 온전히 이해될 수 없다. 그렇지만 교양이 있고 계속 교양을 추구하는 사람이라면 고전작품에서 언제나 더 많은 것을 배우려고 노력해야만 할 것이다."(『단상들*Fragmente*』, Minor(편), 20쪽)

219 [이 부분에 관해서는 특히 나의 논문「현상학과 변증법 사이에서—자기비판의 시도」, 전집 제2권, 3쪽 이하 참조.]

220 이 책의 45, 102쪽 참조.

221 [G. Ripanti,『아우구스티누스의 해석론*Agostino teoretico del' interpretatione*』, Brescia 1980 참조.]

222 [M. Flacius,『성서 해석의 열쇠*Clavis Scripturae Sacrae seu de Sermone sacrarum literarum*』, lib. II, 1676.]

223 나는 1958년 베네치아에서 미적 판단을 주제로 행한 강연에서—역사적 판단과 마찬가지로—미적 판단 역시 '완벽한 의미의 선취'에 수반되는 이차적 성격의 것임을 입증한 바 있다. Gadamer,「미적 의식의 문제적 특성에 관하여*Zur Fragwürdigkeit des ästhetischen Bewußtseins*」,『미학 재론*Rivista di Estetica*』 3/3 (1958).[D. Henrich/W. Iser(편),『예술 이론*Theorien der Kunst*』, 1982]

224 완벽한 의미의 선취가 불가능한 예외가 하나 있는데, 텍스트가 위장되었거나

암호화된 경우가 그러하다. 이런 경우는 해석이 엄청난 난관에 부닥치는데, 이와 관련하여 레오 슈트라우스Leo Strauss는『글쓰기의 실제와 종류*Persecution and the Art of Writing*』에서 풍부한 시사점을 제공한다. 텍스트 해석에서 이러한 예외적 경우가 각별히 중요한 것은 역사적 문헌의 판본 자체에 대한 비평이 전승된 텍스트보다 선행하는 것을 추적해야 하는 경우와 마찬가지로 순전한 의미해석의 범위를 뛰어넘기 때문이다. 여기서 문제는 역사서술이 아니라 해석이긴 하지만, 이런 예외적 경우에도 텍스트 자체에 대한 이해를 해석의 실마리로 설정할 때만 문제가 해결될 수 있다. 그럴 때만 위장된 텍스트도 올바르게 풀어낼 수 있다. 그것은 마치 대화를 할 때 상대방이 반어적 어법을 구사하더라도 상대방의 말에 동의할 용의가 있을 때만 반어적 어법을 더 잘 이해할 수 있는 것과 같은 이치다. 따라서 위장된 텍스트도 예외라기보다는 역시 이해가 동의를 함축한다는 것을 입증해준다.[레오 슈트라우스의 논지가 모두 옳다고 할 수 있을지는 의문이다. 가령 스피노자에 관한 설명이 그러하다. '위장'은 고도로 집중된 의식으로만 가능하다. 다른 사람의 생각에 순응하거나 차용할 때는 그렇게 긴장할 필요가 없다. 내 생각에 슈트라우스는 이 점을 제대로 고려하지 못한 것 같다. 같은 책, 223쪽 이하 참조. Gadamer, 「해석학과 역사주의 Hermeneutik und Historismus」, 전집 제2권, 387쪽 이하 참조. 그사이에 이 문제는 많이 논의되긴 했지만 내가 보기에는 너무 협소한 의미론적 배경에만 논의가 국한되었다. D. Davidson,『진리와 해석에 관한 탐구*Inquiries into Truth and Interpretation*』(Oxford 1984)]

225 이 책의 26쪽 참조.

226 이 책의 25쪽 참조.

227 Aristoteles,『니코마코스 윤리학』, A 7.

228 [이 책의 초판본에서는 "다름 아닌 역사적 시차만이"라고 표현했던 것을 완화했다. 해석학의 이러한 문제를 해결하기 위해서는 오로지 역사적 시차만이 아니라 탐구대상에 대한 거리가 필요하다는 뜻이다. 전집 제2권, 64쪽 참조.]

229 이 책의 170, 177쪽 참조.

230 [여기에는 이해의 과정에서 타자를 '자기 것으로 만들어서' 타자의 타자성을 보지 못하게 될 위험이 상존한다.]

231 상황이라는 개념은 특히 야스퍼스(『우리 시대의 정신적 상황*Die geistige Situation der Zeit*』)와 에리히 로타커에 의해 그 구조가 해명되었다. [Gadamer, 「진리란 무엇인가Was ist Wahrheit」,『소논문집』I, 46~58쪽, 특히 55쪽 이하 참조; 전집 제2권, 44쪽 이하.]

232 [이 점에 관해서는 이미 쿤H. Kuhn이 지적했다. H. Kuhn, 「현상학적 '지평' 개념 The Phenomenological Concept of 'Horizon'」,『후설 추모 철학 에세이집 *Philosophical Essays in Memory of Husserl*』, M. Faber(편), Cambrigde 1940, 106~123쪽 참조. 이 책의 108쪽 이하에서 설명한 '지평' 개념 또한 참조.

233 [이런 문제의 도덕적 측면에 관해서 나는 이미 1943년에 쓴 논문 「현대 독일 철학에서 역사의 문제Das Problem der Geschichte in den neueren deutschen Philosophie」에서 다루었다.(『소논문집』 I, 1~10쪽; 전집 제2권, 27~36쪽) 이하의 서술은 주로 이 논문의 논지를 반영한 것이다.]

234 Nietzsche, 『반시대적 고찰Unzeitgemäße Betrachtungen』, 제II장 시작 부분.

235 람바흐의 『성서해석론Institutiones hermeneuticae sacrae』(1723)을 나는 모루스 Morus의 요약본을 통해 알게 되었다. 거기에는 다음과 같이 쓰여 있다. '그러나 우리는 이해와 분석의 엄밀함이라 부르곤 한다Solemus autem intelligendi explicandique subtilitatem(soliditatem vulgo).'

236 [그런데 유감스럽게도 해석학적 논의에서 적용의 중요성에 관한 이러한 명확한 입장은 이해와 해석의 관점에서 흔히 무시되어왔다.]

237 이 책의 129쪽 주 172[461쪽]에서 인용한 베티의 논문과 그의 기념비적 대표저서 『일반 해석 이론Allgemeine Auslegungslehre』(1967) 참조.[베티에 관해서는 특히 나의 「해석학과 역사주의」(전집 제2권, 387~424쪽) 및 「에밀리오 베티와 관념론의 유산Emilio Betti und das idelaistische Erbe」, 『피렌체 대학 논총 Quaderni Fiorentini』 7 (1978), 5~11쪽(전집 제4권) 참조]

238 이 책의 제1부〔『진리와 방법 1』〕 II.1 이하에서 서술한 예술작품의 존재론에 대한 분석 참조.

239 그러한 구분에 관해서는 Max Schleler, 『지식과 교양Wissen und Bildung』(1927), 26쪽 참조.

240 [이런 맥락에서 보면 기존의 논의는 너무나도 역사적 정신과학의 특수성과 텍스트 자체에만 치우쳐 있다. 사실 해석학의 문제를 언어와 대화의 영역으로 확장하는 문제는 이 책에서도 줄곧 염두에 두었지만, 제3부에 가서야 이 문제가 다루어질 것이며, 그와 더불어 역사적 시차와 상이성 문제에 대해서도 원칙적인 논의가 이루어질 것이다. 특히 이 책의 180쪽 이하 참조.]

241 [나의 논문 「해석학과 변증법 사이에서—자기비판의 시도」(전집 제2권)와 이 논문에서 언급한 '실천적 앎'(12쪽)의 문제에 관해서는 전집 제5권, 230~248쪽 참조.]

242 이 책의 제1부〔『진리와 방법 1』〕, 35쪽 이하, 61쪽 참조.

243 Aristoteles, 『니코마코스 윤리학』, A4. [전집 제7권에 수록된 나의 학술원 논문 「플라톤과 아리스토텔레스에서 선의 이념Die Idee des Guten zwischen Plato und Aristoteles」 참조]

244 같은 책, A7 및 B2 참조.

245 『니코마코스 윤리학』의 마지막 장은 이러한 요청을 가장 폭넓게 표명하며, 그럼으로써 『정치학』의 문제의식으로 이행하는 과정을 보여준다.

246 앞으로 자세한 출전을 밝히지 않으면 『니코마코스 윤리학』의 제7장에 따른 논의임을 밝혀둔다.[이 부분에 관하여 1930년에 '실천적 앎'라는 제목으로 쓴

나의 논문이 그사이에 전집 제5권(230~248쪽)에 수록되어 처음으로
출간되었다.]

247 Platon, 『변명*Apologie*』, 22 cd.

248 Aristoteles, 『니코마코스 윤리학』 Z 8, 1141 b 33, 1142 a 30; 『행복론』 VIII, 2,
1246 b 36.[내 생각에는 이 대목에서 정치적 프로네시스politike phronesis를
읽어내지 못하면 아리스토텔레스 윤리학과 정치학의 본질적인 방법론적
통일성을 보지 못하는 것이다. 고티에Gauthier는 그런 우를 범하고 있다.
『니코마코스 윤리학』에 대한 고티에의 주해서 제2판(Louvain 1970)에 부친
새로운 서문 참조. 고티에의 주해서에 대한 나의 서평은 전집 제6권, 304~306쪽
참조]

249 Hegel, 전집 제14권, 1832, 341쪽.

250 Aristoteles, 같은 책, Z 8.

251 같은 책, E 14.

252 멜란히톤Melachton은 공정함의 규범에 관한 논의에서 "(성문)법은 그 아래 있는
것보다 선호되어야 한다Lex superior preferenda est inferiori"라고 쓰고 있다.
하이네크H. Heineck가 편찬한 멜란히톤 『윤리학』의 가장 오래된 판본(Berlin
1893) 29쪽 참조.

253 이 책의 제1부[『진리와 방법 1』] 84쪽 이하 참조.

254 Melanchton, 『윤리학』, 29쪽: "따라서 해석은 모든 법률에 적용되어 보다
인간적이고 융통성 있는 판결이 내려질 수 있도록 해야 한다Ideo adhibenda est ad
omnes leges interpretatio quae flectat eas ad humaniorem ac leniorem sententiam."

255 이 문제에 관해서는 근래에 레오 슈트라우스의 『자연법과 역사*Naturrecht und
Geschichte*』(1953)에 관해 쿤H. Kuhn이 쓴 탁월한 비평 참조. 『정치학보*Zeitschrift
für Politik*』, Jg. 3, H. 4, 1956.

256 Aristoteles, 『니코마코스 윤리학』, E 10. 자연적 정의와 법적 정의의 구별은
알다시피 소피스트 학파에서 유래한 것이지만, 플라톤이 이성(로고스)에 의한
'규제Bindung'를 강조함으로써 그러한 구별의 해체적 의의는 사라진다. 플라톤의
『정치학』(294쪽 이하)과 아리스토텔레스에서 이러한 구별은 법률내재적인
긍정적 의미를 획득한다.

257 이러한 생각이 서술된 『윤리장전*Magna Moralia*』 A 33, 1194 b30~95 a7의 다음
구절에 함축된 사유과정은 그러한 아리스토텔레스의 관점에서만 제대로 이해될
수 있다. "우리의 필요에 따라 사물이 변화할 수 있다고 생각하지 말라. 자연적
정의는 우리의 필요에 의해 존재하는 것이 아니다. 자연적 정의는 그 자체로
존재하는 것이다."

258 Melanchton, 같은 책, 28쪽.

259 아리스토텔레스는 일반적으로 실천지phronesis가 '목적을 위한 수단ta pros to
telos'에 관련된다는 점을 강조한다. 아리스토텔레스가 이 점을 강조하는 것은

아마 플라톤의 선善의 이데아에 대립하는 입장 때문일 것이다. 그렇지만 실천지가
단지 올바른 수단을 선택하는 능력만은 아니고—행위자가 윤리적 존재를 통해
지향하는—목적까지도 내다보는 습관hexis이라는 사실은 아리스토텔레스
윤리학의 체계적인 위상에서 명확하게 확인할 수 있다. 특히『니코마코스
윤리학』, Z 10, 1142 b33; 1140 b13; 1141 b15 참조. 쿤이 그의 논문「그리스
사상가들의 현재성Die Gegenwart der Griechen」(『가다머 화갑 기념 논총
Festschrift für Gadamer』, 1960, 134쪽 이하)에서—비록 아리스토텔레스가
플라톤에 비해 뒤처진다고 보는 '선호도'의 궁극적 한계가 있음을 입증하려
하면서도—이 문제를 아주 정확히 파악한 것을 기쁘게 생각한다.[phronesis가
라틴어 prudentia(예지)로 번역되면서 문제의 핵심을 잘못 파악하는 사태가
조장되었는데, 오늘날의 '당위론적deontisch' 논리학에도 그런 성향이 잠복해
있다. 최근의 윤리학 저작들에 관해『철학적 전망』32 (1985), 1~26쪽에 수록된
나의 서평 참조. 엥버그페더슨T. Engberg-Pedersen의『도덕적 통찰에 관한
아리스토텔레스의 이론*Aristotle's Theory of Moral Insight*』(Oxford 1983)은
예외적으로 괄목할 만한 연구서이다.

260 Aristoteles, 같은 책, Z 9, 1142a 25 이하.

261 이 책의 264쪽 이하 참조.

262 Aristoteles, 같은 책, Z 11.

263 [이 대목에서 나는 텍스트를 다소 수정했는데, '다른 사람이 말하는 경우allou
legontos'(1145 a 15)라는 말은 단지 내가 행동해야 하는 상황은 아니라는 것을
뜻할 뿐이다. 상대방이 어떤 말을 하면 나는 굳이 상대방에게 조언해야 할 의무가
없더라도 상대방의 말을 이해심을 가지고 들어줄 수 있는 것이다.]

264 gnome(통찰), syngnome(배려).

265 Aristoteles, 같은 책, Z 13, 1144a 23 이하 참조.

266 그런 사람은 '못할 짓이 없는 인간panourgos'이다.

267 앞의 주 172와 237에서 인용한 문헌들 외에 수많은 소논문을 참조할 수 있다.
[이에 관해서는 보론「해석학과 역사주의」, 전집 제2권, 387쪽 이하 및 졸고
「에밀리오 베티와 관념론의 유산」,『피렌체 대학 논총』7(1978), 5~11쪽 참조]

268 슐라이어마허의 해석학 강의록이 사비니의 책이 출판되기 바로 2년 전에
유고집으로 처음 출판되었다는 사실을 과연 우연이라 할 수 있을까? 사비니의
해석학 이론의 전개과정은 별도로 검토해볼 필요가 있는데, 포르스트호프의
연구서는 이 부분을 도외시한다. 사비니에 관한 최근의 연구로는 프란츠 비아커
Franz Wieacker의『근대 독일 사법私法역사의 창시자와 수호자들*Gründer und
Bewahrer: Rechtslehrer der neueren deutschen Privatrechtsgeschichte*』, 110쪽 참조.

269 Forsthoff,「법과 언어Recht und Sprache」,『쾨니히스베르크 학술협회 논문집
Abhandlungen der Königsberger Gelehrten Gesellschaft』, 1940.

270 Betti, 같은 글, 주 62 a.

271 이 책의 132쪽 등 참조.

272 Walch, 같은 책, 158쪽.[계몽절대왕정에서는 군주가 자신의 칙령을 법에 저촉되지 않게 재해석하는 방식으로 발효시킴으로써 해당 칙령이 법해석의 규칙에 구애받지 않고도 군주의 의지에 부합되도록 했다.]

273 법학에서 '구체화'의 의미는 핵심적 위치를 차지하기 때문에 이 주제에 관한 연구문헌은 방대하게 축적되어 있다. Karl Engisch,『구체화의 이념*Die Idee der Konkretisierung*』, 하이델베르크 학술원 논총 1953.[엥기슈의 최근 저작『법학 방법론*Methoden der Rechtswissenschaft*』(München 1972), 39~80쪽; K. Engisch,『정의와 윤리─법철학의 핵심 주제들*Recht und Sittlichkeit ─ Hauptthemen der Rechtsphilosophie*』, München 1971]

274 재판 판결의 기술과 그것을 규정하는 요소들의 관점에서 법제화되지 않은 법질서의 문제를 다룬 다음 책 참조. F. Wieacker,『법과 재판기술*Gesetz und Richterkunst*』, 1957.

275 내가 이 책 전반에 걸쳐 주력하는 역사주의 해석학의 극복 문제는 여기서 다루는 관점을 넘어서서 신학해석학에서 긍정적 결실을 거두고 있는데, 신학자 에른스트 푹스Ernst Fuchs와 게르하르트 에벨링이 제시한 테제들을 그런 성과로 꼽을 수 있겠다. E. Fuchs,『해석학*Hermeneutik*』, 1960(2판); G. Ebeling,「해석학」,『신학 및 교회사 사전*RGG3*』.[Gadamer,「자기이해의 문제에 대하여Zur Problematik des Selbstverständnis」,『소논문집』I, 70~81쪽; 전집 제2권, 121~132쪽]

276 Bultmann,『신앙과 이해*Glauben und Verstehen*』제2권, 231쪽.

277 『청년 딜타이*Der junge Dilthey*』, 94쪽.

278 H. Patzer「고전문헌학 연구의 방법 문제로서의 인문주의Der Humanismus als Methodenproblem der klassischen Philologie」, Studium Generale, 1948.

279 ['반성철학Reflexionsphilosophie' 개념은 헤겔이 야코비Jacobi와 칸트 그리고 피히테를 비판하면서 처음 사용했다. '반성철학'은 헤겔의『믿음과 인식*Glauben und Wissen*』에서 소제목으로 등장하며,「주관성의 반성철학Reflexionsphilosophie der Subjektivität」이라는 글도 있다. 헤겔 자신은 '반성' 개념을 '이성'에 대립되는 것으로 사용한다.]

280 이 책의 184쪽 이하 참조.

281 『백과사전*Enzyklopädie*』, §60 참조.

282 [나는 상호인정의 변증법(『정신현상학』IV장 A. '자기의식의 자립성과 비자립성. 지배와 예속')에 관한 상세한 해석을 시도한 바 있다. Gadamer,『헤겔 변증법. 6개의 해석학적 연구*Hegels Dialektik. Sechs hermeneutische Studien*』, Tübingen 1980, 2판(전집 제3권) 제III장 참조.]

283 이것은 마르크스주의 문헌에서 오늘날까지도 분명히 드러난다. 이러한 논점을 열정적으로 부각시키는 대표적인 사례로 Habermas,「마르크스와 마르크스주의에 관한 철학적 논의를 위하여Zur philosophischen Diskussion um Marx und Marxismus」,『철학적 전망』V, 3/4, 1957, 183쪽 이하.

284 Heidegger,『존재와 시간』, 229쪽.

285 서한 343c와 343d에서 난해하게 서술된 내용의 의미가 바로 이것이다. 『제7서한』이 플라톤의 저작임을 부인하는 학자들은 이 대목을 '제2의 플라톤' 혹은 '무명의 플라톤'이 저술한 것으로 본다.[이 문제에 관한 상세한 논의는 나의 「플라톤의 제7서한에서 변증법과 소피스트 논리Dialektik und Sophistik im VII. platonischen Brief」 참조. 전집 제6권, 90~115쪽]

286 Platon,『메논*Menon*』80 d 이하 참조.

287 Husserl,『경험과 판단*Erfahrung und Urteil*』, 42쪽;『유럽 학문의 위기와 선험적 현상학*Krisis der europäischen Wissenschaften und die transzendentale Phänomenologie*』, 48쪽 이하, 130쪽 이하.[후설의 논의에서 바탕이 되는 개념의 논거는 매우 다양하다. 현상학의 관점에서 볼 때 '순수' 지각 개념은 현존성Vorhandenheit 이라는 파생개념에 상응하는 순수한 구성물로 여겨지며, 그런 점에서 후설의 학문이론에서 관념화 경향의 잔재를 보여주는 것이라 하겠다.]

288 후설 전집 제6권, 같은 곳; 이 책의 251쪽 이하 참조.

289 F. Bacon,『신기관*Novum Organum*』제1권, 26쪽 이하.

290 같은 책, 20쪽 이하, 104쪽.

291 같은 책, 19쪽 이하.

292 같은 곳. 특히 'distributio operis' 참조.

293 같은 책, 22, 28쪽.

294 같은 책, 38쪽 이하.

295 Aristoteles,『분석론 후서*analytica posteriora*』, B 19 (99 ff.).

296 Plutarch,『우연에 대하여*de fortuna*』, 3 p. 98 F = Diels,『소크라테스 이전 자연철학. 아낙사고라스 편*Vorsokratiloer. Anaxagoras*』, B 21 b.

297 Aeschylos,『프로메테우스*Prometheus*』, 461.

298 Platon,『파이드로스*Phaidros*』96.

299 [이러한 과정을 칼 포퍼Karl Popper는 '시행착오trial and error'라는 개념쌍으로 유사하게 설명했는데, 다만 이 개념들은 인간이 경험생활을 한편으로는 너무 인간의 의지에 종속시켜 설명하고 다른 한편 격정적 측면은 너무 소홀히 다룬다는 단서를 달고 있다. 이러한 설명은 '과학적 탐구의 논리'에만 비추어 보면 타당하다. 그렇지만 인간의 경험생활 전반에 작동하는 논리를 생각해보면 타당성을 인정하기 어렵다.]

300 Hegel,『정신현상학』서문 참조, Hoffmeister(편), 73쪽.

301 Heidegger,「헤겔의 경험개념Hegels Begriff der Erfahrung」,『숲길*Holzwege*』, 105~192쪽.

302 같은 책, 169쪽.

303 Hegel,『백과사전』, §7.

304 되레H. Dörre는 풍부한 인식이 담긴「겪음과 경험Leid und Erfahrung」(마인츠

학술원, 1956, Nr. 5)이라는 글에서 '겪고서 깨우치다pathos mathos'라는 말의
유래를 고대 당시의 격언을 통해 추적했다. 그는 이 격언의 본래 의미가 어리석은
자만이 지혜를 얻기 위해서는 대가를 치러야 하고 현명한 사람은 스스로
깨우친다는 뜻이었을 거라고 추정한다. 그리고 아이스킬로스가 이 격언을 종교적
의미로 재해석한 것은 나중의 일이었다고 추정한다. 하지만 이러한 해석은
그다지 설득력이 없어 보인다. 왜냐하면 아이스킬로스가 인용하는 신화가 이미
인간은 본래 근시안적임을 말하는 것이지 어리석은 자들을 특칭해서 말하는 것은
아니기 때문이다. 또한 인간이 본래 앞날을 내다보지 못하는 유한한 존재라는
것은 고대 초기부터 익히 알려져 있던 아주 오래된 인간경험으로서, 인간의
보편적인 고통의 경험과 매우 긴밀하게 결부되었다. 따라서 이러한 통찰이 그
깊은 의미로 인식되지 않은 채 평범한 격언으로만 표현되다가 마침내
아이스킬로스가 그 깊은 뜻을 발견했다고 보는 것은 신빙성이 없다. ['겪고서
깨우치다'라는 아이스킬로스의 모토에 관한 최근의 해석으로는 다음 참조. Heinz
Neiztel,『김나지움Gymnasium』87(1980), 283쪽 이하. 이 글에 따르면
아이스킬로스의 말은 '따끔한 맛을 봐야 정신을 차린다'라는 말과 비슷하게
인간의 오만에 대한 징벌의 뜻으로 쓰였다고 한다.]

305 이 문제에 관해서는 이 책의 서론〔『진리와 방법 1』〕 참조.

306 자아와 타자의 이러한 반성적 상호관계에 대한 탁월한 분석으로는 Karl Löwith,
『더불어 사는 인간의 역할에 비추어본 개인Das Individuum in der Rolle des
Mitmenschen』(1928)과『로고스Logos』XVIII(1929), 436~440쪽에 수록된 나의
서평 참조.[전집 제4권]

307 Nietzsche,『차라투스트라는 이렇게 말했다』II부('자기극복에 대하여') 참조.

308 가령 화법話法을 둘러싼 논란에 관해서는『프로타고라스 편Prot.』, 335쪽 이하
참조.

309 Aristotels,『형이상학』4, 1078 b 25 이하.

310 같은 책, 105 b 23.

311 H. Maier,『아리스토텔레스의 삼단논법Syllogitik des Aristoteles』II, 제2장, 168쪽.

312 특히『파울리 고전학 백과사전Paulys Realencyclopädie der classischen Altertums-
wissenschaft』에 수록되어 있는 '삼단논법Syllogistik' 항목 참조.

313 Aristoteles, 같은 책, 1004 b25: '변증술이란 검토술이다esti de he dialektike
peirastike.' 이 구절에는 대화를 적극적으로 이끌어간다기보다는 대화의 흐름을
따라간다는 뉘앙스가 담겨 있는데, 그것이 곧 본래적인 의미에서의 변증법이다.
어떤 견해를 검증하고 시험해봄으로써 대화의 주도권을 잡고 자신의 선입견도
시험해볼 기회가 주어질 것이기 때문이다.

314 이 책의 176쪽 이하 및 364쪽 이하 참조.

315 내가 독려하여 독일어 번역본으로 출간된 콜링우드의『자서전Autobiography』
30쪽 이하 참조. 또한 요아힘 핑켈다이Joachim Finkeldei의「물음의 근거와 본질

Grund und Wesen des Fragens」, 하이델베르크 대학 박사학위논문(1954, 미간행) 참조. 이와 유사한 입장으로 (콜링우드에게 영향을 준) 크로체 역시 그의『논리학 *Logik*』(독역본 135쪽 이하)에서 모든 정의는 질문에 대한 답변이며, 따라서 '역사적'이라는 것을 지적했다.

316 이 책의 176쪽 이하 참조. 그리고 구아르디니Guardini에 대한 나의 비판 참조. 『소논문집』II, 178~187쪽(전집 제9권): "문학에 대한 모든 비평은 언제나 해석에 대한 자기비판이다."

317 Collingwood,『자서전』, 70쪽.

318 이 문제에 관한 적절한 지적으로 다음 참조. Erich Seeberg,「성령적 성서 해석의 문제에 대하여Zum Problem der pneumatischen Exegese」,『젤린 기념 논총 *Sellin-Festschrift*』 127쪽 이하.[다음에 재수록: H.-G. Gadamer/G. Boehm(편), 『해석학과 학문*Die Hermeneutik und die Wissenschaften*』, Frankfurt 1978, 272~282쪽]

319 이 책의 25쪽, 179쪽 참조.

320 이 책의 77쪽 이하 및 152쪽 이하 참조.

321 앞에서 우리는 스피노자의『신정론』을 분석하면서 역사적인 문제를 해석함에 있어 그러한 우회로의 성격을 살펴보았다. 이 책의 22쪽 이하 참조.

322 이 책의 193쪽 이하 참조.

323 이 책의 274쪽 이하 참조.

324 Platon,『제7서한』, 344b.

325 Aristoteles,『토피카*Topik*』, A 11.

326 Kant,『순수이성비판』, A 321 이하.

327 일찍이 위대한 사상가들이 인식했던 것을 재인식하는 것이 중요하다는 점을 니콜라이 하르트만은 올바르게 지적했다. Nicolai Hartmann,「철학적 사고와 그 역사Der philosophische Gedanke und seine Geschichte」, 프로이센 학술원 논총, 1936, Nr.5.(N. Hartmann,『소논문집*Kleine Schriften*』제2권, 1~47쪽). 그런데 하르트만은 역사주의에 맞서서 확고한 것을 옹호하기 위하여 가변적인 문제상황과 구별되는 '본래의 문제내용'을 불변의 것으로 상정한다. 그렇지만 이로써 하르트만은 '가변성'과 '불변성'의 대립이 곧 '문제'와 '체계' 사이의 대립은 아닐뿐더러 철학적 인식의 '성취'를 가늠하는 척도도 아니라는 것을 간과한 셈이다. 하르트만은 이렇게 쓴다. "개개인의 인식이 몇 세기 동안 축적된 엄청난 사유의 경험을 활용하여 이미 인식되고 검증된 것을 바탕으로 삼을 때 비로소…… 그 자신의 인식도 진전될 수 있다." 이런 생각은 경험과학을 모델로 삼은 것으로 전통과 역사의 복잡한 상호관계를 전혀 감당할 수 없는 인식의 진보를 표방하는 것이지만, 그런 정도로는 해석학적 의식에는 전혀 도달할 수 없다.

328 Gadamer,「진리란 무엇인가?Was ist Wahrheit?」[『소논문집』I, 46-58쪽; 전집 제2권, 44~56쪽]

329 상대방의 객관적 발언내용이 아니라 인격 자체를 염두에 두고 상대방의 입장이 되려고 할 때도 진정한 대화는 성립되지 못한다. 이 책의 274쪽 이하 참조.

330 여기서 샤데발트Schadewaldt가 그의『오디세이』번역 후기에서 언급한 중요한 '소외Verfremdung'의 문제가 발생한다. Schadewald(역),『오디세이』, RoRoRo-Klassiker 1958, 324쪽 참조.

331 Droysen,『역사학』, Hübner(편), 1937, 63쪽.

332 Hegel,『역사에 있어서의 이성Die Vernunft in der Geschichte』, Lasson(편), 145쪽.

333 이 책의 27쪽 이하 및 179쪽 이하 참조.

334 플라톤,『제7서한』341c, 344c 및『파이드로스』275.

335 바로 그런 이유에서 '말하기'와 '글쓰기'는 엄청난 차이가 있다. 말하기가 구연口演의 양식이라면 글쓰기는 글로 쓸 때만 충족될 수 있는 고도의 양식을 요구하는 것이다.

336 언젠가 키펜베르크Kippenberg가 나에게 들려준 이야기에 따르면, 릴케는 어느 날 『두이노의 비가Duineser Elegien』중 한 대목을 낭송해주었는데, 청중들은 이 시의 난해함을 전혀 느끼지 못했다고 한다.

337 피히테의「철학에 있어서 정신과 문자에 관하여Über Geist und Buchstabe in der Philosophie」라는 글에 관해 실러와 피히테가 주고받은 편지 참조.『피히테 서한집Fichtes Briefwechsel』제2권, 5장.

338 이 책의 146쪽 이하 참조.

339 이 책의 273쪽, 특히 프리드리히 슐레겔의 인용문 참조.

340 로제H. Rose의『서구의 사고방식으로서의 고전주의Klassik als Denkform des Abendlandes』에 대한 나의 서평(『그노멘Gnomen』1940, 433쪽 이하) 참조. [전집 제5권, 353~356쪽] 다시 생각해보니『플라톤의 변증법적 윤리학Platos dialektische Ethik』(1931)에 붙인 방법론 서설에서 이미 동일한 비판을 함축적으로 서술했다. [전집 제5권, 6~14쪽]

341 '독서'와 '재현'의 차이에 관해서는 나의「현상학과 변증법 사이에서―자기비판의 시도」(전집 제2권, 3~23쪽) 참조. 또한 전집 제2권(330쪽 이하)에 수록된 「텍스트와 해석Text und Interpretation」 참조.

342 이 책의 194쪽 이하 참조. [전집 제2권 IV장에 수록된 논문들도 참조]

343 요하네스 로만Johannes Lohmann이『어휘론Lexis』(III)과 다른 논저에서 그런 견해를 개진했다.

344 Ernst Cassirer,『상징 개념의 본질과 그 영향Wesen und Wirkung des Symbolbegriffs』, 1956. 이 책에는 특히 바르부르크 도서관에서 간행된 논문들이 수록되어 있다. 회니히스발트R. Hönigswald의『철학과 언어Philosophie und Sprache』(1937)는 카시러의 상징적 형식 개념에 대한 비판의 실마리를 보여준다.

345 회니히스발트는 이것을 다음과 같이 표현한다. "언어는 사실일 뿐 아니라 원리이기도 하다."(같은 책, 448쪽)

346 로만은 언어의식의 발전과정을 그렇게 정리한다.

347 이에 관한 슈타인탈의 저술은 지금도 소중한 가치가 있다. Hermann Steinthal, 『특히 논리학의 관점에서 본 고대 그리스·로마 언어학의 역사*Die Geschichte der Sprachwissenschaft bei den Griechen und Römern mit besonderer Rücksicht auf die Logik*』, 1864.[근래에 나온 대표적인 논저로 가이저의 저서를 꼽을 수 있다. K. Gaiser, 『플라톤의 「크라튈로스」에서 이름과 사물*Name und Sache in Platos 'Kratylos'*』, 하이델베르크 학술원 철학·역사 분과 논총 3, Heidelberg 1974]

348 Platon, 『크라튈로스』, 384 d.

349 같은 책, 388c.

350 같은 책, 438d~439b.

351 Platon, 『제7서한』 342 이하.

352 Platon, 『소피스트*Sophist*』, 263e, 264a.

353 [콜러Kohler의 『미메시스*Mimesis*』에 관한 나의 논평 참조.(이 책의 제1부 〔『진리와 방법 1』〕, 167쪽 이하) 아리스토텔레스가 『형이상학』(A6, 987b 10-13)에서 '미메시스'로부터 '분유分有methexis'로의 의미심장한 전환에 관해 설명하는 대목도 참조.]

354 Platon, 『크라튈로스』, 385b, 387c.

355 같은 책, 432a 이하.

356 같은 책, 434e.

357 같은 책, 429bc, 430a.

358 같은 책, 430d5.

359 Hegel, 『예나 시절의 실재철학*Jenenser Realphilosophie*』 제1권, 210쪽.[헤겔 전집 제6권, 『예나 시절의 체계구상*Jenaer Systementwürfe*』 제1권, Hamburg 1975, 287쪽]

360 고대 그리스 개념어의 모방을 위해 스토아학파의 문법과 라틴어 개념어의 형성이 어떤 의의를 갖는가에 관해서는 로만이 강조한 바 있다. J. Lohmann, 『어휘론*Lexis*』 II.

361 W. v. Humboldt, 『인간의 언어구조의 다양성에 대하여*Über die Verschiedenheit des menschlichen Sprachbaus*』, §9.

362 아리스토텔레스가 사용한 '실천적 지혜phronesis'라는 말을 상기해보면, 이 말을 전문용어가 아닌 뜻으로 사용할 경우 개념사적 추론의 기반을 위협하기도 하는데, 나는 전에 예거를 비판하면서 그런 양상을 보여주고자 했다. Gadamer, 「아리스토텔레스의 설득술적 방법에 대하여Der aristotelische Protreptikos」, Hermes 1928, 146쪽 이하.[전집 제5권, 164~186쪽]

363 Leibniz, 「사물과 말의 연관성에 관한 대화Dialogus de Connexione inter res et verba, et veritatis realitate」, 『철학저작집*Opera philosophica*』, Johann Eduard Erdmann(편), Berlin 1839~40, 77쪽.

364 Leibniz, 「인식, 진리 그리고 이데아에 대하여De cognitione, veritate et ideis」
(1684), Erdmann(편), 같은 책, 79쪽 이하.

365 앞다시피 이미 데카르트는 라이프니츠와도 면식이 있던 메르센Mersenne에게
보낸 편지(1629년 11월 20일자)에서 숫자기호의 형성을 모델로 하여 모든 철학을
종합하는 그러한 이성의 기호언어라는 이념을 개진한 바 있다. 그러한 이념의
선구자로 니콜라우스 쿠사누스를 들 수 있는데, 그는 물론 이 이념을 플라톤의
관점으로 제한한다. Cusanus, 『마음에 대한 무지Idiota de mente』 III, VI장 참조.

366 Aristoteles, 『분석론 후서』, B 19.

367 [나는 1950년대 초반까지만 해도 전혀 인지하지 못했던 '언어학적 전환linguistic
turn'이 바로 그러한 문제를 인식하고 있었다고 생각한다. 이에 관한 나의 생각은
「현상학 운동Die phänomenologische Bewegung」 참조.(『소논문집』 제3권,
150~189쪽; 전집 제3권에 재수록)]

368 Thomas Aquinas, 『신학대전Summa Theologica』 제1권, qu 34 등 참조.

369 이하의 설명은 신학교육용 사전인 『가톨릭 신학 사전Dictionaire de Théologie
catholique』과 Lebreton, 『삼위일체 교리의 역사Histoire du dogme de la Trinité』에서
'말씀' 항목을 참조.

370 『식자들에 대한 반박. 앵무새 편Die Papageien: Sex. adv. math』 VIII, 275.

371 Augustinus, 『삼위일체론De Trinitate』, XV, 11: "소모가 아니라 받아들임을 통해
Assumendo non consumendo."

372 이하의 서술에 관해서는 특히 같은 책, 10~15 참조.[그사이에 리판티G. Ripanti는
탁월한 연구를 통해 아우구스티누스의 『기독교인을 위한 교양De doctrina
christiana』이 신학 방법론이 아니라 성서 독해의 경험방식을 설명하는
성서해석학의 기본개요를 담고 있다는 것을 밝혀냈다. G. Ripanti,
『아우구스티누스의 해석론Agostino teoretico dell'interpretazione』, Brescia 1980]

373 Thomas Aquinas, 『요한복음 주해Commentarium in Johannem』 제1장 「신적 말씀과
인간의 말의 차이에 대하여De differentia verbi divini et humani」 참조. 또한
토마스 아퀴나스가 직접 편찬한 난해하고도 중요한 내용을 담은 소책자 「지성을
담는 언어의 특성에 대하여De natura verbi intellectus」도 참조. 이하의 논의에서는
주로 이 문헌을 참조했다.

374 Platon, 『소피스트』, 263e.

375 크리스토프 바그너Christoph Wagner는 하이델베르크 대학 박사학위 논문
「은유의 다양성과 플로티노스 형이상학의 단일 모델Die vielen Metaphern und
das eine Modell der plotiischen Metaphysik」(미간행, 1957)에서 플로티노스의
중요한 존재론적 은유들에 관해 탐구했다. '원천'의 개념에 관해서는 가다머 전집
제2권, 382쪽 이하 '보론' 참조.

376 교부철학과 스콜라철학의 창세기 해석은 어느 정도는 『티마이오스timaios』에
관한 올바른 해석을 둘러싸고 플라톤의 제자들이 벌인 논쟁을 반복하는 양상을

띤다는 것을 분명히 알 수 있다.[Gadamer, 「플라톤의 『티마이오스』에서 이념과 실제Idee und Wirklichkeit in Platos 'Timaios'」, 하이델베르크 학술원 철학·역사학 분과 학술회의 보고서 2, Heidelberg 1975; 전집 제6권, 242~270쪽]

377 이에 관한 탁월한 분석으로 Hans Lipps, 『해석학적 논리에 관한 탐구*Untersuchungen zu einer hermeneutischen Logik*』(1938)와 Austin, 『사물은 어떻게 말과 관련되는가*How to do things with words*』 참조.

378 G. Rabeau, 『말에 대한 직관*Species Verbum*』(Paris 1938)은 토마스 아퀴나스에 관한 해석에서 이 점을 올바르게 강조한다.

379 테오도어 리트Theodor Litt는 이 점을 올바르게 강조한다. Theodor Litt, 『정신과학의 인식의 형성과정에 있어서 보편성의 문제*Das Allgemeine im Aufbau der geisteswissenschaftlichen Erkenntnis*』(작센 학술원 학술보고서 93, Nr.1, 1941).

380 특히 클라게스L. Klages가 이 점을 통찰했다. K. Löwith, 『더불어 사는 인간의 역할에 비추어본 개인*Das Individuum in der Rolle des Mitmenschen*』(1928), 33쪽 이하 참조.[이 책에 대한 나의 서평 참조. 『로고스*Logos*』 18 (1929), 436~440쪽; 전집 제4권에 수록]

381 이 비유는 임의로 사용한 것이 아니고, 하이데거가 legein이 '말하다'라는 뜻과 '모아고르다zusammenlesen'라는 뜻을 동시에 갖는다고 설명한 대목과 관련지어 생각해볼 수 있다. Heidegger, 「헤라클리토스의 로고스론Heraklits Lehre vom Logos」, 『얀첸H. Jantzen 기념 논총』 참조.

382 Platon, 『파이드로스』, 99e.

383 Pauly-Wissowa(편), 『고전학 백과사전*Realencyclopädie der Altertumswissenschaft*』에서 슈텐첼J. Stenzel이 스페우시푸스에 관해 집필한 항목 참조.

384 Aristoteles, 『시학』, 22, 1459a 8.

385 『토피카*Topik*』, A18, 108b 7~31. 여기서 아리스토텔레스는 '유사함에 관한 논의 tou homoiou theoria'를 상세히 다룬다.

386 이 책의 348쪽 참조.

387 따라서 '해석론peri hermeneias'에 관한 전문적인 서술은 『정치학*Politik*』의 맥락에서 살펴보아야 한다. Aristoteles, 『정치학』, A2 참조.

388 Aristoeteles, 『분석론 후서』, B19. 이 책의 256쪽 이하 참조.

389 『스토아 단편 선집*Stoicorum Veterum Fragmenta*』, Arnim(편), II, S.87.

390 이른바 '거리diastema'에 대한 아리스토텔레스의 비판 참조. 『자연학*Physik*』 A4, 211b 14 이하.

391 로만이 최근에 제시한 흥미로운 관찰에 따르면 '이상적인' 멜로디와 도형과 숫자의 세계를 발견함으로써 독특한 조어법이 새로 생겨나고 언어의식이 최초로 도약하는 결과를 가져왔다. 『음악학 논총*Archiv für Musikwissenschaft*』. XIV, 1957, 147~155쪽, XV, 1959, 148~173쪽, 261~291쪽, 『어휘론*Lexis*』 IV, 2. 최근 저작으로는 「그리스 문화의 범례적 성격에 대하여Über den paradigmatischen

Charakter der griechischen Kultur」,『가다머 화갑 기념 논총』(1960).
[단행본으로는 『음악과 로고스*Musikē und Logos*』(Stuttgart 1970)로
간행되었는데, 여기에도 로만의 중요한 저작들 중 극히 일부만 수록되어 있다.]
392 폴크만슐루크K. Volkmann-Schluck는 니콜라우스의 사상사적 위치에서 특히
'형상Bild'에 관한 사고를 해명하고자 했다. Volkmann-Schluck,『니콜라우스
쿠사누스*Nicolaus Cusanus*』, 1957, 특히 146쪽 이하.[다음도 참조: J. Koch,
『니콜라우스 쿠사누스의 추정의 기술*Die ars coniecturalis des Nicolaus Cusanus*』
(Arbeitsgenmeinschaft für Forschung des Landes Nordrhein-Westfalen, Heft 16);
Gadamer,「니콜라우스 쿠사누스와 현대 철학Nicolaus von Cues und die
Philosophie der Gegenwart」(『소논문집』III, 80~88쪽; 전집 제4권) 그리고
Gadamer,「인식 문제의 역사에 비추어본 니콜라우스 쿠사누스Nicolaus von Cues
in der Geschichte des Erkenntnisproblems」(『쿠사누스 학회 논문집*Cusanus-
Gesellschaft*』11(1975), 275~280쪽; 전집 제4권)]
393 Cusanus,『무지에 대한 앎*De Docta ignorantia*』II, 9: "철인들은 신성한 말씀과
절대적 말씀에 대해 제대로 배우지 못한다. 따라서 말씀 안에 말씀 자체가
존재하지 않는다면 행위를 통해서는 형상들이 불가하다Philosophi quidem de
Verbo divino et maximo absoluto sufficienter instructi non erant…Non sunt igitur
formae actu nisi in Verbo ipsum Verbum…."
394 이 책의 363쪽 참조.
395 Cassirer,『상징적 형식의 철학*Philosophie der symbolischen Formen*』제1권, 1923,
258쪽.
396 이하에서 서술하는 내용에 관한 가장 중요한 전거로는 다음 참조. Cusanus,
『마음에 대해 무지한 자*Idiota De Mente*』, 제3권, 2장: "자연 단어와 경계 너머에
있는 것의 원리에 따라 부여된 다른 단어에 대해서Quomodo est vocabulim
naturale et aliud impositum secundum illud citra praecisionem."[제3권 2장의
제목이다—옮긴이]
397 최근에 나온 개괄적 서술로는 다음 참조. J. Koch,『니콜라우스 쿠사누스의 추정의
기술』(노르트라인베스트팔렌 주 산하 학술위원회 논문집Arbeitsgenmeinschaft
für Forschung des Landes Nordrhein-Westfalen, Heft 16).
398 [Gadamer,「말의 진리Wahrheit des Wortes」, 전집 제8권 참조.]
399 Humboldt,『인간의 언어구조의 다양성에 대하여*Über die Verschiedenheit des
menschlichen Sprachbaus*』(1836) 참조.
400 같은 책, §6 참조.
401 같은 책, §22.
402 같은 책, §13.
403 같은 책, §9.
404 같은 책, §9.

405 같은 책, §9, S.60.

406 같은 책, §9, S.59.

407 ['보충'이라는 제목으로 추가된 나의 견해에 관해서는 전집 제2권, 121~218쪽 참조.]

408 그런 견해를 피력한 대표적인 철학자로 막스 셸러, 헬무트 플레스너Helmut Plessner, 아르놀트 겔렌 등을 꼽을 수 있다.

409 Aristoteles, 『정치학』, A2, 1253a 10 이하. [전집 제2권, 146쪽 참조]

410 이 책의 368쪽 이하 참조. [전집 제2권, 16, 74쪽]

411 Husserl, 『순수현상학과 현상학적 철학을 위한 이념Ideen zu einer reinen Phänomenologie und phänomenologischen Philosophie』 I, §41.

412 따라서—선험적 관념론이든 '관념론적' 언어철학이든 간에—관념론에 맞서서 세계의 즉자존재를 설정하려는 것은 단지 관념론을 오해한 것일 뿐이다. 그런 관점은—칸트 이래로 그 형이상학적 형태는 극복된 것으로 보아야 할—관념론의 방법론적 의미를 오인하는 것이다. 칸트의 『순수이성비판』 중 '관념론에 대한 논박'(B 274 이하) 참조.

413 K.-O. Apel, 「내용 중심 언어학의 철학적 진리 개념Der philosophische Wahrheitsbegriff einer inhaltlich orientierten Sprachwissenschaft」, 『바이스게르버 Weisgerber기념 논총』, 25쪽 이하. [Apel, 『철학의 변형Transformation der Philosophie』, Frankfurt 1973, 제1권, 106~137쪽] 아펠은 자기 자신에 관한 인간의 진술이 결코 특정한 존재를 대상적으로 고정시키는 주장으로 이해해서는 안 되며, 따라서 그러한 진술의 논리적 모순과 자기지시적 성격을 입증함으로써 그런 진술을 논박하는 것은 무의미하다고 올바르게 설명한다.

414 막스 셸러의 에세이 「미덕의 복권을 위하여Zur Rehabilitierung der Tugend」, 『가치의 기원에 대하여Vom Ursprung der Werte』(1919) 참조.

415 [여기서부터 402쪽까지의 서술은 개정판에서 다소 수정한 것이다. 수정의 사유에 관해서는 나의 글 「현상학과 해석학 사이에서—자기비판의 시도」, 전집 제2권, 3쪽 이하 참조.]

416 이 문제에 관한 막스 셸러의 통찰은 옳다. 그렇지만 막스 셸러는 선험적 관념론의 의미를 이념의 산출로 오해하여 '물 자체'를 대상의 주관적 산출에 대립되는 것으로 파악한다.

417 특히 막스 셸러의 논문 「인식과 노동Erkenntnis und Arbeit」, 『지식의 형태와 사회Die Wissensformen und die Gesellschaft』(1926) 참조. [막스 셸러 전집 제8권]

418 이 책의 253쪽 이하 참조.

419 [Gadamer, 「이론 예찬Lob der Theorie」, 『이론 예찬』, Gadamer(편), Frankfurt 1983, 26~50쪽; 전집 제10권.]

420 Aristoteles, 『형이상학』 A1.

421 이 책의 제1부 [『진리와 방법 1』] 180쪽 이하 참조.

422 헤겔은 오성 개념을 서술하면서 고대와 근대의 시차를 무시하고 동시적 관점에서 서술하는데, 그에 따르면 플라톤의 이데아는 법칙들이 작용하는 정적인 세계로서 근대 역학의 자연인식과 같은 맥락에서 파악되며, 그것은 신칸트주의의 관점과 정확히 일치한다.(파울 나토르프에 대한 나의 추모사 참조. Paul Natorp,『철학적 체계학*Philosophische Systematik*』 XVII, 각주; Gadamer,『철학적 수업시절 *Philosophische Lehrjahre*』, 60쪽 이하에 재수록) 물론 헤겔이 이미 효용이 상실된 진리라고 보았던 것을 신칸트주의는 궁극적인 방법론의 이상이라고 격상시키는 차이가 있기는 하다.[원자이론에 관해서는 나의 소논문 「고대의 원자이론Antike Atomtheorie」 참조; 전집 제5권, 263~279쪽에 재수록]

423 '사물' 개념에 관해서는 나의『강연록 및 논문집*Vorträge und Aufsätze*』, 164쪽 이하 참조. 여기서 나는 하이데거가『존재와 시간』에서 시도한 고대 그리스의 '이론' 개념과 '현존재의 과학'에 대한 종합적 개괄을 후기 하이데거의 문제의식으로 해명하고자 했다.(같은 책, 51쪽 이하 참조)[하이데거의 「예술작품의 기원Der Ursprung des Kunstwerkes」(Stuttgart 1960, Reclam 판본, 102~125쪽)에 대한 나의 해설 참조. 지금은『하이데거의 사상적 도정. 후기 저작에 대한 연구 *Heideggers Wege. Studien zum Spätwerk*』, Tübingen 1983, 81~92쪽에 수록되어 있다. 전집 제3권]

424 한스 립스Hans Lipps는 그의『해석학적 논리학*Hermeneutische Logik*』에서 전통적 판단논리학의 편협함을 타파하고 논리현상의 해석학적 차원을 밝혀냈다.

425 Platon,『파이드로스』 72; Aristoteles,『영혼에 대하여*De anima*』 III 8, 431 b 21.

426 목적론적 판단력에 대한 칸트의 비판 역시 알다시피 이러한 주관적 필연성을 전적으로 인정한다.

427 괴테의 색채론에 대한 한스 립스의 논문 참조.『인간의 현실*Die Wirklichkeit des Menschen*』, 108쪽 이하.

428 [내가 보기에는 양자물리학에서 관찰주체의 '에너지'가 관찰대상에 영향을 주어서 측정치로 나타난다고 보는 '부정확성'을 '주체의 작용'이라 간주하는 것은 단지 혼동일 뿐이다.]

429 나의 논문 「헤겔과 고대의 변증법Hegel und die antike Dialektik」,『헤겔 연구 *Hegel-Studien*』 I 참조. 이 논문은『헤겔 변증법』(1971, 2판 1980), 7~30쪽에 재수록되었다.[전집 제3권]

430 [다른 모든 언술보다 대화가 우위에 있다는 견해에 관해서는 전집 제2권 121~217쪽에 수록되어 있는 '보론' 부분 참조.]

431 Aristoteles,『감각론*De sensu*』, 473 a 3과 『형이상학』 980 b 23~25 참조. 시각보다 청각이 우위에 있다는 것은 로고스의 보편성에 근거한다. 그렇지만 이것은 아리스토텔레스가 (『형이상학』 A1 및 다른 여러 곳에서) 강조하듯이 특수한 경우 시각이 다른 모든 감각보다 우위에 있다는 입장과 모순되지 않는다. [Gadamer, 「보기, 듣기, 읽기Sehen, Hören, Lesen」 참조]

432 Hegel,『논리학』제2권, Lasson(편), 330쪽.

433 Aristoteles,『형이상학』M4, 1078 b 25. 이 책의 370쪽 참조.

434 das Spekulative의 어원에 해당되는 '거울speculum'의 개념에 관해서는 토마스 아퀴나스의『신학대전』, II, 2, ques. 180, 3 참조. 또한 셸링의『브루노*Bruno*』(I, IV, 237)에도 '상호투영적 대립관계'에 관한 재치 있는 비유가 나온다. "어떤 대상이 거울에 투영되어 역상逆像으로 비치는 경우를 가정해보자."

435 [Gadamer,『헤겔 변증법. 6개의 해석학적 연구』, Tübingen 21980; 전집 제3권.]

436 Hegel,『정신현상학 서설*Vorrede zur Phänomenologie des Geistes*』, Hoffmeister(편), 50쪽.

437 Hegel,『백과사전』§36.

438 Hegek,『정신현상학 서설』, 53쪽. 이 대목은 아리스토텔레스나 야코비Jacobi 혹은 낭만주의를 염두에 둔 것일 수도 있다. Gadamer,『헤겔 변증법』, 7쪽 이하 참조. (전집 제3권) 표현 개념에 관해서는 이 책의 234쪽 이하와 '보론 VI'(전집 제2권, 384쪽 이하) 참조.

439 Karl Voßler,『관념론적 언어철학 개요*Grundzüge einer idealistischer Sprach-philosophie*』(1904).

440 이 책의 285쪽 이하 참조.

441 Hegel,『논리학』제I권, 69쪽 이하.

442 새 판본으로 나와 있는 슈텐첼Stenzel의 훌륭한 연구서『의미, 의의, 개념, 정의에 대하여*Über Sinn, Bedeutung, Begriff, Definition*』(Darmstadt 1958) 참조.

443 이 책의 323쪽 이하 참조.

444 이 책의 22쪽 및 100쪽 이하 참조.

445 Platon,『향연』, 210 d. 여기서 '말'은 '비례관계'와 등치된다.[가다머 전집 제7권에 수록되어 있는「문자로 나아가는 도정에서Unterwegs zur Schrift」참조]

446 Aristoteles,『형이상학』M4, 1078 a 3~6. 울리히 폰 슈트라스부르크Ulrich von Straßburg의『아름다움에 대하여*de pulchro*』에 부친 그라브만Grabmann의 서문 참조.(『바이에른 학술원 논총』, 1926, 31쪽) 또한 쿠사누스의『아름다움 전체*tota pulchra*』(파두아 학술원 활동 보고Atti e Memoria della Academia Patavina, LXXI)에 부친 산티넬로G. Santinello의 서문도 참조. 이 책에서 쿠사누스는 익명의 디오니시우스Dionysius와 알베르트Albert의 견해를 끌어들이는데, 이들은 아름다움에 관한 중세적 사고에 지대한 영향을 미쳤다.

447 [이 부분은 좀더 세분하여 서술할 필요가 있다. 인간에 대한 과학적 탐구에서만 형태가 문제되는 것은 아니다. '균형'이나 '질서의 형태들' 혹은 '체계' 등의 개념들은 기계적 구성의 개념에 입각해서는 파악되지 않는다. 그러한 질서에서 '아름다움'을 발견해내는 것이 흔히 자연과학자의 공로로 치부되지만, 그것은 인간의 자기인식과는 무관하다.]

448 [빈Wien의 강연원고「철학과 인간학Die Philosophie und die Wissenschaft vom

Menschen」(1984)과 룬트Lund의 「자연과학과 해석학Naturwissenschaft und Hermeneutik」(1986) 참조.]

449 Platon, 『필레보스*Philebos*』, 64 e 5. 나의 책 『플라톤의 변증법적 윤리학*Platos dialektische Ethik*』에서 나는 이 부분을 상세히 다루었다. (§14)〔전집 제5권, 150쪽 이하〕 또한 크뤼거의 『통찰과 열정*Einsicht und Leidenschaft*』, 235쪽 이하 참조.

450 Platon, 『파이드로스』, 250 d 7.

451 Aristoteles, 『니코마코스 윤리학』, B5, 1106b9: "그리하여 완벽한 예술작품에 대해서는 작품에 조금도 가감할 것이 없다고 하는 것이다."

452 Platon, 『필레보스』, 51 d.

453 『스토아 단편 선집*Stoicorum Veterum Fragmenta*』, Arnim(편), II, 24, 36, 36, 9.

454 Platon, 『공화국』, 508 d.

455 익명의 디오니시우스와 알베르투스 마그누스Albertus Magnus를 거쳐 스콜라철학에 영향을 준 신플라톤주의 전통은 이러한 관계를 익히 알고 있었다. 그러한 관계의 전사前史에 관해서는 다음 참조. Hans Blumenberg, 「진리의 은유로서의 빛Licht als Metapher der Wahrheit」, 『교양 논총*Studium generale*』 10, Heft 7, 1957.

456 아우구스티누스의 「창세기」 해석 참조.

457 그런 맥락에서 교부철학과 스콜라철학의 사유가 하이데거 이래로 얼마나 생산적으로 해석되었는가를 주목할 필요가 있다. 예컨대 막스 뮐러Max Müller의 『존재와 정신*Sein und Geist*』(1940)과 『현대의 정신생활에서 실존철학*Existenz-philosophie im geistigen Leben der Gegenwart*』, 1958(2판), 119쪽 이하 및 150쪽 이하 참조.

458 이 책의 제1부〔『진리와 방법 1』〕 43쪽 이하 참조.

459 [Gadamer, 「철학자로서의 외팅거Oetinger als Philosoph」(『소논문집』, III, 89~100쪽; 전집 제4권]

460 Platon, 『향연』, 204 a 1.

461 샤르트르Chartres 학파가 니콜라우스 쿠사누스에게 미친 영향의 중요성 참조. [이 점은 클리반스키R. Klibansky가 특히 강조했다. 또한 코흐J. Koch가 편찬한 『추측론에 관하여*De arte coniecturis*』(Köln 1956) 참조]

462 Thomas Aquinas, 『신학대전』, I, ques. 5, 4 등등.

463 이 책의 제1부〔『진리와 방법 1』〕 153쪽 이하 참조.

464 이 책의 주 316에서 인용한, 구아르디니의 릴케 연구서에 대한 나의 비판 참조. [또한 나의 『포에티카—에세이 선집*Poetica—Ausgewählte Essays*』, Frankfurt 1977, 77~102쪽에 수록된 릴케에 관한 글 참조; 전집 제9권]

465 이 책의 제1부〔『진리와 방법 1』〕 151쪽 이하 참조. E. Fink, 『세계상징으로서의 놀이*Spiel als Weltsymbol*』(1960)와 이 책에 대한 나의 서평, 『철학적 전망』 9, 1~8쪽 참조.

1900 2월 11일 독일 마르부르크에서 약화학자 요하네스
     가다머의 아들로 태어난다.
1902 부친이 정교수 및 약학연구소 소장으로 발령받은
     브레슬라우(현재 폴란드령)로 이주한다.
1918 브레슬라우 대학에 입학한다.
1919 마르부르크 대학 교수로 임용된 부친을 따라 마르부르크
     대학으로 옮긴다.
1921 여름학기 동안 뮌헨 대학에서 모리츠 가이거 교수의 강의를
     수강하며, 당시 니콜라이 하르트만의 영향을 크게 받는다.
1922 신칸트학파인 파울 나토르프와 하르트만의 지도 아래
     플라톤에 관한 논문으로 철학박사 학위를 받는다.
1923 여름학기 동안 프라이부르크 대학에서 후설과 하이데거의
     강의를 수강하며, 하이데거와 가까워진다. 하이데거는
     곧 마르부르크 대학 교수로 임용되며, 가다머를 비롯해
     레오 슈트라우스, 카를 뢰비트, 한나 아렌트 등이 하이데거
     문하에서 공부한다.
1924 프리트렌더의 지도 아래 고전문헌학을 공부하기 시작한다.
1927 고전문헌학 전공으로 중등교원 자격시험을 치른다.
1929 하이데거와 프리트렌더의 지도 아래 마르부르크 대학에서

교수자격논문 「플라톤의 변증법적 윤리학—『필레보스』에 대한 현상학적 고찰」을 제출한다. 마르부르크 대학에서 시간강사로 강의를 시작한다.

1937 마르부르크 대학 부교수로 임용된다.

1938 라이프치히 대학에서 초빙, 정교수 및 철학연구소 소장을 맡는다.

1941 파리에서 초청 강연.

1944 포르투갈에서 초청 강연.

1945 라이프치히 대학 학장을 지낸다.

1946 라이프치히 대학 총장을 지낸다.(1947년까지)

1947 프랑크푸르트 대학에서 초빙한다.

1948 『진리와 방법 Wahrheit und Methode』 집필 시작.

1949 카를 야스퍼스의 후임으로 하이델베르크 대학에 교수로 임용된다. 이 무렵 다시 하이데거의 영향을 크게 받는다.

1950 『하이데거 기념 논문집』 발간. 해석학 이론에 천착하기로 결심한다.

1951 하이델베르크 학술원의 쿠사누스 위원회 회장을 역임한다. (1977년까지)

1953 헬무트 쿤과 더불어 학술지 『철학적 전망』을 창간한다.

1960 대표작 『진리와 방법』 출간.

1962 독일일반철학회 회장을 지낸다.

1964 (또는 1962년) 국제헤겔연구후원회를 창설하고 1970년까지 회장을 지낸다.

1967 위르겐 하버마스와의 논쟁.(1971년까지) 『소논문집』(전 4권)을 간행한다.

1968 정년퇴임.

1969 하이델베르크 학술원 원장을 지낸다.(1972년까지)

1971 로이힐린 상 수상.

1977 『철학적 수업시절』출간.

1979 프로이트 상 및 헤겔 상 수상.

1981 자크 데리다와의 논쟁.

1983 『이론 예찬』출간.

1985~1995 '가다머 전집'(총 10권) 간행.(모어Mohr 출판사)

1986 야스퍼스 상 수상.

1996 라이프치히 대학에서 명예박사 학위를 받는다.

2002 향년 102세의 나이로 생을 마친다.

정신과학의 방법에 대한 비판적 성찰

임홍배

해석학Hermeneutik의 어원인 헤르메스Hermes는 고대 그리스 신화에서 신의 뜻을 인간에게 전달해주는 전령의 신으로 등장한다. 그런 신화적 기원에서 유래하는 해석학은 원래 성서에 담겨 있는 하느님의 뜻을 해석하는 성서해석학으로 출발했다. 종교개혁 이전까지의 초기 성서해석학이 성서의 교리적 권위를 절대적으로 신봉했다면, 인문주의 정신에 바탕을 둔 종교개혁 이후의 성서해석학은 텍스트 본위의 해석을 추구했다. 그리고 18세기 계몽주의 신학은 성서가 여러 실존 저자에 의해 집필된 역사적 문헌이라는 것을 강조함으로써 성서에 대한 역사적 이해의 길을 열어놓았다. 이와 더불어 해석학은 비단 성서뿐 아니라 역사적으로 전승된 다양한 문헌에 대한 해석의 방법론으로 그 영역을 확장했다. 그리고 역사주의의 시대인 19세기에 접어들어 해석학은 문학·역사·철학을 포함하여 역사적 문헌을 다루는 정신과학의 제 분야에서 두루 통용되는 보편적 학문 방법론으로 자리잡기에 이르렀다.

20세기 학문사에 한 획을 그은 한스게오르크 가다머의 역저 『진리와 방법』(1960)은 '철학적 해석학의 기본 특징들'이라는 책의 부제가 말해주듯이 해석학의 그런 역사적 발전과정에 대한 비판적 성찰을 바탕으로 해석학의 근본문제를 천착하고 있다. 그런데 이 책의 독자들이 유념해야 할 것은 가다머의 기본적인 문제의식이 결코 해석학의 테두리 안에 머물지 않고 근대 학문의 역사와 방법론에 대한 근본적인 성찰로 일관하고 있다는 사실이다. 가다머가 비판적 성찰의 표적으로 삼는 근대 학문의 두 가지 흐름은 가설과 실험적 검증의 모델을 따르는 자연과학의 객관주의와 그 영향권에 있는 인문사회과학의 실증주의적 경향이 하나이고, 정신과 인식대상의 주객 동일성을 전제하는 관념론이 다른 하나이다. 근대 학문에서 정신과학과 자연과학으로 양분된 이 두 가지 흐름은 일견 상반된 길을 가는 듯하지만, 변화무쌍하고 역동적인 인간경험의 다양함과 풍요로움을 '방법'의 틀로 재단하여 균질화시킨다는 점에서는 양자 모두 진리를 은폐한다고 보는 것이 가다머의 기본 생각이다. 가다머에게 어떤 학문 분야에서든 진리의 척도는 방법론에 부합되느냐 마느냐 하는 정합성 여부의 문제가 아니라, 특정한 방법의 잣대로는 가늠하기 힘든 인간경험에 대한 개방성에 바탕을 두어야 하기 때문이다.

그런 점에서 20세기 학문사에서 이 책의 독보적 위치는 특정 분야의 방법론에 대한 교정의 차원을 넘어서, 역사적 존재인 인간의 세계경험을 과연 어떻게 생동하는 역사성에 충실하게 이해할 수 있는가를 철저히 탐구한 데서 찾을 수 있다. 이를 위해 가다머는 플라톤과 아리스토텔레스, 니콜라우스 쿠사누스와 토마스 아퀴나스, 베이컨과 스피노자, 칸트와 헤겔을 거쳐 슐라이어마허와 딜타이에 이르기까지 서양의 유구한 지적 전통을 비판적으로 조망하면서 논의를 개진한다. 아득한 역사적 과거로 멀어진 장구한 지적 전통을 생생한 현재형의 대화적 담론의 장으로 불러내는 이 책의 논지 전개과정 자체가 곧 가다머가 말하는 해석학적 경험의 탁월한 본보기라 할 수 있다. 가다머는 과거의 지적 유산을 역사적 원형 그대로 복원하거나 아니면 반대로 현재적 관심사에 따라 자의적으로 끌어오는 어느 한쪽에도 치우치지 않고 과거와의 열린 대화를 통해 이해의 지평을 부단히 확장해나가고, 그런 과정을 거쳐 진리의 경험에 접근하고자 한다. 가다머의 이러한 개방적 사유는 무엇보다 그의 스승 후설과 하이데거의 사유를 발전적으로 계승한 것이라 할 수 있다. 특히 후설의 '지평Horizont' 개념과 하이데거의 '이해의 선先구조' 및 '해석학적 순환' 개념은 가다머의 논지 전개를 이해하기 위한 핵심 실마리가 된다. 어떤 사물에 대한 지각과 의미형성은 그 사물이 놓여 있는 다양한 맥락과의 연관성을 전제로 하는데, 그처럼 의미 형성의 터전이 되는 복합적 맥락을 후설은 '지평'이라 일컫는다. 모든 지각대상은 그 배경이 되는 다양한 맥락의 총체 속에서 온전히 파악될 수 있기 때문에 지평은 곧 총체적 의미연관을 드러낼 수 있는 터전이 된다. 가다머는 특히 이해대상이 되는 과거의 텍스트와 해석자가 속한 현재 사이의 시대적 간격에 의해 형성되는 이해의 지평에 주목하며, 이러한 지평 개념은 이 책의 2부 II.3에서 다루는 '영향사적 의식'의 근간을 이룬다. 또한 하이데거에 따르면 전승 텍스트나 전통에 대한 이해라는 것은 해석자 자신의 선이해를 부단히 수정하는 가운데 보다 더 통일된 의미를 확보해나가는 과정이다. 그리고 전통에 대한 그러한 이해의 과정에서 우리 자신은 전통에 '참여'함으로써 우리 스스로를 '형성'해간다. 그런 점에서 전통과 해석자 사이의 부단한 상호작용을 통해 진행되는 이해의 순환구조는 '방법론' 차원의 문제가 아니라 이해의 존재론적 구조를 가리킨다고 가다머는 적극적으로 해석한다. 가다머가 이해의 문제를 인식론적 차원을 넘어 존재론적 차원으로 전환시키는 것은 그런 점에서 하이데거의 논의를 발전적으로 계승한 결과라 할 수 있다.

『진리와 방법』은 총 3부로 구성되어 있다. 이 방대한 저작의 전체적 맥락을 이해하기 위해서는 각 부분들 사이의 유기적인 상호연관성을 염두에 둘 필요가 있다. 1부에서 '예술경험'의 문제를 집중적으로 다루는 이유는 미적 체험의 영역이 근대 과학의 객관주의적 방법론의 영향에서 가장 멀리 벗어나 있는 영역이기 때문이다. 그런 관점에서 가다머는 미적 체험의 근간을 이루는 판단력과 미적 취미가 과학의 객관주의에 대립하여 주관성의 표현으로 수렴되는 과정을 추적한다. 예술경험의 이러한 주관화는 2부에서 가다머가 비판적으로 검토하는 역사주의의 전개과정에서, 딜타이에 이르러 과학과 생철학이 분리되는 양상에 상응한다고 할 수 있다. 그렇지만 예술경험의 그러한 주관화는 예술이 삶과 역사의 포괄적 맥락에서 분리되는 과정이기 때문에 그 점에 대해 가다머는 비판적이다. 반면 실러의 '놀이Spiel' 개념에 접맥된 예술경험에서 가다머는 진정한 해석학적 경험의 가능성을 본다. 예컨대 연극 공연과 같은 예술경험에서는 극의 구현과정과 관객의 이해가 동시적 상호작용을 일으켜 통일된 의미의 장이 형성된다. 그것은 앞서 언급한 대로 전통과의 상호작용을 통해 해석자의 이해지평과 존재 자체가 확장되는 이해의 순환구조에 상응한다고 할 수 있다. 또한 과거의 예술작품을 수용하는 과정 역시 2부에서 핵심적 논제로 다루는 영향사의 원리와 합치된다. 전승된 예술작품의 진정한 수용은 과거의 단순한 복원이나 수용자의 주관의 투사가 아니라 상호 개방적인 창조적 교호작용을 통해 과거의 지평과 현재의 지평이 한층 더 고양되고 확장되어 새로운 진리경험의 가능성을 열어주는 것이기 때문이다.

가다머 자신이 이 책의 핵심부라고 강조한 바 있는 2부의 '해석학적 경험'과 '이해의 역사성'에 관해서는 뒤에서 상세히 다룰 예정이므로 여기서 별도로 언급하지 않겠다. 3부에서 '언어'의 문제를 집중적으로 다루는 것은 언어가 역사적 전승의 매체이자 이해의 매체이기 때문이다. 그런데 언어를 매개로 이루어지는 전통의 전승과 이해에서 언어는 단지 기성관념과 인식을 전달하는 '도구'가 아니라 이해의 과정을 주도하고 구현하는 본질적 계기다. 그런 의미에서 가다머는 사물과 언어의 관계를 원상原象Urbild과 모상模像Abbild의 관계로 보는 소박한 재현론이나 언어도구주의적 관점을 근본적으로 비판한다. 훔볼트가 말했듯이 인간이 경험하는 세계는 언어로 구조화되어 있으며, 언어 자체가 곧 세계관이다. 그런 맥락에서 가다머는 이해의 문제를 인식론에서 존재론의 차원으로 전환했듯이, 해석학적 경험의 수행과정에 대해서도 '언어를 통한 존재론적 전환'을 시도하고 있다. 이처럼 가다머는 이해의 대상과 방법적 원리 및 언어적 구현과정을 서로 분리시키지 않고 통일된 맥락에서 일관되게 사유한다. 바로 그런 점에서 『진리와 방법』은 개별 학문 분야의 방법론 차원을 뛰어넘어 인간의 역사적 경험을 언어로 표현하는 정신과학의 모든 분야에서 진리에 대한 개방성이 무엇인가를 근본적으로 성찰하게 한다.

이하에서는 2부와 3부의 전반적인 내용을 요약하기보다는 가다머의 핵심 논지인 해석학적 경험과 이해의 역사성 문제를 주요 개념 중심으로 살펴보고, 『진리와 방법』이 학계에 불러온 파장을 하버마스와의 논쟁을 예로 들어 일별한 다음, 이 책의 학문사적 영향을 간략히 개괄하기로 하겠다.

이해의 역사성: 영향사의 원리

『진리와 방법』 서론에서 가다머는 이 책의 바탕이 되는 기본적인 문제의식을 다음과 같이 밝히고 있다.

> 이 연구의 관심사는 과학적 방법론의 지배 영역을 넘어서는 진리의 경험을 도처에서 찾아내어 그 고유한 정당성에 관해 물으려는 것이다. 예를 들어 정신과학은 과학 외적인 경험 방식들, 즉 철학의 경험, 예술의 경험 그리고 역사 자체의 경험과 밀접한 관계가 있다. 이 모든 것은 과학의 방법적 수단으로는 검증될 수 없는 진리가 개현開顯되는 경험 방식들이다.(『진리와 방법 1』, 10쪽) [인용자 강조]

"텍스트의 이해와 해석은 학문의 관심사일 뿐 아니라 명백히 인간의 세계경험 전체에 속한다"(『진리와 방법 1』, 9쪽)라는 전제에서 출발하는 가다머가 이처럼 '과학적 방법'에 근본적인 회의를 표명하는 것은 근대 과학이 '인간의 세계경험'을 객관적 검증가능성이라는 척도로 환원하여 왜곡하고 협소화한다고 보기 때문이다. 그런 이유에서 가다머는 근대 과학의 '방법'과 그 영향권에 있는 일체의 '방법론주의Methodologismus'에 맞서며, 슐라이어마허에서 딜타이에 이르는 19세기 해석학의 전통 역시 그런 방법론의 강박에서 자유롭지 못하다고 본다. 같은 맥락에서 가다머는 『진리와 방법』에서 다루는 해석학의 문제가 결코 '해석의 기술론'이 아니라는 점을 거듭 강조한다. 가다머가 『진리와 방법』에서 해석학의 '방법론' 자체를 개진하기보다는 줄곧 '해석학적 경험hermeneutische Erfahrung'을 강조하면서 '해석학적 경험'에 관한 논의를 이 책의 핵심이라고 언급한 것도 그런 맥락에서 이해될 수 있다.

자연과학을 모델로 하는 과학적 객관주의와 편협한 방법론 중심주의에 맞서서 '과학의 방법으로는 검증될 수 없는 진리 개현의 경험방식'을 탐구하고자 할 때 가다머가 최우선의 원칙으로 강조하는 것은 이해의 역사성이다. 랑케와 드로이젠의 역사주의가 역사를 '역사적 객체로 대상화'함으로써 결과적으로 이해의 역사성을 몰각했다고 비판하는 맥락에서 가다머는 이해의 근원적 역사성을 '영향사'라는 개념으로 설명하고 있다.

이른바 역사주의의 단순한 맹점은 그러한 성찰을 하지 못하고 자신의 탐구방법론만 믿고서 자신의 역사성을 망각하는 데 있다. 여기서 우리는 그렇게 잘못 이해된 역사적 사고에서 벗어나 올바른 의미에서의 역사적 사고에 호소해야만 한다. 진정한 역사적 사고는 자신의 역사성을 함께 사유해야 하는 것이다. 그럴 때만 발전하는 학문의 대상을 역사적 객체로 대상화하여 그런 허상을 쫓지 않고, 역사적 탐구대상을 자기 자신의 타자로 파악하고 그럼으로써 자기 자신과 타자를 동시에 인식할 수 있게 된다. 진정한 역사적 대상은 그저 대상이 아니라 자기 자신과 타자의 통일체이며, 역사의 현실과 역사적 이해의 현실이 상호작용을 일으키는 관계이다. 탐구대상을 제대로 볼 줄 아는 해석학은 이해의 과정 자체에서 역사현실을 드러내야만 할 것이다. 나는 이러한 요청을 '영향사Wirkungsgeschichte'라 일컫고자 한다. 이해라는 것은 그 본질상 영향사적 과정이다.(『진리와 방법 2』, 183쪽)

역사적 문헌 또는 사건에 대한 해석의 주체 역시 탐구대상이 되는 역사과정의 일부이며, 그런 의미에서 '역사의 현실과 역사적 이해의 현실이 상호작용을 일으키는 관계'가 곧 역사적 탐구대상이라고 보는 것이다. 이러한 시각은 탐구자의 가변적인 역사적 제약을 고려하지 않는 과학의 객관주의에 대한 비판이자 다른 한편 과학주의의 영향을 받은 정신과학의 영역에서도 뿌리 깊은 "전통과 역사탐구, 역사와 역사인식 사이의 추상적 대립"(160쪽)을 극복하기 위한 시도라 할 수 있다. 이처럼 전통의 영향을 역사적 이해의 근본적 제약조건으로 보는 영향사적 맥락에서 가다머는 인식주체의 '선이해Vorverständnis'를 규정하는 '선입견Vorurteil'[1]을 이해의 본질적 구성요건으로 간주한다. 가다머에 따르면 '선입견'은 18세기 계몽주의 이래 부정적 의미로 격하되었지만, 역사적 전통의 영향에 의해 미리 형성되어 있는 '선입견'을 이해의 기본조건으로 인정하는 것이야말로 이해의 역사성에 상응하는 자연스럽고도 합당한 인식태도

1. 오늘날 Vorurteil은 부정적 '선입견'의 뜻으로 통용되지만, 가다머는 그런 부정적 의미가 계몽주의 시대에 굳어진 어법이라고 보고 그 이전의 전통으로 소급하여 Vorurteil의 의미를 가치중립적으로 서술한다. 따라서 여기서 가다머의 어법에 충실히 따르자면 Vorurteil은 '선판단'의 의미로 이해하는 것이 적절하다.

이다. 이해가 그 본질상 영향사적 과정이라고 보는 것과 동일한 의미에서 가다머는 이해가 본질적으로 '선입견'의 성격을 지닌다고 본다. 영향사의 맥락에서 역사적 이해를 미리 제약하는 '선입견'이 인식주체가 스스로 옳다고 여기는 단정적 '판단'에 비해 오히려 훨씬 더 규정적이라고 보는 것은 그런 이유에서이다.

> 사실 역사가 우리에게 귀속되어 있는 것이 아니라 우리가 역사에 귀속되어 있는 것이다. 우리는 우리 자신을 되돌아보면서 스스로를 이해하기 훨씬 이전부터 이미 삶의 터전인 가족과 사회와 국가를 통해 우리 자신을 이해하고 있다. 주관성이라는 렌즈는 대상을 왜곡시켜서 보여주는 거울이다. 개인의 자기의식이라는 것은 역사적 삶이라는 거대한 전기장 안에서 명멸하는 작은 불꽃에 시나지 않는다. 그렇기 때문에 개개인이 갖는 선입견은 개개인의 올바른 판단보다 훨씬 더 강력하게 개인적 존재의 역사적 현실성을 규정한다.(152쪽)[원문 강조]

나중에 살펴보겠지만 역사적 전통의 영향에 의해 형성되는 선입견을 이해의 불가결한 조건으로 보는 이러한 시각은 하버마스의 집중적인 비판을 받는다. 그렇지만 가다머가 전통의 막강한 영향력과 선입견의 규정력을 이해의 필수적 계기로서 긍정하는 것은 전통과 선입견을 무조건 용인하려는 것이 아니라 인식주체가 그러한 영향사적 의식을 자각할 때 비로소 편협한 주관성을 극복할 수 있다고 보기 때문이다.

> 텍스트 자체가 내 생각과는 다른 의미를 드러내고 텍스트의 객관적 진실이 나의 선입견을 극복할 수 있는 가능성을 열어놓기 위해서는 나 자신이 선입견을 갖고 있다는 사실 자체를 자각하고 있어야만 한다.(142쪽)

　따라서 선입견에 대한 자각은 이해의 역사성에 대한 개방적 인식을 담보하기 위한 필연적 요청이라 할 수 있다. 그런 의미에서 "이해라는 것은 주관성의 활동이라기보다는 과거와 현재가 부단히 상호매개 작용을 하는 전통의 전승이라는 사건 속에 참여하는 것을 뜻한다."(171쪽) 이처럼 이해의 과정이 곧 '전통의 전승이라는 사건 속에 참여하는' 것이라는 관점에서 보면 이해라는 것은 인식의 기대지평이 '과거와 현재의 부단한 상호매개 작용'을 통해 끊임없이 주체의 선입견을 허물어뜨리면서 이해의 장場인 역사를 향해 확장되어가는 것을 뜻한다. 아울러 전통 역시 불변의 실체로 고정된 것이 아니라 그러한 이해의 과정을 통해 늘 새로운 이해지평으로 열리는 과정 속에 있음을 알 수 있다. 현재의 관점에 서 있는 이해주체의 기대지평과 역사적 지평이 부단히 상호매개 작용을 하면서 과거와 현재의 단절을 넘어서 보다 확장된 역사적 이해가 가능해지는 것이다. 그처럼 서로 분리된 것처럼 보이는 현재의 지평과 역사의 지평이 부단한 상호작용을 통해 이해가 확장되는 과정을 가다머는 '지평융합'이라 일컫는다.

> 　사실 현재의 지평은 끊임없이 형성되는 과정 속에 있다. 우리는 모든 선입견의 타당성 여부를 부단히 검증해야 하기 때문이다. 무엇보다도 우리 자신의 근원인 전통을 이해하고 과거와의 만남을 시도하는 것이야말로 바로 그러한 검증과정의 일환이다. 따라서 현재의 지평은 과거가 없이는 결코 형성될 수 없다. 현재와 무관하게 추구해야 할 역사적 지평이 존재할 수 없듯이 현재의 지평 역시 독자적으로 존재할 수는 없다. 오히려 이해라는 것은 서로 무관하게 존재하는 것처럼 보이는 상이한 지평들의 상호융합 과정이다. ……전통이 존속하는 한 그러한 상호융합은 부단히 진행된다. 그러한 상호융합을 통해 옛것과 새것은 서로 배타적

으로 분리되지 않고 부단히 합쳐져서 새로운 타당성을 확보하는 것이다.

이런 식으로 서로를 부각시켜주는 상이한 지평들이 존재함으로써 '지평융합Horizontverschmelzung'이라는 말이 성립되며, 전통 깊숙이까지 자신의 경계선을 설정하는 배타적 지평의 형성은 성립될 수 없다.(192~193쪽) [원문 강조]

과거와 현재, 이해의 역사적 대상과 이해자를 매개해주는 이러한 '지평융합' 개념은 원래 전통적인 해석학 방법론에서 부분과 전체의 상호순환 운동을 뜻하는 '해석학적 순환hermeneutischer Zirkel'을 이해의 역사성이라는 맥락으로 확장하여 새롭게 정의한 것이라 할 수 있다.

이처럼 전통과 현재 사이의 개방적 대화를 이해과정의 핵심 계기로 부각시키는 가다머의 논의에서 '언어'는 그러한 해석학적 경험의 '매체Medium'이자 '중심Mitte'으로서 결정적 중요성을 갖는다. 전통의 전승은 다름 아닌 언어를 통해 구현되며, 전통과 현재 사이의 지평융합 역시 '현재와 전통 사이의 언어적 소통'을 통해서만 가능하기 때문이다.

전통의 존재방식은 언어이다. 그리고 전통을 이해하고자 전통에 귀를 기울이고 텍스트를 해석함으로써 전통의 진실은 해석자 자신의 언어적 세계관과 내적 관련을 맺는다. 현재와 전통 사이의 이러한 언어적 소통은 이미 앞에서 살펴보았듯이 모든 이해의 과정에서 어김없이 발생하는 사건이다. 해석학적 경험은 생생하게 다가오는 그런 모든 사건을 진정한 경험으로 받아들여야 한다. 해석학적 경험은 그런 사건을 사전에 선택하거나 배척할 자유가 없다. 또한 해석학적 경험은 인식하고자 하는 대상의 특수성처럼 보이는 미결정 상태를 그대로 내버려둔다고 해도 절대적 자유를 주장할 수는 없다. 해석학적 경험으로 이미 발생한 사건을 마치 없었던 일처럼 무시할 수는 없는 것이다.

과학적 방법론과는 너무나 상치되는 해석학적 경험의 이러한 구조는 이미 상세히 서술했던 언어의 사건적 특성에 연유한다. 언어의 사용과 언어적 표현수단의 지속적인 발전은 개개인의 의식을 통해 선별적으로 인식할 수 있는 그런 과정이 아니다. 그런 한에는 우리가 언어를 말한다기보다는 언어가 우리에게 말을 한다고 보는 것이 더 올바른 표현이다. (411쪽) [인용자 강조]

여기서 가다머가 강조하는 언어의 '사건적 특성Geschehenscharak-ter'이라는 것은 언어를 통해 비로소 새로운 세계경험이 열린다는 뜻이며, 그런 의미에서 앞서 언급했던 '과학의 방법으로는 검증될 수 없는 진리 개현의 경험방식'과 직결된다. 또한 '역사가 우리에게 속하는 것이 아니라 우리가 역사에 속해 있다'라고 강조한 것과 같은 맥락에서 '우리가 언어를 말한다기보다는 언어가 우리에게 말을 한다'라고 함으로써 언어가 곧 이해의 역사성을 구현하는 직접적 계기임을 환기시켜준다.

해석학과 이데올로기 비판: 가다머·하버마스 논쟁

이상에서 살펴본 가다머의 주요 논제들에 대해 하버마스는 "가다머는 본의 아니게 해석학의 실증주의적 폄하에 부응한다"[2]라고 단

2. Jürgen Habermas, 「가다머의 『진리와 방법』에 대하여Zu Gadamers *Wahrheit und Methode*」, in: Habermas u. a.(Hg), 『해석학과 이데올로기 비판*Hermeneutik und Ideologiekritik*』, Frankfurt a. M. 1971, 45쪽.

언하면서 전면적인 비판을 가한다. 여기서는 하버마스의 비판과 가다머의 반론을 그 핵심 쟁점이 되는 전통과 선입견, 이데올로기 비판과 의사소통의 문제를 중심으로 살펴보기로 하겠다.

먼저 하버마스는 가다머가 현대 학문의 "그릇된 객관주의적 자기이해에 대한 올바른 비판"[3]에서 출발한다는 점을 인정하지만, 해석학적 경험과 올바른 인식의 방법론을 추상적으로 대립시킴으로써 결과적으로 방법론의 문제를 간과하고 있다고 비판한다. 그 대신 가다머는 전통의 힘을 과신하여 영향사적 맥락을 이해의 기본적제약으로 설정하며, 그런 생각은 전통에 대한 비판적 성찰이 전통의 구속력을 허물 수 있고 따라서 이해주체의 위상까지도 변화시킬수 있다는 인식을 외면하는 것이라고 하버마스는 반박한다. 가다머가 이해의 기본적 제약조건으로 설정한 '선입견'의 문제 역시 비판의 표적이 된다. 하버마스는 가다머가 선입견을 이해의 제약조건으로 보는 올바른 통찰에서 한 걸음 더 나아가 '선입견 자체의 복권'을시도한다고 비판하면서 '정당한 선입견'의 존립가능성을 부정한다.

> 가다머는 이해가 선입견의 구조를 갖는다는 통찰에서 선입견 자체를 복권시키는 방향으로 나아간다. 그렇지만 과연 해석학적 선이해 자체의 불가피성을 근거로 삼아 정당한 선입견이 존재한다는 결론을 끌어낼 수 있는가?[4]

하버마스는 전통의 권위를 인정하는 가다머의 해석학적 경험이론이 18세기 계몽주의로부터 독일 관념론에 이르는 지적 전통의 '확고한 유산'인 '비판적 성찰'의 힘을 부정하는 것이라고 보며, 그런 점에서 가다머는 계몽의 정신과 이성에 의한 비판적 성찰의 '해방적 힘'에 대한 '비변증법적' 이해에 머물러 있다고 비판한다. 더 나

3. 같은 글, 46쪽.
4. 같은 글, 48쪽.

아가 가다머의 그러한 지적 태도는 프랑스 혁명 직후 유럽 지성계에서 혁명에 반대하는 논리를 유포하는 데 앞장섰던 에드먼드 버크류의 보수주의에서 벗어나지 못한 '1세대 보수주의'라고 공박한다.

하버마스가 이처럼 가다머 자신의 '영향사적' 배경을 18세기 계몽주의에 대한 반대입장으로 소급시켜 자리매김하고 '1세대 보수주의'까지 거론하는 데에는 당연히 후설과 하이데거의 제자인 가다머와 비판이론의 계승자를 자임한 하버마스의 상이한 지적 배경이 작용한다. 더구나 하버마스의 비판문이 68혁명의 전야에 발표되었다는—『진리와 방법』에 대한 하버마스의 비판문은 1967년 가다머 자신이 공동발행인으로 있던 정기학술지『철학적 전망*Philosophische Rundschau*』에 발표되었다—시대적 정황까지 고려하면 전통의 권위와 선판단의 복권을 시도한 가다머의 입론이 보수주의적 세계관을 바탕에 깔고 있다는 혐의를 면하기 어려워 보이는 것도 사실이다. 그렇지만 하버마스의 비판은 두 사람의 상이한 지적 배경만으로는 설명되지 않는 곡해와 그로 인한 과잉비판의 여지가 없지 않다. 우선 가다머가 영향사적 맥락에서 전통을 선이해의 규정요인으로 설정한다고 해서 전통의 힘을 절대화하고 이해의 과정이 전통의 힘에 종속된다고 보는 것은 아니라는 사실에 유의할 필요가 있다. 이미『진리와 방법』초판 서문에서 가다머는 "전통을 분쇄하고 비판하고 해체시킬 수 있는 것 역시 인간의 본질에 속한다"[5]라는 점을 분명히 전제하고 있기 때문이다. 전통의 영향을 이해의 근본적 제약조건이라고 보는 것이 곧 전통을 무조건 용인하는 입장과 동일시될 수는 없는 것이다.

다른 한편 가다머는 하버마스가 강조하는 '비판적 성찰' 역시 이해와 마찬가지로 영향사적 맥락 속에서 이루어지며, 그러한 제약을 초극하는 특권적 지위를 주장할 수는 없다고 본다. 그런 의미에서 가다머는 전통과 비판적 성찰을 양자택일의 대립적 관계로만 보

5. Gadamer, *Wahrheit und Methode*, Tübingen 1960, XXV쪽.

는 것이야말로 오히려 인식주체의 권능을 과신하는 독단이라고 반박한다. 그런 맥락에서 가다머는 하버마스가 '해방적 계몽주의'의 입장에서 '이성'과 '권위'를 추상적으로 대립시키는 것은 이성과 권위의 "본질적인 양가적 관계wesenhaft ambivalente Beziehung"[6] 내지 '상호의존성'을 '관념론적으로 간과하는 것'이며, 그러한 관념론은 역사에 대한 이해와 현실인식에서 '치명적 결과'를 초래한다고 비판한다. 여기서 가다머가 말하는 권위와 이성의 상호의존성이란 권위가 권력의 위계질서 속에서 폭력과 강압에 대한 무조건적 복종의 방식으로만 관철되는 것이 아니라, 그런 측면에 못지않게 권위에 대한 '인정Anerkennung'에 바탕을 두고 있다는 것이다. 그러면서 가다머는 "버크 세대의 보수주의가 아니라 독일사의 격변을 세 번씩이나 겪고도 기존 사회질서를 뒤흔드는 혁명적 실천을 하지 못한 세대의 보수주의가 오히려 현실에서 쉽게 은폐되는 진실을 통찰하는 데는 더 유익하다"[7]라고 말한다. 자신의 보수주의를 굳이 부정하지 않고 독일사의 파국을 막지 못한 '윗세대'의 자기비판을 함축하는 이 완곡한 발언은 독일이 두 번이나 전범국가가 되고 히틀러의 집권을 용인한 사태가 과연 강압과 폭력에 의해서만 빚어진 것인가, 아니면 그러기까지의 과정에서 과연 권위에 대한 '인정'이 그러한 사태를 뒷받침한 것은 아닌가를 되묻는 것이기도 하다. 만약 전자의 가능성만 인정한다면 히틀러의 집권을 방조하거나 열광적으로 지지한 절대다수 독일인의 역사적 책임은 면죄부를 받는 셈이다.[8] 권위

6. Gadamer, 「수사학, 해석학 그리고 이데올로기 비판.『진리와 방법』에 대한 메타비평적 논의Rhetorik, Hermeneutik und Ideologiekritik. Metakritische Erörterungen zu *Wahrheit und Methode*」, in: Habermas u. a. (Hg),『해석학과 이데올로기 비판』, 73쪽.

7. 같은 곳.

8. 그런 점에서 역사학자 골드하겐Goldhagen이 말하듯이 '너무나 평범한 독일인들' 역시 홀로코스트에 대한 책임에서 자유로울 수 없다. Daniel J. Goldhagen,『히틀러의 자발적 하수인들: 아주 평범한 독일인들과 홀로코스트 *Hitlers willige Vollstrecker. Ganz gewöhnliche Deutsche und der Holocaust*』, Berlin 1996 참조.

와 이성의 추상적 대립을 고수하는 관념론적 사고가 '치명적 결과'를 초래한다고 지적한 것은 바로 그러한 몰역사적 사고에 대한 통렬한 비판으로 이해될 수 있다.

가다머가 '선입견 자체의 복권'을 시도한다는 하버마스의 비판 역시 가다머가 『진리와 방법』에서 가장 중요한 원칙으로 내세우는 이해의 역사성 문제를 편협하게 단순화한 것으로 보인다. 가다머가 영향사의 맥락에서 선입견이 선이해를 규정한다고 강조하는 것은 이미 언급한 대로 "텍스트의 객관적 진실이 나의 선입견을 극복할 수 있는 가능성을 열어놓기 위해서는 나 자신이 선입견을 갖고 있다는 사실 자체를 자각하고 있어야 한다"(142쪽)라는 취지에서이다. 그런 뜻에서 가다머는 역사적 텍스트의 이해에서 "과연 어떻게 자기 자신의 선입견의 막강한 영향력에서 벗어날 수 있는가 하는 문제"(141쪽)가 관건이라고 말한다. 선입견의 극복을 위해서는 선입견이 역사적 이해에 미치는 영향을 제대로 인식해야만 한다는 것이다. 그런데 가다머에 따르면 선입견은 반드시 무지와 비합리적 사고에서 비롯되는 것만은 아니고 오히려 이성적 사고에 의해 더욱 공고해지기도 하는데, 경직된 계몽주의가 바로 그런 경우이다. 가다머가 "계몽주의의 핵심적 본질을 이루는 선입견이란 일체의 편견 자체를 무시하는 또다른 선입견으로서, 그로 인해 역사적 전통의 권위는 완전히 박탈된다"(144쪽)라고 말하는 것은 그런 맥락에서이다. 이성의 권능에 대한 계몽주의의 과신이 전통의 실질적 영향력을 부당하게 간과했다고 보는 것이다. 따라서 하버마스의 비판과 달리 가다머는 계몽주의 자체에 반대하는 것이 아니라 편협한 이성중심주의로 인해 역사적 전통의 힘을 간과하는 비역사적 관념성을 비판하는 것이다. 가다머의 논리로 말하자면, 하버마스가 특권적 인식 능력을 부여하는 '비판적 성찰' 역시 계몽의 정신을 '확고한 유산'이라고 믿는 영향사의 맥락에 의해 형성된 완고한 '선입견'인 셈이다.

가다머가 이렇듯 영향사적 맥락을 이해의 근본적 제약조건으로 강조하는 것은 '인간존재의 유한성'과 '성찰의 본질적인 부분적 제한성'에 대한 통찰에 연유한다. 이미 살펴본 대로 과거와 현재의 끊임없는 대화로 이루어지는 이해의 과정에서 그 누구도 전통의 영향에서 자유로울 수 없으며, 앞서 언급한 '지평융합'은 전통의 영향에 의해 형성된 선입견을 자각하고 극복해가는 과정이다. 이해의 과정적 성격은 이해의 역사성에 따른 당연한 귀결이다. 따라서 가다머가 보기에는 이해의 완벽한 종결을 상정하는 것도 이해의 역사성과 상치되는 지적 오만이다. "완벽한 이해라는 것은 자기모순"[9]이라는 말은 그런 맥락에서 이해될 수 있다.

가다머에 대한 하버마스의 비판에서 언어에 대한 이해 역시 중요한 쟁점으로 부가된다. 언어의 문제는 특히 하버마스가 궁극적으로 지향하는 이데올로기 비판과 직결되며, 더 나아가 하버마스의 실천철학적 방법론의 근간이 되는 의사소통 이론과 밀접한 관련이 있다. 먼저 하버마스는 전통의 존재방식은 언어라고 보는 가다머의 입장에 맞서 언어의 이데올로기적 성격을 강조한다.

> 언어 역시 지배와 사회적 권력의 매개수단이다. 언어는 조직화된 강압적 지배의 관계들을 정당화하는 데 기여한다. 강압적 지배관계의 제도화를 가능케 하는 그러한 언어적 정당화가 강압적 지배관계를 표현해내지 못한다면 언어 역시 이데올로기적이다. 여기서 문제는 언어로 표현되는 현혹이 아니라 언어 자체에 의한 현혹이다. 그렇듯 상징적 맥락이 현실적 관계에 의존해 있다는 사태를 직시하는 해석학적 경험은 이데올로기 비판으로 나아가야 한다.[10][원문 강조]

9. Gadamer, 『과학 시대의 이성 *Vernunft im Zeitalter der Wissenschaft*』, Frankfurt a. M. 1976, 100쪽.
10. Habermas, 같은 글, 52쪽 이하.

언어가 지배와 권력의 사회적 관계를 반영하고 강압적 지배관계를 정당화하는 데 기여한다면 언어 역시 이데올로기적이며, 언어가 지배질서의 상징적 구성물임을 직시하는 해석학은 '언어 자체에 의한 현혹', 즉 허위의식을 비판하고 폭로하는 '이데올로기 비판'으로 나아가야 한다는 것이다. 그렇지만 가다머가 전통의 권위와 선입견을 이해의 구성적 요인으로 인정하는 한에는 지배질서를 용인하는 '그릇된 합의'를 조장하는 것이라고 본다. 그런 맥락에서 하버마스는 전통의 존재방식은 언어라는 가다머의 테제를 '언어의 존재론화와 전통의 실체화Ontologisierung der Sprache und Hypostasierung der Tradition'라고 논박하며, 그것은 곧 '체계적으로 왜곡된 소통의 가능성'을 용인하는 것이라고 비판한다.[11] 그와 달리 언어의 이데올로기적 성격을 통찰하는 비판적 해석학은 '이성적 담화vernünftige Rede'의 원리에 따라 지배관계로부터 자유로운 진정한 의사소통의 조건을 창출할 수 있다고 보는 것이 하버마스의 입장이다.

> 비판적 자각을 지닌 해석학은 이해를 이성적 담화의 원리와 결합시켜준다. 이성적 담화의 원리에 따르면 지배로부터 자유롭고 어떤 제한도 받지 않는 이상적인 의사소통의 조건하에 추구되고 지속적인 호소력을 가질 수 있는 진정한 합의를 통해서만 진리는 보증될 수 있다.[12]

여기서 하버마스는 이데올로기 비판에서 한 걸음 더 나아가 '지배로부터 자유로운 이상적인 의사소통 조건'이 곧 '진리'를 담보하는 조건임을 역설하고 있다. 하버마스의 궁극적인 지향점이 이론과 실천의 매개라는 것은 다음과 같은 진술에서 더욱 분명히 드러난다.

11. Habermas, 「해석학의 보편성 요구Der Universalitätsanspruch der Hermeneutik」, in: Habermas u. a. (Hg), 『해석학과 이데올로기 비판』, 153쪽 이하.
12. Habermas, 같은 글, 154쪽.

……그 어떤 제한도 받지 않고 지배로부터 자유로운 이상적인 의사소통을 통해 추구되는 합의에 근거하여 가늠되는 진리의 개념과 더불어 구속이 없는 의사소통 속에서 실현되는 공동체적 삶의 구조를 선취해야 한다. 진리라는 것은 구속이 없는 보편적 인정에 바탕을 두는 독특한 구속이다. 그런데 구속이 없는 의사소통은 이상적인 언어상황, 다시 말해 구속이 없는 보편적인 소통이 가능한 삶의 형태이다. ……진정한 합의에 의해 가늠되는 진리의 이념은 진정한 삶의 이념을 함축한다. 그러한 진리의 이념은 성숙함Mündigkeit의 이념을 내포한다고 할 수도 있다.[13]

결국 전통의 권위를 이해의 규정요인으로 상정하는 가다머의 해석학적 경험에 맞서서 하버마스는 지배관계로부터 자유로운 이상적인 의사소통을 추구하며, 비판적 해석학은 그러한 의사소통을 통해 구현되는 공동체적 삶의 구조를 선취해야 한다고 보는 것이다. 하버마스는 그러한 '해방적 의사소통'의 모델로 정신분석의 예를 제시한다. 정신분석은 왜곡된 의사소통과 억압의 구조를 비판적 성찰을 통해 밝혀내고, 신경증 환자는 의사의 도움을 받아 그런 과정을 통해 강압을 통찰하고 억압에서 벗어날 수 있듯이, 사회적 영역에서도 지배관계의 억압적 성격을 이데올로기 비판을 통해 통찰하고 극복할 수 있다고 보는 것이다. 하버마스는 이렇듯 정신분석의 모델을 통해 비판적으로 재구성된 이데올로기 비판적 해석학을 '심층해석학Tiefenhermeneutik'이라 일컫는다. 위의 인용문에서 '진리의 이념'을 '성숙함의 이념'과 등치시키는 데서도 알 수 있듯이 하버마스는 이데올로기 비판을 통한 해방적 의사소통의 완수를 미완의 계몽을 완수하는 것으로 설정하고 있다. 일찍이 칸트가 "계몽이란 자기 자신의 잘못으로 인해 초래된 미성숙 상태로부터 벗어나

13. Habermas, 같은 글, 154쪽 이하.

는 것이다"라고 정의했듯이 하버마스의 '심층해석학'은 인식주체의 비판적 자각을 지향하는 것이라 할 수 있다.

정신분석을 '해방적 성찰'의 모델로 설정하는 하버마스의 '심층해석학'에 대하여 가다머는 그러한 치유의 과정이 단순히 '테크닉'이 아니라 의사와 환자 사이의 '공동의 성찰작업'이라는 것을 인정한다. 그렇지만 의사와 환자의 특수한 관계를 사회적 영역으로 확장하여 '체계적으로 왜곡된 의사소통 구조'를 바로잡을 수 있다고 일반화하는 것은 의사소통 조건의 차이를 무화시키는 것이라고 가다머는 논박한다. 의사와 환자의 관계는 의사의 권위에 대한 환자의 신뢰와 인정에 기초하지만, 사회적 영역에서는 나와 다른 생각을 가진 반대자의 저항이 만인에게 공통된 보편적 인간조건이며, 따라서 정신분석에서는 가능한 비억압적 의사소통의 조건이 결여되어 있다고 보기 때문이다. 더구나 사회생활에서 개개인과 집단들을 '건강한' 사람과 '환자'로 나누어서 '환자'를 '치유'하듯이 왜곡과 억압을 바로잡을 수 있다는 발상 자체가 현실적 인간조건에 맞지 않는 독단적 발상이라고 가다머는 비판한다. 가다머의 이러한 비판은 권위주의를 비판하는 비판이론이 자신들의 방법적 이상을 절대화하는 또다른 형태의 권위주의를 경계하는 것이라 볼 수 있다. 그런 맥락에서 가다머는 개개인과 집단들의 상이한 경험에 근거하는 사회적 관계에서 '해방적 성찰'을 통해 지배관계를 일거에 허물어뜨릴 수 있다고 믿는 신념 자체가 '아나키즘적 유토피아'를 추구하는 '해석학적 허위의식'일 뿐이라고 비판한다.[14]

또한 가다머는 '이성적 담화의 원리'에 기초하여 '지배와 구속으로부터 자유로운 이상적 의사소통'을 통해 진리가 담보될 수 있고 그러한 '진리와 더불어 이상적인 삶의 형식을 선취'할 수 있다고 보는 진리관을 '형이상학'이라고 정면으로 비판한다.

14. Gadamer, 「수사학, 해석학 그리고 이데올로기 비판」, in: Habermas u. a. (Hg), 『해석학과 이데올로기 비판』, 82쪽.

내가 보기에는 선의 이념에서 진리의 이념을 도출하고 '순수' 지성의 개념에서 존재를 도출하는 그러한 진리기준은 형이상학에서 익히 알려진 것이다. 순수지성의 개념은 중세의 지성론에서 유래하는데, 그에 따르면 순수지성은 신의 본질을 직관하는 천사에게서 구현된다.[15]

가다머가 보기에는 해방적 성찰이 궁극적으로 지향하는 역사의 이상적 완성태, 즉 유토피아적 표상을 근거로 역으로 지금 이곳의 구체적 역사현실을 규정하는 논법은 '선의 이념'에서 '진리의 이념'을 도출하는 것이며 신적 직관에 기대어 현실을 인식하는 것이므로 '형이상학'의 논리에 방불하다는 것이다. 가다머 자신은 그런 '이상적' 상황을 한번도 염두에 둔 적이 없으며 오직 구체적 경험만을 염두에 두었다고 말한다. 가다머가 철저하게 이해의 역사성에서 해석학적 경험의 근거를 탐색한 이유가 여기서 분명해진다. 가다머는 하버마스가 상정하는 이상적 의사소통 상황에 맞서서 해석학적 경험의 역사적 개방성을 거듭 강조한다.

경험의 완수라는 것은 앎의 완수가 아니라 새로운 경험을 위한 온전한 개방성을 뜻한다. 절대지絶對知의 개념에 맞서 해석학적 성찰이 추구하는 진리는 바로 그런 것이다.[16]

하버마스가 구속과 억압에서 벗어난 이상적 의사소통을 '이상적 언어상황'과 연결하는 논리에 대해서도 가다머는 비판적이다. 가다머는 언어가 사회적 관계의 산물로서 지배관계를 반영하는 이데올로기적 성격을 지닌다는 점은 전적으로 인정한다. 그렇지만 하

15. Gadamer, 「답변Replik」, in: Habermas u. a. (Hg), 『해석학과 이데올로기 비판』, 304쪽.
16. Gadamer, 같은 글, 311쪽.

버마스처럼 이상화된 의사소통을 통해 '이상적 언어상황'에 도달할 수 있다고 보는 것은 '의미의 투명성'을 믿는 또하나의 이상화일 뿐이며, 그런 언어이상주의는 언어를 통해 전승되는 전통의 다층적 맥락을 '관념론적으로 희석시키는' 것이라고 비판한다. 그렇기 때문에 언어라는 것은 이데올로기 비판을 통해 명징하게 그 의미를 드러내는 성질의 것이 아니라 이데올로기 비판을 통해서도 그 의미가 온전히 해소되지 않는 어떤 '사건'이다. 그런 맥락에서 가다머는 "이해될 수 있는 존재는 언어이다Sein, das verstanden werden kann, ist Sprache"[17]라고 언어의 문제를 존재론의 차원에서 사유한다.

> ……언어 속에는 존재하는 모든 것이 투영된다. 언어 속에서만, 오로지 언어 속에서만 우리는 다른 어디서도 마주칠 수 없는 사태에 마주치게 된다. 우리는 (우리가 표명하는 의견과 우리 자신에 관한 앎일 뿐만 아니라) 곧 언어 자체이기 때문이다. 결국 언어는 결코 거울 같은 것이 아니다. 그리고 우리가 언어를 통해 인지하는 것은 우리 존재와 모든 존재의 반영물이 아니라, 노동과 지배의 현실적 제약 속에서 그리고 우리의 세계를 규정하는 다른 모든 것 속에서 우리와 더불어 존재하는 것을 해석하고 살아내는 것이다.[18]

가다머에게 언어라는 것은 '우리 자신에 관한 앎', 즉 인식의 의미내용보다 더욱 포괄적이고 근원적인 우리 자신의 존재 자체와 연관되어 있다. 가다머가 『진리와 방법』에서 "인간의 언어는 언어적 의사소통을 통해 '세계'가 개현된다는 점에서 독특하고 유일무이한

---

17. Gadamer, 「수사학, 해석학 그리고 이데올로기 비판」, in: Habermas u. a. (Hg), 『해석학과 이데올로기 비판』, 71쪽.
18. Gadamer, 같은 글, 71쪽 이하.

삶의 과정이다"(388쪽)라고 언명하는 것은 그런 맥락에서 이해될 수 있다. 따라서 언어를 이데올로기 비판을 통해 얻어지는 인식의 내용으로 환원하여 언어를 단지 그 무엇의 반영물로 보거나 인식의 수단으로 보는 도구주의적 관점은 가다머의 입장에서 보면 언어를 통한 세계경험의 풍요로움을 단순화하는 것이다.

『진리와 방법』의 영향사

지금까지 가다머·하버마스 논쟁을 통해 살펴본 대로『진리와 방법』은 전통적 해석학의 좁은 테두리를 넘어서 현대 인문사회과학 전반의 방법적 토대와 직결되는 첨예한 쟁점들을 다루고 있다. 앞에서 언급한 바와 같이 근대 학문의 객관주의와 실증주의, 주객 동일성을 전제하는 관념론, 그리고 비판적 이성의 무오류성을 신봉하는 실천철학 모두에 대해 가다머는 그러한 방법론들이 과연 인간존재의 역동적인 역사성을 제대로 평가하고 있는지 근본적인 질문을 던지고 있는 것이다. 해체론의 기수 자크 데리다가 1980년대 초반『진리와 방법』에 대해 비판적 문제제기를 하면서 벌어진 가다머·데리다 논쟁도『진리와 방법』의 학문사적 파장을 실감케 하는 중요한 사건이다. 여기서 길게 논할 수는 없지만, 가다머가 선이해의 부단한 수정과정을 통해 더욱 확장되고 통일된 이해의 가능성이 열릴 수 있다고 보는 반면, 역으로 데리다는 그렇게 확장된 이해도 의미의 통일성을 담보하기보다는 필연적으로 '해체'될 수밖에 없다고 본다. 또한 가다머는 언어가 세계경험을 구성하는 원리로서 언어의 존재론적 지평을 적극적으로 옹호하는 반면, 데리다는 언어를 통한 의미구성에 대해 근본적인 회의를 표명한다. 그런 측면에서 가다머와 데리다의 입장 차이는 분명하지만, 다른 한편 두 사람 모두 하이데거의 유산을 비판적으로 계승한 철학자라는 점에서는 그러한 영향사적 맥락 속에서 가다머·데리다 논쟁을 재조명하는 것 또한 중요한 연구과제로 남아 있다.[19] 2002년 가다머 서거에 즈음하여 데리다는 '끝나지 않은 대화'라는 제목으로 장문의 추도사를 발표했다. 이 글에서 데리다는 가다머와 나눈 우정어린 대화를 통해 비로소 20세기 독일 사상과 철학을 제대로 이해할 수 있게 되었다고 고백하고 있다. 가다머가 서거한 두 해 뒤에 데리다 역시 생을 마감하고 두 사람 모두 역사적 인물이 된 지금 시점에서, 일견 분명한 입장 차이를 보이는 듯한 두 사람 사이의 '끝나지 않은 대화'를 보다 넓은 시각에서 재평가하는 일은 오늘날 독자의 몫일 것이다.

문학 및 미학 이론의 영역에서 가다머의 영향사 이론은 야우스의 수용미학Rezeptionsästhetik과 허쉬의 문학해석학에 지대한 영향을 주었다.[20] 나아가 가다머 자신이 저술한 방대한 시론 역시 중요한 연구과제로 남아 있다. 가다머는 철학도였던 청년 시절부터 시에 심취하여 늘 시집을 들고 다녔다고 알려져 있는데, 1985년부터 간행된 가다머 전집 10권 중 횔덜린, 릴케, 첼란 등의 시에 대한 해석이 주요 부분을 이루는 미학 및 시론이 두 권을 차지한다. 실제로 가다머 자신이 『진리와 방법』 3판(1972)에 부친 후기에서 『진리와 방법』을 집필한 이후 시에 대한 구체적 해석을 통해 해석학적 경험을 더욱 심화하는 작업에 몰입했다고 밝힌 바 있다. 따지고 보면 『진리와 방법』에서도 이미 3부에서 '언어를 통한 해석학의 존재론적 전환'을 시도하는 것은 가다머가 미적 체험을 통한 세계경험

19. 논쟁 자료집으로 다음 참조. Martin Gessmann (Hg.), 『끝나지 않은 대화 / 자크 데리다, 한스게오르크 가다머*Der ununterbrochene Dialog / Jacques Derrida, Hans-Georg Gadamer*』, Frankfurt a. M. 2004; Philippe Forget, Jacques Derrida (Hg.), 『텍스트와 해석: 독일-프랑스 논쟁*Text und Interpretation: Deutsch-französische Debatte mit Beiträgen von J. Derrida, Ph. Forget, M. Frank, H.-G. Gadamer, J. Greisch und F. Laruelle*』, Stuttgart 1984.

20. H. R. Jauß, 『문예학의 도전으로서의 문학사*Literaturgeschichte als Provokation der Literaturwissenschaft*』, Konstanz 1967; E. D. Hirsch, 『해석의 타당성*Validity in Interpretation*』, 1967.

의 확장에 그만큼 큰 비중을 두고 있었다는 뜻으로 이해할 수 있다. 가다머는 『진리와 방법』에서, 시적 언어의 발견은 일체의 관습적인 말과 표현방식의 총체적 해체를 전제로 한다는 것을 횔덜린이 보여주었다고 언급하면서 횔덜린의 시론을 인용한다.

> 시인은 자신의 내적 삶과 외적 삶 전체가 근원적 감각의 순수한 음조音調에 사로잡힌다고 느끼면서 자신이 속해 있는 세계를 둘러볼 때면 이 세계가 미지의 새로운 세계처럼 느껴진다. 그리하여 시인 자신이 겪은 모든 경험과 지식, 직관과 사색, 예술과 자연의 총체가 마치 생전 처음으로 생생하게 펼쳐지는 것처럼 느껴진다. 따라서 그 세계가 아직 파악되지도 규정되지도 않은 채로, 순전히 소재와 삶 자체로 용해된 듯한 느낌을 받는다. 바로 그런 느낌이 드는 순간 시인은 그 무엇도 미리 주어진 당연한 것으로 받아들이지 말아야 하며, 그 어떤 실정적 경험도 출발점으로 삼지 말아야 한다. 이런 자세가 무엇보다 중요하다. 그리하여 시인이 이전까지 알던 자연과 예술은 바로 시인 자신을 위한 하나의 언어가 탄생하기 전까지는 말하지 않도록 해야 한다.(421쪽)[원문 강조]

새로운 시적 언어를 발견할 때 시인은 기존의 세계가 마치 '미지의 새로운 세계'처럼 느껴지는 개안開眼의 경험을 하며, 그렇게 열리는 '근원적 감각'은 기성의 세계질서를 당연한 것으로 받아들이지 않고 전혀 새로운 관점에서 대면하게 한다. 이 대목에 대해 가다머가 "작품으로 탄생한 창조물로서의 시는 이상이 아니라 무한한 삶으로부터 길어올린 정신이다. ……시에서는 존재자가 지시되거나 의미로 표현되는 것이 아니라, 신적인 동시에 인간적인 하나의 세계가 개현된다"(421쪽)라고 하는 것은 그런 의미로 이해될 수 있다. 가다머가 '경험의 완수는 앎의 완수가 아니라 새로운 경험을 향한 온전한 개방성'이라고 한 것도 그처럼 근원적 감각의 트임을 통해 무궁무진한 새로운 세계가 열리는 경험에 참여하는 시적 창조의 경험에 맞닿아 있는 것으로 보인다.

그 밖에도 『진리와 방법』이 신학해석학과 법학해석학, 윤리학, 역사학 등 다양한 분야에서 커다란 영향을 미쳤다는 것은 주지의 사실이다.[21] 중세 교부철학과 신플라톤주의 이래 슐라이어마허에 이르기까지 성서해석학의 역사적 전개과정을 통시적으로 꿰뚫어보고 비판적으로 조망하는 가다머의 탁월한 통찰은 아직까지도 신학해석학에 풍부한 토론의 단서를 제공한다. 또한 『진리와 방법』 2부에서 해석학의 근본문제를 재발견하기 위한 하나의 범례로서 법학해석학에 별도의 논의를 할애하는 데서도 알 수 있듯이, 법의 제정과 전승이 언제나 상이한 시대적 배경에 대한 역사적 고려를 수반한다는 점에서 법리학 분야에서 가다머의 논의는 여전히 중요한 참

21. 가다머 자신이 『진리와 방법』 3판 후기에서 신학해석학과 법학해석학 분야에서 『진리와 방법』의 직접적 영향하에 나온 대표적 논저로 다음 문헌들을 언급한 바 있다.

신학해석학

Günter Stachel, 『새로운 해석학 *Die neue Hermeneutik*』.(1967)

Ernst Fuchs, 『마르부르크 학파의 해석학 *Marburger Hermeneutik*』.(1968)

Eugen Biser, 『신학적 언어이론과 해석학 *Theologische Sprachtheorie und Hermeneutik*』.(1970)

Gerhard Ebeling, 『신학적 언어이론 입문 *Einführung in die theologische Sprachlehre*』.(1971)

법학해석학

Fritz Rittner, 『이해와 해석 *Verstehen und Auslegen*』, Freiburger Dies Universitas 14.(1967)

Josef Esser, 『법발견에 있어서 선이해와 방법 *Vorverständnis und Methode in der Rechtsfindung*』.(1970)

Joachim Hruschka, 『법문헌의 이해 *Das Verstehen von Rechtstexten*』, Münchener Universitätsschriften, Reihe der juristischen Fakultät, Bd. 22.(1972)

조틀이 된다. 그리고 아리스토텔레스의 '실천지phronesis'에 대한 가다머의 재해석은 칸트의 정언률에 기초한 근대 윤리학에 새로운 방향전환을 가져온 것으로 평가되기도 한다. 인간경험의 역사성을 탐구의 시발점으로 삼는 가다머의 논의가 역사와 전통에 대한 해석의 학문인 역사학 분야에서 핵심적 중요성을 갖는다는 것은 두말할 나위 없을 것이다. 하지만 누차 강조한 바와 같이『진리와 방법』은 개별 학문 분야의 방법론에 관한 탐구가 아니라 근대 학문의 방법 자체에 대한 근본적인 성찰을 담고 있다. 따라서 어느 분야에서든『진리와 방법』에서 끌어다 쓰기 편한 방법론을 찾으려 한다면 그런 태도야말로 가다머가 가장 경계하는 편협한 '방법론주의'에 빠져드는 지름길임을 유념해야 할 것이다. 해당 분야의 탐구가 과연 무궁무진한 역사적 지평을 향해 열려 있는가를 끊임없이 되묻는 자세로 이 책을 읽을 때 비로소 가다머가 실천한 진리탐구의 정신을 체득하는 생산적인 독서와 토론이 가능할 것이다.

역자가 가다머의 『진리와 방법』 2부와 3부의 번역을 시작한 지 거의 십 년이 되었다. 당시 정홍수 주간의 간곡한 부탁으로 번역을 수락할 때만 해도 이렇게 오랜 시일이 걸리는 힘든 작업이 되리라고는 미처 예상하지 못했다. 하지만 지난 십 년을 돌아보니, 지금까지 번역한 그 어떤 책보다 힘들었던 만큼 보람도 컸다고 자부하고 싶다. 무엇보다 가슴 뿌듯한 것은 번역 과정 자체가 너무나 큰 공부가 되었다는 사실이다. 서양 사상의 원류라 할 플라톤과 아리스토텔레스에서부터 중세와 근대를 거쳐 후설과 하이데거에 이르기까지 장구한 지적 전통을 폭넓게 조망하면서도 일관된 문제의식으로 파고드는 가다머의 놀라운 박학과 혜안에 감탄을 금할 수 없었다.

오늘날 인문사회과학 어느 분야를 막론하고 특정한 지역과 시대 혹은 인물과 사례 연구가 당연한 관행으로 통용되는 학계의 풍토에서, 그처럼 고대부터 현대까지 상이한 시대를 넘나드는 가다머의 폭넓은 시야는 우리의 학문하는 자세를 그 바탕에서부터 되돌아보게 하는 신선한 자극이 되리라 믿는다. 과거의 지평과 현재의 지평을 분리하지 않고 장구한 역사적 맥락 속에서 종합적으로 사유하는 가다머의 탐구자세는 『진리와 방법』에서 일관되게 강조하는 이해의 역사성에 부합되는 것이기도 하다. 전통과 현재의 부단한 상호작용과 '지평융합'을 통해 이해가 확장되고 진리의 경험에 좀더 근접할 수 있다고 보는 관점에서는 해석자의 선이해를 규정하는 역사의 누적된 지층을 부단히 탐사하는 일이 필수적이기 때문이다.

「해설」에서 언급한 대로 가다머의 기본적 문제의식은 단지 해석학의 테두리 안에 머물지 않고 근대 학문의 편향된 흐름에 대한 근본적 성찰로 일관하고 있다. 인간경험의 가변성을 배제한 채 실험과 검증의 방법에만 의존하는 편협한 과학주의, 경험의 다양성을 균질화하는 실증주의, 인식대상을 정신의 절대지로 포섭하는 관념론, 그리고 현실의 복잡다기한 모순을 비판적 이성의 힘으로 일거에 해소할 수 있다고 믿는 독단적 실천철학 등 근대 학문의 주류적 흐름을 형성해온 그 모든 편향에 대해 가다머는 근본적 성찰을 촉구한다. 그처럼 편향된 방법론들은 20세기 학문의 기본 골격을 이루어왔고, 더 나아가 우리의 생활세계를 규정하는 가치관과 직간접으로 얽혀 있는 것도 사실이다. 그렇기 때문에 가다머가『진리와 방법』에서 개진하는 사유는 근대 학문의 방법론에 대한 근본적 반성이자 우리의 생활세계에서 당연한 가치로 통용되는 온갖 형태의 몰가치에 대한 비판적 성찰의 계기가 될 것이다.『진리와 방법』은 얼핏 읽으면 첨예한 현실 문제와는 동떨어진 고답적인 학문 방법론의 문제만 다루는 것처럼 오해할 소지가 있다. 그렇지만 「해설」에서 소개한 가다머·하버마스 논쟁에서 보듯이『진리와 방법』에서 탐구하는 학문 방법론의 문제는 사실은 우리 모두가 치열하게 고민하고 극복해야 할 근대적 세계관의 첨예한 쟁점들과 직결되어 있다. 편협한 과학주의와 몰가치적 실증주의, 독단적 교조주의와 도구적 실용주의 등은 20세기 학문에 만연한 고질적 해독이다. 그러한 독소를 걷어내고 인간과 사물을 격물치지의 정신으로 직시하는 것이야말로 21세기 학문이 회복해야 할 탐구자세의 요체일 것이다. 그런 점에서 출간된 지 반 세기가 지난『진리와 방법』은 오늘의 시점에서도 지난 세기의 온갖 방법론적 편향을 극복하고 진리에 대한 개방적 사유를 모색하는 데 여전히 긴요한 길잡이가 되리라 믿는다.

1900년생인 가다머는 2002년에 타계했다. 그야말로 한 세기를 살았던 가다머는 앞서 언급한 학문사적 맥락에서 명실상부하게 '세기의 지성'이라 할 수 있다. 가다머는 90세가 넘어서도 글을 쓰고 학문적 대담 자리에 나오는 등 노익장의 철학자로도 유명하다. 그가 백수白壽를 바라볼 때까지 지적 사유를 계속할 수 있었던 것은 짐작 컨대 그 어떤 독단에도 치우침이 없이 초지일관 균형을 잃지 않는 열린 대화의 탐구자세를 견지했기 때문이 아닐까 한다. 『진리와 방법』에서 가다머는 플라톤의 대화적 변증술을 예로 들어, 무조건 나의 주장을 관철시키려 하거나 상대방의 생각에 순응하는 방식이 아니라 서로 열린 마음으로 대화를 나눔으로써 서로가 변화해나가고 새로운 세계를 경험하는 과정이 곧 진정한 진리탐구의 자세라고 말하고 있다. 『진리와 방법』은 학문 분야마다 다양한 맥락과 관점에서 읽힐 수 있겠지만, 가다머가 말하는 그러한 개방적 탐구자세로 접근할 때 비로소 이전까지 보이지 않던 새로운 지평이 열리는 생산적인 독서가 가능하리라 본다.

마지막으로 번역 문제와 관련하여 몇 가지 언급하고자 한다. 가다머는 이 책의 핵심논제에 부합되게 전통과 현재의 부단한 대화적 맥락에 따라 논지를 전개한다. 따라서 번역 과정에서도 어떤 개념이나 용어가 전체의 맥락에서 어떤 위상에 있는가를 부단히 의식하면서 역어를 선택해야 했다. 예컨대 근대철학 이래 '변증법'의 의미로 개념화되어 있는 Dialektik이라는 용어도 플라톤이나 중세철학에서는 '변증술' 또는 '변증론' 등으로 문맥에 따라 다르게 번역할 수밖에 없었다. 번역에서 부닥친 가장 큰 난관은 고대 그리스어와 라틴어 용어 및 문장이 독일어로 옮겨지지 않은 채 인용되는 경우였다. 2010년에 『진리와 방법』 발간 50주년 판본이 새로 나왔지만, 여기서도 이 문제는 해결되지 않은 채 남아 있었고 영역본도 마찬가지였다. 가다머 생전에 나온 판본에서도 그리스어와 라틴어 원문이 독일어로 옮겨지지 않았던 이유는 고대와 중세의 용어들이 후대로 전승되는 과정에서 상이한 시대마다 변화하는 학문사적 맥락에 따라 일정하게 의미변화를 겪었고, 따라서 원래의 의미를 충실히 담아낼 수 있는 현대 독일어를 찾기 어려웠기 때문으로 보인다. 다시 말해 가다머 자신도 번역 불가능의 문제에 직면했던 셈이다. 이 곤혹스러운 문제로 고민을 거듭한 끝에 서양고전학을 전공한 서울대학교 인문학연구원의 안재원 교수님께 도움을 청했고, 다행히 안 교수께서 흔쾌히 이 어려운 작업을 도맡아주셨다. 이 책에서 인용되는 모든 그리스어와 라틴어 용어 및 문장은 전적으로 안재원 교수님의 번역임을 밝혀두며, 그 노고에 깊이 감사를 드린다. 또한 가다머의 논의 전개에 실마리가 되는 후설과 하이데거의 용어들 중에도 아직 우리말 번역어가 확립되지 않은 경우가 종종 나와서 이 문제는 서울대학교 철학과 박찬국 교수님의 도움을 받았다. 용어 번역뿐 아니라 적절한 용어 설명까지 달아주신 박찬국 교수님께 감사의 말씀을 드린다. 법학 용어 번역과 관련하여 도움을 주신 서울대학교 법학전문대학원 김도균 교수님께도 감사드린다. 그리고 이미 10여 년 전에 나온 『진리와 방법 1』(1부)의 번역자들께서 이 책에 자주 나오는 중요한 개념어들을 적절한 역어로 통일시켜 놓았기에 2부와 3부의 번역이 그나마 수월하게 진행될 수 있었다. 각고의 노력으로 후속 번역작업의 초석을 놓아주신 1부의 번역자들께도 감사의 말씀을 전하고자 한다. 끝으로, 번역이 마무리될 때까지 10년이 넘도록 인내심을 갖고 기다려준 문학동네에 감사드리며, 세심하게 편집 및 교정 과정을 진행해준 문학동네 편집팀에게도 고마운 마음을 전한다.

2012년 여름
임홍배

게오르게, S. 305
겔렌, A. 465, 480
괴테, J. W. 48~49, 164, 407, 464, 481
구아르디니, R. 474, 484
군돌프, F. 184
그림, H. 184

뉘세, H. 454
뉴턴, I. 407
니체, F. 105, 125~126, 132, 187, 189, 191,
　　247, 270, 349, 385

데카르트, R. 64, 77, 98~100, 123, 127,
　　143, 145, 153~155, 242, 406, 477
뒤엠, P. 75
드로이젠, J. G. 44, 47, 49, 57~58, 60,
　　63~73, 78~79, 84, 91, 95, 102, 128, 162,
　　164, 166~167, 456
딜타이, W. 13~14, 16~18, 21, 27, 30,
　　38~39, 42, 44, 46, 48~49, 62~63,
　　72~106, 109, 114~117, 119~120,
　　124~128, 130, 137, 152, 172, 233, 240,
　　243, 247, 250~251, 271, 426, 450~453,
　　456~457, 459, 462

라이프니츠, G. W. 24, 82, 345~347, 380,
　　406, 455, 477
라파엘로 184
람바흐, J. J. 194, 468
랑케, L. 44, 47~67, 71~73, 78, 83, 90, 92,
　　102, 266, 455, 462
레데커, M. 453
레오, H. 149
로타커, E. 458, 467
루소, J. J. 149, 434
루카치, G. 464
루터, M. 10, 14~15, 61, 92, 153, 449, 453
뤼케, F. 451~452
리케르트, H. 247
리트, T. 478
릴케, R. M. 444, 475, 484
립스, H. 481

마르크스, K. 121, 149, 228, 472
모루스(모어), T. 468
몸젠, W. 162
미슈, G. 73, 94, 128, 456, 459

바흐, J. 451
발랑스, A. 461

개념 찾아보기

진리와 방법 ❷
철학적 해석학의 기본 특징들

1판 1쇄 **2012년 10월 31일**
1판 9쇄 **2025년 3월 14일**

지은이 한스게오르크 가다머
옮긴이 임홍배

책임편집 김영옥 편집 송지선 허정은 고원효
독자 모니터 이희연
디자인 강혜조 이혜진 최미영
저작권 박지영 형소진 오서영
마케팅 정민호 서지화 한민아 이민경 왕지경
　　　 정유진 정경주 김수인 김혜원 김예진
　　　 이서진 나현후
브랜딩 함유지 박민재 김희숙 이송이 김하연
　　　 박다솔 조다현 배진성
제작 강신은 김동욱 이순호
제작처 영신사(인쇄) 경일제책(제본)

펴낸곳 (주)문학동네
펴낸이 김소영
출판등록 1993년 10월 22일 제2003-000045호
주소 10881 경기도 파주시 회동길 210
전자우편 editor@munhak.com
대표전화 031) 955-8888
팩스 031) 955-8855
문학동네카페 http://cafe.naver.com/mhdn
인스타그램 @munhakdongne
트위터 @munhakdongne
북클럽문학동네 http://bookclubmunhak.com

ISBN 978-89-546-1950-9 94160
　　　 978-89-546-1948-6 (세트)

잘못된 책은 구입하신 서점에서 교환해드립니다.
기타 교환 문의 031-955-2661, 3580

www.munhak.com

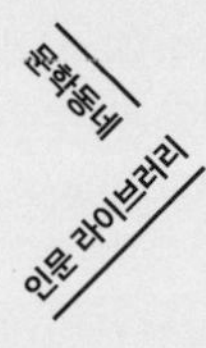

세상은 언제나 인문의 시대였다.
삶이 고된 시대에 인문 정신이 수면 위로 떠올랐을 뿐.
'문학동네 인문 라이브러리'는 인문 정신이 켜켜이 쌓인 사유의 서고書庫다.
오늘의 삶과 어제의 사유를 잇는 상상의 고리이자
동시대를 이끄는 지성의 집합소다.
살아 움직이는 유기체적 지식을 지향하고, 앎과 실천이 일치하는
건강한 지성 윤리를 추구한다.